중국의
비단역사
칠천 년

China Silk 7000 Years: Crystal of Art Science and Technology

By Huang, Nengfu; Chen, Juanjuan

중국의
비단역사
칠천 년

역대 직조와 자수품 연구

초판인쇄 2016년 4월 15일
초판발행 2016년 4월 15일

지은이 황넝푸(黃能馥)·천좐좐(陳娟娟)
옮긴이 이희영
펴낸이 채종준
기 획 박능원
편 집 박미화
디자인 조은아
마케팅 황영주

펴낸곳 한국학술정보(주)
주 소 경기도 파주시 회동길 230(문발동 513-5)
전 화 031-908-3181(대표)
팩 스 031-908-3189
홈페이지 http://ebook.kstudy.com
E-mail 출판사업부 publish@kstudy.com
등 록 제일산-115호(2000. 6. 19)

ISBN 978-89-268-7150-8 93910

한국학술정보(주)의 학술 분야 출판 브랜드입니다.

중국의
비단역사
칠천 년

역대 직조와 자수품 연구

황넝푸 黃能馥 · 천좐좐 陳娟娟 지음

이희영 옮김

개
요

　이 책은 역사적 흐름에 따라 비단의 종류와 문양의 변화를 중심으로 중국 비단의 기원에서 18세기에 이르기까지 7천 년 동안의 비단 직수(織繡) 예술과 공예기술의 발전사를 체계적으로 고증하여 상세하게 논술하였다. 또한 각종 직물조직(織物組織), 문양, 제화형(提花型) 직기(織機) 장치 및 특수사(特殊絲) 소재의 제조, 격사창색(緙絲戧色), 자수(刺繡), 도안설계(圖案設計) 등에 관한 기술과 예술적 측면에서도 폭넓게 연구한 내용을 담고 있다.

　천여 점에 가까운 중국 역대의 견직물, 격사, 자수, 의복, 자수 서화, 족자, 불상, 둥글부채, 향주머니, 담요, 방석 등의 진귀한 문물 자료들이 컬러와 흑백의 그림과 사진으로 수록되어 있다. 특히 저자가 실제 문물을 분석하여 최초로 그려 수록한 직물(織物) 조직도(組織圖)와 드래프트(draft)는 전통적인 조직도보다 훨씬 더 구체적이면서도 직관적으로 직물조직의 입체적 구조를 보여준다. 본서는 정교한 공예 기술을 바탕으로 정밀하게 인쇄하였으며 중국 자수 문물에 관한 저서 중 가장 많은 정보를 수록한 전문서적으로 상당히 높은 학술적 가치와 소장 가치를 지닌다.

　방직(紡織), 공예미술, 인문학, 고고학 관련 전공자와 더불어 방직업계, 예술대학 교직자와 학생, 직조(織造) 및 자수 문물 애호가와 수집가들에게 매우 유용한 자료가 될 것이라 생각된다.

中華織繡珍品

趙樸初題

弘揚文化　源遠流長

開創之路　光耀古今

辛巳之春　杜忠誥

秋高精勁

霜篁雜鮮

己卯初夏

空山泚竹

서문(序文) 1

　칭화(淸華)대학 미술학원 염직 전문가 황넝푸(黃能馥) 교수와 고궁박물원 비단 문물 고고학 감정가인 천좐좐(陳娟娟) 연구원 부부가 함께 편찬한『중국의 비단역사 칠천 년-역대 직조와 자수품 연구』(원서명:『中國絲綢科技藝術七千年-歷代織繡珍品研究』) 저서가 곧 발간된다는 소식을 듣고 매우 기뻤으며, 이 자리를 빌어 축하의 말씀을 전한다.

　중국은 세계 비단의 발원지로 중국 4대 발명과 마찬가지로 재상(栽桑), 양잠(養蠶)과 비단 직조(織造) 역시 중화민족의 위대한 창조이다. BC 2세기 서한(西漢)시대에 개척한 '실크로드'는 중국의 비단이 아시아, 유럽, 아프리카 대륙으로 전파되는 통로가 되어 비단은 중국과 세계인들이 함께 우호적으로 교류할 수 있는 연결고리가 되었다.

　중국의 비단문화는 유구한 역사를 지닌다. 역사적 고증에 따르면, 비단업은 중국에서 이미 약 7천 년이라는 발전과정을 지니고 있으며 중화민족의 역사적 지혜가 응축되어 화하문명사(華夏文明史)에서 새로운 역사의 한 페이지를 장식하였다. 저장성(浙江省) 허부두(河姆渡) 유적지에서는 약 6천9백 년 전의 직기(織機) 기구와 잠문(蠶紋)으로 장식된 상아그릇이 발견되었는데, 이는 견사(繭絲)가 이미 상고(上古)시대 이래로 사람들의 복식과 장식의 심미적 가치를 표현했음을 설명해 준다. 지금으로부터 약 5천 년 전, 신석기 말기 선조들은, 날실과 씨실의 밀도가 각각 52올/cm과 48올/cm에 달하는, 지금의 직물기계로 직조한 방직물의 밀도에 근접한 견직물을 직조하였다. 당시 비단의 직조 기술과 염색가공 기술의 놀랄 만한 성과는 선조들이 비단에 대해 지니는 특유의 심미성 발현, 예술적 조예와 크게 관련된다. 중화민족의 문명 역사를 전면적으로 살펴보면, 중국의 찬란한 비단문화만이 유일하게 세계 각 민족을 탄복하게 만들었다. 중국에서 대대로 전해져 내려오는 비단 종류에는 화려한 색채의 금(錦), 고드름처럼 밝은 능(綾), 광택이 부드러운 기(綺), 매미 날개처럼 얇은 소사(素紗), 가볍고 투명한 나(羅), 밝고 귀한 단(緞), 웅장하고 화려한 장화(妝花), 색상이 다채로운 격사(緙絲), 오색찬란한 자수 등이 있다. 이러한 직물들이 나타내는 구상의 절묘함과 공예의 정교함은 현대적인 설비로도 제조하기가 쉽지 않다. 후난성(湖南省) 창사시(長沙市) 마왕퇴(馬王堆)에서 출토된 성인의 소사단의(素紗襌衣)의 단사(單絲) 밀도는 12dtex(11데니어와 동일함), 중량은 50g도 되지 않아 뭉치면 한 줌에 지나지 않았다. 또한 격사(緙絲)와 자수로 모방한 역대 명인의 서화는 실물보다 훨씬 더 생동감이 있을 뿐만 아니라 사실적으로 표현되어 한층 더 빛난다. 넓은 너비의 밀교(密敎) 당카(唐卡)는 직수(織繡)와 종교가 결합된 전형적인 작품이라고 할 수 있다. 중국 비단이 처음 유럽으로 전파될 당시에는 거의 황금과 동등한 가치를 지녔으나. 오랫동안 비단은 대대손손 전해진 보물로서, 여기에 응집된 문화와 과학기술적 함의는 훨씬 더 풍부하고 심오하다. 즉, 지금까지 세계적으로 유명한 박물관에 소장되어 있는 각 민족들의 복식에 중국 '실크로드'의 영향이 잔존하고 있다는 사실이 그러하다. 2001년 상하이 APEC 회의에서 각 국가의 지도자들이 비단으로 만든 아름다운 '당장(唐裝)'을 입고 세계 사람들 앞에 등장했을 때에는 중국 사람으로서의 무한한 자부심을 느꼈다.

이와 같이 찬란한 중국의 비단 역사에 대해서 수많은 전문가와 학자들이 장기간에 걸친 발굴 작업에 몰두하고 연구하여 커다란 성과를 이루었다.

본서는 두 저자가 40여 년 동안 비단 자수의 문물 연구에 종사하면서 얻은 성과들의 결정체이다. 저자는 역사적 흐름에 따라 자수 문물을 단서로 풍부하면서도 정확한 연구자료를 바탕으로 과학기술과 예술을 접목하여 중국 비단공예와 예술의 기원으로부터 크게 발전하여 만청(晩清)에 이르는 약 7천 년간의 발전과정을 폭넓게 서술하였다. 저자는 다량의 컬러와 흑백 사진으로 자수 문물의 역사적 특징을 정확하게 포착하여 치밀하게 논술하였으며, 생산기술, 예술풍격, 문화적 함의, 직물 종류의 응용과 설계 노하우 등 방면에서 종적, 횡적으로 분석하였다. 여기에서 칭송할 만한 것은, 저자가 직접 조사하여 얻은 귀중한 연구자료를 활용하였다는 사실이다. 그중에는 대표적인 문물을 분석할 때 제작한 직물조직 구조도와 문양 복원도를 포함하며 실제 측량한 데이터 자료들도 수록하였다. 이러한 사진 자료들 대부분은 독자들에게 최초로 공개되는 것들이다. 그 외에도 본서의 완성도를 높이기 위해 저자는 각종 경로를 통하여 국내외 및 민간에 흩어져 있던 귀중한 자료들을 수집하였는데, 그중에는 유명한 국외 박물관 소장품, 개인 소장품과 새로 출토된 귀중한 자료 수십 점이 포함된다. 이는 지금까지 국내외에서 출판된 동일 종류의 저작 중에서 과학기술과 예술 수준이 가장 뛰어난 최고의 작품이라고 할 수 있다. 이러한 요인들로 인하여, 이 책의 편찬 기획은 2001년 국가 과학기술 학술저작 출판재단의 후원을 받았다.

본서는 방직 분야, 비단 분야, 공예미술 분야 및 사회학 분야의 인사들에게는 상당히 높은 학술적 가치와 소장의 가치가 있으리라 여겨진다. 또한 중국 전통문화의 선양, 비단공예예술의 발전, 현대 비단산업의 번영과 더불어, 세계인들이 중국 비단문화에 대하여 훨씬 더 심도 있게 이해할 수 있는 계기를 제공할 것이다. 21세기에 이르러서는 첨단기술이 전통산업에 침투되고 경제의 글로벌화가 진행됨에 따라, 중국에서 발원한 비단문화의 전통도 현대적 생산방식과 생활방식 속에서 새로운 번영과 발전을 이루어 중화민족이 새롭게 부흥하는 시대적 사업이 될 것이다. 이와 동시에, 실크로드보다 훨씬 더 깊고 광범위하게 영향을 미칠 것이며, 새로운 시대의 인류 생활에 행복을 가져다 줄 것이다. 이 자리를 빌어 동종업계 종사자들이 역사적 중임을 맡아 선조들의 창조적 재능과 실천정신을 드높이고, 적극적으로 발전할 수 있는 기회를 잡아 도전할 수 있기를 바라며, 여러분들의 지혜와 두 손으로 훨씬 더 찬란하고 아름다운 미래를 건설하기를 기원한다.

2002년 1월

중국방직공업협회 회장, 선임엔지니어,

방직 및 복식 연구전문가

서문(序文) 2

국가과학기술학술저작출판재단의 후원을 받아 황넝푸(黃能馥) 교수와 천좐좐(陳娟娟) 연구원 부부가 함께 편찬한『중국의 비단역사 칠천 년-역대 직조와 자수품 연구』(원서명:『中國絲綢科技藝術七千年-歷代織繡珍品研究』)가 곧 출간된다. 보통 독자일 수밖에 없는 문외한의 한 사람으로서, 이 저서의 3교 교정본을 읽을 수 있는 행운을 얻었다. 속담에 "잘 모르는 사람에게 경극은 소란스러워 보일 뿐이다"라는 말이 있기는 하지만, 읽은 이상 "사물의 생긴 모양만을 중시하는 아이와 같은(見與兒童鄰)" 문외한의 의견이라도 몇 마디 덧붙이고자 한다.

중국 비단의 기원은 6~7천 년 전으로 거슬러 다가갈 수 있는데, 그에 관한 문자 기록은 존재하지 않지만 고고학적으로는 이미 증명된 사실이다. 인류의 문명과 복식문화는 발맞춰 함께 발전해 오기는 했지만 통치계급이 문화를 통치하였던 시대조차도 복식을 제작하고 문물을 구비하는 문물제도에 지나지 않았다. 여기에서 언급하는 문물이란 당시의 예악전장제도(禮樂典章制度)를 가리키는 것으로 복식은 신분과 등급만을 나타냈을 뿐 다른 의미는 부여되지 않았다. 이미 훼손되어 불충분한 문자 기록들을 바탕으로 중국 비단공예의 예술사를 저술하고자 하면, 부득이하게 출토된 문물이나 대대로 전해 내려오는 자수 문물에 의존할 수밖에 없다. 그중 다행스러운 것은 황 교수는 칭화(淸華)대학 미술학원(원 중앙공예미술학원)에서 비단예술 교육과 연구에 종사하고, 천 교수는 고궁박물원에서 비단 문물을 전문적으로 연구한다는 사실이다. "함께 하면 둘 다 좋고, 그렇지 않으면 둘 다 해롭다(合則雙美, 離之兩傷)"는 말과 같이 여러 가지 측면에서 함께 토론하고 연구하여, 마침내 체계적이면서도 심오한 내용을 알기 쉽게 표현하여 수천 년 동안 직수(織繡)의 정수만을 모아 놓은 학술적 거작을 출판하게 되었다.

학술서적은 종종 독자들에게 마치 부호와 신비한 토템과 같은 삽화로 가득한 연환진(連環陣)을 보는 듯한 느낌을 주기도 한다. 그러나 본서는 독자들이 잠시 마음을 가라앉히고 읽노라면, 7천 년간 역사적 경위선상에서 종횡으로 펼쳐지는 비단공예의 발전 맥락과 각 역사단계에서 두드러지는 획기적인 사건을 쉽게 이해할 수 있다. 또한 비단공예에서 제화(提花), 자수, 격사(緙絲), 염색 등의 여러 가지 방법에 대한 서술을 통하여, 중국의 비단 발전에 있어서의 각각의 기념비적인 성과가 평직(平織)으로 직조된 역사를 아름답게 장식하도록 하였다. 비전문가, 심지어는 전문가들조차도 자수품의 각종 견사(繭絲) 원료, 직조법(織造法) 등에 대해 모두 이해한다는 것은 쉬운 일이 아니다. 따라서 저자는 견직물의 종류와 각 시대의 발전에 따라 전문적인 연구자료를 쉬운 글로 표현하였다. 특히, 직물의 구조를 세밀하게 도면으로 그려 독자들이 한눈에 알아볼 수 있도록 하였다. 따라서 본서는 중국 고대의 비단에 관한 백과사전일 뿐만 아니라 이 분야에 관심을 갖는 다양한 계층의 독자들 수요를 최대한 만족시킬 수 있을 것이다.

'예술(藝術)'의 개념에 관하여 학자들은 제각기 다른 해석을 내놓기도 한다. 중국에서 예술이라는 두 글자는 모두 '기(技)'라는 옛 의미를 포함하기 때문에 예술과 기술은 원래 밀접하게 관련된다. 따라서 청동주조(靑銅鑄造) 기술이 청동예술을 형성하였으며, 도자기의 소조(燒造) 기술이 유명한 도자기를 구워낸 것이다. 이것과 서로 비교해 보면, 비단예술은 청동기나 도자기와는 다르게 직위가 높고 명성과 위세가 대단한 사람들이나 문인들에게서는 특별한 호감을 얻지는 못했는데, 그 주요 원인으로는 비단예술이 '의생활' 속에 머물러 있었기 때문이다. "붉은 비단 치맛자락 술로 얼룩진다 하네(血色羅裙翻酒汗)"라는 당시의 한 시구가 마치 비단예술이 처한 상황을 정확하게 보여 주는 증거인 듯하다. 예술을 위한 예술의 직수(織繡)로는 송대(宋代) 격사(緙絲), 명대(明代) 자수품 등이 있으며, 서화(書畫)를 모방한 직수 문물이 있기는 하지만 그 수는 극히 적다. 저자가 소개한 바에 의하면, 고대 그리스인들은 중국을 '사국(絲國)'이라 칭했으며, 서한(西漢)시대 '실크로드'가 개통되면서 중국의 비단은 국외에서 일찍이 특별한 영예를 얻었다. 이러한 요인들로 인하여, 외국인들이 "실크로드는 중국에 있지만, 실크로드 관련 연구는 서방 선진국이 이루었다"라고 언급하는지도 모른다. 다소 거만하고 편파적인 의견이기는 하지만, 다른 한편으로는 중국인들을 깊이 각성시키는 계기도 되었다. 이는 이미 지나간 과거의 일이고, 현재는 "국가가 안정되고 국민들이 안락하며, 온갖 사업들도 모두 흥하는 좋은 시기로서(政通人和, 百廢俱興)", 당연히 비단 기술과 예술을 더욱 발전시켜, 그 근원은 중국에 있다는 것을 널리 알려야 한다. 비단에 대한 연구는 지금 막 한창이다.『중국의 비단역사 칠천 년-역대 직조와 자수품 연구』에서 밝힌 바와 같이, 역대 장인들의 창작과 실천정신은 당시의 지혜와 피땀의 결과로 이루어진 것으로, 뚜렷한 민족적 특색을 창조하였다. 어떻게 하면 세계의 방직 분야에서 전과 같이 중국 비단공예의 독보적인 지위를 차지할 수 있을까? 이 역저가 중국 비단이 화려하게 거듭나는 데 있어 민족적인 저력에 힘을 실어줄 수 있을 뿐만 아니라 중국비단의 연구와 발전에 뜻이 있는 과학기술 및 예술계 종사자들에게 견실한 초석이 되어줄 것이다. 또한 설득력 있는 사실적 근거를 토대로 실크로드는 중국에 있으며, 실크로드에 관한 연구는 세계 속에 존재하지만, 궁극적으로는 중국에 있다는 사실을 분명히 밝힐 수 있으리라 굳게 믿는다!

2002년 1월 베이징에서
고궁박물원 부원장, 연구관원, 서화 전문 감정가
肖燕翼

전언(前言)

비단은 중국인들의 위대한 발명이며, 중국은 세계 비단의 고향이다. 또한 비단은 중국인들이 세계문명에 기여한 주요 공헌의 하나이기도 하다. 저장성(浙江省) 위야오시(餘姚市) 허무두(河姆渡)에 위치한 6천9백 년 전 유적지에서는 이미 직기(織機)의 부품과 잠문(蠶紋)으로 장식된 상아그릇이 출토되었으며, 산시성(山西省) 샤현(夏縣) 시인춘(西陰村) 후이투링(灰土嶺)에서는 지금으로부터 5천6백~6천 년 전 인위적으로 자른 누에고치 반쪽 조각이 발견되었다. 게다가 저장성(浙江省) 우싱구(鳴興區) 첸산양(錢山漾)에서 출토된 4천7백 년 전의 가잠견(家蠶絹)의 날실과 씨실의 밀도는 각각 52올/cm과 48올/cm로, 현재 생산되는 H11153 하보타이[電力紡]의 밀도에 가깝다. BC 8세기 치루(齊魯) 일대는 이미 비단 생산의 중심지로 발전되었으며, 비단의 소비는 궁궐에서 민간으로 확대되어 소비 관념도 역시 그에 따라 변화되었다. 남북의 각지에서는 기술교류를 통하여 직수(織繡) 기술이 더욱 보편화되었다. 당시 비단 상품 규격에는 엄격한 법정기준이 적용되었으며 상품에 대한 등급도 명확하였다. 따라서 고급 금수(錦繡)와 일반 견백(絹帛)의 가격 차이는 15배에 달하였다. 출토된 문물에 근거하면, 당시의 견직물 종류에는 이미 견(絹), 제(綈), 방공사(方孔紗), 사경교라(四經絞羅), 기(綺), 채조문기(彩條紋綺), 금(錦), 조(繰), 수(繡) 등이 포함된다. 그중 기는 이미 특수한 괘경(挂經)을 사용하여 문양을 직조하였다. 금에는 이색경금(二色經錦)과 삼색경금(三色經錦)이 있는데, 경사견채조(經絲牽彩條)로 부분적으로 색상을 변경하는 기술을 이용하여 직물의 두께는 변하지 않으면서 색채를 훨씬 화려하고 아름답게 만들었다. 또한 자수는 한층 더 다채롭고 문양도 훨씬 새롭고 정교해졌으며, 도안이 지니는 함의의 상징성도 훨씬 풍부해졌다. 이때 중국의 자수품들은 이미 북방의 유목민들을 통해 초원길을 따라 유럽까지 전파되었다. 러시아 파지리크(Pazyryk)에 위치한 BC 5세기 고분에서는 자수품 안장깔개가 출토되었는데, 그 도안의 형상은 후베이성(湖北省) 장링(江陵)과 후난성(湖南省) 창사(長沙)에 위치한 전국(戰國)시대 초(楚)나라 고분에서 출토된 자수 도안의 풍격과 완전히 일치하였다. 당시 서북으로부터 중앙아시아로 통하는 길은 아직 개통되지 않았기 때문에 중국의 비단은 시베리아 부락의 중간상인들에 의해서 고대 그리스로 운송되었다. 따라서 그 가격은 거의 황금과 동등할 수밖에 없었으며, 상당히 비싼 가격임에도 불구하고 유럽인들의 많은 사랑을 받았다. 고대 그리스인들은 사(絲)를 'ser', 중국인을 'Seres', 중국을 'Serica'라고 칭하였는데, 이는 '사국(絲國)'을 의미한다. 이와 같이 비단은 줄곧 중국의 국가적 명예와 관련되어 있다.

BC 206부터 AD 220년까지의 양한(兩漢)시대는 중국의 비단공예와 비단예술의 번영기였다. 이때, 비단 제화기(提花機)의 구조와 장치의 기술은 크게 개선되어, 후한(後漢)시대의 제화루기(提花樓機)는 이미 문양 부분의 제화 잉앗실[綜綫]과 바탕 부분의 잉아[綜片]를 분리시켰으며, 서한(西漢)시대의 120섭 직기를 12섭으로 간소화하여 작업의 효율성을 크게 향상시켰다. 서한시대의 매우 얇은 견직물은 평방미터당 중량이 약 12g이었다. 후난성(湖南省) 창사(長沙) 마왕퇴 1호 서한 고분에서는 소사단의(素紗襌衣)가 출토되었는데, 길이는 160cm, 양 소매 전체길이는 195cm, 중량은 단지 48g에 지나지 않았으며, 견사(繭絲) 한 올은 11데니어(Denier)로 뭉치면 한 손으로 쉽게 쥘 수 있었다. 그 외에도 함께 출토된 가장 두꺼운 견직물인 융권금(絨圈錦)은 기융간(起絨竿)으로 파일을 만들어 직조한 후에 기융간을 뽑아내는 방법으로 지금의 융직물 직조법 원리와 동일하여 벨벳의 전신이라고 볼 수 있다. 융권금은 날실 제화와 기융간으로 만든 파일로 이루어진 직물이다. 날실은 바탕용 날실 3올과 바탕용 날실보다 굵은 파일용 날실 1올로 이루어져 있으며, 4올의 날실은 민무늬 바탕, 암화(暗花) 바탕, 문양 부분에서 모두 각각의 다른 조직변화를 나타낸다. 씨실도 바탕용 씨실과 파일용 씨실로 나누어지며, 그 중 파일용 씨실이 바로 기융간인데, 바탕용 씨실 2올마다 기융간 1올을 넣어 일정 길이를 직조한 후, 기융간을 뽑아내면 크기가 다양한 파일을 형성하여 문양이 부조감을 지닌다. 소사단의, 융권금과 같은 실례는 서한시대의 비단 기술이 이미 높은 수준에 도달하였음을 충분히 설명해 준다. 동한(東漢)시대에는 장안(長安)에서 서역까지 연결되는 길이 개통되면서 중국의 비단은 중앙아시아와 유럽으로 대량 판매되었다. 중국 신장(新疆), 칭하이(青海) 지역 및 중앙아시아와 몽고, 조선 등지에서 출토된 동한시대 직금(織錦, 채색무늬 단자)을 살펴보면, 도안의 형식은 이미 크게 발전되어, 생동적인 진기한 새와 짐승들이 산맥과 구름에 삽입되고, 상서로운 의미를 나타내는 명문(銘文)으로 도안의 빈 공간을 장식하여 한대(漢代) 자수 스타일의 독특한 풍격을 형성하였다. 명문의 내용에는 "萬世如意", "長樂明光", "昌樂", "延年益壽大宜子孫", "王后合昏(婚)千秋萬歲宜子孫", "世無呕, 宜二親, 傳子孫", "五星出東方利中國" 등이 있으며, 모두 당시 사회의 윤리관념, 가치관, 행복한 생활과 이상에 대한 추구를 반영하여, 중국의 비단이 고도의 과학기술을 갖추고, 한대 정신문화의 풍부한 의미가 축적되도록 하였다. 형식면에서는 농후한 동양의 풍격과 높은 예술성을 갖추었다는 것을 알 수 있다.

주대(周代)에는 이미 염초(染草)를 대량으로 재배하여 비단을 염색하였으며, 염료를 전문 관리하는 관리(官吏)도 두었다. 한대 식물염료에는 남(藍), 천초(茜草), 홍화(紅花), 자초(紫草), 연초(研草), 황치(黃梔), 상두(橡斗) 등이 있으며, 백반(白礬), 황반(黃礬), 녹반(綠礬), 조반(皂礬), 강반(絳礬), 동회(冬灰), 여회(藜灰), 석회(石灰), 산석류(酸石榴) 등을 매염제로 사용했기 때문에 당시의 비단은 지하에 2천여 년 동안이나 매장되어 있어도 색이 변하지 않았다. 또한 한대에는 단사(丹砂), 석황(石黃), 분석(粉錫), 연단(鉛丹), 대청(大青), 공청(空青), 자석(赭石), 견운모(絹雲母), 유화연(硫化鉛) 등의 광물 염료를 사용하여 염색하였다. 납힐(蠟纈), 교힐(絞纈), 협힐(夾纈), 철판인화(凸版印花), 철판금은분인화(凸版金銀粉印花), 음양문대판알인(陰陽紋對版軋印), 철판묵선인화(凸版墨綫印花)에 붓을 사용한 채색 및 자수 등의 공예 기술을 통하여 예술적으로 정교하게 가공하였다. 6세기 중국의 양잠법(養蠶法)은 유럽으로 전파되었으며, 중국의 장식예술도 역시 서구의 예술적 특징을 흡수하였다. 6~7세기에 이르러 중국 직금(織錦)의 예술적 풍격은 이미 한대의 동세(動勢) 균형의 풍격에서 북조(北朝)와 당대(唐代)의 안정적이고 대칭적인 풍격으로 발전되었다. 당대 직금(織錦)의 조직도(組織圖) 역시 전통적인 경이중평문변화(經二重平紋變化) 조직에서 위이중사문(緯二重斜紋) 조직으로 발전되었다. 위금(緯錦)은 직물의 두께는 증가하지 않으면서 부분적으로 베틀의 북을 바꾸는 방법으로 색채를 증가시켜 직물의 실용성과 아름다움을 더해 주었다. 후세에 전해진 당대 비단은 색채가 훨씬 더 선명하고 아름다우며, 도안의 형상이 풍부하여 시정(詩情)이 넘쳐흐르고 화문(花紋) 단위가 90cm 이상인 것도 있다. 산시성(陝西省) 푸펑현(扶風縣) 법문사(法門寺) 진신보탑(眞身寶塔)의 지궁(地宮)에서 출토된 당대 비단문물을 분석해 보면, 당시에도 극히 가는 금사를 사용하여 문양을 수놓았다는 것을 알 수 있다. 요·금대(遼·金代)의 직금(織金) 직물도 흔히 발견되며, 원대(元代)에 이르러서는 직금금(織金錦)인 납석시(納石矢)가 대량으로 생산되었다. 명·청대(明·淸代)에는 매끈하면서도 반질반질한 단(緞) 조직에 금은사(金銀絲)를 감입한 장화단(妝花緞)을 직조하였는데, 그 화려함과 호화스러움은 절정에 달하였다. 문양은 그림마다 뜻이 있고 뜻마다 상서로워 형식과 내용이 모두 아름다웠다.

당대(唐代)에는 이미 소형 격사(緙絲)가 출현하였다. 남송대(南宋代)에 이르러서는 큰 불상과 유명 인사의 서예 및 세밀화를 격직(緙織)하였는데, 그 기술은 전대미문의 경지에 도달하였다고 말할 수 있다. 격사의 기본구조는 모두 평문(平紋)이며, 주로 각종 색상의 씨실을 서로 교차하여 변화하는 방식으로 도상(圖像)을 사실적으로 표현하였다. 즉, 남송대의 자수와 마찬가지로, 자수법을 변화시켜 서예와 회화의 색채를 자수품에 매우 완벽하게 표현하였는데, 그 기예가 입신의 경지에 이르렀다. 또한 격사(緙絲)는 작은 북을 이용해 각종 창색법(戧色法)으로 이미지를 직조하였는데, 격사의 북과 자수법은 화가가 마치 붓을 사용하는 것과 같아 직수(織繡) 예술의 창조라고 할 수 있다. 이와 같이 과학기술적인 방법 외에도 예술적 사고력 또한 필요하기 때문에 중국인들의 마음과 지혜의 꽃을 개방하여 전 세계로 전파될 수 있었으며, 아름다운 세상을 위해 커다란 공헌을 하게 되었다.

필자는 40여 년 동안의 비단공예 연구에 종사하면서 비단공예사의 주요 핵심을 깊이 체득하게 되었는데, 첫째는 직기(織機) 기구와 제화기(提花機)의 구조와 제화장치의 발전 수준, 둘째는 견직물 조직 설계의 역사적 발전, 셋째는 직물 도안 설계의 역사적 상황, 넷째는 염색과 자수 기술의 발전이다. 상술한 4가지 문제를 분명하게 이해한 후, 중국의 비단 과학기술과 예술의 발전과정도 역시 쉽게 이해하였다. 비단의 과학기술 발전 변화주기는 비교적 길다고 할 수 있는데, 직기 기구를 예로 들면 원시 거직기(踞織機)에서 평직기(平織機)로 발전하기까지는 수천 년이라는 시간이 걸렸으며, 평직기의 기초 위에서 제화장치를 추가하여 제화루기(提花樓機)로 발전하는 데에도 역시 수백 년이라는 시간이 필요했다. 그러나 그 시간 동안에도 견직물의 종류와 도안의 창조는 오히려 중단된 적이 없었다. 필자는 이와 같은 인식의 바탕 위에서 중국 고대 비단공예의 발전을 연구하여 각 시대의 견직물 조직과 도안의 변화를 파악하는 것은 특히 중요한 의의가 있다고 생각한다. 본서는 역사적 흐름에 근거하여 상술한 사고의 맥락을 바탕으로 역대의 대표적인 비단 문물을 선정하여 문직학(紋織學), 도안학(圖案學), 기직학(機織學)의 각도에서 중국 고대의 전통적인 비단공예에 관하여 연구·토론하였다. 서술의 편리함과 좀 더 쉬운 이해를 돕기 위해 본서는 문물 사진을 대량으로 수록하였다. 실제로 문물을 분석·연구하는 과정에서 제작한 직물의 구조 분석도와 문양 복원도를 대조하여 상세하고 정확한 데이터를 첨부한 후 자세한 설명을 덧붙였다. 이러한 사진과 설명에 따라 해당 문물에 관한 진일보한 분석과 연구를 진행하고, 심지어는 과학적으로 복제할 수도 있을 것이다. 제화기(提花機)의 구조와 장치, 격사(緙絲)의 창색(創色) 방법, 공작우선(孔雀羽綫) 등 와이어로드 제조법, 자수법 등 과학기술 발전의 전반적인 과정에 관하여 독자들이 쉽게 이해할 수 있도록 본서는 시대적 경계에 제한을 두지 않았으며 적절한 순서에 따라 자세하게 서술하였다. 이러한 내용이 다른 비단 역사 관련 저서들과는 다른 부분으로 본서에 수록된 비단 종류의 조직 구조도는 모두 필자가 실제로 문물을 측량하여 제작한 것들이다. 이러한 조직도를 제작할 당시에는 회화에서 사용되는 투영법과 해부법을 흡수하여 직물의 내외층 조직의 구조를 형상적으로 나타냈다.

중국이 잠상(蠶桑)과 직물 직조의 발명으로부터 유럽의 산업혁명에 이르는 오랜 기간 동안, 중국의 비단공예는 줄곧 세계 속에서 선두자리를 차지하였다. 19세기 말에 이르러서야 비로소 세계에 잠상업계가 출현하게 되면서 중국과 경쟁할 수 있었다. 최근 20년 동안 중국은 개혁개방의 정책하에서 모든 업계가 번영하였으며, 현재 신속하게 발전하는 최첨단 과학기술도 미래의 생산력 발전에 있어 거대한 잠재력을 제공하였다. 이러한 배경은 역사를 다시금 되새기고 미래에 대한 투지를 북돋워 주는 계기가 되었다. 따라서 중국의 비단공예는 새로운 세기에는 분명히 새로운 바람을 일으켜 아름다운 인류생활을 위해 커다란 공헌을 할 수 있으리라 굳게 믿는다.

본서의 출판에 있어 전공분야에서 지도해 주신 선총원(沈從文) 교수님, 차이페이(柴扉) 교수님, 팡쉰친(龐薰琹) 교수님, 장딩(張仃) 교수님, 샤나이(夏鼐) 교수님, 왕루오위(王若愚) 교수님, 주쟈푸(朱家潽) 교수님, 스수칭(史樹靑) 교수님, 저우링자오(周令釗) 교수님, 왕윈솬(王芸軒) 교수님께 진심으로 감사드린다. 그리고 전공분야에서 우리를 지지하고 많은 도움을 준 왕쫭무(王莊穆), 자오청쩌(趙承澤), 천징례(陳景烈), 진춘롱(金純榮), 가오한위(高漢玉), 양신(楊新), 샤오옌이(肖燕翼), 메이쯔챵(梅自强), 쉰허칭(孫和淸), 싱성위안(邢聲遠), 리훙성(李鴻勝), 딩즈핑(丁志平), 왕인란(汪印然), 차이쮀이(蔡作意), 구원샤(顧文霞), 첸샤오핑(錢小萍), 우핑(嗚平), 웨이위칭(魏玉淸), 주슈란(朱秀蘭), 장둔성(張囤生), 리훙(李紅), 왕빙후와(王炳華), 무순잉(穆舜英), 쉬신궈(許新國), 황한지에(黃漢傑), 슝촨신(熊傳新), 펑하오(彭浩), 천다장(陳大章), 리즈탄(李之檀), 리당치(李當岐), 한진커(韓金科), 저우리런(周迪人), 저우웨이(趙惟), 차오펑(趙豐), 쉐옌(薛雁), 후쉐이(胡陲), 중둥창(宗同昌), 장핑(張平), 황강(黃鋼), 하오옌란(郝燕嵐), 왕롄하이(王連海), 양더푸(楊德福), 자오밍(趙明) 등 친한 동료들에게도 감사의 마음을 전하고 싶다. 해외에 계신 취즈런(屈志仁) 선생, 후아이더(華以德) 여사(Ms. Anne Wardwell), 허신스(賀祈思) 선생(Mr. Chris Hall), 뤄칭치(羅淸奇) 여사, 루바이(陸柏) 선생께도 감사의 말씀을 전한다.

저희에게 도움을 주신 다음의 모든 기관에도 진심으로 감사드린다.

베이징(北京) 고궁박물원, 중국역사박물관, 타이베이(臺北) 고궁박물관, 딩링(定陵)박물관, 칭화(淸華)대학 미술학원, 문물출판사, 신장(新疆)문물고고학연구소, 신장(新疆)위구르자치구박물관, 칭하이성(淸海省)문물고고학연구소, 산시성(陝西省) 푸펑현(扶風縣) 법문사(法門寺)박물관, 간쑤성(甘肅省)박물관, 허난성(河南省)박물관, 후베이성(湖北省) 징저우(荊州)박물관, 후난성(湖南省)박물관, 푸젠성(福建省)박물관, 장시성(江西省) 더안현(德安縣)박물관, 중국비단박물관, 쑤저우(蘇州)비단박물관, 쑤저우자수예술박물관, 난징(南京)박물관, 난징운금(雲錦)예술연구소, 중국고대비단문물복제센터, 전장시(鎭江市)박물관, 산둥성(山東省) 저우현(鄒縣)박물관, 랴오닝성(遼寧省)박물원, 네이멍구자치구(內蒙古自治區) 바린우기(巴林右旗)박물관, 저장성(浙江省)도서관, 장쑤성(江蘇省) 난퉁시(南通市)박물관, 샹강(香港)예술관, 오스트리아 국가박물관, 오스트레일리아 시드니동력박물관, 러시아 상트페테르부르크 에르미타주박물관, 미국 뉴욕 메트로폴리탄예술박물관, 미국 클리블랜드미술박물관.

마지막으로 중국방직출판사에서는 본서를 국가중점도서출판기획에 포함시키고, 칭화(淸華)대학 미술학원에서는 895과학연구프로젝트로 선정하여 중점도서로서 국가과학기술저작출판재단의 지원을 받아 출판하게 된 것에 대하여 깊은 감사를 드린다. 특히, 왕룬안(王潤安)과 왕원하오(王文浩) 전 부사장님들, 정춘(鄭群) 편집장님과 판선(範森) 편집자님이 직접 원고 심사를 하고 적지 않은 오류를 수정해 주어 순조롭게 출판하게 된 것에 대해 진심으로 감사드린다.

필자의 제한된 견문으로 인해 누락 부분이나 착오가 있을 수 있으니 삼가 독자 여러분의 질정(質正)을 바란다.

2001년 8월 베이징에서
황넝푸(黃能馥), 천좐좐(陳娟娟)

목차

제1장
선사(先史)시대

제2장
하·상·서주
(夏·商·西周)시대

제3장
춘추전국
(春秋戰國)시대

아득히 먼 옛날 중화문명이 싹트기 시작하면서, 비단은 중국 선조들의 미적 추구를 보여주는 중요한 단서가 되었다. 황제(黃帝)의 아내인 누조(嫘祖)가 누에를 길러 실을 뽑아냈다는 신화는 길고 긴 역사의 흐름 속에서 그 매혹적인 빛을 여전히 발하고 있다. 비단은 사람의 마음을 휘어잡는 매력으로 중화민족이 세계문명의 보고에 공헌한 찬란하고도 귀중한 보물이 되었다. 절강성(浙江省) 여요시(餘姚市) 하모도진(河姆渡鎭)에 위치한 6천9백 년 전의 유적지에서 발굴된 직기(織機) 기구의 부품과 잠문(蠶紋)이 장식되어 있는 상아그릇, 산서성(山西省) 하현(夏縣) 서음촌(西陰村) 회토령(灰土嶺)에서 발굴된 5천6백~6천 년 전에 인위적으로 자른 누에고치 반쪽, 요녕성(遼寧省) 사과둔(沙鍋屯) 앙소문화(仰韶文化) 시대의 석잠(石蠶), 산서성(山西省) 예성(芮城) 서왕촌(西王村) 앙소문화 말기 유적지에서 발굴된 도잠용(陶蠶蛹), 하남성(河南省) 형양시(滎陽市) 청태촌(靑台村) 앙소문화 유적지에서 발굴된 5천5백 년 전의 견직물 잔편(殘片), 절강성(浙江省) 오흥구(嗚興區) 전산양(錢山漾)에서 발견된 4천7백 년 전의 견직물 …… 6~7천 년 전에 출토된 이러한 문물들은 모두 누에에 대한 중국인들의 무술(巫術) 숭배를 담고 있는 동시에 상고(上古)시대에도 잠사(蠶絲)를 이미 사용하였다는 사실을 증명해 주었다.

제1장

선사(先史)시대

1. 세계 문명에 기여한 중국인의 비단

일찍이 BC 6~7세기에 중국의 비단은 이미 서북의 초원길을 따라 유럽까지 전파되었다. 고대 그리스 역사학자 헤로도토스(Herodotos)에 따르면, 당시 그리스 상인들은 BC 6~7세기에 중국의 국경지대까지 도착한 적이 있으며, 그리스어 '견(絹, Seres)'으로 중국[Serica]을 칭했다고 한다. 또한 BC 5세기 그리스 역사학자 크테시아스(Ctesias)는 『사지서(史地書)』에서 "세레스인의 신장은 20피트에 달하며 수명은 200살을 넘는다"라고 칭송하면서 중국에 대한 아름다운 동경을 가득 표현하였다.

2. 의생활 중 가장 우수한 방직(紡織) 원자재 비단

고대 사람들의 의생활은 대체적으로 독특한 특색을 지닌 4개의 문화권으로 구분할 수 있으며, 중국의 비단문화권, 인도의 면직물문화권, 이집트와 메소포타미아의 아마포(亞麻布)와 양모(羊毛) 직물문화권, 남미의 칠레 및 에콰도르 등지의 양모(羊毛), 수모(獸毛), 면화(棉花) 직물문화권이 포함된다. 이와 같이 각각의 스타일을 지닌 수많은 방직문화 중에서 중국의 비단은 독특한 예술적 매력으로 세계 각국 사람들의 높은 평가를 받았다. 고대 로마 귀족들은 중국 비단을 구매하기 위해서 국고의 낭비를 초래하기도 하였으며, 심지어는 페르시아와의 전쟁도 서슴지 않았다. 고대 아시아의 각국 황제들도 연이어 중국에 사절단을 파견하여 견직물과 의포(衣袍)를 선사해 줄 것을 요청하기도 하였다. 한편 독일의 지리학자 리히트호펜(Richthofen)이 중국 서북으로부터 중앙아시아로 통하는 길을 '실크로드'라고 명명하자 동서양의 학술계도 이를 바로 받아들였다.

3. 비단 기원 관련 신화

비단이 언제 기원하였는가는 사람들이 상당히 관심을 가지고 있는 문제이다. 원시사회 사람들은 강대한 자연의 힘을 숭배하여 항상 사람들을 행복하게 해주는 중대한 창조발명을 신의 은혜와 관련지어 생각했다. 또한 백성들을 이끌고 나가 강한 적수를 물리치고 어려움을 극복하여 사람들을 행복하게 해주는 부족의 지도자 역시 신의 대표라고 간주하였다. 중국 신화에서도 잠사(蠶絲) 발명의 공로를 모두 황제에게로 돌리고 있으며 봉건사회 중·후기에 이르러 양잠은 황제의 정비 서릉씨(西陵氏) 누조(嫘祖)의 발명에서 유래된 것이라고 전해지고 있다. 고대 사천(四川)은 원래 잠총씨(蠶叢氏)의 고향으로 촉(蜀)나라라고도 칭했다. '蜀(촉)' 자는 상형문자로 고치 짓는 누에를 본뜬 글자이다. 『한당지리서초(漢唐地理書鈔)』와 『수신기(搜神記)』에는 모두 '마두낭랑(馬頭娘娘)'과 관련된 신화가 기록되어 있는데, 소녀가 변하여 누에가 되었다고 기술하고 있다. 신화에 따르면 소녀의 부친이 사람들에게 잡혀가게 되었는데, 아내는 남편을 그리워하는 절박한 마음에 그를 무사히 구해오는 자에게 딸과의 혼인을 허락하겠다는 소원을 빌었다. 집안에 있던 말이 그 이야기를 듣고서 고삐를 풀고 어디론가 쏜살같이 뛰어나가더니, 수일 후에 말은 남편을 구해 집으로 데려왔다. 그 후, 말은 딸을 보기만 하면 계속 으르렁거렸고 소녀의 부친은 말을 죽인 다음 그 가죽을 문 밖에 널어 말렸다. 어느 날, 소녀가 문 밖에서 놀고 있었는데 갑자기 한바탕 광풍이 불어와 가죽이 휘날리더니 소녀를 감싼 채 하늘로 날아가 버렸다. 그런 일이 있은 지 10일 후, 그 딸이 말가죽을 휘감고 큰 뽕나무 위에 앉아 누에 모습으로 잎사귀를 갉아 먹으면서 실을 뽑아내고 있는 것을 보게 되었는데 후대 사람들은 그녀를 '마두낭랑'이라고 불렀다.[1][2] 이 이야기는 비록 황당하지만 당시 사람들의 생활, 사상, 감정, 희망 등을 잘 반영하고 있다.

4. 비단 기원의 고고학적 성과

신화는 현실생활에서 파생되는 것이기는 하지만 믿을 수 있는 사실은 아니다. 따라서 비단 기원의 과학적 증거는 고고학적 성과로부터 유래된다. 1984년 하남성(河南省) 형양시(滎陽市) 청대촌(靑臺村) 앙소문화(仰韶文化) 유적지에서 중국 북방에서 발견된 견직물 중 가장 오래된 것으로 보이는, 지금으로부터 약 5천5백 년 전의 견직물 잔편(殘片)이 출토되었다(그림 1-1). 1958년 절강성(浙江省) 오흥구(吳興區) 전산양(錢山漾)의 신석기시대 유적지에서는 약 4천7백 년 전의 견직물이 출토되었는데, 이는 중국 남방에서 발견된 문물 중 온전하게 보존되어 있는 가장 오래된 견직물이다. 그중에는 아직 연소되지 않아 다소 황갈색을 띠고 있는 길이 2.4cm, 너비 1cm에 달하는 견(絹) 잔편이 포함되어 있다(그림 1-2). 또한 이미 연소되기는 하였지만 어느 정도 고유한 성질이 남아 있는 명주 끈, 견사(繭絲) 등도 있다. 정밀검사를 통해 원료는 가잠사(家蠶絲)이며 견(絹) 잔편은 평문(平紋)조직임이 밝혀졌다. 또한 날실과 씨실의 각 밀도는 52올/cm과 48올/cm로 이는 현재 생산되고 있는 H11153 하보타이[電力紡]의 밀도에 가깝다는 사실도 발견했다. 이는 4천7백 년 전에 중국은 이미 비교적 정교한 잠사를 뽑아 직조하는 기술을 보유하고 있었다는 것을 증명한다.[3][4] 그 외에도 1921년 앤더슨(J. G. Andersson)이 요녕성(遼寧省) 사과둔(沙鍋屯) 앙소문화 유적지에서 길이가 몇 cm에 이르는 대리석 누에 모양의 장식품을 발견하였는데 이시다 에이이치로(石田英一郎)가 『잠상기원(蠶桑起源)』 고증에서 석잠(石蠶)임을 확인하였다(그림 1-3). 1960년 중국과학기술원 고고학연구소는 산서성(山西省) 예성(芮城) 서왕촌(西

王村) 앙소문화 말기 유적지[5]에서 길이 1.8cm, 너비 0.8cm의 여섯 마디로 구성된 도잠용(陶蠶蛹)를 발견하였다(그림 1-4). 1977년 절강성(浙江省) 여요시(餘姚市) 하모도촌(河姆渡村)에서 발굴된 약 6천9백 년 전의 신석기 유적지에서는 경축(經軸), 제종간(提綜杆), 타위도(打緯刀), 권포축(捲布軸) 등 원시 직기기구 부품과 잠문(蠶紋)이 새겨진 상아그릇이 출토되었다(그림 1-5).[6] 이와 같은 잠형(蠶形) 장식품들은 6~7천 년 전에 중국인이 이미 누에를 숭배하고 있었으며 노비사회에 이르러 잠신(蠶神)을 숭배하는 풍속으로 변화되었다는 것을 보여준다.

▲ 그림 1-1 신석기시대 교직(絞織) 견직물(잔편)
1984년 하남성 형양시 청대촌(河南省 滎陽市 靑台村) 앙소문화(仰韶文化) 유적지에서 출토

▲ 그림 1-2 신석기시대 견직물(잔편)
1958년 절강성 오흥구 전산양(浙江省 吳興區 錢山漾) 신석기 유적지에서 출토

▲ 그림 1-3 대리석잠(大理石蠶)
1921년 요녕성 사과둔(遼寧省 沙鍋屯) 앙소문화 유적지에서 출토

▲ 그림 1-4 도잠용(陶蠶蛹)
1960년 산서성 예성시 서왕촌(山西省 芮城市 西王村) 앙소문화 유적지에서 출토

▲ 그림 1-5 6천9백 년 전 잠문(蠶紋)이 새겨진 상아그릇
1977년 절강성 여요시 하모도촌(浙江省 餘姚市 河姆渡村) 신석기 유적지에서 출토

1926년 중국의 고고학자 이제(李濟)는 산서성(山西省) 하현(夏縣) 서음촌(西陰村) 회토령(灰土嶺)에 위치한 약 5천6백~6천 년 전의 신석기 유적지에서 인위적으로 자른 누에고치 반쪽을 발굴하였다(그림 1-6). 그 껍질의 길이는 약 1.36cm, 너비는 약 1.04cm에 달했다. 곤충학자 류충러(劉崇樂)는 이를 뽕나무 누에고치라고 감정하였으며,[7] 일본의 학자 후메준로(布目順郎)는 상황견(桑蟥繭, Rondotia menciana)이라고 여겼다.[8]

상술한 각 지방에서 출토된 자료를 종합해 보면, 6~7천 년 전 중국의 선조들은 일찍이 누에와 잠사(蠶絲) 사용에 대하여 주시하기 시작했다는 사실을 알 수 있다.

중국은 땅이 넓고 자원이 풍부하다. 6~7천 년 전 중국의 황하(黃河)와 장강(長江) 유역에는 집누에 자원이 널리 퍼져 있었다. 중국은 예로부터 고인류가 거주했던 지역으로 지금으로부터 170만 년 전, 원모(元謀) 원인(原人)은 일찍이 불 사용법을 발명하였으며 석영석(石英石)으로 괄삭기(刮削器) 등의 공구를 도구로 제작하였다. 또한 4만 5천 년 전, 요녕성(遼寧省) 해성(海城) 소고산(小孤山) 유적지에서는 골침(骨針)과 천공된 짐승 이빨과 조가비가 발견되었다. 1만 8천 년 전(일부 전문가들은 2만 5천 년 전이라고 재측정)의 산정동인(山頂洞人) 시대에 이르러서는 골침을 사용하여 수피(獸皮) 의복을 봉제할 수 있었으며 짐승뼈, 이빨, 청어 상안골(上眼骨), 조가비, 조약돌 등에 구멍을 뚫고 실로 꿰어 장식품

▲ 그림 1-6 5천6백~6천 년 전 누에고치
1926년 산서성 하현 서음촌(山西省 夏縣 西陰村) 회토령(灰土嶺)에서 출토(하단 그림: 복원도)

을 만들 수 있었다. 또한 적철석(赤鐵石)을 곱게 갈아 만든 붉은색 분말을 장식품에 칠하였으며 문신으로도 사용하여 정신세계의 미적 욕구를 풍부하게 충족시켰다. 지구는 한 차례의 혹독한 대리(大理) 빙하기를 거친 후, 역사는 신석기 모계 씨족이 번영하는 시대로 접어들며 중국 여성들은 채집, 도기 제작 및 방직노동에 종사하기 시작하였고 방직물을 사용하여 의류를 봉제하였다. 여성들은 자신의 지혜, 대담한 예술적 구상으로 채도문화를 대표하는 아름다운 역사의 새로운 장을 장식했다. 인류가 의복을 창조한 후, 신체에 그렸던 문양들이 점차적으로 옷에 의해 가려지게 되면서 문신의 문양은 자연스럽게 복장으로 이동하게 되었다. 감숙성(甘肅省) 진안(秦安), 영정(寧定) 등지에서는 복식문양이 그려져 있는 인형 채도기(彩陶器)가 출토되었다(그림 1-7~1-11). 복식문화 방면에서는 옥석(玉石) 장식품, 견사(繭絲), 마직물(麻織物)의 발명을 밑바탕으로 중화민족의 복식문화 풍격을 창조하기 시작하였다. 1952년 서북 문물정리팀이 서안시(西安市) 반파(半坡)에서 발굴한 약 7천 년 전의 도자기 수백 점의 밑부분과 손잡이에서는 당시 편직물의 흔적이 발견되었다. 이는 자기를 굽기 전에 편직물 위에 놓았다가 남겨진 흔적으로 보이며 편직법으로는 평문(平紋), 위향사문(緯向斜紋), 경향사문(經向斜

紋), 이향사문(異向斜紋), 단경교사(單經絞紗), 쌍경교사(雙經絞紗) 등이 포함되어 있다(그림 1-12~1-17).[9] 강소성(江蘇省) 오현(吳縣) 초혜산(草鞋山) 신석기 유적지에서도 교직(絞織)과 날실 요편법(繞編法)으로 회문(回紋)과 조문암화(條紋暗花)를 직조한 갈포(葛布)가 출토되었다(그림 1-18). 이러한 편직법들이 반드시 잠사(蠶絲)를 원료로 사용했다고 확신할 수는 없지만 각종 편직법의 발명은 모두 중국 고대 비단 종류의 발전에 있어서 기술적 바탕이 되었으며, 게다가 채도(彩陶) 문양의 묘사는 비단의 수회(手繪)와 자수를 위한 전제 조건을 마련해 주었다.

비단은 인류의 의생활에 다채로움을 더해 주었으며 문학, 무용, 미술, 시가의 내용과 표현방법도 역시 풍부하게 해주었다. 잠사 섬유의 특징이라고 할 수 있는 부드럽고 매끌매끌한 외관과 초강력 신축성, 장력 및 그 보온성은 중국 여성들의 '외유내강(外柔内剛)'의 자질과 조화를 이룬다. 이것이 아마도 중국 선조들이 수많은 천연섬유 가운데 유독 잠사에 대해 각별한 애정을 보이는 내재적 원인일지도 모른다.

비단은 중국 선조들이 노동과 지혜, 예술적 영혼으로 가꾸어낸 꽃으로 인류문명에서 특별한 광채를 영원토록 발산할 것이다.

(1)　　　　(2)

▲ 그림 1-7 선사시대 마가요형(馬家窯型) 인형 채도기(彩陶器)(모사)
(1) 1973년 감숙성 태안시 대지만(甘肅省 秦安市 大地灣)에서 출토된 채도병(彩陶瓶). 이 인형은 머리를 풀어헤치고 화궤의(畫繢衣)를 입었다.
(2) 감숙성 임도현(臨桃縣)에서 출토된 채도표(彩陶瓢)

▲ 그림 1-8 선사시대 반산형(半山型) 인형 채도기(彩陶器)(모사)
감숙성 영정현(甘肅省 永靖縣)에서 출토. 얼굴에 문신을 하고 화궤의(畫繢衣)를 입었다.

▲ 그림 1-9 선사시대 반산형(半山型) 채도기(彩陶器)의 인수(人首) 뚜껑(모사)
감숙성 영정현(甘肅省 永靖縣)에서 출토. 스웨덴극동고품박물관 소장
높이 13cm
선사시대 사람들의 문신(文身) 풍습을 반영하고 있다. 좌측 그림은 사람의 뒤통수이고 양쪽에는 각계(角髻)가 있으며 중앙에는 구불구불한 뱀 모양의 동물이 있다.

▲ 그림 1-10 선사시대 반산형(半山型) 인형 채도기(彩陶器)(모사)
감숙성 영정현(甘肅省 永靖縣)에서 출토. 화궤의(畫繢衣)를 입은 노인

▲ 그림 1-11 선사시대 반산형(半山型) 인형 채도관(彩陶罐)(모사)
1988년 감숙성 옥문시 화소구(甘肅省 玉門市 火燒溝) 신석기시대 유적지에서 출토. 화궤(畫繢)치마를 입고 앞이 뾰족한 신을 신었다.

▲ 그림 1-12 7천 년 전 도자기 위의 평문
(平紋) 편직물 잔흔
서안시 반파촌(西安市 半坡村) 출토물의 모
사본

▲ 그림 1-14 7천 년 전 도자기 위의 경향
사문(經向斜紋) 편직물 잔흔
서안시 반파촌(西安市 半坡村) 출토물의 모
사본

▲ 그림 1-17 7천 년 전 도자기 위의 쌍경교사
(雙經絞紗) 직물 잔흔
서안시 반파촌(西安市 半坡村) 출토물의 모사본

▲ 그림 1-13 7천 년 전 도자기 위의 위향
사문(緯向斜紋) 편직물 잔흔
서안시 반파촌(西安市 半坡村) 출토물의 모
사본

▲ 그림 1-15 7천 년 전 도자기 위의 이향
사문(異向斜紋) 편직물 잔흔
서안시 반파촌(西安市 半坡村) 출토물의 모
사본

▲ 그림 1-16 7천 년 전 도자기 위의 단경
교사(單經絞紗) 직물 잔흔
서안시 반파촌(西安市 半坡村) 출토물의 모
사본

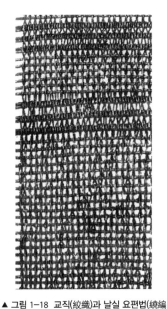

▲ 그림 1-18 교직(絞織)과 날실 요편법(繞編
法)으로 직조한 회문(回紋) 및 줄무늬 암화
(暗花) 갈포(葛布)
강소성 오현 초혜산(江蘇省 吳縣 草鞋山) 신석
기 유적지에서 출토
남경(南京)박물관에서 복제

참고문헌

[1] (淸)王謨. 漢唐地理書鈔. 中華書局, 1961

[2] (東晉)干寶. 搜神記. 卷十四

[3] 吳汝祚. 從錢山漾等原始文化遺址看社會分工和私有制的産生. 考古, 1975(5)

[4] 浙江省文物管理委員會, 浙江省博物館. 錢山漾遺址第一, 第二次發掘報告. 考古學報, 1960(2)

[5] 中國科學院考古研究所. 山西芮城西王村仰韶文化晚期遺址發掘報告. 考古學報, 1973(1)

[6] 河姆渡考古隊. 浙江河姆渡遺址第二次發掘主要收獲. 文物, 1980(5)

[7] 李濟. 西陰村史前的遺存. 淸華研究叢書, 1927: 22

[8] (日)布目順郎. 養蠶的起源和古代絹. 雄山閣, 1979

[9] 中國科學院考古研究所. 西安半坡. 北京: 文物出版社, 1963. 9

BC 21세기 하대(夏代) 궁궐에는 이미 누에를 치는 여공이 있었다. 상대(商代) 초기에는 여관(女官)을 설치하여 잠상(蠶桑) 생산을 관장하였으며, 성대한 잠제(蠶祭)도 뒤를 이어 출현하였다. 주대(周代)에는 많은 종류의 누에를 치고 뽕나무를 재배하기 시작했으며 왕후가 직접 누에를 치는 것이 제도화되었다. 정부에서는 누에치기, 뽕나무 재배와 방직 및 복식을 관장하는 전문 부서와 관리를 두었으며, 비교적 가는 잠사(蠶絲)의 굵기를 계산하는 단위를 사용하기 시작하였다. 하·상·주대(夏·商·周代)에는 평문완(平紋紈), 추문연(縐紋研), 평문변화화기(平紋變化花綺), 다채화금(多彩花錦), 삼매중경경금(三枚重經經錦) 및 쇄수변자고수법(鎖繡辮子股繡法)과 수회(手繪)와 결합한 금수(錦繡)도 연이어 출현하였다. 염색가공도 '화(畫)', '궤(繢)', '종(鍾)', '광(筐)', '황(幌)' 등 5종류로 세분화되었다. 염색공예에서는 식물염료를 사용하여 염색하는 초염(草染)과 접착제로 붙여 염색하는 석염(石染)이 출현하였다.

제2장

하·상·서주
(夏·商·西周) 시대

1. 하 · 상 · 서주(夏 · 商 · 西周)시대의 잠상(蠶桑) 생산

중국인들은 6천여 년 전 잠상 기술을 발명한 후, 약 2천 년이라는 긴 세월을 지나 BC 21세기인 하대(夏代)에 이르렀다. 역사서 『하소정(夏小正)』에 따르면, "3월에 뽕나무를 잘 키우고 …… 여인과 아이들은 누에를 치고 잠실에서 기른다네(三月攝桑 …… 妾子始蠶, 執養宮事)"라는 기록이 있다. 상대(商代)에는 탕왕(湯王) 7년에 대가뭄이 들자 탕왕은 친히 뽕나무 숲에서 기도를 드렸다. 또한 상대에 '여잠(女蠶)'이라고 불리는 여관(女官)을 두어 잠상 생산을 관리하도록 하였다.[1] 잠신(蠶神)에 대한 제례의식은 매우 성대하여 양 3쌍 또는 소 3마리를 제물로 바치거나 어떤 경우에는 강(羌, 노예)을 제물로 삼기도 하였는데, 이는 원시사회의 잠(蠶)에 대한 무술(巫術) 숭배 풍속이 발전되어 온 것이다.[2] 상대의 복사(蔔辭)에서는 잠상에 관한 기록이 흔히 보이며 잠문(蠶紋)은 청동기 문양 장식의 제재로, 옥잠(玉蠶)은 부장품의 용도로 쓰였다(그림 2-1, 2-2). 주대(周代)에 이르러서는 보편적으로 산, 산기슭, 택지 및 대단위의 뽕나무밭에 뽕나무를 심었다. 이는 『시경(詩經)』의 용(鄘), 위(衛), 정(鄭), 위(魏), 당(唐), 진(秦), 조(曹), 빈(豳) 등의 풍(風) 및 대아(大雅), 소아(小雅), 주송(周頌), 노송(魯頌)에서도 찾아볼 수 있다. BC 11세기 주(周)왕조는 '왕후친잠(王后親蠶)' 제도를 제정하여 매년 음력 2월이 되면 왕후와 후궁들이 궁궐에서 손재주가 있는 부녀자들을 데리고 왕가의 잠상보관소에 가서 누에알을 씻기고 누에 수정란을 청결하게 해주었다. 3월 초하루(음력)에 누에를 치기 시작하였으며 채취한 뽕잎을 물로 깨끗이 씻어 바람에 말린 후에 누에에게 먹였다. 주대에는 관청에서 방직생산을 통제하였으며 천관(天官)에서는 '전부공(典婦功)', '전사(典絲)', '전시(典枲)', '염인(染人)' 등의 하급 관리를 두었다. 또한 지관(地官)에서는 '장갈(掌葛)', '장염초(掌染草)' 등의 관리를 두어 방직원료, 염료, 방직, 표백, 염색, 의류 제작 등의 업무를 관리하도록 하였다.

▲ 그림 2-1 상(商) 청동기 위의 잠문(蠶紋)(탁본)

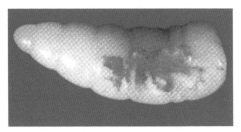

▲ 그림 2-2 서주(西周) 옥잠용(玉蠶蛹)
섬서성 보계시(陝西省 寶鷄市) 여가장(茹家莊) 서주묘(西周墓)에서 출토

잠사(蠶絲)를 누에고치에서 뽑아내어 실의 굵기를 균일하게 유지한다는 것은 매우 세밀한 작업이다. 누에고치에서 뽑아낸 생사의 길이는 8백~1천 미터에 달하며 양 끝은 가늘고 중간 부분은 굵다. 누에고치에서 실을 뽑을 때, 먼저 누에고치를 온수에 담가 세리신(sericin)을 용해시킨 후 계속 휘저어 실 머리를 건져 실패에 감는다. 누에고치의 실을 절반 이상 뽑아냈을 때, 담가두었던 물에 새로운 누에고치를 다시 넣어 누에고치의 실 끝을 건져 앞에 이미 뽑아놓은 실과 연결한다. 이와 같이 굵기가 균일한 타래가 될 때까지 하나하나 실을 뽑아 연결하는 과정을 반복한다. 섬서성(陝西省) 지산(岐山) 서주묘(西周墓)에서 출토된 자수 문물을 측정해 보면, 당시 견(絹)과 백(帛) 직조에 사용된 견사(繭絲)는 일반적으로 굵음, 보통, 가늠 3종류가 있었으며 각각 굵은 것은 21개의 누에고치 견사를 뽑아 이루어진 것이며, 보통 굵기는 18개의 누에고치 견사를 합한 것이고, 가는 것은 14개의 누에고치 실을 합한 것이다. 자수에 사용되는 견사는 훨씬 굵은 것으로 보통 50개의 누에고치 실을 뽑아 합한 것이다. 고대에는 잠사(蠶絲)의 굵기 계산에 적용되는 엄격한 단위 기준이 있었다. 『시전명물집람(詩傳名物集覽)』에 따르면, 누에고치가 토한 것을 홀(忽), 10홀은 사(絲), 5사는 섭(níe), 10사는 승(升), 20사는 함(緘), 40사는 기(紀), 80사는 종(緵)이라고 한다. 이 중에서 '홀'은 중국 고대의 극히 작은 길이 계산 단위이다. 10홀은 1사이고, 10사는 1호(毫)이다. 환산해 보면, 직경이 1홀인 잠사의 굵기는 0.07특(特, 0.8데니어)에 해당된다.

2. 상 · 주(商 · 周)의 비단과 직금(織錦)

하북성(河北省) 고성(藁城) 대서촌(台西村) 상대(商代) 유적지에서 출토된 청동기 위에 부착되어 있는 견직물 잔흔을 분석한 결과에 근거하면, 상대 견직물 종류로는 이미 평문(平紋)의 환(紈), 추문(縐紋)의 곡(縠), 경교직(經絞織)의 나(羅), 삼매사문(三枚斜紋) 및 평문(平紋)이 변화된 화기(花綺) 등이 포함되어 있다.[3][4] 하남성(河南省) 안양시(安陽市) 은허(殷墟)에서 출토된 상대(商代) 동월(銅鉞)과 북경(北京) 고궁박물원에 소장된 청옥곡내과(靑玉曲內戈) 위에는 회문기(回紋綺), 뇌문조화기(雷紋條花綺), 평문견(平紋絹), 2올을 합한 겸(縑) 등의 흔적이 남아 있다(그림 2-3, 2-4).[5][6] BC 11세기 서주(西周)시대에는 다채로운 제화(提花) 견직물인 '금(錦)'이 탄생하였는데, 금의 출현은 비단의 문화적 함의를 한층 풍부하게 만들었다. 비단 문직(紋織)공예는 복잡하기 때문에 상 · 주대의 간단한 기구로 금을 직조하는 것은 쉽지 않았다. 또한 '금(錦)'자는 백(帛)과 금(金)이 합쳐진 회의자(會意字)로 금값과 같을 만큼 가격이 매우 비싸다는 것을 설명해 준다. 주효왕(周孝王) 시기(BC 909~895년)의 요정(呂鼎) 명문(銘文)에는 "말 1필과 실 1묶음으로 5명의 노비와 교환할 수 있다(我既賣女五父用匹馬束絲)"라고 기록하고 있다. 또한 『시경 · 소아 · 항백(詩經 · 小雅 · 巷伯)』에는 "작은 무늬가 있으니 자개무늬 비단과 같고(萋兮斐兮, 成是貝錦)", 『시경 · 당풍 · 갈생(詩

經‧唐風‧葛生)』에는 "뿔로 장식한 베개 곱고 비단 이불 화려하네(角枕粲兮, 錦衾爛兮)", 『시경‧정풍‧풍(詩經‧鄭風‧豊)』에는 "비단옷 입고 덧옷을 걸치고, 비단치마 입고 삼베치마를 걸친다(衣錦褧衣, 裳錦褧裳)"라고 하였다. 상술한 시가들은 금(錦)의 화려함을 높이 평가하고 있을 뿐만 아니라 그 진기함을 설명하고 있다. 따라서 금의(錦衣) 겉면에 삼베옷을 덮어 보호하기도 하였다. 금(錦)과 같은 종류의 견직물이 나타나자마자 많은 사람들의 사랑을 받을 수 있었던 것은 산뜻하고 아름다운 색채와 밀접하게 관련된다.

동주(東周) 말기에 출판된 『고공기(考工記)』에 따르면, 주대(周代) 직물 염색의 직종은 '화(畫)', '궤(繢)', '종(鐘)', '광(筐)'과 '황(䏂)' 등의 5가지로 나누어진다. 그중 '광'과 '황'은 염색 전에 사백(絲帛)의 세리신을 제거하여 희게 하는 작업이다. 당시에는 신회(蜃灰), 석회(石灰), 초목회(草木灰) 등의 알칼리 또는 우물에 있는 미생물의 프로테아제(protease)를 사용하여 세리신, 납(蠟), 이물질 등을 깨끗하게 제거한 후에 염색하였다. '화'와 '궤'는 견직물에 예술적으로 한층 정교하게 가공하여 미적 감각을 훨씬 더해 주는 작업이다. 왜냐하면 당시 견직물의 제화(提花) 기술은 아직 초보 단계에 머물러 있었으므로 수회(手繪)와 자수를 이용하여 장식하였기 때문이다. 수회와 자수는 '화'와 '궤'의 2가지 작업을 통해서 완성한 것으로 낙양(洛陽) 동교(東郊)에 위치한 상대(商代)의 일부 대묘(大墓)에서 수회 문양의 휘장, 깃발 등이 자주 발견된다.[7] 1974년 섬서성(陝西省) 보계시(寶雞市) 여가장(茹家莊) 서주□백묘(西周弜伯墓)에서는 다량의 자수 견직물이 붙어 진흙에 쌓여 있는 것이 발견되었지만 아쉽게도 진흙으로부터 완전히 분리하는 것이 불가능하여 고고학자들은 자수와 진흙을 함께 파내어 표본으로 삼을 수밖에 없었다.[8] 비록 완전한 문양을 얻지는 못하였지만 자수법과 색상은 비교적 선명하

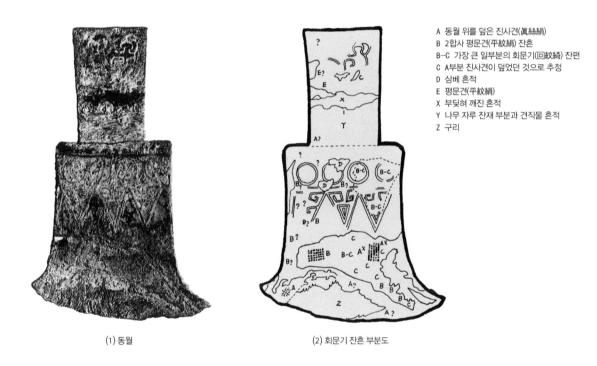

A 동월 위를 덮은 진사견(眞絲絹)
B 2합사 평문견(平紋絹) 잔흔
B-C 가장 큰 일부분의 회문기(回紋綺) 잔편
C A부분 진사견이 덮었던 것으로 추정
D 삼베 흔적
E 평문견(平紋絹)
X 부딪혀 깨진 흔적
Y 나무 자루 잔재 부분과 견직물 흔적
Z 구리

(1) 동월

(2) 회문기 잔흔 부분도

(3) 회문기 잔흔 확대도

(4) 회문기 조직 복원도

◀ 그림 2-3 상(商) 회문기(回紋綺) 흔적이 있는 동월(銅鉞)
하남성 안양시(河南省 安陽市) 은허(殷墟)에서 출토, 스웨덴극동고품박물관 소장

(1) 청옥곡내과

(2) 뇌문조화기 잔흔 확대도

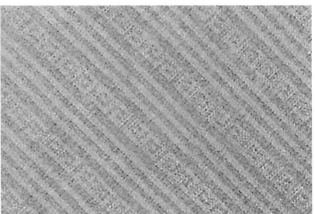

(3) 뇌문조화기 복원[소주(蘇州)비단박물관 복제]

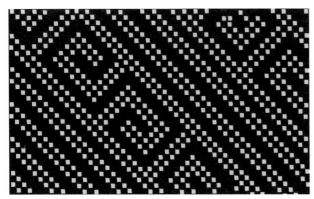

(4) 뇌문조화기 조직 복원도

(5) 뇌문조화기 문양 복원도

▲ 그림 2-1 상(商) 뇌문조화기(雷紋條花綺) 흔적이 있는 청옥곡내과(靑玉曲內戈)
　하남성 안양시(河南省 安陽市)에서 출토. 북경(北京) 고궁박물원 소장
　길이 22.2cm 너비 4.7cm 손잡이너비 3.8cm

다(그림 2-5, 2-6). 자수법은 상당히 고르고 가느다란 쇄수변자고수법(鎖繡辮子股繡法)으로 적색, 황색, 갈색, 다갈색 등 4종류의 색상을 사용하였다. 그중 적색은 주사(朱砂)로 칠하고 노란색은 석황(石黃, 즉 웅황)과 자황(雌黃)으로 칠하여 색채가 특히 화려하다. 주대(周代)에는 광물색소와 고착제를 첨가하여 염색하는 것을 '석염(石染)'이라고 칭했으며, 식물색소를 이용해서 염색하는 것을 '초염(草染)'이라고 하였다. 보계시(寶雞市) 여가장(茹家莊) 서주묘(西周墓)에서 출토된 자수 문양은 견사(繭絲)로 윤곽선을 수놓았으며 문양 안쪽에는 색을 칠하여 무늬와 바탕의 색상이 분명하게 나누어진다. 이러한 공예는 실제적으로 화궤(畫績)와 자수공예의 결합이라고 할 수 있다. 중국 원시사회에서는 일찍이 문신(文身)이 유행하였으며 신석기시대에 이르러서는 직물로 봉제한 의복에 의해 신체에 장식했던

문신이 가려지게 되었다. 따라서 이러한 문양들을 의복에 그리기 시작하면서 복식문양이 출현하게 되었다. 직물에 화궤 공정을 거친 문양은 활동 중의 마찰을 견디지 못했기 때문에 복식의 문양을 훨씬 더 견고하고 정교하게 만들기 위해서 견사로 의복에 문양을 수놓게 되었다. 이와 같이 자수공예는 시대적 요구에 의해 발생하였다. 하남성(河南省) 안양시(安陽市)에서는 상대 비단옷을 입은 석상(石像) 잔편(殘片)이 발견되었는데(그림 2-7), 상·주대 문직(紋織) 비단의 문양은 비교적 간단한 기하문(幾何紋)으로, 뇌문(雷紋), 능문(菱紋), 회문(回紋), 쌍거문(雙距紋), 구연문(句連紋) 등을 포함한다. 게다가 문양단위는 매우 작지만 화궤와 자수는 복잡한 문양을 자유롭게 표현할 수 있었으며, 문양단위의 크기에도 제한을 받지 않았다. 『시경·빈풍·구역(詩經·豳風·九罭)』의 '곤의수상(袞衣繡裳)', 『시경·당

(1) 진흙표본   (2) 문양 모사도

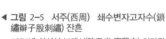

◀ 그림 2-5 서주(西周) 쇄수변자고자수(鎖繡辮子股刺繡) 잔흔
　1974년 섬서성 보계시(陝西省 寶雞市) 여가장(茹家莊) 서주□백묘(西周強伯墓)의 아내 관에서 출토

(1) 진흙표본   (2) 문양 모사도

▲ 그림 2-6 서주(西周) 쇄수변자고자수(鎖繡辮子股刺繡) 잔흔
　1974년 섬서성 보계시(陝西省 寶雞市) 여가장(茹家莊) 서주□백묘(西周強伯墓)의 아내 관에서 출토. 보계시박물관 소장
　길이 5cm 너비 13.5cm
　출처: 『중국미술전집(中國美術全集)·공예미술편(工藝美術編)·인염직수(印染織繡)』상(上) 도판3

풍・양지수(詩經・唐風・揚之水)』의 '소의주수(素衣朱繡)' 등의 시구에 반영된 바와 같이 자수공예는 이미 상・주대 귀족들이 의복을 장식하여 호화로운 생활을 과시하는 일종의 수단이 되었다. 주대(周代)의 자수는 다채로운 문양 장식을 일컫는데, 즉 『고공기(考工記)』에서 "5가지 색상이 갖춰진 것을 자수라고 한다(五彩備謂之繡)"라고 언급한 바와 같다. 화(畫), 궤(繢), 종(鍾), 광(筐), 황(幌)의 5가지 '채색작업' 중에서 화와 궤는 함께 진행되는 작업이다. 1974년 섬서성(陝西省) 보계시(寶雞市) 여가장(茹家莊) 서주□백묘(西周彊伯墓)에서는 '화'와 '수(繡)'가 서로 보완작용을 해준다. '종'이라 하는 것은 전문적으로 깃털을 염색하는 것으로 당시 깃털은 복식문화에서 중요한 장식품으로 사용되었다.[9][10]

상술한 내용을 종합해 보면, 상・주대 비단은 1차 단계에서 발전 단계로 접어드는 시기로 견직물의 종류가 다양하게 발전되었다. 당시 중간 두께 직물로는 견(絹), 백(帛), 두꺼운 직물로는 금(錦), 겸(縑), 고운 직물로는 곡(縠)이 있다. 교직물(絞織物)에는 사(紗), 나(羅), 암화(暗花) 직물에는 기(綺), 능(綾), 극히 얇은 직물에는 환(紈), 사(紗), 다채문(多彩紋) 직물에는 금(錦), 공예 심가공 직물에는 궤(繢), 수(繡) 등이 있다(그림 2-8~2-10). 비단의 종류와 심가공 공예의 발전은 중국 의복 개화의 물질적인 기초를 마련해 주어 사람들의 물질적・정신적 생활을 풍부하게 해주었을 뿐만 아니라 비단문화를 주체로 하는 중국 의복 개화는 중국 문학, 시가, 회화, 조각, 무용, 민속에 대한 형식과 그 함의에 대해서도 깊은 영향을 끼쳤다.

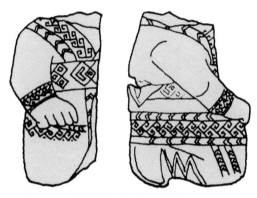

▲ 그림 2-7 상(商) 비단옷을 입은 석상(石像)(잔편)
　하남성 안양시(河南省 安陽市) 출토물의 모사본

▲ 그림 2-8 서주(西周) 경이중(經二重) 견직물
　요양시(遼陽市) 위영자(魏營子) 서주묘(西周墓)에서 출토

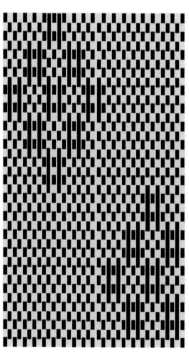

▲ 그림 2-9 서주(西周) 가사(假紗) 직물 조직도
　섬서성 보계시(陝西省 寶雞市) 여가장(茹家莊) 서주□백묘(西周彊伯墓) 출토물의 모사본

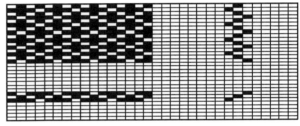

(2) 조직도

(3) 상기도(上機圖)

(1) 동검 칼자루 위의 위이중 견직물 흔적

▲ 그림 2-10 서주(西周) 동검(銅劍) 칼자루 위의 위이중(緯二重) 견직물(絹織物) 흔적
　1974년 섬서성 보계시(陝西省 寶雞市) 여가장(茹家莊) 서주□백묘(西周強伯墓)에서 출토

참고문헌

[1] 羅振玉. 殷墟書契后編. 下, 二五. 1916

[2] 胡厚宣. 殷代的蚕桑和絲織. 文物, 1972(11)

[3] 高漢玉等. 台西村商代遺址出土的紡織品. 文物, 1979(6)

[4] 王若愚. 從台西村出土的商代織物和紡織工具談當時的紡織. 文物, 1979(6)

[5] Vivi Sylwan. Silk from the Yin dynasty. 瑞典遠東古物博物館館刊, 1937(9)：119~126

[6] 陳娟娟. 兩件有絲織品花紋印痕的商代文物. 文物, 1979(12)：70~71

[7] 河南省文物管理委員會, 洛陽博物館. 1952年秋季洛陽東郊發掘報告. 考古學報, 1955(9)

[8] 李也貞等. 有關西周絲織和刺繡的重要發現. 文物, 1976(4)

[9] (春秋) 詩經·鄘, 衛, 鄭, 魏, 唐, 秦, 曹, 豳諸風及大雅, 小雅, 周頌, 魯頌

[10] (東周)周禮·考工記

[11] 黃能馥主編. 中國美術全集·工藝美術編·印染織繡(上). 北京：文物出版社, 1985

BC 8세기 비단 원료, 염료 및 교역이 한층 발전하여 제(齊), 노(魯) 일대는 비단 생산의 중심지로 급속하게 변화되었다. 비단은 고급 관료 및 거상(巨商) 등의 상층사회로부터 중상층 사회까지 진입하게 되었다. 새로운 직수(織繡)공예가 출현하면 전국 각지에서도 바로 모방하였는데 비단의 종류에는 견(絹), 제(綈), 방공사(方孔紗), 사경교라(四經絞羅), 기(綺), 채조문기(彩條紋綺), 금(錦), 조(縧), 수(繡) 등이 있다. 상품의 규격에는 엄격한 법정표준이 적용되었으며 금수(錦繡)는 일반 견백(絹帛)의 시장가격과는 15배 이상 차이가 났다. 특수괘경[特殊挂經, 경축(經軸) 외에 괘경장치를 추가하여 만든 것]으로 부침(浮沈) 조건을 변화시켜 무늬를 나타낸 기(綺)와 날실과 채색 실을 넣어 부분적으로 색상을 변화시킨 금(錦)도 출현하였다. 호북성(湖北省) 강릉현(江陵縣) 마산(馬山) 벽돌 공장 1호 전국(戰國)시대 초묘(楚墓)에서 출토된 자수의 색채는 화려하고 문양은 산뜻하면서도 아름다우며 그 함축된 의미도 매우 풍부하다. 러시아 파지리크(Pazyryk) 고분과 독일 슈투트가르트 켈트족 시대의 고분에서 출토된 전국시대 자수는 중국 비단의 강인한 생명력과 세계를 감동시킬 만한 위력을 느끼게 한다.

제3장

춘추전국(春秋戰國)시대

1. 춘추전국(春秋戰國)시대 비단 자수 개황

BC 770년, 주평왕(周平王)이 견융(犬戎)의 위협을 받아 호경(鎬京)에서 낙읍(洛邑)으로 도읍을 옮기며 중국 역사는 춘추(春秋)시대로 접어들게 된다. 원래 주왕조 봉지(封地)에 의지하여 경제를 유지했던 소국들은 철기구의 보급으로 연이어 황무지를 개간하여 농사와 함께 뽕나무를 심어 양잠(養蠶)을 발전시켰다. 토지가 비옥했던 제(齊), 노(魯) 등지의 방직원료, 염료 및 방직수공업은 신속하게 발전하여 비단이나 염류를 운영하는 일부 거상(巨商)들이 소유한 자산은 '천호후(千戶侯)'와 비교할 만하여 그들을 '소봉(素封)'이라고 불렀다. 거상들은 제후 귀족들과 마찬가지로 "음식은 반드시 밥과 고기반찬이어야 하고, 의복은 반드시 화려한 무늬와 자수가 있어야 했다." 방직품의 유통영역이 지속적으로 확대됨에 따라 제나라와 노나라 일대는 급속하게 발전하여 당시 비단 생산 중심지가 되었다. 이 일대에는 뽕나무와 삼이 온 들판에 가득하고 부녀자들은 자수에 능하여 각지로 상품이 판매되었다. 이로 인하여 제나라는 "제나라의 복식(服飾)이 온 세상의 조류를 이끈다"는 명성까지 얻게 되었다. 춘추시대의 첫 번째 맹주 제환공(齊桓公)은 유독 자포(紫袍)를 좋아하여 백성들이 이를 공물로 바치게 되면서, 한때 자색 비단 값은 갑절로 올라 백색 비단 5필을 가지고도 자색 비단 1필로 교환할 수 없을 정도에 이르렀다. 『사기·소대유연왕서(史記·蘇代遺燕王書)』에 따르면, "제나라는 자주색을 귀중히 여기니 (상인들이) 싸구려 흰 비단을 자주색으로 염색하여 10배의 이익을 얻었다(齊紫, 敗素也, 而價十倍)"라고 하였다.[1] 이와 같이 제환공은 청, 자, 황, 백, 흑 5가지 색상을 귀중하게 여기던 전통적인 관념을 타파하여 후에 자색은 부귀의 상징이 되었다. 당대(唐代) 한유(韓愈)의 『송구홍남귀(送區弘南歸)』에는 "복식은 자주색과 붉은색을 고급으로 여겼다(佩服上色紫與緋)"는 시구가 있다.

상대(商代)와 서주(西周)시대 견(絹), 겸(縑), 기(綺), 금(錦), 수(繡)는 노예제 사회에서 통치계급인 대귀족들의 전용으로 소비되었으나 춘추전국(春秋戰國)시대에 이르러서는 거상들도 향유할 수 있었다. 제(齊)나라와 노(魯)나라 등지의 선진적인 자수공예는 평화적인 방식이나 전쟁을 통해 점차적으로 다른 지역에 퍼졌다. 유향(劉向)의 『설원(說苑)』에 따르면, "노나라의 한 남자가 있었는데 그는 짚신을 만드는 데 능하고 아내는 방직에 능하여 그들은 함께 월나라로 가기를 원했다(魯人善織履, 妻善織縞, 而徒于越)"라고 기록하고 있다.[2] 『좌전(左傳)』에서도 "성공 2년 초나라가 제나라를 정벌할 때, 노나라의 양교로 쳐들어갔다. 노나라 사람들은 장인, 재봉사, 견직[繒帛, 견직물 총칭]공 각 100명을 뇌물로 바쳐 결맹을 청했다[成公二年, 楚人伐齊, 侵入魯之陽橋, 魯人略以執斫(匠人), 執針(刺繡縫紉工), 織(織繒帛工)各百人請盟]"는 기록이 있다. 지금의 호남성(湖南省), 호북성(湖北省), 하남성(河南省)의 전국(戰國)시대 초묘(楚墓)에서는 수많은 자수품과 복장이 출토되었는데 그 공예 수준은 상당히 뛰어나다.

2. 춘추전국(春秋戰國)시대 비단의 법정규격 및 시장가격

춘추전국시대 관영(官營) 방직수공업, 거상(巨商)의 방직수공 작방(作坊)과 농촌 남경여직(男耕女織) 수공업 생산이 공존하여 초보적인 봉건경제의 기본체제를 형성하였다. 당시 방직품에 대한 규격은 매우 엄격하였는데, 『예기·왕제(禮記·王制)』에서는 "포목이나 비단이 촘촘하고 성긴 정도가 규정에 맞지 않거나 폭과 길이가 규격에 맞지 않는 것은 시장에 내다 팔지 못한다[布帛精麤(粗)不中數, 幅廣狹不中量, 不粥(鬻)于市]"라고 규정하였다.[3] 병법가 오기(吳起)는 아내가 직조(織組)한 폭이 규정보다 좁다고 하여 처를 내보냈다고 한다. 서주(西周)시대 『구부권법(九府圈法)』에서도 "포목의 넓이는 2자 2치를 1폭이라 하고 길이 4장(丈)을 1필로 한다(布帛廣二尺二寸爲幅, 長四丈爲匹)"라고 하였다. 포백(布帛)의 정밀하고 성긴 정도는 날실의 밀도 단위인 '승(升)'에 근거하여 계산한 것으로 너비가 2자 2치 이내에 날실 80올이 있는 경우가 1승이다. 일반적으로 길례(吉禮)에서는 신분이 있는 사람들은 30승의 삼베 모자를 쓰고, 15승 이상의 얇은 직물의 옷을 입었다. 상례(喪禮)에서는 15승 이하의 두꺼운 직물의 옷을 입었다. 전국(戰國)시대 동척(銅尺)의 1자는 지금의 23cm이며 너비가 2자 2치인 방직품은 50.6cm 너비이다. 30승 직물의 총 날실은 2,400올(30×80올)로 이를 너비 50.6cm와 나누면 날실의 밀도는 47.5올/cm이 된다. 이 밀도는 지금의 흰 포목보다 1배가 많다. 따라서 춘추전국시대 30승의 고운 모시는 매우 비싸서 사람들은 30승의 비단으로 대체하여 모자를 만들었다. 『논어·자한(論語·子罕)』에서는 공자가 "면관은 삼베로 만드는 것이 예인데 지금은 생사로 만든다. 이것이 검소하니 나는 사람들을 따르겠다[麻冕, 禮也, 今也純儉(絲綢價格便宜), 吾從衆]"라고 언급한 기록이 있다.[4] 『범자계연(範子計然)』의 기록에 근거하면, 제(齊)나라 금수(錦繡)의 '상등품 1필은 2만(萬), 중등품은 1만(萬), 하등품은 5천(千)', 보통 견백(絹帛)은 '1필에 700전'으로 가격이 중등품 금수와는 15배나 차이가 났다.[5]

3. 전국(戰國)시대 비단의 고고학적 발견

고고학에서 발견된 전국시대 비단의 종류에는 견(絹), 제(綈), 방공사(方孔紗), 소라(素羅), 기(綺), 채조문기(彩條紋綺), 금(錦), 조(絛), 수(繡) 등이 있다. 견은 신석기시대에 생산했던 평소직물(平素織物)이다. 1982년 호북성(湖北省) 강릉현(江陵縣) 마산(馬山) 벽돌공장 1호 전국시대 초묘(楚墓)의 출토물에 근거하면, 전국시대에는 견(絹)의 씨실과 날실에 일반적으로 꼬임을 가하지 않았으며 굵은 날실과 씨실의 밀도는 100올/cm과 60올/cm에 이른다. 가는 것은 164올과 64올로 직조한 후, 삶거나 다듬이질로 처리하여 광택이 비교적 좋다.[6] 제(綈)의 날실과 씨실은 2합연사로 질감은 두꺼우며 그 두께는 0.7~0.8cm에 달한다. 이는 『관자(管子)』의 "굵은 증을 제라고 한다(繒之厚者謂之綈)"는 설명과 서로 일치한다. 방공사(方孔紗)는 평문가사(平紋假紗) 직물이며 성근 날실과 씨실의 밀도는 17올/cm과 16올/cm이며 정교한 날실과 씨실의 밀도는 25올/cm과 16올/cm, 너비는 32cm에 이른다. 소라(素羅)의 날실과 씨실은 모두 강연사(强撚絲)이며 그 꼬임 정도는 1m당 3천~3천5백의 S방향 꼬임이다. 날실과 씨실의 밀도는 40올/cm과 42올/cm이며 4올의 날실을 1올로 꼬아 서로 교직(絞織)하여 지마형사공(芝麻形紗孔)을 형성한다. 너비는 43.5~46.5cm, 양쪽은 각각 0.35cm의 평문(平紋) 테두리로 가장자리 날실은 142올/cm이다(그림 3-1). 전국시대의 기(綺)로는 하남성(河南省) 신양시(信陽市) 장대관(長台關)에서 출토된 배문기(杯紋綺)와(그림 3-2, 3-3), 호북성 강릉현 마산

벽돌공장 1호 전국시대 초묘에서 출토된 채조문기(彩條紋綺)가 있다. 채조문기는 검은색, 황토색, 붉은색의 3가지 날실로 번갈아 너비 1.3~1.5cm의 채색실로 배열하는데 그중 진홍색과 황토색 날실은 다시 굵은 실과 가는 실로 나누어 채색 끈 부분에서 번갈아 배열한다. 가는 날실은 평직(平織)으로, 굵은 날실은 무늬를 직조할 때, 삼상일하(三上一下) 직조법으로 부장선(浮長綫, 루프)을 직조한다. 인접한 굵은 날실 2올의 부장점은 동일하며 무늬를 직조하지 않는 경우는 평직이다.[7] 1957년 호남성(湖南省) 장사시(長沙市) 좌가당(左家塘) 전국시대 초묘에서 출토된 소릉격문기(小綾格紋綺)는 가는 날실을 사용하여 작은 마름모 격자로 직조하고(그림 3-4), 가는 날실보다 몇 배 굵은 특수패경(特殊挂經)으로 마름모 격자 중앙에 중심점을 직조하면 그 나머지는 직물의 뒷면에 들뜨게 된다. 이러한 패경은 날실 축 바깥에 별도로 패경장치를 추가하여 직조한 것이다. 금(錦)은 염색한 날실과 씨실을 사용하여 문양을 직조한 숙고사 직물[熟織品]이다. 지금까지 출토된 문물 가운데 무늬와 색깔이 온

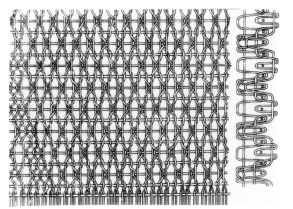

▲ 그림 3-1 전국(戰國) 사경교라(四經紋羅) 직물조직 구조도
호북성 강릉현 마산(湖北省 江陵縣 馬山) 벽돌공장 1호 초묘(楚墓) 출토물의 모사본

(1) 배문기 문양

(2) 조직 구조도

▲ 그림 3-2 전국(戰國) 배문기(杯紋綺) 문양 및 조직 구조도
하남성 신양시(河南省 信陽市) 장대관(長台關) 초묘(楚墓) 출토물의 모사본

(1) 채색 문양 복원도

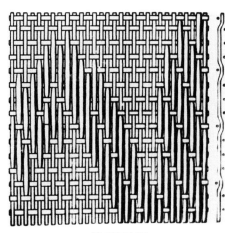

(2) 조직 구조도

◀ 그림 3-3 전국(戰國) 복합배문기(複合杯紋綺) 문양 및 조직 구조도
하남성 신양시(河南省 信陽市) 장대관(長台關) 초묘(楚墓) 출토물의 모사본

전한 전국시대 금은 호남성 장사시 좌가당과 강릉현 마산 전국시대 초묘에서 발견되었다. 여기에서 출토된 금은 모두 이색금(二色錦)과 삼색금(三色錦)이며, 날실로 무늬를 나타낸 경금(經錦)이다. 날실로 채색 끈 부분에서 색상을 바꾸는 방법을 사용하여 색채를 다채롭게 만든 경이중조직(經二重組織)이다(그림 3-5, 3-8). 날실 밀도는 일반적으로 씨실보다 3배 이상이거나 훨씬 높아 84~150올/cm이며, 씨실 밀도는 24~54올/cm이다. 날실은 씨실보다 굵으며 일부 날실은 약연사(弱撚絲)이거나 강연사(强撚絲)이다. 금의 너비는 45~50.5cm 사이이다. 호남성 장사시 좌가당 전국시대 초묘에서 출토된 산점기하문삼색경금(散點幾何紋三色經錦)의 테두리에는

"双氏"라는 주인(朱印)이 날인되어 있는데 직조공의 인장일 가능성이 있다(그림 3-9).

출토된 문물에 근거하면, 전국시대의 비단 문양은 대체로 3종류로 나눠지는데 첫째, 기하도형 격자에 따라 배치한 각종 동물, 인물, 용봉(龍鳳) 및 ╱╲하┼조 조합의 문양(그림 3-10). 둘째, 대칭으로 배열한 변체용봉(變體龍鳳)(그림 3-11). 셋째, 각종 기하문(幾何紋) 및 기하격자와 동물로 조합된 문양(그림 3-12~3-15) 등이 있다. 문양의 형상은 날실과 씨실 방향의 제한을 받기 때문에 문양 라인에서는 직선의 느낌이 남아 있어서 전국시대 자수 문양의 윤곽선은 자연스럽지 못하다. 이는 당시의 제화(提花) 기술이 아직 발전단계에 머물

(1) 실물

(2) 조직 의장도(意匠圖) 모사본

◀ **그림 3-4 전국(戰國) 소릉격문기(小綾格紋綺)**
호남성 장사시(湖南省 長沙市) 좌가당(左家塘) 초묘(楚墓)에서 출토

◀ **그림 3-5 전국(戰國) 중기 십자능형문금(十字菱形紋錦)**
1982년 호북성 강릉현 마산(湖北省 江陵縣 馬山) 벽돌공장 1호 초묘(楚墓)에서 출토. 형주(荊州)박물관 소장
날실밀도 84올/cm 씨실밀도 38올/cm 두께 0.3mm 화문크기: 날실방향길이 4.2cm, 씨실방향너비 2.8cm
씨실로 무늬를 직조하고 채색 날실에 특수괘경을 더했다.
출처: 『중국미술전집(中國美術全集)·공예미술편(工藝美術編)·인염직수(印染織繡)』 상(上) 도판13

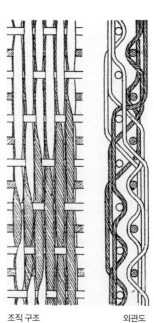

◀ **그림 3-6 전국(戰國) 이색경금(二色經錦) 조직도**

조직 구조　　　　　외관도

러 있었음을 보여준다.

전국시대의 조(絲)는 수공으로 직조한 채색 견직물로 너비는 좁다. 1982년 호북성 강릉현 마산 벽돌공장 1호 전국시대 초묘에서 출토된 조는 씨실로 무늬를 직조한 것이다. 씨실은 바탕용 씨실 및 무늬용 씨실로 나누었는데, 그중 무늬용 씨실은 3종류의 색상으로 바탕용 씨실과 번갈아 배열하였다. 천요법(穿繞法)으로 화문(花紋)을 직조하고 바탕용 씨실은 평직(平織)이다. 조의 너비는 단지 5.7~7.5cm에 지나지 않으며 화문은 대부분 능격기하문(菱格幾何紋)에 적용된다. 내용은 풍부하며 풍격은 전국시대 직금(織錦, 채색무늬 단자)과 일치한다[8](그림 3-16~3-20).

▲ 그림 3-7 전국(戰國) 중기 대능형문경금(大菱形紋經錦)
1982년 호북성 강릉현 마산(湖北省 江陵縣 馬山) 벽돌공장 1호 초묘(楚墓)에서 출토, 형주(荊州)박물관 소장
날실밀도 132올/cm 씨실밀도 42올/cm 화문크기: 날실방향길이 9cm, 씨실방향너비 17.7cm
출처: 『중국미술전집(中國美術全集)·공예미술편(工藝美術編)·인염직수(印染織繡)』 상(上) 도판12

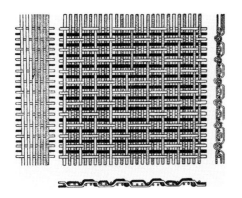

◀ 그림 3-8 전국(戰國) 삼색경금(三色經錦) 조직도
좌측그림—조직 구조 외관도
중간그림—조직 구조 분석도
우측그림—수직 단면도
아래그림—수평 단면도

◀ 그림 3-8   전국(戰國) 갈색 바탕에 "ΧΧΕ"인장이 날인된 삼색산점기하문경금(三色散點幾何紋經錦)
호남성 장사시(湖南省 長沙市) 좌가당(左家塘) 초묘(楚墓)에서 출토

(1) 실물   (2) 원본 모사   (3) 문양 복원도

(1) 실물

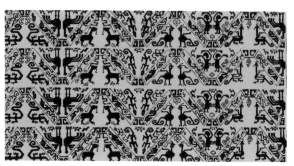

(2) 문양 복원도

◀ 그림 3-10 전국(戰國) 중기 무인동물문경금(舞人動物紋經錦)
1982년 호북성 강릉현 마산(湖北省 江陵縣 馬山) 벽돌공장 1호 초묘(楚墓)에서
출토, 형주(荊州)박물관 소장
너비 50.5cm 가장자리 0.7cm 두께 0.32mm 날실밀도 156올/cm
씨실밀도 52올/cm 화문크기: 날실방향길이 5.5cm, 씨실방향너비 49.1cm
출처: 『중국미술전집(中國美術全集)·공예미술편(工藝美術編)·인염직수(印染
織繡)』상(上) 도판15

◀ 그림 3-11 전국(戰國) 대룡대봉주색채조기하문경금(對龍對鳳朱色彩條幾何紋經錦)
1957년 호남성 장사시(湖南省 長沙市) 좌가당(左家塘) 44호 초묘(楚墓)에서 출토, 호남성박물관 소장
길이 20cm 너비 12cm
날실밀도: 겉면 65올/cm, 속면 65올/cm
씨실밀도: 명위(明緯) 22올/cm, 협위(夾緯) 22올/cm
날실직경: 연갈색날실 0.13mm, 주홍색채색날실 0.15mm(채색부분은 주홍색 날실로 연갈색 날실을 대체)
씨실직경 0.7mm
조직: 경이중무(經二重畝) 조직
짙은 갈색 바탕에 연한 갈색 용봉문(龍鳳紋), 주홍색 채조경기하문(彩條經幾何紋)으로 이루어져 있으며 80북을 사용하여
용과 봉 1마리를 각각 수놓을 때마다 다시 제화종섭(提花綜躡)을 뒤집어 80북을 직조하면 하나의 온전한 문양단위가 된다.
출처: 『중국미술전집(中國美術全集)·공예미술편(工藝美術編)·인염직수(印染織繡)』상(上) 도판10

(1) 실물

(2) 문양 복원도

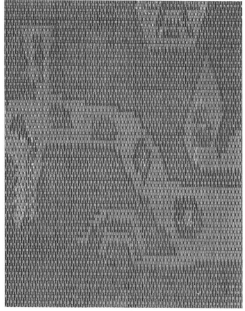

(3) 의장도(意匠圖)(일부분)

▲ 그림 3-12 전국(戰國) 기하전화연문금(幾何塡花燕紋錦)
호남성 장사시(湖南省 長沙市) 좌가당(左家塘) 초묘(楚墓) 출토물의 모사본

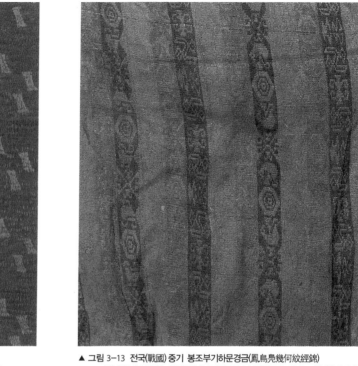

▲ 그림 3-13 전국(戰國) 중기 봉조부기하문경금(鳳鳥鳧幾何紋經錦)
1982년 호북성 강릉현 마산(湖北省 江陵縣 馬山) 벽돌공장 1호 초묘(楚墓)에서 출토. 형주(荊州)박물관 소장
너비 49∼50cm 가장자리 0.6cm 두께 0.3mm 날실밀도 112올/cm
씨실밀도 38올/cm 화문크기: 날실방향길이 7.2cm, 씨실방향너비 20.5cm
출처: 『중국미술전집(中國美術全集)‧공예미술편(工藝美術編)‧인염직수(印染織繡)』상(上) 도판14

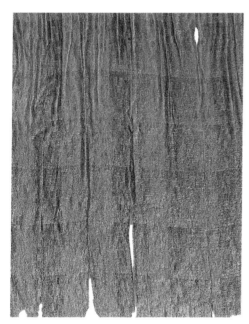

▲ 그림 3-14 전국(戰國) 중기 탑형기하문경금(塔形幾何紋經錦)
1982년 호북성 강릉현 마산(湖北省 江陵縣 馬山) 벽돌공장 1호 초묘(楚墓)에서 출토. 형주(荊州)박물관 소장
너비 45∼49cm 가장자리 0.35∼0.7cm 두께 0.22cm 날실밀도 88올/cm 씨실밀도 24올/cm 화문크기: 날실방향길이 7.4cm, 씨실방향너비 29.6cm
출처: 『중국미술전집(中國美術全集)‧공예미술편(工藝美術編)‧인염직수(印染織繡)』상(上) 도판18

(1) 실물　　　　　　　(2) 문양 복원도

▲ 그림 3-15 전국(戰國) 갈색 바탕의 황적색 기하문경금(幾何紋經錦)
1957년 호남성 장사시(湖南省 長沙市) 좌가당(左家塘) 초묘(楚墓)에서 출토. 호남성지역박물관 소장
길이 32.5cm 너비 23.3cm
출처: 『중국미술전집(中國美術全集)‧공예미술편(工藝美術編)‧인염직수(印染織繡)』상(上) 도판11

◀ 그림 3-16 전국(戰國) 중기 용봉인물차마문조(龍鳳人物車馬紋繰)
1982년 호북성 강릉현 마산(湖北省 江陵縣 馬山) 벽돌공장 1호 초묘(楚墓)에서 출토. 형주(荊州)박물관 소장
너비 5.7cm 두께 0.42mm
바탕조직: 날실밀도 32올/cm, 씨실밀도 32올/cm
화문크기: 날실방향길이 13.1cm, 씨실방향너비 5.6cm
씨실로 문양을 직조하고, 바탕조직은 평문(平紋)이다. 무늬용 씨실과 바탕용 씨실을 번갈아 넣어 직조했으며, 무늬용 씨실은 천요법(穿繞法)으로 직조했다.
출처: 『중국미술전집(中國美術全集) · 공예미술편(工藝美術編) · 인염직수(印染織繡)』 상(上) 도판16

◀ 그림 3-17 전국(戰國) 중기 기하문조(幾何紋繰)
1982년 호북성 강릉현 마산(湖北省 江陵縣 馬山) 벽돌공장 1호 초묘(楚墓)에서 출토

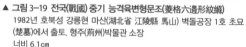

▲ 그림 3-19 전국(戰國) 중기 능격육변형문조(菱格六邊形紋繰)
1982년 호북성 강릉현 마산(湖北省 江陵縣 馬山) 벽돌공장 1호 초묘(楚墓)에서 출토. 형주(荊州)박물관 소장
너비 6.1cm
바탕조직: 날실밀도 32올/cm, 씨실밀도 24올/cm
화문크기: 날실방향길이 4.3cm, 씨실방향너비 3.2cm
씨실로 무늬를 직조하고 바탕조직은 평문(平紋)이다. 무늬용 씨실과 바탕용 씨실을 번갈아 넣어 직조했으며 무늬용 씨실은 천요법(穿繞法)으로 직조했다.
출처: 『중국미술전집(中國美術全集) · 공예미술편(工藝美術編) · 인염직수(印染織繡)』 상(上) 도판19

▲ 그림 3-20 전국(戰國) 중기 전렵문조(田獵紋繰)
1982년 호북성 강릉현 마산(湖北省 江陵縣 馬山) 벽돌공장 1호 초묘(楚墓)에서 출토. 형주(荊州)박물관 소장
너비 6.8cm
바탕조직: 날실밀도 36올/cm, 씨실밀도 22올/cm
화문크기: 날실방향길이 17.5cm, 씨실방향너비 6.8cm
씨실로 무늬를 직조하고 바방조직은 평문(平紋)이다. 무늬용 씨실과 바탕용 씨실을 번갈아 직조했으며, 무늬용 씨실은 천요법(穿繞法)으로 직조했다. 문양은 큰 마름모 격자에 사냥꾼이 수레를 타고 사냥감을 쫓아가는 그림으로 채워졌다. 수레에는 의(輢), 칸막이 좌석, 바퀴가 있으며 바퀴에는 바퀴통, 8개의 바퀴살이 있다. 하단에는 노루, 호랑이, 표범과 장검을 쥔 무사가 있다. 형상은 모두 날실과 씨실 방향의 제한으로 인하여 장식성이 매우 강하다.
출처: 『중국미술전집(中國美術全集) · 공예미술편(工藝美術編) · 인염직수(印染織繡)』 상(上) 도판17

▲ 그림 3-18 전국(戰國) 적조기하조화조문(翟鳥幾何條花繰紋)
호북성 강릉현 마산(湖北省 江陵縣 馬山) 벽돌공장 1호 초묘(楚墓) 출토물의 모사본
상하대칭식이며 2줄로 나누어 배열하였다.

4. 전국(戰國)시대의 자수

자수는 중국에서 가장 오래된 비단 정밀가공 전통공예 기술이다. 중국의 자수는 상고(上古)시대의 화궤(畫繢)공예에서 유래되었다. 상·주대(商·周代)에 이르러 화궤는 순수한 채색 도안으로부터 채색 견사(繭絲)로 발전하여 문양 라인을 수놓았으며 다시 붓을 이용하여 채색 염료를 채워 넣었다. BC 5세기에는 다양한 색실로 수놓은 의류, 금침, 침구 등의 생활용품과 장식품을 사용하면서 당시 상류사회 생활의 대표하는 물품이 되었다. 자수 직금(織錦)과 황금미옥(黃金美玉)은 춘추전국(春秋戰國)시대 여러 나라 제후들이 서로 주고받았던 선물일 뿐만 아니라 북방 초원민족들의 손을 통해 멀리 유럽에까지 전파되었다.

구소련 고고학자들은 현재 러시아 남시베리아 파지리크에 있는 BC 5세기 고분에서 중국 적조천화문(翟鳥穿花紋)을 수놓은 안장깔개를 발견하였다. 바탕 너비는 43cm, 날실과 씨실의 밀도는 각 40올/cm과 50올/cm이며 자수법은 쇄수변자고수법(鎖繡辮子股繡法)을 사용하였다. 문양 구조는 두 활을 서로 맞대어 亞형 격자로 천지화초(穿枝花草)를 이루었는데, 즉 '불[黻, fú]'문(紋) 격자이다[9](그림 3-21). 적조(翟鳥)는 등나무 가지 위에서 뒤돌아보거나 지저귀는 모습으로 나는 듯이 뛰어오르기도 한다. 문양의 풍격은 호남성(湖南省) 장사시(長沙市) 열사공원(烈士公園)과 호북성(湖北省) 강릉현(江陵縣) 마산(馬山) 벽돌공장에서 출토된 전국시대 자수와 일치한다. 독일 슈투트가르트 서북 20km에 위치한 켈트족시대 고분(지금으로부터 2천5백 년 전)의 묘주(墓主) 의복도 두껍고 화려한 중국 비단으로 상감되었다. 전국시대 제후와 후궁이 착용했던 의복과 장신구는 더 말할 필요도 없이 매우 화려했으며 사후에도 예법에 따라 관(棺)조차 자수품으로 표구하였다. 『예기(禮記)』에서는 "제후들의 관에도 반드시 수를 놓았다(諸侯之棺, 必衣繡)"는 기록이 있다. 1958년 호남성 장사시 열사공원에 위치한 제33호 전국시대 초묘(楚墓)에서 발견된 관은 사면의 벽이 각각 한 폭의 자수로 표구되어 있으며, 동쪽과 남쪽의 자수는 아직까지도 온전하였다. 동쪽에는 변체용봉(變體龍鳳)과 만초문(蔓草紋)이 수놓아져 있으며, 용과 봉황의 머리는 사실적이지만 몸체는 넝쿨로 변하여 궁자형(弓字形)의 구조를 이루고 있다(그림 3-22). 남쪽에는 변형된 두루미, 노루와 만초문을 수놓았다.

1982년 중국 고고학자들은 호북성 강릉현 마산 벽돌공장에서 전국시대 중기의 무덤을 발견하였다. 묘의 규모는 그다지 크지 않고 묘주의 지위도 사(士)보다 다소 높을 뿐이었지만 출토된 비단 자수품의 수량은 상당히 많았으며 색채의 화려함은 마치 새것과 같아 오히려 이전에 볼 수 없었던 것들이었다. 춘추전국시대 장식예술 풍격을 연구할 때는 단지 당시의 청동기, 금은기, 칠기, 동경, 기와 등에 근거할 수밖에 없었으며 자수와 같이 색채가 화려하고 선이 자연스러운 예술작품을 볼 수 없었다. 따라서 마산 벽돌공장 전국시대 묘에서 발견한 비단 자수품은 사실상 사람들의 시야를 넓혀 주었다.

강릉현 마산 벽돌공장 전국시대 묘에서 출토된 자수품(그림 3-23~3-35)의 문양 설계는 참신하면서도 아름답다. 문양에는 대룡대봉문수천황견면금(對龍對鳳紋繡淺黃絹面衾)(그림 3-23), 만초용문수(蔓草龍紋繡)(그림 3-24), 봉조화훼문수(鳳鳥花卉紋繡)(그림 3-25), 용봉호문수단의(龍鳳虎紋繡褝衣)(그림 3-26), 반룡비봉문수천황견면금(蟠龍飛鳳紋繡淺黃絹面衾)(그림 3-31), 용봉합체상반문수(龍鳳合體相絆紋繡)(그림 3-35) 등이 있다.[7] 이와 같이 매우 정교하면서도 아름다운 자수 문양과 제재 내용은 모두 풍부한 상징적 함의를 지닌다. 그중 가장 많이 사용된 용봉(龍鳳) 문양은 중국 상고(上古)시대 문명을 계승 발전한 것이다. 전국시대의 용과 봉황은 조정의 번창을 상징할 뿐만 아니라 결혼생활이 아름답고 원만함을 상징한다. 학과 사슴은 신선장수(神仙長壽)의 신화와 관련되며 장수를 상징한다. 적조(翟鳥), 즉 꿩은 왕후와 후궁의 신분을 상징하며, 치휴(鴟鵂), 즉 부엉이는 승리의 신을 상징한다(그림 3-29, 3-30). 이러한 형상의 표

▲ 그림 3-21 중국 적조천화문(翟鳥穿花紋) 자수 안장깔개 문양
러시아 파지리크 BC 5세기 고분 출토물의 모사본

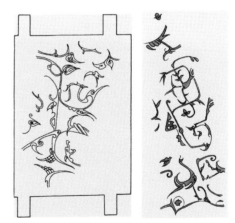

▲ 그림 3-22 전국(戰國) 변체용봉문관(變體龍鳳紋棺) 자수 문양
호남성 장사시(湖南省 長沙市) 열사공원(烈士公園) 초묘(楚墓) 출토물의 모사본
좌측그림 54×39cm
우측그림 120×34cm

▲ 그림 3-23 전국(戰國) 중기 천황견금면대룡대
봉문(淺黃絹衾面對龍對鳳紋) 자수 문양
호북성 강릉현 마산(湖北省 江陵縣 馬山) 벽돌공
장 1호 초묘(楚墓) 출토물의 모사본
화문크기 28×52cm

▲ 그림 3-24 전국(戰國) 중기 만초용문(蔓草龍
紋) 자수 문양
호북성 강릉현 마산(湖北省 江陵縣 馬山) 벽돌공
장 1호 초묘(楚墓) 출토물의 모사본
이 만초용문은 반동물 반식물 결합체이다. 도안의
예술적 풍격은 농후하며 문양의 구조는 '呂(려)'자
형을 기초로 하여 반사대칭으로 배열되었다. 상하
로 절반씩 위치를 바꾸어 연결하였다.

▲ 그림 3-25 전국(戰國) 중기 봉조화훼문(鳳鳥花卉紋)
자수 문양
호북성 강릉현 마산(湖北省 江陵縣 馬山) 벽돌공장 1호 초묘
(楚墓) 출토물의 모사본
봉황의 꼬리와 날개는 대각사선(對角斜線) 골격(骨格)에 따
라 생성되었으며 꽃부리는 수직, 수평선 골격에 따라 생성되
었다가 중간에 위치를 바꾸어 단절시켰다.

▼ 그림 3-26 전국(戰國) 중기 용봉호문수단의(龍鳳虎紋繡
禪衣)(원단의 일부분)
1982년 호북성 강릉현 마산(湖北省 江陵縣 馬山) 벽돌공장 1호
초묘(楚墓)에서 출토, 형주(荊州)박물관 소장
바탕조직: 날실밀도 40올/cm, 씨실밀도 42올/cm
화문크기: 길이 29.5cm, 너비 21cm
중심 문양은 마름모 골격을 둘러싸고 삽입하여 배열하였다. 그중
호문(虎紋)은 사실적 수법으로 위풍당당하며 강인한 느낌을 준
다. 용과 봉황의 몸체는 만초문(蔓草紋)과 일체가 되어 유순하고
우아한 자태를 나타낸다.
출처:『중국미술전집(中國美術全集)·공예미술편(工藝美術編)·
인염직수(印染織繡)』상(上) 도판24

(1) 실물　　　　　　　　　　　　　　　(2) 문양

▲ 그림 3-27 전국(戰國) 중기 봉조화훼
문수(鳳鳥花卉紋繡)
1982년 호북성 강릉현 마산(湖北省 江陵縣
馬山) 벽돌공장 1호 초묘(楚墓)에서 출토.
형주(荊州)박물관 소장
날실밀도 102올/cm 씨실밀도 38올/cm
화문크기: 길이 49cm, 너비 22.5cm
출처: 『중국미술전집(中國美術全集)』·공
예미술편(工藝美術編)·인염직수(印染織
繡)』상(上) 도판27

▲ 그림 3-28 전국(戰國) 중기 대봉문(對鳳
紋) 자수 문양
호북성 강릉현 마산(湖北省 江陵縣 馬山) 벽
돌공장 1호 초묘(楚墓) 출토물의 모사본

▲ 그림 3-29 전국(戰國) 중기 화관치휴조화훼문수(花冠鴟鵂鳥花
卉紋繡) 천황견면면포(淺黃絹面綿袍)
1982년 호북성 강릉현 마산(湖北省 江陵縣 馬山) 벽돌공장 1호 초묘
(楚墓)에서 출토. 형주(荊州)박물관 소장
포길이 165cm 양소매전체길이 158cm 소매너비 45cm 소매가선(-緄)
너비 11cm 허리너비 59cm 밑자락너비 69cm 밑자락가선너비 8cm
출처: 『중국미술전집(中國美術全集)』·공예미술편(工藝美術編)·인염
직수(印染織繡)』상(上) 도판4

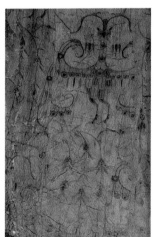

◀ 그림 3-30 전국(戰國) 중기 화관치휴조화훼문수(花冠鴟鵂鳥花卉紋繡)(일부분)
1982년 호북성 강릉현 마산(湖北省 江陵縣 馬山) 벽돌공장 1호 초묘(楚墓)에서 출토. 형주(荊州)박물관 소장
날실밀도 120올/cm 씨실밀도 62올/cm 화문크기: 길이 57cm, 너비 49cm
먼저 도안을 스케치한 후, 쇄수법(鎖繡法)을 사용하여 변발실 모양으로 수놓았다. 자수실 색상에는 심홍(深紅), 황토(黃土), 심종
(深棕), 황록(黃綠), 심람(深藍) 등이 있다. 새 머리는 정면 형으로 둥근 눈과 양쪽 귀가 있다.
출처: 『중국미술전집(中國美術全集)』·공예미술편(工藝美術編)·인염직수(印染織繡)』상(上) 도판20

▶ 그림 3-31 전국(戰國) 중기 반룡비봉문수(蟠龍飛鳳紋繡) 천황견금피
면(淺黃絹衾被面)(일부분)
1982년 호북성 강릉현 마산(湖北省 江陵縣 馬山) 벽돌공장 1호 초묘(楚墓)에
서 출토. 형주(荊州)박물관 소장
길이 190cm 너비 190cm 화문크기 95×65cm
수견(繡絹) 25조각을 바느질하여 완성하였다. 중앙의 23조각은 반룡비봉문
(蟠龍飛鳳紋)으로 수놓았으며 좌우는 각각 무봉축룡문(舞鳳逐龍紋) 2조각으
로 양쪽을 상감하였으며 문양설계는 낭만주의 색채로 충만하다. 문양은 용과
봉황을 엇바꾸어 반사대칭으로 배열하였으며 용문(龍紋)은 뱀의 변형으로 서
로 휘감고 있다.
출처: 『중국미술전집(中國美術全集)』·공예미술편(工藝美術編)·인염직수
(印染織繡)』상(上) 도판22

(1) 실물   (2) 문양

▲ 그림 3-32 전국(戰國) 중기 변체봉문수홍종견□의(變體鳳紋繡紅棕絹綉衣)

1982년 호북성 강릉현 마산(湖北省 江陵縣 馬山) 벽돌공장 1호 초묘(楚墓)에서 출토. 형주(荊州)박물관 소장

옷길이 45.5cm 양소매전체길이 52cm 소매너비 10.7cm 허리너비 26cm

순장용(殉葬用) 의복(모형)이다.

출처:『중국미술전집(中國美術全集)·공예미술편(工藝美術編)·인염직수(印染織繡)』상(上) 도판7

▲ 그림 3-33 변체봉문□의(變體鳳紋綉衣) 자수 문양 복원도

호북성 강릉현 마산(湖北省 江陵縣 馬山) 벽돌공장 1호 초묘(楚墓) 출토물의 모사본

마름모격자의 대각길이 10cm

▼ 그림 3-34 안함화초문(雁銜花草紋) 자수 문양 복원도

호북성 강릉현 마산(湖北省 江陵縣 馬山) 벽돌공장 1호 초묘(楚墓) 출토물의 모사본

◀ 그림 3-35 전국(戰國) 중기 용봉합체상반문수(龍鳳合體相蟠紋繡)

1982년 호북성 강릉현 마산(湖北省 江陵縣 馬山) 벽돌공장 1호 초묘(楚墓)에서 출토. 형주(荊州)박물관 소장

날실밀도 104올/cm 씨실밀도 50올/cm

화문크기: 길이 28cm, 너비 28cm

담황색 견(絹) 바탕에 먼저 주색(朱色) 도안을 스케치한 후, 다시 쇄수법(鎖繡法)을 사용하여 변자고상선문(辮子股狀綫紋)을 수놓았다. 자수실 색상에는 적갈색, 황갈색, 담황색 등이 있으며 능형(菱形) 프레임 안은 용 2마리와 봉황 1마리로 구성되어 있다. 사방에는 기하문(幾何紋)과 원형 기하문(幾何紋)을 교차하여 장식하였다. 구도는 안정적이면서도 대담하며 조형은 참신하다.

출처:『중국미술전집(中國美術全集)·공예미술편(工藝美術編)·인염직수(印染織繡)』상(上) 도판23

(1) 실물   (2) 문양

현은 중국 전통예술의 합리적 정신으로 일관되고 있다. 문양의 형상은 절대로 자연형상의 복제판이 아니라 작가가 이념과 심미적 관점에 근거하여 창조한 것이다. 용, 봉황과 같이 원래 자연계에 존재하지 않는 인문학적 동물은 많은 자연계 동물들의 특징을 한 몸에 집중시켜 창조한 예술 형상이다. 이는 중화민족 역대 왕조의 문화적 성과가 축적되어 상호 보완되면서 각각의 장점을 더 돋보이도록 한 것이다. 따라서 전국시대의 자수는 역시 중국 전통문화의 진수라고 할 수 있다.

전국시대 자수문양의 구도는 웅대하면서도 정연하며 변화가 풍부하다. 이는 상·주대 이래 청동문양으로 대표되는 정밀한 대칭대위법(對稱對位法)이며, 중축선(中軸綫)이 주도하여 기하격자를 프레임으로 삼는 전통적인 구도법이 발전된 것이다. 전국시대의 자수문양은 일반적으로 수직선, 수평선 또는 대각선으로 이루어진 사각형이나 능형(菱形) 문양 구도이지만 상·주의 청동기 문양과 같이 기계적이기보다는 큰 프레임 안에서 부분적으로 융통성 있게 변화를 주었다. 문양은 어떤 경우 골격선(骨骼綫)에 따라 반복적으로 연속되기도 하고 어떤 경우에는 어디에선가 중단되기도 하며 좌우대칭 또는 상하대칭으로 지속되기도 한다. 또는 상하, 좌우 절반씩을 서로 어긋나게 위치를 바꾸어 대칭으로 연속되기도 한다. 화초, 넝쿨과 같은 부주제는 도안의 테두리에 따라 생성되어 중심역할을 할 뿐만 아니라 장식의 짜임새를 풍부하게 해주며 크고 작은 공간에는 동물 문양을 주제로 장식하였다. 이러한 동물 주제는 화초 넝쿨과 공생체(共生體)를 형성하거나 각종 동물들이 서로 겹쳐져 조합체(組合體)를 형성하기도 한다. 또한 사실적으로 표현된 것과 변형된 형상이 서로 조합되는 문양도 있는데 도안의 변화규칙을 통일성 있게 규칙적으로 운용하여 자연스럽고 완벽하다.

전국시대 자수의 색채는 오색찬란하면서도 조화와 통일을 이룬다. 작품에서 사용되는 색채는 그다지 많지 않으며 일반적으로 다섯 종류의 색상을 초과하지 않는다. 바탕색으로는 주홍색, 고동색, 상록색(湘綠色), 엷은 오렌지[淡橘], 옅은 다황[淺茶黃], 옅은 초록[淺草綠] 등의 밝고 따뜻한 색상을 사용하였다. 문양에는 일반적으로 짙은 갈색을 사용하여 스케치하고 밝은 황색으로 채워 넣은 후, 다시 흰색이나 바탕색과 대비되는 색상을 소량 사용하여 주요 부분을 장식하여 돋보이도록 하였다. 이러한 배색방법은 대비색의 약대비와 비슷한 색의 명도등급대비에 대한 성공적인 범례를 창조하였다.

전국시대의 자수법은 쇄수변자고수법(鎖繡辮子股繡法)으로 자수법은 고르고 정연하며 장식성이 풍부하다. 온 바탕에 문양을 수놓은 자수품은 장기간의 숙련된 기교가 필요할 뿐만 아니라 뛰어난 예술적 감각, 흥미 그리고 의지력도 필요하다. 그러므로 이것 역시 중국 여성의 총명함과 미덕의 표현이라 하겠다.

필자는 운 좋게도 직접 호남성(湖南省) 장사시(長沙市) 좌가당(左家塘)에서 출토된 전국시대의 비단을 분석하여 출토물에 따라 조직 구조도와 문양 복원도를 그렸으며 일부 견직물은 정교한 도안지를 사용하여 의장도(意匠圖)를 완성하기도 하였다. 조직 분석과 문양의 복원을 통하여 선조들의 비단공예와 예술적 성과에 크게 고무되었으며 전통 비단공예 연구의 문화적 함의가 지니는 깊고 큰 뜻을 마음속 깊이 느낄 수 있었다.

참고문헌

[1] (西漢) 司馬遷. 史記·蘇代遺燕王書
[2] (西漢) 劉向. 說苑
[3] (西漢) 戴聖. 禮記·王制
[4] (東漢) 鄭玄. 論語·子罕
[5] (戰國) 范蠡. 范子計然
[6] 熊傳新. 長沙發現的戰國絲織物. 文物, 1975
[7] 荊州地區博物館. 江陵馬山一號楚墓. 北京: 文物出版社, 1985
[8] 彭浩. 江陵馬山一號墓出土的兩種絛帶. 考古, 1985
[9] (前蘇聯) С. И. 魯金科博士. 論中國與阿爾泰部落的古代關系. 考古學報, 1957(2): 37
[10] 西德古墓中的中國絲綢. 北京晚報, 1981. 4. 22
[11] 河南省文物管理委員會. 河南信陽出土文物. 鄭州: 河南人民出版社, 1959

한대(漢代)는 중국 비단의 번영기이다. 호남성(湖南省) 장
사시(長沙市) 마왕퇴(馬王堆) 서한묘(西漢墓)에서 출토된 중량이 48g에 불과한 소사단의(素紗襌衣)는
세상 사람들을 놀라게 하였다. 1세기 서북 '실크로드'의 개통으로 중국 비단공예 기술은 낙타 방울 소리
와 함께 서부 및 중앙아시아로 전파되었다. 한대 초기에는 120섭 다종다섭(多綜多躡) 제화기와 죽롱제화
기(竹籠提花機)가 공존하였으며, 후한(後漢)시대에 이르러서는 화루제화기(花樓提花機)가 연구 · 제작
되었다. 그 외에도 납염(蠟染), 교힐(絞纈), 협힐(夾纈), 철판인화(凸版印花)에 붓으로 색칠하는 등의 공
예법이 나타났으며 자수공예는 쇄수변자고수법(鎖繡辮子股繡法)이 주를 이루었다. 비단 문양의 형식은
다양해졌고 내용은 길상(吉祥)으로 유가윤리, 봉건신학, 신선도가 사상을 하나로 융합하여 자수공예 기
술의 높은 수준을 뚜렷하게 보여준다.

제4장

양한 (兩漢) 시대

1. 마왕퇴(馬王堆) 1호 서한대묘(西漢大墓)의 발견

한대(漢代)는 중국 비단업의 번영기로 비단 역사의 중요한 사건들은 모두 이 시기에 발생하였다. 즉, 제화직기(提花織機)의 중대한 개조, 비단 종류의 다양화, 직물 위의 상서로운 함의의 문자, 실크로드의 개통 등은 중국 비단업과 비단 과학기술 문화의 발전을 크게 촉진시켰을 뿐만 아니라 세계의 경제, 문화, 과학기술의 교류에도 커다란 영향을 끼쳤다.

1972년 호남성(湖南省) 장사시(長沙市) 마왕퇴(馬王堆) 서한묘(西漢墓)의 묘주(墓主)는 한혜제(漢惠帝) 2년(BC 193년) 제1대 대후(軑侯)로 받들어진 이창(利倉)의 처이다. 3층 관에 매장된 거대한 고분에서는 색상이 화려한 방직물과 각종 복식이 다량으로 출토되었다. 여기에는 면포(綿袍), 협포(夾袍), 단의(單衣), 단군(單裙), 버선, 장갑, 조대(組帶), 수침(繡枕), 향낭(香囊), 침건(枕巾), 베개 수건), 수건, 신발, 침의(針衣), 경의(鏡衣), 협복(夾袱), 백화(帛畫) 등 의류와 견직물, 마직물 등이 포함된다.[1][2] 이 고분의 밀봉 상태는 상당히 양호하여 내부의 시체도 부패되지 않고 온전하게 보전되어 있었으며 복식은 2천1백 년 동안이나 지하에 매장되어 있었음에도 새것과 다름없이 아름다워 기적에 가까울 정도였다. 이와 같이 마왕퇴 1호 서한묘에서 출토된 비단은 중국 BC 2세기 자수공예 기술의 수준을 집중적으로 보여준다.

필자는 1981년부터 고궁 무영전(武英殿)에서 출토된 견직물의 종류, 자수법과 문양 분석, 모사 등의 프로젝트를 진행하여 제작된 직물 구조 분석도와 문양 복원도를 이미 국내외의 여러 출판물에 전재하였다.

1) 견(絹)

한대의 견(絹)은 평문(平紋)의 흰 직물로 얇은 것은 호(縞), 소(素), 환(紈)이라고 했으며 촘촘한 것은 겸(縑)이라고 하였다. 마왕퇴 1호 서한묘에서 출토된 견에는 날실과 씨실의 밀도가 55~75올/cm인 것이 8점, 80~100올/cm인 것이 10점, 120올/cm 정도에 이르는 것은 4점이 있다. 씨실의 밀도가 날실 밀도의 1/2 정도인 것은 11점, 1/2에 미치지 못하는 것은 6점, 2/3 정도인 것은 3섬, 2/3 이상인 것은 2점이 있다. 두께가 얇은 것은 0.06mm, 두꺼운 것은 0.15mm에 이르며 일반적으로 0.1mm 정도이다(그림 4-1).

2) 방공사(方孔紗)

평문가사(平紋假紗) 직물로 날실은 Z약연사(弱撚絲)이며 씨실은 Z강연사(强撚絲)이다. 날실 밀도는 58~64올/cm, 씨실 밀도는 40~58올/cm, 두께는 0.05~0.08mm, cm²당 중량은 약 12g이다. 출토된 각 3벌의 단의(禪衣)와 인화부채사포(印花敷彩紗袍)는 모두 방공사로 봉제하였으며 그중 소사단의(素紗禪衣)는 움켜쥐면 한 줌으로 중량이 48g, 즉 50g도 채 되지 않는다(그림 4-2).

3) 나(羅)

사경교직(四經絞織) 직물이다. 성근 날실과 씨실의 밀도는 64올/cm과 40올/cm이며 촘촘한 것은 100올/cm과 35올/cm이다. 문양은 복합능문소화(複合菱紋小花)로 성기고 촘촘하게 2줄로 엇갈려 있다. 바탕 무늬는 4북[梭] 순환의 대라공(大羅孔), 능문(菱紋)은 2북 순환의 소라공(小羅孔)으로 바탕은 밝고 문양은 촘촘하게 보인다. 이러한 조직은 속종제화(束綜提花)와 교종(絞綜) 장치를 사용해야만 직조할 수 있다. 나 직물은 주로 자수면포(刺繡綿袍), 협포(夾袍), 향낭(香囊), 장갑, 휘장 등에 사용된다(그림 4-3~4-7).

4) 기(綺)

바탕 무늬는 단층 평문(平紋)이며 문양은 삼상일하우사문(三上一下右斜紋)의 경이중(經二重) 조직이다. 출토된 문물로는 배문기(杯紋綺)와 복합능형전화조문기(複合菱形塡花鳥紋綺)가 있다. 배문기의 날실과 씨실의 밀도는 116올/cm과 92올/cm이며 상하좌우 대칭으로 구성되었기 때문에 제화종섭(提花綜躡) 60개를 사용하면

▲ 그림 4-1 서한(西漢) 강자견군(絳紫絹裙)
1972년 호남성 장사시(湖南省 長沙市) 마왕퇴(馬王堆) 1호 묘에서 출토. 호남성박물관 소장
치마길이 87cm 치맛자락너비 193cm 허리이음매너비 3cm 치마끈너비 2.0~2.8cm 치마끈길이: 좌측 45cm, 우측 42cm
출처: 『중국미술전집(中國美術全集)』·공예미술편(工藝美術編)·인염직수(印染織繡) 상(上) 도판36

▲ 그림 4-2 서한(西漢) 소사단의(素紗禪衣)
1972년 호남성 장사시(湖南省 長沙市) 마왕퇴(馬王堆) 1호 묘에서 출토. 호남성박물관 소장
옷길이 160cm 양소매전체길이 195cm 소맷부리너비 27cm 소매가선(一緄)너비 5cm 옷깃가선너비 7cm 허리너비 48cm 밑자락너비 49cm 중량 48g 단사굵기 12.2dtex(11데니어)

바로 직조할 수 있다. 복합능형전화조문기의 날실과 씨실의 밀도는 100올/cm과 46올/cm이다. 문양 직조는 비교적 복잡하며 제화장치도 역시 종섭(綜躡)을 사용하여 조작할 수 있다. 기는 주로 자수 이불, 향낭, 우율대(竽律袋) 등에 사용된다(그림 4-8~4-10).

5) 경금(經錦)

날실 제화의 중경(重經) 직물이며 슬의(瑟衣)와 베개에 주로 사용된다. 날실과 씨실의 밀도는 전자는 46올/cm과 42올/cm이며 후자는 52올/cm과 40올/cm이다.

6) 융권금(絨圈錦)

날실 3올을 제화(提花)와 기융간(起絨竿)을 병용하여 파일을 직조한 직물[그 원리는 가직위(假織緯)로 파일을 직조하는 지금의 융직물과 유사함]이며 옷, 이불, 향낭 등의 가선(-縇)을 두를 때 주로 사용된다. 파일로 분산 배열된 기하문소화(幾何紋小花)는 부조 효과를 지닌다. 바탕용 날실Ⅰ, Ⅱ, Ⅲ과 비교적 굵은 파일용 날실(무늬용 날실)과 무늬용 씨실, 바탕용 씨실을 교직하는데 무늬용 씨실이 기융간이며 바탕용 씨실 2올을 직조할 때마다 기융간 1올을 넣는다. 이와 같은 과정으로 한 단을 직조한 후, 기융간을 뽑아내면 파일이 형성된다(그림 4-12 참조). 각 부분의 날실 밀도는 44올/cm로 4합사는 총 176올이 된다. 바탕용 씨실은 41올/cm, 기융간은 20.5올/cm이며 그 무늬와 바탕조직은 아래와 같다.

① 바탕용 날실Ⅰ은 흰 바탕 위에 3/1 경면변화조직(經面變化組織)으로 직조하고 암문(暗紋) 바탕 위에서는 1/3 또는 2/2 변화조직으로 직조한다. 문양 부분은 1/3 위면변화조직(緯面變化組織)으로 직조한다.

② 바탕용 날실Ⅱ는 흰 바탕 위에 1/3 위면변화조직으로 직조하고 문양 부분은 1/3 위면조직(緯面組織)으로 직조한다.

③ 바탕용 날실Ⅲ은 흰 본바탕 위에서 1/3, 3/1 또는 2/2 변화조직으로 직조하고 문양 부분은 1/3 위면변화조직으로 직조한다.

④ 파일용 날실은 흰 바탕 위에 1/3 위면조직으로 직조하고 문양 부분은 3북 또는 2북의 보통 경부점장화(經浮點長花)나 크고 작은 파일 경화(經花)를 직조한다.

융권금(絨圈錦)의 너비는 비교적 좁지만 화문(花紋)의 순환단위는 비교적 길기 때문에 직기(織機)에 제화장치가 설치되어야 한다. 또한 파일용 날실의 패싱 속도는 바탕용 날실보다 빠르기 때문에 바탕용 날실과 함께 하나의 경축에 감을 수 없어서 직기에 융경축(絨經軸)이나 융경대[絨經架]를 추가해야 한다(그림 4-11~4-13).

7) 조(縧)

장갑을 만드는 '천금조(千金縧)'와 의복을 장식하는 착대조(窄帶縧)가 포함된다(그림 4-14).

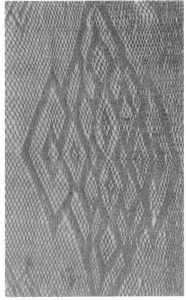

◀ 그림 4-3 서한(西漢) 암황색 능문라(菱紋羅)
1972년 호남성 장사시(湖南省 長沙市) 마왕퇴(馬王堆) 1호 묘에서 출토. 호남성박물관 소장
길이 61cm 너비 39cm
사경교직라(四經絞織羅) 조직으로 양쪽 끝에 손잡이가 있으며 성글고 촘촘하게 교차되어 배열된 2종류의 능형(菱形)을 직조하였다. 형상이 이배(耳杯)와 유사하여 배문라(杯紋羅)라고도 칭한다.
출처: 『중국미술전집(中國美術全集)·공예미술편(工藝美術編)·인염직수(印染織繡)』상(上) 도판47

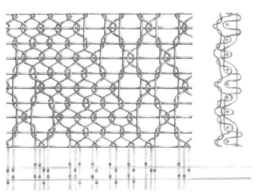

▲ 그림 4-4 한(漢) 격사사경교라(隔梭四經紋羅) 구조 설명도

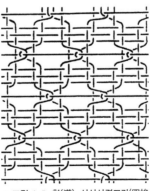

▲ 그림 4-5 한(漢) 사사사경교라(四梭四經紋羅) 구조 설명도

▲ 그림 4-6 한(漢) 사경교라(四經紋羅) 문양 확대도
화문크기 3.2×6.3cm

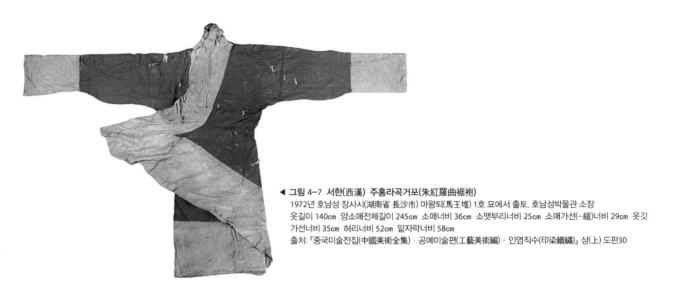

◀ 그림 4-7 서한(西漢) 주홍라곡거포(朱紅羅曲裾袍)
1972년 호남성 장사시(湖南省 長沙市) 마왕퇴(馬王堆) 1호 묘에서 출토, 호남성박물관 소장
옷길이 140cm 양소매전체길이 245cm 소매너비 36cm 소맷부리너비 25cm 소매가선(一緣)너비 29cm 옷깃
가선너비 35cm 허리너비 52cm 밑자락너비 58cm
출처: 『중국미술전집(中國美術全集)·공예미술편(工藝美術編)·인염직수(印染織繡)』 상(上) 도판30

▼ 그림 4-8 서한(西漢) 배문기(杯紋綺) 문양
및 조직 구조 설명도
호남성 장사시(湖南省 長沙市) 마왕퇴(馬王堆)
1호 묘지 출토물의 모사본

◀ 그림 4-9 서한(西漢) 복합능형전화조문기(複合菱形塡花
鳥紋綺)
1972년 호남성 장사시(湖南省 長沙市) 마왕퇴(馬王堆) 1호 묘에
서 출토, 호남성박물관 소장
날실밀도 100올/cm 씨실밀도 46올/cm
단위문문크기: 길이 6.2cm, 너비 4.8cm
복합능형에 대조문(對鳥紋)과 변체화문(變體花紋)을 엇갈려 채
워 넣고 평문(平紋) 바탕에 사문(斜紋)을 직조하였다.
출처: 『중국미술전집(中國美術全集)·공예미술편(工藝美術編)·
인염직수(印染織繡)』 상(上) 도판48

◀ 그림 4-10 서한(西漢) 능문라(菱紋羅)(일부분)
1972년 호남성 장사시(湖南省 長沙市) 마왕퇴(馬王堆) 1호 묘에
서 출토, 호남성박물관 소장
길이 75cm 너비 48cm 단위화문크기 5×2cm
출처: 『중국미술전집(中國美術全集)·공예미술편(工藝美術編)·인
염직수(印染織繡)』 상(上) 도판46

8) 조대(組帶)

너비는 약 13cm이고, 물고기꼬리 모양의 소기하문(小幾何紋)을 직조한 명주 끈을 가리킨다.

9) 금은니인화사(金銀泥印花紗)

금색, 은백색 곡선 및 은색의 작은 점으로 이루어져 유동성이 느껴지는 변체운기문(變體雲氣紋) 도안이다. 화려하고 우아하며 철문모판인화(凸紋模版印花)에 속한다(그림 4-16).

10) 인화부채사(印花敷彩紗)

변체등만화엽문(變體藤蔓花葉紋) 도안으로 먼저 철문모판(凸紋模版)을 사용하여 마름모의 사(紗) 바탕 위에 덩굴을 찍어낸 후, 다시 적색, 남색, 흰색 등의 색상을 수공으로 칠하며 면포(綿袍) 옷감으로 사용된다(그림 4-15, 4-17).

11) 자수(刺繡)

모두 40개의 변자고형쇄수(辮子股形鎖繡)와 극소수의 평침(平針)으로 이루어진 자수품이며 문양의 색채는 매우 화려하다. 『견책죽간(遣冊竹簡)』에는 신기수(信期繡), 장수수(長壽繡), 승운수(乘雲繡) 등의 명칭으로 기록되어 있으며 문양 형태에 근거하면 수유문수(茱萸紋繡), 방기문수(方棋紋繡), 운문수(雲紋繡) 등이라고 칭한다. 의복과 이불[衾被] 등에 주로 사용된다(그림 4-86~4-98).

마왕퇴(馬王堆) 1호 서한묘(西漢墓)에서는 이와 같이 화려하면서도 다양한 비단 진품이 발견되었는데, 이는 고고학 역사상 획기적인 발견이라고 할 수 있다. 이러한 소식이 전해지자마자 세계 각국 학술계에서는 센세이션을 불러 일으켰다. 이 묘에서 출토된 비단 진품이 서한(西漢)시대 비단공예의 최고 수준을 대표한다고 할 수는 없지만 대후(軑侯)는 당시의 직위 중 중급 관원에 해당된다고 할 수 있기 때문에 서한시대 중국 비단공예가 상당히 뛰어났다는 것을 납득시키는 자료로는 충분하다.

2. 문헌에 기록된 한대(漢代)의 비단 종류

한나라 비단의 종류와 분류는 매우 다양하며 현재 문헌에서 언급된 비단의 명칭은 다음과 같다.

1) 금(錦)

『설문(說文)』에 따르면, "양읍[동한(東漢)시대의 지명]에서는 (비단에) 무늬를 새긴다(襄邑織文也)"라고 하였으며,[3] 『석명(釋名)』에서는 "금(錦)은 금(金)이다. 노동력이 많이 들어 금처럼 귀중하다. 따라서 '帛(비단 백)'에 '金'을 붙여 글자를 만들었다(錦, 金也. 作之用功重, 其價如金, 故其制字從帛與金也)"라고 기록하고 있다.[4] 출토물에 근거하면, 한대의 금은 모두 먼저 실을 염색한 후에 직조하며 날실로 문양을 직조한 경금(經錦)이다.

2) 기(綺)

『설문』에서 "무늬가 있는 비단이다(文繒也)"라고 하였으며,[3] 『석명』에서는 "기는 기울어진 것이다. 그 무늬가 가로세로 종횡의 규격을 벗어난 것이다. 잔문이라는 것은 (무늬의) 모양이 잔을 닮은 것이고, 장명이라는 것은 채색의 엇갈림이 폭 전체에 이루어진 것들을 말한다. '장명'이라고 말하는 이유는 옷을 입는 사람이 장수한다는 의미로 (옷을) 만든 이의 뜻이다. 기문이라는 것도 있는데 무늬의 모양이 바둑판과 같다(綺, 欹也. 其文欹邪不順經緯之縱橫也. 有杯文, 形似杯也. 有長命, 其綵色相間皆橫終幅, 此之謂也. 言長命者, 服之使人命長, 本造者之意也. 有棋文, 方文如棋也)"라고 하였다.[4] 한대의 기(綺)는 일반적으로 단색 평문(平紋) 바탕에 1/3 사문(斜紋)을 직조한 얇은 직물이다.

3) 능(綾)

『설문』에서 "동제에서는 포백 중에 가는 것을 능이라 한다(東齊謂布帛之細曰綾)"라고 하였으며,[3] 『석명』에서는 "능(綾)은 능(淩)이다. 그 무늬를 보면 마치 고드름의 표면과 같다(綾, 淩也. 其文望之如

▲ 그림 4-11 서한(西漢) 융권금(絨圈錦)
1972년 호남성 장사시(湖南省 長沙市) 마왕퇴(馬王堆) 1호 묘에서 출토

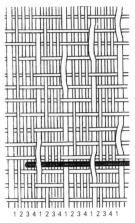

◀ 그림 4-12 서한(西漢) 융권금(絨圈錦) 조직 구조에서의 기융간(起絨竿) 설명도
그림에서 위에서부터 아래까지 이미 기융간 4올을 뽑아냈으며 1은 파일용 날실이며 2, 3, 4는 각각 바탕용 날실 Ⅰ. Ⅱ. Ⅲ이다.

기융간(起絨竿)

1 2 3 4 1 2 3 4 1 2 3 4 1 2 3 4 1

◀ 그림 4-13 서한(西漢) 기하문융권금(幾何紋絨圈錦)(일부분)
1972년 호남성 장사시(湖南省 長沙市) 마왕퇴(馬王堆) 1호 묘에서 출토. 호남성박물관 소장
너비 28cm 날실밀도 44~56조(組)/cm
각 조는 바탕용 날실 3올과 파일 날실 1올을 포함하며 날실 밀도는 모두 176~224올/cm이다. 너비 28cm에 근거하여 계산하면 날실은 모두 4,928~6,272올에 달한다. 가장 큰 문양 너비는 13.7cm이며, 3올의 날실 제화(提花)에 파일을 더한 경사중(經四重) 조직이다. 직기(織機) 기구는 날실과 피륙 감기롤러 외에도 별도로 경파일 장치가 필요하다.
출처: 『중국미술전집(中國美術全集)』·공예미술편(工藝美術編)·인염직수(印染織繡)』상(上) 도판54

(1) 실물　　　　　(2) 조직 확대도

◀ 그림 4-14 서한(西漢) "천금"조수투(千金縧手套) 및 조직 구조 설명도
1972년 호남성 장사시(湖南省 長沙市) 마왕퇴(馬王堆) 1호 묘에서 출토

▲ 그림 4-15 서한(西漢) 인화부채사직거포(印花敷彩紗直裾袍)
1972년 호남성 장사시(湖南省 長沙市) 마왕퇴(馬王堆) 1호 묘에서 출토, 호남
성박물관 소장
옷길이 132cm 양소매전체길이 228cm 소매너비 38cm 소맷부리너비 28cm 소
매가선(一緝)너비 37cm 허리너비 54cm 밑자락너비 74cm 옷깃가선너비 20cm
출처:『중국미술전집(中國美術全集)·공예미술편(工藝美術編)·인염직수(印
染織繡)』상(上) 도판29

(1) 금은니인화사(金銀泥印花紗) 복제품

▶ 그림 4-16 서한(西漢) 금은니인화사
(金銀泥印花紗) 및 인화 작업순서
호남성 장사시(湖南省 長沙市) 마왕퇴
(馬王堆) 1호 묘 출토물의 모사본

① 인금선(印金綫)　② 인은점자(印銀點子)　③ 인백선(印白綫)

(2) 인화(印花, 날염) 작업순서

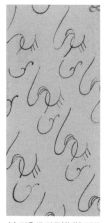     

(1) 검은색 만등(蔓藤) 인화　(2) 두청색(頭靑色)을 칠함　(3) 담황색을 칠함　(4) 담청색을 칠함　(5) 주홍색을 칠함　(6) 흰색을 칠함

▲ 그림 4-17 서한(西漢) 인화부채사포(印花敷彩紗袍)의 인화문양 채색 순서도
호남성 장사시(湖南省 長沙市) 마왕퇴(馬王堆) 1호 묘 출토물의 모사본
단위화문크기 4.2×9cm

冰淩之理也).”라고 기록되어 있다.[4] 『정자통·사부(正字通·糸部)』에서는 “흰 비단에 무늬를 넣은 것을 기라 하고, 거울처럼 빛나는 비단에 화훼를 장식한 것을 능이라 한다(織素爲文者曰綺, 光如鏡面有花卉狀者曰綾)”라고 하였다.

4) 겸(縑)

『설문(說文)』에서 “겸은 명주실을 여러 번 짠 비단이다(縑, 並絲繒也)”라고 하였으며,[3] 『석명(釋名)』에서는 “겸은 겸이다. 세밀하고 촘촘한 실을 여러 번 명주실에 덧대어 5가지 색상으로 염색하는데 세밀하고 촘촘하여 물이 새지 않는다(縑, 兼也. 其絲細致, 數兼于絹, 染兼五色, 細致不漏水也)”라고 하였다.[4] A. 스타인은 돈황(敦煌)에서 “임성국 항부현에서 겸 1필은 넓이가 2자 2치이고, 길이는 4장이며, 무게는 25냥, 가격은 618전이다(任城國亢父縑一匹, 幅廣二尺二寸, 長四丈, 重二十五兩, 値錢六百一十八)”라고 기록되어 있는 한(漢)나라의 겸(縑) 잔편을 발견하였다.

5) 견(絹)

『설문』에서 “견은 비단으로 맥견과 같다(絹, 繒如麥稍)”라고 하였으며,[3] 『석명』에서는 “견은 견이다. 그 올이 굵고 성기다(絹, 袓也. 其絲袓厚而疏也)”라고 서술하였다.[4] 안사고(顔師古)도 『급취편(急就篇)』 권2에서 “견은 흰 비단으로 겸과 비슷하나 성긴 것이다(絹, 生白繒, 似縑而疏者也)”라고 주석을 달았다.

6) 제(綈, 깁)

『설문』에 따르면, “제는 굵은 비단이다(綈, 厚繒也)”라고 하였으며,[3] 『석명』에서는 “제는 □충의 색깔과 비슷하니 녹색이고 윤이 난다(綈, 似蝭蟲之色, 綠而澤也)”라고 기록하였다.[4]

7) 주(紬)

『설문』에서 “주는 두꺼운 올로 된 비단이다(紬, 大絲繒也)”라고 하였다.[3]

8) 만(縵)

『설문』에서 “만은 민무늬 비단이다(縵, 繒無文也)”라고 하였다.[4]

9) 소(素)

『설문』에서 “소는 흰색의 공물로 바치는 비단이다(素, 白致繒也)”라고 기록하였으며,[3] 『석명』에 따르면, “소는 무늬가 없다. 만들고 나서 바로 공물로 쓰는데 어떠한 가공이나 장식도 하지 않는다(素, 樸素也, 已織則供用, 不複加功飾也)”라고 하였다.[4] 또한 『고시·상산채미무(古詩·上山採蘼蕪)』에서는 “겸은 하루에 1필만 지을 수 있지만 소는 5장 넘게 지을 수 있다(織縑日一匹, 織素五丈余)”라고 하였다.

10) 곡(縠)

『설문』에 따르면, “곡은 가늘고 흰 명주이다(縠, 細縛也)”라고 하였고,[3] 『석명』에서는 “곡은 곡식이다. 그 모양이 오그라든 것 같아서 마치 곡식 낱알같이 보인다[縠, 傈也. 其形戚戚(蹙), 視之如傈也]”라고 서술하였다.[4]

11) 환(紈)

『설문』에 따르면, “환은 소이다(紈, 素也)”라고 하였으며,[3] 『석명』에서는 “환은 밝다. 세밀하고 윤기가 흘러 밝게 빛나는 것 같다(紈, 煥也. 細澤有光, 煥煥然也)”라고 하였다.[4] 가의(賈誼)는 『신서(新書)』

권3에서 “백색 곡은 겉에, 얇은 환은 속에(白縠之表, 薄紈之裏)”라고 하였으며,[5] 『범자계연(範子計然)』에서는 “백색 환은 본래 제나라에서부터 나왔다(白紈素出齊)”라고 하였다.[6]

12) 빙환(冰紈)

『후한서·장제기(後漢書·章帝紀)』에는 “계사년, 제나라 상을 불러 빙환, 방공곡, 취륜서를 관리하게 하였다(癸巳, 詔齊相省冰紈, 方空縠, 吹綸絮)”라고 기록되어 있으며, 이현(李賢)도 역시 “환은 흰 것이다. 빙은 색상과 선명함이 얼음처럼 깨끗함을 말한다(紈, 素也. 冰, 言色鮮潔如冰)”라고 하였다.

13) 사(紗)

『옥편(玉篇)』에는 “사는 곡이다(紗, 縠也)”라고 기록되어 있고,[7] 『한서·원제기(漢書·元帝紀)』에서는 “충의는 사곡으로 짠 홑옷이다(充衣紗縠襌衣)”라고 서술하였으며,[8] 안사고(顔師古)도 역시 “사곡은 섬유에서 실을 뽑아내어 짠 것인데 가벼운 것은 사(紗), 주름진 것은 곡(縠)이라고 한다(紗縠, 紡絲而織之也. 輕者爲紗, 縐者爲縠)”라고 풀이하였다.

14) 리(纚)

『설문』에 따르면, “리는 모자를 짜는 직물이다[纚(xī), 冠織也]”라고 하였고,[3] 『한서·원제기』에서는 “제나라 삼복관주에서 사고가 말하기를 쇄와 리는 동음이니 곧 지금의 방목사이다[齊三服官注: 師古曰, 縰(xī)與纚同音, 即今方目紗也]”라고 서술하였다.[8] 『석명』에서는 “리는 사이다. 거칠기가 체와 같다[纚, 筵(shāi)也, 麤(粗)可以筵物也]”라고 하였다.[4]

15) 나(羅)

『범자계연』에 따르면, “나는 제군에서 나온다(羅出齊郡)”라고 하였고,[6] 『고시(古詩)』에서는 “대부인은 기라를 짓고, 중부인은 유황을 짓는다(大婦織綺羅, 中婦織流黃)”라고 하였으며, 『석명』에서는 “나 중에서 무늬가 있는 나는 드물다(羅, 文羅疏也)”라고 하였다.[4]

16) 초(綃)

『설문』에서 “초는 생사이다(綃, 生絲也)”라고 하였고,[3] 『한서·원제기』에서는 “제나라 삼복관주에서 이비가 말하기를, 초소는 본래 겨울옷이다(齊三服官注: 李斐曰 綃素冬服)”라고 하였다.[8] 조식(曹植)은 『낙신부(洛神賦)』에서 “수놓은 나들이 신발을 신고 안개마냥 가볍고 부드러운 치맛자락을 끈다(踐遠遊之文履, 曳霧綃之輕裾)”라고 하였으며, 이선(李善)은 “초는 가벼운 곡이다(綃, 輕縠也)”라고 언급하였다.

그 외에도 명주 끈과 같은 종류의 윤(綸), 조(組), 찬(纂), 세(繐), 역(繹), 수(綏)가 있으며, 견서(繭絮)로 만든 견이(牽離)도 있다. 『설문』에 따르면, “패는 누에고치의 머리처럼 달린 앙금으로, 달리 솜을 누빈 주머니라고도 한다(絓, 繭滓絓頭也, 一曰以囊絮練也)”라고 하였고,[3] 『석명』에서 이르기를, “자견은 막, 또는 막막이라고 한다. 가난한 자는 옷 겉에 누비지 않은 솜을 두르는데 이를 견리라고 한다. 물에 오래 삶아 늘이면 솜처럼 풀어져 헤쳐진다(煮繭曰莫, 莫幕也. 貧者著衣可以幕絡絮也. 或謂之牽離, 煮熟爛牽引使離散如綿然也)”라고 하였다.[4] 또한 한대에는 의복 디자인에 근거하여 직접 직조한 직물도 있었다. 『서경잡기(西京雜記)』에 따르면, “조비연이 황후가 될 때,

여동생이 소양전에서 비연에게 편지를 보내 말하기를, '오늘처럼 기쁜 날, 언니께서 가문의 영광이 되어 삼가 옷가지 35종을 바쳐 기쁜 마음을 보이려고 한다'(趙飛燕爲皇后, 其女弟在昭陽殿遺飛燕書曰: '今日嘉辰, 貴姊懋膺洪冊, 謹上襚三十五條, 以陳踴躍之心')라고 기록되어 있다. 위의 옷가지 중에는 하거(下裾)로 지은 것도 포함되어 있다.[9] 또한『속한서 · 여복지(續漢書 · 輿服志)』에서도 "호분과 무기는 모두 갈관을 쓰는데, 호랑이 무늬의 홀옷이다. 양읍에서는 대대로 호랑이 무늬 비단을 지어 바쳤다(虎賁武騎皆鶡冠, 虎文單衣, 襄邑歲獻織成虎文)"라고 하였다. 장사시(長沙市) 마왕퇴(馬王堆) 1호 서한묘(西漢墓)에서 출토된 융권금(絨圈錦)은『급취편(急就篇)』에 따르면, "민무늬 비단에 이리저리 노니는 공작을 수놓았다(錦繡縵紵離雲爵)"라고 하였으며, 안사고(顔師古)는 "모는 수를 놓음을 말한다(紵, 謂刺也)"라고 풀이하였다.[10]『광운(廣韻)』에서는 "비단명주의 모가 일어나는 것이 가시 같다(絹帛紵起如刺也)"라고 풀이하여,[11] 융권금은 '모(紵)'라고도 칭할 수 있다. 이 묘에서 출토된 죽간(竹簡) 2, 258, 260, 281, 287에서는 융권금을 '궤연[繢掾(緣)]', 265, 266, 267에서는 '소연(素緣)'이라고도 부르는데 이는 융권금으로 의포(衣袍)의 테를 두를 때 이르는 명칭이다.

3. 한대(漢代)의 염색공예

한대의 염색공예는 서주(西周) 이래의 전통을 계승하여 광물, 식물 등의 다양한 염료를 사용하였으며 백반(白礬), 황반(黃礬), 녹반(綠礬), 조반(皂礬), 강반(絳礬), 동회[冬灰, 여회(藜灰)], 석회(石灰) 등을 매염제(媒染劑)로 삼았다.

광물염료에서 가장 중요한 것은 단사(丹砂)이며 천연과 인공의 2종류로 나누어진다. 천연단사는 진사(辰砂)라고도 칭하는데 휘섬광류(輝閃鑛類)에 속하며 주요 화학성분은 황화수은(HgS)이다. 인공단사는 용기에 유황과 수은을 넣어 승화(昇華)반응이 일어나 생성된 것으로 은주(銀朱), 영사(靈砂) 또는 자분상(紫粉霜)이라고도 한다. 중국 호남(湖南), 호북(湖北), 귀주(貴州), 운남(雲南), 사천(四川) 등지에서는 모두 천연단사를 생산한다. 섬서성(陝西省) 여가장(茹家莊) 서주묘(西周墓)에서는 이미 천연단사로 염색한 자수품이 발견되었다.『사기 · 화식열전(史記 · 貨殖列傳)』에서도 진시황(秦始皇) 시기 "촉나라에서 과부의 정절을 증명하려면 먼저 단혈(서광은 부릉에서 단이 생산된다고 말했다)을 얻어야 하는데 그 단혈을 여러 해 동안 얻으려면 가문마저 가난해진다(巴[蜀]寡婦淸, 其先得丹穴(徐廣曰:涪陵出丹), 而擅其利數世, 家亦不訾)"라고 기록되어 있다.[12] 진시황은 이를 축회청대(築懷淸台)라고 하였다. 사천의 단사는 멀고 먼 잔도(棧道)를 거쳐 각지로 운반되어 판매되었다. 장사(長沙) 마왕퇴(馬王堆) 1호 서한묘(西漢墓), 광주(廣州) 서한(西漢) 남월왕(南粵王)의 묘에서는 단사에서 추출한 주사(朱砂)를 칠하여 염색한 견직물이 발견되었는데 지금까지도 새것과 다름없이 화려하다. 단사 외에도 광물염료에는 석황(石黃), 분석(粉錫), 연단(鉛丹), 목람(木藍), 공청(空青), 자석(赭石), 견운모(絹雲母), 유화연(硫化鉛) 등이 있다. 마왕퇴 1호 서한묘에서 출토된 인화부채사포(印花敷彩紗袍)도 역시 이러한 염료를 사용하여 완성된 것이다.

고대 중국에서 상용했던 염초(染草)에는 목람(木藍), 천초(茜草, 꼭두서니), 홍화(紅花), 자초(紫草), 녹초(菉草), 황치(黃梔), 상두(橡斗, 도토리) 등이 있다.『주례(周禮)』에 따르면, 지관(地官)이 염초를 주관하였으며, 정주(鄭注)에서는 "목람, 천초, 상두는 모두 염초에 속한다[染草, 藍, 蒨(茜), 橡斗之屬]"라고 하였다. 가소(賈疏)에서도 "목람은 청색으로, 천초는 붉은색으로, 상두는 검은색으로 염색한다(藍以染靑, 蒨以染赤, 橡斗染黑)"라고 언급하였다.『설문(說文)』에 따르면, "목람은 푸른 풀 염색이며(藍, 染靑草)", "여초(녹초)는 노란색으로 염색할 수 있으며[菉草(菉草)可以染留黃]", "천초는 진홍색으로 염색할 수 있다(茜草可以染絳)"라고 하였다.[31]『시경 · 소아 · 채녹(詩經 · 小雅 · 采綠)』의 시가에서도 이미 목람과 녹(菉)을 채집하는 노동을 반영하고 있다.[13]『예기 · 월령(禮記 · 月令)』에서는 "음력 5월에 …… 백성들이 염색용으로 목람을 수확하는 것을 금지했다(仲夏 …… 令民毋刈藍以染)"는 기록이 있는데, 이는 목람을 수확할 때, 계절을 중시해야 한다는 경험에 따른 최종적인 결론으로 여겨진다. 목람 가운데 요람(蓼藍)의 줄기와 잎에는 인디칸이 함유되어 있어 온수로 우려내어 염색액을 만들 수 있는데 직물에 흡수되었을 때는 먼저 황갈색을 띠고 공기 중에 말리게 되면 인디칸(indican)이 산화작용을 하여 본래의 남색으로 변한다고 하여 전람(靛藍)이라고 부른다. 요람은 7월부터 9월까지 무르익으며 너무 빠르거나 늦게 수확하면 인디칸 성분이 부족하다.

목람(木藍)의 염색액을 사용하여 착색되지 않는 경우, 매염액은 자연적으로 산화 발효되어 남색 침전물로 변하여 염색이 불가능하다. 그 후 술지게미를 넣어 인디고틴(indigotin)이 알칼리성 수용액에 용해될 수 있는 류코인디고(leucoindigo)로 변환되는 기술을 발명하여 목람의 대규모 생산발전을 촉진시켰다. 동한(東漢)시대 조기(趙岐)는『남부(藍賦)』에서 당시 목람(木藍)을 재배하는 대규모의 남전(藍田)이 있었는데 짙푸르고 싱싱한 목람이 무성하게 자라 농부들이 큰 이익을 얻었다고 묘사하였다. 목람으로 여러 차례 염색하면 남색이 점점 짙어지며 다른 염초와 함께 사용하면 다른 색상으로도 염색할 수 있다.[14] 마왕퇴에서 출토된 견직물 색상에는 목람으로 염색한 남색도 있고 목람과 갈색을 함께 사용한 짙은 흑색 또는 곤색도 있으며 목람과 노란색을 함께 사용하여 청록색으로 염색한 것도 있다.

천초[茜草, 여려(茹藘), 모수(茅蒐), 천(蒨), 강초(絳草)라고도 함], 소방(蘇枋)과 홍화(紅花)는 모두 고대에 붉은색을 염색했던 염료이다. 특히 천초는 여러 차례의 침염법(浸染法)을 사용하여 붉은색을 옅은 색으로부터 짙은 색으로 변화시킬 수 있다. 마왕퇴 1호 서한묘에서 출토된 견직물에는 천초와 기타 염초를 섞어 갈색으로 염색한 것도 있다. 천초와 쌀겨를 혼합하면 인디고의 배양제를 제조할 수 있으며, 천초와 자초(紫草)는 동일한 매염(媒染)염료이다. 방직물을 염색하기 전에 먼저 백반액(白礬液)에 담갔다가 다시 천초 뿌리나 자초 뿌리와 함께 삶아 염색해야 한다.

홍화[홍람(紅藍), 황람(黃藍)이라고도 함]로 염색한 붉은색은 매우 화려하기 때문에 '진홍(眞紅)'이라고 부른다. 홍화의 원산지는 서북

(西北)이며 장건(張騫)이 서역에 통사(通使)로 파견된 후 중국으로 들여와 재배하였는데 한대에는 이미 홍화 재배에 종사하는 사람들도 있었다. 홍화는 노란색, 붉은색의 2가지 색소를 함유하는데 노란색 색소는 물에 용해되고 붉은색 색소는 알칼리성 수용액에 용해된다. 5세기 가사협(賈思勰)이 『제민요술(齊民要術)』에서 기술한 홍화 염색법에 따르면, 먼저 채집한 홍화를 디딜방아에 빻아 물로 헹구어 포대(布袋)에 넣고 노란 즙을 짜낸다. 그런 다음, 다시 연한 초회즙(草灰汁)을 10번 문지른 후, 포대를 비틀어 순수한 노란색 즙을 짜내어 사발에 담는다. 시큼한 석류를 빻아 산반장수(酸飯漿水) 및 순수한 즙을 혼합하면 새빨간 색소를 얻게 된다.[15] 이는 먼저 알칼리성 석회액으로 처리한 후, 다시 강한 유기산을 사용하여 색소를 중화시키는 방법이다. 수 · 당대(隋 · 唐代)에 상술한 방법은 일본 등지의 국가로 전파되었다.

한대(漢代)의 채색 색보는 완벽하게 갖추어져 있었으며, 허신(許愼)은 『설문(說文)』 제13에서 비단의 색상을 다음과 같이 설명하였다. 청색 계열에는 표[縹, 백청백색(帛青白色)], □[縓, 백청경표위(帛青經縹緯)], 총[繱, 백청색(帛青色)], 청[靑, 동방색(東方色)], 감[紺, 백심청양적색(帛深青揚赤色)], 비[綼, 백창애색(帛蒼艾色)], 조[繰, 백여감색(帛如紺色)] 등이 있다. 붉은색 계열에는 주[絑, 순수한 붉은색, 우서단주도 이와 같다(純赤也, 虞書丹朱如此)], 훈[纁, 옅은 적색이다(淺絳也)], 출[絀, 적색이다(絳也)], 강[絳, 짙은 적색이다(大赤也)], 관[綰, 악이다(惡也), 적색이다(絳也)], 진[縉, 백적색이다(帛赤色也)], 천[綪, 적색 비단이다(赤繒也), 천초로 염색했기 때문에 천(綪)이라고 한다(從茜染故謂之綪)], 제[緹, 백단황색(帛丹黃色)], 전[縓, 백적황색(帛赤黃色), 처음 염색한 것을 전(縓)이라 하고, 두 번째 염색한 것은 정(赬)이라고 하며, 세 번째 염색한 것을 훈(纁)이라고 한다(一染謂之縓, 再染謂之赬, 三染謂之纁)], 홍[紅, 백적백색(帛赤白色)] 등이 있다. 녹색 계열에는 녹[綠, 백청황색(帛青黃色)], 려[綟, 백려초염색(帛莀草染色)], 삼[纔, 백작두색(帛雀頭色)] 등이 있다. 이외에도 자[紫, 백청적색(帛青赤色)], tǎn[緂, 백추색(帛騅色)], 치[緇, 백흑색(帛黑色)], 견[絹, 증여맥견(繒如麥稍)], 부[紑, 백선의(白鮮衣)], 담[緂, 백선의(白鮮衣)] 등의 색상이 포함된다.[3]

한원제(漢元帝) 시기 사유(史游)의 『급취편(急就篇)』에 기록된 견직물 색상에 따르면, "봄에 생기 있게 자란 풀색, 구부러지고 늘어뜨린 닭의 꼬리 색, 물에서 씻은 오리목의 깃털색(春草雞翹鳧翁濯), 노란색, 옅은 노란색, 밝게 빛나는 흰색(鬱金半見湘白䊵), 청백색, 창포색, 녹황색, 검은색, 자청색, 벼루색(縹綟綠紈皂紫硟), 찐 밤색, 처음 뽑아낸 명주처럼 흰색, 감청색, 옅은 적색, 붉은색, 불꽃처럼 짙은 붉은색(蒸栗絹紺縉紅燃), 청색으로 수를 놓고 흰색으로 수를 놓으니 선명하게 빛나고(青綺綾縠靡潤鮮), 윤기 나는 명주 비단, 나비의 날개처럼 가벼운 촘촘하고 흰 생명주(綈絡縑練素帛蟬), 붉은색, 황적색, 명주실, 비단솜(絳緹絓紬絲絮綿). ……"이라고 묘사하였다.[10] 안사고(顏師古) 등 학자들의 주해에 근거하면, 춘초(春草), 계교(雞翹), 부옹탁(鳧翁濯) 등은 모두 녹색을 형용하는 것이며 연록(嫩綠)은 봄풀이 새싹을 틔었을 때와 같다. 또한 심청(深青)은 수탉 꼬리털과 같은 청록색이며 남록(藍綠)은 오리 머리의 깃털과 같이 반지르르한 것과 같다. 울금(鬱金)은 노란색을 가리키며 반견(半見)은 옅은 노란색이 노란색과 흰색 사이에서 절반만 드러내어 완전하지 못한 것을 가리킨다. 상(湘)은 뽕잎이 처음 돋아난 색상을 가리키며 소(素)라는 것은 빛이 날 정도로 흰 비단을 말한다. 표(縹)는 청색을 씻어낸 듯한 연한 색상을 말하며 여(綟)는 여초(莀草)로 염색한 노란색을 가리킨다. 녹(綠)은 청황색을 가리키며 조색(皂色) 및 자색(紫色)은 흰 비단을 염색하면 마치 롤러가 지나간 것처럼 산뜻하고 아름답다고 하였다. 한대(漢代) 계몽적 성격의 서적인 『급취편(急就篇)』이 당시 사람들의 색채에 대한 인식을 반영한 것은 대자연에 대해 지니는 미적 감각과 밀접하게 관련되어 있다.

4. 한대(漢代)의 비단 소비

한대 고급 비단의 사용 현황에 관해서는 환관(桓寬)이 일찍이 『염철론(鹽鐵論)』 권6 「산불족편(散不足篇)」에서 한대와 그 이전 시대를 대조하여 개괄하였다. "옛날 평민들은 노인이 된 이후에나 비단옷을 입고 그 나머지는 베옷을 입는 것이 고작이었기에 그들의 명에 따라 포의라고 불렀다. 후세에 이르러서도 비단 속감에 베로 겉감을 삼아 곧은 옷깃에 폐슬(무릎을 덮는 옷)은 없었으며 도포 이음새에도 장식을 하지 않았다. 이에 비해 임금과 왕비의 복식은 가볍고 섬세한 비단을 사용하였으며 무늬를 수놓았다. 두꺼운 비단과 겹사 비단, 흰 견사로 짠 비단은 결혼할 때나 입었으며 무늬가 있는 비단이나 얇고 섬세한 비단은 시장에서 팔지 않았다. 지금의 부자들은 얇고 가벼운 화려한 무늬의 비단을 입고 중산층 사람들은 희고 얼음과 같이 맑은 비단을 입는다. 일반 평민들이 왕후의 옷을 입고 ……(古者庶人耋老而後衣絲, 其餘則麻枲而已, 故命曰布衣. 及其後, 則絲裡枲表, 直領無褘, 袍合不緣. 夫羅紈文繡者, 人君后妃之服也, 繭紬縑練者, 婚姻之嘉飾也. 是以文繒薄織不粥於市. 今富者縟繡羅紈, 中者素綈錦冰. 常民而被后妃之服 ……)." 그는 또한 "지금의 부유층들은 실내용 휘장에 보수(도끼 문양을 새긴 옷)의 수를 놓고 병풍에 칠을 하고 병풍 받침에는 도금을 한다. 중산층 사람들은 비단 휘장을 높고 길게 늘어뜨리고 붉은 칠을 한다(今富者黼繡帷幄, 塗屏錯跗; 中者錦綈高張, 採畫丹漆)"라고 설명하였다.[16] 가의(賈誼)는 『신서(新書)』 권3 「얼산자편(孽產子篇)」에서 이르기를, "지위가 낮은 첩은 겉에는 흰 명주, 속은 얇고 흰 비단옷을 입었는데 옷깃은 꽃무늬로 박음질하였다. 아름다운 것은 보수가 수놓아져 있는 옷으로 이는 고대 천자의 복식이다. 지금 고귀하고 부유한 이들이 재산을 잃는다면 형제들이 손님으로 부른다고 해도 담장 밖으로 피한다(孽妾白縠之表, 薄紈之裏, 緁(緝)以偏諸, 美者黼繡, 是古者天子之服也; 今貴富人大賈者喪資, 若兄弟召客者, 得以被牆)"라고 하였으며,[5] 『회남자 · 제속훈(淮南子 · 齊俗訓)』에서는 "또 부자들은 수레와 옷에 비단으로 수를 놓았고 마구에도 상아로 만든 장식품을 달았다. 수레 안의 휘장과 방석에도 여러 가지 아름다운 수를 놓았는데 청색과 황색을 서로 엇갈리게 장식하여 모양을 이루게 하였다(且富人則車輿衣纂錦, 馬飾傅旄象, 帷幕茵席, 綺繡絛組, 青黃相錯, 不可爲象)"라고 하였다.[17] 장사시(長沙市) 마왕퇴(馬王堆) 1호 서한묘(西漢墓)를 다시 살펴보면, 묘주(墓主)는 한혜제(漢惠帝) 2년에서 고후(高後) 2년(BC 193~BC, 186년)에 이르는 시기에 대후(軑侯)로 책봉된 여주창(黎朱蒼)의 아내로 대후(軑侯)의 녹봉은 700호에 불과했지만 무덤의 부장품인 옷가지들은 매우 화려하여 환관(桓寬), 가의(賈誼) 등이 언급했던 내용의 객관적 근거로 간주할 수 있다.

5. 실크로드의 정식적인 개통

선진(先秦)시대에 중국 비단은 일찍이 북방 유목민에게 판매되었으며 상대(商代) 군주인 왕해(王亥)는 직접 소달구지를 타고 북방 적족(狄族) 지역에 가서 비단을 거래하였다. 그 후, 중국의 비단은 시베리아 각 부락의 중개상들을 통하여 고대 그리스와 로마에까지도 전파되었다.

한무제(漢武帝) 시기 건원(建元) 3년(BC 138년)에서 원삭(元朔) 3년(BC 126년)에 이르기까지 장건(張騫)은 외교 사절로 서역을 두 차례 방문하여 파미르 고원 서쪽의 일부 국가들과 수교를 맺었다. 두 번째 방문하였을 때는 거액의 금화와 비단을 선물하였다. 그 후 중국과 중앙아시아, 서아시아와의 교류가 강화되어 중앙아시아, 서아시아의 각국이 장안(長安)에 사신을 자주 파견하여 교역하게 되면서 중국의 비단은 서방(西方)으로 수송되었으며 이러한 상황은 당대(唐代)까지 지속되었다.

당시 중국과 서방을 연결해 주는 교통 루트는 주로 남과 북, 양쪽 길이었다. 중국 신강(新疆)에 있는 타클라마칸 사막 때문에 곤륜산(昆侖山) 북쪽이나 천산(天山) 남쪽 도로를 따라 서쪽으로 갈 수밖에 없었다. 한(漢)나라 도읍인 장안[지금의 서안(西安) 서북쪽]은 서역 통로의 출발점이었다. 남쪽 루트는 돈황(敦煌)에서 선선[鄯善, 누란(樓蘭), 지금의 약강(若羌) 동북쪽], 우전[于闐, 지금의 화전(和田)], 사차(莎車) 등을 거쳐 총령(蔥嶺, 지금의 파미르)을 넘으면 대월지(大月氏, 현재 아무르 강 유역 중부, 대월지의 주요 지역은 지금의 아프가니스탄 영역 내에 위치함), 안식(安息, 페르시아, 지금의 이란)에 도착한 후, 다시 서쪽으로 이동하면 조지(條支, 지금의 이라크), 대진(大秦, 로마제국, 지금의 지중해 동부 일대) 등지의 국가에 도착하였다. 북쪽 루트는 돈황에서 차사[車師, 고창(高昌), 지금의 투루판]를 거쳐 구자[龜茲, 지금의 고차(庫車)], 소륵(疏勒, 지금의 카스) 등지를 거쳐 총령을 넘으면 대완(大宛, 현재의 페르가나), 강거[康居, 강국(康國), 지금의 사마르칸트]에 도착한 후, 다시 서남쪽으로 이동하여 안식을 지나 서쪽으로 이동하면 대진에 이르렀다. 이 양쪽 루트는 한(漢)나라에서 당(唐)나라에 이르는 수천 년 동안 비단 운송의 주요 육로이며, 후에 독일의 지리학자 리히트호펜(Richthofen)이 '실크로드'라고 명명하였다(그림 4-18). 이 양쪽 길은 모두 타림 분지인 타클라마칸 사막을 피해 이동해야 하기 때문에 노정이 아득히 멀 수밖에 없었다. 이 양쪽 루트 외에도 돈황 서고옥문(西古玉門) 지역에서 북로를 떠나 직접 사막을 통과하여 나포박(羅布泊, 뤄부포호) 부근의 누란에 도착한 후, 소륵으로 가는 방법이 있었는데 이 루트는 비교적 가깝다. 그러나 5세기 초 심각한 가뭄으로 누란성(樓蘭城)이 폐허가 되어 이 노선은 폐기되었다.

한나라에서 당나라에 이르기까지 서아시아와 유럽인들은 중국의 비단을 매우 좋아하였는데 이러한 상황은 10세기까지 지속되었다. 중국의 잠사(蠶絲) 기술이 일찍이 서방으로 많이 전파되었을 때, 페르시아 시인 페르도우시(Ferdowsi)도 중국의 비단에 대한 칭송을 아끼지 않았다.[18]

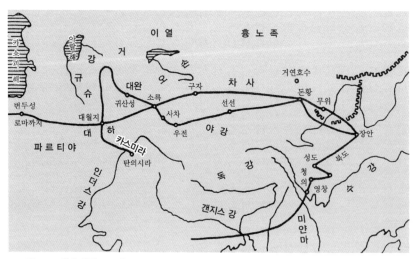

▲ 그림 4-18 한대의 '실크로드'

6. 한대(漢代)의 직기(織機)

기직학(機織學)의 원리에 근거하면, 직기는 주요 부품과 보조 부품으로 구성되어 있으며 주요 부품은 직물을 직조하는 3가지 주요 공정에 적용시켜 개발한 것이다.

(1) 직조기(織造機)의 주요 부품

1) '송경(送經)' 및 '권취(捲取)' 운동에 적용시켜 장착한 '송경' 및 '권포(捲布)' 장치

송경축(원시 직조기의 송경 막대기)과 권취축(원시 직조기의 권포대)은 끊임없이 날실을 내보내면서 그에 알맞게 비단을 휘감을 수 있으며 송경 및 권취 운동이 평형으로 조절되어 날실이 직물을 직조할 때 일정한 장력을 유지하도록 한다. 이렇게 해야만 비로소 지속적으로 직조할 수 있다.

2) '개구(開口)' 운동에 적용시켜 장착한 '개구'장치

소위 '개구'라고 하는 것은 직조할 때 날실을 규칙적으로 나누어 오르내리도록 하여 사구(梭口)를 여는 것을 가리킨다. 씨실이 사구를 통과하여 날실과 규칙적으로 교직(交織)하는 데 편리하도록 하며 이것이 직기의 주요 부분이다. 화문(花紋)이 있는 직물을 직조하는 경우, 단위문양에서 각각의 씨실과 날실 1올이 교직되는 순서는 모두 상이하기 때문에 특수한 제화(提花)장치를 설치해야 한다. 제화장치가 없는 경우는 수공으로 화문을 직조해야 하기 때문에 속도가 너무 느려 대량으로 생산할 수 없다.

3) '송위(送緯)' 및 '타위(打緯)' 운동에 적용시켜 장착한 '송위' 및 '타위' 장치

씨실을 각각의 사구(梭口)에 보내어 평평하게 유지하는 것은 중요하다. 가장 최초의 직기는 날실을 틀 위에 고정시킨 후, 다시 나무막대기로 씨실을 감아, 손으로 날실을 들어 직물을 짜는 형태였다. 또한 날실 양끝을 각각 두 개의 장대나 막대기 위에 고정시켜 몸에 지니고 있다가 직물을 짤 때 한쪽 끝을 나뭇가지나 말뚝 위에 묶고 나머지 한쪽 끝을 허리에 동여매어 수공으로 씨실을 날실 위에 감거나 직조하기도 하였다. 이는 바로 『회남자·사론훈(淮南子·氾論訓)』에서 "백여가 처음 옷을 지었을 때, 담마에서 실을 뽑아내어 손으로 씨실과 날실을 잡았다. 그 제작법은 그물과 비슷하다(伯余之初作衣也, 緂麻索縷, 手經指挂, 其成猶網羅)"라고 언급한 것과 같다.[17] 서안시(西安市) 반파(半坡), 산동성(山東省) 성자애(城子崖), 절강성(浙江省) 여요시(餘姚市) 하모도(河姆渡) 등지의 신석기 유적지 발굴에 관한 보고서에서 알 수 있듯이 6~7천 년 이전의 원시공동체사회에서 이미 장골침(長骨針), 장골계(長骨笄), 골사(骨梭) 등을 송위(送緯)와 타위(打緯) 용도의 공구로 사용하였다.

서주(西周)시대의 시가 『시경·소아·대동(詩經·小雅·大東)』에는 "대동과 소동에 북과 바디가 모두 비었도다(大東小東, 杼柚其空)"라는 시구가 있다.[13] 주희(朱熹)의 『시집전(詩集傳)』에 따르면, '저(杼)'는 씨실을 휘감는 북을 가리키며, '축(柚)'은 날실을 감은 기축(機軸)을 말한다. 앞에서 이미 상술한 바와 같이 축은 송경 및 권취의 2종류가 있으며 고대에는 송경축(送經軸)을 □(朕, shēng) 또는 승(滕, téng) 또는 적(樀, dī) 또는 파(梐, pái)라고 칭했으며, 권취축(捲取軸)을 복(榎), 복(復) 또는 복(複)이라고 불렀다.[3][19]~[21] 왕일(王逸)은 『기부부(機婦賦)』에서 이르기를, "승복회전(滕複回轉)"이라고 하였는데,[22] 이는 중국 고대 직기의 축은 회전이 가능하여 송경의 속도와 날실의 장력을 조절할 수 있었으며 직물의 길이가 직기 길이의 제한을 받지 않도록 하여 잠사(蠶絲) 섬유 길이가 특별히 길다는 장점(각각의 잠사 섬유 길이는 800~1,000m, 직경은 0.018mm로 가늘다)을 충분히 발휘할 수 있었다는 것을 설명해 준다. 그러나 서방국가, 즉 고대 이집트, 그리스, 로마에서 사용했던 수직형 직기는 날

실이 고정되어 있으며 직기 상하 양쪽 끝 횡축의 회전이 불가능하여 직물의 길이는 직기 동체 길이의 제한을 받을 수밖에 없었다. 또한 장사시 마왕퇴 등지에서 출토된 융권금(絨圈錦)을 분석해 보면, 한나라의 직기는 실제적으로 송경 속도가 다른 송경축 2개를 사용하였다.

『설문(說文)』에 따르면, "저는 직조기의 씨실을 붙잡는 것이며(杼, 機之持緯者)"라고 기록되어 있고,[3] '저'는 일반적으로 송위(送緯)와 타위(打緯)용 공구인 북을 가리킨다. 『석명(釋名)』에서 이르기를, "영벽은 북이 가로지르는 날실을 한 번은 촘촘하게 한 번은 성기게 한다. 성긴 것은 원추리 같고 촘촘하게 짠 것은 여러 번 실을 짜서 빽빽하다(筬辟, 經絲貫杼中, 一間幷, 一間疏; 疏者筭筭然, 幷者曆辟而密也)"라고 하였다.[4] 이는 한나라의 타위 공구에는 북 이외에도 씨실의 밀도와 직물의 너비를 제어하는 '영벽(筬辟)', 즉 바디[筘, 고대에서는 화(畫)라 함]가 있었다는 것을 설명해 준다. 원시사회의 골계(骨筓), 골사(骨梭)나 목사도(木梭刀)도 타위 및 송위 용도의 공구이다. 한대의 직기에는 북과 바디가 있어서 송위와 타위 동작을 분리시켜 주었는데, 이는 생산속도와 품질의 향상을 의미한다.

개구(開口)장치를 살펴보면, 원시시대에는 골침으로 직구(織口)를 파내어 열은 후, 분경간[分經竿, 고대에는 균(均)이라 함]을 통해 날실을 홀수와 짝수로 나누었다. 날실의 홀수 또는 짝수를 잉앗대[綜竿] 위에 걸어 잉앗대를 오르내리면 평문(平紋)의 사구(梭口)를 형성하였다. 서주시대에 잉아[綜片]장치는 발전을 이루었는데, 『주역·계사상(周易·系辭上)』에 따르면, "삼효(三爻)와 오효(五爻)가 변하면 그 수를 교차하고 합해서 그 변화에 통달하여 천하의 문양을 이룬다(參伍以變, 錯綜其數, 通其變, 遂成天下之文也)"라고 하였다.[23] 이는 방직 전문용어로 착(錯)은 교차하는 것을 가리키며 종(綜)은 합치는 것을 말한다. '3·5 교차의 규칙'으로 날실의 오르내림을 제어하여, 사문(斜紋)조직을 변화시킨 문양을 직조할 수 있다. 여기에서 상·주대에 이미 다종식(多綜式) 개구장치가 발명되었다는 것을 알 수 있다. 또한 상대(商代) 옥창(玉戈)의 뇌문기(雷紋綺)와 청동월(靑銅鉞)의 회문기(回紋綺) 문양의 직조법을 증명하기에 충분하다.

상술한 바와 같이 중국 직기에는 일찍이 회전이 가능한 송경(送經)과 권취(捲取) 장치, 송위(送緯)와 타위(打緯)를 분리하는 장치가 있었으며 간단한 것에서 복잡한 개구(開口)장치로 발전되었다는 것을 알 수 있다. 상·주대에 다종식 개구장치가 발명되고 나서야 일반적인 직기장치는 기본적으로 완비되었다.

직기는 민무늬에서 제화기(提花機)로 발전되었는데 그 관건은 개구장치의 개조에 있다. AD 4세기의 『서경잡기(西京雜記)』에서는 서한소제(西漢昭帝) 시기(BC 86~BC 74년) "곽광의 부인은 순우연에게 …… 산화릉 24필을 보냈다. 능은 거록의 진보광 가문에서 나왔으며 보광의 아내가 그 방법을 전수받았다. 곽현은 사람들을 불러 모아 직조하도록 했는데, 120섭인 직기를 사용하면 60일 동안 1필을 직조하니 매 필이 만전의 가치에 달한다[霍光妻遺淳于衍 …… 散花綾二十四匹. 綾出鉅鹿陳寶光家, 寶光妻傳其法, 霍顯召入其第, 使作之. 機用一百二十鑷, 六十日成一匹, 匹直(値)萬錢]"라고 하였다.[9] 120섭(고대 문헌에는 鑷, 躡, 簾이라고 통용됨)의 작용에 관해서 언급하지는

▲ 그림 4-19 동저패기(銅貯貝器) 뚜껑 위에 거직기(踞織機)로 천을 직조하는 모습을 조각한 인물도
운남성 진녕현(雲南省 晉寧縣) 서한(西漢) 전왕묘(滇王墓) 출토물의 모사본

▲ 그림 4-20 운남성(雲南省) 덕굉(德宏) 지역 경파족(景頗族) 소녀가 거직기로 꽃치마를 직조하는 모습
이 거직기는 수공편결직화형(手工編結織花型)이다.

▲ 그림 4-21 여족(黎族) 거직기
이 거직기는 수공편결직화형이다.

않았지만, 직조학(織造學)의 원리 측면에서 분석해 보면, 문양을 직조하는 일종의 제화(提花)장치일 수밖에 없다. 또한 『삼국지·위지·두기전(三國志·魏志·杜夔傳)』에는 "부풍에 마균이라는 매우 기발한 생각을 잘 하는 사람이 있었는데, 박사가 되어도 가난하였다. 이에 직조기의 개선에 관해 생각하였는데 사람들이 모두 알고 있는 기술이었다. 당시 구형 직조기는 50잉아에 50섭, 60잉아에 60섭이었는데 마균은 그 노동력과 시간의 낭비를 안타까워했다. 그래서 모두 12섭으로 대체하였다(時有扶風馬鈞, 巧思絶世, 爲博士居貧, 乃思綾機之變, 不言而世人知其巧矣. 舊綾機五十綜者五十躡, 六十綜者六十躡, 先生患其喪功費日, 乃皆易以十二躡)"는 기록이 있다.[24] 이는 위문제(魏文帝) 황초(黃初) 연간(200~226년)에 기록한 일이다. 문장에서 언급된 50~60개 잉아와 섭(躡)은 일종의 제화장치이지만 이상의 문헌자료에서 언급된 120개에서 50개에 달하는 섭(躡)은 어떻게 직기의 기체에 설치하는가, 직조공은 또한 어떻게 조작하는가, 이 문제에 관해서는 두 문헌에서 모두 상세하게 소개하지 않았으며 기타 고고학 자료에서도 구체적인 자료는 발견되지 않았다[현재까지 발견된 한대 18점의 방직 화상석(畫像石)은 모두 민간의 민무늬 직기이다]. 따라서 이는 단지 한대 금(錦)의 실제 표본에 근거하여 중국 외의 고유한 특징을 보유한 민족 방직 생산공구와 결부시켜 경제문화 측면에서 그 단서를 연구할 수밖에 없다.

널리 알려진 바와 같이 동서고금의 민간 직기의 구조 변화는 천차만별이라 일일이 열거하기는 어렵지만 민간 직조(織造)의 외형 변화가 아무리 복잡하더라도 그 작동원리는 모두 논리적으로 귀납될 수 있다.

(2) 직기(織機)의 주요 유형

중국 각 지역의 민간 직기는 제작원리와 문직법(紋織法)에 따라 4종류 유형으로 분류된다.

1) 수공편결직화형(手工編結織花型) 직기

제화기(提花機) 가운데 가장 오래된 유형으로 원시시대 받침대를 장착하지 않은 거직기(踞織機) 또는 입직기(立織機), 받침대를 장착한 평직기(平織機)가 포함된다. 문직법은 주로 수공으로 직접 짜거나 십자수 바늘이나 갈고리를 사용하여 문양을 직조한다. 이 외에도 수직형 양탄자 직기와 중국 격사(緙絲) 직기도 포함된다(그림 4-19~4-23).

2) 수공정공직접제화형(手工程控直接提花型) 직기

이러한 종류의 직기는 문양의 형태에 따라 화문(花紋)단위 안에서 날실의 상하운동 규칙을 찾은 후, 그 순서가 동일한 날실을 합하여 잉앗대[綜竿]나 잉아[綜片] 위에 묶으면 다종(多綜) 제어형 제화장치가 된다. 이런 종류의 잉앗대나 잉아는 날실을 풀어주는 동작을 직접적으로 제어하기 때문에 직접정서공제형(直接程序控制型) 제화장치라고도 부른다. 수공정공직접제화형 직기는 원시거직기의 수공문직 또는 평직기의 수공문직 공예 기술의 필연적인 발전이다. 이러한 제화장치의 원리는 현재의 다비식직기(多臂式織機)와 동일한 것

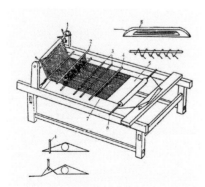

▲ 그림 4-22 한대(漢代) 와식소직기(臥式素織機) 복원도
조풍(趙豐) 선생의 모사본

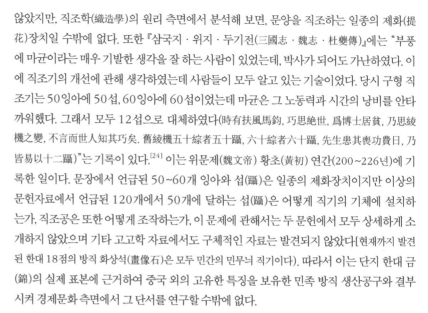

(1) 유도사식직기(釉陶斜式織機) 모형

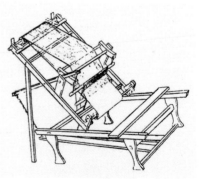

(2) 사식소직기 복원도
하내(夏鼐) 선생의 모사본

▲ 그림 4-23 한대(漢代) 사식소직기(斜式素織機)

이다. 중국 상서(湘西) 지역 묘족(苗族) 민간 직기(그림 4-24)의 개구(開口)장치는 바탕무늬 잉아(2개)와 문양 잉아를 분리시켜 바탕무늬 잉아 뒷면에 제화 잉아 20~30개를 추가하여 걸었다. 바탕용 잉아는 각답판(脚踏板)을 밟아 아래쪽으로 열리게 하고 무늬용 잉아는 손으로 들어 위쪽으로 열리게 한다. 문양을 직조할 때, 직조공은 단지 날실 위에서 손으로 1개의 화문단위를 직조해야 하는데 매번 북을 선택하여 풀어줄 때마다 바탕용 잉아 뒷면에 무늬용 잉아를 걸어야 한다. 화문단위가 완성되면 뒷면의 제화 잉아도 역시 모두 갖추어진다. 두 번째 화문단위를 직조할 때, 직조공은 순서에 따라 무늬용 잉아를 끌어당기기만 하면 바로 화문을 직조할 수 있다. 이러한 방법은 단순히 수공에만 의존하여 화문을 직조하는 것과 비교해 보면, 훨씬 더 효율적일 뿐만 아니라 직조할 때 발생할 수 있는 착오도 피할 수 있다. 따라서 수공직조 기술은 다종식(多綜式) 제화(提花)로 급속하게 발전하였다. 이러한 제화장치의 단점은 화문의 세로단위 길이가 잉아 수량의 제한을 받는다는 것이며 제화 잉아가 과도하게 많아서도 안 된다. 제화 잉아가 너무 많게 되면 잉앗대 길이가 직조공의 팔 길이를 초과하게 되어 직조공이 조작할 수 없기 때문에 화문단위도 반드시 20~30올의 무늬용 씨실 이내로 제한해야 한다. 상하대칭형 화문인 경우에는 화문 위치를 한 배 크게 확대할 수 있다. 이는 '노아시(老鴉翅)'와 각답판으로 제화 잉아를 조작하는 직기와 유사하다(그림 4-25).

3) 수공간접제화형(手工間接提花型) 직기

이 직기는 수공정공직접제화형 직기로부터 변화·발전된 '화본(花本)' 제화기이다. 수공정공직접제화형 직기는 무늬용 잉아 수량이 보통 30개를 초과할 수 없기 때문에 화문의 수직방향 길이의 확장이 제한되었다. 이러한 점을 개선하기 위해서 장인들은 오랜 시간에 거쳐 '화본(제화잉아묶음)'을 사용하여 간접적으로 직조하는 방법을 발명하였다. 이는 제화기의 발전 역사상 놀랄 만한 비약적인 발전이다. 수공간접제화형 직기는 중국 서남(西南)의 소수민족 지역에서 상당히 유행한 것으로 그 구조는 광식죽롱제화기(筐式竹籠提花機, 광주리형 제화기)와 수직속종식제화기[垂直束綜式提花機, 염식(簾式)제화기]의 2종류로 나눌 수 있다.

① 광식죽롱제화기(筐式竹籠提花機)

이런 종류의 제화기에는 호남(湖南)의 동족(侗族), 토가족(土家族), 광서(廣西)의 장족(壯族), 귀주(貴州)의 묘족(苗族), 운남(雲南)의 합니족(哈尼族) 등 지역의 민간 직기가 포함된다.

광식죽롱제화기는 평문 잉아[綜片] 앞에 '화본(花本)'을 엮은 제화 잉앗실[綜綫]을 매달은 것이다. 제화 잉앗실의 하단은 날실과 서로 교차하고, 상단은 받침대 위에 가로로 매달은 제화 죽롱(竹籠)을 통과하면 앞뒤 두 부분으로 나누어진다. 제화 잉앗실 위의 화본은 죽침(竹針)을 사용하여 엮은 것이다. 화본을 엮는 방법은 먼저 도화용(挑花用) 고리를 사용하여 직접 날실 위에 화문단위(상하대칭형에 속하는 화문은 도안의 절반만 직조함) 1개를 직조하고 각각의 사구(梭口)를 들어 편직해 직조하는 동시에 날실에 상응하는 부분의 제화 잉앗실[구선(衢綫)]을 가지런하게 하여 죽침 1개를 넣는다. 화문단위가 완성되면, '화본'도 역시 모두 제화 잉앗실 앞부분에 엮이게 된다. 두 번째 화문단위를 직조할 때는 단지 순서에 따라 죽침에 상응하는 제화 잉앗실을 풀어 이 부분의 잉앗실을 끌어당기기만 하면 무늬용 씨실의 사구(梭口)를 열어줄 수 있다. 무늬용 씨실을 직조하면서 화본 위의 죽침을 죽롱 뒷쪽의 제화 잉앗실 뒷부분으로 이동시킨다. 모든 죽침이 죽롱 뒷부분으로 이동하게 되면 날실 부분에는 이미 화문단위의 도안이 완성된다. 이때, 죽롱 뒷부분의 죽침을 북을 따라 순서대로 죽롱의 앞부분으로 이동시킬 수 있다. 이와 같이 죽침을 앞뒤로 이동시켜 날실 일부분을 잡아당겨 무늬용 씨실에 넣어 직조한다. 무늬용 씨실을 직조할 때마다 바탕용 잉앗실을 밟아 바탕용 씨실과 간격

▲ **그림 4-24 상서(湘西) 민간의 다종식직기(多綜式織機)**
주령쇠(周令釗) 선생의 모사본
이 직기는 각답판(脚踏板)으로 평문(平紋) 잉아[綜片]를 제어한다. 나머지 무늬용 잉아는 모두 직조공들이 직접 양손으로 편직해 죽도(竹刀)로 개구(開口)를 분리하는 것으로 수공정공직접제화형(手工程控直接提花型) 직기에 속한다.

▲ **그림 4-25 명대(明代) 회화 속의 다종식직기(多綜式織機)**
이 직기는 각답판으로 노아시(老鴉翅)를 작동시켜 잉아를 들어 편직한다.

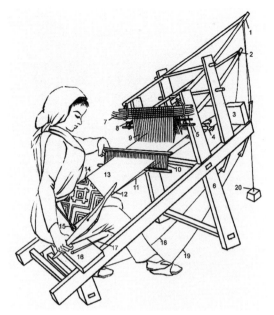

▲ 그림 4-26 호남성 통도동족자치현(湖南省 通道侗族自治縣)의 동금직기도(侗錦織機圖)
황능복(黃能馥) 선생의 모사본
1-제화(提花) 잉앗실[綜綫] 지치대[대마유수(大馬驅手)] 2-평문 잉아[綜片] 지치대[소마유수(小馬驅手)] 3-방형 권포축(卷布軸) 4-날실 분리 받침대 5-평문 잉아 6-기계 받침대 7-제화 죽침(竹針) 8-잉앗실 분리 대나무자 9-제화 잉앗실[화본(花本)] 10-대나무 바디[筘] 11-사구(梭口) 12-목제사도(木制梭刀)[과위(過緯) 및 타위용(打緯用)] 13-날실 14-이미 직조한 화금(花錦) 15-권포간(卷布間)과 요대(腰帶) 16-좌판(座板) 17-도화(挑花) 고리 18-평문 잉앗끈 19-제화 잉앗실끈 20-균형추

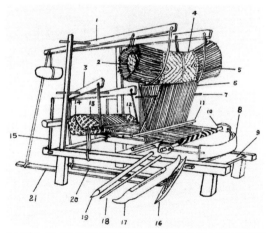

▲ 그림 4-27 광서장족자치구(廣西壯族自治區)의 장금직기도(壯錦織機圖)
황능복(黃能馥) 선생의 모사본
1-제화(提花) 잉앗대[綜架] 2-제화 죽롱(竹籠) 3-평문 잉앗대 4-화본(花本) 5-제화 죽침(竹針) 6-제화 잉앗실 7-사도(梭道)를 정리하는 제화 죽침 8-요대 9-좌판 10-권포축(卷布軸) 11-분경간(分經竿) 12-권경용(卷經用) 죽롱 13-날실 14-평문 잉아 15-경축(經軸) 16-북[梭子] 17-왕복 타위기(打緯器) 18-도화용 대나무자 19-날실 분리 죽관(竹管) 20-평문용(平紋用) 각답판(脚踏板) 21-화문용(化紋用) 각답판

을 두어 직조한다. 죽롱제화기의 각 죽침은 무늬용 씨실을 풀어 주는 작동을 제어하기 때문에 각각의 죽침은 모두 화루(花樓) 제화의 각자선(脚子綫) 또는 문침(紋針) 제화직기의 문판(紋板)과 같다(그림 4-26, 4-27).

② 수직속종식제화기[垂直束綜式提花機, 염식(簾式)제화기]

운남성(雲南省) 서쌍판납(西雙版納)과 덕굉(德宏) 지역의 태족(傣族) 민간 제화기가 이 유형에 속한다. 이러한 종류의 제화기도 죽침(竹針)을 사용하여 제화잉아묶음[束綜] 위에 화본(花本)을 엮은 것으로 광식제화기(筐式提花機, 광주리형 제화기)의 원리와 동일하다. 상이한 부분은 제화 잉앗실을 수직으로 날실을 통과시키며 계속 위에서 아래로 통하게 하는 것뿐이며 형태는 길게 늘여 놓은 보통 잉아[綜片]와 같다. 이것은 길게 늘인 실 간격에 죽침으로 '화본(花本)'을 엮기 편리하도록 하기 위함이다. 화본을 엮는 방법도 광식제화기와 동일한데, 즉 직물 위의 첫 번째 화문단위는 도화(挑) 고리를 사용하여 들어 올려서 직조하고, 각 무늬용 씨실의 개구(開口)를 들어 올릴 때마다 해당 부분에 상응하는 제화 잉앗실을 짜면서 제화 죽침을 엮어 준다. 화문단위 전체가 모두 완성되면 제화잉아묶음 위의 '화본'도 역시 함께 엮어진다. '화본'은 먼저 날실 위의 잉아를 묶는 위치에 엮어지고, 연이어 각각의 무늬용 씨실을 직조할 때마다 죽침 1개를 뽑아내어 날실 아래의 화본 부분으로 이동시킨다. 모든 죽침이 이동한 후에는 앞에서 상술한 방법과 순서에 따라 죽침을 다시 날실 위의 잉아를 묶는 위치로 이동시킨다. 상술한 바와 같이 반복적으로 작동하면 매 무늬용 씨실을 직조할 때마다 평문 잉아[綜片]를 작동시켜 바탕용 씨실과 간격을 두어 직조한다. 직조된 직물의 화문과 조직은 광식제화기와 유사하지만 직조공이 조작할 때, 실을 깨끗하게 정리하는 작업은 광식제화기보다 용이하다. 그러나 이와 같이 '화본'을 엮는 잉아 묶음이 위에서 수직으로 날실을 통과하여 아래에 걸리는 형식은 화루제화직기(花樓提花織機)와 좀 더 가깝다(그림 4-28, 4-29).

4) 화루식제화형(花樓式提花型) 직기

이 직기는 화루제화기(花樓提花機)라고도 간단하게 부르며 수공제화직기가 고도로 발전된 산물이며 수공간접제화형(手工間接提花型) 직기 기술의 기초 위에서 한층 더 개선하여 새로 제작한 것이다. 화루제화기의 특징은 '화본(花本)'을 제화잉아묶음에서 분리시켜 '화루(花樓)' 위로 이동시켜 장착한 후, 만화공(挽花工)이 화루 위에 쪼그리고 앉아 납화(拉花)를 주관하고 직조공은 바탕무늬 조직의 잉아[綜片] 조작과 씨실의 북을 넣고 씨실을 보내는 작업을 전적으로 담당하여 그 효과가 크게 향상되도록 하였다(그림 4-31~4-33).

화루제화기는 제화 구조 측면에서 제화 잉앗실[綜綫]의 상단을 회전이 가능한 '천근통(千斤筒)' 위에 매달았으며 중간은 날실과 연결하고 하단은 직기 아래로 늘어뜨렸다. 각각의 제화 잉앗실 하단에는 각각 무거운 추를 묶어 두었는데 이는 위치를 수직으로 유지하고 단독으로 상하운동도 할 수 있도록 하기 위함이다. 이러한 종류의 제화 잉앗실을 『천공개물(天工開物)』에서는 '구선(衢線)'이라고 칭하였으며 무거운 추는 '구가(衢脚)'라고 하였다. 그러나 화루 위에 설치된 화본은 '이자선(耳子線)'을 통과하여 구선과 연결된 것으로 각각의 구선은 이자선과 연결된다. 화본은 이자선에 연결되는데 이 이자선은 화본의 날실용으로 삼기도 하고 다른 한편으로는 구선을 잡아당겨 날실을 풀어 주는 작용을 하기도 한다. 화본을 엮는 날실은 '각자선(脚子綫)'이라고 불리는데 각각의 각자선은 수공간접제화직기의 죽침(竹針) 또는 현재의 문침제화직기(紋針提花織機)의 문판(紋板)과 같으며 제화 죽침을 부드럽게 변화시킨 것과 같다.

위와 같이 간단하게 서술한 4종류의 직기는 간단한 구조에서 복잡한 구조와 복잡한 기술과 기능으로 발전되었는데 여기에서 직기의 제화 기술이 초급 형태에서 고급 형태로 넘어가는 과정의 자취를 찾을 수 있다. 그중 제화루기(提花樓機)의 형태는 남송(南宋) 누숙(樓璹)의 「경직도(耕織圖)」에서 구체적으로 묘사된 후, 원대(元代)에 설경석(薛景石)의 『재인유제(梓人遺制)』에서 부품 제작도가 수록되었다.

명대(明代) 송응성(宋應星)의 『천공개물 · 내복(天工開物 · 乃服)』은 기술에 관하여 훨씬 상세하게 기록한 문헌이다.[25]~[27] 그러나 해당 기록이 최초로 출현한 시기에 관해서는 좀 더 심도 있는 토론이 필요하다. 광식제화직기(筐式提花織機)는 진대(晉代) 양천(楊泉)의 『물리론 · 기부(物理論 · 機賦)』에서 직조공이 직조하는 동작을 언급하였는데, "발로는 천천히 밟고 손으로는 익숙하게 광주리를 짠다(足閑蹈躍, 手習檻筐)"는 문구가 있다.[28] 이는 직조공이 광식제화직기를 사용하여 피륙을 직조할 때, 발로 각답판(脚踏板)을 숙련되게 움직여 바탕용 무늬 잉아[綜片]를 잡아당기며 손으로 기가환(機架環, 받침대 고리) 위에 걸려 있는 바구니의 제화 죽침장치를 조작하는 형상을 묘사한 것이다. 좀 더 쉽게 이해하도록 하기 위하여 광식제화기와 삼국시대 마균(馬鈞)이 개조하기 전의 구능기(舊綾機)와의 관계를 비교해 보면, 마균이 개조하기 전 구능기는 문헌에서 2종류로 나타난다. 첫째, 『서경잡기(西京雜記)』에서 언급된 진보광(陳寶光)의 아내가 사용했던 능기는 제화섭(提花躍) 120개가 장착되어 있다. 이러한 능기의 기능은 60일에 1필을 완성할 수 있었다. 한대(漢代)에서 1필은 제도용 자로 4장(丈)을 가리키며 지금의 27.72자에 부합된다. 60일로 나누기를 하면 하루에 0.462자를 직조할 수 있다. 둘째, 『삼국지 · 위지 · 두기전(三國志 · 魏志 · 杜夔傳)』에는 마균이 개조하기 전의 구능기에 50~60개의 제화섭이 장착되어 있었다고 언급하였다. 그 기능에 대한 구체적인 자료는 없으며 단지 마균이 "그 노동력과 시간의 낭비를 안타까워했다(患其喪工費日)"라고 언급한 것에서 생산효율성이 매우 낮았음을 알 수 있다.

상술한 2가지 자료에서 알 수 있듯이 한대 구능기(舊綾機)와 본 책에서 소개한 광식제화기(筐式提花機)와 수직속종식제화기(垂直束綜提花機)는 매우 많은 공통점을 가지고 있다. 첫째, 한대의 능기 제화섭 부하량은 50~120개이며 광식제화기와 수직속종식제화기의 제화 죽침 부하량은 보통 80~130개(80개 이하도 가능함)로 서로 비슷하다. 둘째, 기능과 속도 측면에서는 한나라 구능기에 대하여 유일하게 인지하고 있는 1일 생산속도가 0.472자라는 것이며 광식제화기와 수직속종식제화기의 1일 생산속도는 화문이 정교한 경우 0.4자도 직조할 수 없으며, 성근 경우에도 0.7~0.8자에 불과하여 양자가 역시 비슷하다. 셋째, 한대 구능기의 제화섭 수량은 50~120개로 죽침(竹針)과 같은 종류일 뿐이며 잉아[綜片], 각답판(脚踏板)과 같은 부품일 가능성은 없다. 왜냐하면 직기의 부속품은 직기 기체 길이의 제한을 받기 때문에 성도(成都) 교외의 민간에서 사용했던 정교직기(丁橋織機)를 제외하고는 50~120개의 잉아 또는 각답판은 너비가 2.2자인 직물을 직조하는 기체의 넓이와 길이 내에 배치하는 것이 불가능하다(그림 4-30). 정교직기는 발가락으로 잉아를 밟아 짜는 편조기(編組機)로 끈이 매우 좁으며 사용되는 전체 날실 수량은 몇십 올에서 백여 올에 불과하여 발가락으로 밟아 작동시킨다. 한나라 직금(織錦)의 날실 총수량은 6~7천 올로 날실 개구(開口)를 밟아 편직하는 것은 매우 강한 힘이 필요하여 발가락으로는 작동시키기 어렵다. 넷째, 광식제화기와 수직속종식제화기의 화문단위는 수직방향으로 죽침 수량의 제약을 받아 각각의 죽침은 무늬용 씨실 1북을 조절한다. 즉, 화문단위는 최대 죽침 부하량인 130매를 초과할 수 없으며 무늬용 씨실 130북과 동일하다. 그러나 수평방향의 길이는 제약을 받지 않는다. 한나라 직금에서 대다수의 가로 화문의 너비는 상이하고 세로 화문단위는 매

▲ 그림 4-28 운남성(雲南省) 덕굉(德宏) 지역 태족(傣族)의 다종다섭수직속종식직기[多綜多躡垂直束綜式織機, 염식(簾式)직기]

(1) 1961년 황능복(黃能馥) 선생이 서쌍판납 현장 시찰 시 촬영한 사진

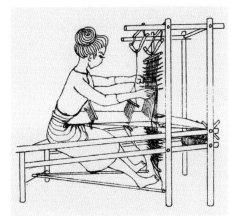

(2) 황능복 선생의 모사본

▲ 그림 4-29 운남성(雲南省) 서쌍판납(西雙版納) 지역 태족(傣族)의 다종다섭직기(多綜多躡織機)

(1) 정교직기 전경

(2) 각답판(脚踏板)을 작동시킨 '정교(丁橋)'의 클로즈업 장면

▲ 그림 4-30 사천성(四川省) 쌍류현(雙流縣) 민간 편조기(編組機)-정교직기(丁橋織機)
자료제공: 성도촉금(成都蜀錦)연구소

우 짧은 현상이 나타난다. 신강(新疆) 민풍현(民豐縣) 타클라마칸 사막에서 출토된 동한(東漢)시대의 '연년익수대의자손금(延年益壽大宜子孫錦)'을 예로 들면, 수직방향의 화문단위는 64북 무늬용 씨실로 직조되었으며 길이는 약 6cm 정도인 반면에 수평방향의 화문은 5가지의 서로 다른 자태의 동물, 안개, 문자 등이 어우러져 전체 폭에 가득하다. 다섯째, 『건륙통지(乾陸通志)』, 『준의부지(遵義府志)』, 『속검서(續黔書)』 등의 문헌기록에 근거하면 동금(侗錦), 야랑묘금(夜郎苗錦)은 고대 촉금(蜀錦) 기술의 영향을 받았기 때문에 '제갈동금(諸葛侗錦)', '무후금(武侯錦)'이라는 명칭이 있다. 그 직조 기술은 제갈량(諸葛亮)으로부터 유래된 것으로 광식동금기(筐式侗錦機)는 한나라 능기와 전승관계가 존재한다는 것을 알 수 있다. 위에서 상술한 5가지 내용은 명·한대(明·漢代) 제화기와 광식제화기 또는 수직속종식제화기 사이에 직접적인 관련성이 존재할 수 있다는 것을 설명하기에 충분하다. 일부 학자들은 "마균(馬鈞)은 50~60개 잉아의 능기를 12섭으로 개량하였지만 잉아 수량은 변화되지 않았기 때문에 각답판 12개를 사용하여 66개의 잉아를 제어할 수 있는 직기도안을 설계한 것"이라고 본다. 필자의 생각으로는 해당 방안은 실제 조작과정에서 개구(開口)가 분명하지는 않을 것이라고 여겨진다.

여기에서 화루제화기(花樓提花機)의 기원 문제에 관하여 논의해 보면, 제직학(提織學) 측면에서 화루제화기는 광식제화기(筐式提花機)와 수직속종식제화기(垂直束綜式提花機)의 업그레이드 버전이라고 할 수 있다. 3세기 마균은 '50종(綜) 50섭(躡), 60종 60섭'인 한나라 구능기를 일률적으로 12섭으로 간소화하였는데 고대에 '섭(躡)'자가 '끌어당기다'라는 의미로 해석되었다는 점에 근거하여 일반적으로 날실을 끌어당겨 풀어 주는 공구를 가리킨다. 『삼국지·위지·두기전(三國志·魏志·杜夔傳)』에서는 간소화된 직기에 대해 "문양이 간소하게 변하여 감흥에 따라 직조하니 오히려 자연 그대로의 모습인 음양의 무궁함을 이루었다(文素異變, 因感而作, 猶自然之成形, 陰陽之無窮)'고 언급하였는데[24] 이는 도안의 문양을 훨씬 자유롭게 직조할 수 있게 되었음을 의미한다. 제직학적 원리 면에서 분석하면, 12종 12섭으로 바탕조직과 가장자리 연결조직을 전적으로 제어하고 '화본(花本)'을 '화루(花樓)' 위로 재장착하여 화본 씨실의 길이를 증가시켜야만 비로소 가능하다. 이러한 기술적 측면의 개조는 '화루제화기'의 탄생을 의미하고 있다. 현실생활 속에 화루제화기가 있었기에 후한(後漢)시대의 왕일(王逸)도 『기부부(機婦賦)』에서 풍부한 연상력을 통한 다양한 예술형상으로 부녀자들이 화루제화기를 다루어 직조할 때 작동하는 기계부품들을 묘사할 수 있었다. 그는 또 "둥글고 네모난 자수를 뒤섞었음에도 지극히 아름답고 묘하다. 온갖 동물들이 제자리

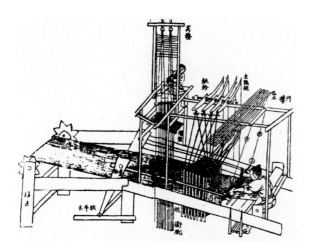

▲ 그림 4-31 명(明) 『천공개물(天工開物)·내복(乃服)』에 기재된 제화루기(提花樓機)

▲ 그림 4-32 명(明) 『농정전서(農政全書)』 중의 제화루기(提花樓機)

에 있다. 토끼가 귀를 젖히고 쪼그려 엎드리니 편안해 보이기도 하고 위태로워 보이기도 한다. 사나운 개가 서로 지키니 쥐들이 몸과 발자국을 숨기고 높이 솟은 두 봉우리, 맑은 못가에 있는 것 같다. 먹이를 물고 노니는 물고기, 그 못가에서 노니는 소리 들린다(方員綺錯, 極妙窮奇; 蟲禽品獸, 物有其宜. 兔耳跧伏, 若安若危; 猛犬相守, 鼠身匿蹄. 高樓雙峙, 以臨淸池;遊魚銜餌, 灂瀹其陂)"라고 언급하였다.[22] 여기에서 앞의 4구절은 도안의 문양을 묘사하고 있으며 연이은 4구절에서는 권취축(捲取軸)의 베어링과 첩조목(疊助木)의 작동 동작을 서술하였다. '고루쌍치(高樓雙峙)' 이하의 4구절에서는 만화(挽花) 장인이 화루(花樓) 위에 앉아 직조할 때 내려다보면 아래로 드리워진 제화 잉앗실이 날실을 통과하는 것이 마치 낚싯줄이 수면을 통과하는 듯하고, 그 제화 잉앗실 아래에 매달린 균형추의 상하운동은 마치 노니는 물고기가 미끼를 머금은 것과 같다고 하면서 생동적이면서도 구체적으로 묘사하였다. 왕일의 『기부부』는 문학작품으로 기록성을 지니는 과학서적은 아니며 과학적 논리로 당시의 화루제화기의 규격 데이터를 기록할 수도 없었을 것이다. 과학서적은 논리적 사유에 근거하여 생활을 개괄하는 것이며 문예작품은 형상적 사유에 근거하여 생활을 반영하는 것으로 양자의 방식은 다르지만 그 근거는 일치하는 것이다. 따라서 왕일의 『기부부』는 문예작품에 속하기는 하지만 변함없이 화루제화기의 역사를 반영하는 중요한 문헌적 자료로 간주될 수 있다. 또 하나 중요한 점은 화루제화기의 발명은 짧은 시간에 이루어질 수 있는 일이 아니라는 것이다. 왜냐하면 능금(綾錦) 1필을 직조하는 과정에서 수많은 날실과 씨실 중 1올이라도 잘못 처리하면 비단에 흠집이 생길 수 있기 때문이다. 다시 말하면, 새로운 제화장치의 창조는 어느 정도의 충실한 탐색과 실험을 거치지 않고서는 성공할 수 없다. 일종의 새로운 공예 실험이 성공하면, 그것이 보편적으로 활용되는 시기를 기다렸다가 또다시 어느 정도 널리 보급되는 과정도 필요하다. 따라서 중국에서 최초로 화루제화기를 발명한 시기는 당연히 왕일의 작품 『기부부』가 저술되었던 후한 시대보다는 훨씬 빠르다고 할 수 있다.

▲ 그림 4-33 남송(南宋) 「경직도(耕織圖)」 중의 제화루기(提花樓機)
황능복(黃能馥) 선생의 남경(南京)박물관 소장품 모사본으로 그림 속 작가는 송경축(送經軸) 2개가 장착되어 있다.

7. 실크로드를 따라 발견한 한대(漢代)의 비단 진품

한대의 비단 제화 기술과 제화기의 기능 개선은 양한(兩漢)시대의 비단에 직접적으로 반영되었다. 장사시(長沙市) 마왕퇴(馬王堆) 서한묘(西漢墓)에서 출토된 문물과 실크로드를 지나가는 하서주랑(河西走廊) 및 신강(新疆) 남로, 북로, 중로에서 발견된 한나라 비단과 서로 비교해 보면, 문양 색채와 형태 디자인에서 나타나는 차이는 매우 크다. 양한시대의 금(錦), 기(綺), 나(羅), 수(繡), 염색 등의 실물은 국내외에서 모두 발견되었다. 예를 들면, 중국에서는 하북성(河北省) 회안현(懷安縣) 오록충(五鹿充)의 묘, 하북성 만성(滿城) 한대 중산왕(中山王) 유승(劉勝)의 묘, 북경시(北京市) 풍대구(豊台區) 대보대(大葆台) 서한(西漢) 연왕(燕王) 유단(劉旦)의 묘, 광주시(廣州市) 서한 남월왕(南粤王) 조매(趙眜)의 묘, 산서성(山西省) 양고현(陽高縣) 갓난아이의 묘, 호남성(湖南省) 장사시 마왕퇴 서한 1호, 2호 대후(軑侯) 리창(利倉)의 아내와 아들 묘, 감숙성(甘肅省) 무위시(武威市) 마저자(磨咀子) 25호 서한 말기의 묘, 신강성(新疆省) 민풍현(民豊縣) 타클라마칸 사막 동한(東漢) 합장묘 등이 있다. 국외에서는 내몽고(內蒙古) 요새 셀렝가(Selenga) 강 상류 니온-울라(Nion-Ula) 산비탈에서 바이칼 호에 인접한 한나라 흉노(匈奴) 왕족의 묘군(墓群), 조선(朝鮮) 평양시(平壤市) 낙랑군(樂浪郡) 왕우(王旴)의 묘, 러시아 시베리아 예니세이(Yenisei) 강 왼쪽 기슭의 오격납합특(奧格納哈特) 지역의 BC 2세기 고대 묘, 흑해(黑海) 북쪽 기슭 크리미아(Crimea) 반도의 케르치(Kerch), 시리아 사막의 팔미라(Palmyra) 등지에서도 발견되었다. 발견된 견직물에는 나(羅), 기(綺), 융권금(絨圈錦)의 전후 변화가 명확하지는 않다. 몽고 낙음오랍(諾音烏拉)과 중국 감숙성 무위시 마저자 서한묘 등지에서 출토된 융권금은 마왕퇴 서한묘와 기본적으로 유사하다. 나(羅)는 모두 사경교직(四經絞織)의 능문소라(菱紋素羅)이다. 기(綺)는 평문(平紋) 바탕에 1/3 사문(斜紋) 문양을 직조한 복합능문(複合菱紋), 환투문(環套紋) 및 복합 마름모 격자에 새 한 쌍, 동물 한 쌍 등으로 채워 넣은 기하전화문(幾何塡花紋)으로 모두 생사로 직조한 후에 연염(練染)한 생직물(生織物)이다(그림 4-34~4-38). 출토된 금(錦)의 수량과 화문 색채 변화는 가장 많으며 전국(戰國)시대 및 마왕퇴 서한묘에서 출토된 금과 서로 비교해 보면 확연하게 발전되었다는 것을 알 수 있다. 전국시대 비단 문양의 테두리 라인은 매끄럽지 않았지만 마왕퇴 서한묘에서 출토된 공작파문금(孔雀波紋錦)에서는 어느 정도 개선되었으며 실크로드를 따라 경유한 지방에서 출토된 직금(織錦) 문양의 내용은 상당히 풍부하다. 용(龍), 호(虎), 벽사(辟邪), 해치(獬豸), 기린(麒麟), 선록(仙鹿), 기러기 등이 치밀한 산맥의 일렁이는 운무 안에서 활기를 띠고 있는 구도는 매우 웅장하다. 특히 뚜렷한 특징은 문양 사이의 빈 공간에 길상의 의미를 담은 명문을 추가하였다는 점이다. 예를 들면, '新神靈廣成壽萬年', '登高明望四海', '萬世如意', '長樂明光', '昌樂', '滁昌萬歲宜子孫', '感山', '廣山', '永', '宜', '長葆子孫', '鵠群下', '韓仁繡文衣右子孫無亟', '延年益壽大宜子孫', '王后合昏千秋萬歲宜子孫', '世亟錦, 宜二親, 傳子孫', '毋亟錦, 宜二親, 傳子孫', '世毋亟, 宜二親, 傳子孫', '五星出東方利中國' 등과 같다. 그중 마지막 5종류의 명문금(銘文錦)은 모두 1955년 11월에 신강 민풍현 니아(尼雅)의 후한(後漢)·위진(魏晉)시대 유적지에서 출토되었다. '무극(毋亟)', '장락(長樂)', '명광(明光)'은 모두 서한시대 궁궐의 명칭이며, '신신령광성수만년(新神靈廣成壽萬年)'에서 '新'자는 신망(新莽)의 연호와 관련될 가능성이 있다. '오성출동방리중국(五星出東方利中國)'은 『한서·천문지(漢書·天文志)』의 "하늘의 중심에서 오성을 나누니 동쪽에 권세가 있으므로 중국에 크게 이롭다(五星分于天之中, 權于東方, 中國大利)"는 말과 관련되며, "높이 오르니 천하가 존경하며 바라보네(登高明望四海)"는 한무제(漢武帝)가 태산에 올라 제를 드리는 행위와 관련될 가능성이 높다. 기타 다른 명문은 모두 한대(漢代)에 유행했던 길상어(吉祥語)로 장수, 자손 번창, 왕권의 영원한 기원, 유유자적 등의 사상을 지녔으며 유가의 윤리관념과 봉건적 신학관과 연제(燕齊) 지방 점성가들의 신선사상이 반영되어 있다. 그러나 이러한 명문들은 모두 서한 초기의 직금(織錦)에서는 보이지 않는다. 이에 근거하여 한무제가 실시한 서북 실크로드의 개통과 국제무역시장의 개방이 비단공예와 직기의

▲ 그림 4-34 한(漢) 기하전화대룡문기(幾何塡花對龍紋綺)
시리아 팔미라(Palmyra)에서 출토
능문(菱紋)크기: 약 5×5.5cm

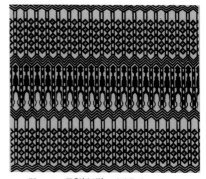

▲ 그림 4-35 동한(東漢) 기하문기(幾何紋綺) 문양
신강(新疆) 출토물의 모사본

▲ 그림 4-36 한(漢) 복합능문조수문기(複合菱紋鳥獸紋綺) 문양
신강(新疆) 누란(樓蘭) 유적지 출토물의 모사본

개혁을 촉진시키고 더 나아가 비단예술이 새로운 절정기에 도달하도록 하는 계기가 되었다는 것을 알 수 있다.

한대 실크로드를 따라 경유한 신강 민풍현 타클라마칸 사막 니아 유적지에서 1959년과 1995년에 고고학적 방면으로는 매우 중요한 성과물들을 얻었다. 1959년에 발견된 "만세여의"금포(萬世如意錦袍)는 출토될 당시 새것과 같이 상당히 화려하였다. 이 포 하단에는 "연년익수대의자손"문금(延年益壽大宜子孫紋錦)이 붙어 있었으며, 금(錦)으로 직조한 계명침(雞鳴枕)과 남성의 버선 등도 출토되었다. 신강 고고학팀이 누란(樓蘭)에서 발견한 MB 2:1인 금의 문양 색상은 이것과 완벽하게 동일하다. A. 스타인도 일찍이 이곳에서 몇 점의 문물을 발견하였으며[29] 러시아 예니세이 강변 오격납합특의 BC 2세기 한대 묘에서도 이와 동일한 한금(漢錦)이 발견되었다.[30] 따라서 이는 중요한 한대의 금(錦)이라고 할 수 있다. 1991년 소주(蘇州)비단박물관에서 분석 연구하여 이 문물을 복제하였는데 그 규격은 다음과 같다. 바깥 너비 51.8cm, 안쪽 너비 50cm, 좌우는 각각 0.9cm이다. 원료를 살펴보면, 갑의 날실 122.1/199.8dtex 단사(1/110/180데니어)인 진홍색 잠사(蠶絲), 을의 날실 122.1/199.8dtex 단사(1/110/180데니어)인 연황색 잠사, 병의 날실은 전남색(靛藍色), 베이지색, 옅은 오렌지색 모두 122.1/199.8dtex 단사(1/110/180데니어)인 잠사이다. 씨실은 122.1/199.8dtex 단사(1/110/180데니어)인 전남색 잠사이다. 날실 밀도는 120올/cm, 씨실 밀도는 18.5~21올/cm이며 총날실은 6,218올이다. 바탕용 날실 조직은 삼중경금(三重經錦)으로 갑은 3상1하이며 을과 병은 모두 3하1상 침배(沈背)이다. 화문의 테두리 조직은 을이 3상1하, 갑과 을이 3하1상 침배이다. 각 조직의 수직

방향 경계부분에서는 각각 2종류의 표경[面經]을 2상2하 과도(過渡)로 삼고 다른 종류의 날실은 침배로 한다. 테두리 조직은 이중경금(二重經錦)이며 3색 채조(彩條) 조직은 동일하여 홀수 날실은 표경으로 3상1하이며 짝수 날실은 친배(襯背)로 1상3하이다. 각각의 4올 날실에 4북 씨실이 조직순환단위이다. 화문 규격을 살펴보면, 너비는 50cm, 6,000올 내경철폭독화(內經徹幅獨花)이며 둘레는 6.1~6.9cm, 120북 씨실이다. 복제품은 국가문물검정위원회의 검정을 거쳐 문물의 원본과 완전히 일치하며 형태와 구조가 모두 매우 흡사하다. 이는 소주비단박물관이 비단 진품의 과학적 복원에 커다란 공헌을 했다고 할 수 있다.

신강 문물발굴팀이 누란 유적지에서 발견한 "장보자손"금(長葆子孫錦)과 A. 스타인이 발견한 L.C.07.a "한인수문의우자손무극"금(韓仁繡文衣右子孫無亟錦)을 살펴보면, 화문은 "연년익수대의자손" 금과 완전히 동일하지만 명문(銘文)은 상이하다. 너비 우측에서 좌측으로는 6종류의 수문(獸紋)과 산맥운기문(山脈雲氣紋)으로 구성되었는데 첫 번째는 가슴을 펴고 머리를 든 호랑이, 두 번째는 목을 내밀고 앞으로 나아가는 벽사(辟邪), 세 번째는 재빨리 몸을 돌려 해칠 듯한 표범, 네 번째는 높은 봉우리를 넘어 아래로 내려가려는 긴 목에 뿔이 2개인 부발[符拔, 후한(後漢) 장화(章和) 원년 파르티아는 사자, 부발을 바침], 다섯 번째는 머리를 들어 뒤돌아보는 해치(獬豸, 신양), 여섯 번째는 활보하며 전진하는 용이 있다. 누란 유적지에서 발견된 "등고명망사해"금(登高明望四海錦), 누란과 낙음오랍에서 발견된 "장락명광"금(長樂明光錦), 낙음오랍에서 발견된 "신선령광성수만년"금(新神靈廣成壽萬年錦) 등의 문양 주제와 조합 형태는 모두 "연년익수대의자손"금과 비슷하다. 이는 한대(漢代)의 가장 특색 있

▲ 그림 4-37 서한(西漢) 기하전화조문기(幾何塡花鳥紋綺) 문양
　호남성 장사시(湖南省 長沙市) 마왕퇴(馬王堆) 1호 서한묘 출토물의 모사본
　화문크기 10×15.5cm

▲ 그림 4-38 한(漢) 기하전화변체용봉문기(幾何塡花變體龍鳳紋綺) 문양
　A. 스타인이 신강(新疆) 누란(樓蘭)에서 발견

는 직금(織錦)으로 이러한 종류의 직금 문양은 후한(後漢), 삼국(三國), 양진(兩晉)시대에도 여전히 유행하였다.

한대의 다양한 금(錦)에는 병렬식 구도를 사용한 것도 있으며 대칭으로 장식한 문양도 있었는데, 예를 들면, 누란(樓蘭) 유적지에서 출토된 웅두문금(熊頭紋錦)과 표수문금(豹首紋錦)이 그러하다. 웅두문금에서 곰머리 양쪽에는 와운문(渦雲紋)과 기린문(麒麟紋)이 서로 받쳐주고 있으며 표수문금에서는 표범머리를 주요 장식으로 하여 양쪽에는 연리지, 호랑이, 용이 서로 부각시켜 주고 있다. 『예기 · 교특생(禮記 · 郊特牲)』에서는 "호랑이와 표범 무늬의 자수는

용맹을 나타낸다(虎豹之文, 示服猛也)"라고 하였으며,『시경(詩經)』에서는 "곰과 큰 곰 꿈은 남아를 낳는 상서로움이다(維熊維羆, 男子之祥)"라고 서술하였다. 또한『급취편(急就篇)』에서는 "표범머리 무늬 비단에 토끼 문양과 두 마리 학 문양이 연이어진다(豹首落莫兔雙鶴)"라고 하였다.[10] 왕자년(王子年)은『습유기(拾遺記)』에서 이르기를, 금은 "문양이 마치 등불을 줄줄이 늘여놓은 것과 같다(紋似列燈燭也)"라고 하였다.[31] 문헌기록은 출토된 한금(漢錦)과 서로 대조할 수 있다(그림 4-39~4-80).

▲ 그림 4-39 서한(西漢) 타화금(朵花錦) 문양
호남성 장사시(湖南省 長沙市) 마왕퇴(馬王堆) 1호 서한묘 출토물의 모사본

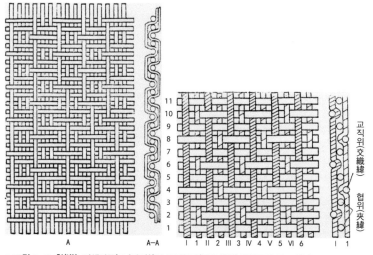

▲ 그림 4-40 한(漢) 이색경금(二色經錦)과 삼색경금(三色經錦) 직물조직 구조 설명도

교직위(交織緯)

협위(夾緯)

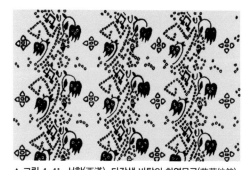

▲ 그림 4-41 서한(西漢) 다갈색 바탕의 화엽문금(花葉紋錦) 문양
호남성 장사시(湖南省 長沙市) 마왕퇴(馬王堆) 1호 서한묘 출토물의 모사본
단위화문크기 8×6.9cm

▲ 그림 4-43 서한(西漢) 갈색 바탕의 주홍화표문금(朱紅花豹紋錦) 문양
호남성 장사시(湖南省 長沙市) 마왕퇴(馬王堆) 1호 서한묘 출토물의 모사본

◀ 그림 4-42 서한(西漢) 수조파문금(水鳥波紋錦) 문양
호남성 장사시(湖南省 長沙市) 마왕퇴(馬王堆) 1호 서한묘 출토물의 모사본

▲ 그림 4-44 동한(東漢) 표수룡호연지등문금(豹首龍虎連枝
燈紋錦) 문양
신강(新疆) 출토물의 모사본

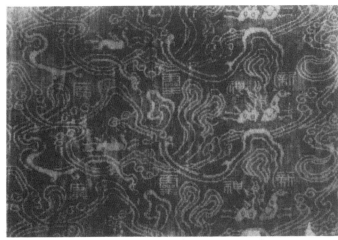

▲ 그림 4-45 동한(東漢) "신선령광성수만년"금(新神靈廣成壽萬年錦)
몽고(蒙古) 낙음오랍(諾音烏拉) 고대 흉노(匈奴) 왕족 묘에서 출토. 러시아 상트페테르부르크 에
르미타주박물관 소장
너비 49.1cm

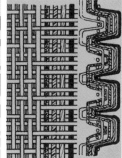

▲ 그림 4-46 동한(東漢) "대의자손"금(大宜子孫錦) 문
양 및 직물조직 설명도
신강(新疆) 누란(樓蘭) 유적지 출토물의 모사본

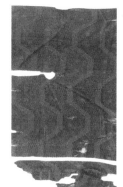

◀ 그림 4-48 동한(東漢) "속세"금(續世錦)(일부분,
잔편)
1980년 신강(新疆) 나포박(羅布泊) 누란성(樓蘭城) 동
쪽 7km에 위치한 고대묘(高台墓)에서 출토. 신강위구르
자치구고고학연구소 소장
길이 26cm 너비 13cm

◀ 그림 4-47 동한(東漢)
"의"자원앙문금(宜字鴛
鴦紋錦)
신강(新疆) 나포박(羅布
泊) 누란(樓蘭) 유적지에
서 출토

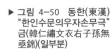

▼ 그림 4-49 동한(東漢) "한인수문의우자손무극"금(韓
仁繡文衣右子孫無亟錦) 문양 모사도
단위화문크기: 길이 18cm, 너비 45cm

▶ 그림 4-50 동한(東漢)
"한인수문의우자손무극"
금(韓仁繡文衣右子孫無
亟錦)(일부분)
A. 스타인이 신강(新疆) 누
란(樓蘭)에서 발견. 인도 뉴
델리국립동아시아박물관
소장
출처:『INNERMOST ASIA』

▲ 그림 4-51 동한(東漢) "만세여의"문금포(萬世如意紋錦袍)
1959년 신강성 민풍현(新疆省 民豊縣) 타클라마칸 사막 1호 묘에서 출토. 신강위구르자치구박물관 소장
길이 133cm 양소매전체길이 174cm 소맷부리너비 17cm 어깨너비 28.2cm 허리너비 59cm
밑자락너비 142cm
이 남성용 금포는 대금(對襟), 착수(窄袖), 속요(束腰), 사파(斜擺) 식으로 왼쪽 섶의 우측 가장자리에는 "연년익수대의자손"금(延年益壽大宜子孫錦)이 붙어 있다.
출처:『중국미술전집(中國美術全集)·공예미술편(工藝美術編)·인염직수(印染織繡)』상(上) 도판66

(1) 금포 원단(일부분)

(2) 문양

▲ 그림 4-52 동한(東漢) "만세여의"문금포(萬世如意紋錦袍) 원단과 문양

◀ 그림 4-53 서한(西漢) 박고문금(博古紋錦) 문양
감숙성 무위시(甘肅省 武威市) 마저자(磨咀子) 22호 서한 말기 묘 출토물의 모사본
화문크기: 4.5×18cm

▲ 그림 4-54 서한(西漢) 청색 바탕의 홍화양문금(紅花羊紋錦) 문양
호남성 장사시(湖南省 長沙市) 마왕퇴(馬王堆) 1호 서한묘 출토물의 모사본

▲ 그림 4-55 동한(東漢) 웅수기린문금(熊首麒麟紋錦) 문양
신강(新疆) 출토물의 모사본

(1) 실물

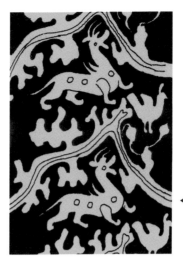

◀ 그림 4-57 한(漢) 벽사문금(辟邪紋錦) 문양
신강(新疆) 누란(樓蘭) 유적지 출토
물의 모사본

(2) 좌측 문양 1/2폭 복원도

▲ 그림 4-58 동한(東漢) "연년익수"금(延年益壽錦)(잔편)
1980년 신강(新疆) 누란성(樓蘭城) 동쪽 7km에 위치한 고대(高台) 초나라 2호 묘에서 출토. 신강위구르자치구사회과학원고고학연구소 소장
길이 25.3cm 너비 22cm 날실밀도 42올/cm 씨실밀도 22올/cm
출처: 『중국미술전집(中國美術全集)·공예미술편(工藝美術編)·인염직수(印染織繡)』상(上) 도판77

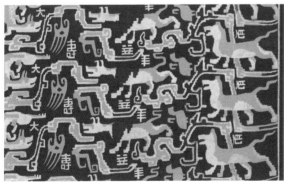

(3) 우측 문양 1/2폭 복원도

▲ 그림 4-56 동한(東漢) "연년익수대의자손"금말(延年益壽大宜子孫錦袜)
1959년 신강성 민풍현(新疆省 民豐縣) 타클라마칸 사막 1호 묘에서 출토. 신강위구르자치구박물관 소장
좌측말: 길이 45.5cm, 너비 17.5cm
우측말: 길이 43.5cm, 너비 17.3cm
출처: 『중국미술전집(中國美術全集)·공예미술편(工藝美術編)·인염직수(印染織繡)』상(上) 도판67

◀ 그림 4-59 동한(東漢) "영창"금(永昌錦)(잔편)
1980년 신강(新疆) 누란성(樓蘭城) 동쪽 7km에 위치한 고대(高台) 초나라 2호 묘에서 출토. 신강위구르자치구사회과학원고고학연구소 소장
길이 53.4cm 너비 15cm
날실밀도 42올/cm 씨실밀도 26올/cm
출처: 『중국역대사주문양(中國歷代絲綢紋樣)』그림34, 『중국미술전집(中國美術全集)·공예미술편(工藝美術編)·인염직수(印染織繡)』상(上) 도판81

▲ 그림 4-60 동한(東漢) "장수명광"금(長壽明光錦)(잔편)
1980년 신강(新疆) 누란성(樓蘭城) 동쪽 7km에 위치한 고대(高台) 초나라 2호 묘에서
출토. 신강위구르자치구사회과학원고고학연구소 소장
길이 23cm 너비 22.4cm
출처: 『중국미술전집(中國美術全集)·공예미술편(工藝美術編)·인염직수(印染織繡)』상(上) 도판79

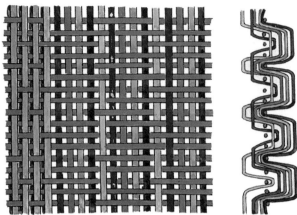

▲ 그림 4-61 동한(東漢) "장수명광"금(長壽明光錦) 조직 구조도
황능복(黃能馥) 선생의 분석 모사본

▲ 그림 4-62 동한(東漢) "망사해귀부수위국경"금(望四海貴富壽爲國慶錦)
(잔편)
1980년 신강(新疆) 누란성(樓蘭城) 동쪽 7km에 위치한 고대(高台) 초나라 2호 묘
에서 출토. 신강위구르자치구사회과학원고고학연구소 소장
길이 33.4cm 너비 22.8cm 날실밀도 43올/cm 씨실밀도 24올/cm
변체운문(變體雲紋)에는 용(龍), 해치(獬豸), 벽사(辟邪), 호랑이 등 서수문(瑞獸紋)
을 직조했다.
출처: 『중국미술전집(中國美術全集)·공예미술편(工藝美術編)·인염직수(印染
織繡)』상(上) 도판83

▲ 그림 4-63 동한(東漢) 용봉문금(龍鳳紋錦)
1984년 신강 화전지구 낙포현(新疆 和田地區 洛浦縣) 새의와극(賽依瓦克) 한대(漢代)
묘군 1호 묘에서 출토. 신강위구르자치구사회과학원고고학연구소 소장
길이 6.8cm 너비 12.4cm
출처: 『중국미술전집(中國美術全集)·공예미술편(工藝美術編)·인염직수(印染織
繡)』상(上) 도판51

◀ 그림 4-64 동한(東漢) 능격쌍양문금(菱格雙羊紋錦)(잔편)
1980년 신강(新疆) 누란성(樓蘭城) 동쪽 7km에 위치한 고대(高台) 초나라 2호 묘에서 출토. 신
강위구르자치구사회과학원고고학연구소 소장
길이 11.5cm 너비 4.5cm 날실밀도 54올/cm 씨실밀도 34올/cm
출처: 『중국미술전집(中國美術全集)·공예미술편(工藝美術編)·인염직수(印染織繡)』상(上)
도판87

▶ 그림 4-65 동한(東漢) 연운조수문금(連雲鳥獸紋錦)(잔편)
　　1980년 신강(新疆) 누란성(樓蘭城) 동쪽 7km에 위치한 고대(高台) 초나라 2호 묘에서 출
　　토. 신강위구르자치구사회과학원고고학연구소 소장
　　길이 19cm 너비 11cm 날실밀도 56올/cm 씨실밀도 25올/cm
　　출처:『중국역대사주문양(中國歷代絲綢紋樣)』그림19

◀ 그림 4-66 동한(東漢) 쌍어문금(雙魚紋錦)(잔편)
　　1980년 신강(新疆) 누란성(樓蘭城) 동쪽 7km에 위치한 고대(高台) 초나라 2호 묘에
　　서 출토. 신강위구르자치구사회과학원고고학연구소 소장
　　길이 19.2cm 너비 5.2cm 날실밀도 43올/cm 씨실밀도 28올/cm
　　출처:『중국미술전집(中國美術全集)·공예미술편(工藝美術編)·인염직수(印染織
　　繡)』상(上) 도판88

▲ 그림 4-67 동한(東漢) 수유문금(茱萸紋錦)(잔편)
　　1980년 신강(新疆) 누란성(樓蘭城) 동쪽 7km에 위치한 고대(高台) 초나라 2호 묘에서 출토. 신강위구르자치구사회과학원고고학연구소 소장
　　길이 7.5cm 너비 15cm 날실밀도 168올/cm 씨실밀도 22∼23올/cm
　　출처: 『중국미술전집(中國美術全集)·공예미술편(工藝美術編)·인염직수(印染織繡)』 상(上) 도판86

◀ 그림 4-68 동한(東漢) 반문금(斑紋錦)(잔편)
　　1980년 신강(新疆) 나포박(羅布泊) 공작하(孔雀河) 하류의 초나라 1호 묘지에서 출토. 신강위구르자치구사회과학원고고학연구소 소장
　　길이 10cm 너비 14cm 날실밀도 132올/cm 씨실밀도 23∼24올/cm
　　출처: 『중국미술전집(中國美術全集)·공예미술편(工藝美術編)·인염직수(印染織繡)』 상(上) 도판90

▲ 그림 4-69 한·진(漢·晉) "오성출동방리중국"금호비(五星出東方利中國錦护臂)

1995년 신강 민풍현(新疆 民豐縣) 니아(尼雅) 유적지 8호 묘에서 출토. 신강위구르자치구사회과학원고고학연구소 소장

자료제공: 왕병화(王炳華) 선생

길이 18.5cm 너비 12.5cm 날실밀도 220올/cm 씨실밀도 24올/cm

도안의 날실 순환은 84올 협위(夾緯)로 7.4cm이다. 1:4 평문경중(平紋經重) 조직을 사용하여 남, 녹, 적, 황, 백 5가지 색상으로 직조되었으나 색상부분을 구분하지는 않았다. 함께 출토된 "討南羌(토남강, 오랑캐를 정벌하다)"의 3글자 명문금(銘文錦) 바지도 동일한 직물이라고 여겨지며 '토남강'은 '오성출동방리중국'의 연속이라고 볼 수 있다. 『한서·조충국전(漢書·趙充國傳)』에 따르면, 한선제(漢宣帝) 신작(神爵) 원년(BC 61년) 황제는 강족(羌族)을 멸한 조충국(趙充國)에게 '지금 오성이 동방에 떠오르니 중국이 큰 이익을 보고 오랑캐는 실패를 본다(今五星出東方, 中國大利, 蠻夷失敗)'는 글을 직조한 금을 하사하였다고 한다. 이 금은 국보급 문물로 지정되었다.

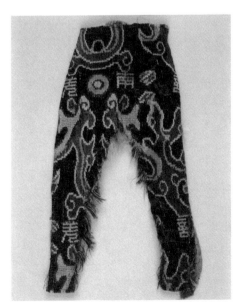

▲ 그림 4-70 "토남강"금고(討南羌錦褲)

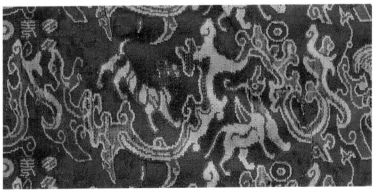

▲ 그림 4-71 "오성출동방리중국토남강"금(五星出東方利中國討南羌錦) 문양 복원도(일부분)

▲ 그림 4-72 한ㆍ진(漢ㆍ晉) "왕후합
혼천추만세의자손"금(王后合昏千秋
萬歲宜子孫錦)
1995년 신강 민풍현(新疆 民豐縣) 니아
(尼雅) 유적지 1호 묘에서 출토. 신강위구
르자치구사회과학원고고학연구소 소장
자료제공: 왕병화(王炳華) 선생
문폭(門幅) 47cm 내폭(內幅) 45cm
날실밀도 160올/cm 씨실밀도 48올/cm
단위화문크기 3.8cm
사중평문경금(四重平紋經錦)

▼ 그림 4-73 한ㆍ진(漢ㆍ晉) "왕후합혼천추만세의자손"금피(王后合昏千秋萬歲宜子孫錦被)
　1995년 신강 민풍현(新疆 民豐縣) 니아(尼雅) 유적지 3호 묘에서 출토. 신강위구르자치구사회과학원고고학연구소 소장
　자료제공: 왕병화(王炳華) 선생
　길이 168cm 너비 93cm 날실밀도 160올/cm 씨실밀도 24올/cm
　사중평문경금(四重平紋經錦). 2폭의 직금(織錦)을 꿰매어 만든 이불은 장청색(藏靑色) 바탕에 진홍색, 흰색, 노란색, 녹색 등의 날실로 무인(舞人),
수유문(茱萸紋)과 명문(銘文)을 직조하였다. 이 금은 중원 지역 관청에서 운영하는 견직물 작방(作坊)에서 생산하여 지방의 왕후 결혼식에 주로 공
급되었으며 보통 사람들은 쉽게 구할 수 없었다. 이 문물은 3호 묘주(墓主) 정절국(精絕國) 왕의 결혼식 용품이며 현재 국보급 문물로 지정되었다.

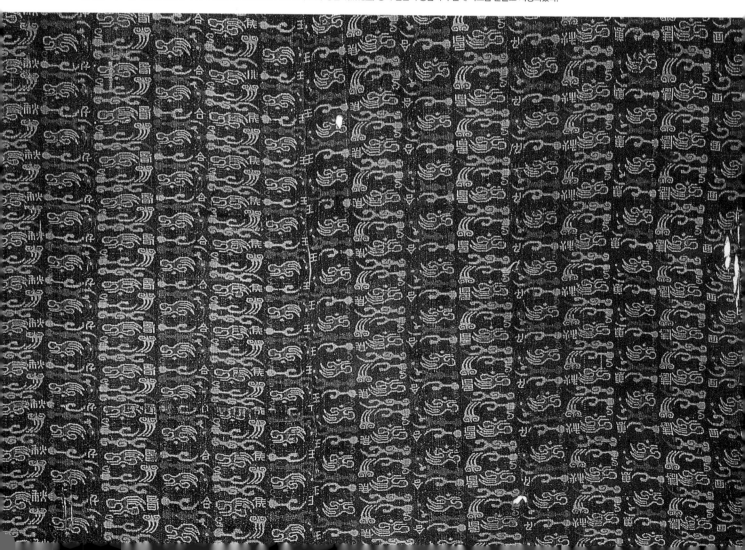

(1) 실물

(2) 부분 확대

▲ 그림 4-74 한 · 진(漢 · 晉) 방격문금포(方格紋錦袍)

　　1995년 신강 민풍현(新疆 民豐縣) 니아(尼雅) 유적지 3호 묘에서 출토. 신강위구르자치구사회과학원고고학연구소 소장
　　자료제공: 왕병화(王炳華) 선생
　　문폭(門幅) 48cm 내폭(內幅) 41cm 날실밀도 100올/cm 씨실밀도 60올/cm
　　금포의 바깥은 금(錦)이며 안은 견(絹)이다. 교령좌임(交領左衽)으로 소매는 좁고 밑자락은 넓고 양쪽이 트여 있다. 포의 겉면은 방격금(方格
　　錦)으로 남색, 녹색, 황색, 적색의 4가지 색상의 날실로 배열하였다. 1:1 평문경중(平紋經重)조직을 사용하여 약 1cm의 격자를 형성했다. 정절
　　국(精絕國) 왕이 착용했던 포이다.

(2) 부분 확대

◀ 그림 4-75 한 · 진(漢 · 晉) 수유문금(茱萸紋錦) 복면

　　1995년 신강 민풍현(新疆 民豐縣) 니아(尼雅) 유적지 3호 묘에서 출토
　　신강위구르자치구사회과학원고고학연구소 소장
　　자료제공: 왕병화(王炳華) 선생
　　길이 64cm 너비 58cm 날실밀도 168올/cm 씨실밀도 22올/cm
　　단위화문크기: 날실방향 4cm, 씨실방향 통폭(通幅)
　　수유문을 제재로 하였다. 한 · 진대 직조물에서 흔히 보이며, 벽사(辟邪)와
　　장수의 의미를 담고 있다.

(1) 실물

◀ 그림 4-76 한·진(漢·晉) 홍견화삼종금
(紅絹和三種錦)(일부분)
1995년 신강 민풍현(新疆 民豐縣) 니아(尼雅)
유적지 3호 묘에서 출토. 신강위구르자치구사회
과학원고고학연구소 소장
자료제공: 왕병화(王炳華) 선생
니아(尼雅) 3호 묘 남녀 묘주 정절국(精絕國) 국
왕과 왕후가 착용했던 문물이다.

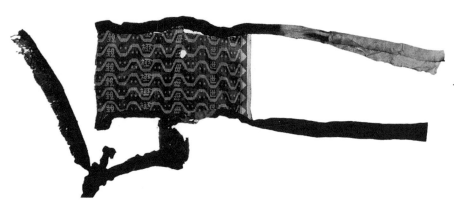

◀ 그림 4-77 한·진(漢·晉) 세무극금(世無
亟錦)
1995년 신강 민풍현(新疆 民豐縣) 니아(尼雅)
유적지 3호 묘에서 출토. 신강위구르자치구사회
과학원고고학연구소 소장
자료제공: 왕병화(王炳華) 선생
길이 12cm 너비 28cm 날실밀도 120올/cm
씨실밀도 64올/cm 단위화문크기 2×2cm

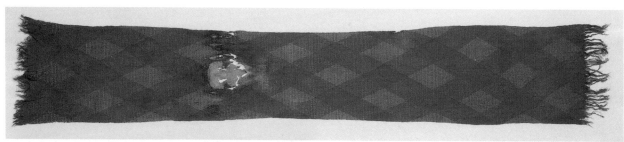

(1) 실물

(2) 부분 확대

◀ 그림 4-78 한·진(漢·晉) 견직물 두건
1995년 신강 민풍현(新疆 民豐縣) 니아(尼雅) 유적지 3호 묘에서 출토. 신강위
구르자치구사회과학원고고학연구소 소장
자료제공: 왕병화(王炳華) 선생
남색 720올과 붉은색 240올의 견사로 이중조직의 겉과 안을 바꿔 비스듬히 직
조하였으며, 남색과 붉은색의 격자가 교차되었다. 각 cm²당 각각 수직 견사 32
올이 있다. 정절국(精絕國) 왕후의 두건이다.

▶ 그림 4-79 한·진(漢·晉) "장락대명광"사색경금(長樂大明光四色經錦) 여성 바지 원단
1995년 신강 민풍현(新疆 民豊縣) 니야(尼雅) 유적지 8호 묘에서 출토.
신강위구르자치구사회과학원고고학연구소 소장
자료제공: 왕병화(王炳華) 선생
문폭(門幅) 46cm 내폭(內幅) 44cm 날실밀도 176올/cm
씨실밀도 40올/cm 단위화문크기 5.5×44cm
호랑이, 곰, 노루 운기문(雲氣紋) 사이에 '長樂大明光(장락대명광)' 명문
을 직조하였다

▼ 그림 4-80 한·진(漢·晉) "안락수문대의자손"금(安樂繡文大宜子孫錦)(일부분)
1995년 신강 민풍현(新疆 民豊縣) 니야(尼雅) 유적지 8호 묘에서 출토. 신강
위구르자치구사회과학원고고학연구소 소장
자료제공: 왕병화(王炳華) 선생
날실밀도 176올/cm 씨실밀도 20올/cm 단위화문날실방향 4cm
1:4 평문경중(平紋經重)조직을 사용하였으며, 진홍색 바탕에 남색, 녹색, 귤
색, 흰색의 4가지 색상으로 문양을 나타냈다. 정절국(精絶國) 국왕이 입었던
포(袍)의 밑자락 테두리 원단이다.

8. 양한(兩漢)시대의 염색

지금까지 발견된 한대(漢代)의 염색에는 납염(蠟染), 철판인화(凸版印花), 철판금은분인화(凸版金銀粉印花), 철판묵선인화(凸版墨線印花)와 채색 기술의 결합, 음양문대판알인철문(陰陽紋對版軋印凸紋) 등 공예 방법이 발견되었다. 이 외에도 아주 오래된 교힐(絞纈)과 협힐(夾纈)이 있다. 교힐은 먼저 실로 직물의 일부분을 묶어 물에 적신 후에 다시 염색을 진행하면 묶여진 부분은 염색되지 않아서 자연스럽게 색이 번지는 반문(斑紋)이 형성된다. 진대(晉代) 육홰(陸翽)의 『업중기(鄴中記)』에서 언급하고 있는 '녹문계(鹿紋罽)'는 갈색 교힐로 얼룩무늬를 염색한 모직물일 가능성이 있다. 협힐은 속을 비우거나 요문(凹紋)의 목판 2장 사이에 문양을 염색할 직물을 끼워 넣은 후, 염료를 넣어 문양을 염색한다.『중화고금주(中華古今注)』에서도 진시황(秦始皇) 시기로부터 협힐이 시작되었다고 언급하였으나[32] 고고학적 측면에서 살펴보면 진·한대(秦漢)의 교힐과 협힐 관련 문물은 아직 발견되지 않았다.

한대 납염 비단은 아직까지는 발견되지 않았지만 동한(東漢)시대 납염 면직물 2조각은 일찍이 신강(新疆) 민풍현(民豐縣) 타클라마칸 사막에서 발견되었다. 각각 80×50cm와 89×48cm 크기의 잔편(殘片)으로 그중 하나는 톱니 테두리에 미자격기하문(米字格幾何紋)과 권점문(圈點紋) 줄무늬로 장식하였으며, 다른 하나는 좌각화(左角畵)에 상의를 탈의한 채 구슬 목걸이를 착용하였으며 손에는 포도가 담긴 장각배(長角杯)를 들고 어깨 뒤에서 광채가 비치는 반신상이 있다. 이 인물상의 우측에는 용문(龍紋) 테두리가 있으며 용 옆의 빈틈에는 작은 새와 동물들

▲ 그림 4-81 동한(東漢) 남색 바탕의 백화인화포(白花印花布)(잔편)
신강 민풍현(新疆 民豐縣)에서 출토
상단그림: 인물기하문(人物幾何紋) – 길이 89cm 너비 48cm
하단그림: 삼각기하망문(三角幾何網紋) – 길이 80cm 너비 50cm

◀ 그림 4-82 서한(西漢) 말기 변체운와문 채색도료인화견(變體雲渦紋彩色塗料印花絹) 화장함
1959년 감숙성 무위시(甘肅省 武威市) 마저자(磨咀子) 22호 묘에서 출토, 감숙성박물관 소장
단위화문크기 8.9×17.5cm
화장함은 갈대로 만든 작은 상자로 겉면을 인화견으로 표구하였다. 인화견은 심강색(深絳色) 바탕에 청람색, 미색, 백색의 3가지 색상의 화문으로 인화하였다.

◀ 그림 4-83 변체운와문채색인화견(變體雲渦紋彩色印花絹)(복제)
서한(西漢) 말기 변체운와문채색도료인화견에 근거하여 복제

이 그려져 있으며 용 위에는 직선과 사각형의 기하문(幾何紋)과는 간격을 둔 비교적 큰 장식부분이 있는데 사람의 발 반쪽만이 남아 있다. 보아하니, 원래는 걸이형 장식품에 속하는 것으로 보인다. 화풍으로는 당시의 중국문화와 인도문화, 그리스문화의 융합과 상호 간의 영향이 반영되어 귀중한 문물의 가치를 지니고 있다(그림 4-81).

감숙성(甘肅省) 무위시(武威市) 마저자(磨咀子) 서한묘(西漢墓)에서는 심강색(深絳色) 바탕의 운와문채색인화견(雲渦紋彩色印花絹)이 출토되었다. 화문은 광물염료에 고착제를 섞은 도료를 사용하여 바탕색에 직접 인화하였다. 문양 라인은 부드러우며 굵기의 변화가 있을 뿐만 아니라 풍격도 웅대하다. 판목(版木)이든 염색공예의 각도를 막론하고 모두 비교적 높은 가치를 지닌다(그림 4-82, 4-83).

장사시(長沙市) 마왕퇴(馬王堆) 1호 서한묘(西漢墓)에서 출토된 금은분인화화염문사(金銀粉印花火焰紋紗)는 철문(凸紋) 목도장[木戳] 3장으로 인화한 것으로 지금까지 발견된 문물 중에서 가장 오래된 금은니인화사(金銀泥印花紗)이다. 심록색사(深綠色紗) 바탕에 금색과 흰색의 2가지 라인과 은색의 작은 바둑점의 화문이 반짝반짝 빛을 발하여 화려하면서도 정적이다(그림 4-84). 함께 출토된 진홍색 바탕의 변체화초문인화부채사(變體花草紋印花敷彩紗)는 먼저 철문 목도장을 사용하여 가지와 줄기의 묵선(墨綫)을 찍은 다음, 붓으로 심람(深藍), 천람(淺藍), 귤홍(橘紅), 백색 등을 순서대로 칠하여 작가의 의도와 필치가 넘쳐 흐른다(그림 4-85).

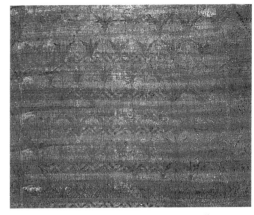

▲ 그림 4-84 서한(西漢) 금은니인화사(金銀泥印花紗)
1972년 호남성 장사시(湖南省 長沙市) 마왕퇴(馬王堆) 1호 묘에서 출토. 호남성박물관 소장
너비 50cm 단위화문크기 6.17×3.7cm
세밀한 곡선으로 능형(菱形) 격자 안에 대칭조직의 추상적인 도안을 조합하였다. 곡선은 각각 금가루와 은가루로 투인(套印)하였으며 다시 은색의 작은 바둑점을 추가하였다. 철문(凸紋) 목판을 사용하여 인쇄하였다. 복제품은 그림 4-16 참조
출처:『중국미술전집(中國美術全集)·공예미술편(工藝美術編)·인염직수(印染織繡)』상(上) 도판49

▼ 그림 4-85 서한(西漢) 진홍색 바탕의 인화부채사(印花敷彩紗)
1972년 호남성 장사시(湖南省 長沙市) 마왕퇴(馬王堆) 1호 묘에서 출토. 호남성박물관 소장
길이 48cm 너비 62cm
진홍색 바탕의 방공사(方孔紗)에 철문(凸紋)인화판을 사용하여 묵색 가지와 줄기를 인화한 후, 다시 붓으로 잎사귀와 화수(花穗)를 색칠했다. 공예순서는 그림 4-17 참조
출처:『중국미술전집(中國美術全集)·공예미술편(工藝美術編)·인염직수(印染織繡)』상(上) 도판43

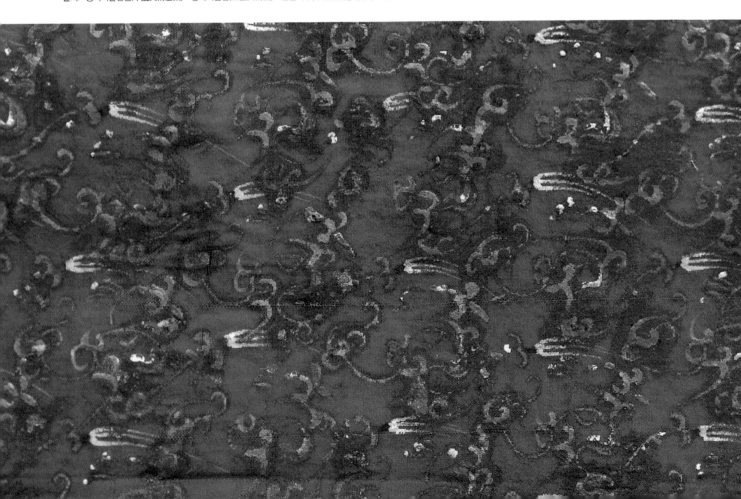

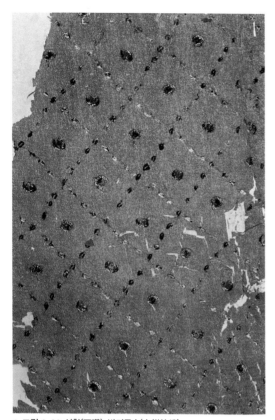

▲ 그림 4-86 서한(西漢) 방기문수(方棋紋繡)
1972년 호남성 장사시(湖南省 長沙市) 마왕퇴(馬王堆) 1호 묘에서 출토.
호남성박물관 소장
길이 49cm 너비 37.5cm 단위화문크기 3×3cm
홍종색(紅棕色) 견(絹) 바탕에 평침(平針)으로 방기문(方棋紋)을 수놓았다.
출처: 『중국미술전집(中國美術全集)·공예미술편(工藝美術編)·인염직
수(印染織繡)』상(上) 도판61

9. 한대(漢代)의 자수

한대의 자수품은 일찍이 호남성(湖南省) 장사시(長沙市) 마왕퇴(馬王堆) 1호 서한묘, 북경(北京) 대보대(大葆台) 1호 서한묘, 하북성(河北省) 회안시(懷安市) 동한(東漢) 오록충묘(五鹿充墓), 신강(新疆) 민풍현(民豐縣) 니아(尼雅) 유적지 동한묘 및 몽고(蒙古) 낙음오람(諾音烏拉) 흉노(匈奴) 왕족 묘군(墓群) 등지에서 연이어 출토되었다. 대보대에서는 변체봉문(變體鳳紋) 자수가 출토되었으며 문양은 낙음오람에서 출토된 봉문(鳳紋) 자수와 유사하다. 낙음오람에서 출토된 자수품에는 거친 옥양목(玉洋木)을 자수 바탕으로 삼아 채색 실을 사용하여 용문(龍紋), 변체운문(變體雲紋), 옥패문(玉佩紋), 앵락문(櫻珞紋) 등을 수놓은 장막, 담요 등이 있다. 자수법은 각 지역의 한묘(漢墓)에서 출토된 자수품과 동일하며, 모두 쇄수변자고(鎖繡辮子股) 형태이다. 신강 민풍현 니아 유적지에서는 쇄수변자고수법(鎖繡辮子股繡法)의 수유문(茱萸紋)을 수놓은 바지통 테두리 장식이 출토되었는데, 수유문 자수품은 호남성 장사시 마왕퇴 한묘에서도 이미 출토되었다. 쇄수변자고수법은 서주(西周), 전국(戰國)시대 이래의 전통적인 자수법으로 1개의 자수침을 사용한다. 바탕용 주(綢) 뒷면에서 바늘을 넣어 자수실을 바탕용 주 앞면까지 잡아당겨 바늘을 뽑아낸 후, 다시 바늘을 원래의 바늘구멍에 넣어 자수실을 주 뒷면으로 잡아당긴다. 그런 후에 실을 뽑을 때는 바늘구멍 부분에 약간의 실을 남겨 놓아 작은 고리를 만들어 준다. 두 번째 바늘 끝은 뒷면에서 이 작은 고리 안으로 넣은 후, 두 번째 바늘의 바늘구멍에 찔러 넣는다. 자수실을 잡아당길 때 두 번째 작은 고리를 남겨 둔다. 세 번째 바늘을 뒷면에서 두 번째 작은 고리 안으로 넣은 후, 다시 세 번째 고리를 남겨 둔다. 층층이 작은 고리들을 연결하여 변발 모양의 스티치가 형성되면 견고하면서도 장식의 효과를 지니게 된다. 호남성 장사시 마왕퇴 1호 서한묘에서 출토된 신기수(信期繡), 장수수(長壽繡), 승운수(乘雲繡), 수유수(茱萸繡) 등은 모두 능형철문인화판(菱形凸紋印花版)을 사용하여 주(綢) 표면에 묵선(墨線) 자수 도안을 찍은 후, 채색 실로 온 바탕에 변체운문(變體雲紋), 변체수유문(變體茱萸紋), 변체용문(變體龍紋), 변체봉문(變體鳳紋)을 수놓았다. 변형된 용과 봉황은 머리 부분만 용과 봉황의 머리이고 몸체는 모두 변체운문으로 표현하여 신비하면서도 낭만적이다. 유동적인 느낌과 장식성을 지니며 색채가 화려하여 의포(衣袍)와 깔개 등에 사용되었다. 평수(平秀) 자수법이 오기문(方棋紋) 자수와 같은 문양과 색상이 단순한 자수품에만 활용되었다는 점으로 보아 아직 부차적인 방법으로 사용되고 있었음을 알 수 있다(그림 4-86~4-98).

◀ 그림 4-87 서한(西漢) 겸(縑) 바탕의 수문포융수(樹紋鋪絨繡)
1972년 호남성 장사시(湖南省 長沙市) 마왕퇴(馬王堆) 1호 묘에서 출토. 호남성박물관 소장
길이 101cm 너비 24.7cm
평수(平繡) 자수법을 사용하여 능격(菱格)으로 화문을 채운 변체수문(變體樹紋)을 수놓았다. 중국에서 가장 오래된 대형 포융수(鋪絨繡)이다.
출처: 『중국미술전집(中國美術全集)·공예미술편(工藝美術編)·인염직수(印染織繡)』상(上) 도판63

▶ 그림 4-88 서한(西漢) 신기수다황기(信期繡茶黃綺)
곡거우임면포(曲裾右衽綿袍)
1972년 호남성 장사시(湖南省 長沙市) 마왕퇴(馬王堆) 1
호 묘에서 출토. 호남성박물관 소장
길이 155cm 소매전체길이 243cm 소맷부리너비 27cm 소
매가선(-縇)너비 30cm 허리너비 60cm 밑자락너비 70cm
옷깃과 아랫단가선너비 28cm
출처: 『중국미술전집(中國美術全集)』· 공예미술편(工藝美
術編) · 인염직수(印染織繡)』 상(上) 도판31

▲ 그림 4-89 서한(西漢) 신기수(信期繡)(일부분)
1972년 호남성 장사시(湖南省 長沙市) 마왕퇴(馬王堆) 1호 묘에서 출토. 호남
성박물관 소장
길이 50cm 너비 49.5cm
연갈색의 능문라(菱紋羅) 바탕에 변자고형쇄수법(辮子股形鎖繡法)으로 변체
운문(變體雲紋)을 수놓았으며 출토된 죽간(竹簡) 256, 268~271 등의 기록에
근거하여 신기수(信期繡)라고 칭하였다.
출처: 『중국미술전집(中國美術全集)』· 공예미술편(工藝美術編) · 인염직수(印
染織繡)』 상(上) 도판57

▲ 그림 4-91 서한(西漢) 장수수(長壽繡)(일부분)
1972년 호남성 장사시(湖南省 長沙市) 마왕퇴(馬王堆) 1호 묘에서 출토.
호남성박물관 소장
길이 57cm 너비 40.5cm 단위화문크기 23×16cm
등황색(橙黃色) 견(絹) 바탕에 변자고형쇄수법(辮子股形鎖繡法)을 사용
하여 변체운문(變體雲紋)을 수놓았으며 출토된 죽간 255, 257, 264에 근
거하여 장수수(長壽繡)라고 칭하였다.
출처: 『중국미술전집(中國美術全集)』· 공예미술편(工藝美術編) · 인염
직수(印染織繡)』 상(上) 도판58

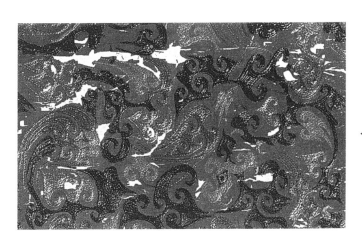

◀ 그림 4-90 서한(西漢) 장수수(長壽繡)(일부분)
1972년 호남성 장사시(湖南省 長沙市) 마왕퇴(馬王堆) 1호 묘에서 출토. 호남
성박물관 소장
길이 65cm 너비 49cm 단위화문크기 21×15.5cm
붉은색 견(絹) 바탕에 변자고형쇄수법(辮子股形鎖繡法)을 사용하여 변체운문
(變體雲紋)을 수놓았으며 운문(雲紋)과 용문(龍紋)이 융합되었다.
출처: 『중국미술전집(中國美術全集)』· 공예미술편(工藝美術編) · 인염직수(印
染織繡)』 상(上) 도판59

◀ 그림 4-92　서한(西漢)　황색대조능문기(黃色對鳥菱紋綺)
바탕의 승운수(乘雲繡)
1972년 호남성 장사시(湖南省 長沙市) 마왕퇴(馬王堆) 1호 묘에
서 출토. 호남성박물관 소장
길이 50cm 너비 40.5cm 단위화문크기 17×14.5cm
승운수(乘雲繡)는 변체운문(變體雲紋)에 변체봉문(變體鳳紋)을
끼워 넣은 것으로 봉황 머리에는 눈, 볏, 부리가 있으며 몸체는 운
문(雲紋)이다. 자수 바탕은 대조능문기(對鳥菱紋綺)이며 자수법
은 변자고형쇄수법(辮子股形鎖繡法)이다.
출처: 『중국미술전집(中國美術全集)·공예미술편(工藝美術編)·
인염직수(印染織繡)』상(上) 도판55

◀ 그림 4-93　서한(西漢)　"황색대조능문기(黃色對鳥菱紋綺) 바탕의 승
운수(乘雲繡)"변체운(變體雲) 중 봉문(鳳紋) 문양
호남성 장사시(湖南省 長沙市) 마왕퇴(馬王堆) 1호 묘 출토물(그림 4-92)의
모사본

▶ 그림 4-94 동한(東漢) 수유문수(茱萸紋繡) 고각변(褲脚邊)(일부분)
1959년 신강 민풍현(新疆 民豐縣) 타클라마칸 사막 1호 묘에서 출토. 신강위구르자치구 박물관 소장
길이 31.5cm 너비 33cm
원래는 남성 바지의 바짓단 부분에 테두리로 둘렀대(바지전체길이 115cm, 너비 66cm, 바짓가랑이길이 13.5cm).
출처: 『중국역대사주문양(中國歷代絲綢紋樣)』 그림30

◀ 그림 4-95 한(漢) 변체봉문(變體鳳紋) 쇄수변자고(鎖繡辮子股) 자수 문양
북경 풍대구(北京 豐台區) 대보대(大葆台) 유적지 출토물의 모사본

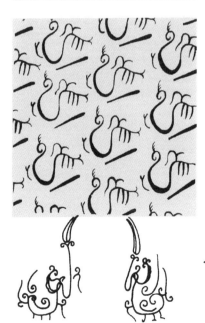

◀ 그림 4-96 한(漢) 변체봉문(變體鳳紋) 쇄수변자고(鎖繡辮子股) 자수 문양
몽고(蒙古) 낙음오랍(諾音烏拉) 흉노(匈奴) 왕족 묘 출토물의 모사본

▲ 그림 4-97 서한(西漢) 장수수(長壽繡) 문양
호남성 장사시(湖南省 長沙市) 마왕퇴(馬王堆) 1호 묘 출토물의 모사본
화문크기 21.7×30.5cm

(1) 바느질함 뚜껑

(2) 바느질함 바닥

(3) 바느질함 뚜껑 직금(織錦) 문양

(4) 바느질함 바닥 자수 문양

▲ 그림 4-98 서한(西漢) 말기 직금자수(織錦刺繡) 침치협(針黹篋, 바느질함)
  1959년 감숙성 무위시(甘肅省 武威市) 마저자(磨咀子) 22호 묘에서 출토. 감숙성박물관 소장
  뚜껑: 길이 34cm, 너비 20cm, 높이 17cm
  바닥: 길이 33cm, 너비 18cm, 높이 16.5cm
  뚜껑은 갈대를 엮어 만든 것으로 박고문금(博古紋錦)으로 표구하였다. 뚜껑 벽과 바닥은 변체운문(變體雲紋)
  으로 수놓아 표구하였다.
  출처: 『사주지로(絲綢之路)ㆍ한당직물(漢唐織物)』도판1

참고문헌

[1] 湖南省博物館. 長沙馬王堆一號漢墓. 北京: 文物出版社, 1972

[2] 上海紡織科學研究院. 長沙馬王堆一號漢墓出土紡織品的研究. 北京: 文物出版社, 1980

[3] (東漢) 許愼. 說文

[4] (東漢) 劉熙. 釋名 · 釋絲帛

[5] (西漢) 賈誼. 新書. 卷三. 孼産子篇

[6] (戰國) 范蠡. 范子計然

[7] (南朝) 顧野王. 玉篇

[8] (東漢) 班固. 漢書 · 元帝紀

[9] (西漢) 劉歆撰, (東晉) 葛洪輯抄. 西京雜記. 見: 漢魏叢書 · 載籍. 第七

[10] (西漢) 史游. 急就篇

[11] (宋) 陳彭年等. 廣韵

[12] (西漢) 司馬遷. 史記 · 貨殖列傳

[13] 詩經 · 小雅 · 采綠, 大東

[14] (東漢) 趙岐. 藍賦

[15] (北魏) 賈思勰. 齊民要術

[16] (西漢) 桓寬. 鹽鐵論. 卷六. 散不足篇

[17] (西漢) 劉安. 淮南子 · 齊俗訓, 氾論訓

[18] 勞費爾. 中國伊朗編. 中華書局, 1919

[19] (西漢) 楊雄. 方言. 卷八

[20] (西漢) 劉向. 列女傳. 卷一

[21] (三國 · 魏) 張揖. 廣雅 · 釋器

[22] (東漢) 王逸. 机婦賦

[23] 周易 · 系辭上

[24] (西晉) 陳壽. 三國志 · 魏志 · 杜夔傳. 斐注引傅玄序. 見: 太平御覽. 八二五引傅子

[25] (南宋) 樓璹. 耕織圖. 中國歷史博物館藏 (原藏南京)

[26] (元) 薛景石. 梓人遺制

[27] (明) 宋應星. 天工開物 · 乃服

[28] (晉) 楊泉. 物理論 · 机賦

[29] A. Stein. Innermost Asia

[30] 塔爾格倫 (A. M. Tallgren). 南西伯利亞奧格納哈特的漢代墓地. 歐亞北部考古學, ESA. 11卷, 1937

[31] (前秦) 王嘉撰. (梁) 蕭綺錄. 王子年拾遺記

[32] (後唐) 馬縞. 中華古今注

[33] 陳維稷主編. 中國紡織科學技術史 (古代部分). 北京: 科學出版社, 1984

[34] 孫毓棠. 戰國秦漢時代紡織業技術的進步. 歷史研究, 1963 (3)

[35] 宋伯胤. 黎忠義. 漢畫像石探索織机構造. 文物, 1986 (2)

[36] 夏鼐. 我國古代的蚕桑絲綢. 考古, 1972 (1)

[37] 中國社會科學院考古所. 滿城漢墓發掘報告. 北京: 文物出版社, 1980

[38] 甘肅省文物館. 武威磨咀子三座漢墓發掘簡報. 文物, 1972 (12)

[39] (日) 梅原末治. 蒙古諾音烏拉發現的遺物

[40] 夏鼐. 新疆新發現的古代絲織品—綺, 錦和刺繡. 見考古學與科技史. 北京: 科學出版社, 1979

[41] 新疆維吾爾自治區博物館出土文物展覽工作組. 絲綢之路 · 漢唐織物. 北京: 文物出版社, 1973 (6)

[42] 朱新予主編. 中國絲綢史 (通論). 北京: 紡織工業出版社, 1992

[43] 黃能馥主編. 中國美術全集 · 工藝美術編 · 印染織繡 (上). 北京: 文物出版社, 1985

[44] 李仁溥. 中國古代紡織史稿. 長沙: 岳麓書社, 1983

[45] 趙豐. 織繡珍品. 香港: 藝紗堂, 1999

[46] (前蘇聯) 魯勃 · 列斯尼欽科. 中國古代絲織品和刺繡. 列寧格勒出版社, 1961

한(漢)나라 말기부터 남북조(南北朝)까지의 4백 년 동안은 전란(戰亂)으로 인하여 진류군(陳留郡) 양읍현(襄邑縣) 관청의 비단 사업이 쇠락하였으나 오(鳴)나라 사(紗)와 촉(蜀)나라 금(錦)은 그 명성을 천하에 떨쳤다. 그 후 조석호(趙石虎)는 엽성(鄴城)에 상방직금서(尚方織錦署)를 설치하여 동한의 직금 문양을 계승하였으며 금루직성합환고(金縷織成合歡袴) 등의 종류도 출시하였다. 전진(前秦)시대 여류시인 소혜(蘇蕙)가 직조한 회문선도시(回文璇圖詩)는 종횡으로 반복하여도 모두 장구(章句)를 이루어 선기도(璇璣圖)라고도 칭했다. 막고굴(莫高窟)에서 출토된 자수 불상의 잔편(殘片)은 가장 오래된 만지수(滿地繡)이다.

일찍이 기원전에 중국의 직라법(織羅法)은 일본으로 전파되었으며 AD 400년경 중국의 직능법(織綾法), 직백법(織帛法), 직금법(織錦法)과 인화(印花) 기술도 연이어 일본으로 전파되었다. 6세기에 이르러서는 중국의 양잠(養蠶)·소사(繰絲) 기술이 유럽으로 전파되었는데, 이 시기는 중국의 잠상(蠶桑) 비단공예 기술이 세계에 영향을 끼치는 중요한 시기인 동시에 중국의 비단 문양도 외래문화의 영향을 받았던 시기이다.

삼국(三國) 220~280년
서진(西晉) 265~316년
동진(東晉) 317~420년
남북조(南北朝) 420~589년

제5장

삼국·양진·남북조 (三國·兩晉·南北朝)시대

1. 한말(漢末) 삼국(三國)시대의 비단 생산

동한(東漢) 말기 황건(黃巾)의 난(亂)으로부터 남북조(南北朝)시대까지의 400년 동안, 중국 내부는 전란으로 분열되었으며 서북, 북방 유목민족들은 이러한 빈틈을 노려 중원으로 쳐들어왔다. 백성들은 의지할 곳을 잃고 유랑하게 되면서 중국 역사상 유례를 찾아보기 힘든 인구의 대이동이 발생하였으며 진류군(陳留郡) 양읍현(襄邑縣)의 관청 비단산업도 점차적으로 쇠락하였다. 그러나 이 지역의 민간에서는 여전히 염료를 재배하여 보급하는 데 힘썼다. 530년에 출판된 가사협(賈思勰)의 『제민요술(齊民要術)』에서는 북방농민들이 "심은 목람 10묘는 곡전 1경에 해당하며 직접 청색으로 염색할 수 있는 자는 그 수익이 배로 증가한다(種藍十畝, 敵谷田一頃, 能自染青者, 其利又倍矣)"라고 구체적으로 언급하였다. 그는 또 농민이 홍화(紅花)를 재배하는 토지가 헥타르를 이루었으며 7월에 꽃을 따는 절기에는 부녀자와 아이들이 매일 아침 100명 정도 무리를 지어 밭두렁에 가서 꽃 따는 것을 도와준 후, 소작인과 절반씩 나누어 가지는 상황에 대해서도 언급하였다.

삼국시대 조위(曹魏)가 통치하는 중원 지역의 관청용 금(錦)은 서촉(西蜀)에서 구매하였다. 위문제(魏文帝) 조비(曹丕)는 일찍이 조서(詔書)에서 직금(織錦)에 대해 이르기를, "전후로 매번 얻은 촉의 금이 전혀 비슷하지 않으니 이는 의심할 만하다. 선비족도 두 번 다시 받지 않기를 바랐다. 우리가 마음대로 짠 호두연벽금에도 금박이 있는데 낙읍에서 들여온 것은 모두 품질이 나쁘다. 이것들은 좋지 않은 땅에서 난 것이니 모두가 허명일 뿐이다(前後每得蜀錦, 殊不相似, 適可訝而鮮卑尚不複受也. 自吾所織如意虎頭連璧錦, 亦有金簿, 來自洛邑, 皆下惡. 是爲下土之物, 皆有虛名)"라고 하였다.[1] 문장에서 언급된 '금부(金簿)'는 바로 금박(金箔)으로 종이나 양가죽 위에 붙여 가는 조각으로 자른 후 날실이나 씨실로 삼아 직조한 직금금(織金錦)을 가리킨다. 실크로드는 이 시기에 막힘없이 원활하여 구소련 동아시아 지역, 인도 뉴델리에서도 5세기의 중국 견직물이 발견된다. 신강(新疆) 토로번(吐魯番)과 돈황(敦煌) 막고굴(莫高窟)에서 발견된 종류는 훨씬 다양하다.

사천(四川) 지역은 옛날 잠총씨(蠶叢氏)의 촉국(蜀國)이다. 허신(許愼)은 『설문·고림·충부(說文·詁林·蟲部)』에서 '촉(蜀)'을 '규중잠(葵中蠶)'이라고 설명하였으며, 『옥편(玉篇)』에서도 '촉을 상충(桑蟲)'이라 하였다. 서한(西漢)시대 양웅(揚雄)은 『촉왕본기(蜀王本紀)』에서 잠총씨는 백성들에게 잠상 방법을 가르쳤다고 언급하였으며, 『한당지리서초(漢唐地理書鈔)』에서도 고신(高辛) 시기 촉국 여인이 마두낭(馬頭娘)으로 변한 신화를 기록하고 있다.[2] 그 외에 『수신기(搜神記)』 권14에서도 동일한 기록이 있다.[3] 성도(成都) 백화담중학(百花潭中學) 10호 묘에서는 전국(戰國)시대 감착채상도(嵌錯采桑圖) 동호(銅壺)가 출토되었으며,[4] 성도와 덕양(德陽) 한묘(漢墓)에서도 모두 상원도화상(桑園圖畫像) 벽돌이 발견되었다는 사실은 사천의 잠상업이 이미 유구한 역사를 지니고 있었음을 설명해 준다.

삼국시대 촉금(蜀錦)은 촉나라의 주요 재원이었다. 『제갈량집(諸葛亮集)』에서 이르기를, "지금 백성들은 가난하고 나라는 비어 있다. 그러므로 촉한에서 적들과 싸울 자원은 오직 비단 뿐이다(今民貧國虛, 故蜀漢決敵之資, 惟賴錦耳)"라고 하였다. 당시 촉금은 촉나라 통치자들이 사용하는 것 외에도 위(魏)와 오(吳)로 공급되었으며, 위나라는 촉금과 낙양(洛陽)에서 직조된 견직물을 선비족(鮮卑族) 지역에 판매하였다. 오나라는 황무(黃武) 2년(223년) 촉나라 사신 중랑장(中郎將) 등지(鄧芝)가 말 2백 필, 금(錦) 1천 단(端)을 가지고 오나라에 온 후로부터 촉나라와의 왕래가 빈번해졌다.[5] 남조(南朝) 유송(劉宋) 시기 산겸(山謙)의 『단양기(丹陽記)』에도 삼국시대 촉금은 "성도에서만 유독 사(妙)라 칭하였으며 …… 위나라는 촉나라로부터 금을 사들이고, 오나라 역시 서촉에서 구매해 왔다(成都獨稱妙 …… 魏則市于蜀, 吳亦資西蜀)"라고 하였다. 그러나 삼국시대 진류군 양읍현의 금수(錦繡) 생산에 관하여 언급한 문헌은 없다. 성도의 남쪽에는 삼국시대의 금관성(錦官城)이 설치되었는데, 유강[流江, 금강(錦江)] 남안(南岸)에 위치하였다. 전해지는 바에 의하면, 유강의 물로 씻으면 금의 색상이 선명해지고 다른 강의 물을 사용하면 좋지 않았기 때문에 '금리(錦里)'라고 칭했다고 한다.[6] 진(晉)의 좌사(左思)는 『촉도부(蜀都賦)』에서 성도를 "성문 안에 재주 있는 집. 여러 집안에는 베틀과 북이 함께 어우러지네. 자개무늬 비단을 아름답게 만드니 물결처럼 빛이 나네(闤闠之裏, 伎巧之家. 百室離房, 機杼相和. 貝錦斐成, 濯色江波)"라고 묘사하였다.[7] 이와 같이 촉금 생산이 크게 발전하였다.

삼국시대 오나라가 속해 있던 강동(江東) 지역에서 주유(周瑜)가 환성(皖城)을 공격할 때, "원술에게서 여러 장인들과 악사, 부곡민들 3만여 명을 얻었는데 …… 옮기는 곳마다 얻은 사람들은 전부 동쪽 오나라를 택했다[得(袁)術百工及鼓吹部曲三萬余人 …… 皆徙所得人東詣吳]."[8] 영안(永安) 6년(263년) 교지군(交趾郡) 태수 손서(孫諝)도 일찍이 수공업자 1천여 명을 모집하여 건업(建業)으로 파견했으며 오나라 후궁에도 역시 수천 명에 이르는 직조공이 있었다.[9] 오나라 손권(孫權)의 아내 조(趙) 부인도 운룡규봉지금(雲龍虯鳳之錦)을 직조하고 오악열국(五嶽列國)의 지형도를 수놓을 수 있었다.[10] 좌사는 『오도부(吳都賦)』에 이르기를, "두 번째 경작한 벼를 국세로 바치고, 마을에는 팔잠(1년에 누에고치를 8번 수확함)에서 얻은 풀솜을 바친다(國稅再熟之稻, 鄕貢八蠶之綿)"라고 하였다. 절강성(浙江省) 제기(諸暨)와 영안[永安, 무강(武康)]에서는 '어사(御絲)'를 생산하였으며, 오사(吳絲)와 촉금은 천하에 명성을 떨쳤다.

삼국시대 오나라와 위나라는 단주(亶州, 일본), 대진(大秦, 로마)과 모두 비단을 거래하였다. 위명제(魏明帝) 경초(景初) 2년(238년) 6월 "왜나라 여왕이 천자에게 조헌(고대 제례 중의 일종)하려고 대부 난승미 등을 보냈는데 태수 유하는 이장을 보내 도웁까지 호송하게 했다(倭女王遣大夫難升米等詣郡, 求詣天子朝獻, 太守劉夏遣吏將送詣京都)." 그해 12월 왜나라 여왕에게 조서를 보내어 이르기를, "지금 붉은 바탕에 용무늬 비단 5필, 붉은색의 털로 짠 융단 10장, 천강(붉은색의 견직물) 50필, 감청(청색의 견직물) 50필로 그대의 조헌에 답하

노라. 또 특별히 그대에게 감지구문금 3필, 세반화계 5장, 백견 50필을 내린다. …… 전부 봉해서 난승미, 우이 등에게 맡기니 돌아가면 문서를 받으라(今以絳地交龍錦五匹, 絳地縐儴罽十張, 蒨絳五十匹, 紺靑五十匹, 答汝所獻値. 又特賜汝紺地句紋錦三匹, 細班華罽五張, 白絹五十匹 …… 皆裝封付難升米牛利還到錄受)"라고 하였다.[10]

2. 서진(西晉) 귀족의 비단 소비

서진이 삼국을 멸망시킨 후, 통치계급의 생활은 극도로 부패해졌다. 진무제(晉武帝) 외삼촌 왕개(王愷)와 형주(荊州) 자사(刺史) 석숭(石崇)의 재산을 비교해 보면, 왕개는 자사(紫絲) 보장(步障)을 40리를 치고, 석숭은 금(錦) 보장을 50리를 쳤다. 석숭의 집 화장실에는 여종 10여 명이 시중을 들었으며, 그 내부에는 금향낭(錦香囊), 침향즙(沈香汁), 새로운 의복이 있어서, 손님이 화장실에서 나오면 새 옷으로 갈아입도록 하였다. 오래지 않아, '팔왕의 난(八王之亂)'이 발생하자, 서북의 이민족이 그 혼란을 틈타 침입하여 서진왕조는 순식간에 붕괴되었다. 『책부원귀(冊府元龜)』에 따르면, 진혜제(晉惠帝) 궁궐에는 400만 필의 금백(錦帛)이 축적되어 있었는데 '팔왕의 난'이 일어났을 때, 장방(張方) 병사들이 궁궐로 들어가 각 병사들이 2필의 견을 3일 동안 나누어 가졌음에도 이는 빙산의 일각에 지나지 않았다고 한다. 또한 당시 패잔병들은 낙양(洛陽) 관청을 약탈하여 술 장식의 금(錦)을 분해하여 안장으로 사용했다는 기록도 있다. 진(晉)나라 『동궁구사(東宮舊事)』에는, 궁궐 귀족들은 강사(絳紗), 자벽사(紫碧紗), 강벽사(絳碧紗), 강벽결(힐)릉[絳碧結(纈)綾], 자곡(紫縠), 자라(紫羅), 단벽배문라(丹碧杯紋羅), 칠채배문기(七彩杯紋綺) 등을 주로 사용하였다고 기록되어 있다.

3. 후조(後趙)·전진(前秦)의 비단 소비

16국 분쟁 시기 중원을 점령한 소수민족 수령들은 금은사(金銀絲) 직물로 사교장을 화려하게 꾸미는 것을 매우 좋아했다. 후조의 석호(石虎)는 355년에 업성[鄴城, 하북(河北) 임장(臨漳)]을 도읍으로 정하고 수백 명에 이르는 직조공이 일하는 상방직금서(尙方織錦署)를 설치하였다. 진(晉)나라 육홰(陸翽)의 『업중기(鄴中記)』에 따르면, 업성에서 생산되는 견직물로 "금에는 대등고, 소등고, 대명광, 소명광, 대박산, 소박산, 대수유, 소수유, 대교룡, 소교룡, 포도문금, 반문금, 봉황주작금, 도문금, 핵도문금 등이 있다(錦有大登高, 小登高, 大明光, 小明光, 大博山, 小博山, 大茱萸, 小茱萸, 大交龍, 小交龍, 蒲桃文錦, 斑文錦, 鳳凰朱雀錦, 韜文錦, 核桃文錦等)"고 기록하였다. 겨울이 되면, 석호(石虎)의 어상(御床) 위에 숙금류소두장(熟錦流蘇斗帳)을 매달았고, 봄과 가을에는 금(錦)으로 협장(夾帳)을 만들었으며, 여름에는 사(紗), 나(羅), 곡(縠)으로 단장(單帳)을 삼았다. 석호 황후가 행차할 때 의장대 여기(女騎) 2천 명은 겨울에는 자륜건(紫綸巾)과 촉금고(蜀錦袴)를 착용하고 오문직성화(五文織成靴)를 신었다. 석호는 사냥할 때 금루직성합환고(金縷織成合歡袴)를 입었다.[11] 『업중기』에 기록된 금의 명칭은 대부분 한(漢)나라 금의 명문

및 도안과 대조해 볼 수 있다. 기록된 직성화(織成靴)와 금루직성합환고(金縷織成合歡袴)는 화(靴)와 합환고(合歡袴, 덧바지)의 마름질에 따라 설계하여 직조한 것이다. 동한(東漢) 풍격의 직금(織錦)은 일찍이 신강(新疆) 민풍현(民豐縣) 타클라마칸 사막 정절국(精絶國) 왕족의 묘에서 발견되었다.

전진(前秦) 부견(符堅) 시기(357~385년) 진주(秦州) 자사(刺史) 두도(竇滔)가 유사(流沙)라는 먼 곳으로 좌천되어 갔을 때, 그의 아내 소혜(蘇蕙)는 회문선도시(回文璇圖詩)를 금에 짜 넣어 돌아올 것을 권하였는데, 다채로운 빛깔은 매우 아름다우며 시구는 슬프고 처량하다. 전후좌우 어느 방향으로 읽어도 문장을 이루기에 '선기도(璇璣圖)'라 칭했으며 모두 840자로 이루어졌다.[12] 선기도 역시 직성(織成)의 한 종류이다.

4. 남북조(南北朝)의 비단 생산

북위(北魏), 북제(北齊), 북주(北周)는 모두 관청방직수공업이 발달하였다. 북위 도무제(道武帝) 척발규(拓跋珪)는 중산(中山)을 점령한 후, 민리(民吏), 백공(百工), 기교(伎巧) 10여만 명을 수도로 이주시키고[13] 개인업자들이 솜씨가 뛰어난 장인을 배양하고 능기(綾機)를 소유하는 것을 금하였다. 그 후, 북위 태무제(太武帝) 척발도(拓跋燾)는 장안성(長安城) 직공 2천 명에게 수도로 이주할 것을 명하였다.[14] 북제 태부사(太府寺)의 상방(尙方)에는 경주(涇州)와 옹주(雍州) 사국(絲局), 정주릉국(定州綾局)이 있었으며, 사염서(司染署)에는 경방(京坊), 하동[河東, 산서(山西) 영제(永濟)의 동남쪽], 신도[信都, 하북(河北) 기현(冀縣)] 3국승(三局丞)이 있었는데 전적으로 직국(織局)의 공예를 관리하였다. 북주는 경주와 옹주의 각 지역에 직국영승(織局令丞), 사직중대부(司織中大夫), 소사직상사(小司織上士)와 봉공(縫工), 취공(毳工), 적공(績工), 직사(織絲), 직채(織採), 직시(織枲), 직조(織組) 등에 중·하사(中·下士)를 설치하였으며 후궁에도 나기(羅綺) 궁인(宮人)을 두었다. 북주 우문옹(宇文邕) 천화(天和) 6년(571년)에는 한 차례 나기 궁인 5백여 명을 감원하기도 하였다.[15]

남조(南朝)시대의 각 나라들은 모두 소부(少府)를 설치하였으며, 그 아래로 평준관(平准官)을 두어 염직(染織)을 관리하도록 하였다. 동진(東晉) 의희(義熙) 13년(417년)에 유유(劉裕)는 요진(姚秦)을 토벌하여 장안(長安)을 함락시킨 후, '성 안의 이, 진 6만여 호(城內夷晉六萬餘戶)'를 다스려 백공(百工), 기교(伎巧) 등의 민호(民戶)들을 남쪽으로 이주시켰다.[16] 장안의 장인들을 건강[建康, 지금의 남경(南京)]으로 이주시켜 '두장금서(斗場錦署)'를 설치하고[17] 북방의 선진 직조 기술을 강남으로 들여왔다. 그 후, 금서(錦署)는 점차적으로 남조 관청수공업에서 흔히 설치하는 기관이 되어 궁궐의 의복과 기타 필수품을 제조하였다. 이와 같이 남조 민간의 잠상(蠶桑) 생산은 커다란 발전이 있었지만, 사직(絲織) 기술은 여전히 북방보다 못하였다. 『안씨가훈·치가편(顏氏家訓·治家篇)』에서 이르기를, "직물을 짜고 끈을 꼬는 일, 보불[임금이 예복으로 입던 하의(下衣)인 곤상(袞裳)에 놓은, 도끼와 '亞'자 모양의 수], 비단 등에 수를 놓는 일은 하북

의 부인들이 강동의 여인들보다 뛰어나다(河北婦人, 織紝組紃之事,
黼黻, 錦繡, 羅綺之工, 大優于江東也)"라고 하였다.

5. 중국 잠상(蠶桑) 기술의 전파

BC 6세기부터 BC 2세기 그리스 시대에 이르기까지 중국의 비단
은 유럽에서 그 가치가 황금과 같았지만 변함없이 유럽인들의 많은
사랑을 받았다. 로마 공화국 말기 카이사르(Gaius Julius Caesar) 대
제가 주포(綢袍)를 착용하고 연극을 관람하는 것을 본 사람들은 대
제가 지나치게 사치스럽다고 여겼다. 왜냐하면 당시에는 소수의 귀
족부녀자들만이 중국 비단을 입을 수 있었기 때문이다. 로마 제국
초기 티베리우스(Tiberius Caesar Augustus) 황제는 일찍이 남성들이
이 비단을 착용하는 것을 금했지만, 당시 귀족 가문에서는 비단옷
이 일반화되었고 교회들도 점차적으로 비단을 사용하여 휘장을 만
들었다. 동로마 비잔티움(Byzantium) 제국에 이르러서는 비단이 일
상생활의 필수품이 되었다. 당시 중국 비단의 육로 또는 해로[육로
는 대완(大宛)을 거쳐 한곳에 모여 서쪽 보하라(Bokhara)를 거쳐 파르티
아(Parthia)에 도착했다. 해로는 인도, 실론(Ceylon)을 거쳐 선박으로 페
르시아(Persia) 만까지 이동하여 바그다드(Baghdad)에 도착하거나 홍해
를 거쳐 카이로(Cairo)에 도착한 후, 다시 바그다드 또는 카이로에서 시리아
(Syria)의 델로스(Delos)와 베이루트(Beirut)에 도착했다.]는 모두 비잔
티움 제국의 비단산업 중심지를 거쳤다. 현지 사람들은 중국에서 운
송해 온 견백(絹帛)을 견사(絹絲)로 만들어 마(麻)를 섞어 능사(綾
紗)로 직조하거나 중국의 흰색 견(絹)을 염색한 후 금사로 수를 놓아
로마로 운송 · 판매하였다. 이는 바로 『후한서 · 서역대진전(後漢書
· 西域大秦傳)』에서 언급되었던 "늘 중국의 겸사로 이익을 얻으니
이를 풀어서 능감문이라 한다(又常利得中國縑絲, 解以爲胡綾紺紋)"
는 것과 같다. 중국 비단은 장거리 운송된 후, 다시 중간상인들의 손
을 거쳐 로마에 도착하게 되면 그 가치는 이미 황금의 가격과 같게
된다. 파르티아는 반드시 거쳐야 할 경로로 중국과 로마 사이의 비단
무역을 장악하고 있었다. 『후한서 · 서역전(後漢書 · 西域傳)』에 이
르기를, "로마왕은 늘 한나라로 사절을 파견하려 하였으나 파르티아
가 한나라의 증채를 가지고 (중간)교역을 하고자 했다. 그래서 길이
가로막혀 (한나라에) 직접 이를 수 없었다[其(大秦)王常欲通使於漢,
而安息欲以漢繒彩與之交市, 故遮閡不得自達]"라고 하였다. 또한 『삼
국지 · 위지(三國志 · 魏志)』에서는 "항상 중국에 사절을 파견하고
자 하였으나 파르티아가 중간에 이익을 취하여 지나갈 수 없었다(常
欲通使于中國, 而安息得其利, 不能得過)"는 기록이 있다. 비잔티움 제
국에 이르러서는 페르시아와의 갈등이 계속 격화되어 두 나라 사이
의 전쟁이 빈번하게 발생하였다. 또한 비잔티움 제국은 상업세와 비
단 가격을 제어하는 방법으로 배척하였으나 모두 실패하였다. 552
년 경교(景敎) 스님 2인이 중국에서 누에를 가져와 중국의 양잠소사
법(養蠶繅絲法)을 배우기 시작했다.

중국 역사상 양잠소사와 방직 기술의 외래 전파를 금한다고 기록
한 유례는 아직까지 없다. 그러나 고대 서역에서는 오히려 중국 공주
가 누에씨를 훔쳐 국경을 넘었다는 흥미로운 이야기가 전해지고 있

다. 당(唐) 현장(玄奘)의 『대당서역기(大唐西域記)』에는 우전(于闐)
고스타나(Gostana) 왕은 한(漢)나라의 왕에게 혼인하기를 청원하여
허락을 받은 후, 시녀로 하여금 신부를 모셔오도록 명을 내리면서 한
나라 공주에게 여기에는 사백상잠(絲帛桑蠶)의 종자가 없으니 누에
알을 가지고 올 것을 은밀히 전하라고 당부했다. 이에 공주는 머리장
식에 누에알을 몰래 숨겨 국경을 넘었는데, 방위군은 감히 공주의 모
자를 확인할 수 없어 공주는 누에알을 무사히 가지고 들어오게 되었
다. 그 이듬해 잠실(蠶室)에서 누에알을 풀어 기르기 시작하였다. 어
느 날, 공주가 잠실에 없는 사이에 고스타나가 들어왔다가 누에가 사
방에서 꿈틀거리는 것을 보고 문제가 생긴 것으로 여겨 불을 놓아 잠
실을 태워버렸다. 때마침 공주가 돌아와 큰불 속에서 누에 일부를 구
해낸 후, 누에가 뿜어낸 견사(蠶絲)로 아름다운 비단을 직조하여 고
스타나에게 바쳤다. 고스타나는 크게 기뻐하며 백성들에게 잠상(蠶
桑) 기술을 배우도록 장려하였으며 뽕나무는 우전국(于闐國)에서
보호를 받게 되었다. 또한 당나라 현장은 한대(漢代) 공주가 양잠하
던 곳을 참관하다가 오래된 큰 뽕나무 몇 그루를 보게 되었는데, 전
하는 바에 의하면, 이 커다란 뽕나무는 공주가 직접 재배한 것이라고
한다.

『사기 · 대완열전(史記 · 大宛列傳)』에는 "대완에서 서쪽 파르
티아에 이르기까지 …… 이 지방에서는 명주실과 옻나무가 생산되
지 않았다(自大宛以西至安息 …… 其地皆無絲漆)"라고 하였다. 이
는 서한(西漢)시대의 상황을 반영한 것이며 남북조(南北朝)시대 서
역에서는 양잠(養蠶)이 상당히 보편화되었다. 신강(新疆) 토로번
(吐魯番) 지역에서 출토된 문서 중에서 서량(西涼) 14년(418년) 잠
상 임대 계약서가 발견되었다. 원문에는 "건초 14년 2월 28일, 엄
복원은 감첨에게 세 개의 잠박(蠶箔, 누에를 기르는 대나무로 엮은 도
구)과 누에, 뽕나무를 빌리면서 그 대가로 담요 하나를 건넸다. ……
[建初十四年二月廿八日, 嚴福願從闕僉得賃三簿蠶桑, 賈(價)交與壹毯.
……]"고 적혀 있다.

북량(北涼) 승평(承平) 5년(447년) 법안(法安)의 아우 아노(阿
奴)가 고창(高昌)에서 구자금[丘慈(龜玆)錦]을 빌렸을 때 계약서를
작성하였는데, 그 내용은 "승평 5년 병술년(갑자에 근거하면 착오가 있
음) 정월 8일, 도인 법안 아우 아노는 적소원에게 고창에서 생산된
황지 구자(쿠차)의 금(錦) 1장을 빌렸는데, 이 견직물의 가로 세로는,
길이가 9자 5치, 너비는 4자 5치이다. 내년 2월 30일을 기한으로
비단 1장 반을 상환하되 만약 기한을 넘어서도 갚지 않으면, 매월 행
포 3장을 더 내야 한다. ……[承平五年歲次丙戌(按甲子有錯)正月八
日, 道人法安, 弟阿奴從翟紹遠舉(借)高昌所作黃地丘慈中錦一張, 綿(絲
綿)經綿緯, 長九(尺)五寸, 廣四尺五寸. 要到前(明)年二月卅日, 價錦一
張半. 若過期不償, 月生行布三張. ……]"라고 적혀 있다.

그 외에도 북량 승평 8년(450년) 적소원(翟紹遠)이 노비를 살 때
작성한 계약서에는 "승평 8년 기축년(갑자에 근거하면 착오가 있음) 9
월 22일 적소원이 석아노에게 계집종 1명을 사는데, 자(字)가 소녀
(紹女)이고 나이는 스물다섯이며, 구자 비단 3장 반을 준다. 값을 모
두 지불하면 곧 사람을 붙여 데리고 간다. 만약 후에 몸이 약하거나,
도둑질을 하거나, 술을 많이 마신다면 본래의 주인에게 의뢰한다. 해

결이 안 되면 본래의 값을 배상해서 되돌려 준다. 두 주인이 먼저 타협한 후에 문서 계약을 하는데 문서가 성사된 후에는 둘 다 번복해서는 안 된다. 번복하는 자는 구자 비단 7장을 벌금으로 문다. ……[承平八年歲次己丑(甲子有錯)九月廿二日翟紹遠從石阿奴買婢壹人, 字紹女, 年廿五, 交與丘慈錦三張半, 賈(價)則畢, 人則付, 若後有何寒盜仰(認)佲(名), 仰本主了. 不了部(倍)還本賈(價). 二主先和後券, 券成之後, 各不得返(反)悔, 悔者罰丘慈錦七張. ……]」라고 하였다.

토로번(吐魯番)에서 발견된 북조(北朝)시대 문서에는 누에씨, 견직기(絹織機)와 각종 견직물에 관한 명칭이 포함되어 있다. 출토된 문서로부터 5세기 중기 잠상(蠶桑) 기술은 이미 고창(高昌) 지역에 널리 보급되었으며 잠상 견방직 기술은 고창 사회경제 생활에 있어서 중요한 부분이었다는 것이 증명되었다. 중국 잠상 견방직 기술이 신강(新疆)에서 널리 확산된 후, 서방국가들과 경제·문화적 교류가 빈번해짐에 따라 서구로의 전파는 필연적이었다. 중국 양잠법(養蠶法)이 유럽으로 전파된 경로에 관해서, 서구 사학자 프로코피우스(Procopius)는 『가특전기(哥特戰記)』에서 "552년 스님 몇 명이 인도에서 비잔티움(395~1453년)으로 왔을 때, 유스티니아누스(Justinianus) 황제가 더 이상 페르시아인에게 생사(生絲)를 구매하지 않기를 원한다는 소식을 듣고는 바로 황제와의 면회를 신청하여 비잔티움의 적국인 페르시아 또는 다른 국가로부터 생사(生絲)를 구매하지 않는 방법에 대해 이야기하였다. 그들의 설명에 따르면, 인도 제국의 북쪽 지역 세린다(Serinda), 즉 중국에서 다년간 거주하면서 양잠법을 익히게 되었으며 그 방법을 비잔티움에 전수할 수 있다고 하였다. 유스티니아누스 황제는 이에 대해 상세하게 질문을 하면서 그 진실 여부를 살펴보았다. 그 승려들이 말하기를, 견사(繭絲)는 누에가 뿜어낸 것으로, 살아 있는 누에를 비잔티움에 가져오는 것은 어렵지만 누에알을 가져오는 것은 어렵지 않다고 하였다. 또한 이러한 종류의 누에는 알을 많이 낳아 약간의 누에알을 온실에 두면 바로 누에 새끼로 키울 수 있다고 말하였다. 이 말을 들은 황제는 만약 누에알을 가져오면 반드시 후하게 사례를 하겠다고 하면서 재빨리 행동을 취하도록 명하였다. 황제의 명에 따라 승려들은 세린다로 가서 누에알을 가지고 비잔티움으로 돌아왔고, 누에알을 누에 새끼로 부화시키고 뽕잎을 먹여 기르게 되면서 로마의 영토에서도 누에로 견사를 생산할 수 있게 되었다"고 기록하고 있다.

6세기 말 비잔티움 역사학자 테오파네스(Theophanes)도 중국의 누에알이 비잔티움으로 전파된 상황을 기록하였는데, 그에 따르면, 유스티니아누스 재위 시기에 페르시아인들이 중국의 누에알을 속이 빈 죽간(竹竿)에 넣어 몰래 비잔티움으로 들여왔다고 전한다. 6세기 말 터키인들이 중앙아시아를 통치하기 시작하면서 젬마추스(Zemarchus)는 비잔티움 외교사절을 역임하게 되었는데, 그가 귀국 후 저술한 견문록에서도 당시 비잔티움에서는 이미 양잠업이 이루어지고 있었음을 언급하였다.

잠상(蠶桑) 기술은 복잡할 뿐만 아니라 경험이 부족하였기 때문에 비잔티움의 잠상 생산은 더디게 발전할 수밖에 없었지만, 6세기 이후 상당히 긴 시간 동안 비잔티움은 줄곧 유럽의 방직 기술을 독점하였다. 남이탈리아 시칠리아(Sicilia) 왕 루지에로 2세(Ruggiero Ⅱ,

1127~1154년)는 12세기 중엽 제2차 십자군전쟁 중 비잔티움의 직조공 2천 명을 강제로 남이탈리아에 이주시킨 후에야 비로소 잠사(蠶絲) 기술은 이탈리아에 전파될 수 있었으며, 13세기 이후에 이르러서는 스페인, 프랑스, 영국, 독일 등의 국가들도 점차적으로 잠사를 생산하게 되었다.[18]

중국의 잠상 기술은 서역으로 전파되기 훨씬 이전에 동양과 동남아시아 각지로 전래되었다. 일본 우치다 호시미(内田星美)는 서한(西漢) 애제(哀帝, BC 6~BC 1년) 시기에 중국의 나(羅)직물과 제조기술이 일본에 전해졌다고 여긴다.[19] 389년 중국 아지사주(阿知使主)는 7성(姓) 17현(縣) 일족을 인솔하여 일본으로 귀화하여 중국의 직조법을 일본에 전수하였다. 394년 중국 전진(前秦)이 멸망한 후, 일부 궁월군(弓月君)은 27현의 진(秦)나라 민간인을 거느리고 조선으로 망명하였다가, 이후 400년에 일본으로 귀화하여 일본 응신제(應神帝)에게 견백(絹帛)과 보물들을 바치고 중국의 비단 직조법도 일본에 전수하였다. 463년 웅략(雄略)은 백제로부터 직조공 정안나(定安那)를 초빙하여 하내국(河內國) 도원(桃源)에서 금(錦)을 직조하도록 하였다.[20] 이와 동시에 중국의 볼록판인화[凸版印花] 기술도 일본에 전수하고, 14세기 말(원말 명초)에는 유럽에도 전파하도록 하였다. 그러나 홍화염색법(紅花染色法)은 수·당대(隋·唐代)에 이르러서야 일본에 전래되었다.[21]

6. 3~6세기의 직수(織繡) 진품

삼국(三國)·양진(兩晉) 시대의 염직(染織) 자수(刺繡) 문물은 아직까지 출토된 수량이 많지 않아서, 역사적 문헌에 근거하여 탐색할 수밖에 없다. 삼국시대 직조한 문양에 대해 구체적으로 언급한 역사 문헌으로는 위문제(魏文帝) 조비(曹丕)가 조서에서 언급한 여의호두연벽금(如意虎頭連璧錦), 『삼국지·위지(三國志·魏志)』의 경초(景初) 2년 6월 일본 여왕에게 하사한 감지교룡금(紺地交龍錦), 감지구문금(紺地句文錦), 진(晉)나라 『동궁구사(東宮舊事)』의 단벽배문라(丹碧杯紋羅), 칠채배문기(七彩杯紋綺), 『업중기(鄴中記)』의 대등고(大登高), 소등고(小登高), 대박산(大博山), 소박산(小博山), 대명광(大明光), 소명광(小明光), 대교룡(大交龍), 소교룡(小交龍), 『습유기(拾遺記)』에 기록된 운곤금(雲昆錦), 열명금(列明錦) 등이 있다. 이러한 종류의 명칭들은 본서 제4장에서 서술한 양한(兩漢)시대에 출토된 견직물과 대조해 보면, 기본적으로 한(漢)나라의 전통적인 사직(絲織) 문양에 속한다는 것을 알 수 있다. 1995년 신강(新疆)문물고고학연구소는 일본과 합작한 니아(尼雅) 학술조사 과정에서 8개의 고분을 발견하였는데, 출토된 금수(錦繡) 유물도 적지 않았다. 그중, M3과 M8묘에서는 "오성출동방리중국(五星出東方利中國)", "토남강(討南羌)", "왕후합혼천추만세의자손(王后合昏千秋萬歲宜子孫)" 등 명문금(銘文錦)이 출토되었다(그림 4-69~4-73). 전문가들에 따르면, M3과 M8묘는 정절국(精絕國) 왕과 왕후의 합장묘이며, 그 연대는 후한(後漢)에서 진(晉)에 이른다고 분석하였다. 이때 출토된 많은 직금(織錦)의 문양형태는 대체적으로 동한(東漢)시대의 직금과 일치한다는 점에서 삼국·양진시대의 비단예술은 기본적

▲ 그림 5-1 북위(北魏) 자수불상(刺繡佛像) 공양인(供養人)(잔편)
1965년 돈황(敦煌) 막고굴(莫高窟) 제125~126굴에서 출토. 돈황문물연구소 소장
길이 49.4cm 너비 29.5cm
광양왕(廣陽王) 원가(元嘉) 공양상(供養像)이며, 지금까지 발견된 유물 중 바탕 전체에 자수를 놓은 가장 오래된 불상이다.
출처: 『중국미술전집(中國美術全集) · 공예미술편(工藝美術編) · 인염직수(印染織繡)』 상(上) 도판110

▲ 그림 5-2 북위(北魏) 연주귀배인동문자수(聯珠龜背忍冬紋刺繡)
1965년 돈황(敦煌) 막고굴(莫高窟) 제125~126굴에서 출토. 돈황문물연구소 소장
길이 59cm 너비 13cm
광양왕(廣陽王) 원가(元嘉) 공양상(供養像)의 테두리 장식이다.
출처: 『중국미술전집(中國美術全集) · 공예미술편(工藝美術編) · 인염직수(印染織繡)』 상(上) 도판111

으로 동한의 전통을 계승하고 있다는 것을 알 수 있다. 그러나『업중기(鄴中記)』에 기록된 포도문금(蒲桃文錦), 반문금(斑文錦), 봉황금(鳳凰錦), 주작금(朱雀錦), 도문금(韜文錦), 핵도문금(核桃文錦)은 새로이 창작한 것으로 보인다.『북제서 · 조정전(北齊書 · 祖珽傳)』에 나타난 연주공작라(聯珠孔雀羅)에는 중국문화가 페르시아문화를 흡수하여 융합한 결과가 현저하게 드러난다. 왜냐하면 원환(圓環)을 문양의 골격으로 삼아 각종 동물문(動物紋)을 채워넣는 연주문(聯珠紋)은 페르시아 사산(Sasan)왕조 장식문양의 전형적인 풍격으로 중국 한나라 이래로 유행했던 요동치는 파도선을 골격으로 하는 운기동물문(雲氣動物紋)과는 상당한 차이가 있기 때문이다. 연주원환형(聯珠圓環型) 문양은 신강(新疆) 지역 북조(北朝)에서 수 · 당(隋 · 唐)에 이르는 유적지에서 출토된 견직물과 돈황(敦煌), 유림(榆林), 신강 등 석굴예술의 수 · 당대 장식문양에서 모두 다량으로 발견되었다.

1965년 감숙성(甘肅省) 돈황(敦煌) 막고굴(莫高窟) 제125~126굴에서는 일찍이 북위(北魏) 태화(太和) 11년(487년)에 속하는 자수불상(刺繡佛像)의 잔편인 공양인(供養人) 부분이 출토되었다(그림 5-1). 불상 하단의 발원문에는 "북위 태화 11년(北魏因囯十一年)" 및 "광양왕(廣陽王)"이라는 문구가 수놓아져 있다. 잔편 우측에는 공양인 5명이 서 있는데, 첫 번째는 '법사×'이고, 그 이하 4명은 광양왕의 여자 식솔들로 모두 그리스식 인동문(忍冬紋)으로 장식된 교령장포(交領長袍)를 입고 있다. 수를 놓은 인물, 화문(花紋)과 빈 공간에는 모두 조밀한 쇄수변자고수법(鎖繡辮子股繡法)을 사용하였으며, 대홍(大紅), 심갈(深褐), 중록(中綠), 심람(深藍), 현청(玄靑), 천분(淺粉) 등의 색상들이 조화를 이루고 있다. 자수품 잔편 상단에는 연화좌(蓮花座)에 서 있는 시불(侍佛)의 양쪽 발과 주불(主佛)이 앉혀져 있던 대형 연화옥좌(蓮花玉座)의 한 부분만이 남아 있다. 화풍은 그리스 간다라(Gandhara)와 인도 굽타(Gupta)왕조 예술의 영향을 받았다. 여기에서 함께 출토된 자수 화변(花邊)(그림 5-2)은 거북이 등 모양과 원형을 서로 교차하여 기하 조직 구조를 구성하였으며, 그 빈틈에는 미나리아재비잎과 유사한 그리스식 인동문으로 장식하였다. 화문은 옅은 황색 바탕에 중자(中紫), 천자(淺紫), 심청(深靑), 천람(淺藍), 미색(米色), 백색으로 수를 놓았으며, 바탕색은 엷은 황색이다.

신강 민풍(民豊) 니아(尼雅) 유적지에서 북량(北凉) 용봉화주문(龍鳳火珠紋) 자수 잔편[『신강출토문물(新疆出土文物)』도판57 참조, 원명: 북량포도금수문(北凉葡萄禽獸紋) 자수, 길이 23cm, 너비 17cm]이 출토되었다. 용봉(龍鳳)의 형상은 한나라 석각화(石刻畵)에서 보이는 용봉과 대체적으로 비슷하지만, 화주문(火珠紋)을 평판(平板)으로 배열하고 용봉 사이에도 상호 관련성이 없어서, 한나라의 동물운기문과 같은 웅대한 기세는 보이지 않는다. 자수법은 쇄수변자고수법을 사용하였다.

1964년 신강 토로번(吐魯番) 아사탑나(阿斯塔那, 아스타나) 북구 39호 묘에서는 동진(東晉)시대의 "부차창의후왕부연명장"직성이(富且昌宜侯王夫延命長織成履) 한 켤레가 발견되었다(그림 5-3). 밑창은 마사(麻絲)를 엮어서 만들고, 나머지는 갈(褐), 홍(紅), 백(白), 흑(黑), 남(藍), 황(黃), 토황(土黃), 금황(金黃), 녹(綠) 등 9가지 색상의 견사를 사용하여 신발의 형태에 따라 테두리와 명문(銘文)을 직조하였는데, 명문은 각각 두 번 직조하였다. 이 직성이는 새것과 마찬가지로 색상이 화려하고 완전하게 보존되어 고대 직성(織成)을 연구하기에 매우 중요한 자료이다.

그림 5-4는 북조(北朝)시대의 운기사문사(雲氣獅紋紗) 문양이다. 1967년 신강 토로번 아사탑나 북구 88호 묘에서 출토된 운기동물문금(雲氣動物紋錦)(그림 5-5)은 심청색(深靑色) 바탕에 채조경(彩條經, 노란색, 녹색, 노란색, 녹색, 노란색, 붉은색 등의 순서로 배열)과 백색 날실로 수놓았다. 운무(雲霧)는 수평방향으로 연이어 연결되고 빈 공간에는 쌍각(雙角) 짐승과 잎이 4개인 꽃을 넣어 장식하였다. 이 경금(經錦) 문양의 구조와 제재는 동한의 경금과 유사한 느낌은 있지만, 운무형상은 마치 기하형(幾何形)과 같아 유동적인 느낌이 없으며, 수문(獸紋)도 생기가 결여되어 보인다. 이는 한대(漢代)에 성행하던 활동적인 기세가 충만한 산, 구름, 동물과 같은 제재들이 북조에 이르러서는 거의 종반에 접어들었다는 것을 알 수 있다.

1968년 아사탑나 북구 99호 묘에서 출토된 방격수문금(方格獸紋錦)(그림 5-6)은 장방형 격자 안에 소, 사자, 복상(服象, 코끼리 등에 갓과 인물이 있음) 등을 넣어 장식하였다. 청(靑), 홍(紅), 종황(棕黃), 녹(綠) 등의 4가지 색상의 채조경(彩條經)과 전 폭을 관통하는 백색 날실을 사용하여 문양을 직조하였다. 각각의 채조에는 실제로 3가지 색상의 날실만 있다. 이 금(錦) 문양은 한대 금과 현저한 차이를 보인다.

1959년 아사탑나 북구 303호 묘에서 출토된 수문금(樹紋錦)(그림 5-7)은 백색, 녹색, 백색, 남색 등 순서로 배열된 채조 위에 붉은색 수문(樹紋) 문양을 직조한 것이며, 날실과 씨실의 밀도는 각각 112올/cm과 36올/cm이다. 토로번에서 출토된 북조 문서에는 수많은 금의 명칭이 기록되어 있는데, 이 책에서는 이미 앞에서 몇 건의 관련 문헌 내용을 언급하였다. 모든 점을 귀납해 보면, 현지의 금 명칭은 위금(魏錦), 페르시아금(波斯錦), 구자금(丘慈錦), 소륵금(疏勒錦) 등과 같이 생산지로 명명한 것이 있으며, 비홍금(緋紅錦), 백지금(白地錦), 자지금(紫地錦)과 같이 색상에 따라 명명한 것도 있다. 또한 능격인동문금(菱格忍冬紋錦), 대수엽금(大樹葉錦), 수엽금(樹葉錦), 백수엽금(柏樹葉錦), 양수금(羊樹錦), 음수마금(飮水馬錦), 합려문금(盒蠡紋錦), 제파금(提婆錦), 대문금(大紋錦) 등과 같이 문양에 따라 명명한 것도 있다.

1966년 아사탑나 북구 50호 묘에서 출토된 천왕화생문금(天王化生紋錦)(그림 5-8)은 고동색 바탕에 토황(土黃), 유록(油綠), 황종(黃棕), 등색(橙色), 초록(草綠) 4가지 색상의 채조경과 전 폭을 관통하는 담황색 날실을 사용하여 문양을 수놓았으며, 연꽃, 반신불상(半身佛像)과 '天王(천왕)' 문자를 직조하였다. 불교의 설법에 따르면,

욕계육천(欲界六天)의 최하위에는 사천왕(四天王)이 존재한다고 하였다. 이 금에서 묘사한 천왕은 깨끗한 연꽃에서 방금 태어난 형상이다. 이는 불교제재가 직금(織錦)의 문양에 응용된 범례이다.

1959년 신강 민풍 타클라마칸 사막 1호 묘에서 출토된 고창(高昌) 시기의 성수문금(聖樹紋錦)(그림 5-9)은 테두리가 있는 경금(經錦)이다. 날실과 씨실의 밀도는 각각 104올/cm과 32올/cm이며, 녹색 바탕에 강홍색(絳紅色), 황갈색, 갈색의 채조경과 바탕 전체를 관통하는 담황색 날실을 사용하여 문양을 수놓았으며, 담황색 날실로 테두리를 장식하였다. 화문(花紋)은 가로 방향으로 배열하고 직조할 때, 화본(花本)을 역순으로 순환하면서 수를 놓아 문양이 중축(中軸)대칭을 이루도록 하였다. 이 금(錦)의 문양은 나무 아래에 한 쌍의 새와 양이 있는데, 출토된 문서에 기록된 금의 명칭과 대조해 본다면 틀림없이 양수금(羊樹錦)에 해당될 것이며, 앞에서 서술한 수문금(樹紋錦)은 수엽금(樹葉錦)에 해당된다. 이러한 제재는 중앙아시아에서 유행되었던 생명수, 성수, 숫양(권위를 상징) 등의 영향과 관련된다. 성수문금(聖樹紋錦)의 수문(樹紋)에는 각각 6개의 등(燈) 모양으로 장식하였는데, 이는 후세의 크리스마스트리와 매우 유사하다.

1972년 신강 토로번 아사탑나 북구 북량(北凉) 돈황(敦煌) 태수(太守) 차거봉대묘(且渠封戴墓, 455년)에서는 동물기하문금(動物幾何紋錦)이 출토되었는데(그림 5-10, 5-11), 물결선과 수직선으로 ⌂형 격자를 구성하였다. 격자 안의 중축선(中軸綫) 양쪽 공간에는 갈라진 뿔과 날개가 있는 동물과 날개가 없는 동물 3마리로 각각 장식하였으며, 녹(綠), 남(藍), 비홍(緋紅), 강색(絳色)의 채조경(彩條經)과 바탕 전체를 관통하는 담황색 날실을 사용하여 문양을 수놓았

이방(履幇, 신발 양측) 편직 방법
이는 담요나 깔개 편직법으로, 무늬용 씨실은 북[梭]을 통과하여 직조한 것이 아니며, 바탕용 씨실은 북을 통과한 평문(平紋) 직조법이다. 무늬용 씨실은 바탕용 씨실 1북마다 1번 직조하므로, 통경단위(通經斷緯) 직조법이 아니다.

▲ 그림 5-3 동진(東晉) "부차창의후왕부연명장"직성이(富且昌宜侯王夫延命長織成履)
1964년 신강 토로번(新疆 吐魯番) 아사탑나(阿斯塔那) 북구 39호 묘에서 출토. 신강위구르자치구박물관 소장
길이 22.5cm 너비 8cm 높이 4.5cm
동진 승평(升平) 연간의 낙타 매매 계약서와 문서도 함께 출토되었다.
출처: 『중국미술전집(中國美術全集) · 공예미술편(工藝美術編) · 인염직수(印染織繡)』 상(上) 도판104

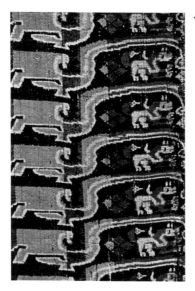

◀ 그림 5-5 북조(北朝) 운기동물문금(雲氣
動物紋錦)(일부분)
1967년 신강 토로번(新疆 吐魯番) 아사탑나
(阿斯塔那) 북구 88호 묘에서 출토. 신강위구
르자치구박물관 소장
길이 30cm 너비 16.5cm
고창(高昌) 연창(延昌) 7년(567년) 묘지(墓誌)
와 의복 등도 함께 출토되었다.
출처:『중국미술전집(中國美術全集)·공예미
술편(工藝美術編)·인염직수(印染織繡)』상
(上) 도판107

▲ 그림 5-4 북조(北朝) 운기사문사(雲氣獅紋紗) 문양
신강(新疆) 출토물의 모사본

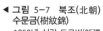

◀ 그림 5-7 북조(北朝)
수문금(樹紋錦)
1959년 신강 토로번(新疆
吐魯番) 아사탑나(阿斯塔
那) 북구 303호 묘에서 출
토. 신강위구르자치구박
물관 소장
길이 20cm 너비 6.5cm 날
실밀도 112올/cm 씨실밀
도 36올/cm
고창(高昌) 화평(和平) 원
년(551년) 묘지(墓誌)도 함
께 출토되었다.
출처:『중국미술전집(中
國美術全集)·공예미술편
(工藝美術編)·인염직수
(印染織繡)』상(上) 도판
106

▲ 그림 5-6 북조(北朝)-수(隋) 방격수문금(方格獸紋錦)
1968년 신강 토로번(新疆 吐魯番) 아사탑나(阿斯塔那) 북구 99호 묘에서 출토
신강위구르자치구박물관 소장
길이 18cm 너비 13.5cm
고창(高昌) 연수(延壽) 8년(631년) 문서도 함께 출토되었다.
출처:『중국미술전집(中國美術全集)·공예미술편(工藝美術編)·인염직수(印染
織繡)』상(上) 도판114

(1) 실물

(2) 조직 확대도

다. 조직은 평문변화경이중(平紋變化經二重)이며, 겉과 안의 비율은 1:2이다. 주신여(朱新予) 선생은 『중국사주사(中國絲綢史)(통론)』에서 이러한 종류의 금은 위·진대(魏·晉代)의 비교적 전형적인 경금(經錦)이라고 하였다.[22] A. 스타인이 돈황(敦煌) 막고굴(莫高窟)에서 발견한 기하전화용호주작문금(幾何塡花龍虎朱雀紋錦)(그림 5-12)의 문양 구조는 이 금과 유사하지만, 채조경과는 관련이 없다.

1966년 아사탑나 지역 48호 묘에서 출토된 투환귀자문기(套環貴字紋綺)의 길이는 32.5cm이며, 너비는 24.5cm이다. 천강색(淺絳色) 평문(平紋) 바탕에 자강색(紫絳色) 사문(斜紋) 문양을 가로로 배열하여 교차된 타원을 격자로 삼았으며, 그 안에는 '貴(귀)'자, 새 한 쌍과 꽃 한 송이를 넣어 장식하였다.

신강(新疆) 지역에서도 이 시기의 사(紗), 7색 염힐(染纈)과 교힐견(絞纈絹)이 출토되었다(그림 5-13~5-24).

이 시기의 비단문화를 종합해 보면, 역사적으로 대내외교류가 확대되어 전통문화는 외래의 이질적인 문화의 유입으로 커다란 충격을 받았으며, 중국의 잠상(蠶桑) 기술이 동서양 각국으로 전래되어 세계사적으로 중대한 의의를 지니는 변환기라고 할 수 있다.

▲ 그림 5-8 북조(北朝)─수(隋) 천왕화생문금(天王化生紋錦)
1966년 신강 토로번(新疆 吐魯番) 아사탑나(阿斯塔那) 북구 50호 묘에서 출토. 신강위구르자치구박물관 소장
길이 15.9cm 너비 9.9cm
고창(高昌) 중광(重光) 원년(620년) 문서도 함께 출토되었다.
출처: 『중국미술전집(中國美術全集)·공예미술편(工藝美術編)·인염직수(印染織繡)』 상(上) 도판115

(1) 실물

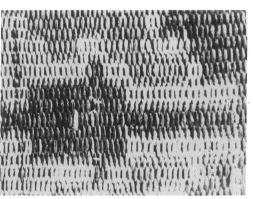

(2) 조직 확대도

◀ 그림 5-9 고창(高昌) 성수문금(聖樹紋錦)
1959년 신강 민풍현(新疆 民豐縣) 타클라마칸 사막 1호 묘에서 출토. 신강위구르자치구박물관 소장
길이 26cm 너비 13.6cm
출처: 『중국미술전집(中國美術全集)·공예미술편(工藝美術編)·인염직수(印染織繡)』 상(上) 도판117

▲ 그림 5-10 북조(北朝)—수(隋) 동물기하문금(動物幾何紋錦)
　1972년 신강 토로번(新疆 吐魯番) 아사탑나(阿斯塔那) 북량(北涼) 돈황(敦煌) 태수(太守) 차거봉대묘(且渠封戴墓, 455년)에서 출토
　신강위구르자치구박물관 소장
　길이 81cm 너비 54cm

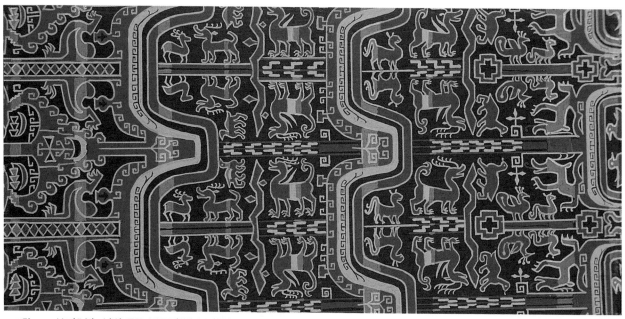

▲ 그림 5-11 북조(北朝)—수(隋) 동물기하문금(動物幾何紋錦) 문양 복원도
　황강(黃剛) 선생의 모사본
　단위화문크기 약 12×25cm

▶ 그림 5-12 북조(北朝) 기하전화용호주작
문금(幾何塡花龍虎朱雀紋錦)
A. 스타인이 돈황(敦煌) 막고굴(莫高窟)에서
발굴. 런던대영박물관 소장

(1) 실물

(2) 문양 복원도

▲ 그림 5-13 북조(北朝) 능격인동문금(菱格忍冬紋錦)
신강 토로번(新疆 吐魯番) 아사탑나(阿斯塔那) 307호 북조묘(北朝墓)에서 출토
단위화문크기: 길이 5cm, 너비 2.2cm

▲ 그림 5-14 동진(東晉) 채조문라(彩條紋羅)
　중국비단박물관 소장

▲ 그림 5-15 북조(北朝) 포수화초문인화견(鋪首花草紋印花絹)
　문양 복원도
　A. 스타인이 신강 토로번(新疆 吐魯番)에서 발견
　황능복(黃能馥) 선생의 모사본

◀ 그림 5-16 서량(西凉) 방문
교힐견(方紋絞纈絹)
　1967년 신강 토로번(新疆 吐魯
番) 아사탑나(阿斯塔那) 85호
묘에서 출토
　크기 12.8×55cm

◀ 그림 5-17 서량(西凉) 진홍
색 바탕의 교힐견(絞纈絹)
　1967년 신강 토로번(新疆 吐魯
番) 아사탑나(阿斯塔那) 85호
묘에서 출토
　크기 11.5×3.5cm

◀ 그림 5-18 서량(西凉) 남색
바탕의 능격전화문교힐견(菱
格塡花紋絞纈絹)
　1967년 신강 토로번(新疆 吐魯
番) 아사탑나(阿斯塔那) 85호
묘에서 출토
　크기 19.5×3.4cm

▶ 그림 5-19 북조(北朝) 기하골격전쌍룡인물문기(幾何骨格塡雙龍人
物紋綺) 문양
　신강 토로번(新疆 吐魯番) 아사탑나(阿斯塔那) 출토물의 모사본

▲ 그림 5-20 서수문사(瑞獸紋斜) 편직물(編織物)
　영반진(營盤鎭)에서 출토

▲ 그림 5-21 북조(北朝) 여의련벽문금(如意連璧紋錦) 문양
　신강 토로번(新疆 吐魯番) 아사탑나(阿斯塔那) 출토물의 모사본

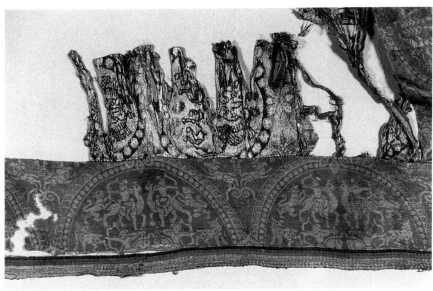

▲ 그림 5-22 북조(北朝) 금번(錦幡)(잔편)

1983년 청해성 도란현 열수향(靑海省 都蘭縣 熱水鄕) 혈위(血渭) 토번묘(吐蕃墓)에서 출토. 청해성문물고고학연구소 소장

자료제공: 허신국(許新國) 선생

길이 48cm 너비 28cm

이 깃발은 연주천마문금(聯珠天馬紋錦), 연주수렵문금(聯珠狩獵紋錦) 및 운주일천문금(雲珠日天紋錦)의 3부분이 연결되어 완성되었다. 모두 3상1하 휴문경금(畦紋經錦) 조직이며, 도안은 천마문(天馬紋), 수렵문(狩獵紋)과 일천(日天, 태양신)문을 중심으로 '吉(길)', '昌(창)' 등의 문자를 직조하였다.

▼ 그림 5-23 북조(北朝) 금번(錦幡) 중, 붉은색 바탕의 운주일천문경금(雲珠日天紋經錦) 부분 확대도

삼국·양진·남북조(三國·兩晉·南北朝)시대

◀ 그림 5-24 진(晉)-북조(北朝) 자수석가모니불상(刺繡釋迦牟尼佛像)
원래 관조장(關祖章) 선생이 소장했었으나, 현재는 조유(趙惟) 선생이 소장하고 있음
길이 53.5cm 너비 31.7cm
견(絹) 바탕에 변자고형쇄수법(辮子股形鎖繡法)으로 수를 놓았으며, 라인이 볼록하게 튀어나와 있다. 옅은 황종색(黃棕色)을
중심으로, 부분적으로는 단사(丹砂), 석록(石綠)의 색상을 사용하여 대비를 이루도록 하였다. 불상의 용모는 온화하면서도 선
량하며 점잖으면서도 기품이 있다. 이 불상은 실존하는 가장 오래된 불상으로 그 보존상태는 세계적으로 가장 뛰어나다.

참고문헌

[1] (北宋)李昉. 太平御覽. 卷八一五. 引魏文帝詔

[2] (淸)王謨. 漢唐地理書鈔. 中華書局, 1961

[3] (東晉)干寶. 搜神記. 卷十四

[4] 杜恒. 試論百花潭嵌錯圖像銅壺. 文物, 1976(3)

[5] (西晉)陳壽. 三國志·吳書·吳主傳

[6] (東晉)常璩. 華陽國志. 卷二七. 古迹

[7] (明)周復俊. 全蜀藝文志. 卷一. 晉左思. 蜀都賦

[8] (西晉)陳壽. 三國志·吳志·孫策傳. 注引江表傳

[9] (西晉)陳壽. 三國志·吳志·孫休傳

[10] (西晉)陳壽. 三國志·魏志. 卷三十

[11] (北宋)李昉. 太平御覽. 卷六九九, 八一五, 八一六. 引晉陸翔鄴中記

[12] (唐)房玄齡. 晉書·列女傳

[13] (北齊)魏收. 魏書. 二. 太祖紀

[14] (北齊)魏收. 魏書. 四下. 世祖紀

[15] (唐)令狐德棻. 北周書. 五. 武帝紀

[16] (梁)沈約. 宋書. 四五. 王鎭惡傳

[17] (北宋)李昉. 太平御覽. 卷八一五. 引山謙之丹陽記

[18] 齊思和. 中國和拜占庭帝國關系. 上海: 上海人民出版社, 1956

[19] (日)內田星美. 日本紡織技術の歷史. 日本地人書館, 1960

[20] (日)關衛. 西方美術東漸史(第六章). 北京: 商務印書館熏, 1933

[21] (日)明石染人. 染織史考. 日本磯部甲陽堂藏版, 1927

[22] 朱新予主編. 中國絲綢史(通論). 北京: 紡織工業出版社, 1992

[23] 蜀錦史話編寫組. 蜀錦史話. 成都: 四川人民出版社, 1979

[24] 新疆維吾爾自治區博物館出土文物展覽工作組. 絲綢之路·漢唐織物. 北京: 文物出版社, 1973(6)

[25] 黃能馥主編. 中國美術全集·工藝美術編·印染織繡(上). 北京: 文物出版社, 1985

[26] 趙豐. 織繡珍品. 香港: 藝紗堂, 1999

[27] 趙豐, 于志勇主編. 沙漠王子遺寶. 香港: 2000

수・당대(隋・唐代) 직수(織繡)사업의 규모는 더욱 확대되었으며 분업도 세밀화되었다. 당대(唐代) 초기 익주(益州)의 대행대(大行臺) 두사륜(竇師綸)이 설계한 촉금(蜀錦) 문양은 '능양공양(陵陽公樣)'이라고 칭하면서 백여 년 동안 대대로 전해져 내려왔다. 비단 염색에는 일찍이 방염인화(防染印花), 직접인화와 찰경염화(紮經染花) 등의 방법이 있었으며, 자수에도 정창(正戧), 산투(散套), 제침(齊針), 반금(盤金), 접침(接針), 곤침(滾針) 등 자수법을 사용하였다. 또한 직금(織錦)에는 사문경금(斜紋經錦), 사문위금(斜紋緯錦), 쌍층평문금(雙層平紋錦), 훈간제화금(暈繝提花錦) 등 고급 품종이 출현하였다. 직수문양은 전통과 외래문화의 정수를 융합하여 훨씬 더 다채롭고 온화하면서도 기품이 있었는데, 이는 공통적으로 성당(盛唐) 문명의 포용력과 기품을 돋보이도록 하였다.

안사의 난[安史之亂] 이후, 비단 생산의 중심지가 남쪽으로 이동하게 되면서 비단공에 기술과 가장 절정에 이른 봉건적 물질문화가 서로 보완되어 상품은 훨씬 더 정교하고 아름다워졌으며, 당시(唐詩)에도 이러한 비단에 대한 예찬은 얼마든지 찾아볼 수 있다.

수(隋) 581~618년
당(唐) 618~907년
오대(五代) 907~960년

제6장

수·당·오대(隋·唐·五代)

1. 수·당대(隋·唐代)의 직수(織繡) 생산 개황

수·당대는 관청수공업의 규모가 예전보다 확대되었다. 수(隋)나라 초기 태부사(太府寺) 아래에 사염서(司染署)와 사직서(司織署)를 설치하였으며, 후에는 소부감(少府監)에 예속되었다. 당대(唐代)에도 계속해서 직염서(織染署) 아래에 작방(作坊) 25곳을 설치하였다. 그중 10곳의 직임(織紝) 작방은 포(布), 견(絹), 시(絁), 사(紗), 능(綾), 나(羅), 금(錦), 기(綺), 타(䌷), 갈(褐)이며, 조수(組綬) 작방 5곳은 조(組), 수(綬), 조(絛), 승(繩), 영(纓)을 포함한다. 선(線) 작방 4곳은 주(紬), 선(線), 현(絃), 망(網)이며, 연염(練染) 작방은 청(青), 강(絳), 황(黃), 백(白), 조(皂), 자(紫)의 6곳이다. 이 외에도 전방사(氈坊使), 담방사(毯坊使)가 있었으나, 오대(五代)에 이르러서 전방사와 담방사는 통합되었다.[1] 당대 소부감 내의 능금방(綾錦坊)에는 교아(巧兒) 365명, 내작사릉장(內作使綾匠) 83명, 액정릉장(掖庭綾匠) 150명, 내작교아(內作巧兒) 42명, 그리고 수많은 단번장(短番匠)들이 있었으며, 이들은 모두 중앙 직속이었다. 지방에는 훨씬 많은 기관들이 있었는데, 예를 들면 직금방(織錦坊) 등이다. 『신당서·지리지(新唐書·地理志)』와 『당육전(唐六典)』의 '십도공부(十道貢賦)'에 기록된 수많은 방직물 명칭에서 방직수공업이 보편화되었다는 것을 알 수 있다. 이러한 방직수공업에는 농민 가정수공업, 지주 장원수공업, 도시 작방과 관청 작방이 포함되며, 특히 하북(河北) 정주(定州)의 부호 하명원(何名遠) 일가가 능기(綾機) 500대를 소유했다는 기록에서 당시 그 규모가 작지 않았음을 짐작할 수 있다.

2. 당대(唐代)의 능(綾), 금(錦), 염힐(染纈) 및 자수

당(唐) 개원(開元) 시기 견직물은 하남(河南)에서 가장 발달하였고, 하북(河北)이 그 뒤를 이었으며, 사천(四川)도 역시 중요한 지역이었다. 『당육전(唐六典)』의 '십도공부(十道貢賦)' 기록에 따르면, 검남도(劍南道)의 각 주에서는 모두 비단을 생산하였으며, 익주(益州)와 촉주(蜀州)의 단사라(單絲羅), 익주의 고서삼단(高抒衫段), 팽주(彭州)의 교사(交梭), 간주(簡州)의 면주(綿紬), 면주(綿州)의 쌍순(雙紃), 재주(梓州)와 수주(遂州)의 저포릉(樗蒲綾), 공(邛), 검(劍), 수(嶲) 등의 사포(絲布) 등은 모두 매우 유명하였다.[2] 또한 당나라 초기의 촉금(蜀錦)은 정교하고 아름답기로 유명했다. 익주(益州)의 대행대(大行臺) 두사륜(竇師綸)은 적지 않은 문양을 창시하여, '능양공양(陵陽公樣)'이라 불렸으며, 백여 년이 지난 후에도 여전히 성행하였다. 문종(文宗) 대화(大和) 3년(829년) 남조(南詔)는 성도(成都)를 쳐들어가 사천으로부터 수만 명의 직공을 강제로 이주시킨 후, 남조도 역시 비단으로 명성이 알려졌다.

안사의 난[安史之亂]은 북방 경제에 심각한 손해를 초래했다. 개원(開元), 천보(天寶) 연간에 장강(長江) 유역, 즉 광릉[廣陵, 지금의 양주(揚州)]의 금, 단양[丹陽, 지금의 진강(鎮江)]의 경구릉(京口綾), 오군[吳郡, 지금의 소주(蘇州)]의 방문릉(方紋綾), 월주[越州, 지금의 소흥(紹興)]의 월라(越羅)와 오릉(吳綾)은 일찍이 상납용으로 유명한 상품이 되었다. 정원(貞元, 785~805년) 이후 월주는 통상적인 공물 이외에, 이문오릉(異文吳綾), 화고헐단사오릉(花鼓歇單絲吳綾), 오주사(吳朱紗) 등의 아름다운 견직물을 별도로 바쳤는데, 그 수량은 수십 종에 달했다.[3] 장경(長慶) 연간(821~824년)에는 보상화문(寶相花紋) 등의 나(羅), 백편(白編), 교사(交梭), 십자화문(十字花紋) 등의 능(綾), 경용(輕容), 생곡(生縠), 화사(花紗), 오견(吳絹) 등을 공물로 바쳤으며,[4] 월주는 점차적으로 가장 많은 종류의 견직물을 공물로 바치는 주(州)가 되었다.[5] 이것도 역시 비단 생산 지역의 중심이 남쪽으로 이동하였다는 사실을 반영한다.

당대는 중국 봉건사회의 절정기로 사직(絲織) 기술의 발전이 더해져, 봉건 통치자들의 사치스러운 생활을 위한 조건을 제공해 주었다. 당대 고급 비단의 정교함과 아름다움은 문헌에도 기록되어 있다. 육구몽(陸龜蒙)은 『금군기(錦裙記)』에서 이르기를, 그가 시어사(侍御史) 이씨 집에서 낡아빠진 촉금(蜀錦)치마를 보았는데, "길이 4자에, 아래는 넓고 위는 좁은데, 아래는 넓어서 6치이고 위는 좁아져서 3치이다. …… 그 앞면에는 왼쪽에 학 20마리가 있는데, 기세가 마치 날아오를 듯하며 다리 하나를 구부리고 있으며 입에 갈대꽃 따위를 물고 있다. 오른쪽에는 앵무새가 있는데 어깨가 치솟고 꼬리를 펼치고 있으며, 마리 수는 학과 같다. 두 날짐승은 크기가 다르며 화훼를 중심으로 나뉘어 있는데, 공간 없이 고르게 배치되어 있다. 경계선이 네 방향에 있고 오색이 혼합되어 있다. 선 위에는 겹겹이 섬세하게 금·은·보석 등으로 만든 꽃무늬 장식이 점철되어 있다. 그 중간에는 옅은 구름이 잇닿아 모여 두르고 있는데, 마치 알록달록한 노을, 스러져가는 무지개, 흐르는 연기, 떨어지는 안개와 같다. 춘초가 오솔길에 뒤섞여 있고, 먼 산이 하늘을 가로막고 있으며, 무너진 담장에 오래된 이끼가 있고, 돌 사이 옹달샘에는 가을 물이 가득하다. 단사를 찍어 배어나오게 하고, 흰나비 색을 칠한 듯하며, 녹아내린 눈이 패옥처럼 움츠러들고, 구름이 물가에 어슴푸레 깔려 짙어졌다 옅어졌다 흩날리고, 안개가 아득하고도 자욱하다(長四尺, 下廣上狹, 下闊六寸, 上減三寸. …… 其前則左有鶴二十, 勢若起飛, 率曲折壹脛, 口中銜芣苢花葦; 右有鸚鵡, 聳肩舒尾, 數與鶴相等. 二禽大小不類, 而隔以花卉, 均佈無餘地. 界道四向, 五色間雜. 道上累細細點綴. 其中微雲瑣結, 互以相帶, 有若駁霞殘虹, 流煙墮霧. 春草夾徑, 遠山截空, 壞牆古苔, 石泓秋水. 印丹浸漏, 粉蝶塗染, 鰲雪縮环佩, 雲隱涯岸, 濃淡霏拂, 靄抑冥密)"라고 하였다.[6] 여기에서 기록된 화문의 풍격은 바로 성당(盛唐) 시기 장식의 특징에 속한다.

백거이(白居易)의 시 「요릉(繚綾)」에서는 다음과 같이 묘사했다.

"요릉 비단 요릉 비단, 무엇과 비슷한가? 엷은 색 비단도 흰색 수놓은 비단과도 같지 않다네. 응당 천태산 위 밝은 달 앞, 45척의 폭포 샘 같을지어다. 가운데 있는 무늬 또한 기이하고 절묘하니, 땅에는 흰 연기 깔린 듯 눈꽃이 피어 있네. 짜는 이 누구이고 입는 이 누구인가? 월나라의 가난한 여인들이고 한나라 궁궐의 여인들이라. 지난 해 궁중의 사신이 구두로 칙령을 알려, 천상에서 문양을 얻고 사람들이 짜는구나. 구름 밖에 가을 기러기 날아가는 모양을 짜서, 강남 봄 물 색을 들인다네. 넓게 마름질한 적삼 소매에 길게 늘인 치마, 금 인두로 주름 펴고 칼로 무늬를 자른다네. 뛰어난 광채와 기이한 무늬가 서로 어울려 은근히 빛나고, 이리저리 돌려보며 꽃을 보니 꽃 모양이 일정하지 않다네. 소양전 무녀들이 받는 은총이 깊어서, 봄옷 한 벌 값이 천금이나 나간다네. 땀에 젖고 분이 얼룩지면 다시 입지 않으며, 땅에 끌리고 흙을 디더도 아까워하는 마음 없다네. 요릉 비단 짜서 완성하는 데 드는 공과 수고는 보통 비단과 비교할 수 없도. 실이 가늘고 여러 번 매만지니 여인의 손이 아프고, 찰칵찰칵 천 번 소리는 한 자도 채우지 못한다네. 소양전 안에 노래하고 춤추는 사람들, 만약 베 짜는 때를 본다면 반드시 아까워하리라(繚綾繚綾何所似? 不似羅綃與紈綺. 應似天臺山上明月前, 四十五尺瀑布泉. 中有文章又奇絶, 地鋪白煙花簇雪. 織者何人衣者誰? 越溪寒女漢宮姬. 去年中使宣口敕, 天上取樣人間織. 織爲雲外秋雁行, 染作江南春水色. 廣裁衫袖長制裙, 金斗熨波刀剪紋. 異彩奇文相隱映, 轉側看花花不定. 昭陽舞人恩正深, 春衣一對直千金. 汗沾粉汙不再著, 曳土踏泥無惜心. 繚綾織成費功績, 莫比尋常繒與帛. 絲細繰多女手疼, 縈縈千聲不盈尺. 昭陽殿裏歌舞人, 若見織時應也惜)."[7]

이 시는 요릉(繚綾)의 아름다움과 정교함을 뛰어나게 묘사하고 있으며, 당시 봉건귀족의 호화롭고 사치스러운 생활 역시 폭로하고 있다. 『회창일품집(會昌一品集)』을 보면 절서(浙西) 관찰사인 이덕유(李德裕)에게 당목종(唐穆宗)이 '독폭대화(獨幅大花)' 요릉 1천 필을 직조하라고 명하자, 그는 "현아(玄鵝), 천마(天馬), 국표(掬豹), 반조(盤縧)와 같은 문양과 색채가 진기한 고급 요릉은 황제만이 입을 수 있으며, 수량이 너무 많고 조달할 수 있는 물자도 부족하니 조공 수량을 감소시켜 줄 것을 요구하였다"라고 실려있다.[8] 여기에서, 당대에 절강(浙江)은 전문적으로 고급 능(綾)을 직조하는 생산지라는 것을 알 수 있다. 『신당서(新唐書)』에서는 "대종 대력 연간에 칙명을 내려 이르기를, 지금 전쟁은 아직 끝나지 않았고 일반 백성들이 평안하지 못하니, 어찌 방탕하고 화려한 물건을 만들게 하여 다시금 오래된 제도를 무너뜨리는가. (나라) 밖에서 직조한 대장금·연금·서금·투배 및 대타금·갈착 등 육파 이상의 비단, 독과문장사척폭 및 독과오릉·독과사마릉 등은 모두 마땅히 사용을 금지해야

하고, 그 오랜 유행을 단절시켜야 한다(代宗大曆中今敕曰: 今師旅未戢, 黎元不康, 豈使淫巧之工, 更虧恆制, 在外所織造大張錦, 軟錦, 瑞錦, 透背及大䌷錦, 竭鑿六破以上錦, 獨窠文長四尺幅, 及獨窠吳綾, 獨窠司馬綾等, 並宜禁止, 斷其長行)"라고 하였다.[4] 여기에서 언급된 금문단화(錦紋團花), 독과문 길이는 4자 너비에 이르고, 화문단위도 매우 크기 때문에 일찍이 제화직기(提花織機)의 화본(花本) 제조기술이 크게 발달되었다는 것을 알 수 있다. 일본 내량현(奈良縣) 정창원(正倉院)에 소장되어 있는 당대 남색 바탕의 보상화비파금(寶相花琵琶錦) 주머니의 단위문양 길이는 60cm 이상이며, 사자무문금(獅子舞紋錦)도 57cm 이상이다. 그 예술적 효과는 웅장하면서도 아름다워, 확실히 전대(前代)를 초월하는 작품임에는 틀림없다(그림 6-1, 6-2).

『태평광기(太平廣記)』 권237의 '운휘당(蕓輝堂)'에 이르기를, 당대종(唐代宗) 말기 대력(大曆) 연간 재상 원재(元載)의 총희 설요영(薛瑤英)은 "용초로 만든 옷을 입었는데, 한 벌의 무게가 2~3냥도 되지 않아 그것을 둥글게 뭉치면 한 주먹도 안 된다(衣龍綃之衣, 一衣無二三兩, 專之不盈一握)"라고 하였다.[9] 얇기 정도에 비추어 보면, 마왕퇴(馬王堆) 1호 서한묘(西漢墓)에서 출토된 소사단의(素紗襌衣)와 비교할 수 있지만, '소사단의'는 일종의 민무늬 직물인 반면에 '용초(龍綃)'는 용문(龍紋)을 직조한 직물이다.

사천(四川)의 촉금(蜀錦)과 오월문릉(吳越紋綾) 외에도 당대 견직물 가운데 선주(宣州)의 홍선담(紅線毯)도 매우 유명하였다. 백거이(白居易)의 시「홍선담」에서 이르기를, "홍선으로 만든 담요, 고치를 고르고 실을 뽑아 맑은 물에 삶은 후, 실을 올올이 정련하고 붉은 색과 남색으로 물들인다네. 붉은 실로 염색하니 남색보다 붉고 직조하여 피향전 위 담요를 만든다네. 피향전은 넓이가 10장 남짓인데 홍선을 직조하여 전각에 깔 수 있다네. 채색 실은 가늘고 부드러운 것이 향기 솔솔 나고 실이 부드러워 꽃이 만물을 이기지 못해 비어 있는 듯하네. 미인이 그 위에 딛고 서서 노래하고 춤추면 비단 버선

(1) 실물

(2) 문양 복원도

▲ 그림 6-1 당(唐) 사자무문금(獅子舞紋錦)(일부분)
일본 내량현(奈良縣) 정창원(正倉院) 소장
단위문양길이 57cm

수놓은 신발이 걸음마다 파묻힌다네. 태원의 담요 매끈하지 않아 솜털 가락 질기고 촉도의 요는 얇아 목화보다 춥다네. 이 담요의 따뜻하면서도 부드러운 것만 못하니 해마다 10월이 되면 선주에 와서 구입한다네. 선성 태수는 문양을 넣어 직조하고는 스스로 일컫기를 신하로서의 최선을 다했다 하는구나. 남자 100명이 함께 메고 궁중으로 들어갈 정도이고 실이 두껍고 여러 겹이라 둘둘 말 수도 없다네. 선성 태수는 아는가 모르는가. 1장 담요, 천 냥의 실! 땅은 추운 것을 알지 못하고 사람은 따뜻하고자 하니, 사람의 옷 빼앗아다 땅 옷 만드는 짓 좀 작작 하시오(紅線毯, 擇繭繰絲淸水煮, 練絲練線紅藍染. 染爲紅線紅於藍, 織作披香殿上毯. 披香殿廣十丈餘, 紅線織成可殿鋪. 彩絲茸茸香拂拂, 線軟花虛不勝物. 美人踏上歌舞來, 羅襪繡鞋隨步沒. 太原毯澀氈縷硬, 蜀都褥薄錦花冷. 不如此毯溫且柔, 年年十月來宣州. 宣城太守加樣織, 自謂爲臣能竭力. 百夫同擔進宮中, 線厚絲多卷不得. 宣城太守知不知? 一丈毯, 千兩絲! 地不知寒人要暖, 少奪人衣作地衣)"라고 하였다.[10]

한대(漢代) 중국 서북 지역에서는 일반적으로 털실로 양탄자를 만들어 내지(內地)에 판매하였다. 당대(唐代)에 이르러서는 견사(絹絲)로 양탄자를 직조할 정도로 발전하였으며, 용사(茸絲)는 가늘고 아름다워 정밀하게 만들어진 태원(太原)의 양탄자보다도 우수하였다. 안서(安西)의 비담(緋毯), 방(䣛), 노(㲪) 역시 중요한 공물의 하나였다. 돈황(敦煌) 벽화와 당대 인물화에 나타난 정황들을 살펴보면, 당시 봉건 통치계급들에게 양탄자를 진열해 놓는 일은 상당히 보편화 되어 있었다. 일본 내량현(奈良縣) 정창원(正倉院)에 소장된 중국 당대부터 전해 내려온 양탄자의 도안 설계는 단아하면서도 화려하며, 그 풍격은 중국 당대 동굴 벽화와 인물회화 상의 양탄자와 일치한다.

수·당·오대(隋·唐·五代)의 염색공예는 생활 복식의 방직물에서 보편적으로 유행되었다. 수양제(隋煬帝)는 일찍이 오색협힐(五色夾纈)의 나(羅) 치마를 만들어 궁인과 백관의 어머니와 처에게 하사하였다. 궁궐 귀족들이 사용하는 고급 염색 방직물 이외에도 당나라의 염힐(染纈)은 민간의 부녀자들 사이에서도 유행하여 청벽힐(靑碧纈)을 입었다. 당대의 염색 방직물에서 알 수 있듯이, 당시의 염색공예는 방염인화법(防染印花法), 직접인화법(直接印花法), 경선찰염직화법(經線紮染織花法) 등과 같은 다양한 방법을 사용하였다. 방염인화법에는 납방염힐(蠟防染纈, 즉 납힐), 감제방염인화(鹼劑防染印花), 찰염[紮染, 즉 교힐(絞纈)] 등이 있다. 그중 납힐(蠟纈)은 삶은 밀랍이나 파라핀으로 견직물에 문양을 그리는 것을 말하며, 밀랍이 부착된 부분에는 염료액이 침투하지 못하여, 염색 후에 밀랍을 제거하면 본래 색상의 화문이 형성된다. 감제방염인화는 주로 사백(絲帛)에 사용된다. 신강(新疆)에서 출토된 인화비단 중, 화문 부분의 견직물은 성글고 부드러우면서도 광택이 나며, 바탕 부분의 견직물은 조밀하여 촉감이 비교적 단단하면서도 빛깔과 광택이 어두운 표본들이 있었다. 신강 칠일면(七一棉) 직물염색공장의 화학실험을 거쳐 화문 부분 견사섬유의 세리신(sericin)은 알칼리성 인화제에 의해 이미 용해되었다는 사실을 발견하였다. 알칼리의 작용으로 인하여, 화문 테두리의 견직물은 이미 부식되어 구멍이 생긴 것도 있다. 따라서 위 신강에서 출토된 일부 표본들의 염색방법은 일종의 알칼리성 인화에 속할 것이라고 추측된다. 인화 후, 다시 식물성 염색액에 담가 염색하거나 바탕색을 칠해 염색하는데, 알칼리성 인화제와 매염제의 작용으로 염료가 견직물에 흡착되지 않도록 하여 본래 색상의 화문이 뚜렷하게 나타나는 것이다.[11]

교힐(絞纈)은 먼저 실로 포백(布帛)의 문양 부분을 묶은 후, 맑은 물에 담가 두었다가 섬유의 수분 흡수가 과포화 상태가 되면 다시 염색액에 넣어 서서히 스며들게 한다. 이때, 묶은 부분의 수분은 외부와 대항력이 발생하여 염료의 침투를 막는 방염작용을 일으킨다.

납힐과 교힐은 인화판이 필요하지 않아 제작하기가 편리하므로 중국 소수민족의 거주 지역에서 지금까지도 전래되어 여전히 일부 소수민족의 전통공예로 남아 있다. 예를 들면, 묘족(苗族), 포의족(布依族), 요족(瑤族)의 납염, 백족(白族)과 장족(藏族)의 교힐 등은 모두 유명한 소수민족의 민간공예이다. 당나라 문성(文成)공주는 티베트의 송찬간포(松贊幹布)와 혼인할 때, 한족(漢族)의 견직물과 염색 기술을 티베트로 들여가서 한나라와 티베트의 민족문화 기술교류에 있어서 커다란 공헌을 하였다(그림 6-3~6-6, 6-25).

직접인화법(直接印花法)은 투각(透刻)한 인화판을 사용하여 포백(布帛)에 염색액을 고르게 바르거나 철문인화판(凸紋印花版)으로 눌러 화문을 찍는다. 신강에서 출토된 당대 인화비단 화문 라인의 섬세함으로 보아 당대에 이미 투각지판(透刻紙版)을 도입했을 가능성이 크다. 즉, 형지인화(型紙印花) 공예기술은 일찍이 발명되었을 것으로 추측된다(그림 6-10~6-22).

투각지판이 출현하기 전, 중국에서는 목판인화를 사용하였다. 대략 진시황(秦始皇) 시기 궁궐에서는 화문이 동일한 2장의 요문인화목판(凹紋印花木版)을 하나로 합치고, 반으로 접은 포백을 요문인화목판 사이에 끼워 넣은 후, 염색액을 주입구에 주입하여 화문을 염색하였는데, 이를 협힐(夾纈)이라고 한다. 염색하기 전에 화판은 반드시 물에 담가 두어야 하며, 화문이 동일한 2장의 투각화판을 사용하여 투각부분에 직접 염색액이 닿도록 하여 염색할 수도 있다(그림 6-7).[12]

송대(宋代)에 이르러 지판직접인화법(紙版直接印花法)은 장수힐(漿水纈)로 발전하였으며, 다시 그 후에는 약반포[藥斑布, 남인화포(藍印花布)]로 발전되었다.

철문인화목판직접인화법(凸紋印花木版直接印花法)은 신강(新疆) 유오이족(維吾爾族, 위구르족) 민간에서 대대로 전해져 내려왔는데, 이는 다양한 종류와 형태의 화문 인화판(花紋印花版)을 조합하여 찍어내는 것으로 구도 변화가 매우 풍부한 문양을 창조해냈다(그림 6-23).

경선찰염직화법(經線紮染織花法)은 먼저 날실을 묶어 화문을 만든 후, 맑은 물에 담가 섬유가 수분을 충분히 흡수하여 포화 상태가 되도록 한다. 다시 염색액을 서서히 스며들게 하여 바람으로 말린 다음, 묶었던 실을 제거하고 날실을 모두 고르게 흩어지게 하여 직기에 걸고 나서 포백(布帛)을 직조하는 것이다. 직조할 때, 각 날실의 장력이 계속 균형을 유지할 수 없기 때문에 약간의 오차가 발생한다. 따라서 포백의 화문 날실 방향 테두리도 가지런하지 못하여 독특한 예술적 정취를 자아낸다. 중국 위구르족 부녀들은 염경주(染經綢)로 의복 만들어 입는 것을 매우 좋아하였으며, 자체적으로 직조할 수도 있었다(그림 6-24). 이러한 종류의 직물은 '아덕루사(阿德累斯)' 또는 '운포(雲布)'라고 불렸으며, 현대로 들어와서는 인경(印經)직물로 발전되었다. 즉, 먼저 날실을 직기에 놓고 1차 '가직(假織)'을 진행하여 느슨하게 직조한 후, 인화하여 가직한 씨실을 제거한 다음 다시 정식으로 직조하는 것을 가리킨다. 이러한 직물의 화문은 특별한 운치를 자아내며, 세계적으로 유행되는 특수한 종류의 고급 직물이다. 얇은 직물은 복장에 사용되고, 두꺼운 직물은 가구용이나 장식용 천으로 쓰인다.

당대(唐代)에 들어와, 중국과 일본의 경제·문화적 관계는 매우 밀접하게 변화되

▲ 그림 6-3 당(唐) 방문교힐견(方紋絞纈絹)
신강 토로번(新疆 吐魯番) 아사탑나(阿斯塔那)에서 출토

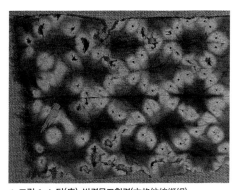

▲ 그림 6-4 당(唐) 방격문교힐견(方格紋絞纈絹)
1968년 신강 토로번(新疆 吐魯番) 아사탑나(阿斯塔那) 북구 117호 묘에서 출토. 신강위구르자치구박물관 소장
길이 16cm 너비 5cm
당대 영순(永淳) 2년(683년) 묘지(墓志)도 함께 출토되었다.
출처: 『중국미술전집(中國美術全集)·공예미술편(工藝美術編)·인염직수(印染織繡)』상(上) 도판129

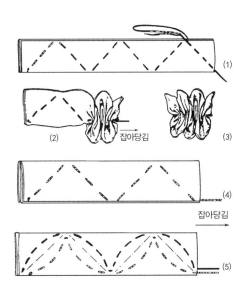

▲ 그림 6-5 방격문교힐견(方格紋絞纈絹) 봉교법(縫紋法) 설명도

▲ 그림 6-6 당(唐) 사판화문찰염주(四瓣花紋紮染綢)
　1964년 신강 토로번(新疆 吐魯番) 아사탑나(阿斯塔那)에서 출토
　신강위구르자치구박물관 소장
　길이 63cm 너비 15cm
　출처: 『중국미술전집(中國美術全集) · 공예미술편(工藝美術編) ·
　인염직수(印染織繡)』상(上) 도판127

▲ 그림 6-7 당(唐) 수렵문협힐견(狩獵紋夾纈絹)
　1972년 신강 토로번(新疆 吐魯番) 아사탑나(阿斯塔那)에서 출토
　신강위구르자치구박물관 소장
　길이 43.5cm 너비 31.3cm
　출처: 『중국미술전집(中國美術全集) · 공예미술편(工藝美術編) · 인
　염직수(印染織繡)』상(上) 도판135, 『중국역대사주문양(中國歷代絲
　綢紋樣)』그림122

▼ 그림 6-8 당(唐) 인화라(印花羅)
　일본 내량현(奈良縣) 정창원(正倉院) 소장

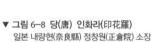

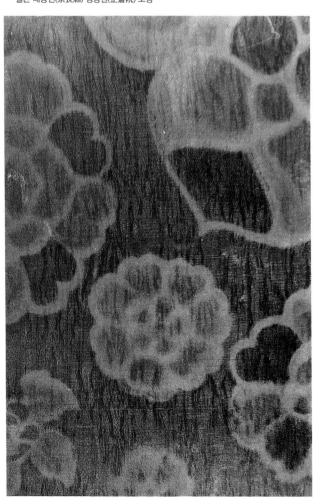

▼ 그림 6-9 당(唐) 채회보상화문견(彩繪寶相花紋絹)
　1972년 신강 토로번(新疆 吐魯番) 아사탑나(阿斯塔那) 북구 20호
　묘에서 출토. 신강위구르자치구박물관 소장
　길이 22.6cm
　출처: 『중국미술전집(中國美術全集) · 공예미술편(工藝美術編) ·
　인염직수(印染織繡)』상(上) 도판126, 『중국역대사주문양(中國歷代
　絲綢紋樣)』그림97

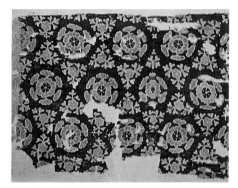

▲ 그림 6-10 당(唐) 서화문인화견(瑞花紋印花絹)
영국 런던 빅토리아앤알버트박물관 소장
출처: 『Orientations』 p.68

▲ 그림 6-11 당(唐) 변체화문인화견(變體花紋印花絹) 문양
신강 토로번(新疆 吐魯番) 아사탑나(阿斯塔那)에서 출토
중국역사박물관 소장품의 모사본

◀ 그림 6-12 당(唐) 소보상화문인화사(小寶相花紋印花紗)(일부분)
1968년 신강 토로번(新疆 吐魯番) 아사탑나(阿斯塔那) 북구 108호 묘에서 출토
신강위구르자치구박물관 소장
길이 50cm 너비 48cm
당대 개원(開元) 9년(721년) 운현(鄆縣) 용조(庸調)인 삼베도 함께 출토되었다.
출처: 『중국미술전집(中國美術全集)·공예미술편(工藝美術編)·인염직수(印染
織繡)』 상(上) 도판133

▲ 그림 6-13 당(唐) 소점화투색인화견(小點花套色印花絹)
1968년 신강 토로번(新疆 吐魯番) 아사탑나(阿斯塔那) 북구 105호 묘에서
출토. 신강위구르자치구박물관 소장
길이 26.5cm 너비 7.5cm
출처: 『중국미술전집(中國美術全集)·공예미술편(工藝美術編)·인염직수
(印染織繡)』 상(上) 도판138

◀ 그림 6-14 당(唐) 보상화
수조문인화견(寶相花水鳥
紋印花絹)
1972년 신강 토로번(新疆 吐
魯番) 아사탑나(阿斯塔那)에
서 출토. 신강위구르자치구박
물관 소장
길이 32cm 너비 14cm
출처: 『중국미술전집(中國美
術全集)·공예미술편(工藝美
術編)·인염직수(印染織繡)』
상(上) 도판140

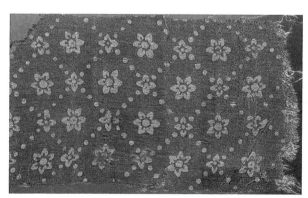

▲ 그림 6-15 당(唐) 능격타화인화견(菱格朵花印花絹)
1968년 신강 토로번(新疆 吐魯番) 아사탑나(阿斯塔那) 북구 묘에서
출토. 신강위구르자치구박물관 소장
길이 25cm 너비 9.2cm
출처: 『중국미술전집(中國美術全集)·공예미술편(工藝美術編)·인
염직수(印染織繡)』 상(上) 도판137

▲ 그림 6-16 당(唐) 시체문인화견(柿蒂紋印花絹)
1968년 신강 토로번(新疆 吐魯番) 아사탑나(阿斯塔那) 북구 108호
묘에서 출토. 신강위구르자치구박물관 소장
길이 140.4cm 너비 16cm
출처: 『중국미술전집(中國美術全集)·공예미술편(工藝美術編)·
인염직수(印染織繡)』 상(上) 도판131

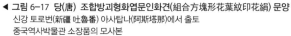

▶ 그림 6-17 당(唐) 조합방괴형화엽문인화견(組合方塊形花葉紋印花絹) 문양
신강 토로번(新疆 吐魯番) 아사탑나(阿斯塔那)에서 출토
중국역사박물관 소장품의 모사본

▼ 그림 6-18 당(唐) 능격전타화문인화사(菱格塡朵花紋印花紗)(일부분)
1968년 신강 토로번(新疆 吐魯番) 아사탑나(阿斯塔那) 북구 29호 묘에서 출토
신강위구르자치구박물관 소장
길이 44cm 너비 26cm
당대 수공(垂拱) 원년(685년) 문서도 함께 출토되었다.
출처: 『중국미술전집(中國美術全集)·공예미술편(工藝美術編)·인염직수(印染織繡)』
상(上) 도판139

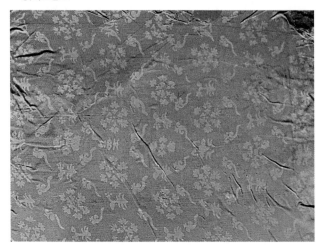

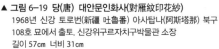

▲ 그림 6-19 당(唐) 대안문인화사(對雁紋印花紗)
1968년 신강 토로번(新疆 吐魯番) 아사탑나(阿斯塔那) 북구
108호 묘에서 출토, 신강위구르자치구박물관 소장
길이 57cm 너비 31cm
출처: 『중국미술전집(中國美術全集)·공예미술편(工藝美術
編)·인염직수(印染織繡)』상(上) 도판130

▲ 그림 6-20 당(唐) 수렵문인화사(狩獵紋印花紗)
1968년 신강 토로번(新疆 吐魯番) 아사탑나(阿斯塔那) 북구 105호
묘에서 출토, 신강위구르자치구박물관 소장
길이 56cm 너비 31cm
출처: 『중국미술전집(中國美術全集)·공예미술편(工藝美術編)·인
염직수(印染織繡)』상(上) 도판132, 『중국역대사주문양(中國歷代絲
綢紋樣)』그림123

▲ 그림 6-21 당(唐) 보상화인화견군(寶相花印花絹裙)
1972년 신강 토로번(新疆 吐魯番) 아사탑나(阿斯塔那)에서 출토
신강위구르자치구박물관 소장
길이 26cm
순장용 치마
출처: 『중국미술전집(中國美術全集)』· 공예미술편(工藝美術編)·
인염직수(印染織繡)』상(上) 도판119

▲ 그림 6-22 당(唐) 서화인화견군(瑞花印花絹裙)
1972년 신강 토로번(新疆 吐魯番) 아사탑나(阿斯塔那)에서 출토
신강위구르자치구박물관 소장
길이 26.5cm
순장용 치마
출처: 『중국미술전집(中國美術全集)』· 공예미술편(工藝美術編)·
인염직수(印染織繡)』상(上) 도판118

였다. 일본 천평(天平)시대 납힐(蠟纈)과 협힐(夾纈)은 널리 성행하여 당시 궁궐에서 사용했던 병풍에는 납힐법과 협힐법을 사용하여 흥취가 가득한 다양한 화문을 염색하였다. 동대사(東大寺)의 헌물장부에는 다양한 병풍이 기록되어 있는데, 즉 "납힐 병풍 10첩은 각각 6쪽으로, 높이는 5자 5치, 너비는 1자 9치[臘(蠟)纈屏風十疊, 各六扇, 高五尺五寸, 寬一尺九寸]", "조초협힐 병풍 10첩은 각각 6쪽으로, 높이는 5자, 너비는 1자 8치(鳥草夾纈屏風十疊, 各六扇, 高五尺, 廣一尺八寸)", "산수협힐 병풍 12첩은, 각각 6쪽으로, 높이는 5자, 너비는 1자 8치(山水夾纈屏風十二疊, 各六扇, 高五尺, 廣一尺八寸)" 등이다(그림 6-25). 이러한 염힐(染纈) 병풍의 생산지에 관해서는 아직도 여전히 논쟁의 여지가 남아 있지만, 그 장식문양은 당나라 풍격의 전형성을 풍부하게 지니고 있기 때문에 참고할 만한 가치가 있다. 일본 내량현(奈良縣) 정창원(正倉院)에 소장되어 있는 당대의 광동금(廣東錦)이 바로 염경(染經)직물이며(그림 6-41), 화문은 한대(漢代) 반문금(斑紋錦)과 유사하다.

수·당·오대(隋·唐·五代) 여직조공들은 통치계급과 가희(歌姬), 무기(舞伎)들의 중요한 복식 장식에 수를 놓았다. 수문제(隋文帝)는 입동(立冬)이 되면 궁녀와 백관에게 오자(襖子)를 하사하여 걸치도록 하였는데 대부분 오색수라(五色繡羅)로 만든 것이었다. 당대 부녀자들은 속적삼 치맛자락에도 수를 놓았는데, 당시 시가에 반영된 내용은 다음과 같다.

"붉은 칠을 한 높은 누각 부유한 집안의 여자, 금실로 비단 저고리를 수놓는다네(紅樓富家女, 金縷繡羅襦)." (백거이「진중음(秦中吟)」)

"새로 지은 비단 저고리엔, 한 쌍의 금빛 자고새(新帖繡羅襦, 雙雙金鷓鴣)." (온정균(溫庭筠)「보살만(菩薩蠻)」詞)

"비단 적삼 잎잎이 겹겹이 수놓으니, 금색 봉황과 은색 거위 각기 한 무리씩이로다(羅衫葉葉繡重重, 金鳳銀鵝各一叢)." (왕건(王建)「궁사(宮詞)」)

"수놓은 비단옷은 늦은 봄에 눈이 부시니, 금실로 공작을 수놓고 은실로 기린을 수놓았네(繡羅衣裳照暮春, 蹙金孔雀銀麒麟)." (두보「여인행(麗人行)」)

"비단 치마에는 원앙을 수놓는 것이 좋다네(羅裙宜著繡鴛鴦)." (장효표(章孝標)「이미인(貽美人)」)

"진홍색 치마에 금실로 수놓은 원앙이 가득하네(金縷鴛鴦滿絳裙)." (양형(楊衡)「선녀(仙女)」)

상술한 시가는 모두 생활 복식의 자수에 관하여 묘사하고 있다. 무대용 복식 자수와 디자인은 훨씬 더 참신하다. 당대 최령흠(崔令欽)은 『교방기(教坊記)』에서 개원(開元) 11년(723년) 초기에 제작한 '성수악무(聖壽樂舞)' 복장 디자인에 관하여 이르기를, "옷섶에 모두 각각 하나의 커다란 꽃떨기가 수놓아져 있는데, 모두 그 옷의 본바탕 색을 따랐다. 단순한 민무늬 비단으로 제작하는데 아래에 띠를 두르고 짧은 한삼 같은 것을 입는다면 손을 소맷자락 안에 넣어 팔짱을 껴 수놓아진 곳을 숨긴다. 무인이 처음 나오고 악공이 그 다음으로 나오는데, 모두 민무늬 비단옷을 입고 춤을 췄다. 두 번째 첩(노래 구절을 되풀이하는 일)에 이르면 무대 가운데에 서로 모인다. 곧무리 속에서 소맷자락 안에 넣어 팔짱을 끼고 있던 한삼을 옷깃 위로 빼내어 각각 가슴속에 품는다. 구경하는 사람들은 갑자기 뭇 여인들이 모두 아름다운 무늬를 눈부시게 빛내니 그 기이하고 뛰어남에 놀라지 않는 이가 없었다[衣襟皆各繡一大窠(大團花), 皆隨其衣本色. 制純縵彩, 下才及帶, 若短汗衫者以籠之, 所以藏繡窠也. 舞人初出, 樂次, 皆是縵衣舞. 至第二疊, 相聚場中, 即於眾中從領上抽去籠衫, 各懷內中. 觀者忽見眾女咸文繡炳煥, 莫不驚異]"라고 하였다.[13]

당대 위응물(韋應物)은 『잡체오수(雜體五首)』3에서 이르기를, "춘라에 수놓은 한 쌍의 원앙, 추운 겨울밤 여인의 손에서 나온 것이라네. 연무의 색에 공을 들여, 손가락이 천만번의 실마리를 거친다네. 장안 부잣집 여인네의 비단옷, 그 곱고 아름답기가 이루 헤아릴

▲ 그림 6-23 신강(新疆) 위구르족 노인이 목각인화판(木刻印花版)을 사용하여 비단에 화문을 찍고 있는 모습

(1) 찰염(扎染, 홀치기 염색)을 거친 날실을 떼어 내어 고르게 정리하는 모습

(2) 찰염을 거친 날실을 평직기에 놓고 염경주를 직조하는 모습

▲ 그림 6-24 신강(新疆) 합밀시(哈密市) 위구르족 여성이 염경주(染經綢)를 직조하고 있는 모습

◀ 그림 6-25 당(唐) 상양납힐병풍(象羊蠟纈屏風)
일본 내량현(奈良縣) 정창원(正倉院) 소장
병풍을 제작한 장소는 확실하지 않지만, 장식의 문양 풍격은 중국 성당(盛唐) 시기에 속한다.

수 없을 정도구나. 백일의 공을 들여 이 옷 지으나, 오직 하루아침 춤추고 만다네. 춤이 끝나면 다시 새로운 옷을 만드니, 어찌 옷 짓는 자의 고달픔을 생각할 수 있겠는가(春羅雙鴛鴦, 出自寒夜女. 心精煙霧色, 指歷千萬緖. 長安貴豪家, 妖艶不可數. 裁此百日功, 惟將一朝舞. 舞罷復裁新, 豈思勞者苦)"라고 하였다. 『당어림(唐語林)』에서도 양귀비(楊貴妃) 한 사람이 직금(織錦) 자수공을 무려 700명이나 두고 있었다고 기록하고 있다. 상술한 복식 자수 장식품 이외에 종교 불상도 수를 놓아 제작하였다. 무측천(武則天, 623~705년) 말기 임조칭제(臨朝稱制)할 때, 일찍이 「정토변상도(淨土變相圖)」 400폭을 수놓아 제작하였다. 일본 학자 세키에(關衛)의 『서방미술동점사(西方美術東漸史)』에 따르면, 일본 지통제(持統帝) 6년(692년) 약사(藥師) 강의실에 진열된 아미타불정토(阿彌陀佛淨土)를 확대하여 수놓은 장막은 아마도 중국 무후(武后)의 「정토변상도」를 모방하여 수놓은 작품일 가능성이 있다고 하였다. 원본이 유실되기는 했지만, 『약사사연기(藥師寺緣起)』에서 이르기를, 불상 높이 2장, 너비는 2장 1자 8치이며, 아미타불, 협시보살(脅侍菩薩), 선녀상 등 백여 점의 자수 불상이 있어, 그 규모는 법륭사(法隆寺, 호류지) 금당(金堂) 벽화보다 훨씬 크다고 하였다.[14] 『백악천집(白樂天集)』에서도 수불(繡佛) 3점에 관한 기록이 있는데, 그 하나는 금신(金身)과 트레머리, 미간의 옥호(玉毫), 감목(紺目)의 아미타불이고, 다른 하나는 길이 5자 2

치, 너비 1자 2치인 관음보살(觀音菩薩)이며, 나머지는 서구의 아미타불이다. 두보가 쓴 "소진은 수놓은 부처님 앞에 오래 정진하다가도(蘇晉長齋繡佛前)"라는 시구에서도 당대(唐代)에는 수불(繡佛)에 공재(供齋)하는 풍습이 보편화되었다는 것을 알 수 있다. A. 스타인이 돈황(敦煌) 석실에서 가져간 문물에는 쇄수변자고(鎖繡辮子股) 자수법으로 수놓은 높이 1장보다 큰 자수 불상이 포함되어 있다.[15]

당대에는 사실적 풍격의 꽃과 새를 제재로 하는 수화(繡畫)가 출현하였다. 이러한 수화의 자수법으로는 주로 평침수(平針繡) 중의 창침[戧針, 정창(正戧)], 산투침(散套針), 제침[齊針, 직전(直纏), 횡전(橫纏), 사전(斜纏) 포함], 반금(盤金), 조문수(條紋繡) 중의 접침(接針), 곤침(滾針) 등을 사용하였다. 당대 자수 실물은 일찍이 신강(新疆)에서 소형 자수품 일부분이 발견되었다(그림 6-26, 6-27). 섬서성(陝西省) 부풍현(扶風縣) 법문사(法門寺) 진신보탑(眞身寶塔)의 지궁(地宮)에서 발견된 다량의 자수품에는 극히 가는 연금사(撚金絲)로 수놓은 축금수(蹙金繡)가 적지 않아(그림 6-28, 6-29), 지금까지도 여전히 정리하여 연구하고 있다. 1983년 청해성(青海省) 도란현(都蘭縣) 열수향(熱水鄕) 혈위(血渭) 토번묘(吐蕃墓)에서는 직금(織錦) 자수 버선과 자수 천(韉, 언치)이 출토되었다(그림 6-30, 6-31). A. 스타인이 돈황 석실에서 가져간 문물의 자수품에서도 역시 상술한 각종 평침(平針) 자수법을 볼 수 있다.[15]

▲ 그림 6-26 당(唐) 훈간금침치대(暈繝錦針黹袋)
1972년 신강 토로번(新疆 吐魯番) 아사탑나(阿斯塔那)에서 출토
신강위구르자치구박물관 소장
길이 5.2cm
출처: 『중국미술전집(中國美術全集)』· 공예미술편(工藝美術編) · 인염직수(印染織繡)』 상(上) 도판124

▲ 그림 6-27 당(唐) 편직침의(編織針衣)
1972년 신강 토로번(新疆 吐魯番) 아사탑나(阿斯塔那)에서 출토
신강위구르자치구박물관 소장
길이 4.8cm
출처: 『중국미술전집(中國美術全集)』· 공예미술편(工藝美術編) · 인염직수(印染織繡)』 상(上) 도판125

▲ 그림 6-28 당(唐) 대홍라(大紅羅) 바탕의 축금수반비(蹙金繡半臂)(모형)
　　1987년 섬서성 부풍현(陝西省 扶風縣) 법문사(法門寺) 진신보탑(眞身寶塔) 지궁(地宮)에서 출토
　　자료제공: 법문사박물관
　　길이 6.5cm 양소매전체길이 14.1cm
　　제례용품

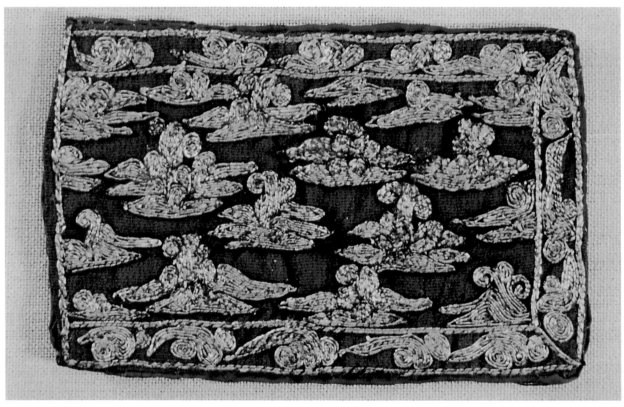

▲ 그림 6-29 당(唐) 대홍라(大紅羅) 바탕의 축금수난(蹙金繡襴)(모형)
　　1987년 섬서성 부풍현(陝西省 扶風縣) 법문사(法門寺) 진신보탑(眞身寶塔) 지궁(地宮)에서 출토
　　자료제공: 법문사박물관
　　길이 10.2cm 너비 6.5cm
　　제례용품

▲ 그림 6-30 당(唐) 홍색라(紅色羅) 바탕의 보상화직금수말(寶相花織錦繡襪)
　　1983년 청해성 도란현 열수향(靑海省 都蘭縣 熱水鄉) 토번묘(吐蕃墓)에서 출토, 청해성문물고고학연구소 소장
　　자료제공: 허신국(許新國) 선생
　　길이 50cm

▲ 그림 6-31 당(唐) 노란색 바탕의 보상화수천(寶相花繡韉)
　　1983년 청해성 도란현 열수향(靑海省 都蘭縣 熱水鄉) 토번묘(吐蕃墓)에서 출토, 청해성문물고고학연구소 소장
　　자료제공: 허신국(許新國) 선생
　　길이 50cm　너비 95cm
　　노란색 견(絹) 위에 백색, 갈색, 남색, 녹색의 다양한 견사(絹絲)로 쇄수변자고법(鎖繡辮子股法)을 사용하여 수놓았다.

3. 당대(唐代)의 견사(絹絲) 제화(提花) 기술에 관한 연구

중국의 견직물 제화 기술은 당대에 이르러 크게 발전하였다. 수공예 종류로는 사문경금(斜紋經錦), 사문위금(斜紋緯錦), 평문쌍면금(平紋雙面錦) 등이 출현하였는데, 이는 공예기술의 새로운 수준을 상징한다.

1) 사문경금(斜紋經錦)

평문변화조직을 기본으로 하는 날실 제화는 서주(西周)에서 남북조(南北朝)시대에 이르기까지 흔히 보이는 직금(織錦)의 직조법이다. 그러나 1968년 신강(新疆) 아사탑나(阿斯塔那, 아스타나) 북구 381호 당묘(唐墓)에서 출토된 견직물에서 오히려 날실 제화의 사문경금이 발견되었다. 이 사문경금은 길이 29.7cm, 너비 8.8cm, 높이 8.3cm인 운두금이(雲頭錦履)이다. 윗부분에는 흰색 바탕에 보람(寶藍), 묵록(墨綠), 귤황(橘黃), 심종(深棕)의 4가지 날실을 사용하여 떨기 8쪽 중심 방사형 보상화(寶相花)를 직조하여, '운두금이이면보상화사문경금(雲頭錦履裏面寶相花斜紋經錦)'이라고 불렀다(실물과 공예 규격은 표6-1과 그림 6-32 참조).

직조방법: 본 피륙은 '사색중경사문(四色重經斜紋)' 제화 직물로 1조의 흰색 날실로 바탕무늬를 직조하고, 3조의 채색 날실로 무늬를 형성한다. 매 북[梭]의 통로 위에서 날실 4조는 각각 화문에 따라 부침(浮沉) 교체의 변화를 주어 높낮이는 일정하지 않다. 들뜬 날실은 화문이나 바탕무늬에 상관없이 모두 2/1 좌측방향으로 75도 기울어진 급사문(急斜紋)을 직조해야 한다. 25배 입체현미경으로 관찰해 보면, 이 표본의 화문과 바탕무늬의 기본 조직은 모두 날실 3올을 사용하여 완전한 조직단위◼◻를 이룬다. 다시 말하면, 잉아[綜片]를 사용하여 실을 분리하는 동작을 조절하려면, 각 조의 날실은 잉아 3개, 4조는 잉아 12개를 사용하여야만 비로소 각 조의 날실을 모두 단독으로 오르내리도록 할 수 있다. 이것으로 사문조직의 바탕무늬를 직조할 뿐만 아니라 동시에 사문조직의 화문도 직조할 수 있다. 또한 이러한 잉아는 화문 변화의 승강운동을 제어할 수 없기 때문에 이를 전담하는 별도의 장치인 화본(花本)으로 제어해야 한다. 다시 말하면, 제화화루(提花花樓)를 장착한 직기가 있어야 비로소 직조할 수 있으며, 문간(紋竿)이나 별도의 각답판(脚踏板)을 설치하는 다섭장치(多躡裝置)로는 직조할 수 없다.[16]

앞에서 이미 상술한 바와 같이, 중국의 사직제화기(絲織提花機)는 한무제(漢武帝)가 서역과 개통한 이후 획기적인 개량이 이루어졌다. 초당(初唐) 시기에 위금(緯錦)이 출현하면서, 직기 구조와 장치에 대한 개혁이 필연적으로 이루어졌으나, 당나라 제화기의 구조에 관한 역사적 기록은 부족하다. 송대(宋代)의 「경직도(耕織圖)」는 제화루기(提花樓機)를 묘사하였으며, 원대(元代) 설경석(薛景石)의 『재인유제(梓人遺制)』에서야 비로소 구체적인 직기 부품을 기록하였다. 제화기의 장치에 관한 기록은 명대(明代) 송응성(宋應星)의

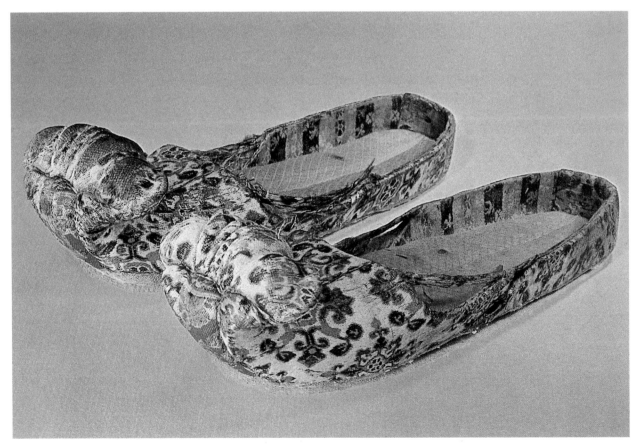

(1) 실물

표 6-1 당(唐) '운두금이이면보상화사문경금(雲頭錦履履面寶相花斜紋經錦)' 공예 규격 일람표

	날실				씨실					화문(花紋)단위		직물조직	
조별	색채/유형	지름(mm)	날실밀도(올/cm)	꼬임방향 꼬임각도	조별	색채/유형	지름(mm)	씨실밀도(올/cm)	꼬임방향 꼬임각도	너비	길이	화문	바탕무늬
1	백색 바탕용 날실	0.5	40	없음	1	종색(棕色) 바탕용 씨실	0.3	14	우측 방향으로 살짝 꼬임	7cm, 1,120올의 날실로 직조되었다. 그중 표면에 들뜬 날실은 280올, 안쪽에 끼운 날실은 840올이다.	8cm, 화문이 상하좌우로 대칭되므로 '화본(花本)' 단위는 4cm이다. 224올 씨실로 직조되었으며 그중 112올은 바탕용 씨실이고 112올은 무늬용 씨실이다.	2/1 좌향 75° 급사문(急斜紋) (사문 조직 포인트에는 끼워 넣어진 씨실 불포함)	2/1 좌향 75° 급사문 (사문 조직 포인트에는 끼워 넣어진 씨실 불포함)
2	귤황(橘黃) 무늬용 날실	0.4	40	없음									
3	심종(深棕) 무늬용 날실	0.4	40	없음	2	종색(棕色) 무늬용 씨실	0.4 0.3	14	우측 방향으로 살짝 꼬임				
4	보람(寶藍)/ 흑녹색 무늬용 날실	0.4	40	없음									
날실배열순서	(1) 보람/흑녹색 색띠 배열 순서: 보람 60올, 흑녹 60올, 보람 16올, 흑녹 16올, 보람 16올, 흑녹 60올(뒤로 동일한 순서 및 비율로 배열) (2) 1, 2, 3, 4조 날실 비율은 1:1:1:1이다. 각 조 날실밀도는 160올/cm이며 그중 바탕용 날실 40올은 직물 표면에 드러나고 무늬용 날실 120올은 직물의 안쪽에 끼워 넣었다.				설명	바탕용 씨실은 전체 폭에서 사문조직을 이루고 무늬용 씨실은 무늬용 날실의 부침(浮沈)을 제어하여 무늬를 구성하는 무늬용 날실은 직물 표면에 들뜨게 하고, 무늬를 구성하지 않는 무늬용 날실은 직물 아래로 내리 눌러준다. 무늬용 씨실은 무늬 가장자리에서 부점(浮點)을 드러나는 외에, 다른 곳에서는 안팎 두 층 날실 사이에 끼워 넣어졌다.				설명	한위(漢魏)시대 제도에 따르면 폭은 2자 2치이며 현재 단위로 50.82cm이다. 따라서 전체 폭은 가로로 화문단위가 7개 있어야 한다.	설명	이는 날실로 무늬를 짠 경사중사문직금(經四重斜紋織錦)이다.

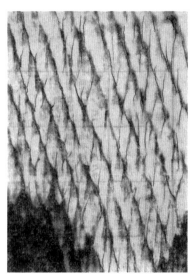

(2) 이면(履面) 조직 확대도 1

(3) 이면 조직 확대도 2

(4) 이저(履底, 신발 밑바닥)의 노란색 세릉문금(細菱紋錦) 조직 확대도

(5) 이비(履鼻, 신발코) 부분의 붉은색 바탕의 보상화문금(寶相花紋錦) 조직 확대도

◀ 그림 6-32 당(唐) 변체보상화문금이 (變體寶相花紋錦履)
1968년 신강 토로번(新疆 吐魯番) 아사탑나(阿斯塔那) 381호 묘에서 출토. 신강위구르자치구박물관 소장
길이 29.7cm 너비 8.8cm 높이 8.3cm
출처: 『문화대혁명기간출토문물(文化大革命期間出土文物)』그림109

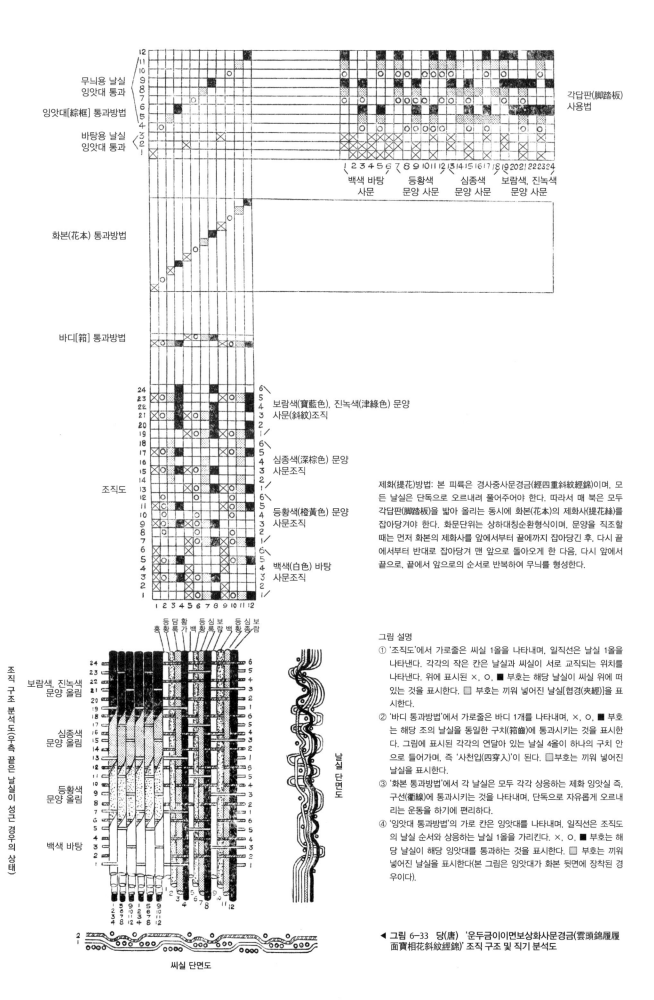

무늬용 날실
잉앗대 통과

잉앗대[綜框] 통과방법

바탕용 날실
잉앗대 통과

각답판(脚踏板)
사용법

	1 2 3 4 5 6	7 8 9 10 11 12	13 14 15 16 17 18	19 20 21 22 23 24
	백색 바탕 사문	등황색 문양 사문	심종색 문양 사문	보람색, 진녹색 문양 사문

화본(花本) 통과방법

바디[箱] 통과방법

조직도

보람색(寶藍色), 진녹색(津綠色) 문양
사문(斜紋)조직

심종색(深棕色) 문양
사문조직

등황색(橙黃色) 문양
사문조직

백색(白色) 바탕
사문조직

제화(提花)방법: 본 피륙은 경사중사문경금(經四重斜紋經錦)이며, 모든 날실은 단독으로 오르내려 풀어주어야 한다. 따라서 매 북은 모두 각답판(脚踏板)을 밟아 올리는 동시에 화본(花本)의 제화사(提花絲)를 잡아당겨야 한다. 화문단위는 상하대칭순환형식이며, 문양을 직조할 때는 먼저 화본의 제화사를 앞에서부터 끝에까지 잡아당긴 후, 다시 끝에서부터 반대로 잡아당겨 맨 앞으로 돌아오게 한 다음, 다시 앞에서 끝으로, 끝에서 앞으로의 순서로 반복하여 무늬를 형성한다.

그림 설명
① '조직도'에서 가로줄은 씨실 1올을 나타내며, 일직선은 날실 1올을 나타낸다. 각각의 작은 칸은 날실과 씨실이 서로 교직되는 위치를 나타낸다. 위에 표시된 ×, O, ■ 부호는 해당 날실이 씨실 위에 떠 있는 것을 표시한다. □ 부호는 끼워 넣어진 날실[협경(夾經)]을 표시한다.
② '바디 통과방법'에서 가로줄은 바디 1개를 나타내며, ×, O, ■ 부호는 해당 조의 날실을 동일한 구치(箱齒)에 통과시키는 것을 표시한다. 그림에 표시된 각각의 연달아 있는 날실 4올이 하나의 구치 안으로 들어가며, 즉 '사천입(四穿入)'이 된다. □부호는 끼워 넣어진 날실을 표시한다.
③ '화본 통과방법'에서 각 날실은 모두 각각 상응하는 제화 잉앗실 즉, 구선(衢線)에 통과시키는 것을 나타내며, 단독으로 자유롭게 오르내리는 운동을 하기에 편리하다.
④ '잉앗대 통과방법'의 가로 칸은 잉앗대를 나타내며, 일직선은 조직도의 날실 순서와 상응하는 날실 1올을 가리킨다. ×, O, ■ 부호는 해당 날실이 해당 잉앗대를 통과하는 것을 표시한다. □ 부호는 끼워 넣어진 날실을 표시한다(본 그림은 잉앗대가 화본 뒷면에 장착된 경우이다).

조직 구조 분석도(아측 끝은 날실이 성근 경우의 상태)

보람색, 진녹색
문양 올림

심종색
문양 올림

등황색
문양 올림

백색 바탕

날실 단면도

씨실 단면도

◀ 그림 6-33 당(唐) '운두금이이면보상화사문경금(雲頭錦履面寶相花斜紋經錦)' 조직 구조 및 직기 분석도

『천공개물·내복(天工開物·乃服)』에서 볼 수 있으며, 이미지 이외에도 상세하게 해설을 덧붙였다. 당시는 당대(唐代)로부터 이미 7백년이라는 시간이 흐른 뒤이다. 남송(南宋)시대 「경직도」와 명대 『천공개물』의 제화기에 근거하면, 제화 잉앗실묶음[綜束]인 '화본(花本)'과 '화루(花樓)'를 장착하는 것 외에도 기종(起綜)장치인 '노아시[老鴉翅, 남경(南京) 운금직기(雲錦織機)의 범자(範子)와 동일함]'와 복종(伏綜)장치인 '삽목[澀木, 남경 운금직기의 장자(幛子)와 동일함]'을 설치하였다. 운금장화단(雲錦妝花緞) 직기의 개구(開口)운동에 근거하면, 범자로 바탕조직을 조절하고, 장자는 화본을 연결한 견선[牽線, 『천공개물』제화기의 '구선(衢線)'과 동일함]으로 화문 부분의 조직을 관리하며, 범자의 개구를 들어 올려 바탕용 씨실을 직조해 넣는다. 견선[속칭 예화(拽花)]을 끌어당겨 무늬 부분의 날실을 올리는 동시에, 장자를 밟아 끌어당긴 부분의 무늬용 날실을 일정한 규칙에 따라 날실의 원래 위치(직물 무늬 부분의 조직점)로 돌려보내 개구를 형성한 후에 무늬용 씨실을 직조해 넣는다. 이러한 제화장치는 사람이 수동으로 조작하였던 것에서 기계를 이용하여 조작하는 단계로 넘어가는 과정을 거치면서 전동제화기로 발전되었다.

현재로서는 당대(唐代)에 기종(起綜)과 복종(伏綜)을 동시에 조절하는 구조장치를 발명하였는지의 여부에 대해서 여전히 확신하기는 어렵다. 만약 광식□침제화기(框式籤針提花機)에서 기종과 복종이 결합된 제화기로 발전하는 과정 중에 또 다른 과도기적 제화장치가 있다고 하면, 필자는 제화 잉앗실묶음[綜束]과 기종 또는 복종이 단독으로 조합된 일종의 제화기였을 것이라고 생각한다. 현재 제화종속(즉, 화본과 구선)과 기종장치인 노아시(老鴉翅)가 결합된 직기를 사용하여 당대 '운두금이이면보상화사문경금'을 직조한다고 가정하면, 반드시 노아시 12개를 잉아[綜片] 12개에 매달아야 한다. 직조할 때는, 한편으로 화본을 잡아당겨 부분 구선이 문양을 형성하는 무늬용 씨실과 민무늬의 바탕용 날실을 끌어 올리도록 하여, 안쪽으로 눌러야 하는 날실을 모두 무늬용 날실 아래에 가라앉게 직조한다. 동시에, 각답판(脚踏板)으로 기종과 무늬용 날실의 사문(斜紋) 잉아를 밟아 올려, 화본에 의해 올라간 날실이 모두 사문의 교직점을 형성하도록 한다. 그림 6-33은 '보상화사문경금(寶相花斜紋經錦)'의 기본적인 조직 구조와 직기의 세부사항을 각각의 조직도와 분석도를 사용해 연결·정리한 것이다.

또 다른 가설로는 바탕조직과 무늬조직의 사문에 함께 하나의 사문 잉아를 사용하여, 화본이 전적으로 화문 윤곽부분의 날실 부침(浮沉)운동을 조절하도록 한다면, 잉아 수량을 3개로 감소시켜 직조할 수 있다는 것이다. 그러나 경금(經錦)의 날실 밀도가 비교적 높아 잉아 3개만을 사용하는 경우, 인접한 날실들이 서로 마찰하여 개구가 깨끗하지 않을 가능성이 있어서, 잉아를 6개로 늘리는 것이 적합하다. 중국의 고대비단문물복제센터에서 위와 같은 원리 구조를 도입하여 당나라 사문경금(斜紋經錦) 직기를 복제하는 데에 성공하였다.

2) 사문위금(斜紋緯錦)

사문위금은 당대에 발견되었다. 출토된 당나라 견직물 중, 연대가 확실한 자료에 근거하면, 신강(新疆) 토로번(吐魯番) 아사탑나(阿斯塔那) 331호 묘에서 출토된 당대 무덕(武德) 2년(619년) '기하서화금(幾何瑞花錦)'의 연대가 비교적 빠르다. 화문(花紋)의 1열은 원점으로 구성된 원형 꽃이며, 다른 1열은 직선으로 구성된 잎 4개의 십자형 꽃으로, 서로 겹치지 않게 간격을 두어 수평방향으로 배열되었다. 색상에는 심람색(深藍色) 바탕에 진홍색과 천람색(淺藍色)의 꽃술, 유백색(乳白色)의 판첨(瓣尖)이 있다. 날실과 씨실의 밀도는 각각 36올/cm과 38올/cm이며, 문양과 바탕은 모두 우향삼매위사문(右向三枚緯斜紋) 조직이다. 실물의 길이는 18.5cm, 너비는 8cm이며, 17.3cm의 가장자리가 남아 있어 씨실이 북으로 되돌아갈 때 남겨 놓은 고리를 분명하게 식별해낼 수 있다(그림 6-34).

건국 이래로 신강에서 출토된 당나라 위금의 수량은 비교적 많지만, 1968년 신강 아사탑나 북구 381호 묘 중, 상술한 운두금이(雲頭錦履)와 동시에 출토된, 문양과 색상이 동일한 2점의 화조사문위금(花鳥斜紋緯錦) 디자인이 가장 정교하다. 필자는 그중 하나를 직접 분석하였는데, 그 길이는 37cm, 너비는 24.4cm에 이르며 우측 가장자리에는 너비가 3.6cm인 남색 바탕의 직조(直條) 채색 화변(花邊)이 있다. 화변의 좌측에는 붉은색 바탕에 화조(花鳥), 운채(雲彩), 산악문(山岳紋) 제재 도안이 있다. 완전한 문양단위에 근거하면, 주제 도안의 가로 너비는 28.4cm이며, 모란단화(牡丹團花)를 중심으로 둘레에는 대칭을 이루는 꽃떨기 4조가 둘러싸고 있다. 게다가 꽃가지를 입에 물고 있는 연작(練鵲) 4마리, 벌과 나비 4쌍이 그 사이에 삽입되어 있다. 다시 그 바깥쪽으로는 바위에서 자라난 화초가 있으며, 앵무새 한 쌍이 꽃을 향하여 날아가고 있다. 옆에는 산봉우리와 여의운(如意雲)으로 빈 공간을 채웠다. 격식은 치밀하고 문양이 생동적인 것은 당나라 중기의 전형적인 장식 스타일이다(그림 6-35, 6-36). 현재 이 위금(緯錦)을 표본으로 삼아, 제화종속(提花綜束)과 기종(起綜)이 결합된 제화루기(提花樓機)를 제작했다는 가정 하에서 시험 삼아 분석한 직조방법은 다음과 같다.

당대 '화조사문위금(花鳥斜紋緯錦)'은 붉은색 바탕용 씨실 1조와 채색 무늬용 씨실 4조를 흰색 단사(單絲) 바탕용 날실 1조, 흰색 합사(合絲) 무늬용 날실 1조와 교직한 중위(重緯)직물에 속한다. 바탕 무늬는 붉은색 바탕용 씨실과 단사 바탕용 날실을 교직하여 1/2 좌향 25도 완사문(緩斜紋)으로 직조하였다. 화문은 도안 의도에 따라, 채색 무늬용 씨실과 단사 바탕용 날실을 사용하여 1/2 좌향 25도 완사문으로 직조하였다. 합사 무늬용 씨실은 제화 효과를 나타내는데, 즉 화문 테두리에 무늬를 직조하지 않은 무늬용 씨실을 직물 아래로 눌러주어야, 비로소 무늬용 날실의 부점(浮點)이 표면에 노출될 수 있다. 다른 부분에서는 절대로 씨실과 교직하지 않으며, 단지 직물의 겉과 안 사이에 끼워 넣어 겉쪽의 들뜬 씨실을 길게 늘어지게 하는 역할을 하도록 한다. 겉면의 씨실을 늘인 결과 사문의 각도가 25도 낮아져 완사문(緩斜紋)이 형성된다. 동시에 들뜬 씨실을 훨씬 드러나 보이도록 하여, 직물 겉면이 섬세하고 치밀하게 만들어져 무늬바탕이 훨씬 더 뚜렷해진다.

이러한 종류의 위금(緯錦)을 사문경금(斜紋經錦)과 비교해 보면, 직물구조상 단지 95도 방향으로 변경했을 뿐이지만 직기구조상으로는 오히려 사문경금보다 좀 더 편리하여, 사문경금의 직기구조와 장치를 개량한 결과라고 할 수 있다.

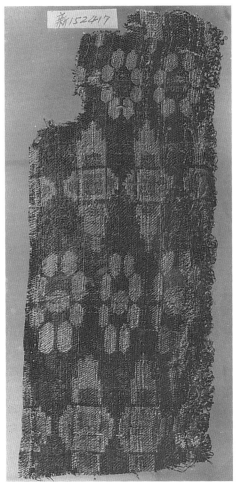

(1) 실물

(2) 문양 확대도

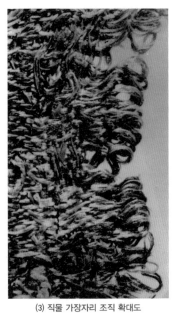

(3) 직물 가장자리 조직 확대도

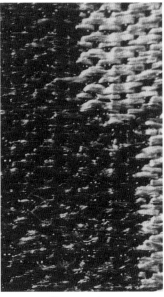

(4) 직물조직 확대도

▲ 그림 6-34 당(唐) 남색 바탕의 기하서화문위금(幾何瑞花紋緯錦)
  신강 토로번(新疆 吐魯番) 아사탑나(阿斯塔那) 331호 묘에서 출토
  크기 8×16.5cm
  지금까지 출토된 문물 중 비교적 오래된 위금으로 고창(高昌) 의화(義和) 6년[무덕(武德) 2년(619년)] 문서도 함께 출토되었다.

당대 '화조사문위금'의 직기구조와 장치는 아마도 앞의 잉아[綜片] 3개를 사용하여 사문조직을 조절하고, 화본(花本)과 구선(衢線)은 사문 잉아 뒷면의 화루(花樓) 위에 장착했을 가능성이 높다. 사문 잉아는 각답판(脚踏板)을 사용하여 움직이는데, 직조공이 직접 밟아 올릴 수 있으며, 화본은 납화공(拉花工)이 화루 위에서 끌어올린다. 잉아를 통과하는 방법은 모든 바탕용 날실을 잉아 3개에 통과시키고, 모든 무늬용 날실은 구선에 통과시킨다. 직조 순서는 다음과 같다.

① 직조공은 먼저 첫 번째 사문 잉아를 밟아 올려 붉은색 바탕용 씨실을 직조한 후, 각답판은 잠시 원래의 상태로 둔다.

② 화본은 무늬용 씨실의 속대를 잡아당겨, 노란색 무늬용 씨실 1 북을 직조한다.

③ 화본은 연이어 2, 3, 4번째 무늬용 씨실의 속대를 잡아당겨, 두 번째 녹색 무늬용 씨실, 세 번째 남색 무늬용 씨실, 네 번째 침향색(沉香色) 무늬용 씨실을 직조한다. 이때, 직조공은 첫 번째 잉아를 내려 놓고 두 번째 잉아를 밟아 올려서 두 번째 무늬용 씨실을 직조한다. 화본은 앞의 방법과 같이 무늬용 씨실 4북 속대를 잡아당겨, 4북의 무늬용 씨실을 직조한 후, 다시 세 번째 잉아로 바꾸어 밟는다. 다시 말하면, 직조공이 사문 잉아를 밟을 때마다, 납화공은 속대 4개를 교환한다. 문양 부분과 바탕 부분의 사문조직은 동일하여 무늬용 날실과 바탕용 날실은 모두 사문 잉아 3개에 통과시킬 수 있다. 화문의 변화는 주로 화문 윤곽 부분에서 나타나기 때문에 화본은 사실상 화문 윤곽의 변화만 직조하고, 문양 부분의 사문조직은 직조할 필요가 없다.

▲ 그림 6-35 당(唐) 붉은색 바탕의 화조사문위금(花鳥斜紋緯錦)

1968년 신강 토로번(新疆 吐魯番) 아사탑나(阿斯塔那) 북구 381호 묘에서 출토. 신강위구르자치구박물관 소장

길이 37㎝ 너비 24.4㎝

당대 대력(大歷) 13년(778년) 문서도 함께 출토되었다.

출처: 『중국미술전집(中國美術全集) · 공예미술편(工藝美術編) · 인염직수(印染織繡)』 상(上) 도판157

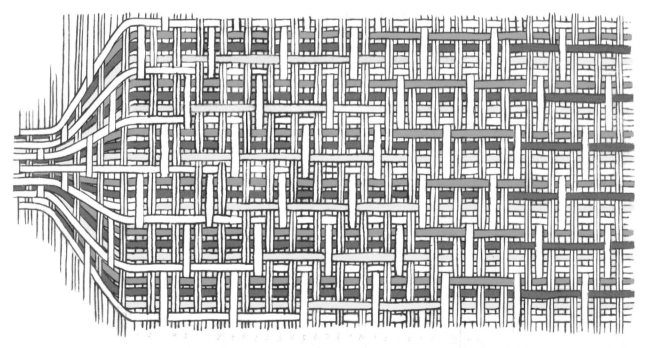

▲ 그림 6-36 당(唐) 화조사문위금(花鳥斜紋緯錦) 조직구조 분석도

황능복(黃能馥) 선생의 모사본으로, 76세 고령의 나이 때 그려서 다소 거친 부분이 있다.

그림의 우측은 위금의 날실과 씨실을 분리한 상태이다.

표 6-2 당(唐) '화조사문위금(花鳥斜紋緯錦)' 공예 규격 일람표

날실					씨실					화문단위				직물조직		
										실제단위		직기단위				
조별	색채/유형	지름(mm)	날실밀도(올/cm)	꼬임방향꼬임각도(꼬임/m)	조별	색채/유형	지름(mm)	씨실밀도(올/cm)	꼬임방향각도	너비	길이	너비	길이	화문	바탕무늬	무늬용날실
1	원채색 바탕용 단사 날실	0.15	18	우측 방향으로 꼬임, 약 3,600	1	붉은색 바탕용 씨실	0.25~0.3	32	없음	가운데 꽃 24.8cm+ 꽃무늬 가장자리 3.1cm+ 민무늬 가장자리 0.5cm, 합계 28.4cm	23.6cm+ 황색, 남색 민무늬 가장자리 0.2cm, 합계 23.8cm	14.4cm (날실 767올로 직조, 그 중 바탕용 날실 256올, 쌍사 무늬용 날실 511올)	11.8cm(씨실 378올로 직조, 그중 바탕용 씨실 76올, 무늬용 씨실 302올)	노란색, 연녹색, 보람색, 침향색 4조의 무늬용 씨실을 각각 바탕용 단사 날실과 교직하여 1/2 좌향 25° 완사문(緩斜紋)으로 직조하였다.	붉은색 바탕용 씨실과 원색 바탕용 단사 날실을 1/2 좌향 25° 완사문 바탕무늬를 직조하였다.	무늬용 쌍사 날실은 제화(提花) 작용을 한다. 겉에 드러나야 할 씨실을 표면에 떠 있게 하고 직물 뒷면에 숨겨야 할 씨실을 직물 아래쪽으로 눌러줌으로써 그 자체는 안 팎 2층 사이에 끼워져 있다.
2	원채색 무늬용 쌍사 날실	0.15	18×2 = 36	우측 방향으로 꼬임, 약 3,600	2	노란색 무늬용 씨실										
					3	연녹색 무늬용 씨실										
					4	보람(寶藍) 무늬용 씨실										
					5	침향색(沈香色) 무늬용 씨실										
날실배열순서	바탕1:무늬2:바탕1:무늬2(단1:쌍1:단1:쌍1)				씨실배열순서	붉은색1:노란색1:연녹색1:보람1:침향색1				설명	(1) 한위(漢魏)시대 제도에 따르면 폭은 2자 2치이며 현재 단위로 50.82cm이다. 이 직물은 한 폭에 2개 화문단위로 계산하면 56.8cm로 한위시대 제도에 비해 약 6cm 넓다. (2) 이 직물의 화문은 사면대칭이므로 직기 화문단위는 실제 단위의 1/2이다.				설명	이 직물은 위오중(緯五重) 1/2 좌향 사문직금(左向斜紋織錦)이다.	

④ 무늬용 날실보다 표경(表經)의 교직점이 많고, 굴곡 정도도 크기 때문에 바탕용 날실과 무늬용 날실은 각각 두 경축(經軸) 위에서 (즉, 쌍경축 장치 사용) 직조해야 한다.

위금(緯錦)의 장점은 타위기(打緯器)로 씨실을 일정한 방향으로 밀어주어 화문이 정교하고 아름답게 만들어진다는 것이다. 또한, 직기의 구조와 장치가 비교적 간단하며, 각답판 사용법도 쉽게 이해할 수 있어 오류가 발생하면 바로 알 수 있다. 이러한 이유로 인하여, 당대(唐代) 이래의 고급 비단은 대부분 씨실로 문양을 직조하였다. 그러나 위금(緯錦)을 직조할 때, 계속해서 다른 색상의 씨실로 교체하고, 많은 채색 북을 배치하여 교대로 투입해야 한다는 번거로움이 있다. 경금(經錦)과 같이 동일한 북으로 끝까지 직조하지는 않기 때문에 날실 문양 직물과 씨실 문양 직물은 각기 다른 빛을 발한다. 표 6-2, 그림 6-37은 당대 '화조사문위금(花鳥斜紋緯錦)'의 공예 규격, 조직 구조 및 직기 상황을 그림과 표로 나누어 정리한 것이다.

3) 쌍층금(雙層錦)

당대 쌍층금[이중금(二重錦)]은 1973년 신강(新疆) 토로번(吐魯番) 아사탑나(阿斯塔那) 당대 수공(垂拱) 연간(685~688년) 묘에서 출토되어, 『신강역대민족문물(新疆歷代民族文物)』 그림144에 발표되었다. 황갈색 바탕의 백화능형(白花菱形) 격자 안에 사판타화문(四瓣朶花紋)을 삽입하였으며(그림 6-38), 길이는 17.4cm, 너비

9.6cm인 잔편이다. 신강 파초현(巴楚縣) 탈고자살래(脫庫孜薩來) 고성(故城)에서도 월토문쌍층금(月兔紋雙層錦)이 출토되었는데, 잔편 길이는 13.5cm이다(그림 6-39). 1921년 일본 대곡(大谷) 탐험대도 신강에서 감색 바탕의 신월형(新月形)에 소그드 문자를 채워넣은 쌍층금을 발견하여 『서역문화연구(西域文化研究)』 제6권에 발표하였다(그림 6-40). 그림을 관찰해 보면, 양면이 평문금(平紋錦)에 속하며 앞과 뒤의 화문이 완전히 동일하지만, 문양과 바탕색상은 서로 상반되는 것이 그 특징이다. 예를 들면, 앞면은 남색 바탕의 백색 문양이지만, 뒷면은 백색 바탕에 남색 문양인 것과 같다. 이러한 종류의 직물은 양면의 문양 바탕이 평문조직이기 때문에 내마모성과 내구성이 뛰어나 매우 실용적이다. 명대(明代)에 전해져 내려온 금단(錦緞)에서는 흔히 보이는 직물이다. 정릉(定陵)에서 출토된 명(明) 만력(萬曆) 포복(袍服) 중에는 쌍층금으로 만든 것도 있다.

쌍층금의 조직은 현대 직물조직학에서 말하는 '평문대직(平紋袋織)'이며, 현대 직물 가운데서도 중요한 조직이다.

쌍층금 제화기 장치는 단지 화본(花本) 앞에 잉아[綜片] 4개를 장착하는데, 2개는 갑의 날실을 조절하고, 나머지 2개는 을의 날실을 조절하는 데 필요하다. 직조할 때 관건은 바로 각답판(脚踏板)을 조작하는 방법에 있다. 겉면을 직조할 때, 겉면 조직의 평문 잉아를 밟기만 하면 되며, 안쪽 면을 직조하는 경우는 안면 조직의 평문 잉아

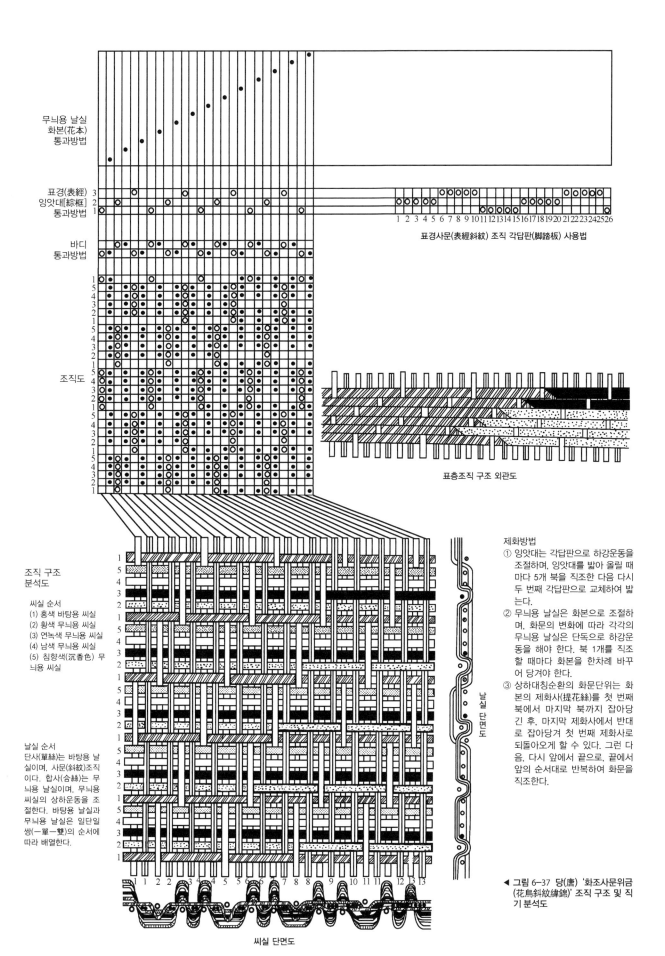

무늬용 날실
화본(花本)
통과방법

표경(表經) 3
잉앗대[綜框] 2
통과방법 1

1 2 3 4 5 6 7 8 9 10 11 12 13 14 15 16 17 18 19 20 21 22 23 24 25 26

표경사문(表經斜紋) 조직 각답판(脚踏板) 사용법

바디
통과방법

조직도

표층조직 구조 외관도

조직 구조
분석도

씨실 순서
(1) 홍색 바탕용 씨실
(2) 황색 무늬용 씨실
(3) 연녹색 무늬용 씨실
(4) 남색 무늬용 씨실
(5) 침향색(沉香色) 무
   늬용 씨실

날실 순서
단사(單絲)는 바탕용 날
실이며, 사문(斜紋)조직
이다. 합사(合絲)는 무
늬용 날실이며, 무늬용
씨실의 상하운동을 조
절한다. 바탕용 날실과
무늬용 날실은 일단일
쌍(一單一雙)의 순서에
따라 배열한다.

날실
단면도

제화방법
① 잉앗대는 각답판으로 하강운동을
   조절하며, 잉앗대를 밟아 올릴 때
   마다 5개 북을 직조한 다음 다시
   두 번째 각답판으로 교체하여 밟
   는다.
② 무늬용 날실은 화본으로 조절하
   며, 화문의 변화에 따라 각각의
   무늬용 날실은 단독으로 하강운
   동을 해야 한다. 북 1개를 직조
   할 때마다 화본을 한차례 바꾸
   어 당겨야 한다.
③ 상하대칭순환의 화문단위는 화
   본의 제화사(提花絲)를 첫 번째
   북에서 마지막 북까지 잡아당
   긴 후, 마지막 제화사에서 반대
   로 잡아당겨 첫 번째 제화사로
   되돌아오게 할 수 있다. 그런 다
   음, 다시 앞에서 끝으로, 끝에서
   앞의 순서대로 반복하여 화문을
   직조한다.

씨실 단면도

◀ 그림 6-37 당(唐) '화조사문위금
   (花鳥斜紋緯錦)' 조직 구조 및 직
   기 분석도

를 밟는 동시에, 겉면 조직의 잉아도 디뎌야 한다. 즉, 겉면 조직을 직조하는 경우 각각의 북은 잉아 1개만 디뎌서 올리면 되지만, 안쪽 면을 직조하는 경우에는 각각의 북은 잉아 3개를 디뎌서 올려야 한다. 겉면 씨실과 안면 씨실을 바꿔 가며 순서대로 직물을 직조하고, 매 겉면 씨실을 직조할 때마다 안면 씨실도 함께 직조된다.

4) 기타 특수 직물

당대(唐代) 몇 가지 종류의 직물은 생산기술 측면에서 중시할 만한 가치가 있다.

① 훈간제화금(暈繝提花錦)

신강(新疆) 토로번(吐魯番) 아사탑나(阿斯塔那) 105호 묘에서 출토된 '훈간제화금'은 좌향경사문(左向經斜紋) 바탕의 경향채조훈색(經向彩條暈色)에 부분적으로 산점(散點)을 더하여 꽃잎이 4장인 작은 꽃을 수놓은 능직물(綾織物)이다(그림 6-42). 날실과 씨실을

모두 사용하여 문양을 수놓은 것이 특징이며, 이는 당나라 이전의 문물에서는 전혀 보이지 않았던 표본이다.

② 훈간화조문금(暈繝花鳥紋錦)

앞에서 상술한 신강 토로번 아사탑나 381호 묘에서 출토된 당대 '운두금이(雲頭錦履)'의 겉면은 보상화사문경금(寶相花斜紋經錦)이며, 안쪽 면은 매우 복잡한 경향채조(經向彩條)로 이루어졌다. 채색 부분에는 정교한 소형 화조문(花鳥紋)을 직조하여 색채와 교묘하게 결합하였다. 화문은 날실로 문양을 수놓은 이중사문경금(二重斜紋經錦) 조직이다. 채조경(彩條經)의 배열과 화문의 긴밀한 결합 및 고도의 예술적 효과로부터 당대의 견사 염색, 배색, 견경(牽經), 제화(提花)와 정교한 구상 등 다방면에 발휘된 당시 장인들의 총명함과 지혜를 마음속 깊이 느낄 수 있다. 채조(彩條) 배열에 관해서는 표 6-3에서 자세히 소개하였다.

(1) 실물

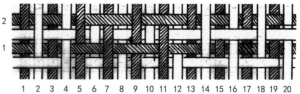

(2) 조직 구조도

◀ **그림 6-38 당(唐) 능격사판화문쌍층금(菱格四瓣花紋雙層錦)**
1973년 신강 토로번(新疆 吐魯番) 아사탑나(阿斯塔那)에서 출토. 신강위구르 자치구박물관 소장
길이 17.4cm 너비 9.6cm
출처: 『신강역대민족문물(新疆歷代民族文物)』 그림144, 『중국미술전집(中國美術全集)』· 공예미술편(工藝美術編)·인염직수(印染織繡)』 상(上) 도판159

▲ 그림 6-39 당(唐) 월토문쌍층금(月兎紋雙層錦)
신강 파초현(新疆 巴楚縣) 탈고자살래(脫庫孜薩來) 고성에서
출토. 신강위구르자치구박물관 소장
길이 13.5cm
출처: 『중국미술전집(中國美術全集)·공예미술편(工藝美術
編)·인염직수(印染織繡)』상(上) 도판155

▲ 그림 6-40 당(唐) 소그드 문자를 수놓은 신월형금(新月形錦)
1921년 일본 대곡(大谷)탐험대가 신강(新疆)에서 발견. 일본 경도(京都) 용곡(龍谷)대학교도서관 소장
길이 24cm 너비 15cm

◀ 그림 6-41 당(唐) 광동
금(廣東錦)[염경금(染
經錦)]
일본 내량현(奈良縣) 정
창원(正倉院) 소장
길이 30.7cm 너비 19cm
출처: 『원색일본미술4 정
창원(原色日本美術4 正
倉院)』

▶ 그림 6-42 당(唐) 훈간
제화금(暈繝提花錦)
1968년 신강 토로번(新
疆 吐魯番) 아사탑나(阿
斯塔那) 북구 105호 묘에
서 출토
길이 89.8cm 너비 22cm
출처: 『중국역대사주문양
(中國歷代絲綢紋樣)』그
림112

③ 인경(印經) 직물

일본 내량현(奈良縣) 정창원(正倉院)에 소장된 당대 '광동금(廣東錦)'이 여기에 속한다. 앞서 상세히 소개한 내용으로 서술을 대신한다(그림 6-41).

④ 격사(緙絲)

수공(手工) 격직(緙織), 통경단위(通經斷緯)의 고급 수공예술품이며, 신강(新疆)과 청해성(靑海省) 도란현(都蘭縣)에서 모두 실물 자료가 발견되었다. 1907년 A. 스타인이 돈황(敦煌) 석실에서 가져간 직물과 자수품에도 격사가 포함되어 있다.[15] 일본 내량현 정창원에 당대 유물도 소장되어 있는데, 이는 명·당대(明·唐代)에 이미 격사(緙絲)를 생산하고 있었다는 사실을 증명해 준다(그림 6-43~6-48).

⑤ 목문금(木紋錦)

신강 토로번(吐魯番)에서 출토된 북량(北涼) 시기(397~439년) 목문금은 황색 견사(絹絲)를 날실로 삼고, 황색과 남색 견사에 약한 꼬임을 주어 씨실로 만들었다. 여기에는 Z연사와 S연사가 모두 포함된다. 직조할 때 Z연사, S연사 씨실을 끼워 넣어 기본 조직이 평문이기는 하지만, 오히려 황색과 남색이 교차되고 꼬임 방향이 변화되어 서로 다른 색광을 반사하는 효과를 내기 때문에 외관상 목문(木紋)과 같은 효과를 얻었다.

중국의 고고학적 연구가 발전함에 따라, 새로운 당대 직물과 장식품의 종류는 계속 발견되고 있다. 즉, 1987년 4월 섬서성(陝西省) 부풍현(扶風縣) 법문사(法門寺) 진신보탑(眞身寶塔) 지궁(地宮)에서 다량의 직물과 자수품이 발견되었는데, 발굴에 참여한 법문사박물관 관장에 따르면, 당시 지궁(地宮)에 들어서자마자 반짝거리는 금빛을 발산하는 문물이 한눈에 들어왔다고 전했다. 또한 1983년 이래로 청해성고고학연구소는 청해성 도란현 열수향(熱水鄕) 찰마일촌(紮馬日村), 혈위지타일촌(血渭智朶日村), 하일합향(夏日哈鄕) 하북일각구(河北日角溝) 등지의 당대 토로번 통치하에 있던 토욕혼(吐谷渾)인들의 고분 60좌에서 견직물 350여 점을 발굴하였다. 종류, 문양, 디자인은 130여 종으로 나눌 수 있으며, 그중 중원 지역의 금(錦), 능(綾), 나(羅), 견(絹), 사(紗), 간(縜), 붕(絣) 등을 제외하고도 18종은 중앙아시아와 서아시아 풍격을 지니며, 소그드 문자가 직조된 금(錦)이 많았다. 실물 자료의 지속적인 발견과 연구사업의 발전에 따라, 당나라 금수염힐(錦繡染纈) 공예에 대하여 보다 더 전면적으로 이해할 수 있는 계기가 되었다.

표 6-3 당(唐) 운두금이(雲頭錦履) 안쪽의 '훈간화조문금(暈繝花鳥紋錦)' 겉면 날실 색조(色條) 배열일람표

배열순서	1	2	3	4	5	6	7	8	9	10	11	12	13	14	15	16	17	18	19	20	21	22	23	24	25	26	27	28	29	30	31	32	33	34	35	36	37	
색채	다종(茶棕)	보람(寶藍)	연녹	연황	연녹	보람	다종	주황	토황(土黃)	주홍	토황	주홍	다종	보람	상록(湘綠)	주황	상록	보람	다종	보람	월백(月白)	아황(牙黃)	월백	보람	다종	주황	주홍	천비(淺妃)	주홍	주황	다종	보람	상록	비색(妃色)	상록	보람	다종	뒤로는 똑같은 순서로 중복 배열
색조너비(cm)	0.7	0.4	0.4	0.3	0.4	0.4	0.7	0.4	0.4	0.5	0.4	0.4	0.7	0.4	0.4	0.3	0.4	0.4	0.7	0.4	0.4	0.5	0.4	0.4	0.7	0.4	0.4	0.3	0.4	0.4	0.7	0.4	0.4	0.5	0.4	0.4	0.7	

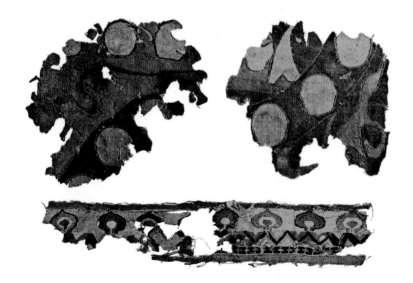

▲ 그림 6-43 당(唐) 연주문격사(聯珠紋緙絲) 및 수만문격사(垂幔紋緙絲)(잔편)
일본 내량현(奈良縣) 정창원(正倉院) 소장

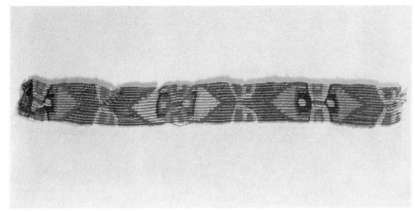

◀ 그림 6-44 당(唐) 기하문격사(幾何紋緙絲) 대자(帶子)
1973년 신강 토로번(新疆 吐魯番) 아사탑나(阿斯塔那)에서
출토, 신강위구르자치구박물관 소장
길이 9.3cm 너비 1cm
출처: 『중국미술전집(中國美術全集) · 공예미술편(工藝美術
編) · 인염직수(印染織繡)』상(上) 도판123

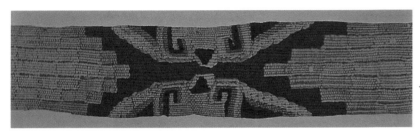

◀ 그림 6-45 당(唐) 기하문격사(幾何紋緙絲)(일부분)
일본 내량현(奈良縣) 정창원(正倉院) 소장
길이 25cm 너비 2.1cm
출처: 『원색일본미술4 정창원(原色日本美術4 正倉院)』

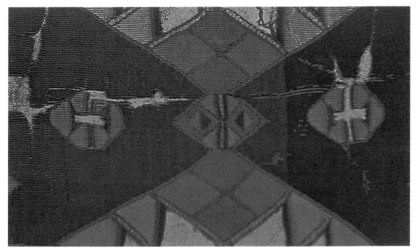

◀ 그림 6-46 당(唐) 기하문격사(幾何紋緙絲)(일부분)
일본 내량현(奈良縣) 정창원(正倉院) 소장
길이 32.5cm 너비 6cm
출처: 『원색일본미술4 정창원(原色日本美術4 正倉院)』

◀ 그림 6-47 당(唐) 기하타화문격사(幾何朵花紋緙絲)(일부분)
일본 내량현(奈良縣) 정창원(正倉院) 소장
길이 23cm 너비 3.7cm
출처: 『원색일본미술4 정창원(原色日本美術4 正倉院)』

◀ 그림 6-48 당(唐) 기하타화문격사(幾何朵花紋緙絲)(일부분)
일본 내량현(奈良縣) 정창원(正倉院) 소장
길이 23cm 너비 3.7cm
출처: 『원색일본미술4 정창원(原色日本美術4 正倉院)』

4. 수·당·오대(隋·唐·五代)의 자수 문양

이 시기의 직수(織繡) 문양에 관한 자료는 비교적 풍부하다. 그중에서도 특히 당나라 자료가 가장 온전하게 갖추어져 있다. 봉건왕조의 정사에 기록된 당시 전국 각 주의 공물 목록과 여복(輿服)제도에서 언급된 디자인 종류 목록, 그리고 일부 문예작품에 직수 예술을 반영한 간접적인 자료 외에도 각 지역에서 출토된 실물 자료들도 점점 많아지고 있는데, 그중 대다수는 절대연대(絶對年代)로 고찰할 수 있는 것들이다. 이는 중국 문물고고학 사업의 새로운 성과라고 할 수 있다.

수·당·오대는 바로 돈황(敦煌) 막고굴(莫高窟)의 불교예술이 왕성하게 발달했던 시기이다. 이 시기에 막고굴에서 굴착한 동굴의 수량이 가장 많았으며, 그 규모도 상당히 웅장하였다. 또한 제작된 동굴벽화와 채색한 지점토 인형은 페르시아 사산(Sasan)왕조와 인도 굽타왕조 예술의 영향을 받았는데, 당시의 각 단계별 복식문양을 정교하고 세련되게 기록하여 수·당·오대의 직수문양 연구에 있어서 귀중한 보충자료로 사용되고 있다.

일본은 중국과 왕래가 편리하여, 당대에 이르러서는 중국 경제문화와의 교류가 매우 빈번하였다. 일본 내량현(奈良縣) 정창원(正倉院)에 소장된 수많은 당대 보물 중, 일부의 화문 색상은 돈황의 도안과 신강(新疆)에서 발견된 견직물 문양을 서로 비교할 수 있어서, 당나라 직수 문양의 풍격 연구에 있어서도 진귀한 참고자료가 된다.

(1) 수·당·오대(隋·唐·五代) 직수 문양의 문헌기록
수·당·오대 직수 문양 제재 관련 문헌 기록은 표 6-4 참조.

(2) 수·당·오대(隋·唐·五代) 직수(織繡) 문양의 주요 격식

1) 연주단과문(聯珠團窠紋)
교절원(交切圓)을 기본적인 기하학 격자로 하여, 원둘레는 연주형(聯珠形) 테두리로 장식하였다. 또한 동그라미와 4개의 동그라미가 서로 접하여 생긴 능형(菱形) 안을 화문으로 채워 장식함으로써, 치밀하고 균형을 잘 이루면서도 시대적 특징을 지니는 장식도안을 형성하였다. 동그라미 안에는 장식성의 꽃으로 채워 넣을 수도 있고, 귀한 새와 짐승 또는 인물의 문양으로 채워 넣을 수도 있다. 동그라미 밖의 능형 공간에도 위와 같이 장식할 수 있다. 이러한 종류의 문양은 대부분 대칭법을 사용하여 화본(花本)의 길이를 줄이고, 화문단위를 확대시킨다. 동그라미 안의 문양 형식도 역시 진·한대(秦·漢代)의 와당(瓦當)과 계승·발전 관계이지만 연주문으로 테두리를 장식하였다. 그 주요 특징은 위와 같으며, 페르시아 사산왕조(226~640년)의 장식예술 '철성도(綴星圖)'와도 서로 영향을 주고받았다.

여기에서는 특별히 2점의 수대(隋代) 연주단과문금(聯珠團窠紋錦)을 소개하고자 한다. 하나는 일본 경도(京都, 교토) 법륭사(法隆寺, 호류지)에 소장된 '사천왕수문금(四天王狩紋錦)'이며, 다른 하나는 일본 내량현(奈良縣) 정창원(正倉院)에 소장된 '화수대록문금(花樹對鹿紋錦)'으로, 중국 신강(新疆) 토로번(吐魯番) 아사탑나(阿斯塔那) 고창(高昌) 유적지에서 출토되었다.

일본 경도 법륭사는 7세기 초 일본 성덕(聖德)태자가 건축한 것으로, 7개의 대웅전이 있으며 내부에는 몽전(夢殿)이 자리하고 있는데 들어가기는 쉽지 않다. 1,200년 후, 일본학자 오카쿠라 텐신(岡倉天心)과 미국학자 페놀로사(Fenollosa)가 출입허가를 받아 백색 천으로 둘러싸인 구세관음상(救世觀音像) 옆에 놓여 있는 견직물을 보게 되었는데, 이것이 바로 '사천왕수문금(四天王狩紋錦)'이다(그림 6-49). 이 금의 길이는 250cm, 너비 130cm이며, 가로와 세로로 연주수문단과(聯珠狩紋團窠) 20개를 배열하였다. 각각의 단과 안에는 보리수를 중심으로 좌우대칭의 기마병 4명이 그려져 있는데, 머리에는 일월문(日月紋)으로 장식한 왕관을 쓰고 날개가 달린 신성한 천마(天馬)를 타고 있다. 말의 다리에는 '吉(길)', '山(산)'이라는 중국 문자가 있으며, 연주단과 사이에는 십자당초문(十字唐草紋)이 장식되어 있다. 전하는 바에 의하면, 일본 견당사(遣唐使)가 일본에 가지고 온 것으로 일찍이 성덕태자의 어기(御旗)로 사용되었다고 한다.

일본 경도의 직물연구자 다쓰므라(Tatsmura)는 일찍이 일본 대곡(大谷)탐험대가 중국 신강 토로번 아사탑나 고창 유적지의 묘실(대략 지면에서 10m 아래에 위치함)에서 발굴하여, 일본 정창원(正倉院)에 소장되어 있는 '화수대록문금(花樹對鹿紋錦)'을 복제하였다(그림 6-50, 6-51). 이 금의 연주원(聯珠圓) 안은 꽃, 나무, 사슴 한 쌍으로 장식하였으며, 동그라미는 20개의 작고 둥근 구슬[圓珠]로 연결하였다. 동그라미 주위에는 사방이 방사대칭의 십자당초문이 있는데, 법륭사에 소장된 '사천왕수문금' 구조와 기본적으로 동일하다.

연주문(聯珠紋)은 페르시아 사산왕조 시기에 유행했던 장식으로, 그리스문화의 영향을 받았다. 십자당초문은 그리스에서 유행하였기 때문에 이를 '아감살사십자문(阿堪薩斯十字紋)'이라고 불렀다. '사천왕수문금'에서 4명의 기마병은 페르시아 은기(銀器) 위에 새겨진, 머리에 왕관을 쓴 사산왕 호스로(Khosrau) 2세가 말을 타고 사자를 사냥하는 형상과 매우 유사하다. 페르시아 호스로 2세는 머리에 일월관(日月冠)을 쓰고 있으며, 수양제(隋煬帝) 면복(冕服)의 양어깨에도 일월문이 장식되어 있다. 등은 성신(星辰)으로 장식하여, "어깨에 해와 달을 메고, 등으로 별을 지다(肩挑日月, 背負星辰)"라는 함의를 나타낸다. 따라서 이 직금(織錦)은 페르시아문화와 한대(漢代)문화 교류의 산물이라는 것을 알 수 있다.

페르시아 호스로 2세는 7세기에 이집트를 침략하여 알렉산더 항만을 점령한 후, 그곳의 직조공들을 강제로 페르시아로 이주시키고, 616년 쿠쉬나메에 견직공장을 건설하였다. 베를린박물관에 소장된 페르시아 사산왕조의 마지막 국왕 야즈나기르드(Yazdegerd) 3세 초상의 직조법을 살펴보면, 방직 기술과 견사가 모두 거칠어 쿠쉬나메 견직공장에서 생산되었을 것으로 보인다. 반면에 법륭사(法隆寺)의 사천왕수문금은 매우 정교하게 제작되었으며, 말 다리에 직조된 '吉(길)'과 '山(산)' 두 문자와 관(冠) 위의 '일월문'은 중국에서 생산된 상품이라는 것을 증명해 준다. 만약 이 직물이 호스로 2세가 쿠쉬

표 6-4 수 · 당 · 오대(隋 · 唐 · 五代) 직수 문양 제재에 관한 문헌기록 일람표

문헌명	종류 · 문양 명칭	서술 내용	비고
『대력육년금령(大曆六年禁令)』	반룡(盤龍)	국가재정 위기로 민간 직조 금지	신강(新疆)에서 출토된 비단에서 발견
	대봉(對鳳)		
	기린	위와 같음	일본 내량현(奈良縣) 정창원(正倉院) 보물에서 발견
	사자	위와 같음	신강에서 출토되어 일본 내량현 정창원에 소장된 비단에서 발견
	천마(天馬)	위와 같음	위와 같음
	벽사(辟邪)	위와 같음	당대(唐代) 양식의 동경(銅鏡)에서 이러한 제재 발견
	공작	위와 같음	신강에서 출토된 비단에서 발견
이덕유(李德裕)의 『요릉주상(綾綾奏狀)』	선학(仙鶴)	당목종(唐穆宗)에게 요릉(綾綾) 1천 필의 직조를 중지할 것을 아룀	신강에서 출토된 비단에서 발견
	현아(玄鵝)		
	국표(掬豹)		
『신당서 · 지리지(新唐書 · 地理志)』	수계(鸂鶒)	예주(豫州) 공물로 기록됨	돈황(敦煌) 막고굴(莫高窟) 안의 복식문양에서 발견
『신당서 · 여복지(新唐書 · 輿服志)』	골함서초(鶻銜瑞草)	문종(文宗) 시기, 2품 이상 관원들의 복제(服制) 기록	일본 내량현 정창원에 소장된 납염(蠟染)한 병풍에서 발견
	안함수대(雁銜綬帶)	위와 같음	당대 양식의 동경에서 이러한 제재 발견
	쌍공작(雙孔雀)	위와 같음	당대 비단에서 흔히 보임
장언원(張彦遠)의 『역대명화기(曆代名畫記)』	두양(鬥羊)	두사륜(竇師綸)이 만든 촉금(蜀錦) 패턴 '능양공양(陵陽公樣)' 서술	당대 비단에 대양문(對羊紋)이 있음
	상봉(翔鳳)	위와 같음	당대 양식의 동경에서 이러한 제재 발견
	대치(對雉)	위와 같음	일본 내량현 정창원에 소장된 염힐(染纈)된 병풍에서 이러한 제재 발견
	유린(遊麟)	위와 같음	
장효표(章孝標)의 「이미인(貽美人)」 시	원앙(鴛鴦)	사랑을 비유	당대 비단 및 기타 공예장식에서 흔히 보임
『신당서 · 오행지(新唐書 · 五行志)』	어룡란봉(魚龍鸞鳳)	무후(武后) 시기, 장역지(張易之)가 어머니를 위해 준비한 칠보장(七寶帳) 서술	
왕건(王建)의 「궁사(宮詞)」	금봉은아(金鳳銀鵝)	자수 나삼(羅衫) 위의 화문 서술	당대 금(錦)에서 보임
온정균(溫庭筠)의 「보살만(菩薩蠻)」 사(詞)	금자고(金鷓鴣)	부유층 여성이 수놓은 나유(羅襦) 위의 화문 서술	
위단부(韋端符)의 『위공고물기(衛公故物記)』	수렵문(狩獵文)	당대(唐代) 초기 고창(高昌)을 멸하면서 자문릉오(紫文綾襖)를 얻은 이정(李靖)은 반소매 저고리를 포(袍)로 만들었는데, 위에는 산수를, 그 아래에는 말을 타고 활 쏘는 사람과 산예(狻猊), 추(貙), 낙타가 섞여 있음	당대 금(錦), 염색, 금은 공예장식에서 흔히 보임
육구몽(陸龜蒙)의 『금군기(錦裙記)』	앵무새	이 모 씨 집에서 발견된 고대 금(錦)으로 만든 치마 위의 화문 서술	당대 비단 및 공예장식에서 흔히 보임
	흰나비		
	학함화지(鶴銜花枝)		
『당육전(唐六典)』	청룡기(靑龍旗)	당대 육군(六軍)에서 사용된 깃발 문양 서술	섬서성(陝西省) 건현(乾縣) 당대 장회(章懷)태자묘와 의덕(懿德)태자묘 내부의 출행도(出行圖) 벽화에 있는 의장 깃발 도안 문양 참조
	백호기(白虎旗)		
	주작기(朱雀旗)		
	현무기(玄武旗)		
	황룡부도기(黃龍負圖旗)		
	응룡기(應龍旗)		
	용마기(龍馬旗)		
	옥마기(玉馬旗)		
	봉황기(鳳凰旗)		
	난기(鸞旗)		
	준의기(駿鸃旗)		
	태평기(太平旗)		
	기린기(麒麟旗)		
	표기(豹旗)		
	결제기(駃騠旗)		
	백택기(白澤旗)		
	오우기(五牛旗)		
	서우기(犀牛旗)		

『당육전(唐六典)』	시기(兕旗)	당대 육군(六軍)에서 사용된 깃발 문양 서술	섬서성(陝西省) 건현(乾縣) 당대 장회(章懷)태자묘와 의덕(懿德)태자묘 내부의 출행도(出行圖) 벽화에 있는 의장 깃발 도안 문양 참조 (이상은 모두 동물 제재)
	각단기(角端旗)		
	삼각수기(三角獸旗)		
	길리기(吉利旗)		
	녹독기(騄騳旗)		
	추아기(騶牙旗)		
	황록기(黃鹿旗)		
	백랑기(白狼旗)		
	적웅기(赤熊旗)		
	벽사기(辟邪旗)		
	거문기(苣文旗)		
	인기(刃旗)		
	비황기(飛黃旗)		
	금우기(金牛旗)		
『당육전(唐六典)』 권3 『호부 · 십도공부(戶部 · 十道貢賦)』	마안(馬眼)	호주(湖州) 공물	기하문양
	귀갑(龜甲)	채주(蔡州) 공물	
	귀자(龜子)	조주(漕州) 공물	
	쌍거(雙距)	선주(仙州), 활주(滑州) 공물	
	수파문(水波紋)	윤주(潤州) 공물	
	방문(方紋)		
	방기문(方綦紋)		
당대 『대력금령(大曆禁令)』	만자(万字)	당 대력(大曆) 연간 민간 직조 금지	기하문양
	쌍승(雙胜)		
	반조(盤縧)		
	영지(靈芝)	위와 같음	식물문양
『신당서 · 지리지(新唐書 · 地理志)』	수련(垂蓮)	양주(閬州) 공물	식물문양
	십양화문(十樣花紋)	월주(越州) 공물	
	수엽(繡葉)	윤주(潤州) 공물	
『신당서 · 여복지(新唐書 · 輿服志)』	지황교지(地黃交枝)	당문종(唐文宗) 시기 4, 5품 관리의 복식	식물문양
『당육전(唐六典)』	보화화문(寶花花紋)	월주(越州) 공물	보상화화문(寶相花花紋)
	경화(鏡花)	연주(兗州) 공물	동경식(銅鏡式) 화문(花紋)
	선문(仙紋)	청주(靑州) 공물	수선화 모양의 꽃
	저포(樗蒲)	수주(遂州) 공물	박구(博具)의 외형, 즉 (베틀의) 북 모양을 모방한 기하격가전화(幾何格架塡花)
장언원(張彦遠)의 『역대명화기(歷代名畫記)』	서금(瑞錦)	두사륜(竇師綸)이 만든 촉금(蜀錦) 패턴 '능양공양(陵陽公樣)' 서술	눈송이를 모방한 족육(簇六) 방사 형태의 문양
『당육전(唐六典)』	과문(窠紋)	'독과(獨窠)', '양과(兩窠)', '사과(四窠)', '소과(小窠)' 등의 명칭 포함	크기가 서로 다른 단화(團花)

나메에 공장을 설립하기 전 중국에서 생산된 제품이라고 한다면 수대(隋代)의 상품일 것이라고 여겨진다. 수양제(隋煬帝)가 서역을 정복하고 609년 고창(高昌) 국왕인 국백아(麴伯雅)를 만났으며, 그해에 일본의 성덕(聖德)태자는 견수사(遣隨使) 오노노 이모코(小野妹子)를 장안(長安)에 파견하여 수양제를 알현하도록 하였다. 그때 국백아는 화수대록문금(花樹對鹿紋錦)을 가지고 고창으로 돌아갔으며, 일본의 오노노 이모코도 사천왕수문금(四天王狩紋錦)을 가지고 일본으로 돌아갔다. 1967년 중국 고고학자들은 신강(新疆) 토로번(吐魯番) 아사탑나(阿斯塔那) 북구 77호 묘에서 당고종(唐高宗) 현강(顯慶) 2년(657년)의 고분을 발견하였다. 이 고분에서는 천왕수문금(天王狩紋錦) 잔편이 출토되었는데, 잔편의 좌측에는 테두리가

남아 있었으며, 이는 씨실로 문양을 직조한 위금(緯錦)에 속한다(그림 6-52). 이 외에도 동일 지역에 위치한 고창 중광(重光) 원년[당고조(唐高祖) 무덕(武德) 3년, 620년] 묘에서도 천왕수문금의 연주원환(聯珠圓環)과 십자당초문(十字唐草紋)의 일부 잔편이 출토되었다.

연주단과문(聯珠團窠紋)은 중국 내지의 공예장식에서는 그다지 많이 사용되지 않았지만, 신강에서 수 · 당대 '실크로드'를 따라 지나간 지역에서 발견된 비단 도안에서는 오히려 가장 많이 보이는 디자인이다(그림 6-53~6-58).

2) 연주단과문(聯珠團窠紋)에서 변화 · 발전된 문양

신강(新疆) 아사탑나(阿斯塔那, 아스타나) 18호 묘에서는 이미 연주문(聯珠紋) 안에 오랑캐가 낙타를 끄는 형상과 '胡王(호왕)' 문구

(1) 실물

(2) 문양 모사본

◀ 그림 6-49 수(隋) 사천왕수문금(四天王狩紋錦)
일본 경도(京都) 법륭사(法隆寺) 소장
길이 250cm 너비 130cm

▲ 그림 6-50 수(隋) 화수대록문금(花樹對鹿紋錦)(잔편)
신강 토로번(新疆 吐魯番) 아사탑나(阿斯塔那) 고창(高昌) 유적지 묘실에서 출토. 일본 내량현(奈良縣) 정창원(正倉院) 소장
출처: 『중국역대사주문양(中國歷代絲綢紋樣)』 그림88

▲ 그림 6-51 수(隋) 화수대록문금(花樹對鹿紋錦) 문양 복원

◀ 그림 6-52 당(唐) 천왕수렵문금(天王狩獵紋錦)(잔편)
1967년 신강 토로번(新疆 吐魯番) 아사탑나(阿斯塔那) 북구 77호 묘에서 출토. 신강위구르자치구박물관 소장
길이 13.5cm 너비 8.1cm
잔편의 좌측에 남아 있는 테두리로 보아 확실한 위금(緯錦)으로, 당고종(唐高宗) 현경(顯慶) 2년(657년) 묘에서 출토된 것이다. 동일 지역의 고창(高昌) 중광(重光) 원년(620년) 묘에서도 동일한 위금이 출토된 적이 있는데, 연주원환(聯珠圓環)과 십자당초문(十字唐草紋)의 일부 잔편이 남아 있다.
출처: 『중국미술전집(中國美術全集)·공예미술편(工藝美術編)·인염직수(印染織繡)』상(上) 도판 149

(1) 실물

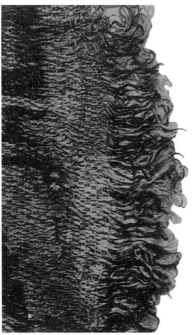

(2) 조직 확대도 – 삼매위사문금(三枚緯斜紋錦) 폭변(幅邊)

◀ 그림 6–53 당(唐) 황색 바탕의 연주단 과록문금(聯珠團窠鹿紋錦)
1959년 신강 토로번(新疆 吐魯番) 아사탑나(阿斯塔那)에서 출토. 신강위구르자치구박물관 소장
길이 21.5cm 너비 20cm
출처: 『중국미술전집(中國美術全集) · 공예미술편(工藝美術編) · 인염직수(印染織繡)』 상(上) 도판150

◀ 그림 6–54 당(唐) 연주록문금(聯珠鹿紋錦) 문양
신강 토로번(新疆 吐魯番) 아사탑나(阿斯塔那) 당묘(唐墓)에서 출토
신강위구르자치구박물관 소장품 모사본
길이 21.5cm 너비 20cm

▶ 그림 6–55 당(唐) 붉은색 바탕의 연주록문금복면(聯珠鹿紋錦覆面)
1966년 신강 토로번(新疆 吐魯番) 아사탑나(阿斯塔那) 북구 55호 묘에서 출토. 신강위구르자치구박물관 소장
길이 17.5cm 너비 17cm 연결된 비단길이 28cm 연결된 비단너비 39cm
출처: 『중국미술전집(中國美術全集) · 공예미술편(工藝美術編) · 인염직수(印染織繡)』 상(上) 도판120

(1) 실물

(2) 문양 복원도

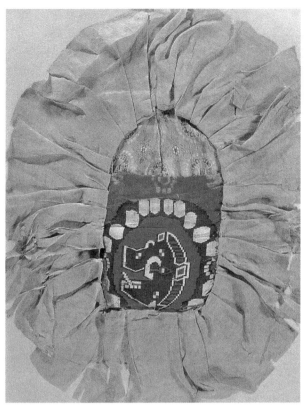

▲ 그림 6-56 당(唐) 연주웅두문금복면(聯珠熊頭紋錦覆面)
1969년 신강 토로번(新疆 吐魯番) 아사탑나(阿斯塔那) 북구 138호 묘에서 출토
신강위구르자치구박물관 소장
길이 16cm 너비 14cm 연결된 비단길이 48cm 연결된 비단너비 40cm
출처:『중국미술전집(中國美術全集)·공예미술편(工藝美術編)·인염직수(印染織繡)』상(上) 도판147

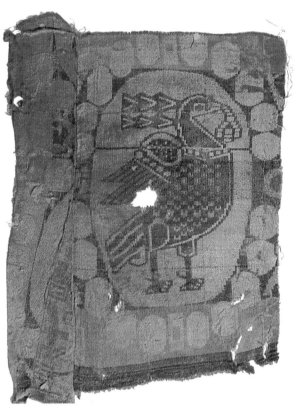

▲ 그림 6-57 당(唐) 연주화관립조문금(聯珠華冠立鳥紋錦)
1959년 신강 토로번(新疆 吐魯番) 아사탑나(阿斯塔那) 332호 묘에서 출토. 신강위구르자치구박물관 소장
길이 23.5cm 너비 18.8cm
출처:『중국미술전집(中國美術全集)·공예미술편(工藝美術編)·인염직수(印染織繡)』상(上) 도판143,『중국역대사주문양(中國歷代絲綢紋樣)』그림86

(1) 실물

(2) 앞면 조직 확대도

(3) 뒷면 조직 확대도

◀ 그림 6-58 당(唐) 연주저두문금(聯珠豬頭紋錦)
1959년 신강 토로번(新疆 吐魯番) 아사탑나(阿斯塔那) 325호 묘에서 출토
길이 23.5cm 너비 17.8cm
당대 현경(顯慶) 6년(661년) 묘지(墓誌)도 함께 출토되었다.
출처:『중국미술전집(中國美術全集)·공예미술편(工藝美術編)·인염직수(印染織繡)』상(上) 도판148

를 직조한 '호왕금[胡王錦, 고창(高昌) 연창(延昌) 29년(589년) 당소백묘(唐紹伯墓)에 속하며, 수대(隋代)에 해당된다.]' 잔편이 발견되었다.[19] 또한 신강 토로번에서는 연주문 안에 높은 코와 곱슬머리에 호복(胡服) 복식을 입고 있으며, 그리스 양식의 질차관[一茶罐, 도호(陶壺)]을 에워싸고 있는 인물을 직조한 '대음문금[對飮紋錦, 당대(唐代)]'이 발견되었다.[20] 이상의 사실에서 당시 중국의 비단 도안에도 외지 구매자의 수요에 적합한 디자인이 존재했다는 것을 알 수 있다(그림 6-59, 6-60).

중국의 공예 장식예술에서 직물 문양은 외국과의 교류를 통해 외래문화가 다양하게 흡수될 수밖에 없었지만 대체되지는 않았다. 따라서 독특한 민족적 전통으로 인하여, 수·당대의 수많은 견직물의 구도 형태가 사산(薩珊)왕조 양식의 '철성도(綴星圖)'와 동일하거나 유사할지라도, 구체적인 문양의 형태는 농후한 중국 민족의 전통적인 특징으로 가득하다. 예를 들어, 1972년 신강 토로번 아사탑나에서 출토된 당대 연주대룡문기(聯珠對龍紋綺)[19]의 용과 덩굴풀의 형상은 생기가 넘치는데, 이는 분명히 한족의 예술 풍격에 속한다(그림 6-61). 일본 내량현(奈良縣) 정창원(正倉院)에도 이 문양과 유사한 견직물이 소장되어 있으며(그림 6-62), 1996년 청해성(靑海省) 도란현(都蘭縣) 열수향(熱水鄕)에서 출토된 황색과 자주색의 대룡문기(對龍紋綺)의 문양도 이 유형에 속한다. 1972년 신강 아사탑나에서 출토된 연주국화문경금(聯珠菊花紋經錦)(그림 6-63)은 연주원환(聯珠圓環)을 축소시켜 배열 간격을 넓히고, 바탕무늬의 공간이 많이 보이게 함으로써 흰색 바탕에 청색 문양이 현저하게 드러나도록 한 성당(盛唐) 풍격이 두드러진다. 1959년 신강 아사탑나 302호 묘에서 출토된 당대 연주소단화문금[聯珠小團花紋錦, 영휘(永徽) 4년(653년) 묘지(墓誌)도 함께 출토됨]의 문양 구조는 상술한 연주국화문경금과 동일하지만, 연주문을 바탕색 위에 직접 그리고 원환(圓環)을 삭제하여, 촉강금(蜀江錦)의 풍격과 하나로 융화되었다(그림 6-64). 이 외에 또 다른 종류로는 연주원환을 단화(團花)의 바깥으로부터 안쪽으로 축소시키고, 원환 바깥은 퇴훈(退暈)되는 꽃잎으로 장식하여 연주원환을 큰 꽃의 화심(花心) 테두리로 변화시켰다. 그런 후에 다시 화심 안에는 부리에 구슬 목걸이를 머금은 서조[瑞鳥, 돈황(敦煌) 막고굴(莫高窟) 제158굴의 당대 채색 소상(塑像) 와불침정(臥佛枕頂) 장식문양]를 넣어 장식하였는데, 이것이 바로 보상화(寶相花)의 또 다른 종류의 디자인이 되었다(그림 6-65).

3) 보상화화문(寶相花花紋)

자연형상으로부터 꽃, 꽃턱잎, 엽편(葉片)의 완전무결한 변형을 개괄하여 예술적 가공을 거친 후 조합하여 완성한 도안 문양이다. 이러한 변형의 처리 방법은 위(魏), 진(晉), 남북조(南北朝) 이래로 금은보석으로 상감하는 세금(細錦)공예의 개발과 밀접하게 관련된다. 전국(戰國)시대 청동기 장식에서는 일찍이 도안화된 화문(花紋)이 출현하였는데, 하남싱(河南省) 급현(汲縣) 산표진(山彪鎭) 1호 전국묘(戰國墓)에서 출토된 동존연화병(銅尊蓮花柄)과 동정(銅鼎) 뚜껑 위의 육판형(六瓣形) 꽃이 바로 그 단적인 예이다. 위(魏), 진(晉), 수(隋), 당대(唐代)의 금은제품은 보통 풍성한 꽃 도안을 표본으로 삼아 꽃잎 테두리 및 화심의 중심과 테두리를 보석으로 상감하여 화려

▲ 그림 6-59 수(隋) 호왕금(胡王錦)
1965년 신강 토로번(新疆 吐魯番) 아사탑나(阿斯塔那) 당소백묘(唐紹伯墓)에서 출토. 신강위구르자치구박물관 소장
길이 19.5cm 너비 15cm
고창(高昌) 연창(延昌) 29년(589년)
출처: 『신강역대민족문물(新疆歷代民族文物)』 그림83

▲ 그림 6-60 당(唐) 대음문금(對飮紋錦)
신강 토로번(新疆 吐魯番) 아사탑나(阿斯塔那)에서 출토. 신강위구르자치구박물관 소장
길이 12.8cm
연주원환(聯珠圓環) 안에 고대 로마인 두 사람이 마주 앉아 술을 마시는 도안을 직조하였다. 이런 종류의 견본은 당대 편호(扁壺)에서 흔히 보이며, 취불림대음문(醉拂林對飮紋)이라고 불렀다. 이는 모두 중앙아시아와 페르시아로 수송하기 위해 특별히 도안한 것이다.
출처: 『중화인민공화국출토문물전람전품선집(中華人民共和國出土文物展覽展品選集)』 그림135

▲ 그림 6-61 수·당(隋·唐) 연주대룡문기(聯珠對龍紋綺) 문양
1972년 신강 토로번(新疆 吐魯番) 아사탑나(阿斯塔那)에서 출토
신강위구르자치구박물관 소장품의 모사본
길이 21.2cm 너비 25.3cm
출처:『신강역대민족문물(新疆歷代民族文物)』그림155

▲ 그림 6-62 당(唐) 연주대룡문기(聯珠對龍紋綺)
일본 내량현(奈良縣) 정창원(正倉院) 소장

▲ 그림 6-63 당(唐) 연주국화문경금(聯珠菊花紋經錦)
1972년 신강 토로번(新疆 吐魯番) 아사탑나(阿斯塔那)에서 출토
신강위구르자치구박물관 소장
길이 19.7cm 너비 19cm 단위문양길이 4cm
출처:『중국미술전집(中國美術全集)·공예미술편(工藝美術編)·
인염직수(印染織繡)』상(上) 도판153,『중국역대사주문양(中國歷
代絲綢紋樣)』그림106

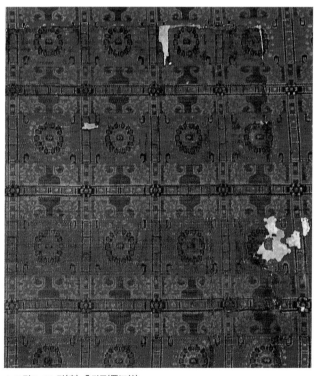

▲ 그림 6-64 당(唐) 촉강금(蜀江錦)
일본 경도(京都) 법륭사(法隆寺) 소장
길이 24cm 너비 71cm
출처:『명보일본의 미술2 법륭사(名寶日本の美術2 法隆寺)』

하면서도 귀한 보화(寶花) 장신구를 완성하였다. 당나라 보화화문(寶花花紋)은 금은으로 상감한 장식형태이며, 채색방법상으로는 불교예술의 퇴훈법(退暈法)을 보다 더 수용하여 옅은 색에서 점점 짙게 변화하였으며, 조형은 다면대칭방사(多面對稱放射) 규칙을 사용하였다. 활짝 피거나, 절반만 피거나, 꽃망울을 머금고 막 터뜨리려는 꽃과 꽃봉오리, 꽃잎 등을 조합하여 자연형상의 꽃보다 훨씬 더 아름답고 화려한 '이상된 꽃'을 표현하였는데, 이것이 바로 일반적으로 불려지는 '보상화(寶相花)'이다. 당나라 시기 가장 유행했던 장식 제재인 보상화는 각종 공예품과 건축 장식에 광범위하게 사용되었으며 형태의 변화 역시 상당히 풍부하였다(그림 6-66, 6-67).

4) 서금(瑞錦)

'설화헌서(雪花獻瑞)'에서 제재를 취한 것으로, 때맞춰 내리는 눈은 풍년의 조짐일 수 있어 풍작에 대한 사람들의 기대를 상징하였다. 도안의 형상은 6떨기 설화의 방사대칭을 기초로 삼아, 꽃과 잎 등의 자연적 형상을 하나로 종합하여 이상적인 장식문양을 형성하였다. 이런 종류의 문양은 당대 동경(銅鏡)에서도 크게 유행하였으며, 금은평탈(金銀平脫)로 투각한 금은화문은 매우 아름답게 형상화되어 있다. 중앙을 1쌍의 원앙(鴛鴦) 문양으로 장식하여 사랑, 생활의 원만함과 이상을 상징하기도 한다(그림 6-68, 6-69).

5) 산점소족화(散点小簇花)와 타화(朵花, 꽃송이)

당대에 유행하기 시작한 새로운 디자인이며, 금은착기(金銀錯器), 동경(銅鏡), 칠기(漆器), 방직물의 장식에서 모두 크게 유행되었다. 출토된 당대 견방직물, 특히 염색한 직물에서 가장 많이 보인다. 돈황(敦煌) 천불동(千佛洞)의 채색한 소상(塑像)과 벽화인물의 복식문양 중에도 산점소족화가 많이 보인다. 특히, 사회적 지위가 높은 귀족 여성인 공양인의 치마와 피견건(披肩巾, 에샤르프)의 문양에서는 사실적인 산점소족화와 타화가 매우 유행하였다. 즉, 돈황 막고굴(莫高窟) 당대 제130굴에서 출토된 유물 중에 도독(都督) 부인 태원왕씨(太原王氏)와 그의 시녀들이 입었던 복장에는 대부분 정연하고 반짝거리는 산점소족화와 꽃송이를 배열하여 장식하였다. 꽃의 방향은 보통 위를 향하며, 색채는 흰색 바탕에 연한 남색과 연회색을 중심으로 퇴훈(退暈)되는 붉은색 꽃송이로 장식하였다. 대부분의 꽃송이는 정면방향의 완벽한 꽃의 형상이며 가지와 잎은 장식성을 지니도록 처리한다. 흰색 바탕의 청색 문양은 그 흐름이 균형을 이루어, 마치 들에 핀 신선한 봄꽃과 같이 상쾌하면서도 신선함이 무한하여 자연으로 회귀한 느낌을 준다(그림 6-70~6-73).

배열이 정연하고, 방향이 일률적으로 위를 향하는 산점소족화와 꽃송이 이외에도 방향이 아래를 향하거나 자유롭게 역순환하거나 또는 회전하여 배열된 산점소족화와 꽃봉오리도 있다. 이런 종류의 형태는 일반적으로 불화(佛畫)「설법도(說法圖)」의 배경에서 나타나며, 바람에 한들한들 춤출 것만 같은 생동감이 있는데, 이는 아마도 "부처님이 설법을 베풀자, 하늘에서 꽃이 수없이 떨어져 내렸다(佛說法, 天花亂墜)" 및 "천녀산화(天女散花)" 등의 전고(典故)와 관련하여 도안했을 가능성이 있다.

6) 사생단화(寫生團花)

당대에 가장 성행하던 장식 형태의 하나로, 모든 공예장식의 각 영역에서 광범위하게 응용되었다. 방직물의 문양을 살펴보면, 『당육전(唐六典)』에 기록된 각 지방 공물 명칭에는 '독과(獨窠)', '양과(兩窠)', '사과(四窠)',

▲ 그림 6-65 당(唐) 와불침정조함영락문(臥佛枕頂鳥銜瓔珞紋) 문양
돈황(敦煌) 막고굴(莫高窟) 제158굴 채색 소상(塑像) 문양의 모사본

▲ 그림 6-66 당(唐) 보상화문사문위금(寶相花紋斜紋緯錦)
미국 뉴욕 메트로폴리탄예술박물관 소장
길이 62.7cm 너비 71.5cm
출처: 『When Silk Was Gold』 p.18, 그림6

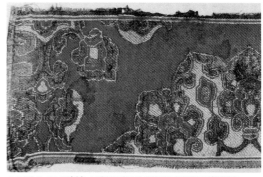

▲ 그림 6-67 당(唐) 붉은색 바탕의 보상화문금직성료(寶相花紋錦織成料)
신강 토로번(新疆 吐魯番) 아사탑나(阿斯塔那)에서 출토. 신강위구르자치구박물관 소장
출처: 『중국역대사주문양(中國歷代絲綢紋樣)』 그림96

▲ 그림 6-68 당(唐) 원앙서화문금(鴛鴦瑞花紋錦) 문양
일본 내량현(奈良縣) 정창원(正倉院) 소장품의 모사본

◀ 그림 6-69 당(唐) 서화경금(瑞花經錦)
1968년 신강 토로번(新疆 吐魯番) 아사탑나(阿斯塔那) 북구 381호 묘에서 출토. 신강위구르자치구박물관 소장
길이 22cm 너비 6.3cm
이 비단의 문양은 설화(雪花)의 변형으로, 때맞춰 내리는 눈은 풍년의 징조라는 함의를 나타낸다. 당대 대력(大歷) 13년(778년) 문서도 함께 출토되었다.
출처: 『중국미술전집(中國美術全集)』· 공예미술편(工藝美術編)· 인염직수(印染織繡)』 상(上) 도판154, 『중국역대사주문양(中國歷代絲綢紋樣)』 그림99

'소과(小窠)', '경화(鏡花)' 등이 있는데, 모두 크기가 동일하지 않으며, 문양의 형태도 달랐다. 당대 인물회화를 살펴보면, 「도연도(搗練圖)」, 「괵국부인출행도(虢國夫人出行圖)」, 「잠화사녀도(簪花仕女圖)」, 「환선사녀도(紈扇仕女圖)」, 「회명도(會茗圖)」 등의 유명한 작품에 묘사된 인물들의 복장도 모두 사실적인 화훼단화의 복식장식이다. 염힐(染纈)한 대단화(大團花)는 당연히 대촬훈화양(大撮暈花樣)이라고 칭하며, 비단은 대촬훈금(大撮暈錦)이라고 한다.

현재 볼 수 있는 당대 단화의 문양을 살펴보면, 기본구조는 모두 교절원(交切圓)의 배열 방법을 사용하였다. 단화 주위는 사면대칭구조의 십자당초부제화(十字唐草副題花)로 이루어졌으며, 주제 단화는 교절원의 안에 배치하였다. 단화의 구조를 보면, 원심을 중심으로 하여, 점점 바깥쪽으로 대칭 또는 회전하여 방사되는 형태가 있다. 그리고 원 중심은 동물문(動物紋)으로 장식하고, 원 주위는 테두리 장식을 한 것도 있다. 또 원 주위를 동물문으로 장식하고, 원의 중심은 보상화(寶相花)로 장식한 것도 있다. 어떤 것은 중축선(中軸線)으로 원형을 2개 또는 4개의 장식 부분으로 나누어, 양면대칭 또는 사면대칭의 동물문이나 식물문을 채워 넣기도 한다. 이 외에도 S형 회선선(回旋線)을 사용하여 장식 부분을 분할한 것도 있어, 그 형태는 매우 다양하다. 이러한 구조는 모두 당대 동경(銅鏡)의 장식에서 흔한 것으로, '경화(鏡花)'라는 별칭도 있다(그림 6-74, 6-75).

7) 천지화(穿枝花, 연리지)

천지화의 기본구조는 파상선(波狀線) 조직이며, 접힌 원과 맞물린 원의 원둘레를 천지화 가지와 줄기의 격자선으로 삼을 수 있는데, 삽입하고 둘러싸여 훨씬 더 생기를 띠고 힘이 있어 보인다. 천지화는 당대에 가장 유행했던 장식 형태의 하나로 다양한 공예장식에 광범위하게 응용되었다. 즉, 건축 장식, 벽돌조각, 금속공예, 옻칠, 도자기와 방직공예 등이 포함되며, 세계의 장식예술과 중국 후대의 장식예술에도 많은 영향을 주었다. 따라서 천지화와 같은 디자인은 세계적으로 '당초(唐草)' 문양이라고 통칭된다(그림 6-76, 6-77).

파상선을 격자로 하여 장식단위를 구분하면, 균형이 고르게 잡히고 융통성이 있어 쉽게 연결되는데, 이는 상당히 뛰어난 전통적인 형태의 장식도안이라고 할 수 있다. 신석기시대 앙소문화(仰韶文化)의 채문(彩紋) 도기 도안에서 선조들은 일찍이 능숙하게 각종 호도(弧度, 원의 반경과 같은 길이의 원호에 대한 중심각)의 파상선을 사용하여 문양의 격자로 삼았다. 일부는 기세가 드높은 느낌을 주기도 하고, 평화롭고 편안한 느낌을 주기도 한다. 상·주대(商·周代)의 청동기는 안정적이고 장엄함을 특징으로 하지만, 일부 장식문양에서는 여전히 생동적인 자태를 나타낸다. 일부 장식용 허리띠 장식에서도 역시 파상선을 격자로 한 것들이 있으며, 전국(戰國)시대의 자수, 칠기(漆器)와 한대(漢代)의 동경(銅鏡), 벽돌문양 테두리에서는 파상선 격자의 도안이 훨씬 더 흔히 보인다. 남북조(南北朝)시대에 이르러서는, 파상선을 격자로 하는 천지인동문(穿枝忍冬紋)이 크게 유행하였으며, 당대에는 형상들이 풍성한 천지화훼(穿枝花卉)가 출현하였다. 성당(盛唐)시기의 천지화는 파도형의 주요 넝쿨 위에서 가지와

▶ 그림 6-70 당(唐) 소
절지화(小折枝花) 문
양
돈황(敦煌) 막고굴(莫高
窟) 당대 제130굴 벽화
도독(都督) 부인 태원왕
씨(太原王氏) 시종의 치
마 장식문양 모사본

▶ 그림 6-71 오대(五代)
소족화(小簇花) 문양
돈황(敦煌) 막고굴(莫高
窟) 오대 제98굴에서 출
토된 전국(闐國) 왕후 복
식의 소족화 모사본

▲ 그림 6-72 당(唐) 화훼문권금채수(花卉紋圈金彩繡)(잔편)
1987년 섬서성 부풍현(陝西省 扶風縣) 법문사(法門寺) 진신보탑(眞身寶塔) 지궁(地宮)에서 출토.
법문사박물관 소장

▲ 그림 6-73 당(唐) 화훼문평침채수(花卉紋平針彩繡)
(잔편)
1987년 섬서성 부풍현(陝西省 扶風縣) 법문사(法門寺) 진신
보탑(眞身寶塔) 지궁(地宮)에서 출토. 법문사박물관 소장

◀ 그림 6-74 당(唐) 전
지사생단화문화전(纏枝
寫生團花紋花氈) 문양
일본 내량현(奈良縣) 정
창원(正倉院) 소장품의
모사본

▶ 그림 6-75 당(唐) 서
록단화문릉(瑞鹿團花
紋綾) 문양
일본 내량현(奈良縣) 정
창원(正倉院) 소장품의
모사본

▲ 그림 6-76 당(唐) 천지화권초금수문(穿枝花卷草禽獸紋)
돈황(敦煌) 막고굴(莫高窟) 제334굴에서 출토된 당대 초기 채소관음 (彩塑觀音)의 치마문양 모사본

▲ 그림 6-77 당(唐) 천지화권초금수문(穿枝花捲草禽獸紋)
돈황(敦煌) 막고굴(莫高窟) 제334굴에서 출토된 당대 초기 채소관음(彩塑觀音)의 치마문양 모사본

잎이 자라 꽃이 피고 열매가 열린다. 꽃은 정반향배(正反向背), 꽃잎은 전후서합(前後舒合), 잎은 음양전측(陰陽轉側)으로 구성되어 전체적으로 조화를 이루어 연속적으로 길게 연결되어 있다. 사용 목적에 따라 두 갈래로 길게 이어져 테두리를 형성하거나 사면으로 길게 이어져 사방연속(四方連續)을 형성할 수 있어 광범위한 용도에 적용된다. 따라서 천지(穿枝) 문양은 중국의 공예미술 전통에 있어 상당히 귀중한 유산이라고 할 수 있다.

당대 천지화는 일반적으로 인물, 진금서수문(珍禽瑞獸紋)과 결합된다. 즉, 당대 거울의 해수포도문(海獸葡萄紋), 서안(西安)에서 출토된 대지선사비(大智禪師碑) 측면 화변(花邊)과 일본 내량현(奈良縣) 정창원(正倉院)에 소장되어 있는 사자무금(獅子舞錦) 문양들이 이에 속하는데, 모두 예술적 수준이 상당히 높고 내용이 풍부하여 대표적인 문양 작품이라고 할 수 있다. 이러한 문양은 요대(遼代)에 이르러서는 화회(花回) 길이가 2m를 초과하는 직성료(織成料)를 직조하는 데에 사용되었다.

포도의 원산지는 이란이었는데, 후에 페르시아에서 그리스와 지중해 각 나라로 전래되었다. 고대 아시리아인들은 일찍이 포도를 장식 제재로 삼았으며, 4세기에 이르러서는 포도문(葡萄紋)이 로마로 전파되었다. 그리스 알렉산드리아 고대 유리병에서도 이러한 종류의 문양이 발견되었으며, 사산왕조와 동로마시대에 이르러서도 여전히 포도문이 가장 발달하였다. 서한(西漢)시대 포도는 서역으로부터 중국에 전래되었는데, 『전한서(前漢書)』에 따르면, 대완(大宛)은 포도로 술을 만들었으며, 부자들은 '만여 섬을 소유하였다'고 기록

되어 있다. 한대 중국 신강 지역의 모포(毛布)에는 포도, 인물문양을 직조하였으며, 남북조시대에 이르러 포도문은 건축장식과 동경에도 응용되었다. 당대에는 방직, 금속공예 장식에까지 광범위하게 응용되었다(그림 6-78, 6-79).

8) 사문(獅紋)

수대(隋代) 사문금[獅紋錦, 돈황(敦煌) 천불동(千佛洞) 제173굴 불의(佛衣) 장식 참조]의 사문 형상은 비교적 자연형상에 가까우며, 당대 불교예술의 사문은 완전히 중국 양식의 도안형상으로 발전되었다. 사자의 용맹스러움과 고양이의 천진난만한 성격을 융합하여, 대중들이 즐겨 보고 듣는 용맹스러우면서도 온순한 동양적인 사자문을 형상화하였다(그림 6-1, 6-80). 당대에는 중국 민간의 전통적인 잡기가무(雜技歌舞)에서도 웅대하고 위세가 넘치는 가무인 사자춤이 유행하였다. 이 사자춤은 '각저희(角抵戲)'로부터 발전해온 것이며, 당대의 사자춤은 백희(百戲)의 한 종류이다. 봉건 통치자들은 민간예술의 형식을 발전시켜, 어둡고 혼란스런 상황을 감추어 태평한 것처럼 꾸미고 향락만을 추구하기 위한 도구로 삼았다. 당현종(唐玄宗) 시기 대장(大將) 가서한(哥舒翰)은 온종일 술과 가무에 빠져 있다가, 결국에는 '안사의 난[安史之亂]'으로 많은 도시와 읍들이 함락되는 것을 방치했다. 원진(元稹)은 이런 까닭에 「서량기(西涼伎)」 사(詞) 한 수를 창작하여 이르기를, "가서 땅에 관청을 설치하고 관리를 두어 성대한 잔치를 여니, 팔진미와 구온주가 눈앞에 가득하다. 눈앞에서 백희가 어지러이 다투고 환검이 눈서리가 흩날리듯 뛰어오른다. 사자무를 흔들어대니 털빛이 곤추서고, 호등무를 술에 취한

(1) 실물   (2) 문양

◀ 그림 6-78 당(唐) 전지포도무봉문
금(纏枝葡萄舞鳳紋錦)
일본 내량현(奈良縣) 정창원(正倉院)
소장
길이 78cm 너비 23cm
출처: 『원색일본미술4 정창원(原色日
本美術4 正倉院)』

▲▶ 그림 6-79 당(唐) 천지포도문(穿枝葡萄紋) 문양
왼쪽 그림: 일본 내량현(奈良縣) 정창원(正倉院) 소장. 당대 전지포도문릉
(纏枝葡萄紋綾) 문양 모사본
오른쪽 그림: 돈황(敦煌) 막고굴(莫高窟) 제334굴에서 출토된 당대 초기
채소불제자(彩塑佛弟子) 포복(袍服)의 문양 모사본

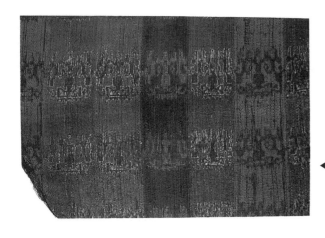

◀ 그림 6-80 당(唐) 사설문경금(獅齧紋經錦)
일본 내량현(奈良縣) 정창원(正倉院) 소장
길이 13.7cm 너비 20.4cm
출처: 『원색일본미술4 정창원(原色日本美術4 正倉院)』

듯 추어대니 근골이 유연하구나[哥舒開府設高宴, 八珍九醞當前頭. 前頭百戲競撩(繚)亂, 丸劍跳躑霜雪浮. 獅子搖光毛彩豎, 胡騰醉舞筋骨柔]"라고 하였다.

백거이(白居易) 역시 「서량기」사를 썼는데, "서량의 기예, 서량의 기예, 가면을 쓴 오랑캐에 가짜 사자. 나무를 깎은 머리, 실로 만든 꼬리, 금으로 도금한 눈알, 은으로 붙인 이빨. 털옷을 빠르게 흔들어대고 한 쌍의 귀를 펄럭이니, 마치 유사로부터 만리를 온 듯하구나(西涼伎, 西涼伎, 假面胡人假獅子. 刻木爲頭絲作尾, 金鍍眼睛銀貼齒. 奮迅毛衣擺雙耳, 如從流沙來萬里)"라고 하였다.

시가에서 묘사된 사자 형상을 보면, 마치 지금의 사자춤과 거의 비슷하다. 당대 전원시인 왕유(王維)는 젊은 시절 대악승(大樂丞)에 임명되었으나, 연주자들이 황사자(黃獅子)춤을 추었다는 연유로 제주(濟州)의 사고참군(司庫參軍)으로 좌천되었다.[21] 이러한 역사적 자료는 당대에 사자춤이 유행되었다는 사실을 설명해 준다. 현재 일본 내량현(奈良縣) 정창원(正倉院)에 소장된 당대 사자무문금(獅子舞紋錦)(그림 6-1)의 단위문양 길이는 57cm이다. 사자는 직립하여 춤을 추고 있으며, 주위에는 보상화문(寶相花紋)으로 장식하였는데, 보상화문에서 각기 자태가 다른 인물들이 비파, 완함(阮咸), 장구 등의 악기를 다루며 마음껏 즐기는 모습은 서안시(西安市) 비림구(碑林區)에서 출토된 당대 '대지선사비(大智禪師碑)' 측면의 전지화인불진금서수문(纏枝花人佛珍禽瑞獸紋)과 그 아름다움을 견줄 만하다.

9) 화수대수대조문(花樹對獸對鳥紋)

중국은 상·주대(商·周代) 이래로 대수문(對獸紋)을 장식문양으로 많이 사용하였지만, 대조문(對鳥紋)의 장식사는 신석기시대에 출현하였다. 즉, 절강성(浙江省) 여요시(餘姚市) 하모도(河姆渡) 신석기 유적지에서 출토된 골사(骨梭)에는 이미 대칭형의 쌍조문(雙鳥紋)이 새겨져 있었다. 당대에는 대서(對犀), 대호(對虎), 대록(對鹿), 대란(對鸞), 대계칙(對鸂鶒), 대앵무(對鸚鵡) 등을 주제로 하는 장식들이 많았다(그림 6-81~6-91).

일본 내량현 정창원에는 내량(奈良, 나라)시대가 남겨 놓은 당대 다갈색 바탕의 모란화수대양문릉(牡丹花樹對羊紋綾)이 소장되어 있다(그림 6-81). 문양에는 동세(動勢)가 차분한 양 두 마리가 있는데, 두 마리의 양은 앞다리를 살짝 들고 머리는 돌려 나지막이 부르짖으며 서로 호응하고 있다. 모란 문양은 상당히 풍부하여 구슬 같은 이슬이 흘러내리고, 옆에는 꿀벌과 나비들이 날아다니며 빛이 물기를 머금어 시적인 정취로 충만하다. 이와 같이, 대칭적으로 쌍을 이루는 제재는 사랑의 함의를 나타내는 데에 흔히 사용된다. 노조린(盧照鄰)의 「장안고의(長安古意)」에서 이르기를, "용은 보석 덮개를 물고 아침 해를 떠받치고, 봉황은 유소(깃발이나 가마, 옷 따위에 갖가지 실로 매듭짓게 꼬아 다는 술)를 토해내 저녁놀을 묶는다. 백 길 길이의 실은 다투어 나무를 맴돌고, 한 무리의 아리따운 새들은 꽃에 모여 운다. 노니는 벌과 장난치는 나비는 궁궐 문 옆에 있고, 푸른 나무와 은빛 누대는 만 가지 색이로다. 복도의 나무창에는 아카시아꽃이 있고 두 개의 망루가 맞닿은 지붕엔 금빛 봉황 날개가 펼쳐진 듯 하네(龍銜寶蓋承朝日, 鳳吐流蘇帶晩霞. 百丈遊絲爭繞樹, 一群嬌鳥共啼花. 遊蜂戲蝶千門側, 碧樹銀臺萬種色. 復道交窗作合歡, 雙闕連甍垂鳳翼)"라고 하였다.

신강(新疆) 토로번(吐魯番)에서도 화수대록문금(花樹對鹿紋錦)이 출토되었는데, 현재는 일본에 소장되어 있다(그림 6-50).

10) 화조문(花鳥紋)

조함서초(鳥銜瑞草), 조함앵락(鳥銜櫻珞), 조함동심결(鳥銜同心結) 등의 제재는 당대(唐代)와 오대(五代)에 크게 유행하여, 송(宋), 원(元), 명(明), 청대(淸代)까지도 지속되었다. 『신당서·여복지(新唐書·輿服志)』에서는 2품 이상 관복의 대형 조함화(鳥銜花) 도안으로 조함서초(鵲銜瑞草), 안함수대(雁銜綬帶)와 공작 한 쌍을 규정하였다. 조함화 제재는 원래 새들이 봄에 둥지를 지어 어린 새를 번식하는 소재로부

(1) 실물

(2) 문양

▲ 그림 6-81 당(唐) 모란화수대양문릉(牡丹花樹對羊紋綾)
일본 내량현(奈良縣) 정창원(正倉院) 소장
길이 50cm 단위화문크기: 11.2×10.2cm
출처: 『중국역대사주문양(中國歷代絲綢紋樣)』 그림104

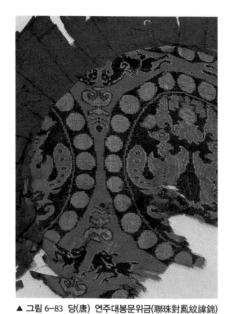

▲ 그림 6-82 고창(高昌) 대양문금복면(對羊紋錦覆面)
　1972년 신강 토로번(新疆 吐魯番) 아사탑나(阿斯塔那)
에서 출토, 신강위구르자치구박물관 소장
　길이 24cm 너비 13.7cm
　출처:『중국미술전집(中國美術全集)·공예미술편(工藝
美術編)·인염직수(印染織繡)』상(上) 도판121

▲ 그림 6-83 당(唐) 연주대봉문위금(聯珠對鳳紋緯錦)
(일부분)
　1964년 신강 토로번(新疆 吐魯番) 아사탑나(阿斯塔那)에
서 출토, 신강위구르자치구박물관 소장
　길이 13.5cm 너비 20.5cm 연주단문(聯珠團紋)직경 15cm
　출처:『중국미술전집(中國美術全集)·공예미술편(工藝
美術編)·인염직수(印染織繡)』상(上) 도판145

▲ 그림 6-84 당(唐) 연주대마문금(聯珠對馬紋錦)
　일본 대곡(大谷)탐험대가 신강(新疆)에서 발견
　단위화문크기 3.5×3.4cm

▲ 그림 6-85 당(唐) 연주대아문금(聯珠對鵝紋錦)(잔편)
　1970년 신강 토로번(新疆 吐魯番) 아사탑나(阿斯塔那) 북구 92호 묘에서 출토, 신강위구르
자치구박물관 소장
　길이 19.8cm 너비 19.4cm
　고창(高昌) 연수(延壽) 16년(639년), 당대 총장(總章) 원년(668년) 묘지(墓志)도 함께 출토되
었다.
　출처:『중국미술전집(中國美術全集)·공예미술편(工藝美術編)·인염직수(印染織繡)』상
(上) 도판144,『중국역대사주문양(中國歷代絲綢紋樣)』그림84

▲ 그림 6-86 당(唐) 연주대계문금(聯珠對鷄紋錦)
　1969년 신강 토로번(新疆 吐魯番) 아사탑나(阿斯塔那) 북구 134호 묘에서
출토, 신강위구르자치구박물관 소장
　길이 28cm 너비 16.8cm
　출처:『중국미술전집(中國美術全集)·공예미술편(工藝美術編)·인염직수
(印染織繡)』상(上) 도판151

▲ 그림 6-87 당(唐) 연주단과대조문위금(聯珠團窠
對鳥紋緯錦)
　　신강 토로번(新疆 吐魯番) 아사탑나(阿斯塔那)에서 출토
　　길이 19cm 너비 12.8cm

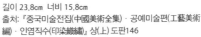

▲ 그림 6-88 당(唐) 연주대공작문금(聯珠對孔雀紋錦)
　　1969년 신강 토로번(新疆 吐魯番) 합라화탁(哈喇和卓, 카라
　　호조) 48호 묘에서 출토, 신강위구르자치구박물관 소장
　　길이 23.8cm 너비 15.8cm
　　출처:『중국미술전집(中國美術全集)‧공예미술편(工藝美術
　　編)‧인염직수(印染織繡)』상(上) 도판146

▲ 그림 6-89 고창(高昌) 대천마낙타기사문금
(對天馬駱駝騎士紋錦)
　　1968년 신강 토로번(新疆 吐魯番) 아사탑나(阿
　　斯塔那)에서 출토, 신강위구르자치구박물관 소장
　　길이 22.5cm 너비 12cm
　　출처:『중국미술전집(中國美術全集)‧공예미
　　술편(工藝美術編)‧인염직수(印染織繡)』상
　　(上) 도판152

▲ 그림 6-90 북조(北朝)-당(唐) 연주대천마문금(聯珠對天馬紋錦)
　　청해성 도란현 열수향(靑海省 都蘭縣 熱水鄕) 혈위(血渭) 토번묘(吐蕃墓) 및
　　신강 토로번(新疆 吐魯番) 아사탑나(阿斯塔那) 302호 묘[일찍이 당대 영휘(永
　　徽) 4년(653년) 문서가 발견됨]에서 출토
　　출처:『중국역대사주문양(中國歷代絲綢紋樣)』그림91

▲ 그림 6-91 당(唐) 대원앙권초문금(對鴛鴦卷草紋錦)
　　일본 내량현(奈良縣) 정창원(正倉院) 소장

▲ 그림 6-92 당(唐) 봉함화지문(鳳銜花枝紋) 문양
돈황(敦煌) 막고굴(莫高窟) 제138굴 벽화 여공 양인 소매 테두리 문양의 모사본

▲ 그림 6-93 당(唐) 연화대아문(蓮花對鵝紋) 문양
돈황(敦煌) 막고굴(莫高窟) 당대(唐代) 벽화 장식 연화 대아문의 모사본

▲ 그림 6-94 당(唐) 봉접화훼문권금채수경복(鳳蝶花卉紋圈金彩繡經袱)(일부분)
1987년 섬서성 부풍현(陝西省 扶風縣) 법문사(法門寺) 진신보탑(眞身寶塔) 지궁(地宮)에서 출토. 법문사박물관 소장
길이 50cm 너비 50cm

터 사랑과 기쁨을 상징하는 제재로 발전되어, 각종 공예장식에서 유행되었으며, 여성들의 화장용 동경(銅鏡)에서는 훨씬 더 많이 응용되었다. 조문(鳥紋)에는 서 있거나 날아다니는 2종류의 모습이 있는데, 입조(立鳥)는 나풀나풀 춤을 추거나 연꽃과 보상화(寶相花) 위에 머물러 있으며, 비조(飛鳥)는 여의운(如意雲)과 교차되거나 천지화(穿枝花) 숲에서 날아다니는 형상이다. 이군방(李君房)의 『해인헌문금부(海人獻文錦賦)』에는 "춤추는 봉황과 비상하는 난새는 홀연히 배회하며 날개를 어루만진다. 겹겹이 핀 꽃과 잎은 어지러이 흩날리며 무늬를 이룬다. ……(舞鳳翔鸞, 乍徘徊而撫翼; 重花疊葉, 紛宛轉以成文. ……)"라고 하였는데, 바로 이러한 문양을 묘사한 것이다(그림 6-92~6-94).

11) 기하문(幾何紋)

기하문은 방직문양에서 중요한 위치를 차지하며, 실용성도 매우 높은 도안이다. 수·당·오대(隋·唐·五代)의 기하문양에서 화형(花型)이 비교적 큰 것은 모두 도안을 채우는 유형에 속한다. 다시 말하면, 기하 격자 안에 화형, 기하형 혹은 기하형으로 구성된 조문(條紋), 기문(綦紋), 거문(距紋), 반조문(盤絛紋) 등을 채워 넣는 것이다. 소형 기하문에서 마안(馬眼), 쇄자(鎖子), 귀갑(龜甲), 권문(圈紋), 점문(點紋), 수문(水紋), 방문(方紋), 만자(万字), 쌍승(雙勝), 여의(如意) 등은 염색물과 견직물에 모두 있는데, 인화한 것에는 산점(散點) 모양의 구도가 비교적 많으며, 문직(紋織)한 것에는 만지(滿地)구조가 비교적 많다. 양탄자 역시 기하문만으로 장식한 것이 있다(그림 6-95~6-98). 돈황(敦煌) 천불동(千佛洞)에서 출토된 수·당·오대 기하문의 구조는 균형이 잡혀 있으면서 명암 표현도 되어 있다. 또한 색상이 단조롭지만 적절한 조합으로 인해 신선하면서도 대범하게 보이는 예술적 효과가 있다. 돈황 천불동 당대 소형 기하도안은 현재의 각도에서 평가한다 하더라도 충분히 참고할 만한 가치가 있다.

12) 수렵문(狩獵紋)

고대 통치계급의 생활에서 사냥은 무예 단련, 군사 훈련, 정치적 교류에 있어서 상당히 중요한 활동이었다. 춘추전국(春秋戰國)시대 이래로, 수렵문은 일찍이 청동기, 옻칠, 동경 등 공예품의 장식제재에 응용되었다. 한대(漢代) 석각(石刻)과 당대 벽화에는 사냥을 제재로 삼은 작품들이 많았다. 당대 금은기(金銀器), 동경, 직금(織錦), 염색 등 공예품에서도 수렵문이 흔히 보이는데, 그 당시에도 상당히 유행한 문양이었기 때문이다. 최호(崔顥)의 「증왕위고(贈王威古)」 시가에는 "봄바람은 짧은 풀 위에 불고, 사냥 나온 기마는 그 얼마나 재빠른가? …… 순록을 사냥하려고 깊은 골짜기로 들어가고, 말에게 물을 먹이려고 황천을 찾아든다. 말 위에서 함께 술잔을 기울이고 들에서 신선한 고기를 즐긴다(春風吹淺草, 獵騎何翩翩? …… 射麇入深谷, 飲馬投荒泉. 馬上共傾酒, 野中聊割鮮)"라고 하여, 서북쪽 사람들이 수렵생활에서 향유하는 즐거움을 묘사하였다. 일본 경도(京都, 교토) 법륭사(法隆寺, 호류지)에 소장된 '사천왕수문금(四天王狩紋錦)'은 진귀한 진품이며, 신강(新疆) 토로번(吐魯番) 아사탑나(阿斯塔那, 아스타나)에서 출토된 수렵문협힐견(狩獵紋夾纈絹)과 인화사(印花紗)도 모두 귀중한 문물들이다(그림 6-7, 6-20, 6-49, 6-52, 6-99).

상술한 전형적인 문양 이외에도 다양한 형태의 문양들이 있다.

10세기 오대십국(五代十國)시대 오월왕(吳越王)은 양절(兩浙)에 안거함을 만족해하며, 현지에서 생산된 월릉(越綾), 오릉(吳綾), 월견(越絹), 용봉의(龍鳳衣), 사계(絲鞵), 극자(屐子), 반룡봉금(盤龍鳳錦), 직성홍라곡포오삼단(織成紅羅縠袍襖衫緞), 반룡대어의(盤龍帶御衣), 백룡노홍지룡봉금피(白龍瑙紅地龍鳳錦被)를 후당(後唐)에 공물로 바치는 등의 방법으로 평안을 얻음으로써 오월국의 비단은 지속적으로 발전하였다[22][23](그림 6-100, 6-101).

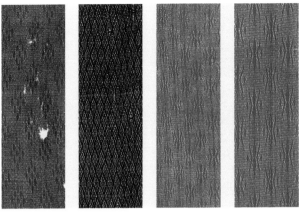

▲ 그림 6-95 당(唐) 능문라(綾紋羅)(일부분)

1973년 신강 토로번(新疆 吐魯番) 아사탑나(阿斯塔那)에서 출토
신강위구르자치구박물관 소장

길이 14.4~34.2cm

출처: 『중국미술전집(中國美術全集)·공예미술편(工藝美術編)·
인염직수(印染織繡)』 상(上) 도판141

▲ 그림 6-96 당(唐) 능문라(綾紋羅) 부분 확대도

▲ 그림 6-97 당(唐) 능격전화문위금(菱格塡花紋緯錦)

1969년 신강 토로번(新疆 吐魯番) 아사탑나(阿斯塔那) 북구 139호 묘
에서 출토. 신강위구르자치구박물관 소장

길이 25cm 너비 13.4cm

출처: 『중국미술전집(中國美術全集)·공예미술편(工藝美術編)·인
염직수(印染織繡)』 상(上) 도판156, 『중국역대사주문양(中國歷代絲
綢紋樣)』 그림108

▲ 그림 6-98 당(唐) "왕"자조화문경금(王字條花紋經錦)

1966년 신강 토로번(新疆 吐魯番) 아사탑나(阿斯塔那) 북구 44호 묘에서
출토. 신강위구르자치구박물관 소장

길이 30.5cm 너비 31.5cm

출처: 『중국미술전집(中國美術全集)·공예미술편(工藝美術編)·인염직
수(印染織繡)』 상(上) 도판160, 『중국역대사주문양(中國歷代絲綢紋樣)』
그림109

▲ 그림 6-99 당(唐) 연주수렵문금(聯珠狩獵紋錦)(일부분)

일본 내량현(奈良縣) 정창원(正倉院) 소장

길이 52cm 너비 52cm

출처: 『원색일본미술4 정창원(原色日本美術4 正倉院)』

그림 6-100 오대(五代) 공작보상화문금(孔雀寶相花
紋錦)
1978년 소주시(蘇州市) 서광탑(瑞光塔) 제3층 탑궁(塔宮)
에서 출토. 소주박물관 소장
길이 36.5cm 너비 76cm 단위화문크기 14.5×13.5cm
출처: 『중국미술전집(中國美術全集)·공예미술편(工藝美術
編)·인염직수(印染織繡)』 상(上) 도판161

(1) 실물

(2) 문양 복원도

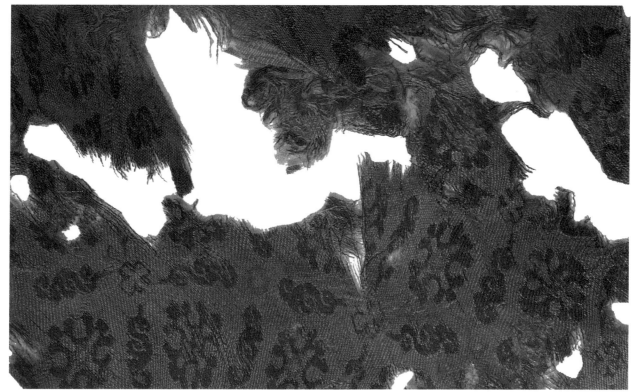

▲ 그림 6-101 오대(五代) 운문금(雲紋錦)
1957년 소주시(蘇州市) 호구(虎丘) 운암사탑(雲巖寺塔)에서 발견. 소주박물관 소장
길이 52cm 너비 34cm
출처:『중국미술전집(中國美術全集)·공예미술편(工藝美術編)·인염직수(印染織繡)』상(上) 도판162

참고문헌

[1] (宋)高承. 事物紀原. 卷四

[2] (唐)李隆基撰, 李林甫注. 唐六典. 卷三. 戶部·十道貢賦

[3] (唐)李吉甫. 元和郡縣圖志. 卷二六. 江南道二

[4] (北宋)歐陽修等. 新唐書. 卷三一. 地理志五

[5] 朱新予主編. 中國絲綢史(通論). 北京: 紡織工業出版社, 1992

[6] (唐)陸龜蒙. 錦裙記

[7] (唐)白居易. 白氏長慶集·新樂府·繚綾詩

[8] (唐)李德裕. 繚綾奏狀

[9] (北宋)李昉. 太平廣記. 卷二三七. 雲輝堂

[10] (唐)白居易. 紅線毯詩

[11] 武敏. 吐魯番出土絲織物中的唐代印染. 文物, 1973(10)

[12] 武敏. 唐代的夾版印花—夾纈. 文物, 1979(8)

[13] (唐)崔令欽. 敎坊記

[14] (日)關衛. 西方美術東漸史. 北京: 商務印書館, 1933

[15] A. Stein. 西域考古記. 向達譯. 北京: 文物出版社, 1980

[16] 陳娟娟. 新疆吐魯番出土的几種唐錦. 文物, 1979(2)

[17] 趙豐. 絲綢藝術史. 杭州: 浙江美術學院出版社, 1992

[18] (唐)張彦遠. 歷代名畫記

[19] 新疆維吾爾自治區博物館. 新疆歷代民族文物. 北京: 文物出版社, 1985

[20] 中華人民共和國出土文物展覽展品選集. 北京: 文物出版社, 1973

[21] (後晉)劉昫等. 舊唐書·本傳

[22] (淸)吳任臣. 十國春秋. 卷七八. 吳越

[23] (淸)徐炯. 五代史記補考. 卷一二. 賦役考; 卷一五. 貢獻

[24] (北宋)宋敏求輯. 唐大詔令集. 卷一〇八. 禁約

[25] 新疆維吾爾自治區博物館等. 1973年吐魯番阿斯坦那古墓群發掘簡報. 文物, 1975(7)

[26] 新疆維吾爾自治區博物館. 絲綢之路—漢唐織物. 北京: 文物出版社, 1973

[27] 陳維稷主編. 中國紡織科學技術史(古代部分). 北京: 科學出版社, 1985

[28] 黃能馥主編. 中國美術全集·工藝美術編·印染織繡(上). 北京: 文物出版社, 1985

10~14세기는 한대(漢代)와 글단(契丹), 당항(黨項), 여진 (女眞), 몽고(蒙古) 등의 민족들이 중국의 비단공예 문화를 발전시키는 시기로 지결형중조직(地結型重組 織), 오매삼비위단(五枚三飛緯緞), 직금단(織金緞) 등이 새롭게 만들어졌다. 송대(宋代)의 격사(緙絲)는 비단역사에 있어서 하나의 걸작으로 심자번(沈子蕃), 주극유(朱克柔) 등의 수많은 격사 명인들이 동시에 배출되었다. 이들은 세밀화의 화법으로 산수, 화조, 서예 등과 같은 많은 예술품을 모방하여 직조함으로 써 격사 기술을 최고조에 달하도록 하였다. 송대 자수(刺繡)는 실용성이 강한 자수품 이외에도 명화와 서 예작품을 모방한 화수(畫繡)가 출현하여 중국 자수공예 기술에 있어서 비약적인 발전을 이루게 하였다.
　　반짝이고 부드러운 단(緞), 호방하고 아름다운 직금금(織金錦), 서화(書畫)를 능가하는 격사(緙絲)와 자수품은 모두 인간 세상을 절묘하게 만드는 '영혼의 꽃'이라고 할 수 있다.

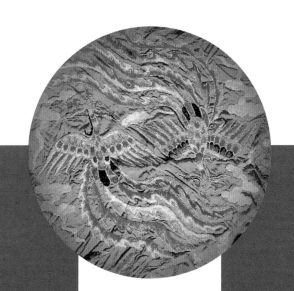

요(遼) 907~1125년
북송(北宋) 960~1127년
남송(南宋) 1127~1279년
서하(西夏) 1032~1227년
금(金) 1115~1234년
원(元) 1206~1368년

제7장

요·송·서하·금·원대 (遼·宋·西夏·金·元代)

1. 10~14세기 중국 직수(織繡) 기술의 발전

10~14세기 중국 봉건사회는 일찍이 몰락하고 있었으며, 서북과 동북의 유목민족인 글단(契丹, 거란), 당항(黨項, 탕구트), 여진(女眞), 몽고(蒙古) 등은 연이어 중원을 위협하였다. 송대(宋代) 통치자들은 제도를 개혁하여 강성을 도모하고자 하는 생각은 추호도 없이 오히려 사치와 향락에만 빠져 있었다. 사상 측면에서는 봉건통치 사상을 강화하기 위해 비단에도 장식문양으로 봉건윤리인 삼강오륜(三綱五倫)을 주입시켰다. 비단 예술의 종류인 심가공(深加工)은 전례가 없을 만큼 정교하고 아름답게 발전하였으며, 남송(南宋)의 격사(緙絲)와 자수는 명인의 서화를 모방하여 거의 진품과 같았고, 요(遼), 서하(西夏), 몽고(蒙古)의 비단 기술도 각각의 독창적인 특징을 지녀 중국 비단 기술 발전에 모두 커다란 공헌을 하였다.

2. 요대(遼代)의 비단 직수(織繡)

오대(五代)시기 북방의 거란족은 후진(後晉)을 멸망시키고 북방 16주를 차지함으로써 장성(長城)의 내외 식민지를 모두 점령하였다. 요대 태종(太宗) 야율덕광(耶律德光)은 한(漢)나라와 거란족에 '일국양제(一國兩制)' 정책을 실시하여, 남관(南官)과 북관(北官)으로 나누었으며, 남관은 한나라의 제도와 복식으로 한족을 통치하고, 북관은 거란의 제도와 복식으로 거란족을 다스렸는데, 3품 이상의 관리가 대례를 행할 때는 한나라 복식을 입었다. 평상복으로 황제가 한대(漢代) 복식을 착용하고, 황후는 거란족 복식을 입었다. 황후의 평상복으로는 자금백봉삼(紫金百鳳衫), 행황금루군(杏黃金縷裙), 홍봉화화(紅鳳花靴)가 있다. 요녕성(遼寧省) 적봉시(赤峰市) 요 부마묘(遼駙馬墓)에서 출토된 복식에는 편금금(片金錦), 금선수(金線繡), 대단화릉(大團花綾) 등이 있다(그림 7-1). 요녕성 법고현(法庫縣) 엽무대(葉茂臺)에서 출토된 종황라수금포(棕黃羅繡錦袍)의 옷깃에는 용(龍) 2마리를 수놓았으며, 허리, 어깨, 복부에는 우인잠화기봉(羽人簪花騎鳳)과 도화조접(桃花鳥蝶)을 수놓았으며, 함께 출토된 금격사룡(金緙絲龍) 이불도 매우 화려하다. 산서성(山西省) 요묘(遼墓)에서도 해치모란문격사(獬豸牡丹紋緙絲) 잔편 및 인화라(印花羅)와 자수품들이 출토되었다(그림 7-2~7-11). 1988~1992

년 내몽고(內蒙古) 파림우기(巴林右旗) 요대 석가불사리탑(釋迦佛舍利塔), 즉 경주(慶州) 백탑(白塔)] 복발(覆鉢)의 상륜탱오실(相輪樘五室)에서 출토된 276점의 크고 작은 견직물은 대부분 색채가 화려하며, 손수건, 질복(袟袱), 탑번(塔幡) 등도 포함되어 있다. 직물의 종류는 견(絹), 시(絁), 능(綾), 나(羅), 금(錦)의 5종류가 발견되었으며 염힐(染纈)하거나 수놓은 것들도 있다. 나(羅)에는 사경교소라(四經絞素羅), 사경교지이경교현화(四經絞地二經絞顯花)의 방격라(方格羅), 협힐사경교삼사횡라(夾纈四經絞三梭橫羅) 등이 있으며, 능(綾)에는 사사문지암화릉(四斜紋地暗花綾), 사사문지변화사문화릉(四斜紋地變化斜紋花綾) 등이 있다. 한·당대(漢·唐代) 이래로, 금(錦)은 대부분 암협형(暗夾型)의 경이중(經二重) 또는 위이중(緯二重)이었지만, 여기에서는 지결형(地結型) 조직 구조인 붉은색 바탕의 화훼문금번(花卉紋錦幡)이 발견되었다. 암협형중조직(暗夾型重組織)이라는 것은 경현화중조직(經顯花重組織)에서 씨실 1조가 겉면 날실(表經)과 속면 날실(裏經) 사이에 끼여 보이지 않는 것으로 '협위(夾緯)'라고 부른다. 다른 씨실 1조는 직물의 앞뒷면으로 돌아와 날실과 교직되어 접결점(接結點)을 이루는데, 이를 '명위(明緯)'라고 부른다. 만약 위현화중조직(緯顯花重組織)인 경우에는 1조의 암협경(暗夾經)이 있는 것이다. 지결형조직(地結型組織)은 날실 2조와 여러 조의 씨실을 교직하여 무늬를 나타내며, 바탕용 날실과 바탕용 씨실을 교직하여 바탕무늬를 이룬다. 다른 1조의 날실은 특결경(特結經, 접결경이라고 칭함)으로 주로 무늬용 씨실의 접결점으로 사용되며, 무늬용 씨실이 앞면에 있을 때의 간사점(間絲點)과 뒷면에 있을 때의 배구(背扣)가 포함된다. 또한 이러한 견직물에는 연화문협힐라[蓮花紋夾纈羅, 사절요판정협(四折凹版正夾)][그림 7-12], 상운비안문협힐라[祥雲飛雁紋夾纈羅, 철문대절상협(凸紋對折相夾)] 및 홍지봉문협힐[紅地蜂紋夾纈], 훤초문협힐[萱草紋夾纈], 원점협힐(圓點夾纈) 등이 있다. 자수에는 6점의 평침수(平針繡)가 있는데, 그중 포지방파(鋪地方帕) 4점에는 매화, 대나무, 연꽃, 꿀벌, 나비 등의 문양을 수놓았으며, 좌우양측과 하단에는 마안형연주문화변(馬鞍形聯珠紋花邊)이 있다(그림 7-14, 7-15). 오실(五室)에서 출토된 등황색 바탕의 사단운룡문라수(四團雲龍紋羅繡)의 길이는 80cm, 높이는

  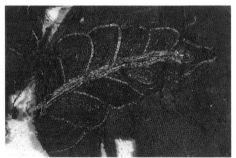

(1) 평금수(平金繡) 　　　　(2) 권금수(圈金繡) 　　　　(3) 반금수(盤金繡)

▲ 그림 7-1 요대(遼代) 초기 금채수(金彩繡)(잔편)
1954년 요녕성(遼寧省) 적봉시(赤峰市) 요대 부마묘(駙馬墓)에서 출토. 중국역사박물관 소장

▶ 그림 7-2 요(遼) 황갈색 바탕의
모란단화문분제인화라(牡丹團花
紋粉劑印花羅) 문양
산서성(山西省) 요묘(遼墓)에서 출토
북경(北京) 고궁박물원 소장품의 모
사본

▲ 그림 7-3 요(遼) 영희련문자수(嬰戲蓮紋刺繡)
산서성(山西省) 요묘(遼墓)에서 출토. 북경(北京) 고궁박물원 소장

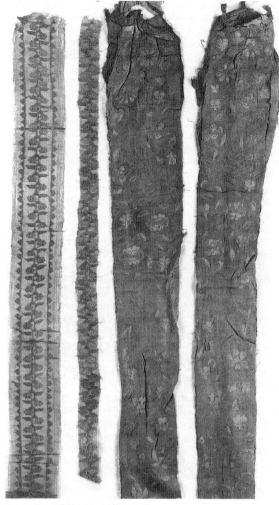

▲ 그림 7-4 요(遼) 자수화변(刺繡花邊)
산서성(山西省) 요묘(遼墓)에서 출토. 북경(北京) 고궁박물원 소장
넓은 화변너비 7cm 좁은 화변너비 2cm

▲ 그림 7-5 요(遼) 모란문자수침정(牡丹紋刺繡枕頂)
산서성(山西省) 요묘(遼墓)에서 출토. 북경(北京) 고궁박물원 소장
크기 18×17cm

▲ 그림 7-6 요(遼) 동자희화문자수침정(童子戲花紋刺繡枕頂)
산서성(山西省) 요묘(遼墓)에서 출토. 북경(北京) 고궁박물원 소장
크기 18×16.5cm

▶ 그림 7-7 요(遼) 사엽대
조문자수(四葉對鳥紋刺
繡)
산서성(山西省) 요묘(遼墓)
에서 출토, 북경(北京) 고궁
박물원 소장
크기 60×60cm

▶ 그림 7-8 요(遼) 자수화
변(刺繡花邊)
산서성(山西省) 요묘(遼墓)
에서 출토, 북경(北京) 고궁
박물원 소장
길이 약 60cm

▲ 그림 7-9 요(遼) 천지화수대조영락문자수(穿枝花綬帶鳥瓔珞紋
刺繡)
산서성(山西省) 요묘(遼墓)에서 출토, 북경(北京) 고궁박물원 소장
단위화문크기 50×102cm

▲ 그림 7-10 요(遼) 하화수조문자수(荷花水鳥紋刺繡)
산서성(山西省) 요묘(遼墓)에서 출토, 북경(北京) 고궁박물원 소장

▲ 그림 7-11 요(遼) 연당문사수(蓮塘紋紗繡)(잔편)
산서성(山西省) 요묘(遼墓)에서 출토, 북경(北京) 고궁박물원 소장

59cm이다. 단화(團花)의 직경은 12.7cm이며, 세 개의 발톱이 달린 용 이마에는 '王(왕)'자가 수놓아져 있으며, 구슬을 가지고 장난치고 있다. 또 다른 한 점은 길이 27.5cm, 너비 28cm인 홍라(紅羅) 바탕의 연주단과기사문방경복(聯珠團窠騎士紋方經袱)이며, 말을 탄 사람이 갑옷을 착용하고 두 손을 높이 들고 있는데, 한 손으로 사냥매를 받치고 있다. 사람과 말 사이의 공간은 잡보문(雜寶紋)으로 장식하였다. 형식면에서는 중앙아시아의 예술풍격을 흡수하였으며, 내용면으로는 거란족의 사냥방식과 한(漢) 문화의 길상(吉祥) 관념을 반영하고 있어 매우 전형적인 문물이라고 할 수 있다(그림 7-13).[1] 1982년『문물(文物)』제6기 보도에 따르면, 산서성(山西省) 응현(應縣) 불궁사(佛宮寺)에서 일찍이 요대(遼代) 협힐(夾纈)과 채색을 결합한 석가모니불상을 발견하였다고 기록하고 있다.[2] 1992년 내몽고(內蒙古) 아로과이심기(阿魯科爾沁旗) 한소목소목(罕蘇木蘇木) 조극도산(朝克圖山) 요대 회동(會同) 4년(941년) 동단국(東丹國) 좌상(左相) 야율우지묘(耶律羽之墓)에서 출토된 대량의 견직물에는 나(羅), 능(綾), 금(錦) 등과 자수품이 포함되어 있다. 비록 이미 퇴색되기는 하였지만, 그 종류는 매우 진귀한 것으로(그림 7-16~7-31), 그중에는 문양단위가 가로방향으로 관통하거나 세로방향 문양길이가 90cm인 직성포(織成袍) 원단도 있다(그림 7-19). 이는 포의 디자인과 사이즈에 맞추어 설계하고 직조한 것으로, 문양 형태가 서안(西安) 당대(唐代) 비석 측면 장식의 큰 권초(捲草)와 유사하여 요대 직물은 중원(中原) 만당(晚唐, 8~9세기) 시기의 사직(絲織) 기술과 밀접한 관련이 있다고 할 수 있다. 그 밖에 야율우지묘에서 출토된 견직물에는 오매삼비(五枚三飛)의 위단(緯緞)과 직금단(織金緞) 및 사문알화위금(斜紋挖花緯錦) 등이 있으며, 중원 지역에서는 아직까지도 발견되지 않았다. 내몽고 찰우전기(察右前旗) 호흠영(豪欠營) 6호 요묘(遼墓)에서는 십경교(十經絞)와 십이경교(十二經絞)의 나(羅) 직물이 발견되었다. 그 외에도 내몽고 철리목맹(哲裏木盟)과 흥안맹(興安盟) 및 신강(新疆) 아랍이(阿拉爾, 아라얼) 등에서도 요대의 능(綾)과 단(緞) 등의 견직물이 발견되었다(그림 7-32, 7-33, 7-35). 또한 일부 요대 격사직성(緙絲織成)과 자수품을 국외 저명한 박물관과 개인들이 소장하고 있다(그림 7-34, 7-36~7-39).

▼ 그림 7-13 요(遼) 기사문자수방경복(騎士紋刺繡方經袱)
　내몽고 파림우기(內蒙古 巴林右旗) 경주(慶州) 백탑(白塔) 탑심(塔心)에서 출토
　자료제공: 조풍(趙豐) 선생
　위아래에 각각 1.4cm의 화변(花邊)이 있으며, 각마다 띠를 둘렀다.
　출처:『문물(文物)』1994년 12기

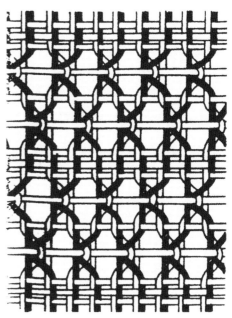

(1) 연화문협힐라(蓮花紋夾纈羅)의 바탕조직 구조도

(2) 연화문협힐라의 협힐 도안

(3) 황색 절지화릉(折枝花綾)의 조직 및 도안

▲ 그림 7-12 요(遼) 부분 견직물의 조직 구조 설명도
　내몽고 파림우기(內蒙古 巴林右旗) 경주(慶州) 백탑(白塔) 출토물의 모사본

▲ 그림 7-14 요(遼) 홍라(紅羅) 바탕의 연주매죽봉접문수(聯珠梅竹蜂蝶紋繡)
　　내몽고 파림우기(內蒙古 巴林右旗) 경주(慶州) 백탑(白塔) 천궁(天宮)에서 출토, 파림우기
　　박물관 소장

▲ 그림 7-15 요(遼) 연주화접문수(聯珠花蝶紋繡)
　　내몽고 파림우기(內蒙古 巴林右旗) 경주(慶州) 백탑(白塔) 천궁(天宮)에서 출토
　　파림우기박물관 소장

◀ 그림 7-16 요(遼) 비응탁록문라(飛鷹啄鹿紋羅) 바탕의 권금채수(圈金彩繡)
　　1992년 내몽고 아로과이심기(內蒙古 阿魯科爾沁旗) 야율우지묘(耶律羽之墓)에서 출토
　　자료제공: 중국비단박물관

▲ 그림 7-17 요(遼) 추산쌍록문라(秋山雙鹿紋羅) 바탕의 압금채수(壓金彩繡)
　　1992년 내몽고 아로과이심기(內蒙古 阿魯科爾沁旗) 야율우지묘(耶律羽之墓)에서 출토
　　중국비단박물관 소장
　　자료제공: 조풍(趙豊) 선생
　　단화(團花)크기: 길이 11cm, 너비 12cm

▲ 그림 7-18 요(遼) 시체연화원앙문라(柿蒂蓮花鴛鴦紋羅) 바탕의
　　압금채수(壓金彩繡)
　　1992년 내몽고 아로과이심기(內蒙古 阿魯科爾沁旗) 야율우지묘(耶律羽
　　之墓)에서 출토, 내몽고박물관 소장

(1) 실물(일부분)

(2) 문양

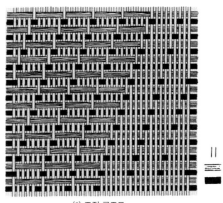

|| 바탕용 날실
무늬용 씨실 1
무늬용 씨실 2

(3) 조직 구조도

▲ 그림 7-19 요(遼) 화수대사문직성릉포(花樹對獅紋織成綾袍) 원단
1992년 내몽고 아로과이심기(內蒙古 阿魯科爾沁旗) 야율우지묘(耶律羽之墓)에서
출토. 내몽고박물관 소장
자료제공: 조풍(趙豊) 선생
직물: 변화사문릉(變化斜紋綾) 화문길이 약 90cm
이와 같은 좌우대칭의 화본을 직조하려면, 반만 완성하여 기계에 올린 후 대칭천종법
(對稱穿綜法)으로 잉아를 통과시키면 된다.

▲ 그림 7-20 요(遼) 구로비응분록문릉(球路飛鷹奔鹿紋綾) 문양
1992년 내몽고 아로과이심기(內蒙古 阿魯科爾沁旗) 야율우지묘(耶律羽之墓)
에서 출토. 내몽고박물관 소장품의 모사본
바탕조직: 1/5 Z향 화문조직: 5/1 Z향
단위화문크기: 날실방향 20cm, 씨실방향 19.5cm

▲ 그림 7-21 요(遼) 운산대록문릉(雲山對鹿紋綾) 문양
내몽고 아로과이심기(內蒙古 阿魯科爾沁旗) 야율우지묘(耶律羽之墓)에서 출토
내몽고박물관 소장품의 모사본
자료제공: 조풍(趙豊) 선생

요·송·서하·금·원대(遼·宋·西夏·金·元代)

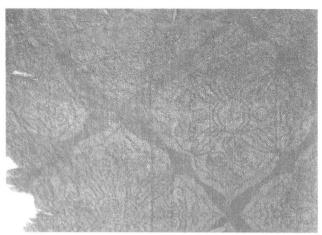

◀ 그림 7-22 요(遼) 시체화훼문릉(柿蔕花卉紋綾)
1992년 내몽고 아로과이심기(內蒙古 阿魯科爾沁旗) 야율우지묘
(耶律羽之墓)에서 출토, 내몽고박물관 소장

▶ 그림 7-23 요(遼) 능격전화문릉(菱格塡花紋綾)
1992년 내몽고 아로과이심기(內蒙古 阿魯科爾沁旗) 야율우지묘(耶律
羽之墓)에서 출토
자료제공: 중국비단박물관

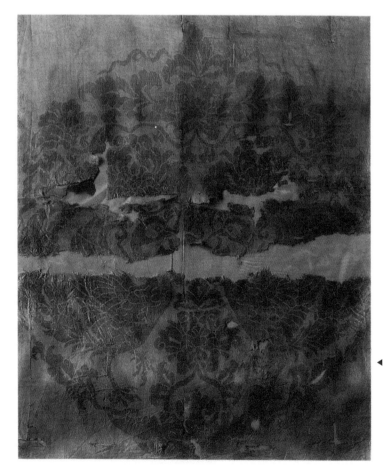

◀ 그림 7-24 요(遼) 독과모란대봉문릉(獨窠牡丹對鳳紋綾)
1992년 내몽고 아로과이심기(內蒙古 阿魯科爾沁旗) 야율우지묘(耶律羽
之墓)에서 출토, 중국비단박물관 소장
자료제공: 조풍(趙豊) 선생
단화(團花)크기: 날실방향 60cm, 씨실방향 57cm
폭너비 60cm
바탕조직: 2/1 우사문(右斜紋) 화문조직: 1/5 우사문(右斜紋)
문양은 당대(唐代)의 풍격이 매우 농후하다.

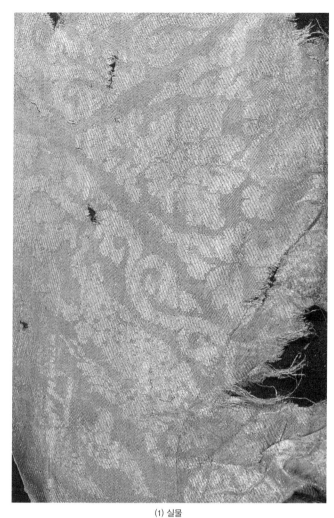

(1) 실물

(2) 문양

◀ 그림 7-25 요(遼) 능격전화당초분록대조문릉(菱格塡花唐草
  奔鹿對鳥紋綾)
  1992년 내몽고 아로과이심기(內蒙古 阿魯科爾沁旗) 야율우지묘
  (耶律羽之墓)에서 출토, 중국비단박물관 소장

(1) 실물

◀ 그림 7-26 요(遼) 단화대봉문직금단(團花對鳳紋織金緞)
  1992년 내몽고 아로과이심기(內蒙古 阿魯科爾沁旗) 야율우지묘(耶律羽之
  墓)에서 출토, 중국비단박물관 소장
  직물조직: 오매삼비직금단(五枚三飛織金緞)

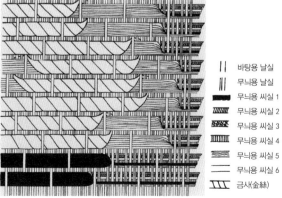

‖	바탕용 날실
⫼	무늬용 날실
▬	무늬용 씨실 1
▨	무늬용 씨실 2
▧	무늬용 씨실 3
▥	무늬용 씨실 4
▤	무늬용 씨실 5
▭	무늬용 씨실 6
⫼	금사(金絲)

(2) 조직 구조도

요·송·서하·금·원대(遼·宋·西夏·金·元代)

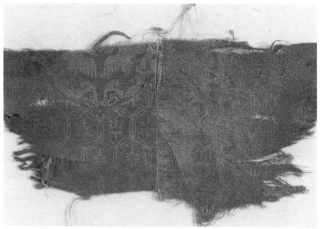

(1) 실물

◀ 그림 7-27 요(遼) 구로비학문금(球路飛鶴紋錦)
1992년 내몽고 아로과이심기(內蒙古 阿魯科爾沁旗) 야율우지묘
(耶律羽之墓)에서 출토. 중국비단박물관 소장
직물조직: 1/2 Z향 사문위금(斜紋緯錦)
단위화문크기: 날실방향 26cm, 씨실방향 14.6cm

(2) 문양

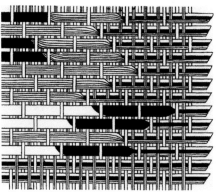

|| 날실
|| 협경(夾經)
── 무늬용 씨실 1
▬ 무늬용 씨실 2
≡ 무늬용 씨실 3

(3) 사문위이중(斜紋緯二重) 조직 구조도

(1) 실물

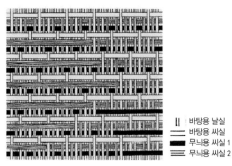

|| 바탕용 날실
── 바탕용 씨실
▬ 무늬용 씨실 1
≡ 무늬용 씨실 2

(2) 사문위부금(斜紋緯浮錦) 조직 구조도

▲ 그림 7-28 요(遼) 동자비조보상단화문금(童子飛鳥寶相團花紋錦)
내몽고 아로과이심기(內蒙古 阿魯科爾沁旗) 야율우지묘(耶律羽之墓)에서 출토
중국비단박물관 소장
길이 32cm 너비 33cm

▲ 그림 7-29 요(遼) 동자비조보상단화문금(童子飛鳥寶相團花紋錦) 문양
내몽고 아로과이심기(內蒙古 阿魯科爾沁旗) 야율우지묘(耶律羽之墓)에서 출토
중국비단박물관 소장품의 모사본
단위화문크기: 날실방향 25cm, 씨실방향 14cm

◀ 그림 7-30 요(遼) 권운사안문릉(卷雲四雁紋綾)

　1992년 내몽고 아로과이심기(內蒙古 阿魯科爾沁旗)
　야율우지묘(耶律羽之墓)에서 출토
　자료제공: 소주(蘇州)비단박물관
　문양너비 26.8cm 화회(花回)단위 14.6cm
　날실밀도 29〜31올/cm 씨실밀도 42〜44올/cm
　화문조직: 정반육매좌사문(正反六枚左斜紋), 앞면의
　날실이 떠서 문양을 형성
　바탕조직: 정반삼매좌사문

◀ 그림 7-31 요(遼) 단과대봉문자수(團窠對鳳紋
　刺繡)

　1992년 내몽고 아로과이심기(內蒙古 阿魯科爾沁旗)
　야율우지묘(耶律羽之墓)에서 출토, 내몽고박물관 소장
　자료제공: 조풍(趙豊) 선생
　문양은 당대(唐代) 풍격이 매우 농후하다.

요·송·서하·금·원대(遼·宋·西夏·金·元代)

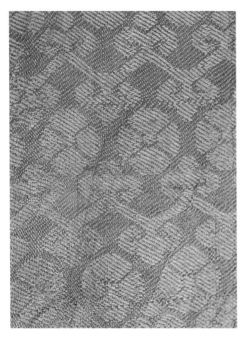

▲ 그림 7-32 요(遼) 기하화훼문릉(幾何花卉紋綾)
내몽고 철리목맹(內蒙古 哲裏木盟) 요묘(遼墓)에서 출토. 내몽고
박물관 소장

▲ 그림 7-33 요(遼) 하당원앙문자수두두(荷塘鴛鴦紋刺繡肚兜)
1953년 신강(新疆)과 청해(靑海)의 경계 지역인 아랍이(阿拉爾)에서 출토. 북경(北京)
고궁박물원 소장
길이 33.5cm 너비 38cm
자수 제재의 함의는 한족(漢族) 민간 문화의 숨결로 충만하며, 중국 각 민족문화의 밀
접한 관계를 반영했다.

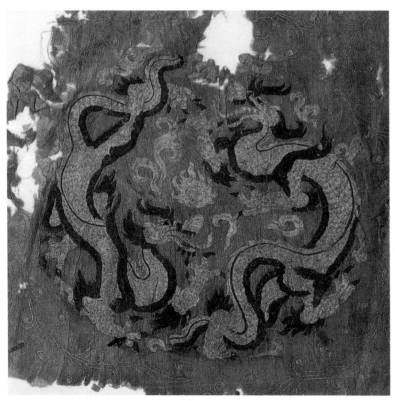

(1) 실물

(2) 용포 복원

(3) 단룡(團龍) 문양

▲ 그림 7-34 요(遼, 10~11세기) 팔단승강룡라(八團升降龍羅) 바탕의 축금수용포(蹙金繡龍袍)(일부분)
영국 런던 개인 소장품
높이 33cm 너비 39cm.
세 개의 발톱이 달린 단룡의 입은 뾰족하고 곧추세워져 있으며, 초원지역의 농후한 풍격을 지니고 있다.

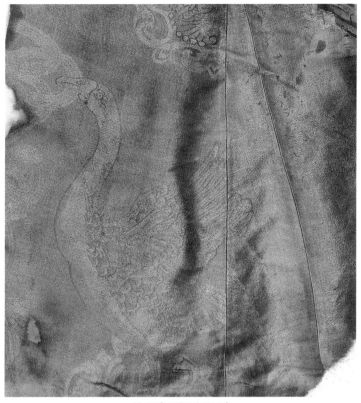

(1) 실물[포면(袍面) 일부분]

(3) 앞면 조직 확대도

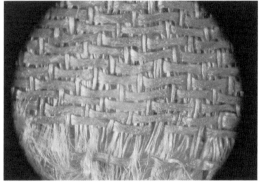

(4) 뒷면 조직 확대도

(2) 단포(緞袍) 문양 복원

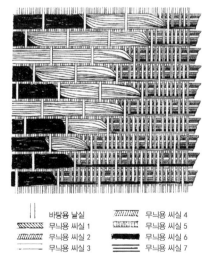

바탕용 날실

무늬용 씨실 1
무늬용 씨실 2
무늬용 씨실 3
무늬용 씨실 4
무늬용 씨실 5
무늬용 씨실 6
무늬용 씨실 7

(5) 직물조직 구조도

▲ 그림 7-35 요대(遼代) 초기(10세기) 안함수대문단포(雁銜綬帶紋緞袍)
　　내몽고 흥안맹(內蒙古 興安盟) 대흠타랍(代欽他拉)에서 출토, 내몽고박물관 소장
　　단위화문크기: 높이 40㎝, 너비 약 60㎝
　　직물조직: 오매삼비단문위중(五枚三飛緞紋緯重)
　　자료제공: 조풍(趙豊)·설안(薛雁) 선생

(1) 앞면

▶ 그림 7-37 요(遼, 11~12세기)
격사용봉조수화훼문직성의(緙
絲龍鳳鳥獸花卉紋織成衣) 원
단(일부분)
개인 소장품
높이 56cm 너비 28cm
출처: 『When Silk Was Gold』 P.55

(2) 뒷면

(3) 구의(裘衣) 윗부분 대봉문삼단화(對鳳紋三團花)
확대

▲ 그림 7-36 요(遼) 대봉문삼단화자수구의(對鳳紋三團花刺繡裘衣)
미국 오하이오주 클리블랜드미술박물관 소장
옷길이 130cm 양소매전체길이 177cm 우임(右衽)
출처: 『When Silk Was Gold』 pp.176~177, 그림51

▼ 그림 7-38 요(遼) 격사용호백록조문직성의(緙絲龍虎白鹿條紋織成衣) 원단(일부분)
미국 오하이오주 클리블랜드미술박물관 소장
길이 58cm 너비 27.2cm
출처: 『When Silk Was Gold』 pp.66〜67, 그림14

▲ 그림 7-39 요(遼) 격사화조문직성포(緙絲花鳥紋織成袍) 원단(일부분)
Stephen Mcguinness 소장
길이 56cm 너비 30cm
이 포 원단의 어깨 부분에는 붉은 태양과 발이 3개인 새가 수놓아져 있는데, "해와 달을 어깨에 메는(肩挑日月)"을 상징하는 것으로, 지위가 상당히 높은 사람의 것임을 알 수 있다. 격사의 날실과 씨실이 비교적 굵고, 문양의 풍격도 북송(北宋)에 가까워, 요대의 직물로 보인다.
출처: 홍콩 『금수라의교천공(錦繡羅衣巧天工)』 P.71, 그림2

3. 서하(西夏)의 비단 직수(織繡)

서하는 강족(羌族)의 일파인 당항(黨項, 탕구트)족이 무력으로 건립한 국가이다. 서하 인종(仁宗) 대경(大慶) 연간(1140~1143년)에는 유학을 숭상하고 과거제를 실시하게 되면서, 무술을 중시하는 전통이 사라지고 안일하고 사치스러운 생활만 탐닉하다가, 후에 몽고인들에 의해 멸망하였다. 서하 국왕은 한(漢)나라 용포(龍袍)를 입었으며, 황후는 회골장(回鶻裝)을 입었다. 돈황(敦煌) 막고굴(莫高窟) 제109굴, 제148굴, 안서현(安西縣) 유림굴(榆林窟) 제29굴 서하 벽화에서 보이는 당시 복식문화의 화려함에서 서하의 비단 직수 염색도 상당히 발달하였음을 알 수 있다. 13세기 초 서하문화는 여러 차례 몽고 칭기즈칸 철기(鐵騎)문화의 침략을 받았다.

1975년 은천(銀川) 서쪽 교외 서하 능구(陵區) 108호 정헌왕묘(正獻王墓)에서 일부 견직물 잔편이 출토되었다. 보고서에 따르면, 그중에는 당(唐)나라 광동금(廣東錦)에서 발전되어 온 직물로 먼저 날실을 묶어 염색한 후에 직조한 무무화섬색금(茂茂花閃色錦)도 있으며, 사문(斜紋) 바탕에 마치 빈 공간과 같은 공자형기하문(工字形幾何紋)을 직조한 쌍거문릉(雙距紋綾)도 있다(그림 7-41).[3] 바탕 부분은 2상1하의 경향삼매좌사문(經向三枚左斜紋)을 형성하였으며, 문양 부분은 7상1하의 팔매사문조직(八枚斜紋組織)으로 들뜬 씨실이 7개 이상이기 때문에 씨실 문양이 볼록하게 튀어나와 화문도 선명하다.[4]

1976년 내몽고(內蒙古) 흑수성(黑水城, 하라호토)에서 동쪽으로 20km 거리의 고로소목(高老蘇木) 유적지에서 출토된 천지모란문(穿枝牡丹紋), 소단화문(小團花紋)의 견직물 잔편과 모란문(牡丹紋) 자수 잔편이 발견되었는데, 그 풍격은 대체로 송대(宋代) 견직물과 일치한다. 흑수성에서 출토된 서하 견직물은 러시아 상트페테르부르크 에르미타주박물관에 소장되어 있다. 그중 격사(緙絲) 녹도모(綠度母) 불상은 마치 새것처럼 색채가 화려하다. 서하와 회골족(回鶻族)과의 관계는 매우 밀접하여, 12세기 초 여진족이 섬서성(陝西省)을 공격하여 수많은 회골인들을 감숙성(甘肅省) 하서구(河西區) 주랑(走廊)으로 강제 이주시킨 후 서하에 남게 되었다. 당시 회골인은 주사(注絲), 숙릉(熟綾), 선라(線羅) 등의 견직물 직조 솜씨가 매우 출중하여, 5색 견사로 격사포(緙絲袍) 피륙 등을 직조하였다(그림 7-42~7-45).

▲ 그림 7-40 서하왕공양상(西夏王供養像)
돈황(敦煌) 막고굴(莫高窟) 제109굴에서 출토
서하왕은 흰색 노루가죽 고깔모자를 쓰고, 단룡문포(團龍紋袍)와 긴바지를 입었으며, 백색 모전(毛氈) 방한화를 신었다. 옆에는 시종이 서 있다.

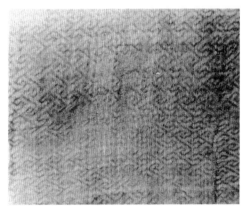

(1) 실물[원명 공자릉(工字綾)]

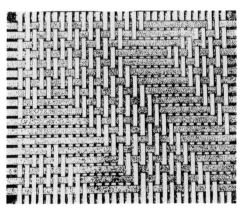

(2) 조직 구조도

◀ 그림 7-41 서하(西夏) 쌍거문릉(雙距紋綾)
날실직경 0.71mm
씨실직경 1.0~1.07mm
날실밀도 44~46올/cm
씨실밀도 25~27올/cm
바탕조직: 2/1 경향좌사문(經向左斜紋)
화문조직: 7/1 팔매사문(八枚斜紋)

◀ 그림 7-42 서하(西夏) 화훼비안문금(花卉飛雁紋錦)
1976년 내몽고(內蒙古) 흑수성(黑水城)에서 출토, 러시아 상트페테르부르크 에르미타주박물관 소장
자료제공: 상강(尚剛) 선생

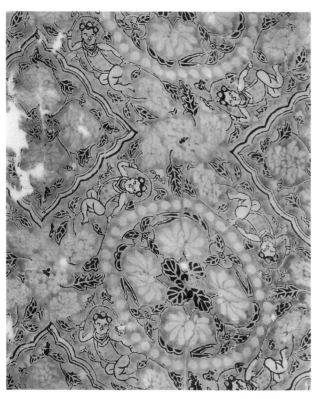

그림 7-43 서하(西夏) 영희모란연화문인화견(嬰戲牡丹蓮花紋印花絹)
영하회족자치구 은천시(寧夏回族自治區 銀川市) 배사구쌍탑(拜寺口雙塔)에
서 출토, 영하박물관 소장
자료제공: 조풍(趙豊) 선생
단위화문크기: 날실방향 21cm, 씨실방향 21cm

◀ **그림 7-44 서하(西夏) 자수당카(刺繡唐卡) 공행모(空行母)**
1976년 내몽고(內蒙古) 흑수성(黑水城)에서 출토, 러시아 싱트페테르부르크
에르미타주박물관 소장
자료제공: 조풍(趙豊) 선생
높이 56cm 너비 32cm
공행모는 왼쪽 발로 엎드린 사람을 딛고 서 있으며, 화염에 둘러싸여 있다. 오
른손은 제례용 소도(小刀)를, 왼손은 사발과 가는 막대기를 잡고 있다. 하단의
5가지 공물은 삼각대 위에 놓여 있으며, 테두리는 대금강(大金剛)으로 장식하
였다. 공행모 우측에는 비구상(比丘像)이 있으며, 좌측에는 사리탑(舍利塔)이
있다.

(1) 실물

(2) 부분 확대

▲ 그림 7-45 서하(西夏) 격사당카(緙絲唐卡) 녹도모(綠度母)

1976년 내몽고(內蒙古) 흑수성(黑水城)에서 출토. 러시아 상트페테르부르크 에르미타주박물관 소장
자료제공: 상강(尚剛) 선생
높이 101cm 너비 52.5cm
녹도모는 남색 연화좌(蓮花座)에 단정하게 앉아 있다. 오른쪽 다리는 연화좌 아래로 내려뜨려 연꽃을 밟고 왼쪽 다리는 가부좌하여 편안한 유희좌(遊戲坐) 자세를 취하였다. 오른쪽 팔은 밖으로 펴고 왼쪽 손에는 남색 연꽃을 들고 있는데, 이는 우측에 장식된 연꽃과 같다. 두광(頭光)과 배광(背光)은 모두 흰색을 띠고 있는데 아마도 퇴색해서인 듯하다. 배광은 양쪽으로 장식하고 두광 위에는 거위 2마리가 있다. 그 사이에는 마치 사자와 같은 얼굴이 있는데, 소위 부귀영화의 면모이다. 송이송이 엮은 보주(寶珠)는 보좌(寶座) 주위에 매달아 놓았다. 보좌는 연꽃 줄기 위에 놓여 있으며, 연꽃 줄기는 용(龍) 여러 마리가 떠받치고 있다. 녹도모의 바탕색은 남색이며, 수많은 산들로 둘러싸여 있다. 보좌 위에는 오여래(五如來)가 있으며, 그 위에는 종류가 다른 나무 두 그루씩 모두 6그루가 있다. 녹도모의 우측 하단 아소카나무 아래에는 여신 마리치(Marichi)가 서 있으며, 좌측 하단에는 남색의 의가걸탑신(依迦杰搭神)이 서 있다. 이 당카의 끝 부분에는 무악기(舞樂伎) 4개가 있다. E. Kychanov 교수의 연구에 따르면, 이 당카는 서하국의 작방(作坊)에서 제작된 것으로 보인다.

4. 금대(金代)의 비단 직수(織繡)

금나라 사람들은 원래 여진족(女眞族)으로 요(遼)나라에 종속되어 있다가, 1115년에 금나라를 건국하였다. 하북(河北)을 침략한 후, 요나라를 모방하여 남북관제를 실시하였다가 다시 황하(黃河) 유역으로 진입하였을 때는 송대(宋代)의 관복제도를 도입하였다. 관복은 흉부, 어깨, 소매 부분을 금수(金繡)로 장식하였으며, 관직의 높고 낮음에 따라 크고 작은 보상화문(寶相花紋) 의복을 입었다. 평상복 화문을 살펴보면, 봄에는 골포아(鶻捕鵝)를 수놓고 화훼가 섞여 있는 춘수복(春水服)을 입었으며, 가을에는 웅녹산림(熊鹿山林)을 수놓은 추산복(秋山服)을 입었다. 『대금집예(大金集禮)』의 기록에 근거하면, 관청에서 사용했던 비단으로는 홍라이금협파(紅羅泥金夾帕), 홍라수반룡축금파(紅羅繡盤龍蹙金帕), 홍라소금의(紅羅銷金衣), 매홍라소금운봉(梅紅羅銷金雲鳳), 매홍라명금단화수(梅紅羅明金團花獸, 의자 등받이), 매홍라수독각간금수(梅紅羅繡獨角間金獸, 테이블보), 황라명금주의(黃羅明金柱衣) 등이 있다. 그중 소금(銷金)은 금사(金絲) 자수이며, 명금(明金)은 편금사(片金絲) 직물이다. 남송(南宋) 건도(乾道) 6년(1170년)에 사신으로 금나라에 파견되었던 범성대(範成大)는 보고 들었던 바를 『교비록(攪轡錄)』에 기록하였는데, 즉 "진나라의 누각에 금나라 여인이 있는데, 금루아홍대수포와 금루자륵백을 입고 주렴을 걷으며 오나라 말로 이르기를, 종실 군수 집안이라고 하였다(秦樓有胡婦, 衣金縷鵝紅大袖袍, 金縷紫勒帛, 掀簾吳語, 云是宗室郡守家也)"라고 하였다. 이는 여진족이 원래 흰색을 숭상하고 수피(獸皮) 의복만 입었던 초기 수렵생활 방식과 크게 달라졌음을 말해주지만, 전통적인 화장(火葬) 풍속은 유지하고 있었으며, 북경(北京), 요녕(遼寧), 내몽고(內蒙古), 흑룡강(黑龍江) 등지에서 발굴된 금나라 묘에서는 모두 화장한 흔적이 발견되었다. 이러한 요인으로 인하여, 남아 있는 직수품(織繡品)은 극히 적다. 1988년 5월 흑룡강성(黑龍江省)문물고고학연구소 학자들은 아성구(阿城區) 거원향(巨源鄕) 금대(金代) 제국왕(齊國王) 완안안묘(完顏晏墓)에서 다량의 견직물 복식을 발굴하였는데, 그중에는 절지매화직금견군(折枝梅花織金絹裙), 베이지색 견단군고(絹單裙褲, 치마바지), 베이지색 암화연고말[暗花連褲襪, 즉 합환고(合歡褲)], 앞 끝이 뾰족하게 곧추세워진 수놓은 신발, 수놓은 수각(垂脚) 두건[복두(幞頭)] 등이 포함되어 있다. 또한 3m 이상 길이의 갈색 나인금(羅印金) 요대(腰帶)도 발굴되었는데, 각각 50cm 정도의 양 끝부분에 금가루로 찍어낸 전지화문(纏枝花紋)은 정연하면서도 반짝거린다[5](그림 7-46~7-53).

▲ 그림 7-46 금(金) 복숭아씨 모양의 적합골포아문 양피금직금금(適合鶻捕鵝紋羊皮金織金錦)(부분 확대)
출처: 『Orientations』 p.13

▲ 그림 7-47 금(金) 복숭아씨 모양의 적합골포아문 양피금직금금(適合鶻捕鵝紋羊皮金織金錦)
미국 뉴욕 메트로폴리탄예술박물관 소장
Woodward재단과 Rutgers재단에서 매입(1989년)
길이 58.5cm 너비 62.2cm
출처: 『When Silk Was Gold』 p.113, 그림28

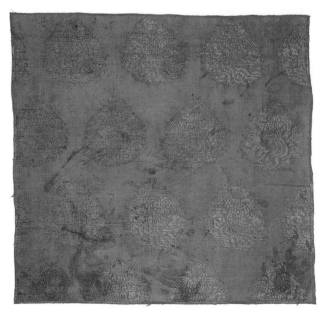

◀ 그림 7-48 금(金) 복숭아씨 모양의 적합운중비봉문양피금직금금(適合雲中飛鳳紋羊皮金織金錦)
미국 오하이오주 클리블랜드미술박물관 소장
Severance재단(1994년)
길이 56.2cm 너비 62.1cm
출처: 『When Silk Was Gold』 p.119, 그림31

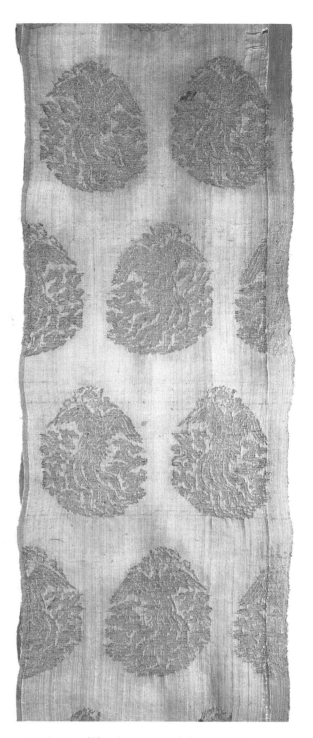

▲ 그림 7-49 금(金) 단룡문양피금직금금(團龍紋羊皮金織金錦)
　　미국 뉴욕 메트로폴리탄예술박물관 소장
　　길이 74.5cm 너비 33.2cm
　　출처: 『When Silk Was Gold』 p.117, 그림30

▲ 그림 7-50 금(金) 복숭아씨 모양의 적합운봉문알화직금견
　　(適合雲鳳紋挖花織金絹)
　　영국 런던 Spink&Son 유한책임회사 소장
　　자료제공: 임백희(林白犧) 선생

▲ 그림 7-51 금(金) 나(羅) 바탕의 수화여혜(繡花女鞋)
1988년 흑룡강성 아성구 거원향 성자촌(黑龍江省 阿城區 巨源鄉 城子村) 금대
제국왕(齊國王) 완안안묘(完顏晏墓)에서 출토, 흑룡강성고고학연구소 소장
길이 23cm
신발 표면의 위아래는 각각 베이지색과 녹색 바탕의 나(羅)에 관지훤초(串枝萱草)
를 수놓았으며, 신발코는 약간 뾰족하고 곧추세워져 있다.
출처: 『중국문물정화(中國文物精華)』, 그림148

▲ 그림 7-52 금(金)[대정(大定) 2년(1162년)] 절지매문직금견군(折枝梅紋織金絹裙)
1988년 흑룡강성 아성구 거원향 성자촌(黑龍江省 阿城區 巨源鄉 城子村) 금대 제국왕(齊
國王) 완안안묘(完顏晏墓)에서 출토, 흑룡강성고고학연구소 소장

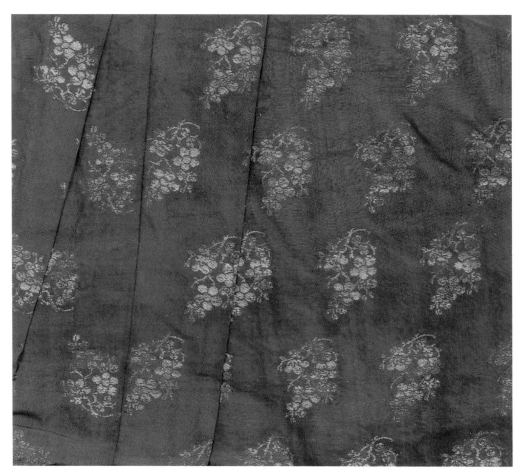

▲ 그림 7-53 금(金) 절지매문직금견군(折枝梅紋織金絹裙)(부분 확대)
직금견(織金絹) 조직이며, 바탕용 씨실은 뒷면에 들떠 있다.
단위화문크기: 날실방향 13.3cm, 씨실방향 7cm

5. 송대(宋代)의 비단 직수(織繡)

(1) 송대(宋代)의 직수 생산 개황
1) 관청 비단 생산

송대 관청 방직으로는 소부감(少府監)이 관할하는 문사원(文思院) 42곳 중에 수작(繡作), 사혜작(絲鞋作), 극사작(克絲作) 등 특수한 종류의 공예품 작방(作坊)이 포함되어 있으며, 직할 소부감의 능금원(綾錦院), 내염원(內染院), 문수원(文繡院), 재조원(裁造院)에서는 염직과 자수 복식의 생산을 관리하였다. 또한 내시성(內侍省)에는 궁궐과 황족의 혼례에 사용되는 고급품을 생산하는 조작소(造作所)가 있었다. 낙양(洛陽), 진주(眞州), 정주(定州), 청주(靑州), 익주(益州), 재주(梓州)에도 각종 금(錦), 능(綾), 기(綺) 수공업장이 있었으며, 윤주(潤州), 호주(湖州) 등지에는 직라무(織羅務)를 설치하였다. 상술한 관청 방직 수공업장 이외에도 '개인들과 직접 상의하여 값을 지불하고', 능(綾), 금(錦), 나(羅), 채(彩) 등의 방직물을 수매하기도 하였다. 문사원(文思院), 직염원(織染院)의 직조공은 모두 '모장(募匠, 출자하여 고용한 장인)'을 고용하였다.

『송회요집고(宋會要輯稿)』의 기록에 근거한 각 지방의 견직물 소득액은 표 7-1과 같다.[6]

사천성(四川省) 촉금(蜀錦)은 송신종(宋神宗) 원풍(元豊) 6년(1083년)에 성도시(成都市) 전운사(轉運司)에 금원[錦院, 남송(南宋)시대 소주(蘇州)와 항주(杭州)에도 금원을 설치함]을 확충하였다. 건염(建炎) 3년(1129년)에는 군사비 지출이 심각하여 다마사금원(茶馬司錦院)에서 침구를 직조한 후, 여주(黎州)로 운송하여 군마와 교환하였다. 원대(元代) 비저(費著)의 『촉금보(蜀錦譜)』 기록에 따르면, 남송 다마사금원 성립 이전 촉금의 종류는 표 7-2와 같다.[7]

표 7-2에서 알 수 있듯이, 남송시대 촉금은 성도 이외에 진주(秦州), 호주(湖州)에서도 생산되었다. 원나라 척보지(戚輔之)의 『패초헌객담(佩楚軒客談)』 기록에 따르면, 촉금에는 장안죽(長安竹), 조단(雕團), 상안(象眼), 의남(宜男), 보계지(寶界地), 천하락(天下樂), 방승(方勝), 사단(獅團), 팔답훈(八答暈), 철경양하(鐵梗襄荷) 등이 포함되는데, 이를 '십양금(十樣錦)'이라고도 불렀다. 『송사(宋史)』 권

표 7-1 북송(北宋) 중기 각지 견직물의 연수입

단위: 필(匹)

지역	금(錦), 기(綺), 녹대(鹿胎), 투배(透背)	나(羅)	능(綾)	견(絹)	시(絁), 사(紗), 곡자(縠子), 격직(隔織)	주(紬)	포(布)	사면(絲綿), 용선(茸線)(兩)	염색필백(染色匹帛)
북경(北京)	2,799	314	1,344	7,578	1,746	390	28	464,874	27,889
부계(府界)						3,851	9	173,179	2
경동동로(京東東路)	250	4	447		24	112,802	196,283	229,354	91
경동서로(京東西路)		7	5,468		198	87,870	242	515,677	158
경서남로(京西南路)			3	137,396	23	17,108	78,680	151,375	65
경서북로(京西北路)			25	113,940	160	40,866	441	637,366	602
영흥군로(永興軍路)		1	60	66	36	1,123	1,511	40,148	311
진봉로(秦鳳路)	1	14		3,717	3	375	653	16,823	160
하북동로(河北東路)		4	22,321	679,470	80	89,059	128,908	1,134,653	854
하북서로(河北西路)	1,246	18	35	323,899	12	50,627	124,127	1,334,127	102
하동로(河東路)			379	168	22,821	33	150,990	5,799	344
회남동로(淮南東路)		22	7	71,051	2,500	20,655	11,214	717,028	47
회남서로(淮南西路)		12	4,106	60,537	2,614	18,939	3,870	474,530	109
양절로(兩浙路)	10	65,731	1,369	1,667,285	376	171,511	3,372	2,095,345	178
강남동로(江南東路)		12,409	1,004	606,334	10	184,801	11,004	1,309,139	228
강남서로(江南西路)		1	4	428,010	2	75,951	5,047	368,196	18
형호북로(荊湖北路)		42	5	312,923	3	72,504	17,223	229,433	163
형호남로(荊湖南路)			7	7,903	23,750	2,263	101,962	101,962	81
복건로(福建路)	2	28	43	28,901	75	26	995	33,448	593
광남동로(廣南東路)	1	1	12	594	50	4	462	26,647	327
광남서로(廣南西路)		1		570	430	3	179,791	489	15
성도부로(成都府路)	1,094	1,524	16,793	337,357	1,821	86,329	554,739	1,480,480	315
재주로(梓州路)	804	418	20,600	381,353	69	87,526	11,787	1,234,702	7,972
이주로(利州路)			1,289	190,923	3	53,152	585	854,913	1,103
기주로(夔州路)			86	28,935		9,740	2,478	104,113	384
원서(原書) 총수	9,615	160,620	147,385	5,382,709	111,716	2,290,966	3,192,765	13,852,797	56,131
실제 총수	6,207	80,537	75,421	5,388,910	56,806	1,187,508	1,586,401	13,733,800	42,111

표 7-2 촉금(蜀錦)의 종류와 문양

종류 또는 생산지	문양	수량(필)
토공금(土貢錦)	팔답훈(八答暈)	3
관고금(官告錦)	반구(盤球), 족사금조(簇四金雕), 규화(葵花), 육답훈(六答暈), 팔답훈(八答暈), 취지사자(翠池獅子), 천하락(天下樂), 운안(雲雁)	400
신료오자금(臣僚襖子錦)	족사금조(簇四金雕), 팔답훈(八答暈), 천하락(天下樂)	87
광서금(廣西錦)	진홍(眞紅) 100필에는 대과사자(大窠獅子), 대과타마구(大窠打馬球), 쌍과운안(雙窠雲雁), 의남백화(宜男百花) 포함 청녹(靑綠) 100필에는 의남백화(宜男百花), 청록운안(靑綠雲雁) 포함	200
여주(黎州)	조대피(皂大被), 비대피(緋大被), 조중피(皂中被), 사색중피(四色中被), 칠팔행금(七八行錦), 마노금(瑪瑙錦)	군마 교환 거래의 수요에 근거하여, 매년 정해진 수량은 없다.
서주(敍州)	진홍대피욕(眞紅大被褥), 진홍쌍연의배(眞紅雙連椅背), 진홍단의배(眞紅單椅背)	
남평군(南平軍)	진홍대피욕(眞紅大被褥), 진홍쌍과금(眞紅雙窠錦), 청대피욕(靑大被褥)	
문주(文州)	호설홍금(犒設紅錦)	
세색금(細色錦)	청녹서초운학(靑綠瑞草雲鶴), 청녹여의모란(靑綠如意牡丹), 진홍천화봉(眞紅穿花鳳), 진홍의남백화(眞紅宜男百花), 진홍설화구로(眞紅雪花毬路), 진홍앵도(眞紅櫻桃), 진홍수림금(眞紅水林禽), 아황수림금(鵝黃水林禽), 자조단자금(紫皂段子錦), 진홍천마(眞紅天馬), 진홍비어(眞紅飛魚), 진홍취팔선(眞紅聚八仙), 진홍육금어(眞紅六魚), 진주세법진홍금(秦州細法眞紅錦), 진주중법진홍금(秦州中法眞紅錦), 진홍호주대백화공작금(眞紅湖州大百花孔雀錦), 사색호주대백화공작금(四色湖州百花孔雀錦), 이색호주대백화공작금(二色湖州大百花孔雀錦)	

313「문언박전(文彦博傳)」과 권316「당개전(唐介傳)」에서는 어사(御史) 당개가 재상(宰相) 문언박을 탄핵한 일을 서술하였는데, 문언박이 간금기금(間金綺錦)을 직조하여 환관에게 뇌물을 주고 궁궐에 판매하였다고 하였다.[8] 송나라 소백온(邵伯溫)의 『소씨문견록(邵氏聞見錄)』권1에서도 장귀비(張貴妃)가 원연(元昊)을 섬길 때, 등롱금(燈籠錦) 의복을 입고 있어서 송인종(宋仁宗)이 이상하게 여겨 물어보니, 문언박에게서 받은 것이라 대답하였다고 기록하고 있다.[9] 또한 송대 『증서남유기(曾紓南遊記)』에 따르면, 왕안석(王安石)은 천하락금(天下樂錦, 즉 등롱금) 휘장을 차녀 혼수품으로 한다는 사실을 송인종이 알게 된 후, 서둘러 개보사(開寶寺) 승복각(勝福閣)에 불장(佛帳)으로 사용하라고 등롱금을 증정하였다고 하였다. 송대 정대창(程大昌)은 『연번로(演繁露)』에서 촉금의 하나인 저포금(樗蒲錦)의 유래를 기록하였다. "저포라는 이름은 진나라에 이르러 처음 등장하는데, 그 원류는 박(博)에서 나온 것이다. 박은 6자(子)를 사용하고 저포는 5자를 사용한다. 나무를 깎아 만드는데, 양 끝은 뾰족하고 중간은 평평하고 넓어 모양이 마치 아몬드와 비슷하다. 하나의 자에는 모두 앞뒷면이 있는데 한 면에는 검은색을 칠하고 그 위에 어린 소를 그려 장식한다. 다른 한 면에는 흰색을 칠하고 그 위에 꿩을 그렸다(樗蒲之名至晉始著, 其流源自博出; 博用六子, 樗蒲則用五子. 刻木爲之, 兩頭尖銳, 中間平廣, 狀如今之杏仁. 凡一子悉爲兩面, 其一面塗黑, 黑之上畫牛犢以爲章. 一面塗白, 白之上則畫雉)." 이 외에도 "지금의 촉 지역 비단(綾)은 그 무늬가 양 끝이 뾰족하고 중간은 넓은데, 꽃 같지도 않고 금수 같지도 않기에 이에 곧 저포라고 칭하였다(今世蜀地織綾, 其文有兩尾尖削而中間寬廣者, 既不像花, 亦非禽獸, 乃遂名爲樗蒲)"라고 하였다.[10] 사실 저포금이라는 명칭은 일찍이 당(唐)나라에서도 등장했으며, 상술한 각종 송금(宋錦) 문양들은 명나라 금단(錦緞)에서도 적지 않게 볼 수 있다.

2) 송대(宋代) 민간 비단 생산

송대 민간 비단업은 커다란 발전을 이루었다. 구양수(歐陽修)는 『거사집(居士集)』권10의 「송축희재지동양주보(送祝熙載之東陽主簿)」의 시구에서 항주(杭州)의 가을을 묘사하기를 "가을철 고성은 물가 옆에 누워 있고, 밤마다 성 내 수많은 집에서 방직소리가 들린다(孤城秋枕水, 千室夜鳴機)"라고 하였다. 『함순임안지(鹹淳臨安志)』와 오자목(吳自牧)의 『몽양록(夢粱錄)』에 따르면, "능에는 시체와 구제가 있으며, 나에는 화라, 소라, 결라, 숙라, 선주가 있다. 금내 사가방에서는 융배를 가장 좋은 것으로 쳤다. 격사는 무늬가 있는 것과 무늬가 없는 것이 있다[소(素)는 흰 바탕에 격사한 것일 가능성이 있음]. 두근은 달리 기선이라 부르고, 녹태의 또 다른 이름은 투배인데, 모두 꽃무늬가 볼록하고 빛깔과 형태의 직조방식은 다양하다. 저사는 염색한 실로 짜는데, 여러 색깔로 이루어진 것으로는 직금, 섬갈, 간도 등의 종류가 있다. 사에는 소사, 천정, 삼법암화사, 속지사, 용사가 있다. 견에는 관기와 두촌당견이 있는데, 폭이 넓으면서도 조밀하며 화가들이 주로 사용한다. 면은 임안[항주(杭州)]의 것으로 흰색에 세밀한 것을 좋은 것으로 친다. 주에는 채색실로 짠 것이 있는데 공인들이 그것을 귀하게 여긴다[綾有柿蒂, 狗蹄. 羅有花羅, 素羅, 結羅, 熟羅, 線住. 錦內司街坊以絨背爲佳. 緙絲花素(素者, 可能指素地緙絲). 杜緙又名起線, 鹿胎次名透背, 皆花紋突起, 色樣織造不一. 紵絲染絲所織, 諸顔色者有織金, 閃褐, 間道等類. 紗有素紗, 天淨, 三法暗花紗, 欀地紗, 茸紗. 絹有官機, 杜村唐絹, 幅闊者密, 畫家用之. 綿以臨安, 於潔白而細密者佳. 綢有綿線織者, 工人貴之]"라고 하였다.[11] 육유(陸遊)도 『노학암필기(老學庵筆記)』에서 이르기를, "박주에서 경사가 나는데, 들어 올려 보면 마치 없는 것마냥 가볍고 옷으로 만들어 입으면 그 옷이 마치 연무 같아서 경용이라고 칭하였다(亳州出輕紗, 舉之若無, 裁以爲衣, 其若煙霧, 謂即輕容也)"라고 하였다. 나(羅)에는 윤주(潤州), 호주(湖州) 직라무(織羅務)가 매년 어복(御服) 화라(花羅)를 공물로 바치는 것 외에도 무주[黎州, 지금의 금화(金華)]에는 공작라(孔雀羅), 과자라(瓜子羅), 국화라(菊花羅), 춘만원라(春滿園羅), 보상화라(寶相花羅) 등이 있으며, 회계[會稽, 지금의 소흥(紹興)]에는 만수등(萬壽藤), 화제구(火齊球), 쌍봉수대(雙鳳綬帶) 등 새롭게 변화시킨 문양들이 있었다.

(2) 송대(宋代)의 견직물(絹織物)

고고학에서 발견한 송나라 비단과 금(錦)의 종류는 그다지 많지 않다. 그 원인은 송대 통치자들이 금을 이민족에게 공물로 바쳐 관계 강화를 요청하는 선물로 사용하여, 민간에서는 사적으로 운반·판매·생산하는 것을 모두 금지시켰기 때문이다. 1953년 신강(新疆) 아랍이(阿拉爾, 아라얼)에서는 북송(北宋) 복식과 일용품이 출토되었는데, 그중 일부는 중원(中原)의 특징을 나타내는 것도 있었다. 예를 들면, 중련금(重蓮錦), 연하계칙단과금(蓮荷鸂鶒團窠錦), 대조여의문화릉(對鳥如意紋花綾) 등이 있다. 그 외에도 영취구로문금포(靈鷲球路紋錦袍)와 쌍양문금포(雙羊紋錦袍)가 있는데, 이는 중앙아시아의 예술적 풍격의 특징을 나타낸다. 송나라 금(錦)은 1957년 소주시(蘇州市) 호구(虎丘) 운엄사탑(雲嚴寺塔)에서 출토되어, 북경(北京) 고궁박물원에 보존되어 있다. 호남성(湖南省) 형양시(衡陽市) 서도구(西渡區) 하가조(何家皂) 북송묘에서도 일찍이 능(綾), 사(紗) 등이 발견되었다. 1975년 강소성(江蘇省) 금단시(金壇市)와 복건성(福建省) 복주시(福州市)에서도 각각 남송(南宋)시대의 고분이 발굴되었다. 그중 금단시의 남송 순우(淳祐) 4년(1244년) 태학생(太學生) 주우묘(周瑀墓)에서 발견된 의복과 일용품 50여 점에는 전지모란(纏枝牡丹), 동백나무, 천축(天竺), 매화문릉(梅花紋綾), 절지

▶ 그림 7-54 북송(北宋) 화조단화문금(花鳥團花紋錦)
1953년 신강(新疆) 아랍이(阿拉爾)에서 출토. 북경(北京) 고궁박물원 소장
협경(夾經): 미색, 직경 0.1mm, 밀도 20올/cm
무늬용 날실: 백색, 직경 0.05～0.08mm, 밀도 22올/cm
바탕용 씨실: 미색, 직경 0.5mm, 밀도 14올/cm
무늬용 씨실: 백·침향(沈香)·월백(月白)·미색 밀도 18올/cm
침향색은 바탕무늬를, 백·월백·미색은 화문(花紋)을 직조하였으며, 모두 장포사(長跑梭)이다.
바탕조직: 1/3 좌향위사문(左向緯斜紋)
화문조직: 1/3 좌향위사문(左向緯斜紋)
이중사색위금(二重四色緯錦) 조직이다. 씨실 굵기는 고르지 못하며, 직조도 비교적 거칠다. 화문 윤곽의 경계도 희미하며, 바탕이 드러나 보이는 현상도 있다.

(1) 실물

(2) 문양 모사본

▶ 그림 7-55 북송(北宋) 구로쌍양문호복금포(球路雙羊紋胡服錦袍)
1953년 신강(新疆) 아랍이(阿拉爾)에서 출토. 신강위구르자치구박물관 소장

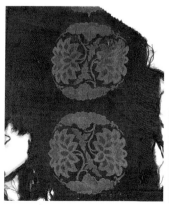

(1) 실물

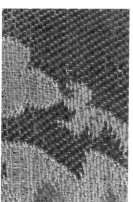

(2) 조직 확대도

▶ 그림 7-56 북송(北宋) 중련문금(重蓮紋錦)
1953년 신강(新疆) 아랍이(阿拉爾)에서 출토. 북경(北京) 고궁박물원 소장
크기: 약 13×17.5cm
표경(表經): 남색, 직경 0.15～0.3mm, 밀도 22올/cm
협경(夾經): 남색, 직경 0.1mm, 밀도 42올/cm
무늬용 씨실: 자홍(紫紅)·미황(米黃)·초록, 직경 0.4mm, 밀도 20올/cm
바탕용 날실과 무늬용 씨실은 오매우향위사문(五枚右向緯斜紋)으로 구성되었으며, 협경은 무늬용 씨실의 부침(浮沉)변화를 조절하여 씨실과 교직하지 않았다. 이중사색위금(二重四色緯錦) 조직이다.

(2) 영취구로문금 문양

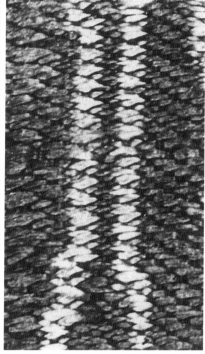

(3) 소맷부리에 두른 대조난간문금(對鳥欄杆紋錦)
단위화문크기 6×9cm

(4) 대조난간문금의 직조문양 표면

(5) 대조난간문금 앞면 조직 확대도

(6) 대조난간문금 뒷면 조직 확대도

◀▲ 그림 7-57 송(宋) 영취구로문금포(靈鷲球路紋錦袍)
　　1953년 신강(新疆) 아랍이(阿拉爾)에서 출토. 북경(北京) 고궁박물원 소장
　　옷길이 134cm 양소매전체길이 186cm 소맷부리너비 15.5cm 밑자락길이 70cm 뒷자락길이 69cm
　　날실직경 0.1~0.15mm 씨실직경 0.25~0.4mm 날실밀도 26올/cm 씨실밀도 60올/cm
　　직물조직은 삼매좌향사문(三枚左向斜紋)으로 씨실로 문양을 직조했으며, 날실과 씨실은 모두 꼬임이 없다. 금포의 바탕색은 연한 갈색이며, 남록
　　색, 흰색, 검은색 견사로 문양을 직조하였다. 구문(球紋) 안에는 독수리 2마리가 서로 등지고 서 있으며, 그 사이는 꽃과 나무로 장식했다. 구문 연결
　　부분은 방기귀자문(方棋龜子紋)과 연주문(聯珠紋)으로 장식하고, 구문 사이의 빈 공간에는 4개의 조문소단화(鳥紋小團花)로 서로 연결하였다. 색
　　상은 조화로우며, 매우 정교하게 직조하였다. 그 외에도 대조난간문금(對鳥欄杆紋錦)으로 소맷부리를 둘렀고, 포 안에는 소견(素絹)을 덧대었으며,
　　현재는 타황색(駝黃色)으로 나타난다.
　　출처:『중국미술전집(中國美術全集)ㆍ공예미술편(工藝美術編)ㆍ인염직수(印染織繡)』상(上) 도판167

요ㆍ송ㆍ서하ㆍ금ㆍ원대(遼ㆍ宋ㆍ西夏ㆍ金ㆍ元代)

▲ 그림 7-60 북송(北宋) 모란화문단(牡丹花紋緞)
(일부분)
강소성 무석시(江蘇省 無錫市) 전유묘(錢裕墓)에서
출토. 무석박물원 소장

▲ 그림 7-58 송(宋) 『이공동행서시권(李空同行書詩卷)』 표수(裱首) 반조천화문금(盤織天華紋錦)
북경(北京) 고궁박물원 소장

▲ 그림 7-59 송(宋) 『전자건유춘도(展子虔遊春圖)』 표봉(裱封) 전지화문금(纏枝花紋錦)
북경(北京) 고궁박물원 소장

▼ 그림 7-63 북송(北宋) 검은색 전지모란화문사(纏枝牡丹花紋紗)
1973년 호남성 형양시 서도구(湖南省 衡陽市 西渡區) 하가조(何家皂) 1호 묘에서 출토. 호남성박물관 소장
길이 88cm 너비 51.5cm 두께 0.12cm
단위화문크기: 길이 30cm, 너비 15cm
날실밀도 45올/cm 씨실밀도 25올/cm
교사(絞紗) 바탕에 삼매사문(三枚斜紋)을 직조하였으며, 화문 조형은 비교적 소박하면서도 견실하다. 이는 송대(宋代) 자주요(磁州窯)의 흰색 바탕에 검은색 무늬를 새긴 자기의 문양 풍격과 비교적 비슷하며, 사실적으로 표현했다.

▼ 그림 7-62 송(宋) 『위현고사도(衛賢高士圖)』 포수(包首) 붉은색 바탕의 반조상난문금(盤織翔鸞紋錦)
크기 53×30.5cm

▼ 그림 7-61 북송(北宋) 금상첨화금(錦上添花錦) 문양
소주시(蘇州市) 호구(虎丘) 운엄사탑(雲巖寺塔) 출토물의 모사본
단위화문크기 13.5×6cm
회자색(灰紫色) 바탕에 황록색 단화(團花)를 직조하였으며, 황갈색 기하학 바탕 무늬와 윤곽선도 있다.

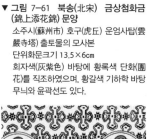

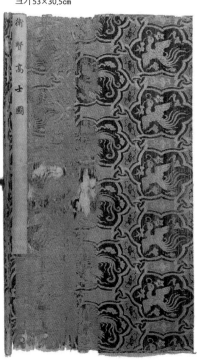

매죽문기(折枝梅竹紋綺), 구형문기(矩形紋綺), 능형소화기(菱形小花綺), 방형소화기(方形小花綺), 사(紗), 사경소라(四經素羅), 평문화라(平紋花羅) 등의 종류가 포함되어 있다.[12] 복주시 북쪽 교외 부창산(浮倉山)에서는 남송 순우 3년(1243년) 천주(泉州)와 지주(知州)에서 시박사(市泊司)를 겸한 황박(黃樸)의 17세 딸 황승[黃升(昇)]의 묘가 발굴되었는데, 자수 염색 비단 의류와 일용품 798점이 발견되었다. 견직물에는 이경부문라(二經浮紋羅), 삼경사문화라(三經斜紋花羅), 사경소라, 평문화라, 모란부용화릉(牡丹芙蓉花綾), 묘금회채화릉(描金繪彩花綾), 장춘화기(長春花綺), 능격국화기(菱格菊花綺), 사(紗), 날실 밀도 20올/cm, 씨실 밀도 24올/cm), 추(縐, 날실 밀도 28~30올/cm, 씨실 밀도 20올/cm, Z연사와 S 연사를 6:2에 근거하여 교차하여 배열) 등의 종류가 있다.[13] 또한 1986년 복주시 다원산(茶園山)에 있는 남송 단평(端平) 2년(1235년) 묘에서도 수많은 비단이 출토되었는데, 그 종류와 색상은 황승묘에서 출토된 상황과 유사하다. 황승묘 출토 보고서에 따르면, 출토된 직물 중에는 단(緞)이 있다고 한다.[14] 필자가 직접 복주시에 가서 출토 문물을 고찰한 결과 오매위단조직(五枚緯緞組織)이 규칙적이지 않다는 것을 발견하였다. 요묘(遼墓)에서는 일찍이 오매위단(五枚緯緞)과 직금단(織金緞)이 출토되었다(그림 7-26, 7-35). 송대 문헌에서는 단(緞)을 저사(紵絲) 또는 주사(注絲)라고 칭하였다. 사실 중국 고대에는 '緞(단)'자가 존재하지 않는다. 따라서 원대(元代)에도 '緞'을 '段'으로 표기하였으며, 일본인들은 '緞'을 '주자(朱子)' 또는 '수자(繻子)'라고 칭하였는데, '저사(紵絲)'의 전음(轉音)인 듯하다.

요·송대(遼·宋代) 이래로 단(緞) 직물이 출현한 후에 유럽으로 전래되었다. 서구에서 단의 명칭은 중국 송대의 견직물 수출 항구도시인 천주(泉州)의 '자동(刺桐)'에서 기원한다. 원대 중국에서 관직을 맡았던 여행가 마르코 폴로(Marco Polo)도 『마르코 폴로 여행기(馬可·波羅行記)』에서 "천주의 단은 중세기에 유명하였다. 페르시아인들은 Zairuni……, 이탈리아인들은 Zetoni……, 프랑스어로는 Satin이라고 칭했는데, 여기에서 유래했다고 확신할 수는 없다"라고 기록하였다.[15]

오대(五代)에 천주성(泉州城)을 재건할 때, 일찍이 성벽 바깥에 자동수(刺桐樹)를 둘러 심었기 때문에 외국 상인들은 '자동성(刺桐城)'이라 불렀다. 원대에 중국을 방문했던 이븐 바투타(Ibn Battuta)도 『이븐 바투타 여행기(伊本·拔圖塔遊記)』에서 "…… 자동(천주)성은 지리적 위치가 좋아 녹단을 생산하기에 적합하였다. 그 상품은 한사(항주)와 한팔리(북경)보다 우수하였다[…… 刺桐(泉州)地極扼要, 出産綠緞。其産品較汗紗(杭州)及汗八裏(北京)兩城所産者爲優]"라고 언급하였다. 남송(南宋) 영종(寧宗, 1195~1224년) 양황후(楊皇后)는 『궁사(宮詞)』에서 "친잠례(예전에, 왕비가 양잠을 장려하기 위하여 직접 누에를 치는 일을 이르던 말)를 이용하여 오사를 직조하고자 한다(要趁親蠶織五絲)"라고 하였는데, '오사(五絲)'가 바로 오매단(五枚緞)이다.

송대 능(綾), 기(綺), 사(紗), 나(羅) 직물은 다른 지역에서도 출토되었다. 1988년 강서성(江西省) 덕안현(德安縣) 남송(南宋) 주씨묘(周氏墓)에서 출토된 다량의 비단 의복과 일용품 대부분은 변색되었는데, 그 종류와 디자인은 복주시 황승묘에서 보이는 바와 유사하다. 강소성 상주시(常州市) 송묘(宋墓)에서는 사경소라와 삼경사문화라 등의 종류가 출토되었다. 1977년 강소성 무진현(武進縣) 남송묘(南宋墓)에서는 의류와 견직물 20여 점이 발견되었는데, 그 종류로는 사(紗), 이경평문화라(二經平紋花羅), 삼경평문화라(三經平紋花羅), 미자문기(米字紋綺), 직조문기(直條紋綺), 매죽문이향릉(梅竹紋異向綾), 운송문이향릉(雲松紋異向綾), 매화문릉(梅花紋綾) 등이 있다. 호남성(湖南省) 형양시(衡陽市) 서도구(西渡區) 하가조(何家皂) 북송묘(北宋墓)에서 출토된 조색(皂色) 전지모란문사(纏枝牡丹紋紗), 갈색 사자곤수구구문동향릉(獅子滾繡球紋同向綾), 황갈색 전지여지아동문동향릉(纏枝荔枝兒童紋同向綾) 등의 문양 구조는 사실적이고 장식성이 뛰어나며, 윤곽은 자연스러우면서도 격조가 고아하다. 북경(北京) 고궁박물원은 남송 순우(淳祐) 연간 황제의 첩(帖)을 소장하고 있는데, 5가지 종류의 황색 화릉(花綾)으로 표구하였으며, 화문은 보보고전지문(步步高纏枝紋), 천지만초문(穿枝蔓草紋), 천지모란문(穿枝牡丹紋), 천지대리화문(穿枝大理花紋) 등이 있

▶ 그림 7-64 북송(北宋) 검은색 바탕의 전지모란문사(纏枝牡丹紋紗) 문양
호남성 형양시 서도구(湖南省 衡陽市 西渡區) 하가조(何家皂) 1호 묘에서 출토
호남성박물관 소장품의 모사본
단위화문크기 29.5×16cm

(1) 실물

(2) 조직 확대도

▲ 그림 7-65 남송(南宋) 소사(素紗)(잔편)
1975년 강소성 금단시(江蘇省 金壇市) 남송 주우묘(周瑀墓)에서 출토. 진강(鎮江)박물관 소장
직물조직: 일교일소사(一絞一素紗)

(1) 실물

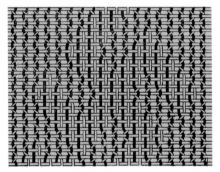

(2) 조직 구조도

▲ 그림 7-66 남송(南宋) 이경문(二經紋) 바탕의 평문화모란문직경사(平紋花牡丹紋直徑紗)(잔편)
1975년 복건성 복주시(福建省 福州市) 남송 황승묘(黃升墓)에서 출토. 복건성박물관 소장

다. 이러한 장식문양은 수·당대(隋·唐代)의 권초(卷草) 문양과는 선명한 차이점이 있지만 명·청대(明·淸代)의 장식 풍격과는 일맥상통한다. 송대 비단 무늬와 색상 명칭은 『촉금보(蜀錦譜)』, 『제동야어(齊東野語)』, 『철경록(輟耕錄)』, 『박물요람(博物要覽)』, 『패초헌객담(佩楚軒客談)』 및 『송사(宋史)』에 상당히 다양한 내용들이 기록되어 있다. 『제동야어』에는 서화 표구에 사용되는 격사능금(緙絲綾錦)의 패턴에는 18종 이상이 있다고 기록되어 있다.[16] 『철경록』에서는 서화 표구에 쓰이는 격사능금 등 51종을 기록하였는데, 상세한 내용은 격사(緙絲) 부분에서 소개하기로 한다. 그 외에도 서화의 인수(引首)와 탁리(托裏)용으로 쓰이는 화릉(花綾) 27종에는 벽란(碧鸞), 백란(白鸞), 조란(皂鸞), 조대화(皂大花), 벽화(碧花), 강아[姜牙, 『박물요람』에서는 위화(萎花)라고 함], 운란(雲鸞), 저포(樗蒲), 대화(大花), 십화(什花), 반조(盤雕), 도두수파문(濤頭水波紋), 선문(仙紋), 중련(重蓮), 쌍응(雙鷹), 방기(方棋), 귀자(龜子), 방곡문(方穀紋), 계칙(鸂鶒), 조화(棗花), 감화(鑒花), 첩성(疊勝), 백모[白毛, 요(遼)나라], 회문[回文, 금(金)나라], 백취(白鷲)(白鷲), 꽃[고려국(高麗國)]이 있다고 기록하였다.[17] [『박물요람』에서 회문릉 이하를 백취화릉(白鷲花綾), 백난작릉(白鸞鵲綾)이라고 하였다]. 『송사』는 각 주(州)의 군공물부를 기록하였는데, 개봉부(開封府)에는 방문릉(方紋綾), 사(紗)가 있으며, 청주(靑州) 중산부(中山府)에는 선문릉(仙紋綾), 연주(兗州)에는 대화릉(大花綾), 상주(相州)에는 암화모란사(暗花牡丹紗), 견(絹), 수영(遂寧)에는 저포릉(樗蒲綾), 낭주(閬州)에는 연릉(蓮綾) 등이 포함되어 있다.[18] 회화의 영향으로 인하여, 송대는 비단문양이 예전보다 크게 발전한 시기이다. 문헌자료와 출토된 비단을 대조해 본다고 하여도 전체적인 상태를 확인하기는 어렵겠지만, 동시대 다른 공예품 종류의 장식 및 원·명대(元·明代)의 공예장식과 서로 비교해 본다면 송대 비단문양의 기본적인 양상을 전면적으로 이해할 수 있을 것이다.

실물 범례: 금(錦)(그림 7-54~7-62), 사(紗)(그림 7-63~7-71), 능(綾)(그림 7-72~7-84), 나(羅)(그림 7-85~7-102), 크레이프, 비단, 기(綺), 단(緞), 소(素) 등등 (그림 7-103~7-107)

▲ 그림 7-67 남송(南宋) 포회사수화변대금선오(葡灰紗繡花邊對襟旋襖)
1975년 복건성 복주시(福建省 福州市) 남송 황승묘(黃升墓)에서 출토. 복건성박물관 소장
옷길이 90cm 양소매전체길이 158cm

▲ 그림 7-68 남송(南宋) 사(紗) 바탕의 대금선오(對襟旋襖)
1988년 강서성 덕안현(江西省 德安縣) 남송 주씨묘(周氏墓)에서 출토
덕안현박물관 소장
옷길이 97.5cm 양소매전체길이 160cm 소매너비 20cm
소맷부리너비 15.5cm 옷가선(-縇)너비 6cm 트임높이 41cm
아랫단너비 31×2cm(앞), 60cm(뒤) 허리둘레 98cm
자료제공: 주적인(週迪人) 선생

(1) 실물

(2) 사삼(紗衫) 표면

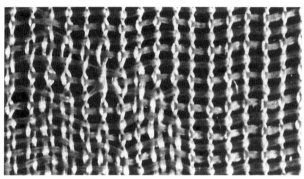

(3) 문양 모사본

(4) 사(紗) 조직 확대도

▲▲ 그림 7-69 남송(南宋) 화훼문사합령단삼(花卉紋紗合領單衫)

　1975년 강소성 금단시(江蘇省 金壇市) 남송 주우묘(周瑀墓)에서 출토. 진강(鎭江)
박물관 소장
단위화문크기 10×31cm
바탕조직: 일교일직경사(一絞一直徑紗)
화문조직: 평문(平紋)

(1) 쌍구문사(雙矩紋紗) 실물

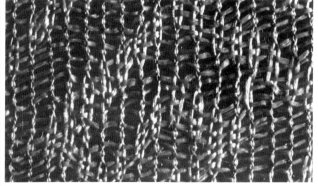

(2) 사(紗) 조직 확대도

◀ 그림 7-70 남송(南宋) 쌍구문사교령단삼(雙矩紋紗交領單衫)(일부분)

　1975년 강소성 금단시(江蘇省 金壇市) 남송 주우묘(周瑀墓)에서 출토. 진강(鎭江)박물관
소장
옷길이 135cm 양소매전체길이 268cm
이 단삼은 대금(對襟), 직선 소매 스타일이며, 얇은 재질의 쌍구문사 옷감을 사용하여 제
작하였다. 남송시대 남성들이 여름철에 입었던 평상복이다.

▲ **그림 7-71 남송(南宋) 자회추사곤변착수여배자(紫灰縐紗滾邊窄袖女褙子)**
　1975년 복건성 복주시(福建省 福州市) 남송 황승묘(黃升墓)에서 출토. 복건성박물관 소장
　옷앞면길이 123㎝ 옷뒷면길이 125㎝ 양소매전체길이 147㎝ 소맷부리너비 28㎝
　허리너비 53㎝ 밑자락앞너비 57㎝ 밑자락뒷너비 59㎝
　이 배자의 밑자락 좌우는 겨드랑이 아래까지 트임을 주었으며, 옷깃, 밑자락, 소맷부리에는 모두
4㎝ 너비의 국화 및 기하문(幾何紋) 화변(花邊)과 1.3㎝ 너비의 금분인화부용국화문(金粉印花芙
蓉菊花紋) 소화변(小花邊)을 둘렀다. 옷감은 모두 강한 꼬임이 있는 평문추사(平紋縐紗)이며, 안
감은 꼬임이 없는 평문가사(平紋假紗)이다. 화변 원단은 이경교직라(二經紋織羅)이다. 감촉은 탄
성이 좋으며, 시원하면서도 편안하다. 스타일은 아름답고 우아하며, 송대에 유행했던 여성복식 스
타일이다.
　출처: 『중국미술전집(中國美術全集)·공예미술편(工藝美術編)·인염직수(印染織繡)』상(上) 도
판168

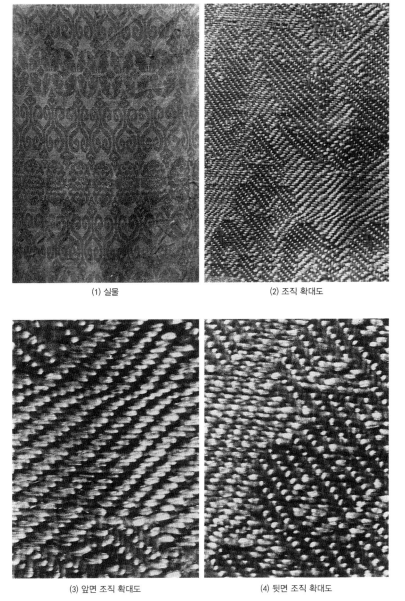

(1) 실물

(2) 조직 확대도

(3) 앞면 조직 확대도

(4) 뒷면 조직 확대도

▲ 그림 7-72 북송(北宋) 미색 대조단화구운문암화릉(對鳥團花句雲紋暗花綾)
1953년 신강(新疆) 아랍이(阿拉爾)에서 출토. 신강위구르자치구박물관 소장

(1) 실물

(2) 문양 복원도

▲ 그림 7-73 북송(北宋) 황갈색 동자반화문암화릉(童子攀花紋暗花綾)(잔편)
1975년 호남성 형양시 서도구(湖南省 衡陽市 西渡區) 하가조(何家皁) 1호 묘에서 출토. 호남성박물관 소장
크기 30×32cm 복원된 화문크기 약 31×41cm
출처: 『중국미술전집(中國美術全集)·공예미술편(工藝美術編)·인염직수(印染織繡)』상(上) 도판180

(1) 천지화문릉(穿枝花紋綾)

(2) 천지화문릉

(3) 천지만초문릉(穿枝蔓草紋綾)

◀ 그림 7-74 북송(北宋) [원우(元祐) 원년(1086년)] 제첩용(制帖用) 능(綾) 문양
북경(北京) 고궁박물원 소장품의 모사본
크기: 각 32×23cm

(1)

(2)

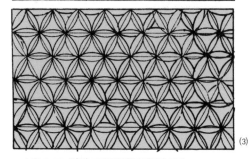

(3)

▲ 그림 7-75 송(宋) 기하문릉(幾何紋綾) 문양
소주시(蘇州市) 호구(虎丘) 운엄사탑(雲巖寺塔)에서 출토
소주비단박물관 소장품의 모사본

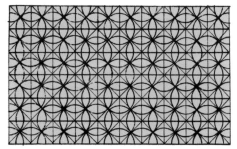

▲ 그림 7-78 남송(南宋) 연전문릉(連錢紋綾) 문양
강소성 금단시(江蘇省 金壇市) 남송 주우묘(周瑀墓)에서 출토
진강(鎭江)박물관 소장품의 모사본
화문크기 6×10cm

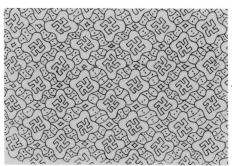

◀ 그림 7-79 남송(南宋) 암화만
자연선문릉(暗花卍字連線紋綾)
문양
강소성 금단시(江蘇省 金壇市) 남
송 주우묘(周瑀墓)에서 출토
진강(鎭江)박물관 소장품의 모사본
화문크기 8.5×12.5cm

▲ 그림 7-76 북송(北宋) 조함화단화문릉(鳥銜花
團花紋綾) 문양
소주시(蘇州市) 호구(虎丘) 운엄사탑(雲巖寺塔)에서
출토
소주박물관 소장품의 모사본
단화직경 9cm

▲ 그림 7-77 남송(南宋) 모란문릉
(牡丹紋綾) 문양
복건성 복주시(福建省 福州市) 남송 황
승묘(黃升墓)에서 출토
복건성박물관 소장품의 모사본
단위화문크기 6.5×8cm

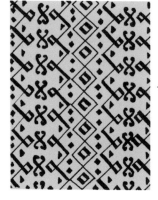

◀ 그림 7-80 남송(南宋) 기하조문릉(幾何條紋綾) 문양
복건성 복주시(福建省 福州市) 남송 황승묘(黃升墓) 출토물의
모사본
길이 322cm 너비 54cm 화문크기 7.5×5.9cm
이 능(綾)의 필단(匹端)에는 원래 묵서(墨書)가 있었는데, 글씨체
가 선명하지는 않다. 또한 '趙記(조기)'와 비슷한 글자로 보이는
사각형의 붉은 도장(朱印)이 있다.

(1) 문양

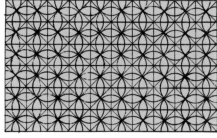

(2) 조직도

▲ 그림 7-81 남송(南宋) 기하문릉(幾何紋綾) 문양
복건성 복주시(福建省 福州市) 남송 황승묘(黃升墓) 출토물
의 모사본
화문크기 4.1×6.2cm

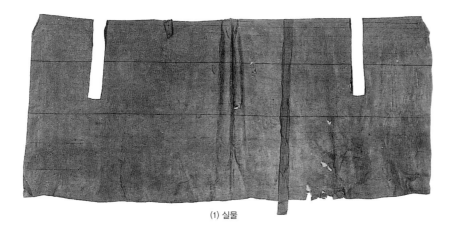

(1) 실물

(2) 치마 표면

(3) 문양 모사본

(4) 앞면 조직 확대도

▲ 그림 7-82 남송(南宋) 화훼릉사면군(花卉綾絲綿裙)
　1975년 강소성 금단시(江蘇省 金壇市) 남송 주우묘(周瑀墓)에서 출토. 진강(鎭江)박물관 소장
　단위화문크기 15×32cm

▲ 그림 7-83 남송(南宋) 매화채구문릉(梅花彩球紋綾) 문양
　복건성 복주시(福建省 福州市) 남송 황승묘(黃升墓) 출토물의
　모사본
　단위화문크기 15.8×13.5cm
　필수(匹首)에 "宗正紡染金絲絹宦記(종정방염금사견환기)"라고
　묵서되어 있다.

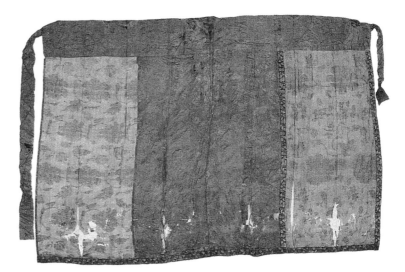

▲ 그림 7-84 남송(南宋) 유요사폭량편화릉직군(有腰四幅兩片花綾直裙)
　1975년 복건성 복주시(福建省 福州市) 남송 황승묘(黃升墓)에서 출토. 복건성박물관 소장
　길이 84cm 허리너비 122cm 밑자락너비 126cm 허리높이 12.7cm 위쪽조각너비 91cm
　아래쪽조각너비 92cm 화변(花邊)너비 2cm
　치마띠: 좌측길이 79cm 우측길이 37cm 너비 4.5cm
　동백, 장미, 국화 문양의 황갈색 능(綾)에 국화 화변(花邊)을 직조했으며, 상하 두 치마 조각의 중간을 서로 겹
　쳐, 걸을 때 다리가 보이지 않는다.
　출처:『중국미술전집(中國美術全集)·공예미술편(工藝美術編)·인염직수(印染織繡)』상(上) 도판173

(1) 실물

▲ 그림 7-85 남송(南宋) 사생화훼삼사라합령협삼(寫生花卉三絲羅合領夾衫)
1975년 강소성 금단시(江蘇省 金壇市) 남송 주우묘(周瑀墓)에서 출토, 진강(鎭江)
박물관 소장
단위화문크기 21×66cm

(2) 문양 모사본

(3) 조직 확대도

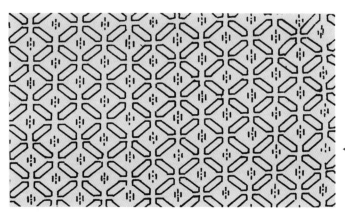

◀ 그림 7-86 북송(北宋) 기하문본색라(幾何紋本色羅) 문양
호남성 형양시 서도구(湖南省 衡陽市 西渡區) 하가조(何家皁) 1호
묘에서 출토
호남성박물관 소장품의 모사본
격자(格子)크기 1.5×2cm

(1) 실물

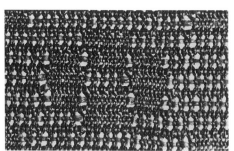

(2) 조직 확대도

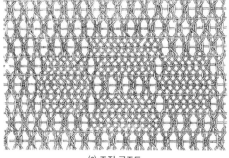

◀ 그림 7-87 남송(南宋) 사합소화라
(四合小花羅)(잔편)
1975년 강소성 금단시(江蘇省 金壇市)
남송 주우묘(周瑀墓)에서 출토, 진강
(鎭江)박물관 소장

(3) 조직 구조도

(1) 실물

(2) 조직 확대도

▲ 그림 7-88 남송(南宋) 소라(素羅)(잔편)
　1975년 강소성 금단시(江蘇省 金壇市) 남송 주우묘(周瑀墓)
　에서 출토. 진강(鎭江)박물관 소장

▲ 그림 7-89 남송(南宋) 갈색 모란부용화라(牡丹芙蓉花羅)
　1975년 복건성 복주시(福建省 福州市) 남송 황승묘(黃升墓)에서 출토. 복건성박물관 소장
　길이 102cm 너비 59cm 날실밀도 48올/cm 씨실밀도 36올/cm 폭변(幅邊)너비 3cm
　날실 3올로 교직된 갈색 나(羅) 바탕에 평문조직의 모란, 부용과 꽃잎이 5개인 작은 꽃을 직조하였다. 주
　요 문양인 모란과 부용화의 꽃송이는 매우 크지만 가지와 줄기는 매우 가늘다. 또한 줄기와 가지는 천지
　식(穿枝式)으로 그 사이에는 작은 꽃을 삽입하여 꽃모양을 사실적으로 표현하였다.
　출처: 『중국미술전집(中國美術全集)·공예미술편(工藝美術編)·인염직수(印染織繡)』상(上) 도판176

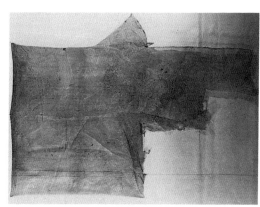

(1) 실물

(2) 문양 모사본

(3) 조직 확대도

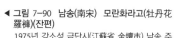

(4) 조직 구조도

◀ 그림 7-90 남송(南宋) 모란화라고(牡丹花
羅褲)(잔편)
　1975년 강소성 금단시(江蘇省 金壇市) 남송 주
우묘(周瑀墓)에서 출토. 진강(鎭江)박물관 소장
단위화문크기 26.5×66cm
나(羅) 바탕은 3올을 서로 교직하고[삼사라(三絲
羅)], 문양은 삼매우향사문(三枚右向斜紋)과 평
문(平紋)을 변화시켰다.

▶ 그림 7-92 남송(南宋) 다화모란
릉소부용문라(茶花牡丹菱霄芙蓉
紋羅) 문양
복건성 복주시(福建省 福州市) 남송
황승묘(黃升墓)에서 출토
복건성박물관 소장품의 모사본
단위화문크기 12.5×34cm

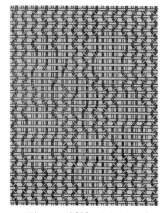

▲ 그림 7-91 남송(南宋) 심연색(深煙色) 모란화라배심(牡丹花羅背心)
1975년 복건성 복주시(福建省 福州市) 남송 황승묘(黃升墓)에서 출토, 복건성박물관 소장
조끼길이 70cm 허리너비 44cm 소맷부리너비 25cm 밑자락앞너비 39cm 밑자락뒷너비 44.5cm 밑자락가선(-縇)너비 1.2cm
민무늬옷깃너비 7cm
출처: 『중국미술전집(中國美術全集)·공예미술편(工藝美術編)·인염직수(印染織繡)』상(上) 도판170

▲ 그림 7-93 송(宋) 이경교라위화(二
經紋羅緯花) 조직도

▲ 그림 7-94 남송(南宋) 장미산다문라(薔薇山茶紋
羅) 문양
복주시(福州市) 남송 황승묘(黃升墓) 출토물의 모사본
단위화문크기 24×33cm

▲ 그림 7-95 남송(南宋) 모란부용문라(牡丹
芙蓉紋羅) 문양
복주시(福州市) 남송 황승묘(黃升墓) 출토물의
모사본
단위화문크기 32×33cm

▲ 그림 7-96 남송(南宋) 화중투화식(花中套花式)
천지모란문라(穿枝牡丹紋羅) 문양
복주시(福州市) 남송 황승묘(黃升墓) 출토물의 모사본
단위화문크기 16×34cm

▶ 그림 7-97 남송(南宋) 나(羅) 바탕의 배자(褙子)
1988년 강서성 덕안현(江西省 德安縣) 남송 주씨묘
(周氏墓)에서 출토, 덕안현박물관 소장
자료제공: 주적인(周迪人) 선생
옷길이 105.7cm 양소매전체길이 172cm
소매너비 21cm 소맷부리너비 13cm 허리둘레 104cm
밑자락앞너비 67cm 밑자락뒷너비 70cm
트임높이 57cm

◀ 그림 7-98 남송(南宋) 나(羅) 바탕의
단배자(單褙子)
1988년 강서성 덕안현(江西省 德安縣)
남송 주씨묘(周氏墓)에서 출토, 덕안현박
물관 소장
자료제공: 주적인(周迪人) 선생
옷길이 106cm 양소매전체길이 159cm
소매너비 23cm 소맷부리너비 15cm
허리둘레 98cm 밑자락너비 69.5cm
트임높이 57.5cm

요·송·서하·금·원대(遼·宋·西夏·金·元代)

▲ 그림 7-99 남송(南宋) 갈라수화변대금
　　　선오(褐羅繡花邊對襟旋襖)
　　　1975년 복건성 복주시(福建省 福州市) 남
　　　송 황승묘(黃升墓)에서 출토. 복건성박물관
　　　소장
　　　옷길이 88cm 양소매전체길이 160cm

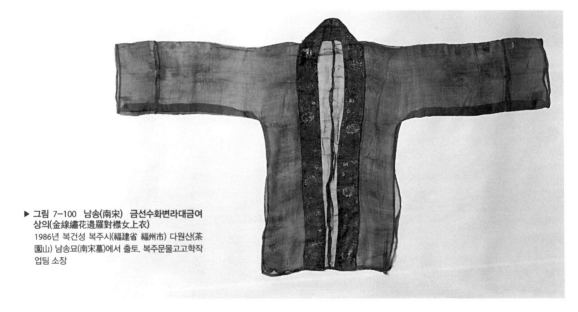

▶ 그림 7-100 남송(南宋) 금선수화변라대금여
　　　상의(金線繡花邊羅對襟女上衣)
　　　1986년 복건성 복주시(福建省 福州市) 다원산(茶
　　　園山) 남송묘(南宋墓)에서 출토. 복주문물고고학작
　　　업팀 소장

▲ 그림 7-101 남송(南宋) 인화라(印花羅)
　　1986년 복건성 복주시(福建省 福州市) 다원산(茶園山) 남
　　송묘(南宋墓)에서 출토. 복주문물고고학작업팀 소장

▲ 그림 7-102 남송(南宋) 시체화훼문협힐라(柿蒂花卉紋夾纈羅)
　　1988년 강서성 덕안현(江西省 德安縣) 남송 주씨묘(周氏墓)에서 출토. 덕안현박물관 소장

(1) 실물　　　　　　　　　　　　　　　　(2) 부분 확대

▲ 그림 7-103　남송(南宋)　인금산다매화화변대금합령연색추사단의(印金山茶梅花花邊對襟合領煙色縐紗單衣)
　　1986년 복건성 복주시(福建省 福州市) 다원산(茶園山) 남송묘(南宋墓)에서 출토, 복주문물고고학작업팀 소장

(1) 실물　　　　　　　　　　　　　　(2) 조직 확대

▲ 그림 7-105　남송(南宋)　사합여의문기
　　(四合如意紋綺) 문양
　　복주시(福州市) 남송 황승묘(黃升墓) 출토
　　물의 모사본
　　단위화문크기 7.5×6cm

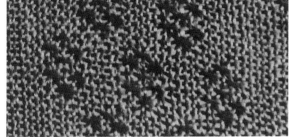

(3) 표면 확대도　　　　　　　　　　(4) 화문 구상도

▲ 그림 7-104　남송(南宋)　타화기하문주(朶花幾何紋綢)(잔편)
　　1975년 강소성 금단시(江蘇省 金壇市) 남송 주우묘(周瑀墓)에서 출토, 진강(鎭江)박물관 소장
　　바탕조직: 평문(平紋)

◀ 그림 7-106　남송
　　(南宋) 송죽매문단
　　(松竹梅紋緞) 문양
　　복건성 복주시(福建
　　省 福州市) 남송 황
　　승묘(黃升墓) 출토물
　　의 모사본
　　단위화문크기 17×
　　10cm

(1) 실물　　　　　　(2) 조직 확대도

◀ 그림 7-107　남
　　송(南宋) 소직물
　　(素織物)(잔편)
　　1975년 강소성 금
　　단시(江蘇省 金壇
　　市) 남송 주우묘
　　(周瑀墓)에서 출
　　토, 진강(鎭江)박
　　물관 소장

(3) 송대(宋代)의 격사(緙絲)

격사는 중국 비단예술에 있어 극히 귀중한 전통 직물 중의 하나이며, 각사(刻絲), 극사(克絲), 극사(尅絲)라고도 칭한다. 백색 생사(生絲)를 날실로 삼아, 날실을 목기(木機) 위에 매달한 후, 손으로 각종 색상의 씨실을 화문 구획에 따라 작은 북[梭]으로 평문조직의 문양과 바탕무늬를 직조하는 것을 가리킨다. 씨실은 작은 부분으로 나누어 직조하기 때문에 전체 폭을 관통하지 않는다. 따라서 가까운 두 문양의 라인이 수직 모양을 나타낼 때, 두 문양 사이의 테두리에는 끊어진 흔적이 남게 되는데, 이것이 바로 일반적으로 일컬어지는 '통경단위(通經斷緯)' 직조법이다(그림 7-108). 남송(南宋)시대에 이르러서는 황제가 서화예술을 창도하여 격사(緙絲)는 명인서화를 모방하는 데 주로 사용되었기 때문에 격사 직조 기예는 비약적으로 발전하여 역사상 최고점에 이르렀다.

1) 격사(緙絲)의 기원

1959년 신강(新疆) 파초현(巴楚縣) 서남쪽 탈고자살래(脫庫孜薩來) 고성(古城)에서 북조(北朝)에 해당되는 유적지 중 '통경단위법(通經斷緯法)'으로 직조한 붉은색 바탕의 보상화격모(寶相花緙毛) 잔편이 발견되었다.[19] A. 스타인도 신강에서 한(漢)나라, 남북조(南北朝)시대의 모직물 2점을 발견한 적이 있는데, 그 하나는 그리스 풍격의 모직 인물화이며, 다른 하나는 북조 풍격의 횡조만초동물문(橫條蔓草動物紋) 직물이다.[20] 그중 모직 인물화는 통경단위 직조법으로 직조한 것으로 직조법은 격사와 동일하며 다른 점은 섬유 원료를 사용했다는 것뿐이다. 당대(唐代) 격사 문물은 1973년 신강(新疆) 토로번(吐魯番) 아사탑나(阿斯塔那, 아스타나)에서 발견된 길이 9.3cm, 너비 1cm의 직물이며, 이는 초록색, 흑녹색, 등황색, 중황색, 황갈색, 흰색 등의 색상으로 기하문양을 직조한 띠이다.[21] 1907년 A. 스타인이 중국 돈황(敦煌) 천불동(千佛洞) 석굴에서 가져간 다섯 상자의 그림과 자수품에도 당대의 격사가 포함되어 있었다. 학자 향달(向達)은 A. 스타인이 저술한 『서역고고기(西域考古記)』 제13장 '밀실에서의 발견' 제90 그림에 보상화문격사(寶相花紋緙絲)가 수록되어 있음을 번역하였다. 그 외에 몇 점이 더 있는데, 연주단과(聯珠團窠) 등과 같은 문양도 포함되어 있다. 일본 대곡(大谷)탐험대도 중국 신강에서 당대 포도권초문격사(葡萄卷草紋緙絲) 잔편을 가져갔다.[20] 일본 내량현(奈良縣) 정창원(正倉院)은 내량(奈良, 나라)시대(8세기)부터 전해 내려온 당대 격사 잔편을 소장하고 있는데, 그중 인동연화대수문(忍冬蓮花對獸紋) 격사 기술은 상당히 뛰어나다. 북송(北宋)시대에 이르러서는 후세에 전해 내려온 격사 「홍화수(紅花樹)」(그림 7-109), 「자탕하화(紫湯荷花)」, 「자천록(紫天鹿)」(그림 7-110), 「일등자란작보(一等紫鸞鵲譜)」(그림 7-116) 등을 살펴보면, 표수(裱首)와 표장(裱裝) 속표지에 사용된 격사는 상당히 많으며, 남송시대 『제동야어(齊東野語)』, 원대(元代) 『철경록(輟耕錄)』에는 모두 송대 표장용 격사와 능금(綾錦) 명칭이 기록되어 있다.

『제동야어』에 기록된 소흥시(紹興市) 서화용 격사와 금릉(錦綾) 표구 명칭은 다음과 같다. 즉, 극사작루대(克絲作樓臺), 청록점문금(青綠簟文錦), 대강아운란백릉(大姜牙雲鸞白綾), 홍하운금(紅霞雲錦), 벽난릉(碧鸞綾), 백난릉(白鸞綾), 자란작금(紫鸞鵲錦), 구로금(球路錦), 납금(衲錦), 시홍귀배금(柿紅龜背錦), 자백화룡금(紫百花龍錦), 조난릉(皂鸞綾), 백응릉(白鷹綾), 곡수자금(曲水紫錦), 백화릉(白畫綾), 조대화릉(皂大花綾), 벽화릉(碧花綾), 저포금(樗蒲錦) 등이 있다.[16]

원대 도종의(陶宗儀)의 『철경록』에 기록된 송대 서화 금표(錦褾)의 명칭은 다음과 같다. 즉, 극사작누각(克絲作樓閣), 극사작룡수(克絲作龍水), 극사작백화찬룡(克絲作百花攢龍), 자적주룡단(紫滴珠龍團), 청앵도(青櫻桃), 조방단백화(皂方團白花), 갈방단백화(褐方團白花), 방승반상(方勝盤象), 구로(球路), 납(衲), 시홍귀배(柿紅龜背), 저포(樗蒲), 의남(宜男), 보조(寶照), 귀련(龜蓮), 천하락(天下樂), 연작(練鵲), 방승연작(方勝練鵲), 수대(綬帶), 서초(瑞草), 팔답훈(八答暈), 은구훈(銀鉤暈), 홍세화반조(紅細花盤雕), 취모사자(翠毛獅子), 반구(盤球), 수조희어(水藻戲魚), 홍편지잡화(紅遍地雜花), 홍편지상난(紅遍地翔鸞), 홍편지부용(紅遍地芙蓉), 홍칠보금룡(紅七寶金龍), 도선모란(倒仙牡丹), 백사귀문(白蛇龜紋), 황지벽모란방승(黃地碧牡丹方勝), 조목(皂木) 등 51종이 있다.[17]

중국 문헌에 언급된 격사는 남송 초기 이후이며, 주요 기록은 다음과 같다.

① 송대 홍호(洪皓)의 『송막기문(松漠紀聞)』

"회골족(回鶻族, 위구르족)은 당나라 말기부터 점점 쇠퇴하여, 본 왕조(송나라)가 흥성할 때, 진천으로 들어와 살면서 숙호가 되었으나, 여진이 섬서 지방으로 쳐들어오자 모두 연산으로 이주하였다. 예전의

▲ 그림 7-108 통경단위(通經斷緯) 격사(緙絲) 직조법

감주, 양주, 과주, 사주 등지에는 족장이 있었는데, 후에는 모두 서하에 종속되었다. 오직 4군 밖에 거주하는 자들만이 스스로 나라를 이루고 군장을 두었다. 이들의 용모는 곱슬머리에 눈은 움푹 들어가 있고, 눈썹은 화장한 것처럼 짙으며, 속눈썹 아래부터 구레나룻이 많이 나 있다. 그 땅에는 슬슬이라는 주옥이 많이 나고, 비단으로는 두라면, 모계, 융금, 주사, 숙릉, 사갈 등이 난다(回鶻自唐末浸微, 本朝盛時, 有入居秦川爲熟戶者, 女眞破陝, 悉徙之燕山. 甘, 涼, 瓜, 沙舊皆有族帳, 後悉羈縻於西夏. 唯居四郡外地者, 頗自爲國, 有君長. 其人捲髮深目, 眉修而濃, 自眼睫而下多虯髥. 土多瑟瑟珠玉, 帛有兜羅綿, 毛罽, 絨錦, 注絲, 熟綾, 斜褐)"라고 하였다. "또 금선을 짜는 데 뛰어나며, 슬슬을 사용하여 귀걸이와 두건의 고리를 만들었다. 숙금, 주사, 숙릉, 선라 등을 직조하고, 또 오색실로 도포를 만들어 그 이름을 극사라 칭하였는데 매우 화려하다. …… 신유년에, 금나라가 죄인들을 풀어주어 모두 서쪽으로 돌아가도록 허락하였으나, 대부분이 잔류하고 돌아가지 않았다. 지금도 역시 눈이 약간 들어가 있고 구레나룻이 구불구불하지 않은 자들이 있는데, 아마도 한족과의 사이에서 태어난 자들인 듯하다(又善結金線, 相瑟瑟爲珥及巾環. 織熟錦, 注絲, 熟綾, 線羅等物, 又以五色絲成袍, 名曰尅絲, 其華麗. …… 辛酉歲, 金國肆赦, 皆許西歸, 多留不反. 今亦有目微深而髥不虯者, 蓋與漢兒通而生者)."[22] 홍호는 북송 정화(政和) 연간에 진사(進士)를 지냈으며, 남송 건염(建炎) 3년(1129년) 사신으로 금나라에 갔다가 15년 동안 억류되면서 북방에서 줄곧 유랑하는 삶을 살게 되었다. 따라서 북방의 풍토와 천연 산물도 매우 잘 파악하고 있어서, 그가 서술한 내용들을 1차적 자료로 삼았다.

② 송대 장계유(莊季裕)의『계륵편(雞肋編)』상(上)권

"정주에서는 각사를 직조하는 데 큰 베틀을 사용하지 않고 숙색사(색을 정제한 실)로 목쟁(구식 직조기 부품) 위에서 (날실을) 짠 뒤에 만들고자 하는 화초나 금수의 모양에 따라 만든다. 작은 베틀 북으로 씨실을 짤 때는, 먼저 그 자리를 남겨 놓고 바야흐로 여러 가지 색실을 날실 위에 장식하고 나서 합처서 무늬를 만드는데, 마치 서로 이어져 있지 않은 듯하여, 허공에 뜬 것을 보면 조각한 형태와 같아 각사라고 부른다. 부녀자 옷 한 벌을 직조하려면 1년 내내 짜야 완성할 수 있었다. 비록 백화를 만든다 하더라도 서로 다른 종류로 만들어도 가능하다. 아마도 베틀 북을 통과시켜 짜는 것이 아닌 듯하다(定州織刻絲, 不用大機, 以熟色絲經於木棦上, 隨所欲作花草禽獸狀, 以小梭織緯時, 先留其處, 方以雜色線綴於經線之上, 合以成文, 若不相連, 承空視之, 如雕鏤之象, 故名刻絲. 如婦人一衣, 終歲可就, 雖作百花, 使不相類亦可, 蓋非通梭所織也)."라고 하였다.[23] 상술한 내용은 하북성(河北省) 정주(定州) 지역의 격사공예 특징과 기예수준을 구체적으로 기록한 것이다. 게다가, 당시 격사가 일찍이 부녀자들의 복장용으로 사용되었던 상황을 설명해 준다. 장계유는 산서(山西)인이며, 홍호(洪皓)와 거의 동시에 그가 앞에서 이미 언급한, 북송 번영기의 회골족은 "진천으로 들어와 살면서 숙호(귀순 또는 발전 수준이 높은 소수민족)가 되었는데, 여진족이 섬서로 쳐들어오자, 모두 연산으로 이주하였다(入居秦川爲熟戶者, 女眞破陝, 悉徙之燕山)"라고 하였다. 당대 하북성 정주는 '양과릉(兩窠綾)'을 공물로 바치면서 이름을 얻게 되었다. 그 후, 회골족들이 이주해 와 한인들과 함께 생활하게 되어 일부는 혼인을 통하여 동화되면서, 그들의 격사 기술은 사직(絲織) 기술의 기초가 다져져 있는 정주에서 뿌리를 내리고 발전하게 되었다.

2) 격사(緙絲)의 명칭

격사의 명칭에는 앞에서 언급한『송막기문(松漠紀聞)』의 '극사(尅絲)',『계륵편(雞肋編)』의 '각사(刻絲)', 명대(明代) 장습지(張習

▶ 그림 7-109 북송(北宋)『조맹조수촌도진적(赵孟頫水村图眞蹟)』표수(裱首) 격사(緙絲)「홍화수(紅花樹)」
북경(北京) 고궁박물원 소장

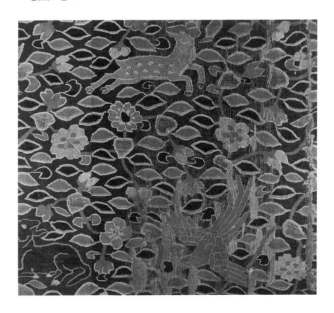

◀ 그림 7-110 북송(北宋) 격사(緙絲)「자천록(紫天鹿)」
북경(北京) 고궁박물원 소장. 전세품(傳世品)
높이 45.7cm 너비 27.3cm 날실밀도 18올/cm 씨실밀도 48~52올/cm
격사 직조법은 평창(平戧)과 구격(句緙)을 사용하였다.
출처:『중국미술전집(中國美術全集)』· 공예미술편(工藝美術編) · 인염직수(印染織繡)』상(上) 도판190

志)가 송대(宋代) 주극유(朱克柔)의 격사 작품 『모란(牡丹)』을 위해 써준 발문에서 언급한 '극사(尅絲)', 명대 곡응태(谷應泰)가 『박물요람(博物要覽)』에서 서술한 송금(宋錦)의 명칭 '극사(克絲)' 등이 있다. 명대 왕급(汪伋)은 『사물원회(事物原會)』에서 『명의고(名義考)』에 이르기를, "극[kè], 극[kè], 각[kè] 세 글자는 모두 이 음으로 읽으며, 격사에서 격은 마땅히 緙(kè]이라 하는 것이 옳다(尅, 克, 刻三字皆讀此音. 緙絲之緙當作緙是也)"라고 하였음을 인용하였다. 이 외에도 『옥편(玉篇)』과 『광운(廣韻)』의 분석에 따르면, '격(緙)'은 직위(織緯)이다. 또한 '각사(刻絲)'의 '각(刻)'에 관해 말하자면 직물을 "하늘 위로부터 내려다보면, 조각한 듯하다(承空視之, 如雕鏤之象)"라고 설명하였다. '극사(尅絲)'의 '극(尅)'은 씨실로 날실을 제어하는 것을 가리키며, 극(尅)과 극(克)은 동음이기 때문에 '극사(克絲)'라고도 한다.

3) 격사(緙絲)의 기법

격사의 기계설비는 매우 간단하다. 남송(南宋) 장계유(莊季裕)는 정주(定州)의 각사(刻絲)에 대해 서술하였는데, 단지 "숙색사(색을 정제한 실)로 목쟁(구식 직조기 부품) 위에서 (날실을) 짠 뒤에 만들고자 하는 화초나 금수의 모양에 따라 만든다(以熟色絲經于木棦上, 隨所欲作花草禽獸狀)"라고 하였다. 현재 소주(蘇州) 등지의 격사 직기는 일종의 평문(平紋) 직기이며, 상단에는 평문 잉아[綜片] 2개를 달고 잉아 아래에는 각답간(脚踏竿)을 장착하였다. 또한 기체에는 권취축(捲取軸)과 송경축(送經軸)을 설치하였다(그림 7-111). 이 외에도 대나무 바디와 대나무 잎 모양의 작은 북[梭]과 대나무로 만든 결채 등을 별도로 부착하였다. 직조할 때, 날실 하단에 도안을 끼워 넣기 때문에 직조공은 날실을 통하여 도안과 색상을 정확하게 관찰할 수 있었다. 먼저 붓으로 날실에 화문라인을 그린 다음, 다시 각종 채색 실을 감은 북으로 화문라인을 따라 구간마다 화문을 직조하였다. 이러한 기술은 쉽게 배울 수 있지만 완벽하게 숙달되기는 어렵다. 왜

나하면 보통의 직물과는 다르게 한 개의 북을 사용하여 끝까지 직조하지 않고, 종종 씨실이 통과되는 위치에서 중단하고 서로 다른 색상의 씨실을 여러 차례 교체하기 때문이다. 이는 고도로 숙련된 직조 기교와 예술적 수양이 필요할 뿐만 아니라 꽃, 새, 벌레와 물고기의 생태, 산수경치의 음양 변화, 인물 스토리의 경과와 움직임, 라인 스케치의 강유곡직(剛柔曲直), 색상 배합의 농도 조절 등에 대하여 모두 어느 정도의 이해가 필요하다. 또한 북[梭], 피(披)를 알맞게 사용하고, 씨실도 치수를 넘지 않아야 비로소 아주 적절하다고 할 수 있다. 중국의 격사 기술은 매우 오랫동안 직조공들의 노동 생산 경험이 누적되어 발전된 것으로, 그 기법을 간단하게 설명하면 다음과 같다.

① 당대(唐代)의 격사(緙絲) 기법
주로 4종류의 직조법을 사용하였다.

• '관(摜)'의 창색(戧色) 방법: '창색'은 격사 기법의 전문용어이며, 2가지 또는 2가지 이상의 색상을 조합하여 직조하는 것을 창색이라고 부른다. 창색은 장단창(長短戧), 목소창(木梳戧), 섬화창(摻和戧), 포심창(包心戧), 봉미창(鳳尾戧), '관' 창(摜戧), '결' 창(結戧), 금은합화창(金銀合花戧)으로 나누어진다. '관(摜)'의 창색 방법이라는 것은 순서에 따라 2가지 또는 2가지 이상의 인접한 서로 다른 색을 배열한 후, 순서대로 직조하는 것을 가리킨다(그림 7-112).

• 구격(句緙): 문양 테두리에 서로 다른 색상의 실로 윤곽선을 직조하여 화문경계를 선명하게 나타내는 것을 말한다(그림 7-113). 구격에는 실 1올 또는 2올을 사용하여 윤곽선을 직조하는 2가지 종류가 있다.

• 탑사(搭梭): 서로 다른 2가지 색상의 화문 테두리에서 수직선을 직조하는 경우, 2가지 색상의 북이 서로 연결될 수 없기 때문에 끊어진 흔적이 나타나게 되는데, '탑사'는 바로 그 흔적과 일정 간격 떨어진 부분에서 각각의 다른 북을 서로 왕복하여 연

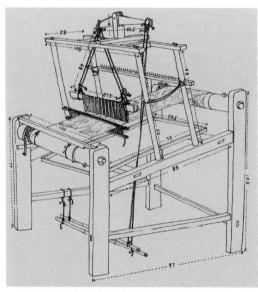

▲ 그림 7-111 강소성(江蘇省) 오현(吳縣) 격사(緙絲) 직기도
오평(吳平) 여사가 측량하여 제도한 것으로, cm를 단위로 하였다.

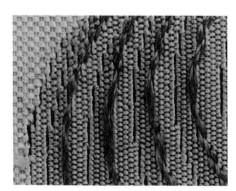

▲ 그림 7-112 관(摜)의 창색(戧色) 방법 조직 확대도

결한다. 즉, 2개의 북이 다른 한쪽 화문 부분의 날실 1올을 휘감아 수직으로 길게 직조되어 구멍이 형성되지 않도록 한다(그림 7-114).

• 각린(刻鱗): 물고기, 용의 비늘 조각, 꿩과 봉황 등 새들의 깃털 부분에 주로 사용된다.

② 북송(北宋)의 격사(緙絲) 기법

북송시대는 기본적으로 당대(唐代)의 격직법(緙織法)을 계승하였지만, 화문은 훨씬 더 정교하고 아름다워졌으며, 색채는 퇴훈법(退暈法)을 사용하였다. 북송의 격사『일등자란작보(一等紫鸞鵲譜)』는 바로 다양한 상금서조(祥禽瑞鳥)로 구성된 조천화(鳥穿花) 도안이다. 매 폭마다 종횡 2자 이상을 1보(譜, 즉 1개의 도안 단위)라고 하였다. 현재 요녕성(遼寧省)박물관에 소장되어 있는 1폭(그림 7-116)은 아마도 재단하고 남은 척두(尺頭, 원래 높이: 4자 1치, 원래 너비: 1자 7치 3분)일 가능성이 있다. 조류에는 한 쌍의 문란(文鸞), 두루미, 금계(金鷄), 공작새, 기러기, 백한(白鷴), 원앙, 비오리, 꾀꼬리 등이 있다. 각각의 조류 부리에는 영지나 여의를 물고 있으며, 꽃밭에서 서로 반대 방향으로 날아다니는 모습을 표현했다. 북송시대 격사는 대부분 암자색(暗紫色) 바탕(본 작품도 암자색임)에 장청(藏靑), 천람(淺藍), 월백(月白), 토황(土黃), 천황(淺黃), 담황(淡黃), 취록(翠綠), 심록(深綠), 연초록 등으로 명암의 층차에 따른 채색 문양을 이루었다. 대부분의 화문은 담황색을 장식하지만, 연초록색으로 몇 마리의 새를 표현하는 경우도 있다. 격사 직조법에는 당대로부터 전해진 관(攧), 구(句), 탑사(搭梭) 외에도 '결(結)'을 이용한 창색법을 사용하기도 하였다. '결'이라는 것은 비슷한 2가지 색이나 3가지 색을 사용하여 명암의 층차에 따른 채색 순서에 따라 색상이 점점 옅어지는 것을 가리킨다. 이러한 방법은 색채의 명도에 변화를 주어 훨씬 풍부한 입체감과 장식성을 더해준다(그림 7-115).

③ 남송(南宋)의 격사(緙絲) 기법

남송시대 격사를 생산하는 중심지는 일찍이 북방으로부터 남방으로 이전되었다. 격사를 사용하여 명인들을 모방하는 서화에서도 주극유(朱克柔), 심자번(沈子蕃) 등과 같은 고수들이 한꺼번에 출현하였다.

주극유는 여성으로 남송 운간(雲間) 사람이며 화가이자 격사 직조공이다. 고종(高宗) 시기(1127~1262년)에 여성 직조공들이 세

◀ 그림 7-113 구격(句緙)의 조직 확대도

◀ 그림 7-114 탑사(搭梭)의 조직 확대도

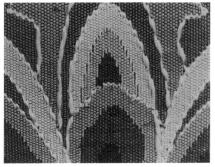

◀ 그림 7-115 결(結)의 창색(戧色) 방법 조직 확대도

▲ 그림 7-116 북송(北宋) 격사(緙絲) 「일등자란작보(一等紫鸞鵲譜)」
　요녕성(遼寧省)박물관 소장
　높이 131.6cm 너비 55.6cm
　직조법: 관(攧), 결(結), 구(句), 탑사(搭梭), 선화창(摻和戧) 등
　남송(南宋)『제동야어(齊東野語)』, 원대(元代)『철경록(輟耕錄)』등 여러 서적에 수록되었다.
　출처: 『중국미술전집(中國美術全集)·공예미술편(工藝美術編)·인염직수(印染織繡)』상(上) 도판201

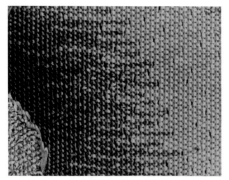

▲ 그림 7-117 장단창(長短戲) 격사(緙絲)
직조법의 조직 확대도

상에 등장하면서 직조된 인물, 나무, 돌, 꽃, 새 등은 모두 상당히 정교하여 마치 견사를 붓처럼 사용한 듯하였다. 명대(明代) 문종간(文從簡)은 여성 직조공이 직조한 격사를 "고담청아(古淡淸雅)"하며, "당시에 탁월한 절기를 이루었다(爲一時之絶技)"라고 하였다. 현존하는 작품으로는 「연당유압도(蓮塘乳鴨圖)」(그림 7-118), 「모란(牡丹)」(그림 7-119), 「다화(茶花)」(그림 7-120) 등이 있으며, 색상으로는 남색 2종류, 황색 4종류, 녹색 4종류, 주색(朱色)과 흰색 각각 한 종류가 있다. 날실은 연사(撚絲)이며, 씨실은 꼬임이 없는 단격사(單緙絲)이다. 직조법은 전통적인 격사 직조법 외에 '장단창(長短戲)'의 조색방법을 사용하였다(그림 7-117). 이 방법은 북을 일정 방향으로 늘려 길이에 변화를 주고, 이를 이용하여 짙은 색과 연한 색의 씨실을 서로 교차하여, 색채부분이 혼합되는 훈색(暈色)효과가 나타나도록 한다. 이러한 종류의 조색방법은 감상용 예술작품을 직조하는 데 가장 많이 쓰였으며, 지금까지도 여전히 사용된다.

심자번(沈子蕃)의 현존하는 작품으로는 「청벽산수(靑碧山水)」 도축(圖軸)(그림 7-121), 「화조(花鳥)」 도축(그림 7-125), 「매화한작(梅花寒鵲)」 도축(그림 7-126) 등이 있다. 격사 「매화한작」 도축은 매화나무는 늙었으나 굳세고, 늘씬하게 솟아 있는 꽃가지 위에 한 쌍의 까치가 서식하고 있는데, 한 마리는 몸을 움츠려 '한(寒)'의 의미를 표현한 반면, 활짝 핀 매화와 바람에 따라 움직이는 대나무 잎은 '봄'의 생기를 표현하고

◀ 그림 7-118 남송(南宋) 주극유(朱克柔) 격사(緙絲) 「연당유압도(蓮塘乳鴨圖)」
상해(上海)박물관 소장. 전세품(傳世品)
높이 107.5cm 너비 108.8cm
직조법: 구격(句緙), 각린(刻鱗), 합화창(合花戲), 섬화창(摻和戲) 등
호석(湖石) 위에 예서체(隸書体) 2행으로 "江東朱剛制蓮塘乳鴨圖(강동 주강이 제조한 연당유압도)"라고 주서하였으며, 하단에는 "朱克柔(주극유)"라는 도장이 있다.
출처: 『중국미술전집(中國美術全集)·공예미술편(工藝美術編)·인염직수(印染織繡)』상(上) 도판192

▲ 그림 7-119 남송(南宋) 주극유(朱克柔) 격사(緙絲) 「모란(牡丹)」
　요녕성(遼寧省)박물관 소장. 전세품(傳世品)
　높이 23.1cm 너비 23.8cm
　남색 바탕에 5종류의 색상으로 직조하였으며, 좌측 하단 모퉁이에는 "朱克柔印(주극유인)" 주문전장(朱文篆章)이 수놓아져 있다. 잎줄기, 주장(朱章)은 자모경(子母經)으로 직조하고, 모란, 잎은 합화창(合花戱)을 사용하여 전체적으로 명암의 변화가 자연스럽다. 이는 『송각사수선합벽(宋刻絲繡線合璧)』의 첫 페이지로, 원래는 『오대송원집책(五代宋元集册)』의 인수(引首)였다. 그 후, 청(淸)나라 궁궐에서 소장하여 '乾隆御覽之寶(건륭어람지보)', '石渠寶笈(석거보급)', '石渠定鑒(석거정감)', '寶笈重編(보급중편)' 등이 새겨진 옥새가 찍혀 있다.
　출처: 『중국미술전집(中國美術全集)·공예미술편(工藝美術編)·인염직수(印染織繡)』 상(上) 도판202

▲ 그림 7-120 남송(南宋) 주극유(朱克柔) 격사(緙絲)「다화(茶花)」
　　요녕성(遼寧省)박물관 소장. 전세품(傳世品)
　　높이 26cm 너비 25cm
　　직조법: 자모경(子母經), 합화창(合花戲), 섬화창(摻和戲) 등
　　좌측 하단 모퉁이에 "朱克柔印(주극유인)" 주장(朱章)이 있다. 이는 원래『당오대양송집책(唐五代兩宋集册)』의 인수(引首)였으
　　나,『묵연휘관(墨緣彙觀)』에 수록되었다. 청대(淸代) 초기『송각사수선합벽(宋刻絲繡線合璧)』에 집대성되었다가,『석거보급중
　　편(石渠寶笈重編)』,『존소당사수록(存素堂絲繡錄)』에 수록되었다.
　　출처:『중국미술전집(中國美術全集)·공예미술편(工藝美術編)·인염직수(印染織繡)』상(上) 도판200

있다. 도축의 좌측 하단에는 '子蕃制(자번제)'와 '沈氏(심씨)'라는 방장(方章)이 수놓아져 있
다. 이 직물은 '관(摜), 구(句), 장단창(長短戧)' 등의 기법을 사용한 것 외에도 매화나무 줄기
와 새의 뒷면은 '포심창(包心戧)'을 사용하였다. 포심창은 '장단창(長短戧)'의 원리를 이용한
것으로, 동시에 양쪽에서 중간으로 창색(戧色)하여, 짙은 색에서 연한 색으로 또는 연한 색에
서 짙은 색으로 색상을 변화시켜 문양의 입체감과 전측(轉側)변화를 표현하는 기법을 가리
킨다(그림 7-122). 이 외에도 자모경(子母經) 격직법(緙織法)을 사용하여 문자와 도장의 수
직선을 직조하였다. 자모경 격직법은 가는 수직선을 직조할 때, 그에 상응하는 부분의 날실
[모경(母經)] 위에 가는 실[자경(子經)] 1올을 묶어준 후, 북을 사용하여 씨실을 이 2올의 날실
위에 직조하는 방법을 말한다(그림 7-123). 이 방법은 도장과 같은 가는 수직선을 직조할 때
많이 사용된다.

남송(南宋)시대 격직은 명인들의 작품 외에 일반적인 작품에서도 응용되는 새로운 격사
(緙絲) 기법이 창조되었다. 예를 들면, 고궁에 소장된 남송시대 『호양번기도(胡瓖番騎圖)』
표수(裱首) 격사(緙絲)「부용추규(芙蓉秋葵)」(길이 26.8cm, 너비 15.5cm)는 잎사귀, 꽃잎, 꽃
받침 등에 '목소창(木梳戧)' 또는 '섬화창(摻和戧)'의 조색방법을 사용하였다. '목소창'은 문
양 색상이 짙은 색에서 연한 색으로 점점 변화되는 방법으로, 색채를 좌측에서 우측으로 또
는 우측에서 좌측으로 나무 빗살형의 음영선을 직조하기 때문에 목소창이라고 부른다(그림
7-124). '섬화창' 역시 색채가 짙은 색에서 연한 색으로 변화하는 방법이지만, 짙은 색과 연
한 색으로 변화되는 2가지 색상의 층차가 반드시 고르지는 않아 비교적 유연하게 색상 변화
의 순서를 조절할 수 있다. 목소창은 주로 좌측에서 우측으로 또는 우측에서 좌측으로 수평
방향의 색채 변화를 표현하지만, 섬화창은 위에서 아래로 또는 아래에서 위로의 수직방향 명
도 변화를 표현하는 데 사용될 수 있다.

목소창(木梳戧)과 섬화창(摻和戧)은 때때로 색상의 변화를 풍부하게 만들기도 하는데, 예

(1) 전폭

▶ 그림 7-121 남송(南宋) 심자번(沈子蕃) 격사(緙絲)
「청벽산수(青碧山水)」도축(圖軸)
북경(北京) 고궁박물원 소장. 전세품(傳世品)
높이 88.4cm 너비 37cm 날실밀도 20올/cm
씨실밀도 64~66올/cm 굵은 날실직경 0.15mm
굵은 씨실직경 0.15~0.2mm
남(藍), 월백(月白), 호색(湖色), 남록(藍綠), 애록(艾綠), 담
록(淡綠), 향황(香黃), 침향(沈香), 갈(褐), 담청(淡青), 백
(白), 고동(古銅), 묵색(墨色) 등 10여 종의 채색 실로 평창
(平戧), 장단창(長短戧), 단자모경(單子母經) 등의 직조법
을 사용하여 반듯이 누워 있는 인물, 나무 등의 근경과 운
산으로 둘러싸인 강 건너의 원경을 직조하였다. 직물 하단
에는 "子蕃制(자번제)", "沈孳(침자)", 좌측 하단에는 "張
爰(장원)", "周大文(주대문)", 우측 하단에는 "戴植培之鑒
賞(대식배지감상)", "黃明四氏家藏(황명사씨가장)" 등의
도장이 직조되어 있다.
출처: 『중국미술전집(中國美術全集)·공예미술편(工藝
美術編)·인염직수(印染織繡)』상(上) 도판188

(2) 부분 확대

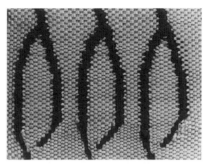

▲ 그림 7-122 포심창(包心戲) 격사(緙絲) 직조법의
　조직 확대도

▲ 그림 7-123 자모경(子母經) 격사(緙絲) 직조법의
　조직 확대도

▲ 그림 7-124 목소창(木梳戲) 격사(緙絲) 직조법의
　조직 확대도

(1) 전폭

(2) 부분 확대

▲ 그림 7-125 남송(南宋) 심자번(沈子蕃) 격사(緙絲) 「화조(花鳥)」 도축(圖軸)
　대북(臺北) 고궁박물원 소장. 전세품(傳世品)
　높이 95.7cm 너비 38cm 직조법: 구격(句緙), 장단창(長短戲), 포심창(包心戲), 섬화창(摻和戲), 각린(刻鱗) 등
　새의 복부와 목 부분은 붓으로 윤색하고, "乾隆鑒賞(건륭감상)", "三希堂精鑒璽(삼희당정감새)", "宜子孫(의자손)", "養心殿鑒藏寶(양심전감장보)", "乾隆御
　覽之寶(건륭어람지보)", "嘉慶御覽之寶(가경어람지보)", "宣統御覽之寶(선통어람지보)", "宣統鑒賞(선통감상)", "石渠寶笈(석거보급)", "石渠定鑒(석거정
　감)", "寶笈重編(보급중편)", "無逸齋精鑒璽(무일재정감새)" 등의 옥새 12개가 날인되어 있다. 폭의 우측 하단에는 "子蕃墨書(자번묵서)" 낙관을 직조하고,
　"蒼岩(창암)", "棠村審定(당촌심정)" 도장을 날인하였다.
　출처:『중국미술전집(中國美術全集)·공예미술편(工藝美術編)·인염직수(印染織繡)』상(上) 도판185

◀ 그림 7-126 남송(南宋) 심자번(沈子蕃) 격사(緙絲)「매화한작(梅花寒鵲)」도축(圖軸)

북경(北京) 고궁박물원 소장. 전세품(傳世品)

높이 89㎝ 너비 35.5㎝ 날실밀도 20여 올/㎝

씨실밀도 44~46올/㎝ 색사(色絲)종류 15~16종

직조법: 목소창(木梳戲), 장단창(長短戲), 평창(平戲), 단자모경(單子母經), 탑사(搭梭) 등

좌측 하단에는 "子蕃制(자번제)"와 "沈氏(심씨)" 방장(方章)를 직조하였으며, 옥지(玉池)에는 청나라 건륭제(乾隆帝)가 직접 적은 "樂意生香(악의생향)"이라는 글자가 있다. "乾隆宸翰(건륭신한)", "乾隆御覽之寶(건륭어람지보)", "石渠寶笈(석거보급)", "石渠定鑒(석거정감)", "寶笈重編(보급중편)", "乾隆鑒賞(건륭감상)", "嘉慶御覽之寶(가경어람지보)", "宜子孫(의자손)", "子孫世保(자손세보)", "蕉林梁氏書畫之印(초림양씨서화지인)", "養心殿鑒藏寶(양심전감장보)" 등 많은 옥새가 날인되어 있다. 원제는 '심자번매죽한작(沈子蕃梅竹寒鵲)'이다.

출전: 『중국미술전집(中國美術全集)‧공예미술편(工藝美術編)‧인염직수(印染織繡)』상(上) 도판186

를 들면 녹색 꽃받침 또는 어린 잎의 끝부분에 소량의 연한 분말이나 연한 베이지색의 씨실을 혼합하여 부드러운 느낌을 표현하는 것과 같다.

남송시대 격사(緙絲) 기법을 종합해 보면, 일찍이 관(摜), 구(句), 탑사(搭梭), 각린(刻鱗), 결(結), 장단창(長短戱), 포심창(包心戱), 자모경(子母經), 목소창, 섬화창 등의 주요 방법을 사용하고 있었다. 따라서 전부 북[梭]을 사용하여 회화, 서화, 시문의 복잡한 색채를 원작과 같이 복제하여 사실적으로 직조하는 것이 가능했다(그림 7-118~7-121, 7-125~7-133).

그림 7-128, 7-134~7-139는 대북(臺北) 고궁박물원과 국외의 일부 박물관에 소장되어 있는 송대의 격사 진품이다.

마지막으로 격사 직기에 관하여 살펴보기로 하겠다. 앞에서 언급한 송대 장계유(莊季裕)는 『계륵편(雞肋編)』 상권에서 "정주의 각사는 큰 베틀을 사용하지 않고 숙색사(색을 정제한 실)를 목쟁(구식 직조기 부품) 위에 걸어서 직조한다(定州刻絲, 不用大機, 以熟色絲經于木棖上)"라고 하였는데, 격사의 날실을 목쟁(木棖) 위에 달아서 직조하는 것을 가리킨다. 이 목쟁(木棖)은 아마도 거직기(踞織機)와 같이 선반대를 사용하지 않고 간단한 나무틀을 사용했을 것으로 추측된다. 이러한 종류의 간편한 도구는 작은 피륙만 직조할 수 있었는데, 즉 당대 격사 띠 또는 북송시대의 날실이 비교적 굵은 격사 등과 같다. 그러나 남송시대 명인서화 직조에 사용되었던 직기는 이미 개량된 것임에 틀림없으며 그 규격은 지금까지도 사용되는 강남 지역의 민간 직기와 동일하거나 유사할 것이다.[24]-[27]

▲ 그림 7-127 남송(南宋) 격사(緙絲) 『조길화조방책(趙佶花鳥方冊)』 중 하나
북경(北京) 고궁박물원 소장. 전세품(傳世品)
가로 25.5cm 세로 24.5cm 날실밀도 28올/cm 씨실밀도 108올/cm
직조법: 평창(平戱), 탑사(搭梭), 자모경(子母經) 등
이 작품은 조길(趙佶)의 화첩에 직조한 것으로, 좌측 하단에는 "御書(어서)"라고 새겨진 조롱박 모양의 도장이 있으며, "天下一人(천하일인)"이라는 글이 있다. 상단의 옥지(玉池)에는 "참새가 꽃가지를 밟고 흰 비단에서 뛰쳐나오니, 각사(刻絲)가 어렵다는 말을 들은 적이 있네, 바로 선화 때의 물건임을 알거든, 예사로운 자수로 보지 마라(雀踏花枝出素紈, 曾聞人說刻絲難, 要知就是宣和物, 莫作尋常常繡看)"라고 묵서되어 있다.
출처: 『중국미술전집(中國美術全集)』 · 공예미술편(工藝美術編) · 인염직수(印染織繡) 상(上) 도판189

▶ 그림 7-128 남송(南宋) 격사(緙絲)「반도헌수(蟠桃獻壽)」도축(圖軸)

대북(臺北) 고궁박물원 소장. 전세품(傳世品)

높이 109.8cm 너비 54.3cm

이 작품에는 "반도가 한 번 익으려면 9천 년이 걸리는데, 방삭이 생신 축하연에 선물을 하려고 이를 훔쳤네. 겨우 한입 먹었을 뿐인데 꿀보다 달콤하고, 순식간에 범인의 몸이었던 그가 신선으로 변했네(蟠桃一熟九千年, 方朔偷來獻壽筵, 才入齒牙甜如蜜, 頓教凡骨變成仙)"라는 시가 수놓아져 있다. 또한 원래 송휘종(宋徽宗)이 가지고 있던 "御書(어서)" 옥새도 수놓아져 있다. "乾隆御覽之寶(건륭어람지보)", "乾隆鑒賞(건륭감상)", "三希堂精鑒璽(삼희당정감새)", "宜子孫(의자손)", "嘉慶御覽之寶(가경어람지보)", "嘉慶鑒賞(가경감상)", "宣統鑒賞(선통감상)", "石渠寶笈(석거보급)", "養心殿鑒藏寶(양심전감장보)", "無逸齋精鑒璽(무일재정감새)" 등의 옥새가 날인되어 있다. 이 작품은『석거보급초편(石渠寶笈初編)』, 주계령(朱啓鈐)의『각사서화록(刻絲書畫錄)』에 수록되었다.

출처:『중국미술전집(中國美術全集)·공예미술편(工藝美術編)·인염직수(印染織繡)』상(上) 도판198

◀ 그림 7-129 남송(南宋) 격사(緙絲)「반도화훼(蟠桃花卉)」도축(圖軸)

요녕성(遼寧省)박물관 소장

높이 71.6cm 너비 37.5cm

이 작품은 원래 경소충(耿昭忠)의 소장품으로 "耿氏收藏(경씨수장)"이라고 날인되어 있다. 후에, 청대(淸代) 궁궐에 귀속되어 "乾隆御覽之寶(건륭어람지보)", "宜子孫(의자손)", "石渠寶笈(석거보급)"의 옥새 3개를 날인하였지만, 그에 관한 기록은 없다. 도광(道光) 연간 이기운(李寄雲)이 소장하면서, 스스로 "仙齡長壽圖(선령장수도)"라는 제첨(題簽)을 썼다.

출처:『중국미술전집(中國美術全集)·공예미술편(工藝美術編)·인염직수(印染織繡)』상(上) 도판199

▲ 그림 7-131 송(宋) 격사(緙絲) 미불행서(米芾行書) 권수
(卷首)와 권미(卷尾)(일부분)
북경(北京) 고궁박물원 소장

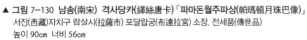

▲ 그림 7-130 남송(南宋) 격사당카(緙絲唐卡)「파마돈월주파상(帕瑪頓月珠巴像)」
　서장(西藏)자치구 랍살시(拉薩市) 포달랍궁(布達拉宮) 소장. 전세품(傳世品)
　높이 90cm 너비 56cm
　직조법: 탑사(搭梭), 관(摜), 결(結), 구(句) 등
　상단에는 무량수불(無量壽佛) 등 다섯 부처를 직조했으며, 하단에는 관음보살(觀音菩薩) 등 다섯 보살이 있
　다. 게다가 티베트 문자로 된 낙관이 있는데, 강존추사(江尊追査)가 이 당카를 스승인 차파견찬(喼巴堅贊)에
　게 증정했다는 사실을 설명해 준다. 차파견찬은 살가(薩迦) 오조(五祖)의 세 번째로, 일찍이 살가의 법대(法
　臺)를 역임한 적이 있다. 이는 본 당카가 남송 말기 내지에서 직조되었다는 사실을 설명해 준다.
　출처:『중국미술전집(中國美術全集)·공예미술편(工藝美術編)·인염직수(印染織繡)』상(上) 도판193

206 • 207

▲ 그림 7-132 남송(南宋) 『송휘종설강귀도도(宋徽宗雪江歸棹圖)』 표수(裱首) 금(金) 바탕의 격사(緙絲) 「백화연룡(百花攆龍)」
북경(北京) 고궁박물원 소장

▲ 그림 7-133 송(宋) 『강참천리강산도(江參千里江山圖)』 표수(裱首) 격사(緙絲) 「백화쌍란도(百花雙鸞圖)」
북경(北京) 고궁박물원 소장

(1) 전폭   (2) 부분 확대

▲ 그림 7-134 송(宋) 격사(緙絲) 「부귀장춘(富貴長春)」 도축(圖軸)
　　대북(臺北) 고궁박물원 소장. 전세품(傳世品)
　　높이 87.5cm 너비 39cm
　　이 작품은 『석거보급초편(石渠寶笈初編)』, 주계령(朱啓鈐)의 『각사서화록(刻絲書畫錄)』에 수록되었으며, 건륭(乾隆),
　　가경(嘉慶), 선통(宣統) 등 옥새 5개가 날인되어 있다. 원래 오대(五代) 격사(緙絲)로 규정되었다.
　　출처: 『중국미술전집(中國美術全集)』 · 공예미술편(工藝美術編) · 인염직수(印染織繡)』 상(上) 도판197

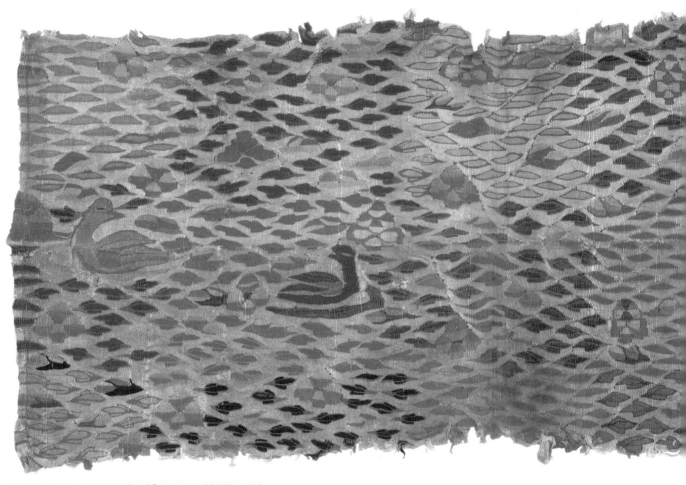

▲ 그림 7-135 12~13세기 격사(緙絲)「연당쌍조급토(蓮塘雙鳥及兔)」
미국 뉴욕 메트로폴리탄예술박물관 소장
날실방향 60cm 씨실방향 32cm
출처: 『When Silk Was Gold』 p.72~73, 그림16

◀ 그림 7-136 송(宋) 격사(緙絲) 『백
란작보(白鸞鵲譜)』(일부분)
출처: 『Orientations』 p.4

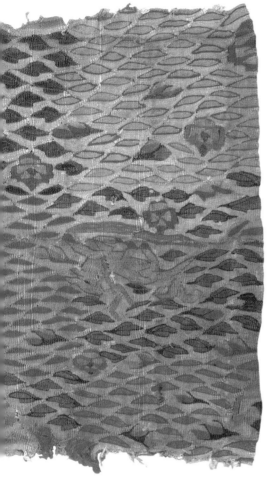

▲ 그림 7-137 송(宋) 격사(緙絲)「연당하화도(蓮塘荷花圖)」
영국 런던 Spink&Son 유한책임회사 소장
자료제공: 임백희(林白犧) 선생
210쪽은 부분 확대도이다.

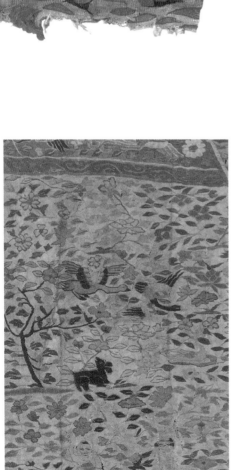

◀ 그림 7-138 송(宋) 화수비안문격사(花樹飛雁紋緙絲)
영국 런던 Spink&Son 유한책임회사 소장
높이 59.5cm 너비 33cm
출처:『Orientations』 p.71, 그림20

▲ 그림 7-139 송(宋) 격사(緙絲)「선산누각책(仙山樓閣冊)」
대북(臺北) 고궁박물원 소장. 전세품(傳世品)
높이 28.1cm 너비 35.7cm
이 작품은『명화집진책(名畵集眞冊)』의 마지막 페이지이며 내용은『누회집금책(鏤繪集錦冊)』제5개(開)와 격사「해옥첨주축(海屋添籌軸)」과 동일하다. 한 노인이 바닷물이 뽕나무밭으로 변할 때마다, 반드시 산가지 1개를 놓아 가옥 10채를 이미 가득 채웠다는 내용으로, 생신 축하 용도로 사용하였음을 의미한다. 사용된 직조법으로는 관(攍), 결(結), 탑사(搭梭), 각린(刻鱗), 구격(句緙) 등이 있다. 청대(淸代) 양청표(梁淸標)가 소장하여 "蕉林鑒定(초림감정)"이라고 날인되어 있고, "三希堂精鑒璽(삼희당정감새)", "嘉慶鑒賞(가경감상)", "宜子孫(의자손)" 등의 옥새가 날인되어 있다.
출처:『중국미술전집(中國美術全集)』· 공예미술편(工藝美術編)· 인염직수(印染織繡)』상(上) 도판191

요·송·서하·금·원대(遼·宋·西夏·金·元代)

▲ 그림 7-140 북송(北宋) 초기 전지보상연화문자수경복(纏枝寶相蓮花紋刺繡經袱)(잔편)
1957년 소주시(蘇州市) 호구(虎丘) 운암사탑(雲岩寺塔)에서 발견. 소주박물관 소장
크기 15×34.7cm

(4) 송대(宋代)의 자수

중국 자수는 양송(兩宋)시대에 발전하여 명인서화를 자수 도안으로 삼는 수화(繡畫)가 출현하였다. 일찍이 북조(北朝)시대와 당대(唐代)에는 불화(佛畫)와 화조화(花鳥畫)를 제재로 하는 감상용 자수품이 출현하였다. 양송시대 자수 예술가들은 종종 그 당시의 화가, 즉 등창우(滕昌右), 황전(黃筌), 조창(趙昌), 최백(崔白) 등의 밑그림 또는 소(蘇), 황(黃), 미(米) 등 제가들의 서법을 모방하여 견주(絹紬) 위에다 똑같이 표현해냈다. 이는 송대 회화예술의 발전으로 인한 영향과 크게 관련된다. 자수법을 살펴보면, 당대의 불상, 꽃과 새는 여전히 쇄수변자고수법(鎖繡辮子股繡法)이 중심을 이루고, 평수(平繡)를 그 다음으로 사용하였다. 송대에 이르러서는 평수가 주도적인 위치를 차지하게 되었는데, 이는 평수의 발전과 실을 이용한 섬세함으로 인하여, 자수법으로 예술형상을 표현하는 능력이 크게 향상되었기 때문이다. 명대(明代) 장응문(張應文)은 『청비장(淸秘藏)』에서 송대 자수에 대해 다음과 같이 언급하였다. "송나라 사람들의 자수는 침선이 촘촘하니 단지 가는 실 1~2올만 쓰며 자수 바늘도 머리카락처럼 가는 것을 사용하였다. 색상의 배치가 정묘하여 광채가 눈부셨다. …… 훌륭한 작품은 그림보다도 뛰어나며 생동감과 정취를 모두 갖추고 있다. 십지의 춘풍(열 손가락에서 이는 춘풍)이라는 말이 아마도 여기에서 비롯되었으리라(宋人之繡, 針線細密, 用絨止壹二絲, 用針如發細者爲之, 設色精妙, 光彩射目. …… 佳者較畫更勝, 望之生趣皆備. 十指春風, 蓋自此乎)"라고 하였다.[28] 고렴(高濂)도 『연간청상전(燕間淸賞箋)』에서 "송나라 사람들의 자수 그림은 가는 색실을 써서 광채가 눈부시고 마치 살아 있는 것처럼 생동감이 풍부하니 삼취(三趣)를 모두 갖추었다(宋人繡畫, 以其絨色光彩奪目, 豐神生意, 望之宛然, 三昧悉矣)"라고 서술하였다. 송대의 감상용 자수는 평수법(平繡法)을 사용하여 물체의 질감과 전측(轉側) 변화를 표현할 수 있었기 때문에 자수의 예술성을 크게 향상시켰다. 현존하는 송나라 자수품 「요대과학도(瑤臺跨鶴圖)」(그림 7-141)를 예로 들면, 인물, 복식과 산의 돌은 수화침수(撒和針繡), 나뭇잎, 대나무 잎은 제침수(齊針繡), 인물의 옷고름과 두루미의 날개는 사전침수(斜纏針繡), 꽃구름과 건물 윤곽 및 인물의 의복은 반금수(盤金繡), 바닥은 편침(編針), 우측 산의 돌은 평투침(平套針)으로 수놓았으며 동시에 채색 바탕을 차용하는 차색수(借色繡)를 활용하였다. 이 자수 그림의 배색은 3가지 남색을 중심으로 하여 3가지 회녹색을 부차적으로 사용하였다. 겉면에는 황갈색(나무 줄기), 백색(복식과 두루미), 상아색(창문, 깃발, 복식)을 추가하였으며 바탕색은 연한 황토색, 하늘 부분은 연한 남회색으로 물들였다. 꽃구름의 테두리는 백색 분말로 스케치하여 매우 정교하면서도 우아하다.

송대 실용자수는 먼저 통치계급의 의장대[儀衛] 예복에 주로 사용되었다. 『송사·의위지(宋史·儀衛志)』에 따르면, 송태조(宋太祖) 건덕(乾德) 4년(966년) 황실 의장대의 화의(畫衣)를 수의(繡衣)로 바꿀 것을 명령하였으며, 개보(開寶) 3년(970년)에 완성되어, 이를 수의노부(繡衣鹵簿)라고 칭하였다. 북송대(北宋代) 황실의 의장대 수는 19198~2만 2천여 명으로 증원되었으며, 각 규정에 근거하여 금(錦), 수(繡), 염힐(染纈)의 화려한 의복을 차려입고 각종 깃발을 들어 그 위엄을 과시하였다. 북송 초기 황룡부도기(黃龍負圖旗)의 경우는 지탱해 줄 받침대가 필요했으며, 120명이 이를 받쳤다. 그 외에, 섭제기(攝提旗), 북두기(北斗旗), 이십팔숙기(二十八宿旗), 십이진기(十二辰旗), 용지십삼기(龍墀十三旗), 오방신기(五方神旗), 오방봉기(五方鳳旗), 금봉기(金鳳旗) 등은 10여 명 이상 또는 수십 명이 들어야 했는데, 이 깃발들은 모두 수를 놓은 자수품이다.[18]

송대의 실용자수 역시 종종 수화(手畫) 방법과 결합되기도 하였는데, 복주시(福州市) 남송(南宋) 황승묘(黃升墓)에서 출토된 복식 화변(花邊)에는 이와 같이 가공한 직물들이 적지 않다. 그중 길이 213cm, 너비 7cm인 나(羅) 바탕에 사계화문(四季花紋)으로 수놓은 수대(綬帶)가 포함되어 있다. 사실적 형상의 작약꽃, 타래붓꽃, 해당화, 베고니아, 동백꽃, 복숭아꽃, 배꽃, 장미, 국화, 월계화, 부용, 불상화, 아욱, 치자나무, 목향, 해당화, 씀바귀[茶苢], 모란 등의 18종의 화문이 있다. 자수법을 살펴보면, 꽃송이는 금지(金紙)를 깔고, 다시 금지 위에 황색 실로 평수(平繡)를 놓았다. 잎은 백색 코튼지에 매우 연하게 훈염(暈染)한 청회색을 추가하여 황색 실로 테두리와 잎맥을 수놓았다. 줄기는 갈색 실로 변수법(辮繡法)을 사용하였다. 그리고 전체 길이 87cm, 너비 10cm인 나(羅) 바탕에 호접작약문(蝴蝶芍藥紋)을 수놓은 화변도 있다. 꽃잎은 평투법(平套法)으로 수놓은 후, 다시 금가루를 염색한 금사 테두리에 칠하였다. 잎은 먼저 분채(粉彩)와 반금(盤金) 테두리를 그린 후, 다시 견사로 잎맥을 고정시켰다. 줄기는 변수법(辮繡法), 꽃술은 타자수법(打子繡法)을 사용하였다. 황승묘에서 출토된 의복에는 첩보수(貼補繡), 퇴릉수(堆綾繡) 등 각종 자수법이 쓰인 제품들이 포함되어 있다. 산서성(山西省) 요묘(遼墓)에서 출토된 실용적인 자수품의 수법은 훨씬 정교하며, 여기에는 착사(戳紗), 정창(正戧), 반창(反戧), 반금(盤金), 투침(套針), 직전(直纏), 횡전(橫纏), 사전(斜纏) 등을 포함한다. 자수의 밑그림은 붓으로 그린 것도 있고 나무에 볼록판을 새겨 찍은 것도 있는데, 이는 복주시(福州市)에서 출토된 남송(南宋)의 자수 밑그림과 비슷하다. 송·원대(宋·元代)의 자수는 보자기에 수놓을 때도 역시 매우 정성을 들였는데, 즉 절강성(浙江省) 서안탑(瑞安塔)에서 출토된 북송 경력(慶曆) 연간(1041~1048년) 자수품인 살구색 나(羅) 바탕에 대비앵무단화문쌍면수경복(對飛鸚鵡團花紋雙面繡經袱), 소주시(蘇州市) 호구(虎丘) 운엄사탑(雲巖寺塔)에서 출토된 전지보상연화문자수경복(纏枝寶相蓮花紋刺繡經袱), 북경시(北京市) 쌍탑사(雙塔寺)에서 출토된 천지화반룡문자수포복(穿枝花盤龍紋刺繡包袱) 등이 모두 그 예이다. 이는 실용자수의 용도가 생활의 각 방면으로 확대되었다는 것을 설명해 준다. 자수의 발전으로 인하여, 자수용 바늘은 민간생활에 있어서 중요한 상품이 되었다. 송대 내양시(萊陽市)의 자수용 바늘이 가장 유명하였으며, "제남시의 유가 바늘 점포에서는 고급 철근을 매입하여 공부침을 제조한다(濟南劉家針鋪收買上等鋼條造工夫針)"는 광고 조판도 아직 남아 있다.

그림 7-141~7-143은 자수그림의 실례이며, 그림 7-140, 7-144~7-147은 실용자수의 실례이다.

▲ 그림 7-141 남송(南宋) 자수 「요대과학도(瑤臺跨鶴圖)」
요녕성(遼寧省)박물관 소장. 전세품(傳世品)
높이 25.4cm. 너비 27.4cm.
『송각사수선합벽책(宋刻絲繡線合璧冊)』의 한 페이지이며, 계화(界畵), 인물, 산수를 수놓았는데, 경치와 사물이 다양하며 사람의 키는 일촌(一寸)으로 생김새가 또렷하다. 이 작품은 일찍이 명·청대(明·淸代) 유명한 수집가 안국(安國)과 안기(安岐)에게 넘겨져 "桂坡安國鑒賞(계파안국감상)" 등의 여러 도장이 날인되어 있으며, 『존소당사수록(存素堂絲繡錄)』에 기록되었다.
출처: 『중국미술전집(中國美術全集)』·공예미술편(工藝美術編)·인염직수(印染織繡)』 상(上) 도판184

(1) 실물

▲ 그림 7-143 남송(南宋) 자수「백응도(白鷹圖)」
대북(臺北) 고궁박물원 소장. 전세품(傳世品)
높이 96cm 너비 47.7cm
이 그림은 굵기가 다른 자수실을 사용하여 독수리 눈가는 곤침(滾
針), 발은 찰침(札針), 깃털은 시모침(施毛針)으로 수놓았다. 가는 실
로 주춧돌을 수놓았으며, 굵은 실로 남색 로프를 고정시켰다. 로프
연결은 먼저 굵은 실을 둘둘 감아 결(結) 모양을 만들고 술 장식 모
양으로 배열하였다. 그런 다음, 가는 실로 고정시켜 서로 다른 질감
을 표현하였다. "乾隆御覽之寶(건륭어람지보)", "嘉慶御覽之寶(가
경어람지보)", "宣統御覽之寶(선통어람지보)", "三希堂精鑒璽(삼희
당정감새)", "御書房鑒藏寶(어서방감장보)", "宜子孫(의자손)", "石
渠寶笈(석거보급)" 등 옥새 8개가 날인되어 있으며, 『석거보급초편
(石渠寶笈初編)』, 주계검(朱啟鈐)의 『자수서화록(刺繡書畫錄)』에
기록되었다.
출처: 『중국미술전집(中國美術全集)』·공예미술편(工藝美術編)·
인염직수(印染織繡) 상(上) 도판203

(2) 부분 확대

◀ 그림 7-142 송(宋) 록(鹿), 호(虎), 토(兎), 앵
무(鸚鵡), 계칙(鸂鶒), 백한(白鷳), 천지화문(穿
枝花紋) 자수
높이 37.5cm 너비 38cm
출처: 『Orientations』 p.72, 그림21

▲ 그림 7-144 남송(南宋) 나(羅) 바탕의 사계화문채수수대(四季花紋彩繡綬帶)(일부분)
1975년 복건성 복주시(福建省 福州市) 남송 황승묘(黃升墓)에서 출토
수대너비 9.5cm

▲ 그림 7-145 남송(南宋) 작약등구문인금채회화변(芍藥燈球紋印金彩繪花邊)
1975년 복건성 복주시(福建省 福州市) 남송 황승묘(黃升墓)에서 출토. 복건성박물관 소장
길이 52cm 너비 16cm 단위화문크기: 길이 16.5cm, 너비 2cm
출처:『중국미술전집(中國美術全集)·공예미술편(工藝美術編)·인염직수(印染織繡)』상
(上) 도판177

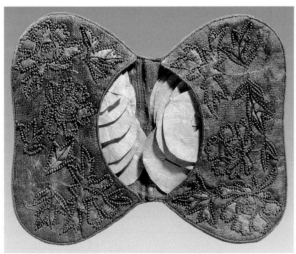

▲ 그림 7-146 남송(南宋) 모란문첩수답련(牡丹紋貼繡褡褳)
1988년 강서성 덕안현(江西省 德安縣) 남송 주씨묘(周氏墓)에서 출토. 덕안현박물관 소장
자료제공: 주적인(週迪人) 선생
길이 15cm 너비 12.5cm

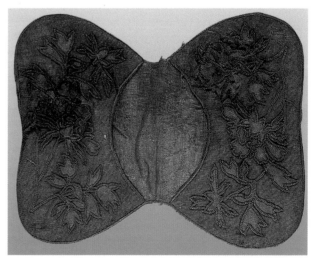

▲ 그림 7-147 남송(南宋) 소라(素羅) 바탕의 모란문첩수답련(牡丹紋貼繡褡褳)
1975년 강소성 금단시(江蘇省 金壇市) 남송 주우묘(周瑀墓)에서 출토. 진강(鎭江)박물관 소장
길이 14.5cm 너비 12cm
이 전대(纏帶)는 첩수공예로 만들었는데, 먼저 얇은 견을 모란꽃잎 모양으로 잘라 전대의 앞면에 붙인 후, 쇄침[鎖針, 변자고침(辮子股針)]법으로 꽃잎의 윤곽선과 뿌리를 수놓았다. 테두리는 전침(纏針)법으로 꿰맸다.
출처:『중국미술전집(中國美術全集)·공예미술편(工藝美術編)·인염직수(印染織繡)』상(上) 도판194

(5) 송대(宋代)의 염색공예

염색과 자재화(自在畫)를 서로 결합한 복식 가공공예가 송·원대(宋·元代)의 상류층 사회에서는 여전히 유행하였다. 송나라 초기 황실 의장대의 화의(畫衣) '노부(鹵簿)'는 『송사·의위지(宋史·儀衛志)』에 기록되었으며, 산서성(山西省) 요묘(遼墓)에서 사(紗) 바탕에 천지화(穿枝花)를 수놓은 여성복 반소매 상의가 발견되었다. 복주시(福州市) 남송(南宋) 황승묘(黃升墓)에서 출토된 각종 재질의 의복 옷깃과 소맷부리 화변(花邊)의 도안에는 채색 분말로 묘사된 것들이 상당히 많았다. 화법은 매우 섬세하여 꽃잎 중간에 극히 가는 기하문(幾何紋)을 그린 것도 있었는데, 아주 가까이 보아야 육안으로 식별할 정도로 가는 것도 있었다. 이러한 종류의 섬세한 화법이 반드시 우수한 예술적 효과가 있다고는 할 수 없지만, 사치스러운 통치계급이 치장을 위해서 생산 원가를 고려하지 않았음을 설명하기에 충분하다(그림 7-148).

인화(印花)공예와 화궤(畫繢)와의 관계는 매우 밀접하다. 당대(唐代) 화판인화(花版印花)는 화궤를 대체하여 일찍이 일상생활에서 주류가 되었다. 송대에 이르러 염색공예는 민간사회에서 훨씬 더 보편화되었다. 송대 염힐(染纈)은 원래 황제 의장대와 군대 복식의 전용으로, 관청은 민간에서 화판(花版)을 제작하여 판매하는 것을 금지시켰다. 송인종(宋仁宗, 1023~1063년)은 "보통 사람들은 흑갈색 바탕의 흰 문양과 남색, 황색, 자색 바탕의 촬훈(撮暈) 문양을 입을 수 없다"라고 명하였다. 송휘종(宋徽宗)도 정화(政和) 2년(1112년)에 역시 후원(後苑)에게 힐백(纈帛)을 제조하여 의장대와 군사 제복으로 만들 것을 명하는 동시에, "민간에서 제조하는 것을 금지하고, 개봉부(開封府)가 객려(客旅)들이 힐판(纈版)을 침범하지 않게 엄중히 관리할 것을 명하였다." 그러나 송대 일부 관료지주들은 자신이 직접 사직작방(絲織作坊)을 경영하였기 때문에 이익을 위해서는 금지령 위반에 크게 개의치 않았다. 예를 들면, 남송시대 무주(婺州) 관료지주 당중우(唐仲友)는 고향에서 채백(彩帛) 점포를 개업한 후, 직공을 고용하여 직조, 염색과 인화 작업을 하였다. 『주희문집·안중우제삼장(朱熹文集·按唐仲友第三狀)』에서 당중우(唐仲友)가 공금(관청의 돈)을 사적으로 사용하여 부집[賦集, 즉 부체(賦體) 문학집]을 간행한 것 외에도 "또한 권세를 빌어 화판을 조각하거나 날염한 것들, 대략 수십 개(片)를 본가의 비단 점포로 보내 비단 염색용으로 썼다(又乘勢雕造花版, 印染斑纈之屬, 凡數十片, 發歸本家彩帛鋪, 充當染帛用)"는 죄상을 폭로하였다. 염색업은 민간에서 발전하였기 때문에 전문적으로 인화판 제조와 염색에 종사하는 민간 예술가 역시 출현하였다. 북송(北宋)시대 장제현(張齊賢)은 『낙양신진구문기(洛陽紳縉舊聞記)』에 이르기를, "낙양 현상방의 염색공 이씨는 화힐 제조에 능하여 사람들은 그를 이장화라 칭하였다(洛陽賢相坊, 染工姓李, 能打裝花纈, 眾謂之李裝花)"라고 언급하였으며, 『도서집성(圖書集成)』 권681 「소주방직물명목(蘇州紡織物名目)」에서도 이르기를, "약반포는 가정진 및 안정진에서 생산되는데, 송나라 가정 연간(1208~1224년)에 귀(歸)씨 성의 사람이 처음 만든 것이다. 천 위에 회약(방염용 콩가루와 석회를 혼합하여 만든 죽 같은 물질)을 발라 청색으로 염색하고 마르기를 기다린 후 회약을 제거하면, 청색과 백색이 서로 번갈아 나온다. 인물, 화소, 시사 등 각양각색의 문양이 있는데 이불과 휘장용으로 사용하였다(藥斑布出嘉定及安亭鎭, 宋嘉定中歸姓者創爲之. 以布抹灰藥而染靑, 候幹, 去灰藥, 則靑白相間. 有人物, 花鳥, 詩詞各色, 充衾幔之用)"라고 하였으며, 『도서집성』 「송강(松江)」 부분(条)에서도 "약반포는 속칭 요화포라고 하며, 지금도 도처에 그것이 있다(藥斑布俗名澆花布, 今所在皆有之)"라고 하였다. 현재 강소성(江蘇省) 남부의 수많은 지역에서는 민간의 남인화포(藍印花布)를 요화포라고 칭한다.

원대의 『쇄금·채색편(碎金·采色篇)』에 따르면, 송·원대 민간에서 유행하였던 9종류의 염힐(染纈) 명칭으로는 단힐(檀纈), 촉힐(蜀纈), 촬힐(撮纈), 금힐(錦纈), 견아힐(繭兒纈), 삼투힐(三套纈), 장수힐(漿水纈), 철힐(哲纈), 녹태힐(鹿胎纈) 등이 있다.[29] 이러한 명칭의 일부는 문양 색상에 근거한 것도 있는데, 즉 금힐은 바로 금문(錦紋)에서 흔히 보이는 기하문(幾何紋)에서 비롯된 것이며 견아힐은 잠견형(蠶繭形)의 산점(散點) 적합 문양을, 녹태힐은 황적색 바탕에 백색 반점 화문을 가리켜 언급된 것이다. 『낙양모란기(洛陽牡丹記)』에 따르면, 백색 반점이 있는 자주색 모란을 녹태(鹿胎)라고 칭하였다. 일부는 생산지 명칭에 따라 명명한 것도 있는데, 예를 들면 촉힐이 그러하다. 염색공예 방법에 따라 명명하기도 하는데, 즉 촬힐은 일종의 교힐방염인화(絞纈防染印花)이다. 장수힐은 풀을 적절하게 배합한 인화장인염(印花漿印染)으로, 이러한 방법은 당대부터 이미 광범위하게 사용되었다. 산서성 요묘에서 출토된 황갈색 바탕의 소모란단화라(小牡丹團花羅)는 백색 가루로 화문을 인화하여 완성한 것이며(그림 7-2), 인화판은 기름종이로 누조(鏤雕)한 것으로, 지금의 '형지인화(型紙印花)'와 같다.

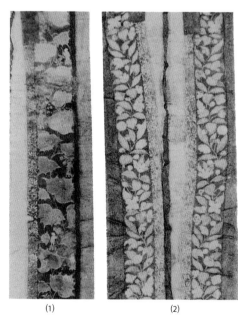

(1)　　　　　(2)

▲ 그림 7-148 남송(南宋) 인화채회화변(印花彩繪花邊)
1975년 복건성 복주시(福建省 福州市) 남송 황승묘(黃升墓)에서 출토. 복건 성박물관 소장
(1) 천지부용인물문인화채회화변(穿枝芙蓉人物紋印花彩繪花邊)
(2) 천지화훼문인화채회화변(穿枝花卉紋印花彩繪花邊)
바탕조직: 양색조 2/1 삼매우향경사문(三枚右向經斜紋)
화문조직: 육매불규칙위면단문(六枚不規則緯面緞紋)

6. 원대(元代)의 비단 직수(織繡)

(1) 원대(元代)의 직수 생산 개황

원세조(元世祖, 1260~1294년)는 뽕나무 재배를 급선무로 하는 정책을 취하여, 전쟁으로 인하여 파괴된 중원 경제를 살리고자, 『농상집요(農桑輯要)』를 출판하여 전국에 반포하였다. 중통(中統) 연간(1260~1264년) 설경석(薛景石)이 편찬한 『재인유제(梓人遺制)』에도 직기 제작 상세도를 첨부하였는데, 이는 현존하는 가장 오래된 직기 과학전문 저서이다. 원나라가 송(宋)나라를 멸망시킨 후, 전국에 염직제거사(染織提擧司) 16개를 설치하였으며, 원대 대도인장총관부(大都人匠總管府) 아래에는 제왕과 백관의 단(緞)을 직조하는 수국문금총원(繡局文錦總院)과 탁주라국(涿州羅局)을 설치하였다. 몽고족은 직금금(織金錦) 사용에 익숙하여, 직금금을 납석시(納石矢) 또는 납시시(納矢矢)라고 칭하였으며, 살득납기제거사(撒得拉欺提擧司) 아래에는 별시팔리국(別矢八裏局)과 납시시모단이국(納矢矢毛緞二局) 2곳을 설치하여, 어용(御用) 옷깃과 소매 납시시 등 단(緞)의 직조를 관장하도록 하였다. 『원사(元史)』 권120에 따르면, "먼저 천하의 동남동녀 및 장인을 모집하고 홍주에 담당기관을 설치하였다. 서역에서 금기문을 직조하는 공인 300여 명과 변경에서 모갈을 직조하는 공인 300명을 구하고 나면 이들을 모두 홍주에 나누어 예속시키고서 진해에서 대대로 담당할 것을 명하였다(先是收天下童男女及工匠, 置局弘州, 既而得西域織金綺紋工三百餘戶, 及汴京織毛褐工三百戶, 皆分隸弘州, 命鎭海世掌之)"라고 하였다.[30]

원대 항주(杭州)에서도 직염국(織染局)을 설치하였다. 항주시 무림문(武林門) 밖의 협성(夾城) 항안공묘(巷垵公廟)가 바로 원대 문금국(文錦局) 유적지이다. 원나라 초기 『마르코 폴로 여행기(馬可‧波羅行記)』 권2 제76장에 따르면, 임안(臨安, 지금의 항저우)에는 관청이 경영하는 대직조원(大織造院) 외에도 주인은 작업하지 않고, 단지 직공들 작업만을 지휘하는 크고 작은 규모의 사직방(絲織坊), 염사(染肆), 직수방(織繡坊) 등이 있었다. 성안에는 대형 시장 10곳과 무수히 많은 소형 시장이 있었는데, 대종주단(大宗綢緞)을 생산하기도 하였으며, 상인들이 외지에서 운반해 오기도 하였다. 소주(蘇州), 북경(北京), 탁주(涿州), 중정부(中定府), 태원부(太原府), 경조부(京兆府), 성도(成都) 등의 도시는 모두 금금(金錦)으로 거래하였다고 언급하였다. 이때, 사영(私營) 비단업자도 화려하고 아름다운 용봉단필(龍鳳緞匹)을 직조하여 시장에 판매할 수 있었다. 『원전장(元典章)』 권58에도 이르기를, "원조 7년(1270년)에 이르러 상서, 형부, 승봉, 상서성, 차부 등 관원들이 상의하여, 노국원 관할의 직물을 제외하고는 민간부터 여러 색목인에 이르기까지 일월용봉이 새겨진 직물을 방직하는 것을 금지하였다. 만약 이미 직조한 직물을 판매하는 것을 발견한 경우에는 즉시 지방의 백성을 관리하는 관사에서 날인 도장을 받은 후에 판매하도록 허용하였다. 만약 위반하는 자가 있으면, 소속된 관사에서 취조하고 처벌하였다(至元七年, 尚書刑部承奉尚書省劄付議得除隨路局院繫官緞匹外, 街市諸色人等不得織造日月龍鳳緞匹, 若有已織下見賣緞匹, 即於各處管民官司使訖印記許令貨賣, 如有違犯之人, 所在官司究治施行)"라고 하였다.[31] 또한 "대

덕 원년(1297년) 3월 11일 불화첩목아[세조손(世祖孫), 진남왕(鎭南王) 탈환(脫歡)의 네 번째 아들]가 주청하기를, 시장에서 황상께서 어용하는 큰 용비단과 비슷하나 단지 발톱이 하나 적은 네 개의 발톱 용문을 수놓은 비단을 판매하는 것을 보고 주청을 드립니다. 우승상(右丞相)이 말하길, 상서께서 두 가지의 성지를 받으셨소. 등에 용을 수놓은 비단은 막을 필요가 없다. 허나 우리가 입는 비단처럼 몸에 용을 수놓은 것들이라면 완택[흥원왕(興元王)]이 처음에 말했듯이 각 성에 문서를 보내 용을 수놓는 일을 금지하도록 하라[大德元年三月十一日, 不花帖木兒奏 : 街市賣的緞子似皇上御用的一般用大龍, 只少一個爪子, 四個爪子的賣著(者)有奏(著)呵. 暗都利右丞道 : 尚書兩個欽奉聖旨, 背龍兒的緞子織呵不礙事, 交(叫)織著(着). 似咱每(們)穿的緞子纏身上龍的, 完澤根底說了, 各處行省處遍行文書, 交(叫)禁約(喲), 交(叫)休織龍兒者. 欽此.].『미술총서(美術叢書)』4집(集) 2집(輯) p.209, 『사수필기(絲繡筆記)』 권상(卷上)에서 인용]

11~14세기 유목민족이 중원을 침입하자 호족(胡族)과 한족(漢族)의 문화가 융화된 비단문화가 형성되었다. 잠상(蠶桑) 근거지는 쉽게 이전할 수 없기 때문에 글단(契丹, 거란), 여진(女眞), 당항(黨項, 탕구트), 몽고(蒙古) 등의 소수민족들은 모두 한족의 운송과 공급에만 의존할 수밖에 없었다. 거란족 거주지에는 격사의포(緙絲衣袍)를 직조할 수 있는 유오이족(維吾爾族, 위구르족)이 이주해 왔으며, 몽고족은 일찍이 서역의 직조공들을 포로로 잡아 홍주(弘州)로 이주시켰는데, 이러한 격사(緙絲)와 직금(織金) 기술을 한족이 재빠르게 습득하였다. 게다가 유목민족 통치자들이 중원으로 진입하면서 한족의 전통 예교문화의 영향을 받아 한족 유학 의관 전통 규정인 여복(輿服)제도를 받아들였다. 그 과정에서 의복 디자인 측면에 노동 기능적 요소를 추가하여, 중국의 전통복식은 점점 구조의 간소화와 기능의 합리성 방면으로 개혁될 수밖에 없었다. 그러나 장식문양 측면에서는 한족의 전통적인 문양 제재들이 일반적으로 정치적 논리의 함의를 지니며, 이러한 내용들은 봉건정치를 견고하게 할 수 있었기 때문에 침략자들은 기꺼이 수용하게 되었다. 요(遼), 서하(西夏), 금(金), 원대에서도 모두 마찬가지이다. 『원전장(元典章)』에 기록된 사직(絲織) 명칭으로는 직금흉배기린(織金胸背麒麟), 직금백택(織金白澤), 직금사자(織金獅子), 직금호(織金虎), 직금표(織金豹), 직금해마(織金海馬), 청색, 붉은색, 녹색 등의 금골타운단(金骨朵雲緞), 팔보골타운(八寶骨朵雲), 팔보골타운세화오색단(八寶骨朵雲細花五色緞) 등이 있다. 문양 함의를 살펴보면, 당‧송대(唐‧宋代) 이래의 유학사상을 주체로 하는 봉건전통을 직접적으로 계승하였으며, 형태면에서는 금(金)을 대량으로 사용하여 훨씬 더 웅장하면서도 화려하다.

(2) 원대(元代)의 직금(織金) 기술

원대에는 직금금(織金錦)을 대량으로 생산하였으며, 한편으로는 중원 한문화의 용금(用金) 기술[당‧송대에는 금루(金鏤)와 금니(金泥)로 장식하는 것이 이미 널리 유행되었으며, 섬서성(陝西省) 법문사(法門寺)

에서는 다량의 문물이 출토되었다]을 계승하였다. 왕령(王林)의 『연익이모록(燕翼貽謀錄)』에 따르면, 송대 대중상부(大中祥符) 8년(1015년)에는 황후 이하의 복식에 금을 사용하여 장식하지 못하도록 명하였으며, 소금(銷金), 누금(鏤金), 간금(間金), 창금(戧金), 권금(圈金), 해금(解金), 척금(剔金), 연금(撚金), 함금(陷金), 명금(明金), 이금(泥金), 방금(榜金), 배금(背金), 영금(影金), 난금(闌金), 반금(盤金), 직금(織金), 금사(金絲)의 제조를 일체 불허하였는데, 여기에서 당시 17종의 용금 기술이 있었음을 알 수 있다. 다른 한편으로는, 서역 직금기문(織金綺紋)의 직금 기술을 수용하여, 직금공예가 훨씬 발전하게 되었다.

1) 금박(金箔) 제작

금으로 금사를 제조하는 것은 매우 복잡한 공예이다. 필자는 일찍이 남경시(南京市) 용담구(龍潭區)와 소주(蘇州) 민간 직공들이 금사를 제조하는 방법을 고찰한 적이 있는데, 금박 제조에는 8가지의 공예과정이 있다.

① 금덩어리를 용해하여 조각 형태로 응고시킨다.

② 조각 형태의 금괴를 1~2냥 중량의 조각으로 잘라 추침(錘砧, 대장간의 받침용 쇳덩이)을 사용하여 얇은 금조각으로 만든다. 쇠망치로 두들긴 후 금이 단단해지면 냉각시켜 0.1mm 두께가 될 때까지 계속 두들겨서 128조각으로 갈라놓는다.

③ 첫 번째 재료 투입: 갈라놓은 금 조각을 16조각씩 분리하고 층을 나누어 오금지(烏金紙) 사이에 끼워 넣는다.

④ 평평한 다듬잇돌 위에 놓고 4~4.5시간 동안 두들긴다.

⑤ 새료 재투입: 대나무로 두드린 금박을 끄집어내어 하나씩 큰 오금지로 이동시킨다.

⑥ 이중 크라프트지를 사용하여 오금지와 금박을 감싸 견고하게 붙인 후, 두터운 돌 모퉁이에 놓고 두 사람이 두들긴다.

⑦ 다 두들긴 금박을 팽팽하게 묶은 고양이 가죽판 위에 놓고, 죽도를 사용하여 규정된 사이즈로 자른다. 작업할 때, 금박이 호흡에 날아가지 않도록, 숨을 들이쉬고 호흡하지 않는다.

⑧ 우모도(羽毛刀)로 금박을 죽엽지(竹葉紙)로 이동시켜 포장한다.

2) 금사(金絲) 제작

금박을 다시 편금사(片金絲)와 연금사(撚金絲)로 제조한다.

① 편금사 제조법

• 배금(褙金): 양가죽을 물에 적신 후[명대(明代)에는 죽엽지로 대체], 어교(魚膠)를 발라 금박에 붙인다(죽엽지는 이중으로 표구한 후, 다시 금박을 붙임)

• 아광(砑光, 광내기): 들배 나무판 위에서 마노석(瑪瑙石)으로 양가죽 금박 또는 금박지를 광낸다.

• 절박(切箔): 광을 낸 후의 금박을 0.2~0.5mm의 편금사로 분리하면, 직접 편금금(片金錦)을 직조하거나 다시 연금사를 만들 수 있다.

② 연금사 제조법

연금사는 백색 또는 황색, 적색 잠사(蠶絲)를 사용하여 선심(線芯)을 만들고, 그 위에 혼합재료를 칠하고 편금사를 선심 겉면에 감아 완성한다. 금박 제조용 오금지는 어린 대나무 펄프와 대두즙을 사용하여 반제품을 만든 다음, 다시 어교와 마유연(麻油煙)을 여러 차

(1) 실물

◀ 그림 7-149 원(元) 인물문연금금(人物紋撚金錦)
1970년 신강 오로목제시(新疆 烏魯木齊市) 남교(南郊) 염호(鹽湖) 남쪽 해안 천산(天山) 1호 고분에서 출토

(2) 문양 복원도

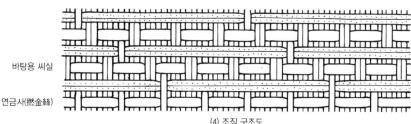

바탕용 씨실

연금사(撚金絲)

(4) 조직 구조도

(3) 문양 복원도

례 칠하여 종이 빈틈에 카본 블랙 미립자가 채워지도록 하여 표면을 매끄럽게 만든 것인데, 이는 금속을 늘릴 때의 저항을 감소시켜 준다. 두들길 때, 표면에 활석가루를 뿌려야 한다.

(3) 고고학에서 발견된 원대(元代)의 견직물

원대 직금금(織金錦) 실물의 일부는 일찍이 국외로 분산되어 국내에서 출토된 문물은 많지 않다. 1970년 신강(新疆) 오로목제시(烏魯木齊市, 우루무치) 남교(南郊) 염호(鹽湖) 남쪽 해안 천산(天山) 1호 고분에서는 황색 유견(油絹) 직물의 변선오(辮線襖)가 출토되었는데, 어깨, 옷깃, 소매, 앞자락 테두리는 작은 조각의 직금금으로 감입(嵌入)하였으며, 안쪽에는 편금금(片金錦)(그림 7-150)과 연금금(撚金錦)(그림 7-149)이 있다. 편금금의 날실은 단사, 쌍사(雙絲) 2조로 나누어진다. 씨실은 0.5cm 너비의 편금과 채색 무명실로 문양을 직조했으며, 견사를 바탕용 씨실로 삼았다. 단사경(單絲經)은 무늬용 씨실과 평직되어 고결(固結)작용을 하며, 쌍사경(雙絲經)은 바탕용 씨실과 평직하였다. 편금 직조의 특징은 단사경을 사용하여 금사(金絲)를 단단하게 만들고 금색이 직물 표면에 충분히 드러난다는 점인데, 이는 명·청대(明·淸代)의 접결경(接結經)으로 편금을 고정하는 방법과 동일하다. 이 편금금 문양이 바로 능형기하천지련문(菱形幾何穿枝蓮紋)이다. 연금금도 역시 단사경과 쌍사경이 있으며, 씨실은 연금사 2올과 무명실 1올로 조합되었다. 연금사는 무늬용 씨실로 삼고 무명실은 바탕용 씨실로 삼았다. 단사경과 연금문(撚金紋) 씨실은 사매위좌향사문(四枚緯左向斜紋)을 형성하며 쌍사경과 바탕용 씨실은 평직하였는데 이것이 바로 단사경의 사문(斜紋)조직을 고결점으로 삼은 경우이다. 연금금(撚金錦) 문양은 불교의 천왕상이며 옆에는 전지도(纏枝桃)와 권초문(卷草紋)으로 장식하였다.

원대 직금금에는 고궁박물원에 소장된 자색 바탕의 영취문불의표대(靈鷲紋佛衣飄帶)(그림 7-151)와 적색 바탕의 귀배용봉단화문불의피견(龜背龍鳳團花紋佛衣披肩)(그림 7-152)이 있다. 일부 문물은 중국에서 출토되었으며(그림 7-153~7-155), 국외로 전해진 문물에는 일본에 소장되어 있는 다갈색 바탕의 모란당초문직금금[牡丹唐草紋織金錦, 경삼매사문(經三枚斜紋) 바탕에 1:3 평문(平紋) 문양을 나타냄], 미국 오하이오주 클리블랜드미술박물관에 소장된 화중야토문직금금(花中野兔紋織金錦)(그림 7-156)과 망봉문단화직금단(蟒鳳紋團花織金緞)(그림 7-157) 등이 있다.

그 외에도 이금인화견(泥金印花絹), 인금라(印金羅), 장금견(裝金絹) 등 용금(用金) 직물이 내몽고(內蒙古)에서 출토되었다(그림 7-158~7-160). 그림 7-161~7-172는 원대 금(錦), 기(綺), 단(緞), 견(絹), 주(綢) 등의 견직물이다.

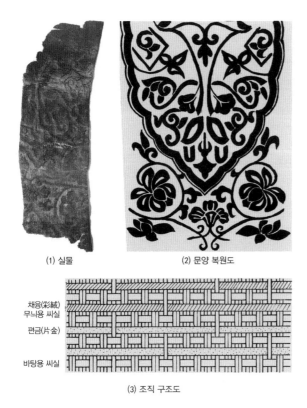

(1) 실물   (2) 문양 복원도

채용(彩絨) 무늬용 씨실
편금(片金)
바탕용 씨실

(3) 조직 구조도

▲ 그림 7-150 원(元) 능형기하천지련문편금금(菱形幾何穿枝蓮紋片金錦)
1970년 신강 오로목제시(新疆 烏魯木齊市) 남교(南郊) 염호(鹽湖) 남쪽 해안 천산(天山) 1호 고대 묘에서 출토
날실밀도 52올/cm 씨실밀도 48올/cm 단경(單經)직경 0.15mm 쌍경(雙經)직경 0.4mm 편금(片金)너비 0.5mm 화문크기: 높이 18cm, 너비 11cm

▲ 그림 7-151 원(元) 자색 바탕의 영취문편금금(靈鷲紋片金錦) 불의피견 표대(佛衣披肩飄帶)
북경(北京) 고궁박물원 소장. 전세품(傳世品)
너비 6.8cm

(1) 실물

(2) 조직 확대도

▲ 그림 7-152 원(元) 적색 바탕의 귀배용봉단화문편금금(龜背龍鳳團花紋片金錦) 불의피견(佛衣披肩)(일부분)
　　북경(北京) 고궁박물원 소장. 전세품(傳世品)
　　단화(團花)직경 약 10cm

▲ 그림 7-153 원(元) 앵무용문직금금(鸚鵡龍紋織金錦)

▲ 그림 7-154 원(元) 단룡천지영지문직금금(團龍穿枝靈芝紋織金錦)
　　원명은 다갈색 바탕의 모란당초문직금금(牡丹唐草紋織金錦)이다.

(1) 부분 확대

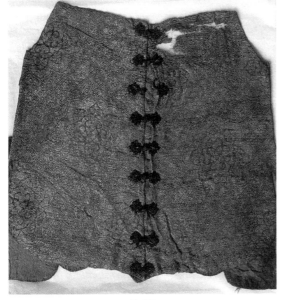

(2) 실물

◀▲ 그림 7-155 원(元) 능격지단화문직금금흉의(菱格地團花紋織金錦胸衣)
감숙성 장현(甘肅省 漳縣) 왕씨(汪氏) 가족묘에서 출토. 감숙성박물관 소장
단위화문크기: 날실방향 16cm, 씨실방향 11cm
특결금(特結錦) 조직이며, 연금사(撚金絲)로 직조하였다.

▲ 그림 7-156 원(元) 화중야토문직금금(花中野兔紋織金錦)
미국 오하이오주 클리블랜드미술박물관 소장. J. H. 웨이더재단에서 구입
(1991년)
길이 26cm 너비 42.8cm
출처: 『When Silk Was Gold』 p.125, 그림34

▲ 그림 7-157 13∼14세기 초 망봉문단화직금단(蟒鳳紋團花織金緞)
미국 오하이오주 클리블랜드미술박물관 소장. J. H. 웨이더재단에서 구입
날실방향길이 51.3cm 씨실방향너비 75.6cm
출처: 『When Silk Was Gold』 p.153, 그림41

▲ 그림 7-158 원(元) 화훼문이금인화견(花卉紋泥金印花絹) 잔편
문양 복원도
내몽고(內蒙古) 원대 집영로(集寧路) 고성(故城) 교장대옹(窖藏大甕,
저장용 큰 독) 출토물의 모사본
방격(方格)크기: 길이 2cm, 너비 2.3cm

▼ 그림 7-159 원(元) 갈색 인금사경교라대금협삼(印金
四經紋羅對襟夾衫)
1976년 11월 내몽고(內蒙古) 원대 집영로(集寧路) 고성(故
城)에서 출토, 내몽고자치구박물관 소장
옷길이 58.3cm 양소매전체길이 104cm 소매너비 33.5cm
허리둘레 53.5cm
출처: 『중국미술전집(中國美術全集)·공예미술편(工藝美
術編)·인염직수(印染織繡)』하(下) 도판3

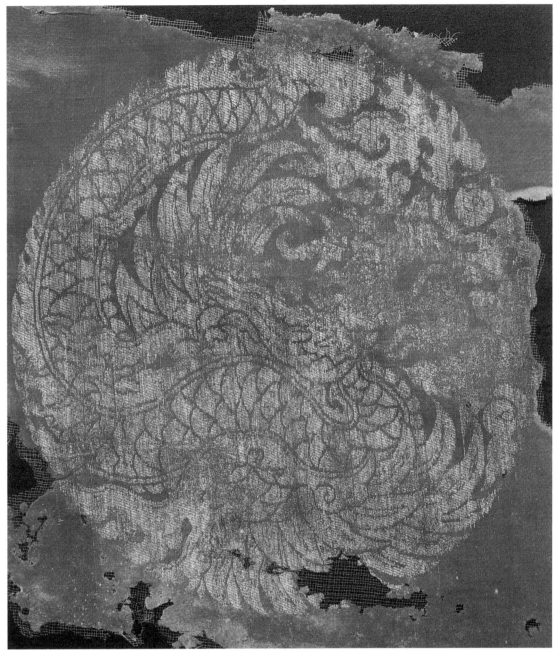

(1) 실물

▲ 그림 7-160 몽고(蒙古, 13세기) 단과어룡(비어)문장
금견[團窠魚龍(飛魚)紋裝金絹]
1978년 내몽고(內蒙古) 달무기명수묘(達茂旗明水墓)에서
출토. 내몽고고고학연구소 소장
자료제공: 조풍(趙豐) 선생
단화 직경 27～28cm

(2) 문양

▶ 그림 7-161 12~13세기 사합여의전화문위금합환고(四合
如意塡花紋緯錦合歡褲)
개인 소장품
자료제공: 조풍(趙豊) 선생
바지길이 79cm 허리둘레 118cm 바짓가랑이너비 44cm(한쪽)
바짓부리너비 13cm
단위화문크기 23×18cm
직물조직: 1/3 사매사문위이중금(四枚斜紋緯二重錦)

▼ 그림 7-162 사합여의전화문위금합환고(四合如意塡
花紋緯錦合歡褲) 원단(일부분)
개인 소장품
자료제공: 조유(趙惟) 선생

요·송·서하·금·원대(遼·宋·西夏·金·元代)

◀ 그림 7-163 10〜13세기 사수문사문위금풍모(獅首
紋斜紋緯錦风帽)
개인 소장품
자료제공: 조유(趙惟) 선생
모자둘레 48㎝ 모자높이 50㎝
얼굴부분: 길이 23㎝, 너비 20㎝
고대 중앙아시아에서 사자는 권위를 상징하며, 사수문(獅
首紋)은 영예로운 용모를 의미한다.

◀ 그림 7-164 사수문사문위금풍모(獅首紋斜紋
緯錦风帽) 원단(일부분)
개인 소장품
자료제공: 조유(趙惟) 선생

▲ 그림 7-165 11∼13세기 관지화문기대금장괘(串枝花紋綺對襟長褂, 마고자)
개인 소장품
자료제공: 조유(趙惟) 선생
옷길이 126cm 양소매전체길이 160cm 겨드랑이너비 45cm 밑자락너비 76cm 밑자락
테두리너비 6.5cm 소맷부리너비 34cm 소맷부리테두리너비 8.5cm
대금테두리너비 5.5cm
옷감은 평문(平紋) 바탕에 팔매이비단화(八枚二飛緞花)를 직조하였는데, 후세의 단
(緞)직물 발전에 있어 중요한 의미를 지닌다. 중국 당대(唐代) 위금(緯錦)에서는 일찍이
오매위단(五枚緯緞) 문양을 직조한 피륙이 발견되었는데, 실물은 섬서성(陝西省) 부풍
현(扶風縣) 법문사(法門寺) 진신보탑(眞身寶塔) 지궁(地宮)에서 출토된 위금이 있다.

▲ 그림 7-166 12∼13세기 천지화단화문암화단고(穿枝花團花紋暗花緞褲)
개인 소장품
자료제공: 조유(趙惟) 선생
바지길이 100cm 허리둘레 110cm 밑길이 38cm 바짓부리너비 33cm
오매단(五枚緞) 바탕이며, 쌍사(雙絲)의 씨실 중 1올로 파일을 직조했다.

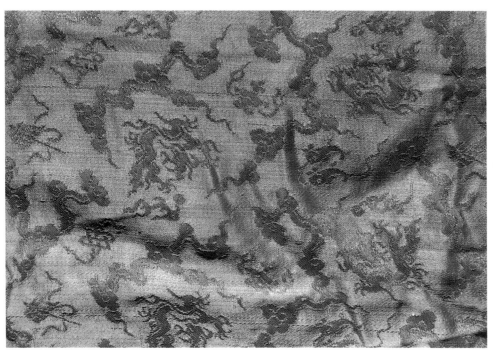

◀ 그림 7-167 원(元) 운룡잡
보문단군(雲龍雜寶紋緞裙)
(옷감의 일부분)
1964년 소주시(蘇州市) 장사
성(張士誠) 어머니 조씨묘(曹
氏墓)에서 출토. 소주박물관
소장
단(緞) 바탕의 암화(暗花)이며,
단룡희주(團龍戲珠), 상운(祥
雲)과 팔보문(八寶紋)을 수놓
았다.
출처: 『중국미술전집(中國美
術全集)·공예미술편(工藝美
術編)·인염직수(印染織繡)』
하(下) 도판11

요·송·서하·금·원대(遼·宋·西夏·金·元代)

▲ 그림 7-168 13세기 조두수신대수문단화금(鳥頭獸身對獸紋團花錦)
미국 뉴욕 메트로폴리탄예술박물관 소장
길이 98cm 너비 177cm
이 화문은 1976년 11월 내몽고(內蒙古) 원대(元代) 집영로(集寧路) 고성(故城)에서 출토된
귀배지조두수신대수단화문금피(龜背地鳥頭獸身對獸團花紋錦被)의 문양 제재와 비슷하다.
출처: 『When Silk Was Gold』 p.156, 그림44

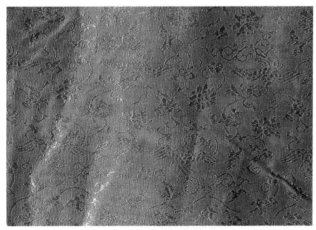

▲ 그림 7-169 원(元) 봉천모란문주군(鳳穿牡丹紋綢裙)(옷감의 일부분)
1964년 소주시(蘇州市) 장사성(張士誠) 어머니 조씨묘(曹氏墓)에서 출토, 소주박물관 소장
길이 93cm 너비 340cm
이 치마는 원단을 촘촘하게 직조하여 평문(平紋) 바탕에 단화(緞花)를 수놓았으며, 색상은
황토색이다. 문양은 한 쌍의 봉황이 활짝 핀 모란꽃 위에서 경쾌하게 춤추며 노니는 모란
문(牡丹紋)을 주제로 삼았나. 화문은 치밀하게 직조하고 고르게 배치하여 마치 온 하늘에
별이 반짝거리는 것 같다. 봉황의 꼬리는 권초(捲草) 모양으로 당·송대(唐·宋代)의 풍격
에 속한다.
출처: 『중국미술전집(中國美術全集)·공예미술편(工藝美術編)·인염직수(印染織繡)』
하(下) 도판12

▲ 그림 7-170 원(元) 유운잡보암화주사면피(流雲雜寶暗花綢絲綿被)
1975년 산동성 추현(山東省 鄒縣) 이유암묘(李裕庵墓)에서 출토, 추현문물관리소 소장
길이 120cm 너비 200cm 날실밀도 46올/cm 씨실밀도 30올/cm
단위화문크기: 길이 14cm, 너비 9.5cm
이불 겉면에는 영지(靈芝), 상운(祥雲), 산호(珊瑚), 고전(古錢), 금정(金錠), 서각(犀
角), 화주(火珠), 은정(銀錠) 등의 암화(暗花)를 직조하였다. 너비 60cm의 암화주(暗花
綢) 3폭을 꿰매어 완성하였다.
이불깃의 수평방향으로 암화주(暗花綢) 1폭을 바느질하였으며, 이불 인감으로는 소
주(素綢)를 사용하였다. 이불 겉면의 암화주 바탕무늬는 삼매우사문(三枚右斜紋)이
며, 화문은 육매좌사문(六枚左斜紋)이다.
출처: 『중국미술전집(中國美術全集)·공예미술편(工藝美術編)·인염직수(印染織
繡)』하(下) 도판13

228 · 229

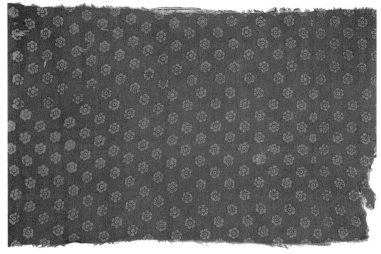

◀ 그림 7-171 11~12세기 적색 바탕의 인화견(印花絹)
내몽고(内蒙古)에서 출토

◀ 그림 7-172 원(元) 능격금정만자문직화견(菱格金
錠卍字紋織花絹)
1964년 소주시(蘇州市) 장사성(張士誠) 어머니 조씨묘
(曹氏墓)에서 출토. 소주박물관 소장

원대의 암화릉(暗花綾)도 역시 비교적 중요하다. 산동성(山東省) 추현(鄒縣) 이유암묘(李裕庵墓)에서 출토된 짙은 베이지색의 하화원앙암화릉협군(荷花鴛鴦暗花綾夾裙)은 동향사문릉(同向斜紋綾)이다. 감숙성(甘肅省) 장현(漳縣) 왕씨묘(汪氏墓)에서는 문양과 바탕에 1/2와 2/1 동향사문(同向斜紋)으로 직조한 능(綾)이 출토되었는데, 이러한 종류의 능은 내몽고(内蒙古) 원묘(元墓)에서도 발견되었다. 원대 집영로(集寧路) 고성(故城)에서도 3/1 우사문소릉(右斜紋素綾)이 발견되었으며, 신강(新疆) 염호(鹽湖) 고분에서는 원대의 암황색 모란화릉(牡丹花綾) 3조각이 출토되기도 하였다.

원대 직성(織成)은 1972년 산동성(山東省) 추현(鄒縣) 지정(至正) 10년(1350년) 이유암묘(李裕庵墓)에서 향황색 매작방보릉문암화주직성반수포[梅雀方補菱紋暗花綢織成半袖袍, 배자(褙子)]가 출토되었는데, 복식의 재단방법에 따라 설계 직조한 것으로 기본 조직은 4/1사문(斜紋) 바탕에 오매삼비위단화(五枚三飛緯緞花)를 수놓았다(그림 7-173, 7-174). 그 외에도 베이지색 직성릉복수건(織成綾福壽巾)도 함께 출토되었는데, 수건의 상단에는 손에 용두장(龍頭杖)을 쥐고 있는 노인성[壽星], 영지를 등에 실은 거북이, 노루, 학과 '壽山福海(수산복해), 金玉滿堂(금옥만당)' 여덟 글자가 수놓아져 있다. 하단에는 "오른편 시문은 봄이 온 기쁨을 기탁한 시로 남산에 장수를 기원하였다. 얇은 비단에 가을 서릿발보다 빛나게 수를 놓으니 달빛이 휘영청 밝구나. 금동옥녀가 조심스레 받드니 향기 또

한 단아하여 노인성(남극성)에 바치기 마땅하구나(右詞寄喜春來, 敬願祝南山之壽, 紋綃色勝秋霜瑩, 樣質光凝皎月明, 金童玉女稱纖擎, 香又整, 宜獻老人星)"라는 사문(詞文) 6행이 있다. 좌우측에는 덩굴 테두리가 있으며, 상하단에는 방문(方紋) 테두리가 있다(그림 7-175). 1976년 내몽고 원대 집영로(集寧路) 고성(故城)에서는 귀배지조수양신문단화직성금피(龜背地鳥首羊身紋團花織成錦被)가 출토되었다(그림 7-176).[33] 요녕성(遼寧省)박물관에 소장된 원대의 직성(織成) 「의봉도(儀鳳圖)」는 경삼매사문(經三枚斜紋) 바탕에 1:3 평문(平紋) 문양을 수놓았으며, 금채위사통사(金彩緯絲通梭)로 직조된 것이다(그림 7-177). 그림 7-178은 개인 소장품으로 원대의 직성직금당카(織成織錦唐卡) 미륵보살이다.

(4) 원대(元代)의 격사(緙絲) 자수

원대의 격사로는 전세품(傳世品)인 「팔선공수(八仙拱壽)」 도축(圖軸), 「동방삭투도(東方朔偷桃)」 도축, 「백화연룡(百花撚龍)」 도책엽(圖冊頁), 「행림춘연(杏林春燕)」 도축, 「상악금강(上樂金剛)」 당카(唐卡) 등이 있는데, 이는 모두 남송(南宋)을 계승하여 명·청대(明·清代)까지 진귀한 보물들이 펼쳐지도록 하였다(그림 7-179~7-186).

원대 자수도 격사와 마찬가지로 송대 화수(畫繡)의 한 계통으로 이어져 내려왔다. 1976년 11월 내몽고 원대 집영로 고성에서는 나(羅) 바탕에 화조문(花鳥紋)을 수놓은 협삼(夾衫, 겹적삼)이 출토되

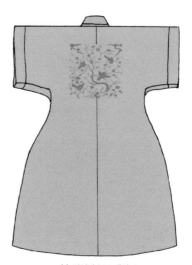

(1) 직성반수포 배면도

(2) 방보 문양

▲ 그림 7-173 원(元) 향황색(香黃色) 매작방보릉문암화주직성반수포(梅雀方補菱紋暗花綢織成半袖袍, 배자)
　1975년 산동성 추현(山東省 鄒縣) 이유암묘(李裕庵墓)에서 출토. 추현문물관리소 소장
　길이 120cm 양소매전체길이 102cm 소맷부리너비 36cm 밑자락너비 105cm 좌우트임높이 각 75cm
　이 포는 교령우임(交領右衽)이며, 소매는 짧고 넓다. 가슴과 등에는 모두 매작문방보(梅雀紋方補)를 직
　조하였는데, 가슴에는 사작등매(四雀登梅), 등에는 오작등매(五雀登梅)가 있다.
　출처: 『중국미술전집(中國美術全集)·공예미술편(工藝美術編)·인염직수(印染織繡)』하(下) 도판6

▲ 그림 7-174 원(元) 향황색(香黃色) 매작방보릉문암
화주직성반수포(梅雀方補菱紋暗花綢織成半袖袍) 배
면도(背面圖) 및 방보(方補) 문양
　산동성 추현(山東省 鄒縣) 이유암묘(李裕庵墓)에서 출토
　추현문물관리소 소장품의 모사본
　방보크기: 높이 30cm, 너비 32cm
　배면은 두 폭으로 연결되었다.

◀ 그림 7-175 원(元) 베이지색 직성릉복수건(織成綾福壽巾)
　1975년 산동성 추현(山東省 鄒縣) 이유암묘(李裕庵墓)에서 출토. 추현문물관리
　소 소장
　길이 65cm 너비 54cm 날실직경 0.15∼0.2mm 씨실직경 0.2∼0.25mm
　날실밀도 34올/cm 씨실밀도 28올/cm 좌우바디테두리 0.3cm
　바탕조직: 사매좌향위사문(四枚左向緯斜紋)
　화문조직: 사매우향경사문(四枚右向經斜紋)
　위아래는 방문(方紋) 테두리로 장식하였고, 상하 단은 감치지 않았다.
　출처: 『중국미술전집(中國美術全集)·공예미술편(工藝美術編)·인염직수(印
　染織繡)』하(下) 도판15

(1) 실물

(2) 부분 확대

◀ 그림 7-176 원(元) 귀배(龜背)
바탕의 조수양신문단화직성금
피(鳥首羊身紋團花織成錦被)
1976년 11월 내몽고(內蒙古) 원대
집영로(集寧路) 고성(故城)에서 출
토. 내몽고자치구박물관 소장
길이 195cm 너비 118cm
단위화문크기 17×17cm
꽃문양 1개에는 날실 926올과 씨
실 1,937올이 필요하며, 바탕용 날
실, 무늬용 날실, 그리고 노란색과
남색의 무늬용 씨실로 무늬를 수놓
았다.
출처:『중국미술전집(中國美術全
集)·공예미술편(工藝美術編)·인
염직수(印染織繡)』하(下) 도판14

▼ 그림 7-177 원(元) 직성(織成)「의봉도(儀鳳圖)」
요녕성(遼寧省)박물관 소장. 전세품(傳世品)
높이 53.5cm 길이 548cm
원색(原色) 단(緞) 바탕에 금색 씨실 통사(通梭)로 백조와 목련꽃을 직조하였다. 이 그림은 백조조봉(百鳥朝鳳)의 화면에 서로 다른 색실로 2단을 직조한 후 연결하여 완성하였다. 이 진귀한 대작은 각 시대를 거쳐 전해지면서 잘 보전되었다. 서화 앞쪽에는 명대(明代) 사람의 '肅世子之章(숙세자지장)'과 '仁育萬物(인육만물)'의 큰 도장 2개가 날인되어 있다. 청대(淸代)에 이르러서는 궁궐보물로 귀속되었는데,『석거보급중편(石渠寶笈重編)』에 실려 있다. 기록에 송대(宋代) 격사(緙絲)라는 것은 잘못된 표기이며, '숙세자지장'에서 알 수 있듯이, 이 작품은 명 태조(明太祖) 주원장(朱元璋)의 손자인 주첨염(朱瞻焰)이 부친 숙왕(肅王) 주모(朱模)의 왕위를 아직 계승하지 않았을 때 소장했던 것이다. 그 시기를 추산해 보면, 홍무(洪武) 25년에서 영락(永樂) 17년(1392~1419년) 사이에 해당된다.
출처:『중국미술전집(中國美術全集)·공예미술편(工藝美術編)·인염직수(印染織繡)』상(上) 도판23

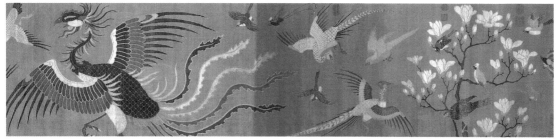

(1) 실물

(2) 부분 확대

었다(그림 7-192). 적삼의 양 어깨와 앞가슴에는 정교하고 아름다운 화문이 수놓아져 있는데, 버드나무 아래 앉아 물가에서 원앙새가 노니는 모습을 구경하는 여자, 단풍나무 숲에 앉아 있는 남자, 당나귀를 타고 채찍질하는 여자 및 연꽃, 영지, 국화, 갈대, 두루미, 봉황, 토끼, 노루, 잉어, 거북이, 원앙 등이 있다. 그 외에도 이금인화견(泥金印花絹)도 함께 출토되었다. 후세에 전해지는 원대 자수 당카의 수량은 적지 않으며, 자수법도 매우 정교하고 아름답다. 당시 통치자들은 라마교를 신봉했기 때문에 주로 불상, 경서, 번당(幡幢), 보개(寶蓋) 등의 종교용품에 수를 놓았으며, 특히 불상을 수놓을 때는 훨씬 더 많은 정성을 들였다. 원대 초기 범상제거사(梵像提舉司)를 설치하여 그 일을 주관하도록 하였으며, 네팔사람인 아니가(阿尼哥, Anigo, 1244~1306년)가 주관하였다. 예술적 풍격은 한화(漢畫)와는 구분되었기 때문에 '범상(梵像)'이라고 칭했으며, 지금은 '당카'로 부른다. 고궁, 북경(北京), 서장(西藏), 청해(靑海) 등지의 라마교사원이 소장하고 있는 것 외에도 일부는 국외와 홍콩, 대만 등지에 소장되어 있다(그림 7-187~7-193).

(5) 비단 색채

그 동안 출토된 원대 비단의 색상은 대부분 회갈색 색조이며, 그 중에는 오랜 시간이 흘러 변색된 것도 있다. 원대 유학(幼學) 기초 지식서인 『쇄금·채색편(碎金·採色篇)』에 따르면, 갈색 명칭은 매우 많으며, 청, 황, 자, 백, 흑 등 5색 아래 수많은 간색(間色)이 배열되어 있다고 한다.

① 붉은색 계열: 대홍(大紅), 매홍(梅紅), 노홍(桃紅), 지홍(脂紅), 육홍(肉紅), 발라홍(荸薴紅), 낙엽홍(落葉紅), 조홍(棗紅), 오홍(烏紅) 등 9종

② 청록색 계열: 불두청(佛頭靑), 아청(鴉靑), 분청(粉靑), 남청(藍靑), 천수벽(天水碧), 유방록(柳芳綠), 앵가록(鸚哥綠), 압록(鴨綠), 맥록(麥綠), 관록(官綠) 등 10종

③ 검은색 계열: 향조(香皂), 생조(生皂), 숙조(熟皂), 불긍조(不肯皂) 등 4종

④ 노란색 계열: 자황(赭黃), 행황(杏黃), 치자황(梔子黃), 시황(柿黃), 아황(鵝黃), 강황(姜黃) 등 6종

⑤ 자색 계열: 진자(眞紫), 계관자(雞冠紫)

⑥ 갈색 계열: 금다갈(金茶褐), 추다갈(秋茶褐), 장다갈(醬茶褐), 침향갈(沈香褐), 응배전갈(鷹背磚褐), 두청갈(豆靑褐), 총백갈(蔥白褐), 고죽갈(枯竹褐), 주자갈(珠子褐), 영상갈(迎霜褐), 갈(褐), 우사갈(藕絲褐), 다록갈(茶綠褐), 포도갈(葡萄褐), 유률갈(油栗褐), 단갈(檀褐), 형갈(荊褐), 애갈(艾褐), 타갈(駝褐) 등 20종[여기에서의 갈색 명칭은 원대 도종의(陶宗儀)가 저술한 『철경록·채화법(輟耕錄·彩畫法)』에 기록된 갈색 명칭과 대체로 동일하다]

⑦ 백색 계열: 월하백(月下白)

원대 하급관리들은 단갈색(檀褐色) 관복을 입었으며, 평민, 노비, 공인, 상인들은 검은색, 흰색 및 갈색의 의복만 입도록 제한하였기 때문에 갈색이 가장 많이 유행하였다.

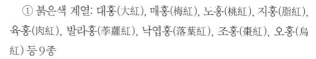

◀ 그림 7-179 원(元) 격사(緙絲) 모란문단선(牡丹紋團扇)
요녕성(遼寧省)박물관 소장. 전세품(傳世品)
높이 22.6cm 너비 26.3cm
화판(花瓣)은 구금(句金)용 단사(單棱), 화엽(花葉)에는 쌍사(雙棱)를 사용하였으며 모두 평직이다. 날실과 씨실의 밀도는 높지 않아, 날실 표면이 매끄러워서 마치 백(帛)과 같으며, 와릉(瓦棱) 바탕의 흔적이 보이지 않는다. 화엽의 제조법은 이미 간략화 되는 추세인데, 예를 들면 잎맥에 주요 특징만 남기는 것과 같다. 이러한 직조법은 송대(宋代)의 격사에서도 나타났지만, 송대 격사는 대부분 반정면 배치이며, 기계적으로 조화롭지 못한 짙고 옅은 2가지의 색상으로 분리하지는 않았다. 화판의 짙고 옅은 적색 배합에 관해서는 횡행의 줄무늬(條紋)를 드러내며, 목소창(木梳戱) 직조법을 사용하였다. 『존소당사수록(存素堂絲繡錄)』에는 송대 작품으로 기록되었다.
출처: 『중국미술전집(中國美術全集)·공예미술편(工藝美術編)·인염직수(印染織繡)』 하(下) 도판16

◀ 그림 7-178 원(元) 직성직금당카(織成織錦唐卡) 미륵보살
개인 소장품
길이 72cm 너비 51cm
미륵보살은 불교에서 세상을 주재하는 부처로, 가사를 입고 설법(윤회론)하며, 가부좌(跏趺坐)를 취하고 있다. 연화대 하단에는 승대(承臺)가 있으며, 연화대 앞 정중앙에는 재물의 신 다문천왕(多聞天王)이 사자 등 위에 타고 있다. 좌측의 얼굴은 노란 점파라(苦婆羅)이며, 우측의 얼굴은 검은 점파라이다. 연화수보살(蓮花手菩薩)과 관세음보살(觀世音菩薩)은 미륵보살의 옆에 서 있다. 구름 속에는 유비사부여래(有毗舍浮如來)와 가보파여래(迦菩波如來)가 있으며, 맨 위에는 백도모(白度母)와 녹도모(綠度母)가 있다.
출처: 홍콩 『금수라의교천공(錦繡羅衣巧天工)』 p.127, 그림23

◀ 그림 7-180 원(元) 격사(緙絲)「팔선공수(八仙拱壽)」도축(圖軸)

북경(北京) 고궁박물원 소장. 전세품(傳世品)

가로 45cm 세로 100cm 날실직경 0.15mm 씨실직경 0.3mm

날실밀도 16올/cm 씨실밀도 50올/cm

본 도축은 원대의 뛰어난 작품으로, 10여 종의 색실과 평창(平戧), 장단창(長短戧), 목소창(木梳戧), 관(摜), 합사창(合絲戧) 등의 기법을 사용하였으며, 흰색 바탕에 팔선(八仙)과 남극선옹(南極仙翁) 형상을 직조하였다. 자수는 매우 정교하면서도 단아하게 배색하여 주제가 두드러진다. 직조된 신선의 복식은 나풀거리며 그 표정은 각기 다르다. 이 도축의 원제는「송격사팔선공수도(宋緙絲八仙拱壽圖)」이지만, 그 직조법, 색채 사용 및 날실과 씨실의 밀도 등은 모두 원대 말기 격사「동방삭투도(東方朔偷桃)」도축과 일치하여 동일 시대의 작품임에 틀림없다.

그림에는 "乾隆御覽之寶(건륭어람지보)", "秘殿珠林(비전주림)", "三希堂精鑒璽(삼희당정감새)" 등의 도장이 날인되어 있다.『성경서화록(盛京書畫錄)』,『비전주림(秘殿珠林)』에 모두 기록되었다.

출처:『중국미술전집(中國美術全集)』· 공예미술편(工藝美術編)· 인염직수(印染織繡)』하(下) 도판17

(부분 확대)

그림 7-180 원(元) 격사(緙絲)「팔선공수(八仙拱壽)」도축(圖軸)

▶ 그림 7-181 11~12세기 격사(緙絲)「백화연망(百花攢蝶)」(옷감의 일부분)
미국 뉴욕 메트로폴리탄예술박물관 소장
길이 53.5cm 너비 33cm
망문(蟒紋)은 발톱이 4개 달린 이무기의 머리털이 뒤로 흩날리며, 윗입술은 뾰족한 갈고리 모양으로 아랫입술보다 길어, 북방 초원문화에서 보이는 용의 특징을 지닌다.
출처: 『When Silk Was Gold』 p.65, 그림13

◀ 그림 7-182 원대(元代) 말기 격사(緙絲)「동방삭투도(東方朔偸桃)」도축(圖軸)
북경(北京) 고궁박물원 소장. 전세품(傳世品)
가로 33.5cm 세로 58.5cm 날실직경 0.15mm 씨실직경 0.25mm
날실밀도 16올/cm 씨실밀도 54올/cm
본 그림은 흰색 바탕에 10여 종의 색실로 직조하였다. 그림에서 동방삭(東方朔)은 손에 복숭아를 쥐고 얼굴에 웃음을 띠고 있다. 걸어가면서 머리를 돌려 사방을 둘러보아 쫓아오는 사람에 대비하는 형상을 매우 생동적으로 표현하였다.
이 도축의 원제는 「송격사동방삭투도(宋緙絲東方朔偸桃)」이다. 직조법을 살펴보면, 평창(平戧), 목소창(木梳戧)과 자모경(子母經) 등을 많이 사용했는데도, 남송(南宋) 격사의 일반적인 특징을 지닌다. 이 격사는 남송 격사 작품보다 세밀하지만, 명나라 초기의 기술에는 미치지 못하므로 원나라 말기의 작품으로 추측된다. "乾隆御覽之寶(건륭어람지보)", "秘殿珠林(비전주림)", "三希堂精鑒璽(삼희당정감새)" 등 도장이 날인되어 있으며, 일찍이 『비전주림(秘殿珠林)』에 기록되었다.
출처: 『중국미술전집(中國美術全集)·공예미술편(工藝美術編)·인염직수(印染織繡)』하(下) 도판18

◀ 그림 7-183　원(元) 격사당카(緙絲唐卡)「상악금강(上樂金剛)」
개인 소장품
길이 68cm 너비 56cm
우측 상단 모퉁이에 위치한 흑모계활불(黑帽系活佛), 좌측 상단 모퉁이의 아제
불타(阿提佛陀)는 장전(藏傳)불교인 걸거파(噶擧派)에서 숭상한다. 명대(明代)
영락(永樂) 황제는 일찍이 흑모계오세(黑帽系五世)에게 모자를 선물한 적이 있
는데, 그 모자 디자인은 이전의 것과는 상이하다. 이 당카의 활불(活佛)이 쓴 모
자는 구식이며, 그림에서의 활불은 아마도 1333년 대륙을 방문했던 흑모계삼
세(黑帽系三世) 또는 1360~1364년 수도에 남은 흑모계사세(黑帽系四世)일
가능성이 있다.
출처: 홍콩『금수라의교천공(錦繡羅衣巧天工)』 p.117, 그림21

▶ 그림 7-184　몽고(蒙古, 13세기)　격사(緙絲)「자
탕하화(紫湯荷花)」화투(靴套)
1978년 내몽고(內蒙古) 달무기명수묘(達茂旗明水墓)
에서 출토, 내몽고박물관 소장
높이 45cm 너비 26cm

▲ 그림 7-185 원(元) 격사(緙絲) 「백화연룡(百花攢龍)」 도책엽(圖冊頁)

대북(臺北) 고궁박물원 소장. 전세품(傳世品)

높이 22.5cm 너비 31.3cm

이 격사는 『누회집금(鏤繪集錦)』의 첫 번째 폭이다. 발톱이 5개 달린 용이 머리를 치켜들고 국화, 모란, 동백, 치자, 백합 등 꽃밭에서 걸어 다니는 형상을 직조하였는데, 화문은 사실적이다. 주요 색상으로는 등황색, 황록색이 주로 사용되었으며, 도판의 사방은 이미 잘려 나갔다. "乾隆御覽之寶(건륭어람지보)", "三希堂精鑑璽(삼희당정감새)", "宜子孫(의자손)", "石渠寶笈(석거보급)", "□□□鑑藏寶(□□□감장보)" 옥새가 날인되어 있으며, '樂善堂圖書記(악선당도화기)' 도장이 찍혀 있다.

출처: 『중국미술전집(中國美術全集)‧공예미술편(工藝美術編)‧인염직수(印染織繡)』 하(下) 도판19

▼ 그림 7-186 원(元)[문종(文宗) 연간, 1330년] 격사(緙絲) 「제후상(帝后像)」

미국 뉴욕 메트로폴리탄예술박물관 소장

좌상(坐像)높이 약 20~24cm

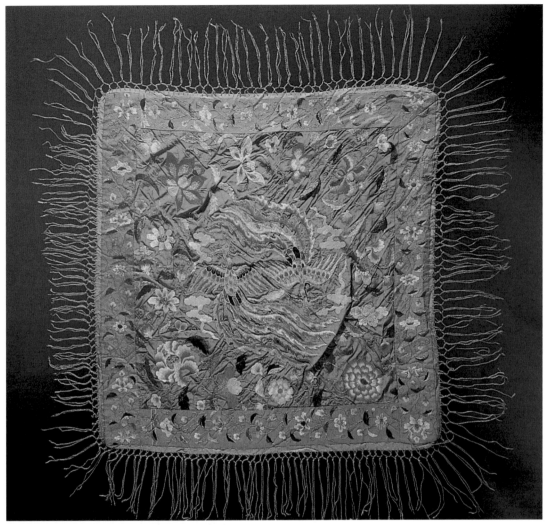

▲ 그림 7-187　원(元) 자수쌍봉천화문화개(刺繡雙鳳穿花紋華蓋)
　개인 소장품
　길이 58cm 너비 58cm
　출처: 홍콩 『금수라의교천공(錦繡羅衣巧天工)』 p.157, 그림37

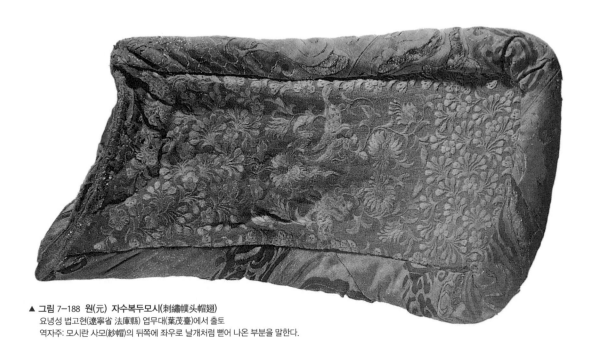

▲ 그림 7-188　원(元) 자수복두모시(刺繡幞头帽翅)
　요녕성 법고현(遼寧省 法庫縣) 엽무대(葉茂臺)에서 출토
　역자주: 모시란 사모(紗帽)의 뒤쪽에 좌우로 날개처럼 뻗어 나온 부분을 말한다.

▲ 그림 7-189 원(元) 운룡문수화포복(雲龍紋繡花包袱)
북경(北京) 쌍탑사(雙塔寺)에서 출토. 북경 고궁박물원 소장

▲ 그림 7-190 원(元) 자수당카(刺繡唐卡)「서방광목천왕상(西方廣目天王像)」
중국역사박물관 소장. 전세품(傳世品)
높이 250.8cm 너비 247.7cm
이 자수는 종홍색(棕紅色) 단(緞) 바탕의 중앙에 기세가 용맹스러운 서방광목천왕을
수놓았다. 천왕은 머리에 봉시회(鳳翅盔)를 쓰고 갑옷을 입었으며, 손에는 활을 쥐고
있다. 배경은 바탕 전체에 운문(雲紋)을 수놓았다.
출처: 『중국미술전집(中國美術全集)‧공예미술편(工藝美術編)‧인염직수(印染織
繡)』해(下) 도판22

▶ 그림 7-191 원(元) 난봉천화문
수(鸞鳳穿花紋繡)
미국 뉴욕 메트로폴리탄예술박물관
소장
길이 143cm 너비 135cm
출처: 『When Silk Was Gold』 p.197,
그림60

(1) 실물

(2) 어깨 자수 문양

(3) 협삼(夾衫) 자수 문양

◀▲ 그림 7-192 원(元) 사경종색라(四經棕色羅) 바탕의 화조문자수협삼(花鳥紋刺繡夾衫)[또는 반비(半臂)라 칭함]
　　　1976년 11월 내몽고(內蒙古) 원대 집영로(集寧路) 고성(故城)에서 출토. 내몽고자치구박물관 소장
　　　옷길이 62cm 양소매전체길이 125cm 소매너비 34cm 목둘레깊이 3.5cm 밑자락너비 54×2cm
　　　자수 문양은 정교하고 아름다우며, 서로 다른 크기의 화문단위 99가가 있다. 그중 가장 큰 2조의 길이는 37cm, 너비는 30cm이며, 양 소매부분에 직조되어 있다. 그 나머지 크기는 5～9cm 정도로 동일하지 않으며, 모두 전신에 배치되어 있다. 2조의 큰 도안은 모두 연못의 소경(小景)으로 각각 백로 2마리가 있는데, 1마리는 서 있고, 다른 1마리는 날아가고 있다. 배경은 물결, 연잎, 분련(粉蓮), 영지, 들국화, 수초 등으로 돋보이도록 하였으며, 하늘에는 꽃구름이 있다. 그 나머지 부분의 제재도 제각기 다른데, 봉황, 산토끼, 각록(角鹿), 채색 나비, 잉어 한 쌍, 거북이, 백로, 모란, 유란(幽蘭), 백합, 영지, 견우(牽牛), 대나무 잎 등의 화초가 있다. 그 외에, 인물들의 이야기에 관한 제재로는 버드나무 아래에서 여자가 연못의 원앙을 응시하거나, 두건을 쓴 남자가 단풍나무 아래에 기대어 앉아 있거나, 나귀를 탄 여자가 산간을 넘어가거나, 배를 타고 여유롭게 호수에서 노니는 남자 등이 있다. 자수법에는 일반적인 평침(平針) 외에도 창침(戧針), 변자고(辮子股), 어린침(魚鱗針), 타자침(打籽針) 등이 있으며, 이는 소수(蘇繡)와 비슷하다.
　　　출처: 『중국미술전집(中國美術全集)‧공예미술편(工藝美術編)‧인염직수(印染織繡)』 하(下) 도판1

▲ 그림 7-193 원(元) 자수당카(刺繡唐卡)「밀집금강(密集金剛)」

서장(西藏)자치구 랍살시(拉薩市) 포달랍궁(布達拉宮) 소장. 전세품(傳世品)

높이 75cm 너비 61cm

이 자수의 범상(梵像)은 '밀집경(密集經)'에서 제재를 취하여, 밀집금강(密集金剛)은 집밀금강(集密金剛)이라고도 칭한다. 자수에서 금강(金剛) 형상은 삼두육비(三頭六臂)이며, 상반신을 드러내고 머리에는 보관(寶冠)을 쓰고 있으며 구슬 목걸이를 착용했다. 주홍색 배경과 적색 치마로 금강의 청색 상반신을 부각시켜 아름다우면서도 휘황찬란하다. 주위에는 다시 옅은 남색으로 두 번째 층차의 대비를 이루어 색상을 훨씬 더 풍부하게 하였다. 자수법에는 투침(套針), 정창(正戧), 평금(平金), 권금(圈金) 등을 사용하였으며, 자수가 정교하고 섬세하여 매우 높은 예술적 수준을 보여순다.

출처:『중국미술전집(中國美術全集)‧공예미술편(工藝美術編)‧인염직수(印染織繡)』하(下) 도판21

참고문헌

[1] 德新, 張漢君, 韓仁信. 內蒙古巴林右旗慶州白塔發現的遼代佛敎文物. 文物, 1994(12)

[2] 閻文儒, 傅振倫, 鄭恩淮. 應縣佛宮寺釋迦佛塔發現 "契丹藏" 和遼代刻經. 文物, 1982(6)

[3] 上海紡織科學硏究院. 西夏陵區108號墓出土的絲織物. 文物, 1978(8): 80

[4] 史金波, 白濱, 吳峰雲. 西夏文物. 北京: 文物出版社

[5] 『中國文物精華』編輯委員會. 中國文物精華. 北京: 文物出版社, 1997

[6] 朱新予主編. 中國絲綢史(通論). 北京: 紡織工業出版社, 1992

[7] (元)費著. 蜀錦譜

[8] (元)脫脫等. 宋史. 卷三一三. 文彦博傳; 卷三六六. 唐介傳

[9] (宋)邵伯溫. 邵氏聞見錄. 卷一

[10] (宋)程大昌. 演繁露

[11] (南宋)吳自牧. 夢粱錄

[12] 鎭江博物館. 江蘇金壇南宋周瑀墓出土簡報. 文物, 1977(7): 18

[13] 福建省博物館. 福州南宋黃升墓. 北京: 文物出版社, 1982

[14] 福建省博物館. 福州市北郊南宋墓淸理簡報. 文物, 1997(7): 1

[15] A. J. H. Chariganon. 馬可·波羅行記. 上海: 上海中華書局, 1955

[16] (南宋)周密. 齊東野語

[17] (元)陶宗儀. 輟耕錄

[18] (元)脫脫等. 宋史·儀衛志

[19] 李遇春, 賈應逸. 新疆巴楚脫庫孜薩來城發現的古代毛織品. 文物, 1972(3)

[20] A. Stein. 西域考古記. 向達譯. 北京: 文物出版社, 1980

[21] 新疆維吾爾自治區博物館. 新疆歷代民族文物. 北京: 文物出版社, 1985

[22] (宋)洪皓. 松漠紀聞

[23] (宋)莊季裕. 鷄肋編

[24] 陳娟娟. 緙絲. 故宮博物院院刊, 1979(3)

[25] 故宮博物院. 故宮博物院藏寶錄. 上海: 上海文藝出版社, 1985

[26] 遼寧省博物館. 宋元明淸緙絲. 北京: 人民美術出版社, 1984

[27] 蔣復璁. 臺北故宮博物院: 刺繡, 緙絲. 日本東京學習硏究社, 1982

[28] (明)張應文. 淸秘藏

[29] (元)碎金·採色篇. 故宮文獻館影印本, 1935

[30] (明)宋濂. 元史. 卷一二〇. 鎭海傳

[31] (元)元典章. 臺北故宮影印元刊本, 1976

[32] 潘行榮. 元集寧路故城出土的窖藏絲織物及其他. 文物, 1979(8)

[33] 黃能馥主編. 中國美術全集·工藝美術編·印染織繡 (上, 下). 北京: 文物出版社, 1985, 1987

[34] When Silk Was Gold: Central Asian and Chinese Textiles. The Metropolitan Museum of Art, 1990

[35] 趙豐. 織繡珍品. 香港: 藝紗堂, 1999

면화 재배는 보편화되어 있었기 때문에 의생활에서 가장 많이 소비되는 직물은 면직물이 주를 이루었으며, 비단은 훨씬 정교한 고급 의복과 장식품으로 가공되었다. 『천공개물(天工開物)』의 「내복(乃服)」과 「창시(彰施)」 2편은 잠상(蠶桑) 사직(絲織) 기술에 대한 과학적 근거를 전면적으로 총정리하여 당시 견고한 민간공예의 높은 수준을 반영하였다. 강남(江南) 삼직조(三織造)는 명(明)나라 궁궐 자수품의 생산 중심지이다. 전통적인 사직 제화(提花)와 직금(織金), 공작우사알직(孔雀羽絲挖織), 융직(絨織), 격사(緙絲), 장화(妝花) 등의 기술이 서로 결합하여 명대 비단은 한층 더 화려해지고 아름다워졌다. 비단 문양은 상징(象徵), 우의(寓意), 비교(比較), 해음(諧音), 표호(表號), 장식문자 등 각종 방법을 통하여 심오한 길상(吉祥)의 함의(含意)를 나타냈다.

제8장

명대(明代)

1. 명대(明代)의 비단 생산 개황

명대는 중국 비단이 고급화되고 정밀화되는 방향으로 발전하게 된 중요한 역사적 시기이다. 송·원대(宋·元代) 이래로, 면화 재배는 전국적으로 널리 확산되었으며 면직물은 일반복장을 제조하는 주요 직물로 사용되었다. 고대 전통적인 기술의 기초 위에서 비단은 서역의 용금(用金) 기술과 융합되어 사(紗), 나(羅), 단(緞) 등 직물에 10~20종의 채색 융사(絨絲)와 연금사(撚金絲), 편금사(片金絲), 공작우사(孔雀羽絲) 등의 귀중한 재료를 더하여 직조했다. 이렇게 직조한 의포(衣袍), 불상, 서화족자 등은 명나라 비단 생산에서 나타난 중요한 특징 중의 하나이다. 명나라 중기 이후, 상품경제가 발전함에 따라 노향원고수(露香園顧繡)를 대표로 하는 화수(畵繡)는 감상용에서 상품용으로 발전하였다. 장강(長江) 하류의 환태호(環太湖) 지역에서도 비단 생산과 무역을 주로 하는 상업 도읍이 신속하게 출현하면서 명나라 비단이 한층 더 발전할 수 있는 새로운 원동력을 제공하였다.

(1) 민간 비단의 발전

송·원대에 경영을 목적으로 하는 민간 비단사업과 염색업은 일찍이 발전하기 시작하였으며, 명대에 이르러서는 민간 기호(機戶)들이 강남의 각 지역에 널리 분포되었다. 개인업주 간의 상호경쟁은 점차 양극화되었는데, 그중 소수의 개인업주들은 적절한 경영방식으로 큰 작방(作坊)의 주인이 되기도 하였다. 그러나 대다수 개인업주들은 관청의 징수[관청은 소매(召買), 좌파(坐派) 등의 명목으로 인력과 자재의 원가보다 낮은 공식가격을 정해 강제 할당함]를 감당하지 못하고, 결국에는 노동력을 제공하는 고용 노동자로 전락하였다.[1] 명대 융경(隆慶)·만력(萬曆) 연간(1567~1620년)에 씌어진 장종화(蔣從化)의 『서태만기(西台漫記)』권4에서 소주(蘇州) 지역 개인업주에 관하여 이르기를, "부자는 베틀을 베풀어서 살아가고 가난한 사람은 베틀을 빌어서 살아간다. 매일 새벽에 일어나면 수백 명의 가난한 사람들은 현묘 입구에 가득 모여 대부호가 방직하라고 부르기를 기다린다. 하루벌이를 얻어 아침밥과 저녁밥값을 계산하여 돈을 나눈다. 대부호의 베틀은 하루라도 방직하지 않으면 곧 손이 묶이고, 가난한 사람은 하루라도 남에게 베틀을 빌어 방직하지 못하면 곧 배를 곯는다(大戶張機爲生, 小戶趁機爲活. 每晨起, 小戶百數人嗷嗷相聚玄廟口, 聽大戶呼織, 日取分金爲饔飧計. 大戶之機一日不織則束手, 小戶一日不受人織則腹枵)"라고 서술하였다. 또한 『고금도서집성(古今圖書集成)』에 따르면, "소주(蘇州) 백성은 저축이 없는지라 대부분 비단 짜는 일을 위주로 하였는데 동북쪽 절반 모두가 기호였다(蘇民無積聚, 多以絲織爲主, 東北半城皆居機戶)", "군성의 동쪽에 사는 사람들은 모두 베 짜는 일을 익히는데, 무늬를 넣어 짠 것을 단(緞)이라 하고 네모나고 성긴 것을 사(紗)라고 한다. 공인들은 각기 전문기술을 가지고 있는데, 장인들에게는 일정한 주인이 있어, 날짜를 계산하여 임금을 받았다. 다른 사정이 생기면 주인이 없는 장인을 불러 대신하게 하는데, 이를 환조라고 한다(郡城之東, 皆習機業, 織文曰緞, 方空曰紗. 工匠各有專能, 匠有常主, 計日受值. 有他故則喚無主之匠代之,

曰喚找)", "주인이 없는 사람은 새벽에 다리에 서서 기다리는데, 단 짜는 장인은 화교에 서 있고, 사를 짜는 장인은 광화사교에 서 있었다. 수레로 방적하는 사람을 거장이라고 하는데, 염계방에 서 있었다. ……(無主者黎明立橋以待, 緞工立花橋, 紗工立廣化寺橋, 以車紡絲者曰車匠, 立濂溪坊. ……)"라고 기록되어 있다.[2] 명대 만력 연간(1573~1620년) 왕사성(王士性)은 『광지역(廣志繹)』에 이르기를, 절강(浙江)의 비단은 사천(四川), 운남(雲南)의 오몽강(烏蒙江)에서 금사강(金沙江) 하류의 마호(馬湖) 지역까지 판매되었으며, "그 물줄기가 자갈밭을 돌아 흐르고 바윗돌을 휘감으며 나는 듯이 빠르게 흐른다. 양쪽 강기슭에 청산을 끼고 흐르는데 주변에 마을이 없다. 그 아래 이른바 만인감이라는 곳이 있는데, 뱃길이 번거롭고 어렵다. …… 여기 들어온 상인들은 매번 십수 해를 머무는데, 비록 만 리에 달할 만큼 외지고 멀지만 소주와 항주에서 새로 직조한 갖가지 종류의 무늬 비단은 오 지역에서는 귀한 신분의 사람도 입을 수 없기에, 그곳에서 구하는 것이다(其水磯狀礁彙, 奔馳如飛; 兩岸靑山夾行, 旁無村落. 其下有所謂萬人嵌者, 舟過之轍碎溺 …… 商販入者每住十數星霜, 雖僻遠萬里, 然蘇杭新織種種紋綺, 吳中貴介未披, 而彼處先得)"라고 하였다.[3] 명나라 강남 지역에서는 방직업 대도시들이 급속히 출현하였는데, 초기에 오강현(吳江縣) 성택진(盛澤鎭)의 주민은 50~60가구에 지나지 않았으나 말기에 이르러서는 5만 가구를 초과하는 사직업 중심의 도시로 발전하였다. 또한 원대 진택진(震澤鎭)에 거주하는 주민은 수십 가구에 불과했으나 명대 성화(成化) 연간에는 300~400가구로 증가하였으며, 말기에는 2~3천 가구에 이르는 방직업 대도시가 형성되었다. 이 밖에도 가흥시(嘉興市) 왕강경(王江涇), 동향시(桐鄕市) 복원진(濮院鎭), 호주시(湖州市) 쌍림진(雙林鎭)도 모두 사직을 생산하는 주요 도시와 마을이 되었다. 명대 조정에서는 많은 내관들을 파견하여 전국의 세금을 관리하도록 하였으나 도처에서 상업세를 약탈하여 사직업은 다시 한번 큰 손실을 입게 되었다. 산서성(山西省) 노안주(潞安州)는 원래 주기(紬機) 1만 3천 대가 있었지만 명나라 말기에는 대부분 파산하였다. 산동성(山東省) 임청시(臨淸市)에는 비단 상점 32곳이 있었는데, 세리(稅吏)의 과도한 세금 징수로 인하여 21곳이 도산하였다. 소주(蘇州), 송강(松江), 상주(常州), 항주(杭州) 등지의 관청에서 다색단(多色緞) 공납 증가를 명목으로 개인업주를 협박하여 재물을 강탈하자 개인업주들은 그 손해를 감당하지 못하고 자식을 팔거나 집을 버리고 도망쳤다. 직조공들도 채용해 주는 사람이 없어 생계를 유지하기가 훨씬 더 어려워졌다. 만력 29년(1601년) 직조태감(織造太監) 손융(孫隆)이 소주에서 세금을 관리할 때, 강제로 소주 직조공들을 갈성(葛成)의 인솔하에 한데 모이게 하여 사람을 죽이고 가옥을 불태워 이에 직조공들이 저항을 하였다. 이듬해 5월 소주부(蘇州府) 소속 직조공들은 육신방(陸新邦) 등 관리업무를 반대하면서 제2차 투쟁을 하였으나 모두 진압되었다.

17세기 명나라 강서성(江西省) 봉신현(奉新縣) 출신인 송응성(宋應星)은 『천공개물(天工開物)』에 뽕나무 재배, 양잠, 견사, 사직,

염색 등의 생산기술을 상세하게 서술했으며, 상박(上箔), 치사(治絲), 조사(調絲), 방위(紡緯), 정경(整經), 제화기(提花機), 요기(腰機), 과호인가(過糊印架) 등 공예의 조작 설명도를 첨부하였다.[4] 이 저서는 중국 명대 생산기술을 총정리한 과학기술 문헌이며, 청대(淸代) 국외로 전해져 국제 과학기술 영역에서 높은 평가를 받았다. 현재 일본어, 영어, 프랑스어 등으로 번역되어 각국에서 출간되었다고 한다.

명나라 산서성 노안주의 노주[潞紬(綢)]는 전 세계로 판매되었다.[5] 『건륭노안부지(乾隆潞安府志)』에는 "명대에 장치, 고평, 노주 세 곳의 명주 베틀을 모두 합치면 1만 3천여 장이 된다(明季長治, 高平, 潞州衛三處共有紬機一萬三千余張)"라고 기록되어 있다.[6] 북경(北京) 정릉(定陵)에서 출토된 화훼문로주(花卉紋潞紬)는 매우 정교하고 아름답게 직조되었다. 명나라 사천성(四川省) 보령부(保寧府)의 비단 능견(綾絹), 광동성의 광단[廣緞, 월단(粤緞)이라고도 칭하며, 오사단(五絲緞), 팔사단(八絲緞), 운단(雲緞), 광단(光緞) 등 포함], 선사(線紗), 우랑주(牛郎綢), 복건성(福建省) 복주시(福州市)의 단(緞), 개기(改機), 천주(泉州)의 소직(素織), 화직(花織), 운직(雲織), 금은선직(金銀線織), 장주(漳州)의 천아융(天鵝絨, 벨벳) 등은 모두 유명한 제품들이다.

(2) 강남(江南), 북경(北京) 및 전국 각지에 설립된 관청 비단생산기구

명나라 관청은 공부(工部) 아래에 직염소(織染所)를 설치하였으며, 내부감(內府監)에는 직염내국(織染內局)과 직염외국(織染外局)을 두었다. 내국은 어용(御用) 및 궁에서 사용되는 단필(緞匹), 견(絹), 백(帛) 등의 종류를 염색하여 직조하는 것을 관리하였으며, 외국(外局)에서는 정부 공용 비단을 직조하였다. 남경(南京)에는 내외직염국 외에도 사예감(司禮監)에 제사용(祭祀用) 신백(神帛)을 전문적으로 직조하는 신백당(神帛堂)을 두어 직기 40대와 장인 1천2백여 명을 고용하였으나, 후에 8백여 명만 잔류하여 매년 신백 1,369단을 직조하였다. 남경의 내직염국은 남국(南局)이라고도 불리며 궁궐에서 사용되는 각종 견포(絹布)와 문무백관의 고칙(誥敕)을 전문 생산하는 곳으로 직기 3백여 대, 군민(軍民) 장인 3천여 명을 두어 매년 5천 필을 직조하였다.

홍무(洪武) 연간(1368~1398년) 사천(四川), 산서(山西) 등 여러 행성(行省)과 절강성(浙江省) 소흥(紹興)에 직염국(織染局)을 설치하였다. 이 외에도 의진[儀眞, 지금의 의정시(儀征市)]과 육합(六合)에는 남전소(藍靛所)를 설치하고, 청람(靑藍)을 재배하여 염색작업에 공급하도록 하였는데 그렇게 많이 알려지지는 않았다. 또한 전국에 관리를 두고 해마다 비단을 직조하였으며, 하사할 일이 생기면 비단을 내렸으며, 후호(后湖)에도 국을 설치하여 직조하였다.

정통(正統) 연간(1436~1449년) 천주(泉州)에 직조국을 설치하고, 천순(天順) 4년(1460년) 소(蘇), 송(松), 항(杭), 가(嘉), 호(湖) 5부(府)에 중관(中官)을 파견하여 평소의 일정 수량 외에도 다색단(多色緞) 7백 필을 추가로 직조할 것을 명하였다. 공부시랑(工部侍郎) 옹세자(翁世資)는 그 수량을 감소해 줄 것을 요청하였다가 형주

(衡州) 지부(知府)로 좌천되었다. 증조(增造)의 분담은 바로 이때 시작되었다.

정덕(正德) 원년(1506년) 상의감(尚衣監)이 이르기를, "왕실 창고에 저장된 각종 저사, 사라, 직금, 섬색, 망룡, 두우, 비어, 기린, 사자, 통수, 슬란 및 두우, 비선, 천록을 흠배한 것은 모두 천순 연간(1457~1464년)에 직조한 것들로, 이미 다 하사품으로 소진하였으니 웅천, 소주, 항주 여러 부로 하여금 법제에 따라 직조하게 하십시오(內庫所藏諸色紵絲, 紗羅, 織金, 閃色, 蟒龍, 斗牛, 飛魚, 麒麟, 獅子, 通袖, 膝襴並胸背斗牛, 飛仙, 天鹿, 俱天順間所織, 欽賞已盡, 乞令應天, 蘇, 杭諸府依式織造)"라고 하였다. 황제가 그것을 허락하자 이에 7천여 필을 직조하였다. 성화제(成化帝)와 홍치제(弘治帝) 시기에는 하사품을 내리는 것에 매우 신중하였다. 그러나 정덕제 치하 유근(劉瑾)이 권력을 장악한 때부터 총애받는 환관이 하사품을 요청하는 것이 점점 늘어나 머리를 묶지 않고 몰래 장복(章服)을 입는 자(관직의 표식이 옷에 있으니, 관직에 맞게 관복을 입어야 하는데, 이를 어기고 제멋대로 관복을 입는 자)가 있고, 함부로 상을 내리는 것이 나날이 증가하였다.

만력 7년(1579년) 소주, 송강 관청에 수재(水災)가 발생하자 급사중(給事中) 고구사(顧九思) 등의 직조내신(織造內臣)을 소환할 것을 청했으나 황제는 동의하지 않았다. 대학사(大學士) 장거정(張居正)이 흉년이 들어 백성들이 지쳐 있어 감독할 수 없다고 아뢰자 비로소 허락하였다. 그 후, 오래지 않아 중관을 다시 파견하였다. 정졸[正卒, 실역(實役)]에 복무하지 않을 경우에는 면역전(免役錢) 징수에 처하게 되면서 추가되는 직물은 점점 많아졌으며, 소(蘇), 항(杭), 송(松), 가(嘉), 호(湖) 등 5부에서 직조하는 수량 외에도 다시 절강(浙江), 복건(福建), 상(常), 진(鎭), 휘(徽), 영(寧), 양(揚), 광덕(廣德) 등의 여러 부주(府州)에 할당하여 만여 필을 더 직조하도록 하였다. 섬서성(陝西省)에서는 양융(羊絨, 캐시미어) 7만 4천 필을 직조하였는데 여기에는 기(奇), 남직례(南直隷), 절강저사(浙江紵絲), 사라(紗羅), 능(綾), 견백(絹帛), 산서로주(山西潞紬)가 포함된다. 이것들은 모두 이전의 생산품보다 장척(丈尺)을 더하여 직조하였다. 2~3년 동안 소모한 직물이 백만 필에 이르는데…….

『대명회전(大明會典)』에 기록된 직염국(織染局) 소재지는 다음과 같다.[7]

- 절강(浙江): 항주부(杭州府), 소흥부(紹興府), 엄주부(嚴州府), 금화부(金華府), 구주부(衢州府), 태주부(台州府), 온주부(溫州府), 영파부(寧波府), 호주부(湖州府), 가흥부(嘉興府)
- 강서(江西): 포정사(布政司)
- 복건(福建): 복주부(福州府), 천주부(泉州府)
- 사천(四川): 포정사(布政司)
- 하남(河南): 포정사(布政司)
- 산동(山東): 제남부(濟南府)
- 남직례(南直隷): 진강부(鎭江府), 소주부(蘇州府), 송강부(松江府), 휘주부(徽州府), 영국부(寧國府), 광덕부(廣德府)

모든 직염국 중 소주와 항주의 규모가 가장 컸다. 소주 직염국에 관한 기록은 문징명(文徵明)의 『중수직조국지(重修織造局志)』에 있는데, 명나라 가정(嘉靖) 시기에 가옥 245채, 내직작방(內織作坊)

▲ 그림 8-1 명(明) 유어수초문암화단(遊魚水
草紋暗花緞)(포 원단 잔편)
중국역사박물관 소장
길이 167cm 너비 192cm
원래 산서성(山西省) 어느 절의 불상을 덮었던
것으로, 한쪽에는 황단표대(黃緞飄帶)가 있는데
'李自成施(이자성시)'라고 묵서되어 있다.
출처: 『중국미술전집(中國美術全集)·공예미
술편(工藝美術編)·인염직수(印染織繡)』하
(下) 도판29

(1) 실물

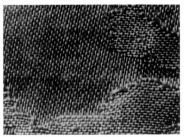

(2) 조직 확대도

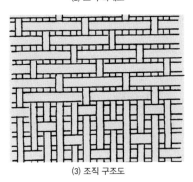

(3) 조직 구조도

▲ 그림 8-2 명(明) 베이지색 절지화접팔보문암
화단(折枝花蝶八寶紋暗花緞)
날실: 베이지색, 단고우연(單股右撚), 직경 0.1mm,
밀도 106올/cm
씨실: 베이지색, 무연(無撚), 직경 0.15~0.2mm,
밀도 50올/cm
바탕조직: 오매이비경면단문(五枚二飛經面緞紋)
화문조직: 오매이비위면단문(五枚二飛緯面緞紋)

87곳, 직기 173대, 도락작방(掉絡作坊) 23곳, 염작방(染作坊) 14곳, 타선작방(打線作坊) 72곳, 장인 667명이 있었다고 하였다.[8] 『항주부지(杭州府志)』에 따르면, 항주 직염국은 "명나라 홍무(洪武) 3년(1370년) 사여방(斯如坊)을 설치하였는데, 영락(永樂) 연간에는 지세가 낮고 습하여 자재를 나누어 배치하기 위해 용금문(湧金門)에 직염국을 설치하였다. 본래의 명칭인 남국(南局)을 따라 북국(北局)이라고 칭했으며, 사용하지 못하게 된 자재는 북국으로 돌려보냈다"라고 기록되어 있다. 당시 작방은 120여 곳이 있었는데 직조와 염색을 하는 곳을 따로 구분하였다.[9]

산서성(山西省) 노안주(潞安州)는 북방의 중요한 비단 생산지이다. 직염국을 설립하지 않았던 북방의 여러 성(省)들도 관청 작방을 설치하였는데, 진여기(陳汝綺)의 『감로원단서(甘露園短書)』에서는 "일찍이 섬서성(陝西省) 무원(撫院) 가대문(賈待問)이 이르기를, 해당 성은 만력(萬曆) 25년에 용봉포(龍鳳袍) 5,450필을 직조해야만 해서 별도로 직기 534대를 설치하고, 해당 직조 장인 545명, 만화(挽花) 장인 1,620명을 증원해야 된다고 하였다. 새로 직기 350대를 설치하였으며, 장인 350명, 만화(挽花) 장인 750명, 도화락사타선(挑花絡絲打線) 장인 4천2백여 명이 증원되었다"라고 기록하였다.[10]

명대 직조국(織造局)은 일찍이 평상시의 직조 수량이 규정되어 있었으며 규정된 평소 수량 외에도 명을 받들어 수량이 추가되는 것을 '좌파(坐派)'라고 불렀다. 좌파 외에도 조정에서 갑자기 급하게 필요하여 외부로부터 구매하여 보충하는 것을 '소매(召買)'라고 하였는데, 이와 같은 좌파와 소매는 모두 자재 가격보다 낮게 책정하여 민간 개인업주에게 강제로 생산하도록 하여 민간 사직업에 큰 어려움을 초래하였다.

2. 명대(明代)의 주요 비단 종류

수천 년 동안, 비단은 가장 화려하면서도 귀중한 복식 자재였다. 봉건사회에서는 비단의 종류와 색상 문양이 바로 봉건 복식문화의 구체적인 표현으로 소위 "지위가 높은 자는 의상에 산천과 용이 찬란한 빛을 내고 이로써 천하를 다스린다. 비천한 자들은 거친 베옷을 입어 겨울에는 추위를 막고 여름에는 몸을 가려 짐승과 구분하며(貴者垂衣裳, 煌煌山龍, 以治天下 ; 賤者裋褐枲裳, 冬以御寒, 夏以蔽體, 以自別於禽獸)", "사람과 사물은 서로 관련이 있으니, 귀천에 (의복의) 구별이 있다(人物相麗, 貴賤有章)"라고 하였다. 명대의 관복은 당·송대(唐·宋代)의 제도를 계승하여 등급이 엄격하였으며 비단의 종류와 문양의 색상은 명나라의 복식제도 및 정치윤리관과 직접적으로 관련되었다.[4]

명대의 비단 문물은 북경(北京) 고궁박물원에 다량 보존되어 있다. 이 외에도 정통(正統)으로부터 만력(萬曆) 연간(1436~1620년)에 이르기까지 불교『대장경(大藏經)』은 9차례나 발간되었다. 이는 모두 당시 내부 창고에 있던 비단을 잘라 불경 표지와 경갑표봉(經匣裱封)을 만든 후, 전국의 큰 사찰로 보내져 보관되었는데, 그중 많은 문물이 지금까지도 완벽하게 보존되어 있다. 1958년 여름 북경 정릉(定陵)에서 발굴한 명대 제13대 황제 주익균[朱翊鈞, 즉 명신종(明神宗) 만력 황제]과 효단(孝端), 효정(孝靖) 두 황후의 왕릉에서 진귀한 비단으로 만든 의복과 기타 일용품 2백여 점을 발견하였다. 1963년 북경 남원(南苑) 위자갱(葦子坑)의 명대 만력 연간 대묘(大墓)에서도 고급 비단 의복과 기타 일용품 수십 점이 출토되었다. 그 후 각 지역에서도 연이어 명대의 비단이 발견되었다. 각 지역으로 전해지거나 출토된 비단문물을 명대 관련 문헌자료와의 검증을 통해, 명대의 비단 연구를 위한 기준을 제시해 주었다. 『명사·여복지(明史·輿服志)』에 언급된 명대 복식제도, 명숭정(明崇禎) 태감(太監) 유약우(劉若愚)의 『작중지(酌中志)』에 기록된 명대 궁궐의 사시팔절(四時八節) 복식, 명가정(明嘉靖)『천수빙산록(天水冰山錄)』에서 언급한 권상(權相) 엄숭(嚴嵩)의 가산 몰수 중 비단 복장과 관련된 기록 등은 모두 명나라 시기 고급 비단의 사용 현황을 이해할 수 있는 단서를 제공했다. 『천수빙산록』에 따르면, "엄숭의 고향인 강서(江西) 분의(分宜)에서 몰수한 각종 고급 견직물은 14,311필 1단이다. 그 외에도 당시 몰수하여 환금한 견직물은 27,288필, 몰수한 고급 비단 의복은

1,304벌, 판매하여 환금한 의복은 17,343벌에 달했다."[11][12]

명대의 견직물은 주로 날실과 씨실의 원료 배치, 조직 구조의 변화를 종류와 명칭의 근거로 삼았다. 색채, 문양, 무늬결, 생산지, 용도 등도 경우에 따라서는 비단 종류의 명칭에 영향을 주었다. 필자는 수십 년을 거쳐 수많은 명대 비단 문물의 표본을 분석하고 연구하여 풍부한 자료를 수집하였는데, 그 주요 내용은 다음과 같다.[13]

(1) 단류(鍛類)

표면이 부드럽고 광택이 나면서도 매끄러운 견직물 종류이다. 중국의 단은 요·송대(遼·宋代)에 출현하였으며 송대 이전에는 '단(鍛)'이라는 글자가 존재하지 않았으며 송·원대(宋·元代)에도 '단(段)'자로 표시하였다. 『오현지·물산(吳縣志·物産)』에 이르기를 "저사는 속칭 단이라고 하는데, 단자로 만들기 때문이다(紵絲俗名緞, 因作緞字)"라고 하였다. 저사(紵絲)의 명칭에 관해서는 남송(南宋) 오자목(吳自牧)의 『몽양록(夢粱錄)』에 기록되어 있는데, "저사는 염색한 실로 직조하는 것이다. 갖가지 색상의 비단으로 직금(비단 바탕에 금실로 봉황이나 꽃 따위의 무늬를 화려하게 짜 넣은 직물), 섬갈, 간도 등의 종류가 있다(紵絲染絲所織, 諸顏色者有織金, 閃褐, 間道等類)"라고 하였으며,[14] 『원전장(元典章)』에서도 "민간에서는 직금 저사를 사용하여 착용하는 것을 금한다(禁民間穿用織金紵絲)"라고 언급하였다. 상술한 저서에서 언급한 것은 모두 견사를 염색한 후 직조하는 정련사 직물이다. 또한 『원전장』에서는 "민간에서 일월용봉단필과 전신대룡단자의 직조를 금한다(禁民間織造日月龍鳳段匹及纏身大龍段子)"라고 언급하였는데,[15] 이는 '저사(紵絲)'와 '단(段)'의 명칭이 병용된 것이며, 당시 민간에서 이미 이러한 종류의 저사 생산이 가능하였다는 사실을 설명해 준다. 주계검(朱啓鈐)의 『사수필기(絲繡筆記)』에서 『흑달사략(黑韃事略)』을 인용하여 이르기를, 몽고인의 "복장은 우임에 네모난 깃으로 전에는 모직이나 가죽으로 만들었으나 현재는 비단과 금사로 만든다. 또한 색상은 붉은색, 보라색, 감색, 녹색으로 하고 문양은 일월용봉을 수놓으며 귀천에 상관없다(其服右衽而方領, 舊以氈罽革, 新以紵絲金線, 色以紅紫紺綠, 紋以日月龍鳳, 無貴賤等差)"라고 하였다.[16] 『명사·여복지(明史·輿服志)』에서는 "군왕 장자의 평상복(편복)으로 붉은 저사로 금사자를 수놓은 개규원령(원령: 목둘레가 둥근 깃)이 있고 그 부인의 복식으로는 진홍색 저사로 짠 적의(왕실의 예복)와 짙은 청색 저사로 짠 배자 등이 있다(郡王長子常服有紅紵絲織金獅子開襖圓領, 其夫人大紅紵絲大衫, 深青紵絲褙子等)"라고 하였다.[17] 북경 정릉 명대 만력 황제의 관(棺)에서는 요봉(腰封)에 '細龍紵絲(세룡저사)' 문구를 묵서하고, 사각형과 직사각형 소금룡(小金龍)을 직조한 비단 8필이 출토되었는데 이는 오매단직물(五枚緞織物)에 속한다.

명대 단의 종류는 비교적 많으며, 『천수빙산록』에 기록된 종류로는 소단(素緞), 암화단(暗花緞), 섬색단(閃色緞), 금단(金緞), 편지금단(遍地金緞), 장화단(妝花緞), 직금장화단(織金妝花緞), 장화편지금단(妝花遍地金緞) 등이 있다. 화문에 근거하여 명명한 운단(雲緞), 보단(補緞) 등도 있다. 명대 문무관 평상복의 가슴과 등에 흉배를 달아 지위의 높고 낮음을 나타냈다. 보단은 바로 가슴과 등에 흉배 문

양을 직조히거나 흉배 부분의 완성품 복장 원자재인데, 고대에서는 이를 '직성(織成)'이라고 불렀다. 북경 정릉에서 출토된 공작우직금장화사용포(孔雀羽織金妝花紗龍袍)와 장화단룡포(妝花緞龍袍)의 문양은 모두 의복 재단 디자인에 따라 각각의 테두리는 모두 암선(暗線)을 직조하였으며 재단을 5장(丈) 정도의 길이로 배치하였다. 의복을 만들 때 암선 테두리에 근거하여 바느질하면 매우 편리하였으며 게다가 화문 전체 구성이 정연하면서도 아름다우며 그 기백이 평범하지 않았다.[18]

명대의 단(緞) 직물은 일반적으로 오매단(五枚緞)이 많았다. 명대 말기에는, 팔매단(八枚緞)이 출현하였는데, 겉면이 오매단보다 훨씬 매끄럽다. 청대(淸代) 초기에 이르러서는 팔매단이 가장 유행하였다.

1) 암화단(暗花緞)

본색단중제화단(本色單重提花緞) 직물이며(그림 8-1~8-3), 문양은 날실로 기화(起花)했는가 또는 씨실로 기화했는가에 따라 양화(亮花)와 암화(暗花) 2종류로 나누어진다. 경면단(經面緞) 바탕에 위면단화(緯面緞花)를 직조하는 것을 암화라고 하며, 위면단(緯面

(1) 실물

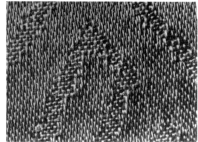

(2) 조직 확대도

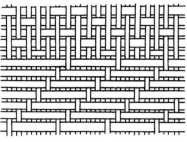

(3) 조직 구조도

▲ 그림 8-3 명(明) 다갈색 만자곡수문양화단(卍字曲水紋亮花緞)
날실: 다갈색, 단고우연(單股右撚), 직경 0.1mm, 밀도 104올/cm
씨실: 다갈색, 무연(無撚), 직경 0.2mm, 밀도 40올/cm
바탕조직: 1/5 우위사문(右緯斜紋)
화문조직: 오매이비경면단문(五枚二飛經面緞紋)

(1) 실물

◀ 그림 8-4 명(明) 전지모란문섬단(纏枝牡丹紋閃緞)
북경(北京) 고궁박물원 소장. 전세품(傳世品)
길이 33cm
너비 26cm

(2) 조직 확대도

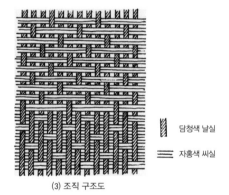

▨ 담청색 날실

≡ 자홍색 씨실

(3) 조직 구조도

▲ 그림 8-5 명(明) 담청색 바탕의 자홍색 전지모란문 섬단(纏枝牡丹紋閃緞)
날실: 천월백색, 단고좌연(單股左撚), 직경 0.05∼0.07mm, 밀도 104올/cm
씨실: 자홍색, 단고좌연, 이합사, 직경 0.2mm, 밀도 46올/cm
바탕조직: 오매삼비경단문(五枚三飛經面緞紋)
화문조직: 오매삼비위면단문(五枚三飛緯面緞紋)

▲ 그림 8-6 명(明) 팔보만초문섬단(八寶蔓草紋閃緞)
청화(淸華)대학 미술학원 소장. 전세품(傳世品)
길이 33cm 너비 13cm

▲ 그림 8-7 명(明) 사합운문섬단(四合雲紋閃緞)
청화(淸華)대학 미술학원 소장. 전세품(傳世品)
길이 33cm 너비 13cm

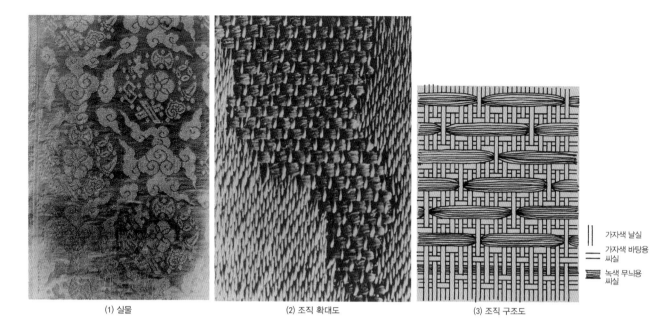

| (1) 실물 | (2) 조직 확대도 | (3) 조직 구조도 |

가자색 날실
가자색 바탕용
씨실
녹색 무늬용
씨실

▲ 그림 8-8 명(明) 가자색(茄紫色) 바탕의 녹색 팔보단화운문화단(八寶團花雲紋花緞)
　　날실: 가자색, 단고좌연(單股左撚), 직경 0.05〜0.1mm, 밀도 112올/cm
　　바탕용 씨실: 가자색, 단고좌약연(單股左弱撚), 3합사, 직경 0.25mm, 밀도 40올/cm
　　무늬용 씨실: 녹색, 단고좌약연, 3합사, 직경 0.5mm, 밀도 22올/cm
　　바탕조직: 앞면－오매삼비경면단문(五枚三飛經面緞紋), 뒷면－문위장부선(紋緯長浮線)
　　화문조직: 무늬용 씨실은 각각의 바탕용 씨실 2북마다 1북을 직조해 넣고, 홀수 날실(즉, 1올 날실마다)과
　　교직하여 표면이 오매삼비위면단(五枚三飛緯面緞)인 부화(浮花, 볼록하게 뜬 무늬)를 이룬다.

▼ 그림 8-10 명(明) 전지영지여의운문이색단(纏
　枝靈芝如意雲紋二色緞)
　　북경(北京) 고궁박물원 소장. 전세품(傳世品)
　　길이 34cm 너비 16cm

▶ 그림 8-9 명(明) 전지련
　이색단(纏枝蓮二色緞)
　　청화(淸華)대학 미술학원
　　소장. 전세품(傳世品)
　　길이 33cm 너비 13cm

그림 8-11 명(明) 전지련이색단(纏枝蓮二色緞)(2점)
개인 소장품. 전세품(傳世品)
길이 33cm 너비 13cm

▼ 그림 8-12 명(明) 영지축수문이색단
(靈芝祝壽紋二色緞)
개인 소장품. 전세품(傳世品)
길이 33cm 너비 13cm

◀ 그림 8-13 명(明) 절지화이
색단(折枝花二色緞)
북경(北京) 고궁박물원 소장. 전
세품(傳世品)
길이 16.5cm 너비 13cm

▲ 그림 8-14 명(明) 절지화훼문이색단(折枝花卉紋二色緞)(2점)
개인 소장품. 전세품(傳世品)
길이 33cm 너비 13cm

◀ 그림 8-15 명(明) 절지국화이색단(折枝菊花二色緞)
청화(淸華)대학 미술학원 소장. 전세품(傳世品)
길이 39cm 너비 12.5cm

▲ 그림 8-16 명(明) 타매문이색단
(朶梅紋二色緞)
개인 소장품. 전세품(傳世品)
길이 33cm 너비 13cm

▲ 그림 8-17 명(明) 운룡문이색단
(雲龍紋二色緞)
개인 소장품. 전세품(傳世品)
길이 33cm 너비 13cm

▲ 그림 8-18 명(明) 회문능격(回紋菱格) 바탕의 타화이색단(朶花二色緞)
개인 소장품. 전세품(傳世品)
길이 33cm 너비 13cm

▲ 그림 8-19 명(明) 인문(鱗紋) 바탕의 사조망문이색단(四爪蟒紋二色緞)
개인 소장품. 전세품(傳世品)
길이 33cm 너비 13cm

▲ 그림 8-20 명(明) 대운문이색단(大雲紋二色緞)
청화(淸華)대학 미술학원 소장. 전세품(傳世品)
길이 33cm 너비 13.5cm

緞) 바탕에 경면단화(經面緞花)를 직조하는 것을 양화라고 한다. 명대의 암화단(暗花緞)은 주로 경면단 바탕에 위면단화를 직조한 것으로 바탕 재질은 정교하고, 무늬와 색깔은 소박하면서도 우아하다. 촉감도 적당하여 복장의 옷감으로도 양호하다.

직물 분석례: 베이지색 절지화접팔보문암화단(折枝花蝶八寶紋暗花緞)(그림 8-2), 다갈색 만자곡수문양화단(卍字曲水紋亮花緞)(그림 8-3)

2) 섬단(閃緞)

이색단중제화단(二色單重提花緞) 직물이며(그림 8-4~8-7), 날실과 씨실은 보통 서로 다른 대비 색상을 선택하여 배치한다. 경면단(經面緞) 조직 바탕에 바탕색과 강렬하게 대비되는 위면단화(緯面緞花) 또는 위면사문화(緯面斜紋花)를 나타내기 때문에 서로 다른 각도에서 보게 되면, 단면은 모두 섬색(閃色) 효과가 있어 소박하고 우아한 가운데 화려함이 보인다. 섬단은 주로 복장과 장식용 원자재에 사용된다.

직물 분석례: 천월백색(淺月白色) 바탕의 자홍전지모란문섬단(紫紅纏枝牡丹紋閃緞)(그림 8-5)

3) 화단(花緞, 이색단)

위이중제화단(緯二重提花緞) 직물이다(그림 8-8~8-20). 바탕용 씨실과 날실의 색상은 동일하며 경면단(經面緞) 바탕무늬 또는 위면단화(緯面緞花)의 바탕무늬를 직조할 때 사용된다. 무늬용 씨실은 별도의 다른 색상으로, 바탕용 씨실보다 2~3배 굵다. 문양을 직조하는 경우, 1올 또는 4올의 날실과 교직할 때마다 단문(緞紋) 또는 평문(平紋) 조직의 씨실 무늬를 이루고 그렇지 않은 경우에는 직물 뒷면에 가라앉게 한다. 날실에는 꼬임을 주어 화단(花緞)의 화문이 돋보이면서도 시원해 보인다. 화단은 주로 협복(夾服), 피면(被面, 이불겉감), 만장(幔帳, 휘장), 점료(墊料, 방석이나 깔개의 재료) 등에 사용된다.

직물 분석례: 가자(茄紫) 바탕의 녹팔보단화운문화단(綠八寶團花雲紋花緞)(그림 8-8)

4) 장금단(裝金緞)

장금단은 명대(明代) 직물에서는 흔히 보이지 않지만 청대(淸代)에 들어서는 매우 유행되었다. 청대의 장금고단(裝金庫緞)이 바로 이 직물에 속한다. 장금단은 암화단(暗花緞)의 기초 위에서 주요 문양 부분, 즉 꽃술 또는 장식용 길상문자 등을 연금사(撚金絲)로 알사(挖梭)를 사용하여 직조한다. 이는 큰 면적의 암화에서 소량의 금화(金花)를 드러나게 하여 소박함 가운데 화려하면서 고귀함이 보이고 아름다우면서 고상하다. 대부분 옷감, 피면(被面, 이불겉감), 만장(幔帳, 휘장), 점자(墊子, 방석이나 깔개), 포복(包袱, 보자기) 등에 사용된다.

직물 분석례: 녹색 바탕의 봉천화수자문장금단(鳳穿花壽字紋裝金緞)(그림 8-21)

5) 직금단(織金緞)

직금단은 오매경면단(五枚經面緞) 바탕에 편금사(片金絲)를 사용하여 아름답고 화려한 금화를 직조한 것을 말한다(그림 8-22~8-41). 화문에서 흔히 보이는 2종류에는 첫째, 깨끗한 단(緞) 또는 경채조단(經彩條緞) 바탕에 금화(金花)를 직조한 것이며, 둘째, 전면이 금(金)인 바탕에 바탕 부분의 단(緞)조직으로 화문의 바깥 라인을 그려 암화를 나타낸 것이다. 이 2종류의 문양은 바탕 전체가 문양으로 가득하고 바탕이 단단해야만, 충분히 금을 표현하는 효과를 낼 수 있다.

직물 분석례: 흑녹색 바탕의 봉천화문직금단(鳳穿花紋織金緞)(그림 8-22)

6) 저사(緙絲)

저사의 조직 구조는 직금단과 기본적으로 동일하지만 비교적 거칠다. 화문 테두리가 그다지 정연하지 못하고, 자세히 살펴보면 견사와 마의 혼합섬유로 직조된 듯한 것도 있다. 편금(片金)으로 무늬를 나타내며 화문은 대부분 사각형 또는 직사각형의 소룡문(小龍紋)이다. 북경(北京) 정릉(定陵)에서는 '上用大紅織金細龍紋緙絲(상용대홍직금세룡문저사)'라는 문구가 표시된 봉첨(封籤)이 있는 저사 여러 점이 출토되었다.

직물 분석례: 북경 정릉에서 출토된 붉은색 바탕의 세룡문저사(細龍紋緙絲)(그림 8-42)

7) 장화단(妝花緞)

장화단은 오매경면단(五枚經面緞) 바탕에 다양한 색깔의 소관사(小管梭)를 사용하여 오색찬란한 융화(絨花)를 직조한 것을 가리킨다(그림 8-43~8-50). 문양을 직조하는 소관사는 1~2올의 긴 북마

(1) 실물

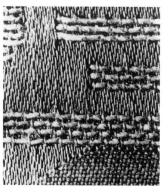

(2) 조직 확대도

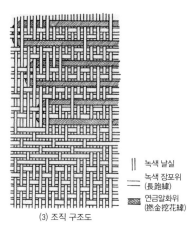

∥ 녹색 날실
— 녹색 장포위 (長跑緯)
▨ 연금알화위 (撚金挖花緯)

(3) 조직 구조도

▲ 그림 8-21 명(明) 녹색 바탕의 봉천화수자문장금단(鳳穿花壽字紋裝金緞)
날실: 녹색, 단고좌연(單股左撚), 직경 0.1mm, 밀도 120올/cm
바탕용 씨실: 녹색, 단고무연(單股無撚), 직경 0.25mm, 밀도 36올/cm
무늬용 씨실: 연금사[원금(圓金)], 우연(右撚), 직경 0.25mm, 밀도 18올/cm
바탕조직: 오매삼비경면단문(五枚三飛經面緞紋)
화문조직: 오매삼비위면단문(五枚三飛緯面緞紋, 암화(暗花))
바탕용 씨실 2북마다 연금사 1북을 알직(挖織)하고, 연금사는 홀수 날실과 교직하여 표면이 오매삼비위면단문 조직인 금화(金花, 알화)를 직조한다.

다 바탕용 씨실을 한 번 알직(挖織)하고, 직조할 때는 문양에 따라 필요한 위치에서 관(管)을 통과시킨다. 한 가지 색을 직조한 후, 소관사(小管梭) 위에 감은 채용(彩絨)을 끊어 놓았다가 필요하게 되면 다시 직조한다. 다른 색상으로 직조하려면 수시로 다른 색상의 소관으로 교체하면 되는데, 즉 부근에 동일한 색상의 화문이 있는 경우에는 다른 색을 건너뛰어 채용을 연결하여 직조할 수 있다. 건너뛴 부분의 뒷면에는 교직되지 않은 채용 부위(浮緯)가 남게 되는데, 이것이 바로 '알화(挖花)'의 알직법(挖織法)이다. 명대의 장화단은 일반적인 견직물 옷감을 직조하는 것 외에도 대량의 의복과 매트 직성(織成) 원단으로도 직조한다. 이는 의복 또는 매트 완제품 재단에 따라 문양을 디자인하여 폭으로 배열한 후, 화본(花本)을 만들어 직기에 올려 직조하는 것으로 대부분 관청이나 궁궐에 공급되어 사용된다.

직물 분석례: 적색 바탕의 사녀도장화단(仕女圖妝花緞)(그림 8-43)

8) 직금장화단(織金妝花緞)

직금장화단은 장화단 조직 위에 연금사(撚金絲)와 편금사(片金線)

로 주요 화문이나 길상 문구를 직조하고, 편금사로 화문 라인을 직조하는 것을 가리킨다(그림 8-51~8-60). 연금사는 일반적으로 알화법(挖花法)을 사용하며, 편금사는 통사(通梭)를 사용한다.

직물 분석례: 사녀봉천화해수문직금장화단포(仕女鳳穿花海水紋織金妝花緞袍)(일부분)(그림 8-57)

9) 편지금공작우장화단(遍地金孔雀羽妝花緞)

편지금공작우장화단의 조직 구조는 직금장화단(織金妝花緞)과 동일하지만, 채화 조직 부분은 모두 편금사를 사용하여 바탕무늬를 직조하였으며 용, 봉황과 같은 주요 화문은 공작우사(孔雀羽線)로 알화하였다. 공작우사는 공작새 꽁지 위에 흩어져 있는 솜털을 1올씩 연결하여 직경이 0.1mm인 갈색 단사와 합친 후, 다시 녹색 융사(絨絲)를 사용하여 묶어서 만든 것으로 매우 정교하다. 편지금공작우장화단의 직성품(織成品)은 웅장하면서도 아름다워 제후와 고관들의 직성포(織成袍) 옷감 중 가장 좋은 품질의 상품이라고 할 수 있다.

직물 분석례: 편지금운룡절지화문공작우장화단슬란(遍地金雲龍折枝花紋孔雀羽妝花緞膝襴)(그림 8-61)

(1) 실물

(2) 조직 확대도

|| 흑녹색 날실

— 흑녹색 바탕용 씨실

편금(片金) 무늬용 씨실

(3) 조직 구조도

▲ 그림 8-22 명(明) 흑녹색 바탕의 봉천화문직금단(鳳穿花紋織金緞)
날실: 단고우연(單股右撚), 직경 0.06~0.1mm, 밀도 약 120 올/cm
바탕용 씨실: 단고무연(單股無撚) 혹은 2합사약연(弱撚), 직경 0.22~0.25mm, 밀도 16~28올/cm
편금사: 직경 0.25~0.35mm, 밀도 14~18올/cm
바탕조직: 오매이비경면단(五枚二飛經面緞) 또는 오매삼비경면단(五枚三飛經面緞)
－윤곽선에 암화(暗花)를 형성하려면 윤곽선을 직조한다.
화문조직: 바탕용 씨실 2북마다 편금사 1북을 올려 홀수 날실과 교직하면 표면이 오매이비(五枚二飛)의 위면단문(緯面緞紋) 문양을 이룬다.

▲ 그림 8-23 명(明) 봉황전지화문직금단(鳳凰纏枝花紋織金緞)
개인 소장품. 전세품(傳世品)
길이 33cm 너비 13cm

▲ 그림 8-24 명(明) 연화문직금단(蓮花紋織金緞)
청화(淸華)대학 미술학원 소장. 전세품(傳世品)
길이 34.3cm 너비 11.2cm

▲ 그림 8-25 명(明) 전지련문직금단(纏枝蓮紋織金緞)
개인 소장품. 전세품(傳世品)
길이 33cm 너비 13cm

▲ 그림 8-26 명(明) 전지련문직금단
(纏枝蓮紋織金緞)
개인 소장품. 전세품(傳世品)
길이 33cm 너비 13cm

▲ 그림 8-27 명(明) 운룡문직금단(雲龍紋織金緞)
청화(淸華)대학 미술학원 소장. 전세품(傳世品)
길이 46.8cm 너비 22.8cm

▲ 그림 8-28 명(明) 만초팔보문직금단(蔓草八
寶紋織金緞)
개인 소장품. 전세품(傳世品)
길이 33cm 너비 13cm

▲ 그림 8-29 명(明) 운룡문직금단
(雲龍紋織金緞)
개인 소장품. 전세품(傳世品)
길이 33cm 너비 13cm

◀ 그림 8-30 명(明) 절지국화문직금단(折枝菊花紋
織金緞)
청화(淸華)대학 미술학원 소장. 전세품(傳世品)
길이 42cm 너비 24cm

명대(明代)

▲ 그림 8-31 사합련운팔보문직금단(四合連雲八寶紋織金緞)(일부분)
　개인 소장품. 전세품(傳世品)
　길이 33cm 너비 13cm

▼ 그림 8-33 명(明) 능격만자(菱格卍字) 바탕의
　소륜화문직금단(小輪花紋織金緞)
　개인 소장품. 전세품(傳世品)
　길이 34cm 너비 13cm

◀ 그림 8-32 명(明) 사합련운팔보문직금
　단(四合連雲八寶紋織金緞)
　개인 소장품. 전세품(傳世品)
　길이 33cm 너비 13cm

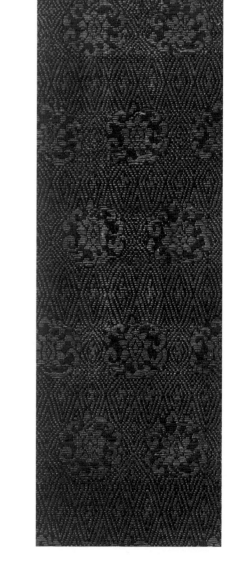

◀ 그림 8-34 명(明) 운봉문직금단(雲鳳
　紋織金緞)(일부분)
　개인 소장품. 전세품(傳世品)
　길이 34.8cm 너비 13cm

▲ 그림 8-35 명(明) 운룡문직금단(雲龍紋織金緞)(일부분)
　개인 소장품. 전세품(傳世品)
　길이 34cm 너비 13cm

▲ 그림 8-36 명(明) 승강룡사합련운문직금단(升降龍四合連雲紋織金緞)
　개인 소장품. 전세품(傳世品)
　길이 32cm 너비 13cm

명대(明代)

▶ 그림 8-37 명(明) 모란문직금단(牡丹紋織金緞)(일부분)
청화(淸華)대학 미술학원 소장. 전세품(傳世品)
길이 44cm 너비 30cm

▲ 그림 8-38 명(明) 칠진도직금단(七珍圖織金緞)
개인 소장품. 전세품(傳世品)
길이 32cm 너비 13cm

▲ 그림 8-39 명(明) 채조경(彩條經) 바탕의 전지모란국화문직금단(纏枝牡丹菊花紋織金緞)
북경(北京) 고궁박물원 소장. 전세품(傳世品)
길이 33cm 너비 13cm

▲ 그림 8-40 명(明) 천지련문직금단(穿枝蓮紋織金緞)
개인 소장품. 전세품(傳世品)
길이 34cm 너비 13cm

▶ 그림 8–41 명(明) 이어희수낙화문직금단(鯉魚戲
水落花紋織金緞)
　　북경(北京) 고궁박물원 소장. 전세품(傳世品)
　　길이 33cm 너비 13cm

명대(明代)

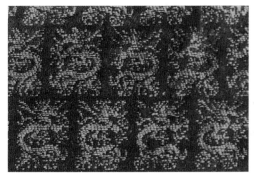

(1) 실물

(2) 조직 확대도

| | 다홍색 날실

≡ 다홍색 바탕용 씨실

▨ 편금(片金) 무늬용 씨실

(3) 조직 구조도

▲ 그림 8-42 명(明) 적색 바탕의 세룡문저사(細龍紋紵絲)

날실: 대홍색(혼합색), 단고우연(單股右撚), 직경 0.1mm, 밀도 110올/cm
바탕용 씨실: 다홍색, 단고우연, 3합사, 직경 0.3~0.35mm, 밀도 22올/cm
무늬용 씨실: 편금(片金), 직경 0.2mm, 밀도 11올/cm
바탕조직: 오매이비경면단문(五枚二飛經面緞紋)
화문조직: 바탕용 씨실 2북마다 편금 1북을 넣어 직조하며 편금과 날실은 오매삼비위면단(五枚三飛緯面緞)을
이룬다. 문양을 직조하지 않으면 편금사는 직물 뒷면에 들뜨게 된다.

◀ 그림 8-43 명(明) 적색 바탕의 사녀도장화단(仕女圖妝花緞)

날실: 적색, 단고우연(單股右撚), 직경 0.1mm, 밀도 100올/cm
바탕용 씨실: 적색, 무연(無撚), 직경 0.15~0.2mm, 밀도 30올/cm
무늬용 씨실: 청색·유록색·황색, 무연, 직경 0.4~0.5mm, 밀도 18올/cm
바탕조직: 오매삼비경면단문(五枚三飛經面緞紋)
화문조직: 바탕용 씨실 2북마다 채색 용위(絨緯) 1북을 넣어 직조하
고 채색 용위는 매 4번째 날실 뒤의 5번째 날실과 교직하여 표면이
평문(平紋) 문양을 이룬다.

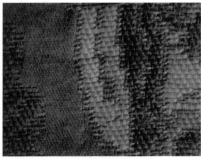

(2) 앞면 조직 확대도

(1) 실물

(3) 뒷면 조직 확대도 1

(4) 뒷면 조직 확대도 2

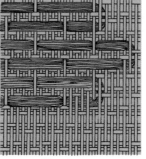

| | 적색 날실

≡ 적색 바탕용 씨실

▤ 분홍색 무늬용 씨실

(5) 조직 구조도

(6) 문양 복원도

▲ 그림 8-44 명대(明代) 중기 전지보상화문장화단(纏枝寶相花紋妝花緞)
　　개인 소장품. 전세품(傳世品)
　　길이 42cm 너비 14.4cm

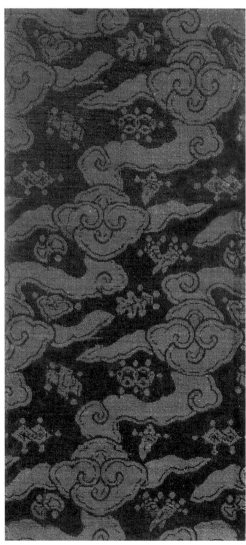

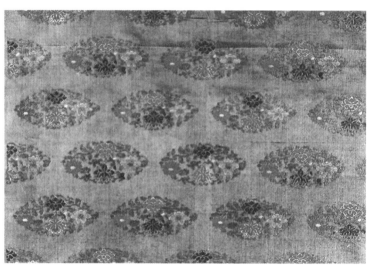

▲ 그림 8-45 명(明) 소촬화문장화단(小撮花紋妝花緞)
　　북경(北京) 고궁박물원 소장. 전세품(傳世品)
　　너비 73cm

▲ 그림 8-46 명(明) 사합련운팔보문장화단(四合連雲八寶紋妝花緞)
　　청화(淸華)대학 미술학원 소장. 전세품(傳世品)
　　길이 99cm 너비 51cm

▶ 그림 8-47 명(明) 운봉문장화단(雲鳳紋妝花緞)(일부분)
　　북경(北京) 고궁박물원 소장. 전세품(傳世品)
　　길이 33cm 너비 20cm

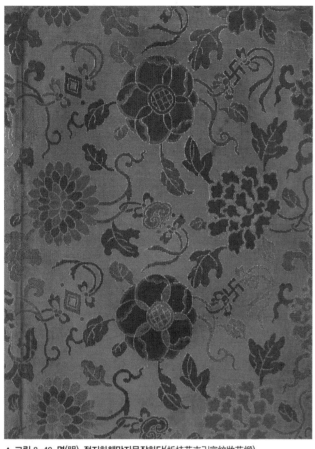

▲ 그림 8-48 명(明) 절지화훼만자문장화단(折枝花卉卍字紋妝花緞)
북경(北京) 고궁박물원 소장. 전세품(傳世品)
길이 45cm 너비 33cm

◀ 그림 8-49 명(明) 잡보만초문
장화단(雜寶蔓草紋妝花緞)
청화(清華)대학 미술학원 소장.
전세품(傳世品)
길이 42cm 너비 21cm

◀ 그림 8-50 명(明) 전지화일
년경장화단(纏枝花一年景妝
花緞)(일부분)
북경(北京) 고궁박물원 소장. 전
세품(傳世品)
길이 53.5cm 너비 31.5cm

▶ 그림 8-51 명(明) 봉학팔보
문가금장화단(鳳鶴八寶紋加
金妝花緞)(일부분)
북경(北京) 고궁박물원 소장. 전
세품(傳世品)
길이 63cm 너비 27cm

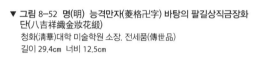

▼ 그림 8-52 명(明) 능격만자(菱格卍字) 바탕의 팔길상직금장화
단(八吉祥織金妝花緞)
청화(淸華)대학 미술학원 소장. 전세품(傳世品)
길이 29.4cm 너비 12.5cm

▲ 그림 8-53 명(明) 사조망문직금장화단(四爪蟒紋織金妝花緞)(일부분)
개인 소장품
길이 38cm 너비 12.5cm

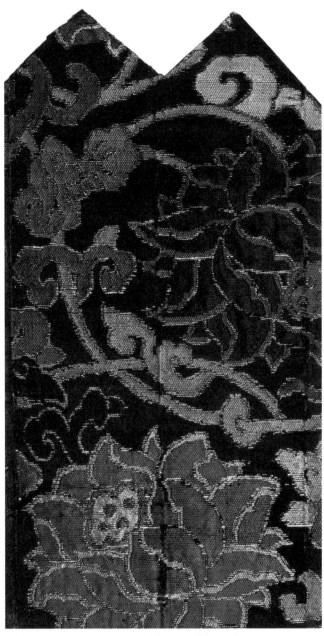

▲ 그림 8-54 명(明) 전지련문직금장화단(纏枝蓮紋織金妝花緞)
청화(清華)대학 미술학원 소장. 전세품(傳世品)
길이 38cm 너비 20cm

▲ 그림 8-55 명(明) 상운문편지금직금장화단(祥雲紋遍地金織金妝花緞)
(일부분)
북경(北京) 고궁박물원 소장. 전세품(傳世品)
길이 40cm 너비 30cm

▲ 그림 8-56 명(明) 추규문직금장화단(秋葵紋織金妝花緞)(일부분)
청화(清華)대학 미술학원 소장. 전세품(傳世品)
길이 25.2cm 너비 8cm

(1) 실물

(2) 조직 확대도

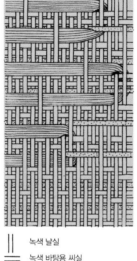

▲ 그림 8-57 명(明) 사녀봉천화해수문직금장화단포(仕女鳳穿花海水紋織金妝花緞袍)(일부분)

날실: 연사(撚絲), 밀도 약 125올/cm

바탕용 씨실: 연사, 밀도 약 35올/cm

무늬용 씨실: 다색채용(多色彩絨), 무연(無撚), 직경 0.4~0.5mm, 밀도 약 17~20올/cm

편금사: 밀도 12~20올/cm

연금사: 합사, 밀도 약 17×2올/cm

바탕조직: 오매경면단(五枚經面緞)

화문조직: 바탕용 씨실 2북마다 채융(彩絨) 씨실은 연금사와 알직하고 편금사는 통사(通梭)이다. 무늬용 씨실은 홀수 날실과 교직하여 표면이 오매이비[五枚二飛, 또는 삼비(三飛)] 위면단문(緯面緞紋)을 직조한다. 무늬를 직조하지 않은 경우 편금사는 직물 뒷면에 들뜬다.

‖ 녹색 날실

— 녹색 바탕용 씨실

▦ 편금(片金) 무늬용 씨실

▤ 알화채(挖花彩) 씨실

(3) 조직 구조도

▲ 그림 8-58 명(明) 오채상운편지금장화단(五彩祥雲遍地金妝花緞)

개인 소장품. 전세품(傳世品)

길이 33cm 너비 13cm

◀ 그림 8-59 명(明) 운학암화단(雲鶴暗花緞) 바탕의 직금장화과견운룡포(織金妝花過肩雲龍袍) 원단(일부분)

1958년 북경(北京) 정릉(定陵) 만력(萬曆) 황제 관 안의 서쪽에서 출토, 정릉박물관 소장

길이 14.3m 너비 66.5cm

옷감의 원래 색상인 적색 바탕에 본색으로 운학문(雲鶴紋)을 직조하였다. 전체 폭에는 4개의 화위(花位)가 있으며, 평문으로 배열하였다. 시체과견룡(柿蒂過肩龍) 주변에는 구름송이, 바닷물, 산석, 영지, 난초로 장식했으며, 모두 편금사를 사용하여 라인을 직조하였다. 용란(龍襴) 11개, 옷깃에는 2마리, 중간에는 정면으로 좌룡(坐龍)을 직조했으며 양끝에는 용희주문(龍戲珠紋)을 직조하였다. 옷감은 오매단(五枚緞)이며, 날실밀도는 120올/cm, 씨실밀도는 50올/cm이다.

▲ 그림 8-60 명(明) 직금장화단직성망괘(織金妝花緞織成蟒褂) 원단
1961년 북경(北京) 사묘위원회(寺庙委員會)가 사묘불장(寺庙佛藏) 안에서 발견. 북경 고궁박물원 소장
길이 328cm 너비 66.5cm
바탕조직: 오매이비경면단문(五枚二飛經面緞紋)
화문조직: 오매이비위면단문(五枚二飛緯面緞紋)
이 망괘 옷감의 가슴 부분에는 입망(立蟒) 2마리, 등에는 정망(正蟒) 1마리를 직조했는데, 모두 발톱이 4개이다. 그 옆에는 오채여의운문(五彩如意雲紋), 하단에는 수산평수(壽山平水), 전지(纏枝)동백꽃, 모란, 연꽃, 국화를 직조하였다. 우측에는 소운망(小雲蟒) 2마리로 테두리를 장식하여 망괘 테두리 감입용으로 쓰였다. 이 옷감은 복식 스타일에 따라 직조한 원단이다. 녹색 바탕에 석청(石靑), 다홍, 분홍, 설청(雪靑), 우하(藕荷), 장색(醬色), 회록(灰綠), 애록(艾綠), 초록(草綠), 남록(藍綠), 보람(普藍), 보람(寶藍), 월백, 아황(鵝黃), 향색(香色), 목홍(木紅), 명황(明黃), 백, 원금(圓金) 등 20여 종의 색상을 배합하여 이훈(二暈)으로 처리하였으며 명황, 백 2종 색상으로 윤곽을 그려 아름다우면서도 웅장하다. 명대 중기 남경(南京) 직금장화단의 대표적인 작품이다.
출처: 『중국미술전집(中國美術全集)·공예미술편(工藝美術編)·인염직수(印染織繡)』하(下) 도판30

(1) 실물

▲ 그림 8-61 명(明)·만력(萬曆) 편지금운룡절지화문공작우장화단슬란(遍地金雲龍折枝花紋孔雀羽妝花緞膝襴)(일부분)

크기 42×34cm

날실: 살구색, 단고우연(單股右撚), 직경 0.15mm, 밀도 120올/cm

바탕용 씨실: 살구색, 단고좌연(單股左撚), 2합사, 직경 0.25mm, 밀도 28올/cm

무늬용 씨실: 주홍·수분(水粉)·보람(寶藍)·천남(淺藍)·월백(月白)·명황(明黃)·과록(果綠)·묵록(墨綠)·중록(中綠)·남록(藍綠)·천강홍(淺絳紅)·백색, 공작우사(孔雀羽絲)·편금사(片金絲)

　-채색 씨실: 무연(無撚), 직경 0.6mm, 밀도 16올/cm

　-편금사(片金絲): 직경 0.3mm, 밀도 15올/cm

바탕조직: 오매삼비경단문(五枚三飛經面緞紋)

화문조직: 바탕용 씨실 2북마다 편금 1북을 넣어 직조하고, 홀수 날실과 교직하여 오매삼비위면단문금지(五枚三飛緯面緞紋金地)을 이룬다.

채색 씨실인 공작우사로 알직(挖織)하고 홀수 날실과 교직하면 오매삼비위면단문(五枚三飛緯面緞紋) 화문을 이룬다.

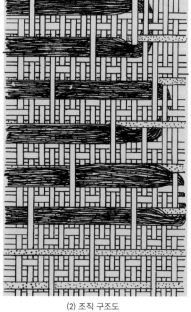

 　살구색 날실

━　살구색 바탕용 씨실

░　편금(片金) 무늬용 씨실

▬　알화채(挖花彩) 씨실,
　　공작우(孔雀羽) 씨실

(2) 조직 구조도

명대(明代)

(2) 제화단류(提花段類)와 견류(絹類)

명대(明代) 제화단[提花段(紬)]의 종류는 매우 다양하며 그중 영단(寧段), 노단(潞段), 이색단(二色段), 직금단(織金段), 직금면단(織金綿段)이 가장 유명하다. 명대의 단(段)은 모두 사문(斜紋) 바탕조직으로, 지금 방직업계에서 말하는 주(綢)에 대한 개념과는 상이하다. 이는 명대로부터 전해 내려온 황조(黃條)에 묵서(墨書)하여 봉함한 실제 단(段)으로부터 증명되었다.

1) 영단(寧段)

명대 영단은 남경(南京)에서 생산한 것으로 재질이 가장 우수하며 무늬 없이 짠 피륙과 본색으로 무늬를 짠 피륙 두 종류가 있다. 제화 영단의 화문은 표면 위로 볼록하게 튀어나와 원색 문양임에도 문양 층차가 분명하며 재질 역시 정교하다. 영단은 주로 복장과 이불 등에 쓰인다.

직물 분석례: 녹색 바탕의 운룡팔보문영단(雲龍八寶紋寧段)(그림 8-62)

2) 노단(潞段)

노단의 생산지는 산서(山西) 노안주[潞安州, 지금의 산서성 장치현(長治縣)]이며 무늬 바탕은 동색(同色)과 이색(異色)으로 나누어진다(그림 8-63~8-65). 재질은 모두 고우면서도 빳빳하고 구김이 없으며 화문이 아름답다. 문양 바탕은 이색으로 반짝이는 색감을 주어 의복 원단으로 많이 사용된다.

직물 분석: 향황색 바탕의 도류문암화로단(桃榴紋暗花潞段)(그림 8-63)

3) 직금단(織金段)

직금단의 날실은 바탕용 날실과 특수용 날실 2가지로 나누어지며 씨실은 바탕용 씨실과 무늬용 씨실로 구분된다. 바탕용 날실과 바탕용 씨실은 동일한 색상이며, 무늬용 씨실은 편금사(片金絲)이다. 직조할 때, 편금사는 특수용 날실과 교직해야만 화문을 이룰 수 있으며 바탕용 날실과는 교직하지 않기 때문에 편금사가 두드러지는 효과가 뛰어나다. 무늬를 직조하지 않는 경우, 편금사는 직물의 뒷면에 가라앉는다. 문양은 모두 조밀하게 직조하여 직물 뒷면에 가라앉은 편금사가 지나치게 길어 사용하기에 불편하지 않도록 하였다. 직금단은 일반적으로 의복 직성 원단, 불번(佛幡), 점자(墊子, 방석이나 깔개) 및 각종 테두리 장식에 사용된다.

직물 분석례: 적색 바탕의 전지사계화직금단(纏枝四季花織金段)(그림 8-66)

4) 이색단(二色段)

이색단은 문양과 바탕의 색이 다른 정련사 제화 직물이다. 화문은 함축적이고 반짝이는 느낌이 있으며 재질은 영단과 노단보다는 얇고 부드러워서 의복 원단으로 많이 사용된다.

직물 분석례: 검은색 바탕의 월백쌍도팔보문이색단(月白雙桃八寶紋二色段)(그림 8-67)

5) 직금견(織金絹)

직금견은 직금단과 같이 특수용 날실로 금화(金花)를 직조하였지만 기본적인 조직은 상이하다. 직금단의 기본조직은 사문(斜紋)인 반면에 직금견의 기본 조직은 평문(平紋)이다. 명대 직금견은 보통 기하형(幾何形) 바탕에 금화로 장식하는데 문양 크기는 대부분 중간 정도이며 그다지 많지 않다. 직금견 바탕은 다른 직금 직물보다 비교적 부드럽고 얇기 때문에 대부분 만장(幔帳, 휘장), 점자, 불번, 복장 패식(佩飾, 드리개), 의관, 장식품의 테두리 장식에 사용된다.

직물 분석례: 목홍색 바탕의 귀배전화직금견(龜背塡花織金絹)(그림 8-68)

(2) 조직 확대도

(1) 실물

(3) 조직 구조도

◀▲ 그림 8-62 명(明) 녹색 바탕의 운룡팔보문영단(雲龍八寶紋寧段)
날실: 단고우연(單股右撚), 직경 0.08mm, 밀도 112올/cm
씨실: 단고우연, 직경 0.06mm, 밀도 44올/cm(3합사)
바탕조직: 3/1 우향사문(右向斜紋)
화문조직: 1/7 우향사문

(2) 조직 확대도

(3) 조직 구조도

◀ 그림 8-63 명(明) 향황(香黃) 바탕의 도류문암화로단(桃榴紋暗花潞段)
 날실: 향황색, 단고우연(單股右撚), 직경 0.05～0.1mm, 밀도 82올/cm
 씨실: 황색, 우약연(右弱撚), 직경 0.2mm, 밀도 40올/cm
 바탕조직: 2/1 좌향사문(左向斜紋)
 화문조직: 1/5 좌향사문

(1) 실물

▶ 그림 8-64 명(明) 유운문로단(流雲紋潞段)
 북경(北京) 고궁박물원 소장. 전세품(傳世品)
 길이 30cm 너비 13.5cm

▼ 그림 8-65 명(明) 장안죽문로단(長安竹紋潞段)
 북경(北京) 고궁박물원 소장. 전세품(傳世品)
 길이 24cm 너비 31cm

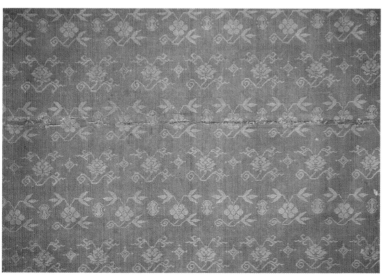

(1) 실물

▲ 그림 8-66 명(明) 적색 바탕의 전지사계화지금단(纏枝四季花織金段)

북경(北京) 고궁박물원 소장. 전세품(傳世品)

길이 49.5cm 너비 66.5cm

바탕용 날실: 적색, 단고우연(單股右撚), 직경 0.1mm, 밀도 82올/cm

접결경(接結經): 적색, 단고우연, 직경 0.1mm, 밀도 28올/cm

ㅡ바탕용 날실 3올마다 무늬 날실 1올을 상각한다.

바탕용 씨실: 붉은색, 무연(無撚), 직경 0.2mm, 밀도 28올/cm

무늬용 씨실: 편금(片金), 너비 0.3mm, 밀도 28올/cm

바탕조직: 바탕용 날실과 씨실을 교직한 삼매우향경면사문(三枚右向經面斜紋), 특수용 날실은 바탕무늬 부분에서 바탕용 씨실과 교직한 1/2좌사문(左斜紋)

화문조직: 무늬용 씨실과 접결경을 교직한 삼매좌향경면사문(三枚左向經面斜紋)

이 직금단은 전지모란(纏枝牡丹), 매화, 국화, 보상화(寶相花)로 장식하였으며, 문양은 크고 풍성하다. 적색 바탕에 금색을 사용하여 화려하면서도 고아하여, 명대의 전형적인 풍격을 나타낸다.

출처: 『중국미술전집(中國美術全集) · 공예미술편(工藝美術編) · 인염직수(印染織繡)』하 (下) 도판46

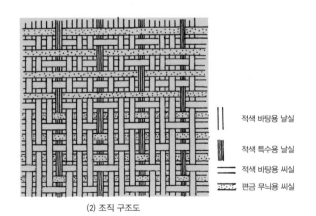

||| 적색 바탕용 날실

||| 적색 특수용 날실

‖‖ 적색 바탕용 씨실

⁘⁘⁘ 편금 무늬용 씨실

(2) 조직 구조도

(1) 실물

(2) 조직 확대도

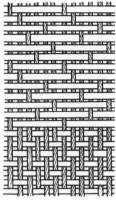

(3) 조직 구조도

◀ 그림 8-67 명(明) 검은색 바탕의 월백쌍도팔보문이색단(月白雙桃八寶紋二色段)
　날실: 검은색, 단고우연(單股右撚), 직경 0.1~0.2mm, 밀도 64올/cm
　씨실: 월백색, 단고우연, 직경 0.2mm, 밀도 48올/cm
　바탕조직: 2/1 우향사문(右向斜紋)
　화문조직: 불규칙적인 육매위단문(六枚緯緞紋)

◀ 그림 8-68 명(明) 목홍색(木紅色) 바탕의 귀배전화직금견(龜背塡花織金絹)
　바탕용 날실: 목홍색, 단고우연(單股右撚), 직경 0.1~0.15mm, 밀도 80올/cm
　특수용 날실: 목홍색, 단고우연, 직경 0.1~0.15mm, 밀도 20올/cm
　－바탕용 날실 3올마다 특경 1올을 넣는다.
　바탕용 씨실: 목홍색, 단고우연, 2합사, 직경 0.3mm(2합사), 밀도 24올/cm
　무늬용 씨실: 편금사, 직경 0.4mm, 밀도 20올/cm
　－바탕용 씨실 1북마다 편금 1북을 넣어 직조한다.
　바탕조직: 바탕용 날실과 씨실을 교직한 평문(平紋)
　화문조직: 특수용 날실, 바탕용 씨실, 편금을 동시에 교직한 위중평문(緯重平紋)

(1) 실물

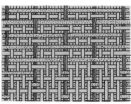

(2) 조직 확대도

(3) 조직 구조도

‖ 목홍색 바탕용 날실
‖‖ 목홍색 특수용 날실
━ 목홍색 바탕용 씨실
▨ 편금(片金) 무늬용 씨실

(1) 실물

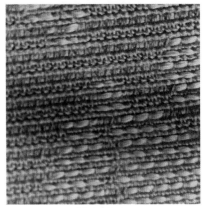

(2) 조직 확대도

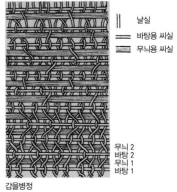

|| 날실
― 바탕용 씨실
― 무늬용 씨실

무늬 2
바탕 2
무늬 1
바탕 1

갑을병정

(3) 조직 구조도

▲ 그림 8-69 명(明) 적색 바탕의 전지화잡보문화라(纏枝花雜寶紋花羅)

날실: 단고우연(單股右撚), 밀도 약 112올/cm
바탕용 씨실: 단고우약연(單股右弱撚), 4합사, 밀도 16~18올/cm
무늬용 씨실: 무연(無撚), 밀도 16~18올/cm
바탕조직: 날실은 갑, 을, 병, 정 4가지로 나누어, 각각의 홀수 씨실 부분에서 갑을, 병정 이경교조(二經絞組)를 이루고, 별도로 짝수 씨실 부분에서는 갑, 을, 병, 정은 사경교조(四經絞組)를 이루어 힝조라문(橫條羅紋) 바탕을 형성한다. 이러한 종류의 조직을 일사사경규직(一梭四經糾織), 일사이경규직지(一梭二經糾織地)라고도 칭한다.
화문조직: 무늬용 씨실은 바탕용 씨실 한 올마다 한 번 교직하여 표면이 평문인 위부화(緯浮花)를 직조한다.

(3) 나류(羅類)

교경[絞經 또는 규경(糾經)] 조직으로 나문(羅紋)을 직조한 중간 두께의 견직물이며 이경교(二經絞) 직물이라고도 부른다.『명사ㆍ여복지(明史ㆍ輿服志)』의 기록에 따르면, 명대(明代) 제후의 곤복(袞服), 상복(常服), 군왕 장자의 조복(朝服), 보국(輔國) 위(尉)의 공복(公服) 등의 원단에는 모두 나(羅)가 포함되었다.[17]『작중지(酌中志)』에 의하면, 명대 궁궐에서는 3월, 4월과 9월이 되면 나의(羅衣)를 입었으며, 내신들은 3월 나흗날에서 4월 사흗날까지 나의(羅衣)를 입었다.[18] 북경(北京) 정릉(定陵)에서는 이미 사합여의쇄선수사단룡보라포(四合如意灑線繡四團龍補羅袍), 수룡화문라폐슬(繡龍火紋羅蔽膝), 직금운룡팔보암화라군(織金雲龍八寶暗花羅裙), 본색연화모란라군(本色蓮花牡丹羅裙), 전지련암화라(纏枝蓮暗花羅), 천지련라욕(穿枝蓮羅褥)과 같은 진귀한 문물들이 출토되었다.[19] 북경 남원(南苑) 위자갱(葦子坑) 명묘(明墓)에서는 이미 시체과견룡수낭팔보장화라포(柿蒂過肩龍水浪八寶妝花羅袍), 과견룡시체장화라군포(過肩龍柿蒂妝花羅裙袍), 봉천모란암화라대과견운룡시체반령통수직신슬란려조포(鳳穿牡丹暗花羅大過肩雲龍柿蒂盤領通袖直身膝襴女朝袍), 절지매련국모란팔보사합여의운룡란라단군(折枝梅蓮菊牡丹八寶四合如意雲龍襴羅單裙), 대과견망해아장화라군포(大過肩蟒海牙妝花羅裙袍), 전지련직금라협상의(纏枝蓮織金羅夾上衣), 능격만자팔길상암화라조포(菱格万字八吉祥暗花羅朝袍) 등이 출토되었다.『천수빙산록(天水冰山錄)』에 기록된 나(羅)에는 소라(素羅), 운라(雲羅), 편지금라(遍地金羅), 섬색라(閃色羅), 직금라(織金羅), 청직금과견망라(靑織金過肩蟒羅), 청장화과견봉라(靑妝花過肩鳳羅), 청직금장화비어과견라(靑織金妝花飛魚過肩羅), 청직금해치보라(靑織金獬豸補羅), 홍장화봉녀군라(紅妝花鳳女裙羅), 녹장화봉녀의라(綠妝花鳳女衣羅), 녹직금장화공작녀의라(綠織金妝花孔雀女衣羅), 녹장화과견봉녀의라(綠妝花過肩鳳女衣羅) 등이 포함된다. 이는 명나라의 나(羅)가 명대 통치자들의 생활에서 매우 중시되었던 옷감이라는 것을 설명해 준다. 명대『대장경(大藏經)』의 겉표지에는 나(羅)로 표구한 것들이 상당히 많은데, 나의 표면에는 횡조문(橫條紋)이 있으며 촉감은 빳빳하면서도 구김이 없고 두께도 적당하다. 기본 조직은 갑, 을, 병, 정 4가지 종류의 날실로 각각의 홀수 씨실 부분에서 갑을, 병정의 이경교조(二經絞組)를 만들어 횡라문(橫羅紋) 바탕조직을 직조한 후, 다시 무늬용 씨실을 이용하여 화문을 이룬다.

명대의 제화라(提花羅) 종류에는 암화라(暗花羅), 화라(花羅), 직금라(織金羅), 직금장화라(織金妝花羅) 등이 있다.

1) 암화라(暗花羅)와 화라[花羅, 이색라(二色羅)]

명대의 암화라와 화라 조직은 동일하다(그림 8-69~8-73). 암화라의 바탕용 씨실은 무늬용 씨실과 날실의 색상이 동일하다. 화라의 바탕용 씨실과 무늬용 씨실의 색상은 서로 상이하며, 날실의 색상은 바탕용 씨실과 동일하다.

직물 분석례: 적색 바탕의 전지화잡보문화라(纏枝花雜寶紋花羅)(그림 8-69)

2) 직금라(織金羅)

직금라 조직은 화라와 동일하며 다른 점이라고 하면 단지 무늬용 씨실이 편금사(片金絲)라는 점이다(그림 8-74, 8-75).

직물 분석례: 명황색(明黃色) 바탕의 전지국직금라(纏枝菊織金羅)(그림 8-74)

3) 장화라(妝花羅)

장화라의 기본 조직은 화라와 동일하며, 단지 알사채위(挖梭彩緯)를 추가하여 문양의 색채가 훨씬 화려하다(그림 8-76).

4) 직금장화라(織金妝花羅)

장화라의 화문조직에 편금사를 추가하였다(그림 8-77, 8-78).

직물 분석례: 다홍색 화병모란(부귀평안)직금장화라[花瓶牡丹(富貴平安)織金妝花羅](그림 8-78)

5) 가직라(假織羅)

이ㆍ사경교직라(二ㆍ四經絞織羅) 외에도 날실에는 꼬임이 없으며, 조직의 변화에 의존하여 직물 표면에 장부위횡조라문 (長浮緯橫條羅紋)을 직조하는 가 직라가 있다. 여기에는 암화가직 라(暗花假織羅)와 직금가직라(織 金假織羅)가 포함된다. 암화가직 라는 명황색 사합여의유운암화 가직라(四合如意流雲暗花假織羅) (그림 8-79)가 있으며, 직금가직 라는 적색 바탕의 천녹비선직금 가직라(天鹿飛仙織金假織羅)(그림 8-80)가 있다.

▲ 그림 8-70 명(明) 사합여의연운문이색라(四合如意連雲紋二色羅)
청화(清華)대학 미술학원 소장. 전세품(傳世品)
길이 24.5cm 너비 14.8cm

▲ 그림 8-71 명(明) 전지화훼문이색라(纏枝 花卉紋二色羅)
청화(清華)대학 미술학원 소장. 전세품(傳世品)
길이 25cm 너비 15.5cm

▲ 그림 8-72 명(明) 단타매화문이색라 (單朵梅花紋二色羅)
개인 소장품. 전세품(傳世品)
길이 27.2cm 너비 11.6cm

▲ 그림 8-73 명(明) 유운팔보문이색라(流雲八寶紋 二色羅)
청화(清華)대학 미술학원 소장. 전세품(傳世品)
길이 24.5cm 너비 15cm

(1) 실물

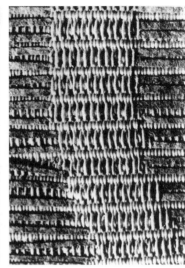

(2) 앞면 조직 확대도

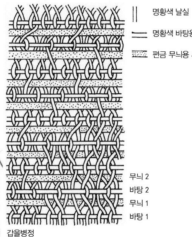

(3) 뒷면 조직 확대도

|| 명황색 날실

⹀ 명황색 바탕용 씨실

▨ 편금 무늬용 씨실

무늬 2
바탕 2
무늬 1
바탕 1

갑을병정

(4) 조직 구조도

◀ 그림 8-74 명(明) 명황색 바탕의 전지국직금라(纏枝菊織金羅)
날실: 명황색, 단고좌연(單股左撚), 2합사, 직경 0.15mm, 밀도 104올/cm
바탕용 씨실: 명황색, 단고우연(單股右撚), 4합사, 직경 0.33mm, 밀도 16올/cm
무늬용 씨실: 편금(片金), 직경 0.33mm, 밀도 14~16올/cm
바탕조직: 일사사경교직(一梭四經絞織), 일사이경교직(一梭二經絞織)
화문조직: 바탕용 씨실 북 하나를 사이 두고 편금(片金) 무늬용 씨실 북 하나를 끼워 넣는다. 각각의 7올 날실마다 교직하여, 평문(平紋) 표면의 금화(金花)를 형성한다.

◀ 그림 8-75 명(明) 전지련문직금라(纏枝蓮紋織金羅)
청화(清華)대학 미술학원 소장. 전세품(傳世品)
길이 30cm 너비 20cm

▶ 그림 8-77 명(明) 전지모란
문직금장화라(纏枝牡丹紋織
金妝花羅)
북경(北京) 고궁박물원 소장. 전
세품(傳世品)
길이 49cm 너비 17.5cm

◀ 그림 8-76 명(明) 운룡문장
화라(雲龍紋妝花羅)
북경(北京) 고궁박물원 소장. 전
세품(傳世品)
길이 40cm 너비 30cm

◀ 그림 8-78 명(明) 다홍색 화병모란(부귀평안)직금장화라
[花瓶牡丹(富貴平安)織金妝花羅]
날실: 단고우약연(單股右弱撚), 밀도 약 100올/cm
바탕용 씨실: 단고우약연, 밀도 약 16올/cm
무늬용 씨실:
－채융(彩绒), 무연(無撚), 밀도 14～16올/cm
－편금(片金)사, 밀도 14올/cm
바탕조직: 일사이경교직(一梭二經絞織), 일사사경교직(一梭四
經絞織)
화문조직: 편금사 통사(通梭), 채융(彩绒) 씨실은 7올 날실마다 한
번 교직하여 평문(平紋) 금화(金花)를 형성한다. 무늬를 직조하지
않으면 편금사는 직물 뒷면에 가라앉아 포부선(抛浮線)을 이룬다.
채융 씨실 알화(挖花) 조직을 사용하여 바탕용 씨실 1북과 편금
선 1북마다 채색 씨실 1북을 넣어 직조하고 사경(四經)에서 병
날실과 교직하여 표면이 평문(平紋)인 채화(彩花)를 형성한다.

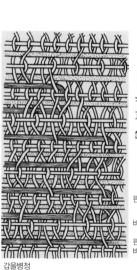

‖	적색 날실
⚍	적색 바탕용 씨실
▨	편금 무늬용 씨실
▤	채융 무늬용 씨실

편금 2
바탕 2
편금 1
바탕 1

갑을병정

(1) 실물　　　　　　　　　(2) 조직 확대도　　　　　　　　　(3) 조직 구조도

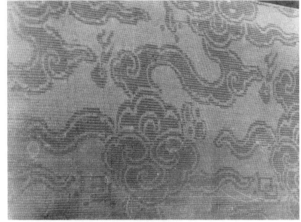

(1) 실물

◀ 그림 8-79 명(明) 명황색(明黃色) 사합여의유운암화가직라(四合如意流雲暗花假織羅)

날실: 단고우연(單股右撚), 밀도 약 88올/cm
씨실: 무연(無撚), 밀도 약 28올/cm
바탕조직: 날실 5올을 1조로 삼아, 제1, 2, 3, 4번째 날실은 씨실과 교직하여 3/1 좌향사문(左向斜紋)으로 직조한다. 5번째 날실은 씨실 1올을 눌러주고, 씨실 3올을 올리는 규칙에 따라 씨실과 평행으로 교직하여 직물에 횡조문(橫條紋)이 형성되도록 한다.
화문조직: ① 날실 1, 4는 2/2의 규칙에 따라 씨실과 교직하며, 이 이경사(二經絲)의 교직위치는 동일하다. ② 날실 2의 교직위치는 날실 1, 4와 1북을 교차한다. 교직 규칙은 날실 1, 4와 동일하다. ③ 날실 3, 5는 씨실 3/1 규칙에 따라 씨실과 교직한다. 교직위치는 각각 1북을 교차시킨다.

(2) 조직 확대도

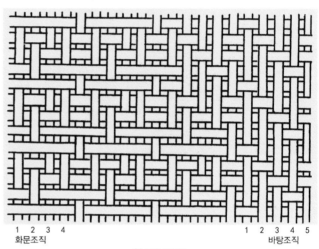

화문조직 1 2 3 4   바탕조직 1 2 3 4 5

(3) 조직 구조도

(1) 실물

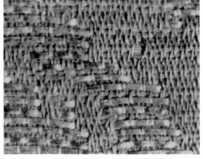

(2) 조직 확대도

편금 무늬용 씨실 6
정련사 바탕용 씨실 5
정련사 바탕용 씨실 4
편금 무늬용 씨실 3
견사 바탕용 씨실 2
견사 바탕용 씨실 1
편금 무늬용 씨실 6
정련사 바탕용 씨실 5
정련사 바탕용 씨실 4
편금 무늬용 씨실 3
견사 바탕용 씨실 2
견사 바탕용 씨실 1

지 지 지 지 특 지 특 지 지 지 지 특
1 2 3 4 5 1 2 3 4 5

(3) 조직 구조도

◀ 그림 8-80 명(明) 적색 바탕의 천록비선직금가직라(天鹿飛仙織金假織羅)

크기 16×36.5cm
날실: 단고우연(單股右撚), 직경 0.1~0.12mm, 밀도 약 76올/cm
바탕용 씨실: 적색, 견사·정련사, 단고우연, 2합사, 직경 0.13~0.15mm, 밀도 32올/cm
─ 견사, 정련사 바탕용 씨실을 각각 두 개의 북[梭]에 감아, 정련사 2북을 직조할 때마다 편금사(片金絲) 1올을 건너 뛰어 직조한 후, 다시 견사 2북을 직조하고 편금 1올과 직조한다.
무늬용 씨실: 편금사, 직경 0.43mm, 밀도 15올/cm
바탕조직: 날실 5올을 1조로 하며 그 직조법은 다음과 같다. ① 1, 2번째 날실 2올을 바탕용 씨실의 정련사와 교직하여 평문(平紋)을 만든다. ② 1, 4번째 날실 2올을 바탕용 씨실의 견사와 교직하여 평문을 형성한다. ③ 5번째 날실을 평행으로 견사 2올을 누르고, 정련사 바탕용 씨실 2북을 올리는 규칙에 따라 교직하여 정련사 바탕용 씨실을 볼록하게 튀어나오게 하는 횡조라문(橫條羅紋)을 직조한다.
화문조직: 4번째 날실을 편금사와 교직하여 평문(平紋) 표면의 금화(金花)를 직조한다. 앞면에 금화를 직조하지 않으면 편금사는 직물의 뒷면에 가라앉아 들뜨게 된다.

(4) 사류(紗類)

사(紗)는 현대 직물학에서 각각 위사(緯紗) 1북을 직조할 때마다 무늬용 날실과 바탕용 날실이 서로 한 번 꼬이는 직물을 가리킨다. 직물 표면은 균일한 교사공(絞紗孔)이 있어서 얇으면서도 바람이 잘 통한다. 이러한 종류의 교사(絞紗)를 직조하려면 유교경사(扭絞經紗)의 1/2잉아인 반종(半綜)을 사용해야 하며, 반종에는 상반종(上半綜), 하반종(下半綜), 중구반종(中口半綜)의 3종류가 있다. 구조와 장치는 일반 직기보다는 복잡하기 때문에 복잡한 조직에 속한다. 원시사회에서는 일찍이 수공으로 편직한 교사(絞紗)가 출현하였으며 선진(先秦)시대에도 역시 교사(絞紗)와 방공사(方孔紗)가 출현하였는데 방공사는 가사(假紗)직물이다. 교사와 방공사 조직은 성글어서 날실이 쉽게 움직이기 때문에 사공(紗孔)을 고르게 유지하기 위해서는 각각의 단을 직조할 때마다 풀을 사용하여 날실과 씨실의 위치를 고정시켜야 한다. 『천공개물·내복(天工開物·乃服)』의 '과호조(過糊條)'에서 이르기를, "무릇 호라는 것은 전분을 넣은 글루텐을 사용하여 바탕을 만든다. 사라에는 반드시 이것을 써야 하고 능주는 쓰기도 하고 쓰지 않기도 한다. 그 염색한 직물에 흰 바탕이 존재하지 않는 것은 아교물을 사용했기 때문이다. 청교사호장이라고 부르는데, 방직 바디 위에 올려 놓고 옮겨가며 전부 물을 들이면 옮기는 동안 금방 건조된다. 날씨가 맑으면 잠깐이면 건조되지만 흐린 날씨에서는 반드시 바람의 힘을 빌어야 한다(凡糊, 用麵筋內小粉爲質, 紗羅所必用, 綾紬或用或不用, 其染紗不存素質者, 用牛膠水爲之. 名曰淸膠紗糊漿, 承於筘上, 推移染透, 推移就幹; 天氣晴朗, 頃刻而燥, 陰天必藉風力之吹也)"라고 하였다.[4] 즉, 1단을 직조할 때마다 풀을 칠하여 건조시킨 후에 다시 직조하였다.

명대(明代) 제후, 황태자 등의 예복은 모두 사(絲)로 중단(中單, 내의)을 만들었다. 『천수빙산록(天水冰山錄)』에 따르면, 엄숭(嚴嵩) 집에서 몰수한 사류 직물은 1,417필이 있었으며, 종류로는 사(紗), 소사(素紗), 운사(雲紗), 추사[縐紗, 강연사(強撚絲)로 직조한 것으로 표면에 추문(縐紋)이 있어 신축성이 느껴지는 평문 직물], 섬색사(閃色紗), 직금사(織金紗), 편지금사(遍地金紗), 장화사(妝花紗), 직금장화사(織金妝花紗)가 있으며, 복장 디자인에 따라 직조한 직성필료(織成匹料)에는 대홍직금과견망사(大紅織金過肩蟒紗), 대홍직금비어보사(大紅織金飛魚補紗), 녹장화영악여군사(綠妝花纓珞女裙紗), 침향직금봉여의사(沈香織金鳳女衣紗), 홍직금여오군사(紅織金女襖裙紗) 등이 포함되어 있다. 그중 직성사의(織成紗衣) 원단이 52%를 차지하였다.[11] 북경(北京) 정릉(定陵)에서 출토된 명대 비단 복식에는 직채(織彩), 직금(織金)과 직금공작우(織金孔雀羽)의 사(紗) 옷감 50여 필이 포함되었다. 그중 일부분은 암화사(暗花紗) 바탕에 장화(妝花), 직금(織金)과 공작우(孔雀羽)의 주요 화문을 직조하였는데, 그 화려함과 아름다움은 예사롭지 않다.[18] 북경 남원(南苑) 위자갱(葦子坑) 명묘(明墓)에서는 일찍이 사합여의연운잡보암화사지수운룡백습군(四合如意連雲雜寶暗花紗地繡雲龍百褶裙), 직성운룡장화사군(織成雲龍妝花紗裙), 육칙단봉암화사군(六則團鳳暗花紗裙), 봉천전지모란보상화암화사여상의(鳳穿纏枝牡丹寶相花暗花紗女上衣) 등 진귀한 문물들이 출토되었다.

명대 제화사(提花紗)에는 2종류의 바탕조직이 있는데, 하나는 날실들이 서로 엉키지 않는 평문가사(平紋假紗)이다. 즉, 이경(二經)과 이경 사이에 바디 1개 길이의 틈을 남겨 놓고 씨실과 씨실 사이에도 일정한 공간을 남겨두어, 직조할 때 풀을 칠하여 날실과 씨실 사이에 형성된 방사공(方紗孔)의 방공사(方孔紗) 바탕을 고정시킨다. 다른 하나는, 2올의 인접한 날실을 각각의 바탕용 씨실 1올의 좌우로 한 번 꼬이게 하여, 그물코 모양의 사공(紗孔)이 형성되도록 한다. 이것이 바로 교사(絞紗)이며, 청대(淸代)에 이르러서는 '직경사(直徑紗)'라고 불렀다.

명대 제화사에는 단층본색조직변화암화사(單層本色組織變化暗花紗), 단경중위화사(單經重緯花紗), 직금사(織金紗), 연금사(撚金紗) 및 알화(挖花) 방법을 사용하여 다채로운 문양을 직조한 장화사(妝花紗), 가금장화사(加金妝花紗), 편지금장화사(遍地金妝花紗) 등이 있다.

1) 암화사(暗花紗)

암화사는 동일한 색상의 날실과 씨실 각 1조로 구성되어 있으며, 날실과 씨실에는 모두 꼬임이 없다(그림 8-81, 8-82). 조직에는 2종류가 있는데, 하나는 평문가사(平紋假紗) 바탕에 교사(絞紗) 또는 사문(斜紋) 조직으로 직조하고, 다른 하나는 교사(絞紗) 조직 바탕에 가사(假紗)

(1) 실물

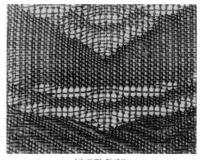

(2) 조직 확대도

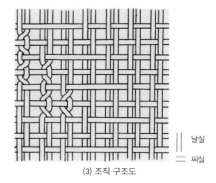

(3) 조직 구조도

‖ 날실
= 씨실

▲ 그림 8-81 명(明) 녹두색 여의만자문암화사(如意卍字紋暗花紗)
- 날실밀도 약 32올/cm 씨실밀도 약 32~40올/cm
- 2올의 날실과 2올의 날실 사이 간격은 약 0.33mm, 씨실과 씨실 사이 간격은 약 0.3mm, 사공(紗孔)은 약 0.3×0.33mm이다.
바탕조직: 평문가사(平紋假紗)
화문조직: 홀수 씨실을 홀수 날실과 교직하여 위사문소기하화지문(緯斜紋小幾何花地紋)을 이루고, 교사(絞紗) 조직으로 주요 화문을 직조한다.

조직으로 문양을 나타낸다.

평문 바탕의 암화사는 녹두색 여의만자문암화사(如意卍字紋暗花紗)와 같다(그림 8-81).

교사조직 바탕의 암화사는 홀수 씨실과 날실을 교직한 위사문소기하화(緯斜紋小幾何花) 바탕에 교사조직으로 바탕무늬[紗孔]를 이루고, 평문가사(平紋假紗) 조직으로 주요 화문을 나타냈다.

암화사의 재질은 얇고 투명하면서도 가볍고 시원하여 여름철 복장, 창렴(窓帘, 커튼), 방충망, 격선심(隔扇心, 칸막이), 만장(幔帳, 휘장) 등에 주로 쓰인다.

2) 화사[花紗, 이색사(二色紗)]

화사는 씨실 2조를 사용하는데, 씨실 1조는 바탕용 씨실과 날실의 색상이 동일하며 다른 1조는 무늬용 씨실과 날실의 색상이 상이하다(그림 8-83~8-89). 씨실은 꼬임이 없거나 단사(單絲)에 꼬임을 준 3, 4합사이며 날실에는 꼬임이 없다. 바탕조직은 바탕용 씨실을 날실과 교직하여 평문가사(平紋假紗) 조직을 이루며, 무늬용 씨실은 바탕용 씨실 1, 2북이 한 번 직조할 때마다 날실과 교직하여 위향사문화(緯向斜紋花)를 이룬다. 겉면에 무늬를 직조하지 않으면 무늬용 씨실은 직물의 뒷면에 들떠 고리를 형성한다. 직조할 때, 완제품의 디자인에 따라 일부의 주요 장식 부분에서만 무늬용 씨실로 문양을 직조하여 고리가 지나치게 길게 형성되지 않도록 한다. 다른 부분은 모두 소사(素紗) 바탕이나 암화사(暗花紗) 바탕으로 직조하는데, 즉 황제의 용포직성사(龍袍織成紗) 원단을 직조할 때 피견(披肩), 가슴, 등, 양 어깨 부분에만 화문을 직조하였다. 일반적으로 화사 원단을 직조하는 경우에는 대부분 장포사(長跑梭)를 사용하여 화문을 직조하였으며, 바탕은 문양이 적고 화문단위도 비교적 작다.

직물 분석례: 녹색 바탕의 홍애호오독문화사[紅艾虎五毒紋花紗, 이색사(二色紗)](그림 8-83)

3) 직금사(織金紗)

직금사는 편금사(片金紗) 또는 금박사(金薄紗)라고도 칭한다. 그 조직은 화사(花紗)와 기본적으로 동일하며 편금사로 융사(絨絲) 씨실을 대체하여 문양을 직조한다는 점이 다르다.

직물 분석례: 백색 바탕의 절지령지단화만자문직금사(折枝靈芝團花卍字紋織金紗)(그림 8-90)

4) 연금사(撚金紗)

흔히 보이는 명대의 연금사는 교사(絞紗) 조직 바탕에 본색 평문가사(平紋假紗) 조직의 연금사[원금사(圓金線)라고도 함]를 사용하여 '알화(挖花)' 방식으로 문자 또는 문양의 주요 부분을 직조하여 연금화와 암화(暗花)를 서로 부각시킨다. 날실과 씨실에는 일반적으로 꼬임을 주지 않는다. 바탕조직은 교사조직이며, 무늬 조직은 평문가사 조직으로 연금암화(撚金暗花)를 나타낸다.

직물 분석례: 적색 바탕의 만수여의금장수자연금사(萬壽如意金長壽字撚金紗)(그림 8-91)

▲ 그림 8-82 명(明) 단룡단봉해수문암화사(團龍團鳳海水紋暗花紗)
청화(清華)대학 미술학원 소장, 전세품(傳世品)
길이 32cm 너비 12.5cm

(1) 실물

(2) 조직 확대도

(3) 조직 구조도

∥ 녹색 날실
— 녹색 바탕용 씨실
▨ 적색 무늬용 씨실

▲ 그림 8-83 명(明) 녹색 바탕의 홍애호오독문화사[紅艾虎五毒紋花紗](이색사(二色紗)]
날실: 녹색, 무연(無撚), 직경 0.08~0.1mm, 밀도 56~58올/cm
바탕용 씨실: 녹색, 4합사, 직경 0.3~0.35mm, 밀도 18올/cm
무늬용 씨실: 진홍색, 무연, 직경 0.5mm, 밀도 16~18올/cm
바탕조직: 평문가사(平紋假紗) 조직, 사공: 0.28×0.15mm
화문조직: 바탕용 씨실 1북이 한 번 직조할 때마다 무늬용 씨실을 날실과 교직하여 1/3 우향사문(右向斜紋)을 이룬다.
앞면에 무늬를 직조하지 않는 경우에는 무늬용 씨실이 뒷면에 가라앉아 고리를 형성하게 된다.

▲ 그림 8-84 명(明) 만자(卍字) 바탕의 사합여의연운
문이색사(四合如意連雲紋二色紗)
청화(淸華)대학 미술학원 소장. 전세품(傳世品)
길이 33cm 너비 13cm

▲ 그림 8-85 명(明) 전지부용문
이색사(纏枝芙蓉紋二色紗)
북경(北京) 고궁박물원 소장. 전세
품(傳世品)
길이 33cm 너비 12cm

▲ 그림 8-86 명(明) 호접문단화이색사(蝴蝶紋團花二色紗)
북경(北京) 고궁박물원 소장. 전세품(傳世品)
길이 24cm 너비 18cm

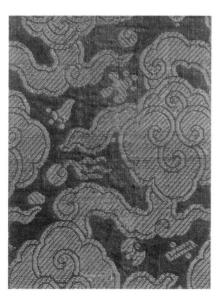

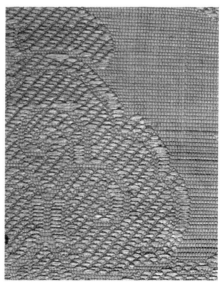

▲ 그림 8-87 명(明) 사합여의연운팔보문이색사(四合
如意連雲八寶紋二色紗)
청화(淸華)대학 미술학원 소장. 전세품(傳世品)
길이 24.5cm 너비 15.4cm

▲ 그림 8-88 명(明) 사합여의연운문이색사
(四合如意連雲紋二色紗)
개인 소장품. 전세품(傳世品)
길이 24.5cm 너비 15.4cm

▲ 그림 8-89 명(明) 사합여의연운이색사(四合如
意連雲紋二色紗) 조직 확대도

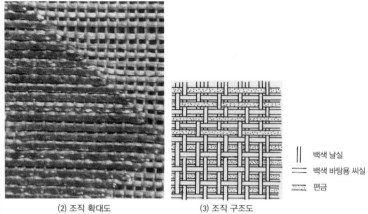

(2) 조직 확대도　　　　　(3) 조직 구조도

|| 백색 날실
── 백색 바탕용 씨실
▨▨ 편금

◀ 그림 8-90 명(明) 백색 바탕의 절지영지단화만자문직금사(折枝靈芝團花卍字紋織金紗)
　　날실: 백색, 무연(無撚), 직경 0.1〜0.15mm, 밀도 36올/cm
　　바탕용 씨실: 백색, 4합사, 직경 0.32〜0.35mm, 밀도 18〜20올/cm
　　무늬용 씨실: 편금(片金), 직경 0.3mm, 밀도 18〜20올/cm
　　바탕조직: 평문가사(平紋假紗) 조직, 사공: 0.3×0.2mm
　　화문조직: 편금(片金)은 바탕용 씨실 1북을 직조할 때마다, 무늬용 씨실을 날실과 교직하여
　　　　　　1/3 우향사문(右向斜紋) 문양을 이룬다.

(1) 실물

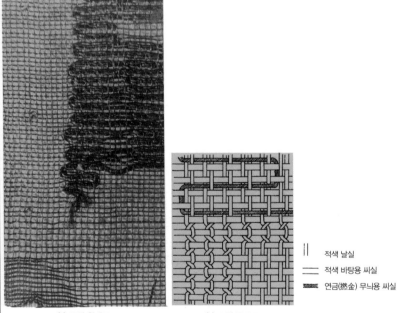

(2) 조직 확대도　　　　　(3) 조직 구조도

|| 적색 날실
── 적색 바탕용 씨실
▨▨ 연금(撚金) 무늬용 씨실

◀ 그림 8-91 명(明) 적색 바탕의 만수여의금장수자연금사(萬壽如意金長壽字撚金紗)
　　날실: 적색, 무연(無撚), 직경 0.13mm, 밀도 32올/cm
　　바탕용 씨실: 적색, 무연(無撚), 직경 0.2mm, 밀도 20올/cm
　　무늬용 씨실: 우연(右撚), 연금사(撚金絲), 직경 0.25〜0.3mm, 밀도 22올/cm
　　바탕조직: 교사(絞紗) 조직, 사공: 0.5×0.4mm
　　화문조직: 평문가사(平紋假紗) 조직의 암화(暗花)
　　　ー바탕용 씨실 2북마다 무늬용 씨실 1북을 알직(挖織)하고, 평문가사(平紋假紗) 조직의 짝수 날실과 교차
　　　　시켜 평문조직의 연금화(撚金花)를 직조한다.

(1) 실물

5) 장화사(妝花紗)

흔히 보이는 명대의 장화사는 교사(絞紗) 조직 또는 가사평문(假紗平紋) 조직을 바탕으로 하며, 알화(挖花) 방식을 사용하여 채융사(彩絨絲) 무늬용 씨실로 화문을 직조한 것이다(그림 8-92~8-96). 직조할 때, 바탕용 씨실 1북마다 채융사 무늬용 씨실 1북을 알직(挖織)하고, 홀 수(또는 짝수) 날실과 교직하면 표면이 평문(또는 사문) 조직인 화문이 형성된다. 장화사의 재 질은 얇고 투명하여 채색무늬가 두드러져서, 주로 궁궐의 여름 복장에 사용되었다.

직물 분석례: 백색 바탕의 행룡해수문장화사직성포(行龍海水紋妝花紗織成袍) 원단(일부분) (그림 8-92)[13]

6) 편지금장화사(遍地金妝花紗)

장화사의 기초 위에서 편금사(片金絲), 연금사(撚金絲) 또는 연은사(撚銀絲)를 추가하여 훨씬 더 화려하고 귀한 견직물을 직조한 것을 가리키며 직성(織成) 옷감용으로 많이 사용되 었다.

직물 분석례: 직성기린모란문편지금특종장화사보복(織成麒麟牡丹紋遍地金特種妝花紗補 服)(일부분)(그림 8-97), 원앙연화모란문편지금장화사직성의(鴛鴦蓮花牡丹紋遍地金妝花紗織 成衣) 원단 조직 구조도(그림 8-98)

(1) 실물

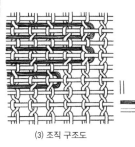

(2) 조직 확대도

(3) 조직 구조도

‖ 백색 날실
━ 진홍색 무늬용 씨실
═ 백색 바탕용 씨실

▲ 그림 8-92 명(明) 백색 바탕의 행룡해수문장화사직성포(行龍海水紋妝花紗織成袍) 원단(일부분)
날실: 백색, 무연(無撚), 직경 0.07~0.15mm, 밀도 32올/cm
바탕용 씨실: 백색, 단고좌연(單股左撚), 2합사, 직경 0.18~0.23mm, 밀도 16올/cm
무늬용 씨실: 진홍(眞紅)·묵록(墨綠)·보람(寶藍)·남록(藍綠)·분홍(粉紅)·유록(柳綠), 무연, 직경 0.7mm, 밀도 14~16올/cm
바탕조직: 교사(絞紗) 조직, 사공: 0.4×0.45mm
화문조직: 교위(絞緯)는 바탕용 씨실 1올마다 홀수 날실과 교직하여 표면이 평문조직인 화문을 이룬다.

(1) 실물

(2) 조직 확대도

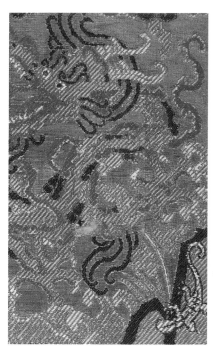

◀ 그림 8-93 명(明) 송죽매 (세한삼우)문장화사[松竹梅(歲寒三友)紋妝花紗] 청화(淸華)대학 미술학원 소 장. 전세품(傳世品) 길이 30cm 너비 10cm

◀ 그림 8-94 명(明) 용문 장화사(龍紋妝花紗) 북경(北京) 고궁박물원 소 장. 전세품(傳世品) 길이 24cm 너비 16cm

명대(明代)

7) 특종장화사(特種妝花紗)

평문가사(平紋假紗) 바탕조직에 여러 조의 통사(通梭) 무늬용 씨실과 특수용 날실을 교직하여 표면에 평문위부화(平紋緯浮花)를 형성한 직물이다. 무늬를 직조하지 않은 경우에는 무늬용 씨실이 모두 직물 뒷면에 가라앉아 특수용 날실과 교직하여 평문조직을 이룬다. 따라서 겉과 안 사이에 공간이 형성되는 장화사가 완성된다. 다른 한 종류로는 특수용 날실이 앞면 문양의 무늬용 씨실과 뒷면에 문양을 직조하지 않은 무늬용 씨실과 서로 교직될 뿐만 아니라 바탕조직의

바탕용 씨실과 서로 교직하여 전자와는 달리 겉과 안에 공간이 형성되지 않는다. 특수한 날실과 바탕용 날실의 비율은 대부분 1:2이며, 이러한 직물의 재질은 두껍고 사공이 나타나지 않는다. 바탕의 색상도 깨끗하지 않아 금(錦)의 겉모양과 같은 효과를 지니며, 일반적으로 점료(墊料, 방석이나 깔개의 원단)나 협의(夾衣, 겹옷)의 용도로 많이 사용된다.

직물 분석례: 장람색(藏藍色) 바탕의 전지사계화가금장화사(纏枝四季花加金妝花紗)(그림 8-99)

(부분 확대)

▲ 그림 8-96 명(明) 절지다화잡보문장화사(折枝茶花雜寶紋妝花紗)
청화(清華)대학 미술학원 소장. 전세품(傳世品)
길이 34.4cm 너비 16.8cm

◀ 그림 8-95 명(明) 운학문
장화사(雲鶴紋妝花紗)
북경(北京) 고궁박물원 소장.
전세품(傳世品)
길이 40cm 너비 25cm

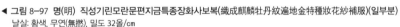

▲ 그림 8-97 명(明) 직성기린모란문편지금특종장화사보복(織成麒麟牡丹紋遍地金特種妝花紗補服)(일부분)
날실: 황색, 무연(無撚), 밀도 32올/cm
바탕용 씨실: 황색, 무연, 2합사, 밀도 40올/cm
무늬용 씨실: 우연(右撚), 연금사(撚金絲), 직경 0.32mm, 밀도 18올/cm[화구금지용(花區金地用)]
채융(彩絨) 씨실: 주홍(朱紅)·애록(艾綠)·백(白)·남(藍)·월백(月白)·수분(水粉), 우연, 2합사, 밀도 28올/cm
－바탕용 씨실 1북마다 채융(彩絨) 씨실 또는 연금사 1북을 알직(挖織)한다.
바탕조직: 평문가사(平紋假紗) 조직이며 날실 2올마다 구치[箱齒, 0.35×0.32mm인 사공(紗孔) 형성] 1개를 비운다.
화문조직: 연금사는 날실과 교직해 삼매경중사문금지(三枚經重斜紋金地)를 이루고, 채융 씨실은 날실과 교직하여 위부화(緯浮花)를 이룬다.

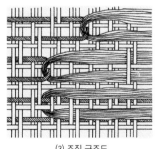

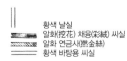

황색 날실
알화(挖花) 채융(彩絨) 씨실
알화 연금사(撚金絲)
황색 바탕용 씨실

(1) 실물　　　　　　(2) 조직 확대도　　　　　　(3) 조직 구조도

명대(明代)

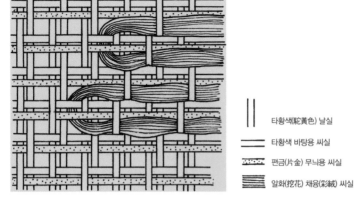

◀ 그림 8-98 명(明) 원앙연화모란문편지금장화사직성의(鴛鴦蓮花牡丹紋遍地金妝花紗織成衣) 원단 조직 구조도
　날실: 타황색(駝黃色), 무연(無撚), 밀도 32올/cm
　바탕용 씨실: 타황색, 무연, 밀도 16올/cm
　무늬용 씨실: 편금사, 너비 0.42mm, 밀도 16올/cm
　채융(彩絨) 씨실: 주홍(朱紅)·수분(水粉)·귤황(橘黃)·백(白)·애록(艾綠)·유록(柳綠)·장람(藏藍)·보람(寶藍)·명황(明黃), 무연, 직경 0.54mm, 밀도 16올/cm
　－직경이 0.33mm의 연은사(撚銀絲)를 사용한 것도 있는데 용도는 채융 씨실과 동일하다.
　씨실투여순서: 바탕용 씨실 1북, 편금사 1북, 채융 씨실(또는 연은사) 1북
　바탕조직: 평문가사(平紋假紗)
　화문조직: 1/3 우사문[右斜紋, 편금사는 통사(通梭)하고 채융 씨실 또는 연은사로 알직(挖織)함]

(1) 실물

(2) 조직 확대도

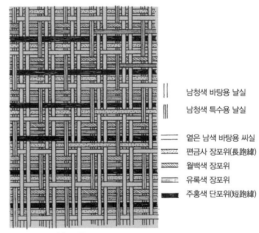

　남청색 바탕용 날실
　남청색 특수용 날실
　옅은 남색 바탕용 씨실
　편금사 장포위(長跑緯)
　월백색 장포위
　유록색 장포위
　주홍색 단포위(短跑緯)

(3) 조직 구조도

▲ 그림 8-99 명(明) 남청색 바탕의 전지사계화특종가금장화사(纏枝四季花特種加金妝花紗)
　바탕용 날실: 남청색, 무연(無撚), 밀도 40올/cm
　특수용 날실: 남청색, 무연, 밀도 20올/cm
　－바탕용 날실 2올과 특수용 날실 1올에 따라 배열한다.
　바탕용 씨실: 남청색, 무연, 밀도 14올/cm
　무늬용 씨실: 편금(片金), 직경 0.3〜0.35mm, 밀도 16올/cm,
　－장포사(長跑梭)로 직조한다. 채색의 꼬임이 없는 장포사 무늬용 씨실 밀도는 16올/cm이며 색상으로는 월백(月白), 유록(柳綠)이 있다. 채색의 꼬임이 없는 단포사 무늬용 씨실 밀도는 16올/cm이며, 부분적으로 색을 바꾸어 직조한다. 색상은 주홍, 분홍, 금색 등이 있다.
　바탕조직: 바탕용 날실과 씨실을 교직한 평문(平紋)
　－특수용 날실은 바탕용 씨실과 교직하여 평문을 이룬다.
　화문조직: 특수용 날실과 무늬용 씨실을 교직한 평문

(5) 금류(錦類)

1) 경금(經錦)

서주(西周)에서 남북조(南北朝)시대의 경무(經畝) 조직 경금과 당대(唐代) 사문경금(斜紋經錦)의 기초 위에서 발전해온 것이다. 명대(明代) 경금의 재질은 얇고 부드러워서 옷감으로 사용되었다.

직물 분석례: 베이지색 바탕의 전지국화곡수문경금(纏枝菊花曲水紋經錦)(그림 8-100)

2) 촉금(蜀錦)

사천(四川) 성도(成都)를 중심으로 직조되었으며, 대표적인 종류에는 훈간금(暈繝錦)과 방방금(方方錦)이 있다. 그 특징을 살펴보면 날실은 채색실이며, 씨실은 단계별로 색을 바꾸는 동시에 조직 구조를 변경하여 각종 줄무늬의 화문을 직조한다. 재질은 얇고 부드러우면서도 실용성이 강하다.

① 훈간금(暈繝錦)

난간문금(欄杆紋錦)이라고도 부른다. 날실은 일반적으로 채색실이며, 씨실은 1가지 색상만을 사용한다. 씨실로 문양을 직조하는데 화문은 대부분 소기하화문(小幾何花紋)이다. 주로 옷감용으로 사용된다.

직물 분석례: 기하잡보문훈간금(幾何雜寶紋暈繝錦)(그림 8-101, 표 8-1)

② 방방금(方方錦)

날실은 채색실이고, 씨실은 단계별로 색을 바꿔 보통 30cm 좌우의 방형(方形) 오색 격자를 형성한다. 다시 격자에 근거하여 문양과 바탕조직의 구조를 변화시켜 인접한 채색 격자 화문 바탕을 서로 바꾸어 밝은 격자와 어두운 격자를 서로 돋보이게 하는 외관 효과를 나타낸다(그림 8-102, 8-103). 재질은 얇고 부드러워서 의복, 피면(被面), 만장(幔帳, 휘장) 등에 사용할 수 있다.

직물 분석례: 팔보길상문방방촉금(八寶吉祥紋方方蜀錦)(그림 8-103)

3) 송식금(宋式錦)

명대(明代) 송식금은 송대(宋代) 비단의 특징을 모방하여 붙여진 명칭이다. 당시 소주(蘇州)에서 생산되는 직물이 가장 유명하였으며 그 직조공예는 송대와는 차별화되었다. 명금(明錦)은 경사문(經斜紋) 또는 평문 바탕조직을 사용하였는데, 특수용 날실로 직물 표면에 수놓은 무늬용 씨실과 문양을 직조하지 않아 뒷면에 가라앉은 무늬용 씨실을 고정시켜 평문(平紋) 또는 위사문(緯斜紋)으로 교직하였다. 장포사(長跑梭)와 단계별로 색상을 바꾸는 단포사(短跑梭)를 조합하여 직조한다. 명대 송식금은 중금(重錦), 세금(細錦), 갑금(匣錦) 등의 3종류로 나눌 수 있다.

(1) 실물

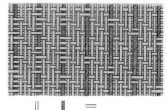

‖ ‖
바탕용　무늬용　바탕용
날실　　날실　　씨실

(2) 조직 구조도

▲ 그림 8-100　명(明)　베이지색 바탕의 전지국화곡수문경금(纏枝菊花曲水紋經錦)
바탕용 날실: 베이지색, 무연(無撚), 직경 0.1mm, 밀도 72올/cm
무늬용 날실: 2합사, 직경 0.3mm, 밀도 18올/cm
－바탕용 날실 4올마다 무늬용 날실 1올을 넣는다.
씨실: 직경 0.3mm, 밀도 42올/cm
바탕조직: 3/1 우사문(右斜紋)
화문조직: 곡수문 부분은 무늬용 날실과 씨실을 교직하여 2/6 우향사문(右向斜紋)을 이루며, 전지국화 부분은 무늬용 날실과 씨실을 교직하여 8/2 좌향사문(左向斜紋)을 이룬다.

(1) 실물

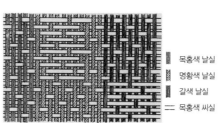

(2) 조직 확대도

(3) 조직 구조도

▧ 목홍색 날실
▧ 명황색 날실
▤ 갈색 날실
＝ 목홍색 씨실

◀ 그림 8-101　명(明)　기하잡보문훈간금(幾何雜寶紋暈繝錦)
날실: 우약연(右弱撚), 밀도 92올/cm
－목홍(木紅), 명황(明黃), 갈색, 애록(艾綠), 백색(白色) 5가지 색상이 배열되어 색훈대칭(色暈對稱)을 이룬 줄무늬이다. 날실의 배열 순서는 표 8-1에 배치된 순환단위의 순서에 따라 배색하였다.
씨실: 목홍색, 무연(無撚), 밀도 44올/cm
바탕조직: 오매이비경면단(五枚二飛經面緞)
화문조직: 오매이비위면단(五枚二飛緯面緞)

표 8-1 명대(明代) 기하잡보문훈간금(幾何雜寶紋暈繝錦)의 날실 색상 배열 순환표

순서	색상	올 수	순서	색상	올 수	순서	색상	올 수	순서	색상	올 수
1	명황	4	22	명황	4	44	목홍	4	66	목홍	4
2	갈색	4	23	목홍	4	45	명황	4	67	명황	4
3	백색	4	24	명황	4	46	갈색	4	68	목홍	4
4	갈색	4	25	백색	24	47	백색	4	69	백색	24
5	명황	4	26	갈색	8	48	갈색	4	70	갈색	8
6	목홍	4	27	목홍	4	49	명황	4	71	목홍	4
7	갈색	4	28	명황	4	50	목홍	4	72	명황	4
8	애록	4	29	목홍	4	51	갈색	4	73	목홍	4
9	목홍	4	30	애록	8	52	애록	4	74	애록	8
10	백색	4	31	목홍	4	53	목홍	4	75	목홍	4
11	목홍	4	32	백색	4	54	백색	4	76	백색	4
12	애록	8	33	목홍	4	55	목홍	4	77	목홍	4
13	목홍	4	34	애록	4	56	애록	8	78	애록	4
14	명황	4	35	갈색	4	57	목홍	4	79	갈색	4
15	목홍	4	36	목홍	4	58	명황	4	80	목홍	4
16	갈색	8	37	명황	4	59	목홍	4	81	명황	4
17	백색	24	38	갈색	4	60	갈색	8	82	갈색	4
18	명황	4	39	백색	4	61	백색	24	83	백색	4
19	목홍	4	40	갈색	4	62	목홍	4	84	갈색	4
20	명황	4	41	명황	4	63	명황	4	85	명황	4
21	목홍	60	42	목홍	4	64	목홍	4	86	목홍	4
			43	명황	60	65	애록	60	87	명황	60

① 중금(重錦)

명대 송식금(宋式錦)에서 가장 귀한 중금은 정염(精染)한 잠사(蠶絲)와 편금사(片金絲)로 직조한 것으로, 1/2 사문(斜紋) 바탕에 특수용 날실과 장포사(長跑梭) 무늬용 씨실을 교직하여 1/2 사문 문양을 이룬 것이다. 단포사는 화문의 주요 부분에 장식되며 계속하여 단계별로 나누어 색을 바꾸지는 않는다. 중금은 직성(織成) 점자(墊子, 방석이나 깔개), 진열품 및 불상화(佛像畫) 등에 주로 사용된다.

직물 분석례: 향황색 바탕의 전지련귀배문중금(纏枝蓮龜背紋重錦)(그림 8-104)

② 세금(細錦)

명대의 세금 조직은 중금과 비슷하며 역시 특수용 날실을 사용한다. 하지만 바탕용 날실과 특수용 날실의 비율은 2:1 또는 3:1이며, 문양과 바탕이 모두 평직(平織)인 경우도 있다. 단포사(短跑梭)로 주요 화문을 직조하고 장포사로 꽃가지, 줄기, 포변선(包邊線) 또는 바탕에 소기하문(小幾何紋)을 직조하였다(그림 8-105~8-109). 단포사는 장포사보다 많으며, 게다가 서로 다른 너비에 단계별로 색상을 바꾸는 방법으로 화문 색상의 수평적인 느낌을 없애 주었다. 사용한 견사는 중금보다도 가늘고 성글다. 세금의 두께는 의복용으로 사용하기에 적합하며 피면(被面), 만장(幔帳, 휘장), 탁위직성료(桌圍織成料), 의피직성료(椅披織成料) 등에도 사용된다.

직물 분석례: 남색 바탕의 팔달훈세금(八達暈細錦)(그림 8-105), 미황색 바탕의 반조전화문세금(盤絛填花紋細錦)(그림 8-109)

③ 갑금(匣錦)

갑금은 소금(小錦)이라고도 칭한다. 직조공예는 세금(細錦)과 비슷하지만 배색된 색상은 세금보다 비교적 적고 거칠다. 갑금은 주로 단포사로 문양을 나타내며 대부분 작은 기하전화문(幾何塡花紋)을 직조하여 재질은 부드러우면서도 얇고 배색은 소박하면서도 우아하다(그림 8-110, 8-111). 직조한 후에는 보통 뒷면에 풀을 칠하여 빳빳하고 구김이 가지 않도록 한다. 서화 및 낭갑(囊匣)을 표구할 때 주로 사용된다.

직물 분석례: 미색 바탕의 등롱문갑금(燈籠紋匣錦)(그림 8-111)[20]

4) 쌍층금(雙層錦)

명대(明代)에 흔히 보이는 쌍층금(이중금)은 대부분 겉과 안이 서로 호환되는 이중 조직으로 2가지 이상의 서로 다른 색상의 날실과 씨실을 동색의 날실과 씨실 또는 비슷한 색상의 관계에 근거하여 1:1로 배열한다. 동색 또는 비슷한 색상의 날실과 씨실을 교직하여 앞뒤 양면의 화문이 동일하고 문양의 바탕색이 서로 호환되는 양면 문양 직물을 만들 수 있다(그림 8-112~8-114). 그 구조는 대부분 평문(平紋), 사문(斜紋)의 2종류이며 쌍층금의 앞뒤 화문은 모두 똑같이 선명하여 양면으로 사용할 수 있다. 두께는 적당하고 재질은 견고하여 복장, 만장(幔帳), 격선(隔扇, 칸막이)과 병풍 및 서화, 갑투(匣套) 등의 표구에 주로 사용된다. 명대 송강부(松江府)에서 생산된 쌍층금은 일명 '자백금(紫白錦)'이라고도 한다.

직물 분석례: 자색 바탕의 백화낙화유수문사문쌍층금(白花落花流水紋斜紋雙層錦)(그림 8-113), 월백색 바탕의 낙화유수문쌍층금(落花流水紋雙層錦)(그림 8-114)

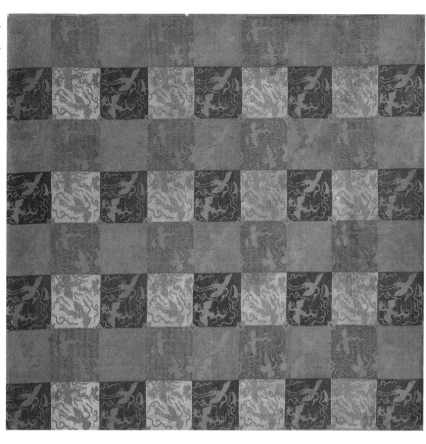

▶ 그림 8-102 명(明) 봉학문방방촉
금(鳳鶴紋方方蜀錦)
영국 런던 Spink&Son 유한책임회사
소장. 전세품(傳世品)
자료제공: Mr. Mikko Rautio

◀ 그림 8-103 명(明) 팔보길상문방방촉금(八寶吉祥紋方
方蜀錦)
날실: 애록(艾綠) · 미색 · 황색의 채조, 단고우연(單股右撚),
밀도 100올/㎝
씨실: 애록 · 수분(水粉) · 옥색(玉色) · 목홍(木紅) · 월백(月
白), 단고우연, 2합사, 밀도 82올/㎝
조직: 오매이비경면단(五枚二飛經面緞)과 사매경중좌사문
(四枚經重左斜紋)이 격자에 따라 호환되어 명암변화를 형성
함으로써 서로 부각시켜 준다.

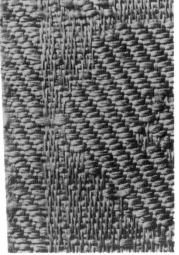

∥ 날실

▨ 씨실

(1) 실물   (2) 조직 확대도   (3) 조직 구조도

명대(明代)

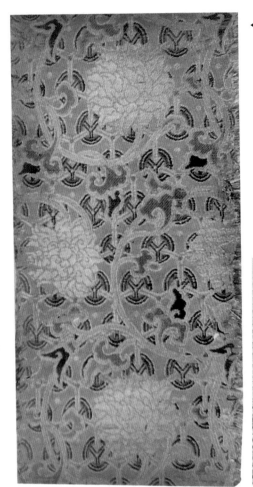

▶▼ 그림 8-104 명(明) 향황색(香黃色) 바탕의 전지련귀배문중금(纏枝蓮龜背紋重錦)

바탕용 날실: 향황색, 단고우연(單股右撚), 직경 0.12mm, 밀도 116올/cm
특수용 날실: 향황색, 단고우연, 직경 0.1~0.12mm, 밀도 20올/cm
－바탕용 날실 6올마다 특수용 날실 1올을 추가한다.
바탕용 씨실: 향황색, 단고우연, 2합사, 직경 0.25mm, 밀도 18올/cm
무늬용 씨실: 2합사 또는 4합사, 직경 0.4~0.6mm, 밀도 18올/cm
－남청, 애록(艾綠), 호람색(湖藍色) 및 편금사(片金絲)를 장포사(長跑梭)로 직조하고, 주홍, 분홍, 향황색은
　단포사(短跑梭)로 직조한다.
바탕조직: 바탕용 날실과 바탕용 씨실을 교직한 2/1 우사문(右斜紋)
화문조직: 특수용 날실과 무늬용 씨실을 교직한 1/2 우사문(右斜紋)

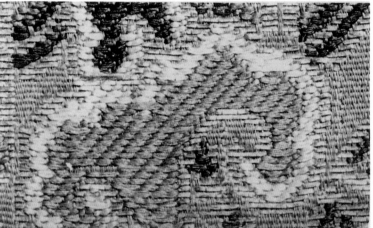

(1) 실물

(2) 조직 확대도

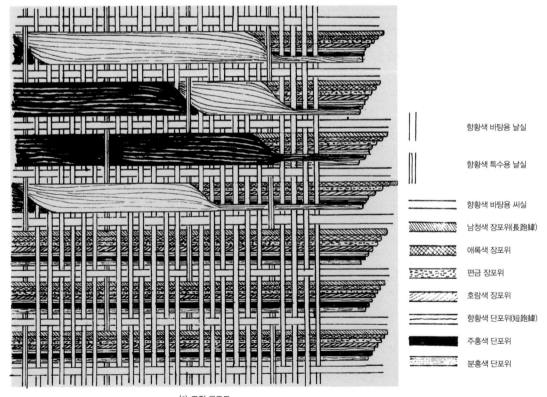

	향황색 바탕용 날실
	향황색 특수용 날실
	향황색 바탕용 씨실
	남청색 장포위(長跑緯)
	애록색 장포위
	편금 장포위
	호람색 장포위
	향황색 단포위(短跑緯)
	주홍색 단포위
	분홍색 단포위

(3) 조직 구조도

(1) 실물

◀ 그림 8–105 명(明) 남색 바탕의 팔달훈세금(八達暈細錦)

바탕용 날실: 심람색(深藍色), 단고우연(單股右撚), 2합사, 직경 0.1mm(단고), 밀도 68올/cm

특수용 날실: 심람색, 약우연(弱右撚), 직경 0.05〜0.12mm, 밀도 26올/cm, 바탕용 날실과의 비율 1:3

바탕용 씨실: 심람색, 단고우연, 3합사, 직경 0.09mm(단고), 밀도 22올/cm(3고)

무늬용 씨실: 편금[片金, 장포사(長跑梭)로 직조], 직경 0.45mm, 무연[無撚, 단포사(短跑梭)로 직조]직경 0.4〜0.45mm, 밀도 20올/cm

아래에 나열한 순서에 따라 단계별로 색상을 교체해 준다.

1) 주홍, 수분(水粉), 보람(寶藍)　　　　2) 애록(艾綠), 황녹, 주홍
3) 애록, 황녹, 토황　　　　　　　　　4) 금황, 토황, 보람
5) 철색, 옥색, 수분　　　　　　　　　6) 철색, 옥색, 청록

직조할 때, 바탕용 씨실 1북마다 무늬용 씨실 1북을 직조한다.

바탕조직: 바탕용 날실과 바탕용 씨실을 교직한 1/3 우사문(右斜紋)

화문조직: 특수용 날실과 무늬용 씨실을 교직한 평문(平紋)

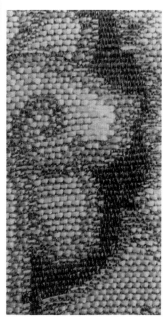

(2) 조직 확대도

(3) 조직 구조도

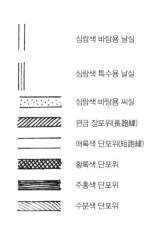

‖‖	심람색 바탕용 날실
‖‖	심람색 특수용 날실
░░	심람색 바탕용 씨실
▨	편금 장포위(長跑緯)
▬	애록색 단포위(短跑緯)
▩	황록색 단포위
▬	주홍색 단포위
▨	수분색 단포위

▲ 그림 8-106 명(明) 팔달훈세금(八達暈細錦)
북경(北京) 고궁박물원 소장. 전세품(傳世品)
길이 36cm 너비 36cm

◀ 그림 8-107 명(明) 영지단
화화훼문세금(靈芝團花花
卉紋細錦)
북경(北京) 고궁박물원 소장.
전세품(傳世品)
길이 33cm 너비 13cm

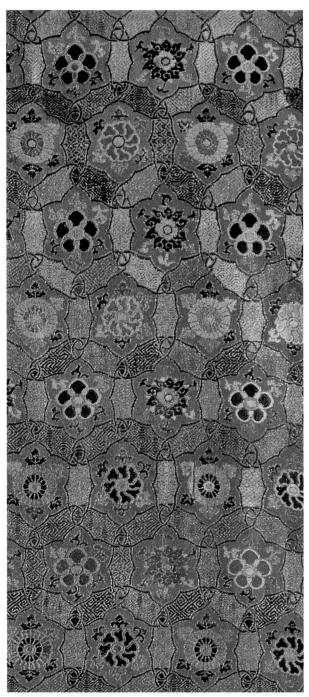

▲ 그림 8-108 명(明) 반조화훼문송식금[盤絛花卉紋宋式錦, 세금(細錦)]
북경(北京) 고궁박물원 소장. 전세품(傳世品)
길이 140cm 너비 32cm

중형 기하전화식(幾何塡花式) 장식용 금(錦)으로 육각형이 결합하여 배열된 골격 안에
는 각각 매화, 모란, 국화, 보상화(寶相花) 등을 넣어 장식하였다. 또한 주요 화문 둘레
의 육각형 테두리 부분에는 귀배(龜背), 쇄자(鎖子), 만자(卍字), 쌍구(雙矩) 등 소형기
하문(小型幾何紋)을 삽입하여 길상(吉祥)의 함의를 나타낸다.

무늬 조직은 삼매위면사문(三枚緯面斜紋)이며 바탕조직은 삼매경면사문(三枚經面斜
紋)이다. 날실은 잉앗대[綜框]로 조절하는 바탕용 날실과 화본(花本)으로 조절하는 특
수용 날실 1조로 구성되어 있다. 씨실은 북 6개를 사용하여 직조하는데, 그중 3개는
3~4cm 너비를 직조할 때마다 다른 색상의 씨실로 교체하여 다시 직조한다. 북 6개로
16가지 색상의 다양한 화문을 직조할 수 있다.

출처: 『중국미술전집(中國美術全集)·공예미술편(工藝美術編)·인염직수(印染織
繡)』하(下) 도판45

(1) 실물

(2) 앞면 조직 확대도

(3) 뒷면 조직 확대도

▲ 그림 8-109 명(明) 미황색 바탕의 반조전화문세금(盤縧塡花紋細錦)

청화(淸華)대학 미술학원 소장. 전세품(傳世品)

길이 43cm 너비 31.5cm

바탕용 날실: 미황색, 단고우연(單股右撚), 2합사, 직경 0.17mm, 밀도 48올/cm(2고)

특수용 날실: 미황색, 단고우연, 직경 0.1mm, 밀도 26올/cm

－바탕용 날실 3올마다 특수용 날실 1올을 넣는다.

바탕용 씨실: 미황색, 무연(無撚), 직경 0.25mm, 밀도 24올/cm

무늬용 씨실: 무연, 직경 0.32~0.4mm, 밀도 28올/cm

－월백, 황색은 장포사(長跑梭)이며, 단포사(短跑梭)는 아래 나열한 순서에 따라 단계별로 색상을 교체하였다.

　1) 미황, 청록, 철색　　　　　2) 베이지색, 미황, 철색

　3) 청록, 미황, 철색　　　　　4) 청록, 철색, 미황

직조할 때, 바탕용 씨실 1북마다 무늬용 씨실 1북을 직조한다.

바탕조직: 바탕용 날실과 바탕용 씨실을 교직한 3/1 좌향경사문(左向經斜紋)

화문조직: 특수용 날실과 무늬용 씨실을 교직한 1/2 좌향위사문(左向緯斜紋)

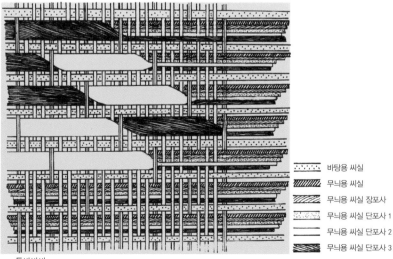

	바탕용 씨실
	무늬용 씨실
	무늬용 씨실 장포사
	무늬용 씨실 단포사 1
	무늬용 씨실 단포사 2
	무늬용 씨실 단포사 3

특바바바
수탕탕탕
용용용용
날날날날
실실실실
1 2 3

(4) 조직 구조도

▲ 그림 8-110 명(明) 능격전팔보문갑금(菱格塡八寶紋匣錦)
개인 소장품. 전세품(傳世品)
길이 33.3cm 너비 12.6cm

(1) 실물

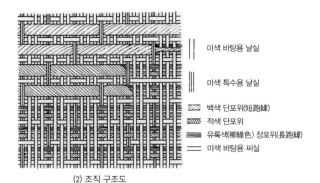

	미색 바탕용 날실
	미색 특수용 날실
	백색 단포위(短跑緯)
	적색 단포위
	유록색(柳綠色) 장포위(長跑緯)
	미색 바탕용 씨실

(2) 조직 구조도

▲ 그림 8-111 명(明) 미색 바탕의 등롱문갑금(燈籠紋匣錦)
바탕용 날실: 미색, 단고우연(單股右撚), 직경 0.05~0.14mm, 밀도 76올/cm
특수용 날실: 미색, 무연(無撚), 직경 0.05~0.12mm, 밀도 28올/cm
바탕용 씨실: 미색, 무연, 직경 0.25mm, 밀도 24올/cm, 씨실사이간격 0.3mm
무늬용 씨실: 무연, 직경 0.3~0.33mm, 밀도 22올/cm
－장포사(長跑梭)는 유황색이며, 단포사(短跑梭)는 백색, 붉은색, 황색, 남색 4
종류의 색상이다. 백, 백홍(白紅), 홍황(紅黃), 황, 남색의 순서에 따라 단계별
로 색상을 교체하였다.
바탕조직: 2/1 우사문(右斜紋)
화문조직: 특수용 날실과 무늬용 씨실을 교직하여 1/2 우사문(右斜紋) 화문을
직조하였으며, 특수용 날실과 바탕용 씨실을 교직하여 1/2 우사문 문양의 윤곽
선(바탕용 씨실 1올마다 특수용 날실 1올을 추가)을 직조하였다.

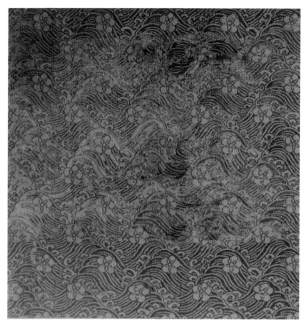

▲ 그림 8-112 명(明) 하화룡문구로쌍층금(荷花龍紋球路雙層錦)
북경(北京) 고궁박물원 소장. 전세품(傳世品)
길이 20cm 너비 20cm

▲ 그림 8-113 명(明) 자색 바탕의 백화낙화유수문사문쌍층금(白花落花流水紋斜紋雙層錦)
날실: 단고우연(單股右撚), 직경 0.15~0.2mm, 밀도 32올/cm
－자색과 백색 2조로 나누어 1:1 비율로 배열한다.
씨실: 단고좌연(單股左撚, 자색)·단고우연(백색), 3합사, 직경 0.25mm, 밀도 36올/cm
바탕조직: 자색 날실과 자색 씨실을 교직한 1/2 우사문(右斜紋)
화문조직: 백색 날실과 백색 씨실을 교직한 1/2 우사문(右斜紋)

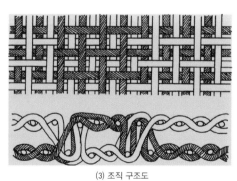

| (1) 실물 | (2) 조직 확대도 | (3) 조직 구조도 |

▲ 그림 8-114 명(明) 월백색 바탕의 낙화유수문쌍층금(落花流水紋雙層錦)
날실: 단고우연(單股右撚), 직경 0.1~0.2mm, 밀도 48올/cm
－백색과 월백색 2조로 나누어 1:1 비율로 배열한다.
씨실: 무연(無撚), 직경 0.2mm, 밀도 48~52올/cm
－백색과 월백색 2조로 나누고 1:1 비율로 배열한다.
바탕조직: 월백색 날실과 월백색 씨실을 교직한 평문(平紋)
화문조직: 백색 날실과 백색 씨실을 교직한 평문

▲ 그림 8-115 명(明) 관지모란문직금장화융(串枝牡丹紋織金妝花絨) 문양

(6) 융류(絨類)

융류는 표면이 솟아 있거나 평평하게 배열되어 있는 정교한 파일 또는 융모(絨毛)의 견직물이다. 한대(漢代)의 융권금(絨圈錦)과 명대(明代) 장융(漳絨)은 융권(絨圈) 직물이며, 명대의 천아융(天鵝絨, 벨벳)은 융모 직물이다. 천아융 역시 기융간(起絨竿)으로 직물 표면에 파일을 직조한 다음, 다시 칼로 파일을 잘라서 융모가 자연스럽게 솟아 올이 올라오게 하여 표면색 광택이 드러나지 않으면서도 변화가 있는 직물을 형성하였다. 따라서 2,100년 전의 한대 융권금은 바로 천아융 직물의 전신이었음을 알 수 있다. 명대의 사융(絲絨) 종류에는 전융(剪絨, 전체 융권에서 화문 부분의 융권을 잘라 문양을 나타냄), 단면(單面) 천아융, 양면 천아융[북경(北京) 정릉(定陵)에서 이미 출토됨], 말융[抹絨, 전체 융모에 누공(鏤空) 인화판(印花版)을 통과시켜 주란(朱蘭)풀을 칠하여 화문 부분의 융모 방향과 바탕 부분의 융모 방향이 반대가 되도록 하여 암화를 형성함], 직금융[織金絨, 편금사(片金絲)로 바탕무늬를 직조하고 단색 융모 문양을 나타냄], 금채융(金彩絨, 금색 바탕에 채색 융모 문양을 나타냄), 장화융(妝花絨, 솜털 바탕에 채색 융모 문양을 나타냄) 등 7종류가 있다. 『천수빙산록(天水冰山錄)』에는 융직성료(絨織成料)와 융필료(絨匹料) 585필과 융의(絨衣) 113벌에 관한 기록이 있는데, 그중 금채제화(金彩提花)의 융직성료는 융필료 총수량의 23%를 차지한다. 융의 총수량에서 금채제화 융의(絨衣)는 65%를 차지하는데, 이는 당시 융직물이 일찍부터 봉건귀족생활에서 상당히 유행하고 있었음을 설명해 준다.[111] 일본 상삼신사(上杉神社)에는 16세기 중국에서 생산된 관지모란문직금장화융(串枝牡丹紋織金妝花絨)이 소장되어 있는데, 적색 융모 바탕에 황색 천지모란(穿枝牡丹)을 직조하여 금색으로 테두리를 장식하였다(그림 8-115). 북경 정릉에서는 남색 단면천아융여의(單面天鵝絨女衣)와 사합여의수화보자쌍면천아융여의(四合如意繡花補子雙面天鵝絨女衣)가 출토되었다. 양면 천아융의 앞뒷면에는 모두 6.5~7.0mm 너비의 융모가 있으며, 그 완전한 조직 내의 바탕용 날실과 씨실의 비율은 2:2이다. 날실 직경은 0.2mm, 씨실 직경은 1mm, 기융경(起絨經)의 직경은 0.3mm, 날실 밀도는 60올/cm, 씨실 밀도는 6올/cm이다.

소주(蘇州)에서 출토된 명대 왕석작묘(王錫爵墓)의 모자에서는 명대의 전융(剪絨)도 볼 수 있는데, 바탕용 날실과 융경(絨經)이 하나 건너뛰어 엇갈려 배열되었으며 3북[梭]을 직조할 때마다 가직위(假織緯) 기융간(起絨竿)을 넣어 직조한다. 융경은 W형 고결법(固結法)을 사용하여 바탕 무늬 위에 고정시키는데 융모 길이는 약 1.5mm에 이른다.

금채제화장화융(金彩提花妝花絨)을 직조할 때, 융경(絨經)은 제화기 몸체 뒷면의 융경틀 위에 장착하고 바탕용 날실은 직기의 경축(經軸) 위에 장착한다. 융경의 수량이 매우 많으면 만화(挽花) 하중이 무겁기 때문에 각자선(脚子線)을 들어 올릴 때마다 화루(花樓) 아래에서 반드시 다른 한 사람이 양손으로 죽간(竹竿)을 수평방향으로 들어 올려 죽간의 한 쪽을 날실의 개구(開口)에 삽입하여야 한다. 힘으로 위로 끌어 올린 날실을 추켜들어서 사구(梭口)를 분명하게 구분하도록 돕는다. 직공이 한편으로는 직조하면서, 한편으로는 기융간을 추가하여 직조하는데, 여러 번 직조하고서 바로 기융간에 감아놓은 파일을 잘라 기융간을 뽑아내야 하는 상당히 손이 많이 가는 힘든 작업이다. 따라서 명대의 융직물은 가격이 상당히 비싸서 명대 홍치(弘治) 연간(1488~1505년) 각양각색의 저사(紵紗)는 300관(貫), 각종 사(紗)는 100관, 청융모자(靑絨帽子)는 600관에 달했다. 또한 명대 『작중지(酌中志)』 권19 『내신패복기략(內臣佩服紀略)』에 따르면, 명나라 궁궐에서도 겨울이 되면 천아융(天鵝絨)으로 연돈모(煙墩帽)를 만들었다고 한다.

(7) 화릉(花綾)

명대 화릉은 사문(斜紋) 바탕에 사문 문양을 수놓고, 꼬임이 없는 견사를 날실과 씨실로 삼아 직조한 후, 기기에 올려 정련 염색을 하였다(그림 8-116~8-119). 재질은 얇으면서도 광택이 있으며, 촉감은 매끌매끌하여 주로 내의고(內衣褲, 속바지), 포복(包袱, 보자기) 원단으로 쓰였다. 화릉 뒷면에 풀을 칠하여 빳빳하고 구김이 없게 한 것도 있는데, 정교한 직물은 자수 바탕용으로 사용하고 거친 것은 서화와 낭갑(囊匣) 표구용으로 사용하였다.

직물 분석례: 남색 바탕의 만자여의생선문화릉(卍字如意笙扇紋花綾)(그림 8-116)

(1) 실물

(2) 조직 확대도

(3) 조직 구조도

▲ 그림 8-116 명(明) 남색 바탕의 만자여의생선문화릉(卍字如意笙扇紋花綾)
　날실: 무연(無撚), 직경 0.15mm, 밀도 84올/cm
　씨실: 무연, 직경 0.23mm, 밀도 28올/cm
　바탕조직: 3/1 좌향사문(左向斜紋)
　화문조직: 1/3 좌향사문(左向斜紋)

◀ 그림 8-117 명(明) 운룡문암화릉(雲龍紋暗花綾)(일부분)
청화(淸華)대학 미술학원 소장. 전세품(傳世品)
길이 25cm 너비 12.5cm

◀ 그림 8-118 명(明) 운룡문암화릉(雲龍紋暗花綾)(일부분)
청화(淸華)대학 미술학원 소장. 전세품(傳世品)
길이 25cm 너비 12.5cm

◀ 그림 8-119 명(明) 곡수(曲水) 바탕의 모란문암화릉(牡丹紋暗花綾)
중국비단박물관 소장. 전세품(傳世品)
길이 13cm 너비 19cm

명대(明代)

(8) 기(綺)

평문(平紋) 조직을 바탕으로 하여 사문변화(斜紋變化) 조직으로 문양을 나타냈다. 날실과 씨실에는 모두 꼬임을 주지 않았으며, 직조한 후에 정련염색을 한다. 재질은 비교적 부드럽고 정교하여, 주로 이불용으로 사용되었다.

직물 분석례: 절지화훼문기(折枝花卉紋綺)(그림 8-120)

(9) 사포(絲布)

1) 직금사포(織金絲布)

명대 사포는 견사, 목화에 편금사(片金絲)를 결합한 혼직물이며, 재질은 두껍다. 문양은 대부분 큰 꽃송이로 바탕은 어둡고 무늬는 밝다. 촉감은 짱짱하여 주로 만장(幔帳), 불번(佛幡) 및 테두리 장식으로 사용되었다.

직물 분석례: 목홍색 바탕의 영선만수문직금사포(靈仙萬壽紋織金絲布)(그림 8-121)

2) 장화사포(妝花絲布)

명대 장화사포는 꼬임이 없는 채색실과 견사가 합쳐진 날실과 씨실로 3~4개의 북을 사용하여 기하문(幾何紋) 바탕 무늬를 직조하고 단계별로 색상을 바꾸는 단포사(短跑梭)로 주요 화문을 직조하였다(그림 8-122, 8-123). 단포사로 문양을 나타내지 않으면 직물의 뒷면에 들뜨게 되며, 직물은 두꺼우면서 비교적 거칠고 성기다.

직물 분석례: 향황색 바탕의 전지부용, 월계, 곡수문장화사포(纏枝芙蓉, 月季, 曲水紋妝花絲布)(그림 8-122)

▲ 그림 8-120 명(明) 절지화훼문기(折枝花卉紋綺)
날실: 무연(無撚), 직경 0.1mm, 밀도 44×2올/cm
씨실: 무연, 직경 0.2mm, 밀도 37올/cm
바탕조직: 경중평(經重平)
화문조직: 4/1 우향사문변화(右向斜紋變化)

(1) 실물   (2) 조직 구조도

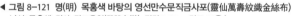

◀ 그림 8-121 명(明) 목홍색 바탕의 영선만수문직금사포(靈仙萬壽紋織金絲布)
날실: 목홍색, 견사, 단고우연(單股右撚), 직경 0.25mm, 밀도 45올/cm
바탕용 씨실: 목홍색, 면사(棉紗), 우연, 직경 0.2~0.35mm, 밀도 34올/cm
무늬용 씨실: 편금(片金), 직경 0.35~0.5mm, 밀도 16올/cm
바탕조직: 1/3 좌사문(左斜紋)
화문조직: 편금사와 홀수 날실을 교직하여 평문 금화를 직조하면, 바탕용 씨실 조직의 겉면에 들뜬다. 바탕조직에 화문이 있는 경우에는 3/1 좌사문으로 변하고 편금사는 문양을 직조하지 않으면 직물의 뒷면에 들뜨게 된다.

‖ 목홍색 날실

― 목홍색 바탕용 씨실

▨ 편금 무늬용 씨실

(1) 실물   (2) 조직 확대도   (3) 조직 구조도

(10) 개기(改機)

명나라 만력(萬曆)『복주부지(福州府志)』권37 '식화지12·물산(食貨志一二·物産)'에 따르면, "민 지역의 비단 짜는 베틀은 옛날에 5층으로 된 것을 사용하였다. 홍치 연간에 임홍이라는 사람이 있었는데, 직조에 뛰어난 재능이 있어 오 지역에서는 (그가 짠 비단을) 다중금이라고 불렀다. 민 지역의 직조가 이에 미치지 못하자, 곧 베틀을 4층으로 고치고 개기라고 불렀다(閩緞機故用五層, 弘治間有林洪者, 工杼軸, 謂吳中多重錦, 閩織不逮, 遂改機爲四層, 名曰改機)"라고 하였다.『천수빙산록(天水冰山錄)』에 따르면, 엄숭(嚴嵩)의 집에서 몰수한 방직품 중에는 개기 247필이 있으며, 그중 개기직성의료(改機織成衣料)가 80%를 차지한다고 하였다. 즉, 대홍장화과견망개기(大紅妝花過肩蟒改機), 대홍장화두우-보개기(大紅妝花斗牛補改機), 대홍직금기린보개기(大紅織金麒麟補改機), 청직금과견망개기(靑織金過肩蟒改機), 청직금천화봉보개기(靑織金穿花鳳補改機), 섬색직금기린운개기(閃色織金麒麟雲改機), 섬색장화선학개기(閃色妝花仙鶴改機) 등이 포함된다. 옛

날에 사람들은 개기를 이색쌍층평문(二色雙層平紋) 직물이라고 여겼으며,『천수빙산록』에 기록된 개기와는 아직 차이가 있다. 1965년『고고(考古)』6월호에 기재된 내용에 따르면, 강서성(江西省) 남성현(南城縣) 주량공사(株良公社)에서 일찍이 명묘(明墓)가 발굴되었는데, 당시에도 시체가 부패되지 않은 상태였으며, 복식에는 '녹육운개기주친파일건(綠六雲改機紬衬擺一件)'이라고 적힌 직물 등이 출토되었다고 하였다. '친파(衬擺)'는 남성 포복(袍服)의 한 종류인데, 필자가 급히 강서로 향하여 방문했지만, 아쉽게도 해당 문물은 출토된 후 보존되어 있지는 않았다. 북경(北京) 고궁박물원에는 백색 바탕의 가금전지호도문채색쌍층금(加金纏枝胡桃紋彩色雙層錦)(그림 8-124) 한 점이 소장되어 있는데, 잎은 흑색이며, 백색 날실과 씨실을 교직하여 백색 바탕을 이루고, 흑색 날실과 씨실을 교직하여 검은색 잎을 완성하였으며 모두 이중평문(平紋)이다. 편적금(扁赤金)은 적색 씨실과 교직하여 단층평문금화(單層平紋金花)를 나타냈다.

(1) 실물

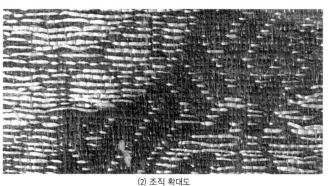

(2) 조직 확대도

(3) 조직 구조도

‖‖ 향황색 날실

――― 향황색 면사 바탕용 씨실

⫽⫽⫽ 향황색 견사 바탕용 씨실

▄▄▄ 단포 무늬용 씨실

██ 통사 무늬용 씨실1

▨▨▨ 통사 무늬용 씨실2

▲ 그림 8-122 명(明) 향황색 바탕의 전지부용, 월계, 곡수문장화사포(纏枝芙蓉, 月季, 曲水紋妝花絲布)
　날실: 향황색, 견사(繭絲), 무연(無撚), 직경 0.07mm, 밀도 100올/cm
　바탕용 씨실: 향황색, 면사(棉紗)·견사, 우연(右撚), 면사직경 0.45mm, 견사직경 0.15mm, 밀도 14올/cm
　무늬용 씨실: 황(黃)·남록(藍綠)·포회(葡灰)·월백(月白)·수분(水粉)·목홍(木紅)·보람(寶藍), 견사, 직경 0.35∼0.5mm
　－황, 남록은 장포통사(長跑通梭)이며, 나머지는 단계별로 색상을 교체한 단포사(短跑梭)이다. 바탕용 씨실 2북마다 무늬용 씨실 1북을 직조해 넣는다.
　바탕조직: 오매이비경면단(五枚二飛經面緞)
　화문조직: 무늬용 씨실과 홀수 날실을 교직한 오매좌향위사문(五枚左向緯斜紋)
　－무늬를 직조하지 않는 경우 무늬용 씨실이 직물 뒷면에 들뜨게 된다.

◀ 그림 8-123 명(明) 사면교직반조문장화사포(絲棉交織盤綈紋妝花絲布)
절강성(浙江省)도서관 소장. 전세품(傳世品)
길이 34cm 너비 14cm

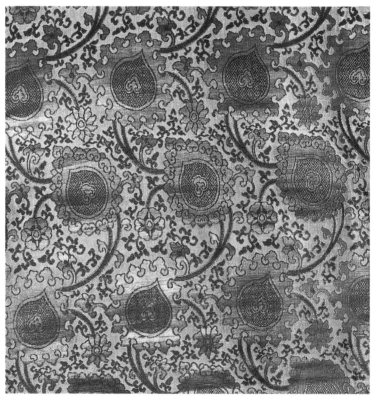

▲ 그림 8-124 명(明) 전지호도문가금쌍층금(纏枝胡桃紋加金雙層錦)
북경(北京) 고궁박물원 소장. 전세품(傳世品)
길이 713cm 너비 76cm
출처: 『중국미술전집(中國美術全集)‧공예미술편(工藝美術編)‧인염직수(印染織繡)』
하(下) 도판43

(11) 격사(緙絲)

명대(明代) 초기 격사는 단지 고칙(誥敕) 등의 작은 제품에 사용되었으나, 선덕(宣德) 연간에 내조사(內造司)가 설치되면서 명인서화 등 대형 작품을 모방하여 자수하기 시작하였다. 즉, 격사「요지집경(瑤池集慶)」도축(圖軸)(길이 260cm, 너비 205cm), 격사「조창화훼도(趙昌花卉圖)」장권(長卷)(길이 244.5cm, 너비 44cm) 등이 있다. 명대 격사 종류에는 서화, 불경경면(佛經經面) 외에도 포복(袍服), 말자(袜子), 포점(鋪墊, 요), 만장(幔帳), 괘병(挂屏, 액자), 의피(椅披, 의자 덮개), 탁위(桌圍, 식탁보) 등이 포함된다. 북경(北京) 정릉(定陵)에서 출토된 명대 만력(萬曆) 제후 포복(袍服) 중 7점이 격사이다. 그림 8-125는 격사 조직 구조도이며, 그림 8-126은 절강성(浙江省) 동향(桐鄕)의 현대 격사 조작도이다.

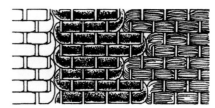

▲ 그림 8-125 격사(緙絲) 조직 구조도

명대 격사의 특징은 화려하고 광택이 있는 다량의 금사와 공작우사(孔雀羽絲)를 사용하고, 각종 채색실은 극히 가는 겹실 강연사(强撚絲)를 사용했다는 점이다. 북경 정릉에서는 명대 만력 황제가 입었던 공작우단룡십이장금수자만복여의포(孔雀羽團龍十二章金壽字萬福如意袍)가 발견되었는데, 날실 직경은 0.15mm, 씨실 직경은 0.2mm, 날실 밀도는 20올/cm, 씨실 밀도는 18~20올/cm에 이른다. 단룡(團龍)은 공작우사로 직조하고, 금수자(金壽字), 십이장(十二章)과 만복여의문(萬福如意紋)은 모두 금사로 테두리를 감입하여 웅장하면서도 화려하다. 또한 명대 격사는 '봉미창(鳳尾戧)'의 배색방법을 사용하여 색채의 심도에 변화를 주었다. 봉미창은 서로 부딪히는 2가지 색상을 가로선으로 서로 간격을 두어 엇바꾸어 넘기면, 2가지 색상은 모두 하나는 굵게 하나는 가늘게 번갈아 배열되는 횡선으로 직조되는 것이다. 굵은 횡선은 굵으면서도 짧으며, 가는 횡선은 가늘면서도 길어, 양자를 서로 합하면 모양이 봉황 꼬리와 같다고 하여 얻은 명칭이다. 명대에서도 전통적인 여러 가지 창색법을 사용하였지만, 봉미창이 주를 이루었기 때문에 봉미창은 명대 격사를 감정하는 하나의 근거로 삼을 수 있다. 명대 이래로, 격사의 일부 배경 장식, 즉 나뭇잎의 훈색(暈色)과 산석 옆의 잡초 등은 붓으로 색칠하고 다듬어서 완성하였다[21][22](그림 8-127~8-140).

직물 분석례: 원금(圓金) 바탕의 난봉모란문격사단보(鸞鳳牡丹紋緙絲團補)(그림 8-127)

▶ 그림 8-126 절강성(浙江省) 동향(桐鄕)의 격사(緙絲) 조작도

▲ 그림 8-127 명(明) 원금(圓金) 바탕의 난봉모란문격사단보(鸞鳳牡丹紋緙絲團補)
　　청화(淸華)대학 미술학원 소장. 전세품(傳世品)
　　직경 30.5cm
　　날실: 백색, 견사(繭絲), 단고(單股), 직경 0.15mm, 밀도 20올/cm
　　씨실: 원금[연금(撚金)], 우연(右撚), 직경 0.25mm, 밀도 30올/cm
　　채색씨실: 무연(無撚)·우연, 2합사, 직경 0.25mm, 밀도 30올/cm
　　－색상은 백, 흑, 장청(藏靑), 심람(深藍), 담람(淡藍), 월백(月白), 대홍(大紅), 분홍(粉紅), 수분(水粉), 묵록(墨綠), 두록(豆綠), 황록
　　　(黃綠), 천황록(淺黃綠), 토황(土黃), 담황(淡黃), 회록(灰綠), 추향(秋香), 황종(黃棕) 등 18종
　　조직: 격사평문(緙絲平紋), 통경단위(通經斷緯)
　　명나라 복식에서의 원형 흉배이며, 작업 과정은 극히 정밀하다. 날실 밀도는 14올/cm이며, 씨실은 도안의 필요에 따라 성긴 정도가
　　상이하며, 가장 정교한 것은 52올/cm, 가장 성근 것은 44올/cm 차이가 있다. 문양은 오색 견사로 격직(緙織)되었으며, 바탕조직은
　　모두 가느다란 원금사(圓金絲)로 격직하였다.
　　　출처:『중국미술전집(中國美術全集)·공예미술편(工藝美術編)·인염직수(印染織繡)』하(下) 도판47

▲ 그림 8-128 명(明) 만력(萬曆) 황제 십이장격사곤복(十二章緙絲袞服)

1958년 북경(北京) 정릉(定陵) 만력 황제 관(棺)의 서쪽에서 출토. 정릉박물관 소장

옷길이 135cm 양소매전체길이 234cm 겉자락너비 135cm 안섶너비 98cm 소매너비 55cm 소맷부리너비 18cm 목둘레: 가로너비 17cm, 세로길이 19.6cm

이 옷은 겉자락(왼쪽 소매 포함), 안섶(오른쪽 소매 포함), 뒷판(옷깃부터 겨드랑이 아랫단의 테두리까지) 3부분으로 구성되었다. 뒷판은 발[簾] 모양과 같이 아래로 드리워지고, 다른 부분과 꿰매어 연결하지 않았으며, 속면은 황색 방공사(方孔紗)로 겉과 안 사이에는 견(絹), 사(紗), 나(羅) 등을 혼용하여 덧댄 부분이 있다. 두 옷섶의 나대(羅帶, 각 2개)와 서로 연결하기 편리하도록 양쪽 겨드랑이 하단에는 사대비(絲帶鼻)가 있으며, 트임이 남아 있다. 이 곤복의 주요 문양은 십이장(十二章)이며, 그중 단룡(團龍) 12마리는 공작우사(孔雀羽絲)로 직조하였으며, 앞뒷면에 각각 3마리(직경 32cm), 양 어깨에 각각 1마리(직경 29cm), 앞자락 양측에 각각 2마리(직경 28cm)가 있다. 태양, 달, 별, 산이 양 어깨와 둥근 목둘레의 뒷면에 분포되어 있으며, 화충(華蟲, 꿩)은 양 어깨의 하단에 각각 2마리가 있다. 종이(宗彛), 수초, 불, 분미(粉米), 보(黼, 도끼), 수(黻), 예복에 수놓은 푸르고 검은 무늬) 등이 두 줄로 나뉘어 직선으로 배열되었는데, 상대적으로 앞뒤 옷자락에 주로 분포되어 있다. 출토 당시 곤복에는 견(絹) 재질의 표첨(標籤)이 있었는데, "萬曆四十五年 …… 袞服(만력 사십오년 …… 곤복)"이라는 문구가 묵서되어 있다. 반령(盤領) 역시 수문(黻紋)으로 둘러싸여 있다.

출처: 『중국미술전집(中國美術全集)‧공예미술편(工藝美術編)‧인염직수(印染織繡)』하(下) 도판24

▲ 그림 8-129 명(明) 만력(萬曆) 황제 십이장곤복(十二章袞服) 복제품

소주(蘇州)자수예술박물관 복제

◀ 그림 8-130 명대(明代) 말기 망문격사(蟒紋緙絲) 의피(椅披, 의자 덮개)
개인 소장품. 전세품(傳世品)
길이 178cm 너비 50cm
이무기의 눈썹은 뾰족한 송곳 모양으로 명대 말기의 특징을 나타낸다.
출처: 홍콩『금수라의교천공(錦繡羅衣巧天工)』 p.85, 그림8

▲ 그림 8-131 명(明) 자색 바탕의 봉황모란문격사(鳳凰牡丹紋緙絲)
개인 소장품. 전세품(傳世品)
길이 244cm 너비 183cm
봉황은 위아래로 돌면서 대칭으로 날아다니고, 그 사이에 모란꽃과 수산석(壽山石)이 채워져 있다.
그 스타일은 서장(西藏) 찰십륜포(扎什倫布, 타쉬룬포) 사원 도솔전(兜率殿) 조정(藻井) 위에 장식된 남색 바탕의 봉황모란격사, 북경예술박물관에 소장된 남색 바탕의 봉황모란격사와 비슷하다. 찰십륜포 사원 도솔전 조정에 장식된 격사의 편폭이 훨씬 온전하며, 봉황 위에는 꽃구름과 붉은 해가 있으며, 하단에는 꽃구름과 밝은 달이 있다.
출처: 홍콩『금수라의교천공(錦繡羅衣巧天工)』 p.81, 그림6

▶ 그림 8-132 명(明) 격사(緙絲)「요지집경(瑤池集慶)」도축(圖軸)
북경(北京) 고궁박물원 소장. 전세품(傳世品)
높이 260cm 너비 205cm 날실직경 0.11mm(2합사) 씨실직경 0.13mm(2합사) 날실밀도 16올/cm 씨실밀도 48올/cm
9명의 선녀가 손으로 선물을 받쳐 들고, 서왕모[王母娘娘]에게로 가서 생신을 축하하는 내용이다. 배경으로부터 인물에 이르기까지, 모두 축복과 장수 기원을 주제로 삼았다. 즉, 좌측 상단의 운해(雲海) 깊은 곳의 용마루와 먼 산은 '해옥첨수(海屋添壽)'를 나타내며, 영지(靈芝)와 대나무는 '선령축수(仙靈祝壽)'를 의미한다. 산석과 유수는 '복수면장(福壽綿長)', 학과 사슴은 '육합동춘(六合同春)', 망우초와 참죽나무는 '춘훤병무(椿萱並茂)' 등을 의미한다. 색상 배색도 상당히 풍부하여, 미색, 미황, 천황, 중황, 향황, 유록, 천록, 남록, 천류녹(淺柳綠), 호색(湖色), 석청(石靑), 천회(淺灰), 은회, 타색(駝色), 연색(烟色), 분홍, 수분(水粉), 목홍, 백, 원금(圓金) 등 20여 종의 채색실을 사용하였다. 창색격[戧色緙, 섬화격(摻和緙), 장단창(長短戧), 목소창(木梳戧), 포심창(包心戧), 봉미창(鳳尾戧) 포함]으로는 관격(摜緙), 결격(結緙), 탑사(搭梭), 구격(句緙), 각린(刻鱗) 등으로 직조하여 완성하였다. "乾隆鑑賞(건륭감상)", "乾隆御覽之寶(건륭어람지보)", "宜子孫(의자손)", "三希堂精鑑璽(삼희당정감새)", "寶蘊樓書畫錄(보온루서화록)" 등의 여러 옥새가 날인되어 있다.

▲ 그림 8-133 명(明) 격사(緙絲) 「팔선(八仙)」 도축(圖軸)
개인 소장품. 전세품(傳世品)
길이 218.5cm 너비 173cm
곤륜산(崑崙山) 선음(仙蔭) 아래의 팔선인 남채화[藍采和, 화람(花籃)], 장과로[張果老, 어고(漁鼓)], 조국구[曹國舅, 작판(綽板)], 여동빈[呂洞賓, 보검(寶劍)], 한종리[漢鍾離, 부채], 한상자[韓湘子, 횡적(橫笛)], 하선고(何仙姑, 연꽃)와 노인성(老人星)이 요대(瑤臺) 위에 서 있다. 이철괴(李鐵拐)는 우측 하단의 다리 위에 있으며, 서왕모(西王母)는 봉황을 타고 좌측에서 날아오고 있다. 이 외에도 오어(鰲魚)나 사슴을 타고 있는 신선, 약재를 캐는 신선 및 두꺼비에게 장난치는 유해(劉海) 등도 있다. 편폭의 상단은 운학문(雲鶴紋)으로 장식되어 있다.
출처: 홍콩 『금수라의교천공(錦繡羅衣巧天工)』 p.83, 그림7

▲ 그림 8-134 명(明) 격사 「나한상(羅漢像)」
서장(西藏)자치구 찰십륜포(扎什倫布) 사원 소장. 전세품(傳世品)
높이 60cm 너비 42cm
격사 화면(畫面)에는 나한(羅漢)의 퇴단(堆丹, 좌)과 염랍궁(艶拉窮, 우)이 있고, 두 사람이 서로 마주앉아 있으며, 배경은 산석(山石), 인물, 와호(臥虎), 채운(彩雲) 등으로 부각시켰다. 홍, 황, 남, 녹, 천람(淺藍), 월백, 담홍, 담종, 감람록(橄欖綠) 등의 색상을 고르게 칠하거나 퇴훈법(退暈法)을 사용하여 매우 화려하다. 직조법으로는 평격(平緙), 구격(句緙), 섬화창(摻和戧), 결창(結戧) 등을 사용하였으며, 명대 만력(萬曆) 연간의 작품이라고 전해진다. 외관 둘레에는 명대 3종류의 직금장화단(織金妝花緞)으로 표구되어 있다.
출처: 『중국미술전집(中國美術全集)·공예미술편(工藝美術編)·인염직수(印染織繡)』하(下) 도판62

◀ 그림 8-135 명(明) 격사(緙絲) 「선호집경(仙壺集慶)」 도축(圖軸)
대북(臺北) 고궁박물원 소장. 전세품(傳世品)
이 도축은 고송(古松), 흰 두루미, 꽃사슴을 제재로 삼아 장수를 은유적으로 표현하고 생일을 축하하는 목적으로 그려졌다. "乾隆御覽之寶(건륭어람지보)", "嘉慶御覽之寶(가경어람지보)", "宣統御覽之寶(선통어람지보)", "三希堂精鑑璽(삼희당정감새)", "宜子孫(의자손)", "乾隆御覽(건륭어람)", "嘉慶御覽(가경어람)", "石渠寶笈(석거보급)", "寶笈三編(보급삼편)" 등의 옥새 9개가 날인되어 있다.

▶ 그림 8-136 명(明) 격사(緙絲)「모란수대도(牡丹綬帶圖)」
요녕성(遼寧省)박물관 소장. 전세품(傳世品)
높이 145.1cm 너비 54cm
목련꽃, 해당화, 모란, 수산석(壽山石), 수대조(綬帶鳥)의 동음으로 '부귀수고(富
貴壽考)'의 함의를 나타내며, 축수(祝壽)에 사용되었다. 가파른 언덕의 새싹, 수
대(綬帶), 깃털, 산태(山苔)는 붓을 사용하여 선염(渲染)하였다. 『존소당사수록
(存素堂絲繡錄)』에 수록되어 있다.

▶ 그림 8-137 명(明) 격사(緙絲) 『도화쌍작도책(桃花雙鵲圖冊)』 4번째 폭
대북(臺北) 고궁박물원 소장. 전세품(傳世品)
길이 23cm 너비 21cm
이 격사는 명대 직화조사생책(織花鳥寫生冊)의 4번째 폭이다. 한 쌍의 까치가 활
짝 핀 복숭아꽃 가지 끝에서 지저귀며 놀고 있다. 상단에 있는 까치의 몸체 일부
분은 복숭아꽃과 잎에 가려져 있다. 하단에 있는 까치는 두 발로 복숭아나무 가
지를 잡고, 가지 뒷면에 거꾸로 매달려 있어서 오히려 몸체 뒤의 복숭아꽃을 가
렸다. 이러한 구도는 공간의 층차를 나타내어 생동감이 있으면서도 신선한 느낌
을 준다. 주로 구격(句緙), 평격(平緙), 장단창(長短戧)을 활용하였으며, 가연사
(加撚絲)로 문양을 조밀하고 고르게 직조하여 직물의 광택이 아름답다.
　출처: 『중국미술전집(中國美術全集)』·공예미술편(工藝美術編)·인염직수(印染
織繡)』 하(下) 도판54

명대(明代)

◀▲ 그림 8-138 명대(明代) 말기 격사(緙絲)「백자도(百子圖)」벽괘(壁挂)

길이 225cm 너비 175cm

다양한 색상의 견사와 연금사(撚金絲)를 사용하여 직조하였다.

「백자도」라는 명칭은 중국의 결혼 풍속과 관련된다. 중국에서는 아들을 낳는 것이 매우 운이 좋은 일이라고 여겼는데, 이는 가족은 아들이 있어야만 비로소 지속될 수 있다고 생각했기 때문이다. 중국의 수많은 장식품은 백자(百子)를 제재로 삼았는데, 가문과 후손의 번성에 대한 사람들의 열망을 표현하였다. 어떤 경우에는 도안에서 99명의 아이들이 있는 경우도 있다(본 작품에는 83명의 아이들이 있음). 백자도의 이야기는 주문왕(周文王, BC 1231~BC 1135년) 시기의 전설에서 유래되었다. 전설에 따르면, 주문왕은 99명의 자식이 있었는데, 한차례의 폭풍우로 인하여, 고아 한 명을 맡아 키우게 되면서 후에 '백자'라는 말이 생겨났다고 전해진다. 본 작품에서 '백자(百子)' 인물의 자태는 매우 다양하다. 연을 띄우기도 하고, 낚시를 하기도 하며, 서화를 감상하거나, 독서를 하거나, 배를 타거나, 공놀이를 하거나, 죽마를 타거나, 악기를 불거나, 폭죽을 터트리거나, 기린(麒麟)을 탄 아이도 있다. 그림에서 인물은 화초와 나무, 양정수사(涼亭水榭), 소교유수(小橋流水), 기석가산(奇石假山), 비학행록(飛鶴行鹿) 및 태양채운(太陽彩雲)을 배경으로 한다. 격사 상단에는 붉은 달, 하단에는 모란 1그루, 양쪽에는 봉황 1쌍이 있으며, 주위에는 길상문(吉祥紋)으로 가득하다. 모란은 꽃 중의 왕이며, 봉황은 새 중의 왕으로 가족의 번영을 기원하는 함의를 담고 있다.

출처: 영국『Threads Of Imagination』그림21, Spink, 1999년

명대(明代)

▲ 그림 8-139 명(明) 격사(緙絲)「금지금계모란(金地錦雞牡丹)」괘병(挂屏, 액자)
　북경(北京) 고궁박물원 소장

▲ 그림 8-140 명(明) 격사(緙絲) 화훼괘병(花卉挂屏) 4폭
　북경(北京) 중성가(中盛佳) 국제경매유한책임회사 소장
　각폭높이 50cm 각폭너비 31cm

(12) 자수(刺繡)

명대(明代) 자수는 실용적인 자수품을 위주로 하는 북방 자수와 감상용 화수(畫繡)를 위주로 하는 남방 자수로 나눌 수 있다. 북방 자수로 비교적 유명한 작품은 쇄선수(灑線繡), 의선수(衣線繡), 집선수(緝線繡) 등의 3종류가 있다. 쇄선수는 그림 8-141, 8-142와 같이 직경사(直徑紗) 또는 방공사(方孔紗)를 자수 바탕으로 삼고, 채색 이합 연사(二合撚絲)를 사용하였다. 수많은 사공(紗孔)으로 작은 기하형 화문을 자수하여 바탕과 비교적 큰 주요 화문(主花)을 이루거나, 기하 바탕에 다시 포융주화(鋪絨主花)를 수놓아, 주로 옷감으로 많이 사용하였다. 북경(北京) 정릉(定陵)에서 출토된 명효정(明孝靖) 황후의 쇄선수축금룡·백자희녀협의(灑線繡蹙金龍百子戲女夾衣)(그림 8-143)는 일교일(一絞一) 직경사(直徑紗) 바탕조직이며, 채색 3합사, 융사(絨絲), 연금사(撚金絲), 포경사(包梗絲), 공작우사(孔雀羽絲), 화협사(花夾絲) 등 6가지 종류의 실을 사용하였다. 자수법으로는 천사(穿紗), 축금(蹙金), 정창(正戧), 반창(反戧), 포침(鋪針), 전침(纏針), 접침(接針), 반금(盤金), 권금(圈金), 정선(釘線), 송침(松針), 수화침(擻和針) 등 12가지를 활용하여 완성하였으며, 현재 북경 정릉박물관에 소장되어 있다. 의선수는 대부분 암화릉(暗花綾)을 자수 바탕으로 삼아, 이합사로 수놓는데, 산동(山東) 지역의 노수(魯繡)가 바로 의선수에 속한다. 집선수는 대부분 북경과 심양(瀋陽)에서 생산되었으며, 그 특징으로는 철사와 같이 단단한 포경선권(包梗線圈)을 사용하여 화문의 윤곽선을 고정시키고, 더 이상 화문 내부에는 수를 놓지 않는다는 점이다. 즉, 북경 정릉 명대 만력(萬曆) 황제의 관(棺)에서는 집선수두우문방보대여의운라포(緝線繡斗牛紋方補大如意雲羅袍) 등의

귀중한 문물이 출토되었다. 집선수는 명대 중기에서 청대(淸代) 초기까지 유행하였다.

북방에서도 감상용 화수가 있었으며, 지금까지도 전해진다. 산동 노수 진품「부용쌍압(芙蓉雙鴨)」도축(圖軸)(그림 8-144),「원앙하화(鴛鴦荷花)」도축(圖軸)(그림 8-145)은 모두 북경 고궁박물원에 소장되었으며 국보급 문물에 속한다.

명대 남방의 자수에서는 화수가 가장 뛰어났으며, 특히 고수(顧繡)가 가장 큰 유명세를 탔다(그림 8-146~8-151). 가정(嘉靖) 연간(1522~1566년) 진사(進士) 고명세(顧名世)는 상해(上海)에서 '노향원(露香園)'을 건립하였는데, 그의 처 묘씨(繆氏)는 자수에 능하였으며, 둘째 손자 고수잠(顧壽潛)은 동기창(董其昌)을 스승으로 받들어 그림을 배웠으며, 고수잠의 처 한희맹(韓希孟)은 화훼에 정통하고 자수에 능하였다. 숭정(崇禎) 7년(1634년) 봄에 한희맹은 송·원대(宋·元代)의 명승고적을 찾아다니며, 자수 8종을 본떠 수를 놓아 방책(方冊)을 만들었다. 동기창은 매우 마음에 들어하면서, 각각의 폭에 기념으로 몇 글자를 적어 주었다. 이 일로 명성이 자자하여, '노향원고수(露香園顧繡)' 또는 '고씨노향원수(顧氏露香園繡)'라고 불렸으며, 약칭으로 '노향원수(露香園繡)' 또는 '고수(顧繡)'라고도 한다. 한희맹의 작품 '고수송원명적방책(顧繡宋元名迹方冊)'은 현재 북경 고궁박물원에 소장되어 있으며, 요녕성(遼寧省)박물관, 남경(南京)박물관 등에도 한희맹의 고수(顧繡) 진품이 소장되어 있다. 이 외에도 서장(西藏) 포달랍궁(布達拉宮, 포탈라궁)에 소장된 첩릉수(貼綾繡)「대백산개불모상(大白傘蓋佛母像)」의 조형은 생동적이면서도 매우 화려하며(그림 8-152), 후세에 전해지는 걸작이다.

▲ 그림 8-141 쇄선수봉문방보(灑線繡鳳紋方補)
(일부분)
북경(北京) 고궁박물원 소장. 전세품(傳世品)
길이 33cm 너비 13cm

▲ 그림 8-142 명(明)·만력(萬曆) 유익삼안룡(응룡)장식쇄선수용괘[有翼三眼龍(應龍)藏式灑線繡龍掛]
길이 142cm 너비 188cm
옷감의 입수(立水) 부분은 이미 짧게 잘라냈다. 양 소매는 녹색 바탕에 금룡을 자수하여 연결하였다. 이 용괘는 서장(西藏)에서 자수한 것으로 소수민족 지도자가 입었던 것으로 추정된다. 용의 조형은 샌프란시스코 아시아예술미술관에 소장되어 있는 조괘(朝掛) 풍격과 유사한데, 이는 명신종(明神宗)이 1595년 태후(太后) 축수용으로 준비한 조괘이다.
출처: 홍콩『금수라의교천공(錦繡羅衣巧天工)』p.203, 그림55

(1) 앞면(실물)

(2) 뒷면[소주(蘇州)자수예술연구소의 복제품]

▲▶ 그림 8-143　명(明) 만력(萬曆) 황제 효정(孝靖)황후 쇄선수백자희
방령대금여협의(灑線繡百子戲方領對襟女夾衣)
북경(北京) 정릉(定陵)에서 출토. 정릉박물관 소장
길이 71cm　양소매전체길이 163cm　밑자락너비 81.5cm
출처: 『중국미술전집(中國美術全集)·공예미술편(工藝美術編)·인염직
수(印染織繡)』하(下) 도판26

(3) 앞면 문양

(4) 뒷면 문양

(5) 원본 자수(일부분)

명대(明代)

(부분 확대)

▲ 그림 8-144 명(明) 의선수(衣線繡)「부용쌍압(芙蓉
雙鴨)」도축(圖軸)
북경(北京) 고궁박물원 소장. 전세품(傳世品)
높이 140cm 너비 57cm
이 의선수는 부용화 가지, 갈대, 홍료(紅蓼)를 전체 화
면에 수놓고, 오리 한 쌍이 화면 하단의 중심 부분에 있
어, 관중의 시선을 주제인 오리 한 쌍에게로 이끌고 있는
데, 이는 '사랑'이라는 함의를 담고 있다. 자수 바탕은 엷
은 옥색의 절지화조문암화단(折枝花鳥紋暗花緞)이기 때
문에 이합연사(二合撚絲)를 사용해 짙은 색상을 배합하
여 자수 바탕의 암화(暗花)를 감출 수 있었다. 주요 화문
이 자수 바탕의 암화와 명암이 대비되어 훨씬 더 풍부한
효과를 나타내고 있다. 이 자수는 명나라 노수(魯繡) 중에
대표 작품이다.
출처:『중국미술전집(中國美術全集)·공예미술편(工藝
美術編)·인염직수(印染織繡)』하(下) 도판75

◀ 그림 8-145 명(明) 노수(魯繡)「하화원
앙(荷花鴛鴦)」도축(圖軸)
북경(北京) 고궁박물원 소장. 전세품(傳世品)
높이 135.5cm 너비 53.7cm
출처:『중국미술전집(中國美術全集)·공
예미술편(工藝美術編)·인염직수(印染織
繡)』하(下) 도판76

▲ 그림 8-146 명(明) 고수(顧繡)「팔선경수(八仙慶壽)」괘병
(挂屏)(2폭, 일부분)
대북(臺北) 고궁박물원 소장. 전세품(傳世品)
높이 66.3cm 너비 48.1cm
12폭 자수인「팔선경수」괘병 중 2폭으로 상단은「서왕모도(西
王母圖)」, 하단은「남극선옹도(南極仙翁圖)」이다.『존소당사수
록(存素堂絲繡錄)』에 기록되어 있다.

▲ 그림 8-147 명(明) 고수(顧繡)「동제한희맹아미타불(董題韓希孟阿彌陀佛)」도축(圖軸)(일부분)
요녕성(遼寧省)박물관 소장. 전세품(傳世品)
높이 54.5cm 너비 26.7cm

소단(素緞) 바탕에 자수실로 채색하였다. 미륵보살은 배를 드러낸 채 미소를 머금고, 승복을 입었는데 왼손에
는 포대(布袋), 오른손에는 염주(念珠)를 쥐고 포단(蒲團) 위에 앉아 있다. 상단에는 동기창(董其昌)이 쓴 "한 터
럭 털끝에서도 무한하고 헤아릴 수 없는 세계를 드러내고 미세한 티끌 속에서도 거대한 진리의 수레바퀴를 굴
린다(于一豪端, 現寶王刹, 向微塵裏, 轉大法輪)"라는 기념글이 적혀 있다. 이 자수의 색상은 화려하면서도 아
름다우며, 자수법의 변화를 충분히 표현하였다. 미륵보살의 몸체 자수실의 배열방향은 살결에 따라 구분되어,
색채가 마치 빛을 발하는 것과 같은 효과를 보인다. 승복의 무늬는 바늘 방향의 변화와 서로 다른 사루(絲縷)을
이용하여 교차하거나 고결하여 다양한 쇄금(碎錦)효과를 나타냈다. 게다가 연철사[盤線]로 자수면을 누른 부분
이 많다. 자수 포단은 편포[編蒲, 포(蒲)의 잎을 엮어 맨 것] 무늬를 수놓았으며, 심지어 포사(蒲絲)와 솜털을 사
용하여 모두 가는 선으로 표현하여 매우 사실적이다. 고수(顧繡) 명가 한희맹(韓希孟)의 남편 고수잠(顧壽潛)은
동기창(董其昌)의 제자이며, 동기창은 그런 연유로 자주 자수품에 기념글을 적었다. 이는 가장 우수한 고수 작
품의 하나로, 특히 자수법이 매우 다양하여 '침보(針譜)'라고 명명해도 무방하다.『존소당사수繡
錄』에 기록되어 있다.
출처:『중국미술전집(中國美術全集)』· 공예미술편(工藝美術編) · 인염직수(印染織繡)』하(下) 도판66

▶ 그림 8-148 명(明) 한희맹(韓希孟) 고수(顧繡)「화계어
은도(花溪漁隱圖)」와「세마도(洗馬圖)」
북경(北京) 고궁박물원 소장. 전세품(傳世品)
높이 33.4cm 너비 24.5cm
전체 8폭인『방송원명적책(仿宋元名迹册)』작품 가운데 2폭
이다. 모두 '韓氏女紅(한씨여홍)'이라는 주홍색 수장(繡章)이
있으며, 대면 페이지에는 동기창의 발문이 실려 있다. 책 뒷부
분에는 고수잠(顧壽潛) 발제의 창작과정이 있으며, 마지막 폭
에는 '한희맹' 낙관이 찍혀 있다. 자수책에는 명대 숭정(崇禎) 7
년(1634년)이라는 명확한 연도가 표시되어 있으며, 백색 소릉
(素綾)을 바탕으로 삼아, 오색 융사(絨絲)를 사용하여 문양을
수놓았다. 활모투(活毛套), 시침(施針), 곤침(滾針), 평침(平針),
접침(接針), 송침(松針), 망침(網針), 찰침(札針), 권침(圈針) 등
의 다양한 자수법을 사용하였다. 자수하기 전, 필요에 따라 교
묘하게 색칠하여 '화수(畫繡)'라고도 부른다.
출처:『중국미술전집(中國美術全集)』· 공예미술편(工藝美術
編) · 인염직수(印染織繡)』하(下) 도판64

▶ 그림 8-149 명(明) 사수(紗繡)「윤서도(倫敍圖)」
대북(臺北) 고궁박물원 소장. 전세품(傳世品)
높이 116cm 너비 62.3cm
봉황, 흰 두루미, 할미새, 원앙, 꾀꼬리를 주제로 하여, 봉건적 윤리관계에서의 군신, 부자, 형제, 부부, 친구를 상징하였다. 봉황은 오동(梧桐) 위에 서식하며, 그 아래에는 대나무가 있다. 두루미 한 쌍은 호석(湖石) 위에서 지저귀며, 모란으로 서로 부각시켜 준다. 원앙은 물 위에 떠있고, 꾀꼬리와 할미새는 쌍쌍이 함께 날아가고 있으며, 하늘에는 꽃구름과 막 솟아오른 밝은 태양이 있다. 직이사(直二絲)로 바탕에 수놓은 후, 다시 창침(戧針)으로 산석을 수놓았다. 깃털에는 각린침(刻鱗針), 잎맥은 곤침(滾針)을 사용하였다. 두루미의 꼬리와 목 부분의 짙은 견사는 이미 일부 부식되어, 후대에 와서 먹색으로 채워 넣었다. 건륭(乾隆), 가경(嘉慶) 등 여러 감상용 옥새 10개가 날인되어 있다. 『석거보급속편(石渠寶笈續編)』과 주계검(朱啟鈐)의 『자수서화록(刺繡書畫錄)』에 수록되었다.
출처: 『중국미술전집(中國美術全集)』·공예미술편(工藝美術編)·인염직수(印染織繡)』 하(下) 도판73

▶ 그림 8-150 명(明) 자수 「추규협접도(秋葵蛺蝶圖)」
대북(臺北) 고궁박물원 소장. 전세품(傳世品)
높이 23.5cm 너비 25.2cm
구도는 안정적이고 색조는 질박하면서도 자연스럽다. 활짝 핀 해바라기와 줄기는 모두 창침(戧針)으로 수놓았으며, 잎은 투침(套針)과 곤침(滾針)을 사용하였다. 협접(蛺蝶)을 수놓은 일부 자수실은 이미 부식되었다. 사(紗)를 자수 바탕으로 삼는 것은 명대 자수의 전형적인 특징이다. "乾隆御覽之寶(건륭어람지보)", "養心殿鑑藏寶(양심전감장보)", "三希堂精鑑璽(삼희당정감새)", "石渠寶笈(석거보급)", "石渠定鑑(석거정감)", "寶笈重編(보급중편)", "嘉慶御覽之寶(가경어람지보)", "宣統御覽之寶(선통어람지보)" 등 도장 10개가 날인되어 있다. 『석거보급속편(石渠寶笈續編)』과 주계검(朱啟鈐)의 『자수서화록(刺繡書畫錄)』에 수록되어 있다. 이 작품을 송대(宋代) 자수라고 여기는 사람들도 있다.
출처: 『중국미술전집(中國美術全集)』·공예미술편(工藝美術編)·인염직수(印染織繡)』 하(下) 도판72

▶ 그림 8-151 명(明) 자수「매죽산금도(梅竹山禽圖)」

대북(臺北) 고궁박물원 소장. 전세품(傳世品)

높이 130.5cm 너비 54.5cm

이 자수의 구도는 극히 간결하고 세련되었으며, 매화 가지는 간단한 필치로 전체 폭에 흩어져 있다. 그림 상단의 매화나무 가지에는 5마리의 새가 머물고 있으며, 날고 있는 새 2마리가 있다. 화폭의 좌측 하단에는 매화나무 가지와 대나무 잎이 있어서 폭 면에 중량감을 더해 주어, 전체적으로 안정적인 느낌이 있다. 변화무쌍함 가운데 중후함이 있으며, 아름다움 가운데에 질박하면서도 자연스러운 구도는 고도의 예술적 재능과 지혜를 반영할 뿐만 아니라 자수 작품의 재료와 노동력을 아끼게 한다. 자수공예를 살펴보면, 이 작품은 다양한 자수법을 사용하여 화면에 나타난 형상의 살결을 표현하였다. 즉, 새 깃털의 성장 규칙에 따라 시침(施針)으로 부드러운 털을 수놓은 후, 다시 전침(纏針)으로 깃털의 윤곽선을 꿰매어 부드러움 가운데 단단한 질감을 갖게 하였다. 이 밖에도, 찰침(紮針)으로 새 부리와 발을, 수화침(擻和針)으로 나무줄기를 수놓아 모두 적절하게 표현하였다. 자수실은 대부분 쌍고의사(雙股衣絲)를 사용하여, 명대 북방자수의 특징에 부합하며, 단지 몇 송이의 매화만 융으로 자수하였을 뿐이다. "乾隆御覽之寶(건륭어람지보)", "乾隆鑑賞(건륭감상)", "三希堂精鑑璽(삼희당정감새)", "宜子孫(의자손)", "嘉慶御覽之寶(가경어람지보)", "宣統御覽之寶(선통어람지보)", "宣統鑑賞(선통감상)", "無逸齋精鑑璽(무일재정감새)", "御書房鑑藏寶(어서방감장보)", "石渠寶笈(석거보급)" 등 도장이 날인되어 있으며, 우측 상단에는 '明昌御覽(명창어람)' 방인(方印)이 찍혀 있는데, 이는 금장종(金章宗) 옥새의 모방품이다.

송대(宋代) 자수라고 여기는 사람들도 있다.

출처:『중국미술전집(中國美術全集)』· 공예미술편(工藝美術編)· 인염직수(印染織繡)』하(下) 도판69

명대(明代)

(13) 당카(唐卡)

명대(明代) 서화는 대부분 격사(緙絲), 자수, 첩수(貼繡) 등의 방법으로 제작하였으며, 후세에 전해지는 격사, 자수 서화 문물들도 상당히 많다. 직금화(織錦畫)는 밀교(密敎) 당카에서 다소 보이는데(그림 8-153~8-156), 즉 직금 대일여래(大日如來) 당카의 높이는 79.5cm, 너비는 58cm이다. 짙은 푸른색 바탕에 황금색으로 오지여래(五智如來)의 영도자인 대일여래를 직조하였는데, 보상(寶相)이 장엄하고 색상이 단순하여 시원시원하다. 직금 연화수보살(蓮花手菩薩) 당카의 높이는 69cm, 너비는 56cm이다(그림 8-155). 짙은 갈색 바탕에 주홍(朱紅), 명황(明黃), 토황(土黃), 천황(淺黃), 천미(淺米) 등의 색상을 배합하여 따뜻하면서도 밝은 색조로 구성하였으며, 테두리는 장문(藏紋)으로 장식하였다. 이 당카의 수인(手印)과 장문 테두리는 반체자(反體字)이며, 다른 한 폭의 내용과 크기가 완전히 동일한 정체자(正體字) 연화수보살(蓮花手菩薩)은 동일한 화본(花本)으로 직조하였다. 화본을 거꾸로 직기에 설치하여 직조하면 정반대의 다른 당카를 직조할 수 있다[대일여래 당카와 연화수보살 당카는 모두 1996년 홍콩예술관 '금수라의교천공(錦繡羅衣巧天工)' 전람회에 전시되었으며, 홍콩『금수라의교천공(錦繡羅衣巧天工)』p.139, p.141에 수록되었다].

▶ 그림 8-153 명(明) 직금(織錦)『보수보살(寶手菩薩)』당카(唐卡)
전세품(傳世品)
높이 67.5cm 너비 48.5cm
보수보살은 가부좌를 틀고 연화대(蓮花臺)에 앉아 있으며, 오른손은 여원인(與願印), 왼손은 선정인(禪定印)을 취하고 있다. 장식품과 보관(寶冠)은 모두 보살상의 전형이며, 연화대 바깥쪽에는 배광(背光)이 있다. 코끼리, 사자, 비마(飛馬), 어룡(魚龍), 비천(飛天)과 끝부분에 서 있는 금시조(金翅鳥)로 구성되었다. 상, 하단에는 각각 여러 점의 조각상, 아래 가장자리에는 '大明正德十年九月二十四日施(대명정덕십년구월이십사일시)'라는 문구가 중국어와 티베트어로 수놓아져 있다.
출처: 홍콩『금수라의교천공(錦繡羅衣巧天工)』p.143, 그림31

◀ 그림 8-152 명(明) 첩릉수(貼綾繡)『대백산개불모상(大白傘蓋佛母像)』
서장(西藏)자치구 포달랍궁(布達拉宮) 소장. 전세품(傳世品)
높이 70cm 너비 47cm
불모상은 송찬간포(松贊干布) 시기(617~650년)에 번역한『대백산개총지타라니경(大白傘蓋總持陀羅尼經)』기록에 근거하여 창작한 것이다. 불상은 일면이비삼목(一面二臂三目)이며, 몸체는 새하얗고, 자색광의 고리가 주위를 둘러싸고 있어, 마치 햇빛이 설산을 비추고 있는 듯하다. 이훈(二暈) 처리하여 짙고 옅은 적색의 연좌(蓮座) 하단에는 남색과 흰색의 물결이 일렁이고 있다. 좌측에는 사슴, 우측에는 두루미, 하단에는 진주, 산호, 금정(金錠), 은정(銀錠), 무소뿔이 있으며, 불광 바깥은 동백꽃, 그 위에는 꽃구름, 해와 달이 수놓아져 있어, 극히 아름답다.
출처:『중국미술전집(中國美術全集)·공예미술편(工藝美術編)·인염직수(印染織繡)』하(下) 도판78

▶ 그림 8-154 명(明)·영락(永樂) 자수 「홍야마(紅夜摩)」 당카(唐卡)
미국 뉴욕의 개인 소장품. 전세품(傳世品)
높이 336cm 너비 214cm
상단에는 조각상 7점이 있는데, 맨 좌측은 강염마존(降焰摩尊), 맨 우측은 문수보살(文殊菩薩), 중간은 오지여래(五智如來)이다. 하단에는 공물을 손에 쥐고 있는 7명의 여신이 있으며, 우측 상단 아래 관세음보살 옆에는 '永樂年(영락년)'이라 쓰인 낙관이 있는데, 금사로 홍단(紅緞)에 적었다. 이 당카는 1940년 시킴(Sikkim)의 군주가 영국 국적의 친구에게 선물한 것이다.
출처: 홍콩 『금수라의교천공(錦繡羅衣巧天工)』 p.131, 그림25

▶ 그림 8-156 명(明) 「대위덕금강(大威德金剛)」 당카(唐卡)
미국 뉴욕 메트로폴리탄예술박물관 소장. 전세품(傳世品)
높이 146cm 너비 76cm
밀교(密敎) 교법에서 이르기를, "악을 항복시킬 수 있는 세력을 대위(大威)라고 하며, 호신(護神) 능력을 대덕(大德)이라 한다"라고 하였다. 따라서 대위덕금강(大威德金剛)이 밀교의 호법신으로 보살 가운데 대위덕(大威德), 명왕(明王) 가운데 대위덕, 가루라왕(迦樓羅王) 가운데 대위덕이 있다. 이 작품은 문수보살(文殊菩薩) 화신의 대위덕포외금강상(大威德怖畏金剛像)으로 구두삼십육비십육족(九頭三十六臂十六足)의 구락찰와[玖洛紮瓦, 역사(譯師)]의 본존상(本尊像)이다.
출처: 『When Silk Was Gold』 p.203, 그림62

▶ 그림 8-155 명(明) 「연화수보살(蓮花手菩薩)」 당카(唐卡)
개인 소장품. 진세품(傳世品)
높이 69cm 너비 56cm
연화수보살은 가부좌를 틀고 연화대에 앉아, 오른손은 여원인(與願印), 왼손은 변증인(辯證印)을 취하고 있다. 양손은 연꽃 줄기를 쥐고 있으며, 양 어깨에는 연꽃이 만발하였으며, 하단에는 다층 승대(承臺)가 있다. 배광(背光)은 코끼리, 사자, 비마(飛馬), 어룡, 비천(飛天), 금시조(金翅鳥)로 구성되었으며, 사방 가장자리는 티베트어로 장식하였다.
출처: 홍콩 『금수라의교천공(錦繡羅衣巧天工)』 p.141, 그림30

3. 명대(明代)의 비단 문양

(1) 용포(龍袍) 문양

1) 십이단룡곤복(十二團龍袞服)

명대 황제들이 입었던 가장 화려한 대례복이다(그림 8-157~8-159). 1958년 북경(北京) 정릉(定陵)의 명대 만력(萬曆) 황제 관(棺)의 서남쪽에서 만력 황제가 생전에 입었던 격사(緙絲) 곤룡포가 출토되었다(그림 8-128).

2) 사단룡포(四團龍袍)

사단룡포는 가슴, 등과 양 어깨에 각각 단룡 1마리를 장식하였으며, 가슴과 등에는 정룡[正龍, 또는 행룡(行龍)], 양 어깨에는 행룡을 수놓았는데, 측면으로 기울어져 서로 마주하고 있다(그림 8-160). 포의 몸체에는 일반적으로 암화(暗花)가 수놓아져 있다.

3) 시체룡포(柿蔕龍袍)

반령(盤領, 둥근 깃) 주위를 양 어깨, 가슴, 등 4개의 장식 부분으로 나누어, 각각 한 마리의 용문(龍紋)으로 장식하였다. 가슴과 등에는 정신좌룡(正身坐龍), 양 어깨에는 측신행룡(側身行龍)이 있으며, 4마리 모두 측신행룡으로 장식한 것도 있다. 장식 부분의 주위를 여의두변선(如意頭邊線)으로 테두리를 둘러 연결시키면 감꼭지와 같기 때문에 시체룡포라고 부른다(그림 8-161, 8-162).

4) 시체과견룡포(柿蔕過肩龍袍)

반령(盤領) 주위의 감꼭지 모양 장식 부분에 과견룡(過肩龍) 2마리를 장식하였다. 각각의 용머리는 가슴과 등 부분에 있으며, 용 몸체는 각각 어깨 부분을 향해서 돌아가고 있다(그림 8-163). 명대에는 이러한 형태를 '희상봉(喜相逢)'이라고 칭했다(그림 8-168, 8-169).

5) 시체통수룡란포(柿蔕通袖龍襴袍)와 과견통수룡란포(過肩通袖龍襴袍)

시체룡포와 과견룡포를 기초로 하여, 다시 양 소매에서 감꼭지를 지나 소맷부리로 통하는 부분에 각각 입룡룡란(立龍龍襴) 1마리를 수놓았다. 별도로 앞, 뒤 겉자락 무릎부분에는 용란(龍襴)으로 장식하였으며, 앞과 뒤에는 각각 수평으로 배열된 행룡 2마리, 정룡 1마리를 장식하였다(그림 8-164~8-169).

6) 용문곤면(龍紋袞冕)과 현의(玄衣)

명대 『삼재도회(三才圖繪)』에 기록된 곤면과 『중동궁관복(中東宮冠服)』에 기록된 현의는 모두 양 소매부분에 행룡 1마리씩을 장식하였다. 좌측 소매에는 강룡(降龍), 우측 소매에는 승룡(升龍)을 수놓았으며, 포의 앞뒤에는 문양을 장식하지 않았다(그림 8-170).[23]

명대 용문(龍紋)의 특징으로는 형상에 기품이 있으며 건장하고, 용의 털은 위로 모여 휘날리며, 양 옆으로 분산되어 흩어지지 않는다. 용의 눈썹은 날카롭고, 발톱은 바퀴형태로 배열되어 있으며, 마치 매의 발톱처럼 날카로워 힘이 넘친다. 명대 초기 용의 머리는 비교적 짧고 크며, 입을 굳게 다물고 있으나, 명대 만력 후기에는 입을 벌린 용이 출현했으며, 입의 길이도 길어지기 시작했다.[24]~[26]

▲ 그림 8-157 명(明) 만력(萬曆) 황제 곤복상(袞服像)

▲ 그림 8-158 명성조상(明成祖像)
익선관(翼善冠)을 쓰고 십이단룡문포(十二團龍紋袍)를 입었다.

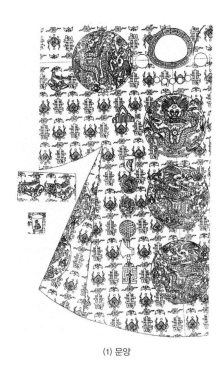

(1) 문양

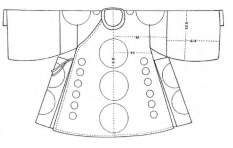

(2) 앞면 구조도

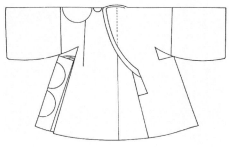

(3) 앞면 안섶 구조도

◀ 그림 8-159 명(明) 만력 황제 십이단룡십이장격
사곤복(十二團龍十二章緙絲袞服)
오평(吳平) 여사가 북경(北京) 정릉(定陵) 출토물에
근거하여 그린 모사본

◀ 그림 8-160 명(明) 반령착
수사단룡상복포(盤領窄袖
四團龍常服袍)
명대『중동궁관복(中東宮冠
服)』에 수록되었다.

▲ 그림 8-161 명(明) 황대운단(黃大雲緞) 바탕의 평금수시
체사룡유수오독문조포(平金繡柿蒂四龍有水五毒紋朝袍)
원단
길이 147cm 너비 110cm
소매를 연결하지 않았으며, 가슴과 등에는 각각 좌룡(坐龍)을
수놓았다. 양 어깨에는 행룡(行龍), 가운데는 오독문(五毒紋),
운문(雲紋), 수산복해문(壽山福海紋)으로 장식하였으며, 단오
절에 입었던 조포이다.

◀ 그림 8-162 명(明) 여의운문시체룡포(如意雲紋柿蒂龍袍)(뒷면)
산동성(山東省) 주단묘(朱檀墓)에서 출토

명대(明代)

▲ 그림 8-163 명(明) 시체과견룡포(柿蔕過肩龍袍)

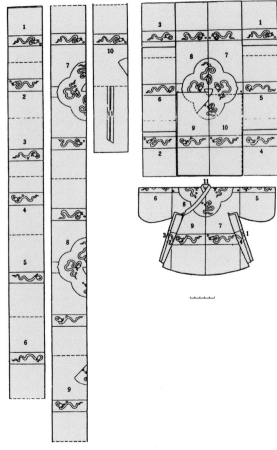

▲ 그림 8-165 명(明) 만력(萬曆) 황제 직금장화단시체통수룡란포직성필료(織金妝花緞柿蔕通袖龍襴袍織成匹料) 도안
오평(吳平) 여사가 북경(北京) 정릉(定陵) 출토물에 근거하여 그린 모사본

◀ 그림 8-164 명태조(明太祖) 주원장상(朱元璋像)
오사모(烏紗帽)와 과견룡란포(過肩龍襴袍)를 착용하고 적석(赤舃)을 신었다.

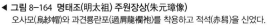

◀ 그림 8-166 명(明) 만력(萬曆) 황제 효단(孝端) 황후 직금장화단과견통수룡여상의(織金妝花緞過肩通袖龍女上衣)
1958년 북경(北京) 정릉(定陵) 효단황후 관(棺)의 동쪽 끝 남쪽 방향의 2층에서 출토. 정릉박물관 소장
옷길이 79cm 양소매전체길이 140cm 밑자락너비 80cm
대금(對襟) 첩변(貼邊, 가두리)은 녹색룡간주문직금장화단(綠色龍趕珠紋織金妝花緞)이며, 옷감은 날실밀도 108올/cm, 씨실밀도 36올/cm의 대홍오매단(大紅五枚緞)이다.
출처: 『중국미술전집(中國美術全集)·공예미술편(工藝美術編)·인염직수(印染織繡)』하(下) 도판25

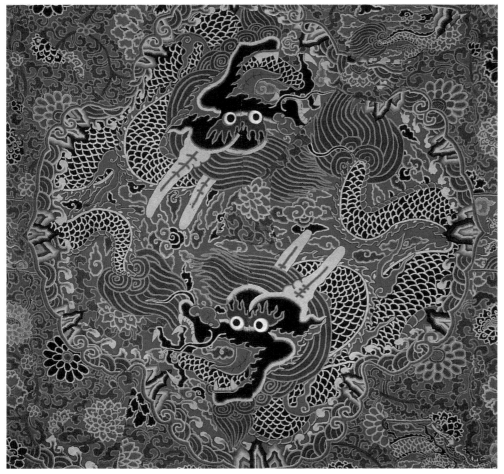

▲ 그림 8-167 명대(明代) 중기 납수과견운룡(納繡過肩雲龍) '희상봉(喜相逢)'
　　개인 소장품. 전세품(傳世品)
　　길이 123cm 너비 132cm
　　용의 눈썹은 붓걸이 모양으로 아직 만력(萬曆) 시기와 같은 날카로운 못 모양으로 발전되지는 않았으며, 용의 꼬리는 만력 시기보다 부드러우며 덥수룩한 느낌을 준다. 산문(山紋) 위쪽의 라인은 비교적 사실적이면서도 곧지는 않아서, 명대 중기의 특징을 그대로 보여주고 있다. 서장(西藏)에서는 일찍이 수레 위에 씌우는 큰 양산으로 사용되었다.
　　출처: 홍콩『금수라의교천공(錦繡羅衣巧天工)』p.201, 그림54

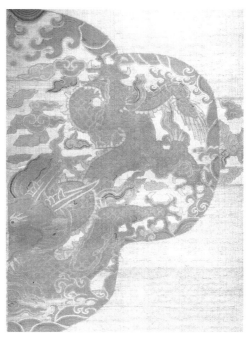

▶ 그림 8-168 명(明) 직금장화사용포료(織金妝花紗龍袍料) 어깨 부분의 희상봉과견룡직성포(喜相逢過肩龍織成袍) 원단
　　1958년 북경(北京) 정릉(定陵) 만력(萬曆) 황제 관(棺)의 동쪽 끝 남쪽에서 출토. 정릉박물관 소장
　　길이 16.3m 너비 65.7cm
　　이 폭은 용포(龍袍)의 과견룡(過肩龍) 한 측면이며, 전체 포의 과견룡은 두 조각의 감꼭지 모양이 연결되어 완성된다. 과견정룡(過肩正龍)은 앞가슴에서 어깨를 휘감아 등까지 이어지며, 등에서 어깨를 넘어 가슴까지 연결되는 과견정룡이 회전하여 대칭을 이룬다. 옷감의 다른 부분에는 별도로 12마리의 용란(龍襴)을 수놓았는데, 그중에는 통수룡(通袖龍) 2마리, 옷깃 중간에는 정면좌룡 1마리, 양 끝에는 각각 희주룡(戲珠龍) 1마리씩이 있다. 이 폭은 시체과견룡(柿蒂過肩龍)이 오른쪽 어깨 뒤에서 보이는 부분으로, 그 하단에는 용란(龍襴)을 연결하여 직조하였다. 옷감에는 0.8cm의 기변(機邊)과 6cm의 기두(機頭, 도투마리)가 있으며, 직성룡(織成龍) 옷깃 길이는 138.8cm, 너비는 13cm이다. 본색으로 사합여의운문(四合如意雲紋)을 수놓아 일교일(一紋一)을 준 사(紗) 바탕이다. 전체 폭(幅)에는 화위(花位) 4개가 있으며, 평문(平紋) 형태로 배열하였다. 날실밀도는 15올/cm, 씨실밀도는 19올/cm이며, 바탕색은 원래 적색이었을 것으로 추정된다.
　　출처:『중국미술전집(中國美術全集)·공예미술편(工藝美術編)·인염직수(印染織繡)』하(下) 도판31

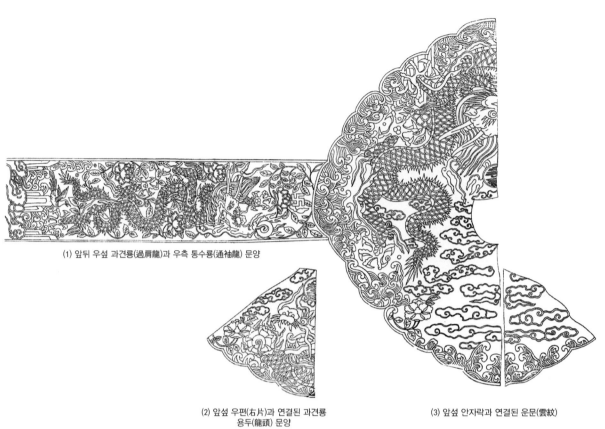

(1) 앞뒤 우섶 과견룡(過肩龍)과 우측 통수룡(通袖龍) 문양

(2) 앞섶 우편(右片)과 연결된 과견룡
용두(龍頭) 문양

(3) 앞섶 안자락과 연결된 운문(雲紋)

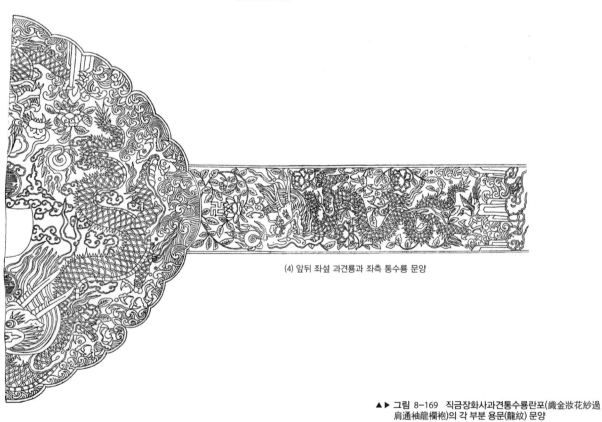

(4) 앞뒤 좌섶 과견룡과 좌측 통수룡 문양

▲▶ 그림 8-169 직금장화사과견통수룡란포(織金妝花紗過
肩通袖龍襴袍)의 각 부분 용문(龍紋) 문양
북경(北京) 정릉(定陵) 출토물의 모사본
이 용란포 종류는 명(明) 만력(萬曆) 황제가 칠석(七夕)에 입
었던 것이다.

(5) 용슬란(龍膝襴) 문양

(6) 옷깃 문양

(7) 희작용슬란(喜鵲龍膝襴) 문양(부분
확대)

명대(明代)

▲ 그림 8-170 현의육장(玄衣六章)
명대(明代) 『중동궁관복(中東宮冠服)』에 기록되어 있다.

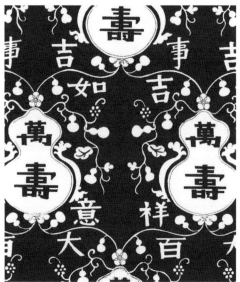

▲ 그림 8-171 명(明) 만수호로백사대길상여의문이색단(萬壽葫蘆百事大吉祥如意紋二色緞) 문양
북경(北京) 정릉(定陵) 출토물의 모사본
단위화문크기: 18×21.5cm

▲ 그림 8-172 명(明) 복수호로문암화단(福壽葫蘆紋暗花緞) 문양
북경(北京) 정릉(定陵) 출토물의 모사본
단위화문크기: 길이 27.8cm, 너비 10.5cm

(2) 궁중 복식의 절기(節氣) 화식(花式)

명대(明代) 궁궐에서는 계절과 기후의 변화에 따라, 다른 재질의 복식을 입었는데, 민간 풍속을 흡수하여 각 절기를 상징하는 문양으로 장식하였다.

1) 설

음력 정월 초하루의 원단을 말한다. 섣달 24일 조신(竈神)에게 제사를 마친 후부터 궁중에서는 호로경보자(葫蘆景補子)와 망의(蟒衣)를 입었으며, 모자에는 '대길호로(大吉葫蘆), 만년길경(萬年吉慶)'이라고 새긴 탁침(鐸針, 모자 앞쪽 정중앙의 장신구)을 달았다(그림 8-171, 8-172).

2) 원소절(元宵節)

음력 정월 15일은 상원절(上元節)이며, 또한 원소절이라고도 부른다. 환관과 궁권(宮眷)은 등경(燈景) 흉배의 망의를 입었으며, 의복은 등롱문(燈籠紋)으로 장식하였다(그림 8-173~8-176).

3) 청명절(淸明節)

음력 3월 초나흘 환관과 궁권은 나의(羅衣)로 바꿔 입고, 청명절에는 추천문(秋千紋)을 수놓은 복식을 입었다(그림 8-177). 5월 초나흘이 되어서야 사의(紗衣)로 바꿔 입었다.

4) 단오절(端午節)

음력 5월 초닷새는 단오절이다. 5월 초하루에서 13일까지, 환관과 궁권은 오독(五毒), 애호(艾虎) 흉배의 망의를 입었다(그림 8-178). 오독은 전갈, 오공, 사훼(蛇虺), 벌, 역(蜮, 개구리) 등을 가리킨다. 애호는 쑥을 입에 머금은 호랑이를 말하며, 독극물을 없애고 요괴를 물리친다는 함의를 나타낸다.

5) 칠석절(七夕節)

음력 7월 초이렛날은 칠석이며, 궁권은 작교보복(鵲橋補服)을 입었다. 고대 신화에서 견우와 직녀는 칠석날 천하(天河)에서 서로 만나는데, 이날 까치들은 하늘 위로 올라가 그들을 위해 다리를 놓아 주었다(그림 8-167, 8-168).

6) 중추절(仲秋節)

음력 8월 15일 중추절에는 궁정에서 해당화와 옥잠화를 감상하고, 월토문(月兔紋) 복식을 입었다. 옥토끼가 달에서 약을 찧는다는 내용의 고대 신화가 있다(그림 8-179, 8-180).

7) 중양절(重陽節)

음력 9월 초아흐레 중양절에는 임금 앞에서 국화를 감상하고 궁권과 환관들은 초나흘부터 국화(菊花) 흉배의 나의(羅衣)를 입었다(그림 8-181).

8) 10월 나흗날

궁권과 환관들은 저사의(紵絲衣)를 입었다. 매년 소설(小雪) 이후부터 입춘 전까지, 양융(羊絨, 캐시미어) 의복을 저사의와 함께 입었다.

9) 동지(冬至)

음력 11월 동지에 궁권과 환관들은 양생보자망의(陽生補子蟒衣)를 입었다. 한 소년이 면양을 타고 어깨에는 매화나무 가지를 짊어지고 있는데, 그 위에 새장을 걸어놓은 문양으로 태자면양도(太子綿羊圖)라고도 부른다(그림 8-183).

10) 일년경(一年景)

명대의 일년경 문양은 일반적으로 전지모란(纏枝牡丹, 봄), 연꽃(여름), 국화(가을), 매화(겨울)를 가리킨다(그림 8-182).

11) 만수성절(萬壽聖節)

황제의 생일을 가리키며, 궁궐에서는 '만만수(萬萬壽)', '홍복제천(洪福齊天)' 문양의 의복을 입었다(그림 8-184~8-187).

12) 반력(頒曆)

매번 황제가 연호(年號)를 바꿀 때마다 반포하는 태양력을 가리킨다. 궁궐에서는 '보력만년(寶曆萬年)' 문양의 의복을 입으며, 배음(諧音) 도안인 '팔보(八寶)', '여지(荔枝)', '만자(卍字)', '메기'로 함의를 나타냈다.

위에서 열거한 각종 절기에 적합한 문양을 살펴보면, 용문, 시체(柿蒂), 슬란(膝欄) 등 주체문양에 속한 것도 있고, 흉배로 사용된 것도 있으며, 복장의 주화(主花) 외의 암화에서 표현되던 것들도 있다. 이러한 문양들은 명대 의물(衣物)과 후세에 전해지는『대장경(大藏經)』의 표봉(裱封) 비단 문양에서도 볼 수 있다.

▲ 그림 8-173 명(明) 붉은색 바탕의 오곡풍등등롱문직금단(五穀豐登燈籠紋織金緞) 문양
북경(北京) 고궁박물원 소장품의 모사본
크기 21×33cm

▲ 그림 8-174 명(明) 등롱문천하락금(燈籠紋天下樂錦)
북경(北京) 고궁박물원 소장. 전세품(傳世品)
길이 34.5cm 너비 54cm

▲ 그림 8-175 명(明) 오곡풍등등롱문장화단(五穀豐登燈籠紋妝花緞) 문양
크기 14×38cm

▲ 그림 8-176 명(明)·만력(萬曆) 원소절(元宵節) 영등룡경(令燈籠景) 자수 원보(圓補)
개인 소장품. 전세품(傳世品)
직경 36cm
출처: 홍콩『금수라의교천공(錦繡羅衣巧天工)』 p.287, 그림96

▲ 그림 8-179 명(明)·만력(萬曆) 직금(織金) 장화토문사(妝花兔紋紗)(일부분)
북경(北京) 정릉(定陵)에서 출토
중추절(仲秋節) 절기 옷감

◀ 그림 8-177 명(明) 쇄선수(灑綫繡)「추천사녀도(秋千仕女圖)」
개인 소장품
크기 12×28cm
청명절(淸明節) 복식문양

▼ 그림 8-178 명(明) 오독문이색단(五毒紋二色緞)
개인 소장품
크기 12.5×30.5cm

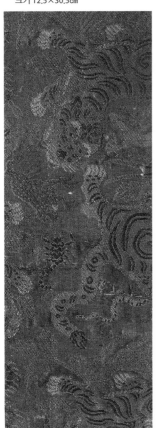

▼ 그림 8-180 명대(明代) 초기 직금(織錦) 중추절영옥토희작문방보(仲秋節令玉兔喜鵲紋方補)
개인 소장품. 전세품(傳世品)
길이 27.4cm 너비 29cm
출처:『금수라의교천공(錦繡羅衣巧天工)』p.259

◀ 그림 8-181 명(明) 국
화문쌍층금(菊花紋雙
層錦) 문양
북경(北京) 고궁박물원
소장품의 모사본
크기 26×34cm

◀ 그림 8-182 명(明) 전지사
계화이색단(纏枝四季花二
色緞) 문양
북경(北京) 정릉(定陵) 출토물
의 모사본
크기 18.5×28cm

▶ 그림 8-183 명(明) 태자면양문이색단(太
子綿羊紋二色緞)
북경(北京) 고궁박물원 소장. 전세품(傳世品)
길이 16.5cm 너비 12.6cm

명대(明代)

◀ 그림 8-184 명(明) 평금자수
　　수자문방보(平金刺繡壽字紋
　　方補)
　　개인 소장품. 전세품(傳世品)
　　좌측높이 34.5cm　우측높이 31cm
　　너비 37cm
　　출처: 홍콩 『금수라의교천공(錦
　　繡羅衣巧天工)』 p.283, 그림94

▲ 그림 8-185 명(明) 수도문쌍면금(壽桃紋雙面錦) 문양
　　북경(北京) 정릉(定陵) 출토물의 모사본
　　단위화문크기 10.4×12.9cm

◀ 그림 8-186 명(明) 영지헌수문이색단
　　(靈芝獻壽紋二色緞) 문양
　　북경(北京) 정릉(定陵) 출토물의 모사본
　　단위화문크기: 길이 26cm, 너비 18cm

◀ 그림 8-187 명(明) 귀배여의수자문금(龜背如
　　意壽字紋錦)
　　북경(北京) 고궁박물원 소장. 전세품(傳世品)
　　길이 37.4cm 너비 26.8cm

(3) 명대(明代) 관복(官服) 문양

명대 관복은 조복(朝服), 제복(祭服), 공복(公服), 상복(常服), 연복(燕服) 등 5가지로 나누어지며, 그중 상복을 착용해야 하는 장소가 가장 많았다. 홍무(洪武) 6년(1373년)에는 1품에서 6품은 사조룡(四爪龍, 이무기) 자수를 착용하였으며, 금(金)으로 수놓는 것도 허용한다고 규정하였다. 홍무 24년(1391년) 공(公), 후(侯), 부마(駙馬), 백(伯) 등의 복식에 기린(麒麟)과 백택(白澤)을 수놓는 것을 제도화하였다. 문관 1품 관복에는 학(鶴), 2품 관복에는 금계(金鷄), 3품 관복에는 공작새, 4품 관복에는 운안(雲雁), 5품 관복에는 흰 꿩, 6품 관복에는 원앙, 7품 관복에는 계칙(鸂鶒, 비오리), 8품 관복에는 꾀꼬리, 9품 관복에는 메추라기를 수놓았다. 잡직(雜職)의 복식에는 연작(練鵲), 풍헌관(風憲官)은 해태(獬豸)를 수놓았다. 무관 1·2품은 사자, 3·4품은 호랑이와 표범, 5품은 웅비(熊羆), 6·7품은 작은 호랑이, 8품은 코뿔소, 9품은 해마를 수놓았다. 상술한 각각의 문무관 상복은 모두 단령포삼(團領袍衫)으로 가슴과 등 부분에 사각 흉배를 장식하였으며, 흉배에는 그 관품에 상응하는 조문(鳥紋)과 수문(獸紋)을 수놓았다. 머리에는 두건을 쓰고, 허리에는 금띠 또는 옥띠를 둘렀으며, 분홍색 바탕의 흑래화(黑來靴)를 신어 상당히 웅장한 모양새였다. 이는 역사적으로 유명한 품복(品服)이며, 역시 중국 전통극 무대에서도 착용되는 고대 관복 형태이기도 하다(그림 8-188~8-211).

명대 관복과 상복에는 문무관의 품복 외에도 황제가 특사한 보복(補服), 즉 망복(蟒服), 비어복(飛魚服), 두우복(斗牛服) 등이 있다. 3가지 보복의 도안은 모두 황제가 입는 용곤복(龍袞服)과 비슷하지만, 품관복제(品官服制) 안에 포함되지는 않는다. 명대 내사감환관(內使監宦官)과 재보대신(宰輔大臣)이 황제의 하사품을 받을 기회가 있어, 이 복식을 하사받게 되면 최고의 영광으로 여겼다. 명대 침덕부(沈德符)의 『만력야획편·보유(萬曆野獲編·補遺)』 권2에 따르면, "망포(蟒袍)는 용의 형상을 수놓은 복식과 비슷하여, 더없이 귀한 황제의 어포와 비슷하지만, 용보다 발톱 1개가 적다(蟒衣如像龍之服, 與至

尊所御袍相肖, 但減一爪耳)"라고 하였으며, 『명사·여복지(明史·輿服志)』에는 내사관복(內使官服)에 대해 이르기를, 영락(永樂) 연간 이후(1403년 이후) "관리들은 황제의 좌우에 있으며 반드시 망복을 입어야 한다. …… 이무기를 좌우에 수놓고, 난새를 수놓은 띠를 맨다. …… 그 다음이 곧 비어이다. …… 한 마리의 이무기는 모두 방향이 비스듬하고, 앉아 있는 이무기는 곧 정면을 향하고 있는데 더욱 귀하다. 또 슬란이라는 것이 있는데, 예살[예살은 일종의 허리를 묶는 포군(袍裙, 도포나 치마)으로, 『쇄금(碎金)』에서는 예철(曳撤)이라고도 한다]과 비슷하다. 윗부분에 이무기가 수놓아져 있고 무릎 부분에는 새털구름과 이무기가 가로로 직조되어 있다. 일반적으로 황제의 천제(天祭) 및 천하를 순시할 때 말을 타기에 편하다. 때로 황제가 신하를 불러 접견할 때에는 군신은 모두 도포를 입지 않고 이 옷을 입기도 한다. 이무기는 발톱이 5개인 것과 발톱이 4개인 것으로 구분되고, 란에는 붉은색과 황색의 구별이 있다[宦官在帝左右必蟒服 …… 繡蟒於左右, 係以鸞帶. …… 次則飛魚. …… 單蟒皆斜向, 坐蟒則正向, 尤貴. 又有膝欄者, 亦如曳撤, 上有蟒補, 當膝處橫織細雲蟒, 蓋南郊及山陵屈從, 便於乘馬也. 或召對燕見, 君臣皆不用袍而用此. 第(但)蟒有五爪四爪之分, 襴有紅黃之別耳]"라고 하였다.[17] 이 기록에서 알 수 있듯이, 망의는 단망(單蟒)이 있으며, 옷자락의 좌우에 행망(行蟒) 2마리씩을 수놓은 복식을 가리킨다. 그 외에도 좌망(坐蟒)이 있는데, 좌우의 행망(行蟒) 2마리 이외에도 가슴과 등에 정면 좌망(坐蟒)을 수놓은 것을 말한다. 『명사·여복지』에 따르면, 무릎 부분에 수평으로 세운망(細雲蟒)을 직조하였는데, 이것이 바로 횡조식(橫條式) 문양이며, 슬란(膝襴)이라고 칭했다.

『산해경(山海經)』에 따르면, 비어(飛魚)는 "그 생김새가 돼지와 비슷하고 붉은 무늬가 있으며, 그것을 먹으면 우레에 맞지 않고 군대를 다스릴 수 있다(其狀如豚而赤文, 服之不雷, 可以御兵)"라고 하였다. 『임읍국기(林邑國記)』에서는 "몸은 둥글고 길이는 1장(丈) 정도이며 깃털이 겹치고 날개는 호선과 같다(身圓, 長丈余, 羽重沓, 翼如胡蟬)"라고 하였다. 명대 한백옥(漢白玉) 조각과 도자기에서도 비어문(飛魚紋)을

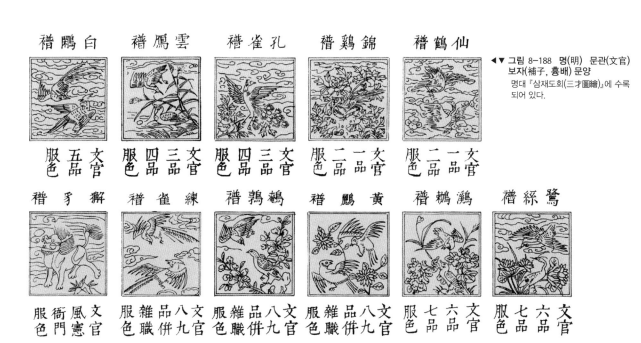

◀▼ 그림 8-188 명(明) 문관(文官) 보자(補子, 흉배) 문양
명대 『삼재도회(三才圖繪)』에 수록되어 있다.

자주 사용하여 장식하였는데, 비어는 용의 머리, 뱀의 몸체, 날개와 물고기 꼬리가 있는 일종의 신화적 동물이다.

두우(斗牛)는 본래 하늘 위의 별자리이다. 『진서·장화전(晉書·張華傳)』에 따르면, 진혜제(晉惠帝) 시기(290~306년) 광무후(廣武侯) 장화(張華)는 두우 사이에 자색 안개가 있음을 보고, 뇌환(雷煥)에게 물으니 보검의 정광으로써 그 기운이 위로 뻗쳐 하늘에 닿은 것이라고 하면서, 그 보검은 풍성(豐城)에 있을 것이라고 대답하였다. 이에 뇌환을 풍성령(豐城令)으로 임명하여 보검을 찾도록 했다. 임지에 당도한 뇌환은 옥사(獄舍)의 터를 파기 시작해서 돌로 만든 상자를 얻어 열어보니 그 안에는 두 개의 검이 있었는데, 하나는 용천(龍泉)이

고, 다른 하나는 태아(太阿)였다. 그중 하나를 장화에게 주었는데, 후에 장화가 살해되자 검도 함께 보이지 않았다. 뇌환이 죽은 후, 환자상(煥子爽)이 검을 지니고 연평진(延平津)을 건너려고 배를 탔는데, 도중에 검이 갑자기 뛰어올라 물속으로 빠졌다. 그러자 하인이 환자상의 명으로 뛰어내렸는데 물속에서 두 마리 용이 서로 엉키어 거칠고 사나운 파도를 일으키는 것을 보게 되었다. 검은 결국 파도에 의해 사라지고 말았다. 명대 두우복(斗牛服)은 북경(北京) 남원(南苑) 위자갱(葦子坑) 명묘(明墓)와 남경(南京) 서포묘(徐浦墓)에서 출토되었으며, 두우문(斗牛紋)은 우각룡(牛角龍) 형상이다.

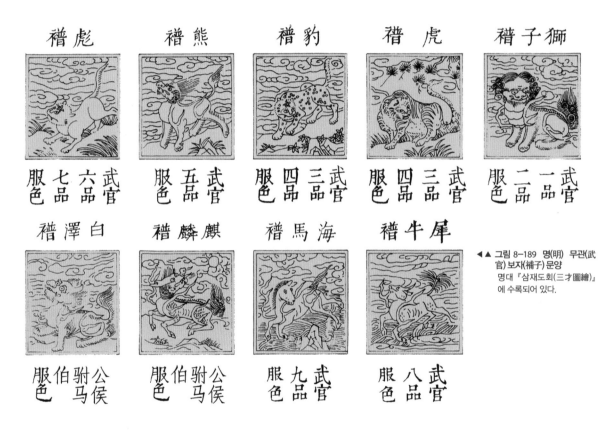

▲▲ 그림 8-189 명(明) 무관(武官) 보자(補子) 문양
명대 『삼재도회(三才圖繪)』에 수록되어 있다.

▲ 그림 8-190 기린보(麒麟補) 문양 복원도
북경(北京) 남원(南苑) 위자갱(葦子坑) 명묘(明墓) 출토물의 모사본

▲ 그림 8-191 백택보(白澤補) 문양 복원도
북경(北京) 남원(南苑) 위자갱(葦子坑) 명묘(明墓) 출토물의 모사본

▲ 그림 8-192 해치보(獬豸補) 문양 복원도
남경(南京) 태평문(太平門) 밖 판창촌(板倉村) 명대(明代) 서보묘(徐甫墓) 출토물의 모사본
크기: 약 32×34cm

▶ 그림 8-193 명대(明代) 중기 1품 문관
선학방보(仙鶴方補)
개인 소장품. 전세품(傳世品)
높이 36cm 너비 36cm
흉배 하단에 장식한 수산복해문(壽山福海
紋)은 명대 후기에 나타났으며, 그 후에 입
학(立鶴)으로 발전되었다. 15세기 명대 중기
작품이다.
출처: 홍콩 『금수라의교천공(錦繡羅衣巧天
工)』 p.261, 그림83

▶ 그림 8-194 명대(明代) 중기 격사(緙絲)
5품 무관 웅문방보(熊紋方補)
개인 소장품. 전세품(傳世品)
높이 36cm 너비 38cm
명대 초기에는 단지 운문(雲紋) 바탕만을 장식
하여, 모란을 수놓은 흉배는 유행하지 않았기
때문에 명대 중기 작품으로 여겨진다.
출처: 홍콩 『금수라의교천공(錦繡羅衣巧天
工)』 p.257, 그림81

▶ 그림 8-195 명(明)·만력(萬曆) 천록
문방보(天鹿紋方補)
개인 소장품. 전세품(傳世品)
높이 37cm 너비 39cm
『산해경(山海經)』에 따르면, 몸체는 말에,
외뿔과 긴 비늘이 있어서, 그 명칭을 관소
(曜疏)라 칭했다고 한다.
출처: 홍콩 『금수라의교천공(錦繡羅衣巧
天工)』 p.289, 그림97

명대(明代)

◀ 그림 8-196 명대(明代) 초기 6품 문관
노사문격사보(鷺鷥紋緙絲補)
개인 소장품. 전세품(傳世品)
높이 37.5cm 너비 36cm
일찍이 서장(西藏)에서는 화개(華蓋) 용도로
바뀌었다.
출처: 홍콩『금수라의교천공(錦繡羅衣巧天
工)』p.255, 그림80

◀ 그림 8-197 명대(明代) 중기 사자문보
(獅子紋補)
개인 소장품. 전세품(傳世品)
높이 30.5cm 너비 28cm
사자문은 명대 무관(武官) 2품의 흉배이다.
이 흉배의 크기는 비교적 작기 때문에 조선
(朝鮮)의 디자인일 가능성이 있으며, 가족모
임 장소에서 사용되었을 것으로 여기는 사람
들도 있다.
출처: 홍콩『금수라의교천공(錦繡羅衣巧天
工)』p.269, 그림87

▶ 그림 8-198 명대(明代) 중기(1525년) 의선수해치보(衣線繡獬豸補)
개인 소장품. 전세품(傳世品)
높이 38cm 너비 40.5cm
눈 부분은 공작우사(孔雀羽絲)로 윤곽선을 수놓았다.
출처: 홍콩『금수라의교천공(錦繡羅衣巧天工)』p.265, 그림85

▶ 그림 8-199 명(明) 직금(織錦) 도어사해치보(都御史獬豸補)
개인 소장품. 전세품(傳世品)
높이 37cm 너비 40cm
운문(雲紋)과 자연정취의 산형문(山形紋)은 15세기 초기 작품으로 추정되며, 만력(萬曆) 연간에 이르러서는 산형문의 윤곽선이 매우 곧아져서 훨씬 더 장식성이 강해졌다.
출처: 홍콩『금수라의교천공(錦繡羅衣巧天工)』p.263, 그림84

▲ 그림 8-200 명(明) 오채수과견운망단포(五彩繡過肩雲蟒緞袍)
『기양세가문물도상책(岐陽世家文物圖像册)』에서 일세롱서(一世隴西) 공헌왕(恭獻王) 이정(李貞)은 이러한 종류의 망포를 착용했다.

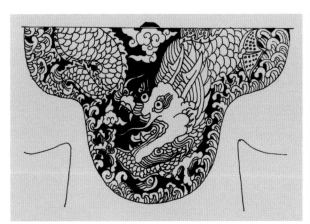

(1) 목둘레

(2) 무릎

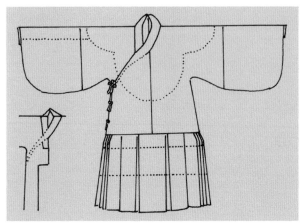

(3) 복장 디자인

▲ 그림 8-201 명(明) 비어복(飛魚服) 문양과 디자인
산서(山西)박물관 소장품의 모사본

▲ 그림 8-202 두우보(斗牛補) 문양 복원도
북경(北京) 남원(南苑) 위자갱(葦子坑) 명묘(明墓) 출토
물의 모사본

▲ 그림 8-203 명(明) 진홍색 두우문방보포(斗牛紋方補袍)
옷길이 146cm

▼ 그림 8-204 명대(明代) 중기 직금(織錦) 두우문보(斗牛紋補)
개인 소장품. 전세품(傳世品)
높이 39cm 너비 41cm
여의운문(如意雲紋) 바탕에 쇠뿔, 용 몸체, 4개의 발톱, 물고기 꼬리 형상이다.
출처: 홍콩 『금수라의교천공(錦繡羅衣巧天工)』 p.273, 그림89

명대(明代)

▲ 그림 8-205 명(明) 쇄선수두우문대금장괘(灑線繡斗牛紋對襟長褂)

개인 소장품. 전세품(傳世品)

옷길이 122cm 양소매전체길이 168cm

매 cm²마다 170 바늘땀이 있으며, 총 바늘땀은 1,082,250땀이다. 서장(西藏)에서 제작된 후 겉과 안이 서로 바뀌어 있으며, 용의 눈은 금(金)을 붙인 가죽으로 꿰매었다. 미국 워싱턴대학 방사성탄소연대측정법(carbon-14 dating)을 통하여 1448년에 생산된 것이라고 확인되었다. 두우복(斗牛服)은 명대 황제가 특별히 하사한 복식이다.

출처: 홍콩『금수라의교천공(錦繡羅衣巧天工)』p.199, 그림53

▲ 그림 8-206 명(明) 두우문금(斗牛紋錦)

길이 117.5cm 너비 118cm

출처:『Orientations』p.51

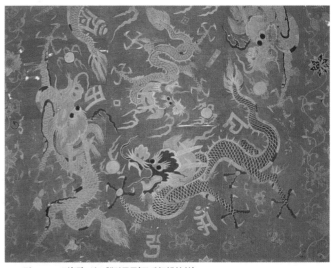

▲ 그림 8-207 명(明) 사조행망문금(四爪行蟒紋錦)

전세품(傳世品). 길이 72cm 너비 60cm

출처:『Orientations』표지3

▲ 그림 8-208 명대(明代) 중기 쇄선수용문방보(灑線繡龍紋方補)
　개인 소장품. 전세품(傳世品)
　높이 38cm　너비 38cm
　용의 눈은 없지만, 원래는 마노(瑪瑙, 토막) 또는 자개로 상감했었을 가능성이 있다. 용문(龍紋)
　형상은 호방하며, 색채는 농후하면서도 선명하다. 운문(雲紋)에는 빈틈이 없으나, 만력(萬曆) 연
　간에 이르러서는 운문에 공간이 나타났다.
　출처: 홍콩『금수라의교천공(錦繡羅衣巧天工)』 p.275, 그림90

명대(明代)

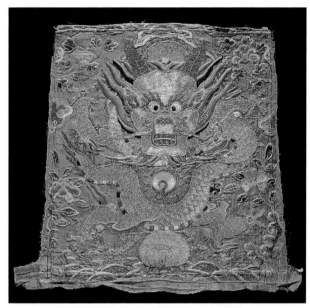

▲ 그림 8-209 명(明)·만력(萬曆) 쇄선수좌룡수(灑線繡坐龍繡) 조각
개인 소장품. 전세품(傳世品)
높이 36.5cm 상단너비 31cm 하단너비 36.5cm
용 아래에는 작은 봉황이 있으며, 하단 중간부분에는 옥토끼가 있는데, 이로 짐작해 보
면, 황후가 중추절(仲秋節)에 사용했던 물품일 가능성이 있다.
출처: 홍콩 『금수라의교천공(錦繡羅衣巧天工)』 p.277, 그림91

▲ 그림 8-210 명대(明代) 초기 편수용문방보(編繡龍紋方補)
개인 소장품. 전세품(傳世品)
높이 36cm 너비 40.5cm
출처: 홍콩 『금수라의교천공(錦繡羅衣巧天工)』 p.271, 그림88

◀ 그림 8-211 명대(明代) 말기(16세
기) 적색 바탕의 쇄선수쌍봉문보
(灑線繡雙鳳紋補)
개인 소장품. 전세품(傳世品)
높이 33cm 상단너비 30cm 하단너비
35.2cm
출처: 홍콩 『금수라의교천공(錦繡羅衣
巧天工)』 p.267, 그림86

(4) 명대(明代) 비단의 길상(吉祥) 문양

의상미(意象美)와 조형미를 함께 중시하는 것은 중국 전통문양의 특색이다. 원시사회의 장식문양은 당시 사회의 종교의식, 심미의식과 밀접하게 관련된다. 노예제 사회의 장식문양은 훨씬 진일보된 신권(神權) 색채가 주입되었다. 전국(戰國) · 진 · 한대(秦 · 漢代)시대 문양의 주제는 유가의 정치적 윤리관념 및 당시 사회에서 후세에 전해진 통속적인 사상과 서로 결합된 것 외에도 명문(銘文)으로 '장수다자(長壽多子), 왕권영고(王權永固), 수신성선(修身成仙)' 등의 사상을 표현하였다. 북조(北朝)에서 수 · 당 · 오대(隋 · 唐 · 五代)에 이르기까지 불교 제재의 장식은 문양의 상징 수법과 형태의 다양성을 한층 더 풍부하게 만들어 주었다. 송 · 명대(宋 · 明代) 이학(理學)의 발전은 장식문양이 상징(象徵), 우의(寓意), 비교(比較), 표호(表號), 해음(諧音), 문자 등의 여러 가지 방법을 통하여 세속적 관념을 표현할 수 있도록 하였다. 정치윤리관념, 도덕관념, 가치사상, 종교와 철학사상을 포함하는 문양도 당시 널리 유행하는 풍조가 되었다. 다음에 열거된 장식문양은 모두 상서로운 함의가 담겨져 있는데, 즉 그림에는 반드시 뜻이 있고, 그 뜻은 반드시 길상이어야 한다. 소위 길상이라 함은, 즉 사회가 아름다운 생활을 동경하는 의향과 기준이라는 것은 사회 생산력의 발전과 생산관계의 변화에 따라 끊임없이 변화된다는 것이다. 명대의 길상 도안은 고대 장식도안을 계승하여 발전하였다.

1) 상징

꽃, 과일, 초목의 생태, 형상, 색채, 기능 등의 특징에 근거하여 어떠한 사상적 함의를 표현하는 수법이다. 즉, 석류에는 씨앗이 많아 자손이 많음을 상징한다. 모란의 형상은 풍만하고 색채가 화려하여, 시인들은 모란을 '국색천향(國色天香)', '화중지왕(花中之王)', '부귀화(富貴花)'라고 불렀으며 부귀를 상징한다. 조롱박, 과질(瓜瓞, 작은 박은 질이다), 포도과 덩굴은 끊임없이 성장하며 열매를 맺기 때문에 자손이 번성하고 오랫동안 흥성하여 쇠락하지 않음을 상징하였다. 명대 비단에서는 이러한 종류의 문양들을 쉽게 볼 수 있다(그림 8-77, 8-172, 8-212~8-220 등).

2) 우의(寓意)

어떠한 제재를 빌려 모종의 상서로운 함의를 표현하는 방법으로 전통적인 길상도안에서 흔히 보이는 수법이다. 우의는 반드시 사람들이 보고 쉽게 이해할 수 있어야 하며, 그렇지 않은 경우에는 그 의의를 잃어버리기 때문에 길상도안의 제재는 대부분 민속이나 문학 전고(典故, 말이나 문장의 근거를 중국의 고사에서 가져옴)와 관련된다. 예를 들면, 연꽃은 불교에서 순결을 상징하는데, 문학 전고에 따르면, 왕무숙(王茂叔)은 연꽃이 흙탕물에서 피어나지만 오염되지 않기 때문에 좋아한다고 하였다. 진(晉)나라 갈홍(葛洪)은 『포박자(抱樸子)』에서 이르기를, 국화는 장기간 복용하면 심열(心熱)을 식히고 눈을 밝게 하여 5백 살까지 장수할 수 있다고 하였으며, 도연명(陶淵明)도 국화를 좋아하였는데, 시인 자신이 은둔자적인 면모로 유명하기 때문에 국화에는 세상을 피하여 숨는 은일(隱逸)의 우의(寓意)가 있다고 하였다. 『한무내전(漢武內傳)』에 기록된 신화전설에 따르면, 서왕모(西王母)는 삼천 년에 한 번씩 꽃이 피고 열매를 맺는 반도(蟠桃, 복숭아)를 심었는데, 서왕모의 반도를 먹으면 장수할 수 있다고 하였다. 한무제(漢武帝) 시기 동방삭(東方朔)은 이 반도를 훔쳐 먹은 후에 신선이 되었기 때문에 복숭아는 장수의 함의를 나타낸다(그림 8-67, 8-74, 8-181, 8-185, 8-221~8-226 등).

▲ 그림 8-212 명(明) 화과문협힐주(花果紋夾纈綢)
북경(北京) 고궁박물원 소장. 전세품(傳世品)
길이 59cm 너비 58cm
출처: 『중국미술전집(中國美術全集) · 공예미술편(工藝美術編) · 인염직수(印染織繡)』 하(下) 도판41

▲ 그림 8-213 명(明) 화과문협힐주(花果紋夾纈綢)(일부분)
북경(北京) 고궁박물원 소장. 전세품(傳世品)
길이 56cm 너비 53cm
출처: 『중국미술전집(中國美術全集) · 공예미술편(工藝美術編) · 인염직수(印染織繡)』 하(下) 도판42

▲ 그림 8-214 명(明) 전지영지문직금단(纏枝靈芝紋織金緞) 문양
북경(北京) 정릉(定陵) 출토물의 모사본
단위화문크기 16×30cm

▲ 그림 8-215 명(明) 절지부귀직금단(折枝富貴織金緞) 문양
북경(北京) 정릉(定陵) 출토물의 모사본
크기 22×28cm 단위화문크기 11×14.5cm
이 문양은 쇄선수용보여의(灑線繡龍補女衣)의 바탕
문양이다. 바탕색은 적색, 황색, 엽록색이고, 문양은
금색이며, 바탕색으로 윤곽선을 그렸다.

▲ 그림 8-216 명(明) 절지화과련
년부귀다자문릉(折枝花果連年富
貴多子紋綾) 문양
북경(北京) 정릉(定陵) 출토물의 모
사본
단위화문크기 20×9.5cm

▲ 그림 8-217 명(明) 백
과풍석문장화단(百果
豐碩紋妝花緞) 문양
북경(北京) 고궁박물원
소장품의 모사본
단위화문크기 18×27cm

▲ 그림 8-218 명(明) 전지모란문금(纏枝牡丹紋錦)
북경(北京) 고궁박물원 소장. 전세품(傳世品)
길이 33cm 너비 13cm

▲ 그림 8-219 명(明) 전지련화모란문금(纏枝蓮
花牡丹紋錦)
개인 소장품. 전세품(傳世品)
길이 33cm 너비 13cm

▲ 그림 8-220 명(明) 전지모란보선화문금
(纏枝牡丹寶仙花紋錦)(일부분)
청화(淸華)대학 미술학원 소장. 전세품(傳世品)
길이 33cm 너비 13cm

(2) 조직 확대도

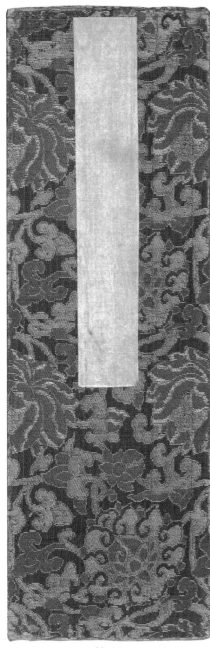

(1) 실물

◀ 그림 8-221 명(明) 전지련금(纏枝蓮錦)[대장경(大藏經) 겉표지]
개인 소장품. 전세품(傳世品)
길이 33cm 너비 13cm

명대(明代) 정릉(定陵)에서는 만력(萬曆) 효정(孝靖) 황후의 '희자병체련(喜字並蒂蓮)' 문양의 직금장화단(織金妝花緞)이 출토되었다(그림 8-93, 8-227~8-231 등).

4) 표호(表號)

어떠한 제재를 특정 의미의 기호로 삼는 방법이다. 예를 들면, 통속적으로 훤초(萱草)는 망우초(忘憂草)와 의남초(宜男草)로 불리기 때문에 훤초를 어머니의 표호로 삼았다(그림 8-232). 불교의 8가지 법기(法器)인 보(법)륜[寶(法)輪], 보(법)라[寶(法)螺], 보산(寶傘), 보개(寶蓋), 보(련)화[寶(蓮)花], 보관(寶罐), 보(쌍)어[寶(雙)魚], 반장(盤長)이 불가의 표호이며, 이를 '팔길상(八吉祥)'이라고 부른다. 8가지 보물에는 금정(金錠), 은정(銀錠), 쌍각(雙角), 산호(珊瑚), 금전(金錢), 보주(寶珠), 방(첩)승[方(疊)勝], 상아(象牙)가 있으며, '팔보(八寶)'라고 칭한다(그림 8-2, 8-8, 8-110, 8-224 등).

5) 해음(諧音)

어떤 사물의 명칭을 차용하여 동음어를 구성하여 상서로운 의미를 표현하는 수법을 가리킨다. 예를 들면, 옥란(玉蘭), 해당(海棠), 모란(牡丹)을 차용한 해음은 '옥당부귀(玉堂富貴)'이며(그림 8-233), 영지(靈芝), 수선(水仙), 국화(菊花)를 차용한 해음은 '영선축수(靈仙祝壽)'이다. 영지(靈芝) 위에 수(壽)자를 더하면 '영지헌수(靈芝獻壽)'이다(그림 8-186). 이 외에도 모란화(牡丹花)와 화병(花瓶)의 해음인 '부귀평안(富貴平安)'(그림 8-78), 여의(如意)에 수(壽)자를 더한 '만수여의(萬壽如意)'(그림 8-91). 호로(葫蘆, 조롱박) 5개와 해라(海螺, 소라) 4개의 해음인 '오호사해(五湖四海)'(그림 8-234) 등이 있다.

6) 문자(文字)

장식문양에 직접 문자를 사용하거나 문자로 장식하여 상서로운 함의를 담는 방법을 가리킨다. 예를 들면, '卍(만)', '萬(만)', '壽(수)',

3) 의인(擬人)

의인은 어떠한 제재에 인격화를 부여하는 수법이다. 예를 들면, 매화는 1년 중 가장 먼저 꽃이 피기 때문에 '꽃 중의 으뜸'이라고 불린다. 또한 매화가지는 고고하게 솟아 있어 추위를 두려워하지 않기 때문에 매화가지를 문인의 청렴함으로 의인화하였다. 남송(南宋)시대 마원(馬遠)은 매화, 소나무, 대나무를 『논어 · 계씨(論語 · 季氏)』에서 언급한 "익자삼우[益者三友, 정직한 친구, 신실한 친구, 견문이 넓은 친구(友直, 友諒, 友多聞)는 벗하면 유익하다]"의 의미와 연결시켜 「송죽매세한삼우도(松竹梅歲寒三友圖)」를 창작하였다. 그 후, 매화, 소나무, 대나무를 '삼우도(三友圖)'로 칭했으며 장식문양에서 광범위하게 응용되었다. 또한 병체연화(並蒂蓮花)는 절개가 있는 사랑을 의인화한다.

▲ 그림 8-223 명(明) 녹색 바탕의 전지부귀직금단
(纏枝富貴織金緞) 문양
단위화문크기 14×27.5cm

▲ 그림 8-224 명(明) 자황색(柘黃色) 바탕의 직금채장전지련화탁
팔길상문사(織金彩妝纏枝蓮花托八吉祥紋紗) 문양
북경(北京) 정릉(定陵) 출토물의 모사본
크기 20×36cm

▲ 그림 8-222 명(明) 전지련보선화문금(纏枝蓮寶仙花紋錦)
청화(清華)대학 미술학원 소장. 전세품(傳世品)
길이 33cm 너비 13cm

▲ 그림 8-225 명(明) 영지쌍수문이색단(靈芝雙壽紋二色緞) 문양
북경(北京) 정릉(定陵) 출토물의 모사본
단위화문크기 14×20.3cm

▲ 그림 8-226 명(明) 타국천화금
(朵菊天華錦)
개인 소장품. 전세품(傳世品)
길이 33cm 너비 13cm

▶ 그림 8-227 명(明) 매화밀봉
(춘풍득의)문금[梅花蜜蜂(春風
得意)紋錦]
개인 소장품. 전세품(傳世品)
길이 33cm 너비 13cm

▲ 그림 8-228 명(明) 희자병체련문장화단(喜字並蒂蓮紋妝花緞) 문양
북경(北京) 정릉(定陵) 출토물의 모사본
크기: 37×22cm

▲ 그림 8-229 명(明) 세한삼우만자팔길상문암화단(歲寒
三友卍字八吉祥紋暗花緞)
북경(北京) 정릉(定陵)에서 출토

▲ 그림 8-230 명(明) 매화문(춘풍득의)이색단
[梅花紋(春風得意)二色緞] 문양
단위화문크기 26×27cm

▲ 그림 8-231 명(明) 매화봉접문로주
(梅花蜂蝶紋潞紬) 문양
북경(北京) 정릉(定陵) 출토물의 모사본
단위화문크기 16×38cm

명대(明代)

▲ 그림 8-232 명(明) 부용훤초화초충문릉(芙蓉萱
草花草蟲紋綾) 문양
북경(北京) 정릉(定陵) 출토물의 모사본
단위화문크기 12.5×10cm

'福(복)', '喜(희)'는 모두 송·명대(宋·明代) 이래로 자주 사용되었던 문자장식이며, 중국 사람들이 즐겨 보는 문자이다(그림 8-33, 8-90, 8-228, 8-235, 8-236). 그 외에도 명대 비단 문양에서는 '百事大吉祥如意(백사대길상여의)' 7자를 분리하여 연속 순환시켜 화문 중간에 배열하는 도안이 있었는데, '백사대길', '길상여의', '백사여의', '백사여의대길' 등의 글자로도 읽을 수 있다(그림 8-171).

(5) 명대(明代) 비단의 동물도안

명대 비단에서 보이는 동물도안에는 현실적인 동물이 많은데, 예를 들면 짐승류에는 사자, 호랑이, 노루, 양 등이 있다(그림 8-80, 8-183, 8-197). 조류에는 학, 공작새, 금계(錦雞), 원앙, 계칙(鸂鶒), 백로, 까치 등이 있으며(그림 8-51, 8-95, 8-136, 8-145, 8-196), 어류에는 잉어, 쏘가리, 메기 등이 있다(그림 8-41, 8-238). 곤충류에는 나비, 박쥐, 꿀벌, 사마귀 등이 있다(그림 8-86, 8-232). 동물 자체의 자연미를 표현하는 것이 아니라 동물들을 통하여 일종의 사회적 의의를 나타내는 것이기 때문에 생태적 기질의 형상화는 결코 강조하지 않는다. 예를 들면, 한대(漢代) 동물 장식과 같이 생명력이 있음이 그러하다. 명대 비단 문양에서 보이는 용, 이무기, 두우(斗牛), 날치, 기린, 해치(獬豸), 봉황 등 상상 속의 인문학적 동물 형상(그림 8-60, 8-82, 8-127, 8-198, 8-201, 8-205, 8-237 등)들도 역시 시대의 변천에 따라 격식화되어 생태미(生態美)의 표현은 이미 부차적인 요소가 되었다. 따라서 의상미(意像美)가 당시 문양 설계의 첫 번째 목표가 되었는데, 즉 사자는 관복 흉배에 사용되어 관직의 등급을 표시하였다(그림 8-189). 큰 사자와 작은 사자의 유희인 해음인 '태사소사(太師少師)'는 출세의 함의를 나타내며 사자가 자수공을 굴리는 것은 경사스러운 일을 상징하는 길상(吉祥)도안이다.

호문(虎紋)은 3품과 4품 무관 흉배의 상징이다(그림 8-189). 단오절의 '오독문(五毒紋)'에는 애호(艾虎)가 있는데, 바로 입에 쑥을 물고 있는 호랑이이다(그림 8-83, 8-178).

▲ 그림 8-233 명(明) 옥당부귀문영주(玉堂富貴紋
寧綢) 문양
북경(北京) 정릉(定陵) 출토물의 모사본
단위화문크기 20×20cm

▲ 그림 8-234 명(明) 오호사해문연금단(五湖四海
紋撚金緞) 문양
북경(北京) 정릉(定陵) 출토물의 모사본
크기 17.9×25.2cm

▲ 그림 8-235 명(明) 해당장수문로주(海棠長壽紋
潞紬) 문양
북경(北京) 상방산(上方山) 사찰 소장품의 모사본
단위화문크기 14×16.5cm

▲ 그림 8-236 명(明) 국화정수문이색단(菊花頂壽
紋二色緞) 문양
북경(北京) 고궁박물원 소장품의 모사본
단위화문크기 12×28cm

선학(仙鶴)은 1품 문관 흉배 문양으로 장수를 상징한다(그림 8-188). 선록(仙鹿)도 역시 장수를 상징한다.

원앙, 계칙(鸂鶒, 즉 자색 원앙)은 모두 아름답고 원만한 결혼생활을 상징한다. 까치는 7월 7일 칠석(七夕)에 어울리는 문양이며, 매화와 함께 짝을 이루어 '희작등매(喜鵲登梅)'라고 불리며 희보신춘(喜報新春)을 상징한다.

잉어가 용문(龍門)을 뛰어넘는 것은 과거급제를 함의하며, 댕기에 대칭인 2마리 잉어를 넣어 장식하는 것은 불교 '팔길상(八吉祥)' 문양 중의 하나이다. 메기의 해음 '연년유여(年年有余)'는 풍년을 상징한다.

(6) 명대(明代) 비단의 식물문양

식물문양은 당·송대(唐·宋代) 이래로 점점 비단 도안의 주요 제재가 되었다. 명대 비단의 식물문양에서 보이는 화훼로는 모란, 동백꽃, 부용(芙蓉), 국화, 보선화(寶仙花), 연하(蓮荷), 작약, 매화, 원추리, 아욱 등이 가장 흔하다(그림 8-4, 8-56, 8-66, 8-224, 8-229, 8-239 등). 과일류에는 복숭아, 석류, 포도, 불수감(佛手柑), 감, 조롱박 등이 흔히 보이며(그림 8-63, 8-174, 8-188, 8-234 등), 대나무, 소나무, 만초(蔓草), 영지 등도 역시 상용되었다(그림 8-6, 8-93 등). 형태를 살펴보면,

전지(纏枝), 천지(穿枝), 절지(折枝), 타화(朵花), 기하골격전화(幾何骨格塡花) 등이 있으며(그림 8-11, 8-30, 8-40, 8-257, 8-258 등), 그중에서도 전지, 천지가 가장 많이 보인다. 형상은 거대하면서도 풍만하고, 사실성의 기초 위에서 간략화하여 강건한 기질이 충만하며, 또한 상서로운 함의를 담고 있다. 식물문양은 일반적으로 용봉(龍鳳), 조수(鳥獸), 인물, 문자 등과 조합하여 다양한 길상도안을 이루는데(그림 8-43, 8-90, 8-121, 8-127, 8-226, 8-265 등), 이는 원·명·청대(元·明·淸代)에 크게 유행하였던 풍조이다.

(7) 명대(明代) 비단의 자연기상문(自然氣象紋)

자연기상에서의 운무(雲霧), 물, 불 등을 격식화하여 장식문양으로 창조한 것은 중국 신석기시대 이래로 지속된 전통이다. 5천여 년 전, 마가요문화(馬家窯文化)의 다양한 파랑문(波浪紋)과 선와문(旋渦紋), 감숙성(甘肅省) 동향(東鄕)에서 출토된 당왕(唐汪)식 채도권운문(彩陶捲雲紋)과 내몽고(內蒙古) 오한기(敖漢旗)에서 출토된 채도권운문(彩陶捲雲紋)을 대표로 하는 운문(雲紋)도안은 모두 중국인들이 뛰어난 예술적 상상력과 조형(造型) 능력을 지니고 있다는 것을 설명해 준다. 상·주대(商·周代) 동물도안에는 일반적으로 운문(雲紋)으로 장식하여

◀ 그림 8-237 명(明) 단룡잡보문금(團龍雜寶紋錦)
북경(北京) 고궁박물원 소장. 전세품(傳世品)
길이 33cm 너비 13cm

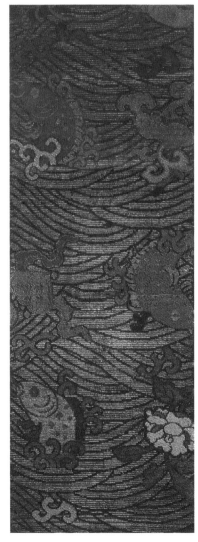

◀ 그림 8-238 명(明) 이어도랑문직금단(鯉魚跳浪紋織金緞)(일부분)
북경(北京) 고궁박물원 소장. 전세품(傳世品)
길이 47cm 너비 13cm

▲ 그림 8-239 명(明) 소천지사계화문금(小穿枝
四季花紋錦)
전세품(傳世品)
출처: 『Orientations』 p.12

▲ 그림 8-240 명(明) 낙화유수문쌍면금(落花流
水紋雙面錦) 문양
단위화문크기 6×14.5cm

'천명신권(天命神權)'의 종교적 사상을 전파시켰다. 진·한대(秦·漢代)에 와서는 산맥, 운무, 동물, 인물을 일체화하여, 천인합일(天人合一) 및 신선, 도사, 범인들이 수련하면 신선이 될 수 있다는 관념을 담아, 이상적 장식도안의 새로운 경지를 개척하였다. 원·송대(宋·元代) 이래로 도안의 격식화 추세는 점점 강화되었으며, 명대에는 원·송대의 전통을 계승하여 운문이 훨씬 더 정형화되었다. 명대에 가장 흔히 보이는 운문에는 여의팔보련운(如意八寶連雲), 팔보유운(八寶流雲), 오채상운(五彩祥雲), 운룡문(雲龍紋), 운학문(雲鶴紋) 등이 포함된다(그림 8-17, 8-36, 8-57, 8-62, 8-87, 8-88, 8-95, 8-162 등). 뇌문(雷紋)은 일반적으로 도안의 바탕으로 삼아, 바탕무늬로 통칭된다. 수랑문(水浪紋)은 명대 영락(永樂) 연간에 특히 유행되었다(그림 8-92, 8-241). 영락 연간 청화자기(青花瓷器)의 수랑문(水浪紋)은 기세가 막을 수 없이 세차며, 비단 문양 중 수문(水紋)은 보통 낙화유수문(落花流水紋)을 이룬다(그림 8-113, 8-240). 이 외에도 복장의 하단부분 등을 수랑문으로 마무리했다(그림 8-57, 8-205).

(8) 명대(明代) 비단의 기물(器物)문양

등롱문(燈籠紋)은 명대 궁궐의 원소절(元宵節)에 어울리는 문양이다. 등롱의 네 모서리에 매달린 술 장식은 일반적으로 벼이삭 모양이며, 옆에는 꿀벌로 장식하여 '오곡풍등(五穀豊登)'의 함의를 나타낸다(그림 8-242). 저포문(樗蒲紋)은 양 끝이 뾰족하고 중간이 큰 사형(梭形) 문양이며, 사형(梭形) 안에는 쌍룡, 용봉, 보물단지 등의 화문을 넣어 장식하였다(그림 8-243).

팔보문(八寶紋)은 8가지 보물로 구성되어 부유를 상징하며(그림 8-244), 팔길상(八吉祥)은 불교의 8가지 법기로 구성되었다(그림 8-245). 팔선(암)문[八仙(暗)紋]은 도교 전설에서 팔선이 지니고 있는 기물을 일컫는데, 즉 남채화(藍采和)의 화람(花籃), 이철괴(李鐵拐)의 호로(葫蘆), 장과로(張果老)의 어고(漁鼓), 조국구(曹國舅)의 작판(綽板), 여동빈(呂洞賓)의 보검(寶劍), 한종리(漢鍾離)의 부채[扇子], 한상자(韓湘子)의 횡적(橫笛), 하선고(何仙姑)의 연꽃[荷花] 등으로 구성된다(그림 8-246). 칠진도(七珍圖)는 보주[寶珠, 화염주(火焰珠)], 방(첩)승[方(疊)勝], 서각(犀角), 상아(象牙), 여의(如意), 산호(珊瑚), 은정[銀錠, 금전(金錢)] 등으로 이루어지며, 역시 부를 상징한다(그림 8-247, 8-248). 이러한 기물의 조형은 각기 상이하기 때문에 형상이 통일되도록 하기 위해서는 보통 기물 위에 띠를 그리거나 이러한 기물을 연꽃 꼭대기 및 전지화 가지와 줄기의 빈 공간에 배치하여 조화를 이루도록 하였다(그림 8-8, 8-224).

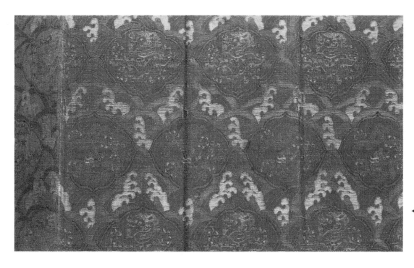

◀ 그림 8-241 명(明) 수랑용문금(水浪龍紋錦)
절강성(浙江省)도서관 소장. 전세품(傳世品)
길이 34cm 너비 44cm

▲ 그림 8-242 명(明) 등롱금(燈籠錦)
개인 소장품
너비 15cm

◀ 그림 8-243 명(明) 진홍색
직금용봉저포문단(織金龍鳳
樗蒲紋緞) 문양
단위화문크기 13×13cm

▲ 그림 8-244 명(明) 팔보문이색단(八寶紋二色緞) 문양
크기 70×38cm

◀ 그림 8-245 팔길상
문(八吉祥紋)
출처: 『중국역대사주
문양(中國歷代絲綢紋
樣)』도판106

▲ 그림 8-246 암팔선문(暗八仙紋)
출처: 『중국역대사주문양(中國歷代絲綢紋
樣)』도판105

▲ 그림 8-247 명(明) 칠진도장화사(七珍
圖妝花紗) 문양
정릉(定陵)박물관 소장품의 모사본
단화(團花)직경 8.7cm
칠진(七珍)은 금전(金錢), 여의(如意), 서각
(犀角), 상아(象牙), 산호(珊瑚), 첩승(疊勝),
화염주(火焰珠) 등 7가지 진귀한 보물을 가
리킨다.

◀ 그림 8-248 명(明) 칠진도이색단(七珍圖二色緞)
북경(北京) 정릉(定陵)에서 출토. 북경 고궁박물원 소장. 전세품
(傳世品)
길이 32cm 너비 13cm
이 문양은 명대 직금단(織金緞)에서도 보인다.

명대(明代)

▲ 그림 8-249 명(明) 팔합여의천화금(八合如意天華錦)
개인 소장품. 전세품(傳世品)
길이 33cm 너비 10cm

(9) 명대(明代) 비단의 기하문(幾何紋)

기하문은 원시사회의 채도(彩陶)와 인문경도(印紋硬陶)에서 성행하기 시작된 이후, 줄곧 각종 공예 장식에서 오랜 시간 동안 응용되었다. 명대 비단의 각종 기하문양을 형태에 따라 분류해 보면, 대체로 3종류의 유형으로 나누어진다.

① 대형 기하문: 문양단위가 비교적 커서 보통 8cm 이상이다. 대부분 팔달훈(八達暈), 천화(天華), 보조(寶照) 등의 문양에 사용되는데, 즉 사각형과 원이 서로 겹치지 않게 합한 기하 격자에 화훼, 동물과 소형 기하문을 장식한 대형 복합기하전화문(複合幾何塡花紋)이다(그림 8-105, 8-174, 8-249). 이러한 종류의 문양은 대부분 실내 장식품에 사용된다.

② 중형 기하문: 문양단위는 보통 5cm 정도이며, 대부분 반조(盤絛), 단과(團窠), 구로(球路) 등 문양에 사용되며, 흔히 복합기하전화문이다(그림 8-109, 8-110, 8-237, 8-250~8-255). 이러한 문양은 옷감에 사용되기도 하며, 대부분 장식용 원자재에 사용된다.

③ 소형 기하문: 문양단위는 비교적 작으며, 일반적으로 3cm 이상이다. 비교적 간단한 기하 도형에 많이 사용되며, 예를 들면 귀갑(龜甲), 쌍거(雙距), 연전(連錢), 방승(方勝), 쇄갑(鎖甲) 등이다(그림 8-256~8-263).

기하문양은 보통 어떤 종류의 이미지에 담겨 있는 함축적 의미와 상서로운 함의를 포함한다. 예를 들면, '卍(만)'자는 중간에 끊어진 부분이 없어 모든 일들이 순조롭다는 함의를 나타낸다(그림 8-259). 귀갑(龜甲)은 6각형으로 연결되는데, 복희씨(伏羲氏) 시대 신귀(神龜)가 낙수(洛水)에서 낙서(洛書)를 메고 나타났다는 전설로 인하여, 거북이를 영물(靈物)로 삼아 역시 장수의 상징이 되었다(그림 8-68, 8-260). 방승문(方勝紋)은 고대에 장명문(長命紋)이라고도 칭했으며, 형상은 능형(菱形)이 서로 중첩된 모양이다. 방문(方紋)은 고대의 땅을 상징하였는데, 모든 일에는 일정한 규칙이 있음을 의미하였다. 『논어·옹야(論語·雍也)』에서는 "인을 실행하는 방법이라고 이를 만하다(可謂仁之方也)"라고 하였는데, 사각형을 인덕의 상징으로 삼았다(그림 8-103). 사합(四合)과 사출(四出)은 사각형의 변형이다. 사합은 중심에 모이는 것으로 도처의 화합을 상징한다(그림 8-250). 사출은 방출하는 것으로 성장 발전을 상징한다. 사출문(四出紋)과 유사한 문양으로는 조화(棗花), 시체(柿蒂) 등이 있다(그림 8-253). 구로(로)문[球路(露)紋]은 이중 원형이 서로 교차 조합된 것으로 마치 채색공과 같아서, 원형이 뭉쳐진 것을 가리켜 공이라고 하였다(그림 8-112). 연전문(連錢紋)은 외원내방형(外圓內方形)으로 원이 사방으로 맞물려 연결되어 부유를 상징한다(그림 8-261). 쇄갑문(鎖甲紋)은 체인을 모방한 고리로 조합되어, 액을 막아 평안을 얻는다는 함의를 나타낸다.

(10) 명대(明代) 비단의 인물문양

주로 백자도(百子圖), 희영도(戲嬰圖), 추천사녀(秋千仕女), 태자면양(太子綿羊), 신선, 불상 등이 포함된다(그림 8-43, 8-138, 8-143, 8-177, 8-264, 8-265).

◀ 그림 8-250 명(明) 사합여의문이색단(四合如意紋二色緞) 문양
단위화문크기 14×24cm

▶ 그림 8-251 명(明) 시체사계화암화단(柿蒂四季花暗花緞) 문양
단위화문크기 17.8×7.7cm

▲ 그림 8-252　명(明) 기하전화문금(幾何塡
　　花紋錦)
　　절강성(浙江省)도서관 소장. 전세품(傳世品)
　　길이 34cm 너비 14cm

▲ 그림 8-253　명(明) 방격(方格) 바탕의 단룡단봉문금
　　(團龍團鳳紋錦)
　　절강성(浙江省)도서관 소장. 전세품(傳世品)
　　길이 33cm 너비 39cm

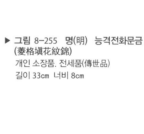

▶ 그림 8-255　명(明) 능격전화문금
　　(菱格塡花紋錦)
　　개인 소장품. 전세품(傳世品)
　　길이 33cm 너비 8cm

▼ 그림 8-254　명(明) 방기타화문금(方棋朶花紋錦)
　　절강성(浙江省)도서관 소장. 전세품(傳世品)
　　크기 34x27cm

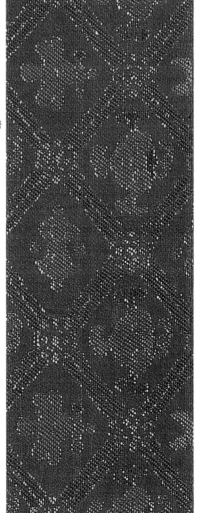

▲ 그림 8-256 명(明) 타화문금(朵
花紋錦)
개인 소장품. 전세품(傳世品)
길이 33cm 너비 9cm

▲ 그림 8-257 명(明) 만(卍)자 바탕의 사합여
의단화금(四合如意團花錦)
개인 소장품
길이 33cm 너비 13cm

▲ 그림 8-258 명(明) 능격(菱格) 만(卍)자 바탕의
타화금(朵花錦)
개인 소장품. 전세품(傳世品)
길이 33cm 너비 13cm

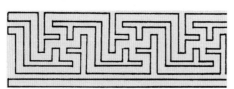

(1) 만(卍)자 불단두문(不斷頭紋)

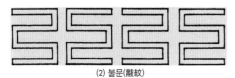

(2) 불문(戴紋)

▲ 그림 8-259 기하문양(幾何紋樣)

▲ 그림 8-260 명(明) 직금(織錦) 위의
귀배문(龜背紋) 문양

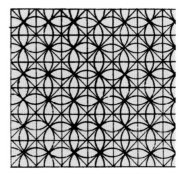

▲ 그림 8-261 명(明) 직금(織錦) 위의
연전문(連錢紋) 문양

▲ 그림 8-262 명(明) 직금(織錦) 위의
쌍거문(雙距紋) 문양

◀ 그림 8-263 명(明) 직금영
지쌍거문(織金靈芝雙距紋)
바탕의 장화사(妝花紗) 문양
북경(北京) 정릉(定陵) 출토물
의 모사본
단위화문크기 11×9cm

▲ 그림 8-264 명(明) 적색 바
탕의 천록비선직금가직라보복
(天鹿飛仙織金假織羅補服)
문양(일부분)
크기 16×36.5cm

▲ 그림 8-265 명(明) 완화동자문(玩花童子紋)
자수 문양
북경(北京) 정릉(定陵) 출토물의 모사본
크기 24×16cm

참고문헌

[1] 鄭天挺. 關于徐一夔 "織工對". 歷史研究, 1958(1) : 76

[2] (淸)陳夢雷. 古今圖書集成. 第七八一冊五五頁. 經濟匯
編 · 考工典. 第十卷. 織工部 · 匯考

[3] (明)王士性. 廣志繹. 卷五. 西北諸省. 中華書局版本

[4] (明)宋應星. 天工開物 · 乃服, 彰施

[5] (淸)萬歷潞安府志. 卷一

[6] (淸)乾隆潞安府志. 卷九

[7] (明)李東陽. 大明會典. 卷二○一. 織造

[8] 文徵明. 重修織造局志. 見: (淸康熙) 蘇州織造局志

[9] 杭州府志. 卷一八. 公署

[10] 陳汝綺. 甘露園短書. 卷五. 康熙刻本. 見: 歷史研究,
1958(1)

[11] (明)天水冰山錄

[12] 朱新予主編. 中國絲綢史(通論). 北京: 紡織工業出版
社, 1992

[13] 陳娟娟. 明代提花紗, 羅, 緞織物研究. 故宮博物院院
刊, 1986(4), 1987(2續)

[14] (南宋)吳自牧. 夢梁錄. 卷一八. 物産

[15] 元典章. 海王村古籍叢刊本

[16] (淸)朱啓鈴. 絲繡筆記, 1873

[17] (淸)張廷玉等. 明史 · 輿服志

[18] (明)劉若愚. 酌中志

[19] 定陵博物館等. 定陵掇英. 北京: 文物出版社, 1988

[20] 陳娟娟. 明淸宋錦. 故宮博物院院刊, 1984(4)

[21] 遼寧省博物館. 宋元明淸緙絲. 北京: 人民美術出版社,
1982

[22] 蔣復璁. 臺北故宮博物院: 刺繡, 緙絲. 日本東京學習
研究社, 1982

[23] (明)王圻, 王思義編纂. 三才圖會. 萬歷刊本

[24] 沈從文. 中國古代服飾研究. 香港商務印書館, 1981

[25] 陳娟娟. 明代的絲綢藝術. 故宮博物院院刊, 1992(1, 2)

[26] 李杏南. 明錦. 北京: 人民美術出版社, 1955

[27] (明)沈德符. 萬歷野獲編 · 補遺. 卷二

[28] 黃能馥主編. 中國美術全集 · 工藝美術編 · 印染織繡
(下). 北京: 文物出版社, 1987

[29] 香港藝術館. 錦繡羅衣巧天工. 香港市政局, 1995

[30] 故宮博物院. 故宮博物院藏寶錄. 上海: 上海文藝出版
社, 1985

[31] 朱家溍主編. 國寶. 香港商務印書館, 1984

[32] 朱新予. 浙江絲綢史. 杭州: 浙江人民出版社, 1985

[33] Threads Of Imagination. Central Asian and Chinese Silks
from the 12th to the 19th Century

청대(淸代)는 전반적으로 명대(明代) 비단 생산의 전통을
계승하였으며, 강희(康熙), 옹정(雍正), 건륭(乾隆) 시기에 가장 크게 번성하였다. 조정의 관복(冠服)과
실내 전시품, 중금불화(重錦佛畫), 당카(唐卡), 장식용 서화 등은 모두 내무부(內務府)와 여의관(如意館)
화공들이 설계하여 심사를 거친 후, 강남삼직조(江南三織造) 또는 다른 지역으로 보내져 생산되었다. 옷
감 팔매단(八枚緞)은 반면직조법(反面織造法)을 사용하여 매끄러우면서도 정교하고 금은사(金銀絲)와
채융알화(彩絨挖花) 기술도 최고의 경지에 도달하였다. 자수품은 일반적으로 공작우사(孔雀羽絲), 집미
주사(緝米珠絲), 산호주사(珊瑚珠絲), 용포주사(龍抱柱絲) 및 삼색금사(三色金絲) 등의 진귀한 원료들을
사용하였다. 소(蘇), 월(粤), 촉(蜀), 상(湘) 등 4대 명수(名繡)와 경(京), 구(甌), 변(汴), 한(漢) 등 여러 지방
자수도 출현하였다. 문양은 명대의 전통을 계승하였으며, 조형은 정교하고 아름다워지는 경향으로 발전
하여 여성적인 아름다움과 부드러움까지 갖추게 되었다.

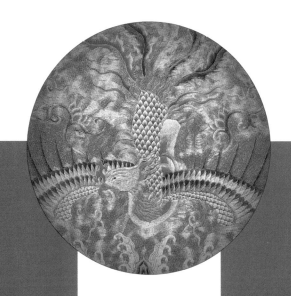

제9장

청대(淸代)

1. 청대(淸代)의 비단 생산 개황

청대는 중국 동북부의 유목민족인 여진족(후에 만주족이라 칭함)이 건립한 봉건왕조이며, 중국 역사상 최후의 봉건왕조이기도 하다. 1644년 청나라 군대가 산해관(山海關)을 점령한 후 북경(北京)을 도읍으로 정하고, 만주족의 복식문화를 이용하여 한족(漢族)을 동화시키려고 하였다. 강제적으로 한족에게 머리를 자르고 변발(辮髮)할 것과 만주족 복장을 착용할 것을 명령하여 한족들의 강렬한 저항을 받았다. 특히 청나라 군대의 강남 지역 남하는 극렬한 저지를 받았다. 청나라 군대는 반청세력들을 잔혹하게 진압하였는데, 양주성(揚州城)에서 지속된 10일 대학살, 가정(嘉定) 3일 대학살, 소주성(蘇州城)의 반문(盤門)에서 음마교(飮馬橋)에 이르는 대학살은 금수(錦繡)의 고장에 참혹한 파괴를 가져왔다. 진택(震澤) 지역은 청나라 군대의 참혹한 학살로 인하여 폐허로 변하였으며, 송강(松江) 역시 여러 차례의 대학살을 거친 후, 눈에 보이는 것은 모두 비참한 지경에 이르게 되었다. 만주족 기병(騎兵)이 방목한 말로 인해 수많은 뽕나무밭이 파괴되어 청대 초기의 비단 생산은 커다란 손실을 입었다. 순치(順治) 15년(1658년) 황제는 백성들에게 농사를 짓고 뽕나무와 느릅나무를 재배하도록 명하였고, 강희(康熙) 시기에 이르러서는 여러 차례 뽕나무 심을 것을 제창하였다. 강희 35년(1696년) 황제는 46폭의 경직도(耕織圖)에 직접 서문을 쓰고, 매 폭마다 시구를 적은 후 전국에 반포하여 대대적으로 농사를 장려하였다. 그 후 옹정(雍正), 건륭(乾隆), 가경(嘉慶), 도광(道光) 치하에도 농민들에게 잠상 활동을 중시할 것을 권장하는 조서가 있었다. 강희에서 건륭(1662~1795년) 시기에 이르기까지 점차적으로 관복제도를 갖추었으며, 원·명대(元·明代) 이래의 직금(織金)과 채색 비단 직조 기술을 계승하였다. 게다가 황제의 화원인 여의관(如意館)의 화가들이 도안한 복장직성필료(服裝織成匹料)의 채색 견본과 원대재제묵선도(原大裁制墨線圖)는 내무부(內務府) 관리와 황제의 심의를 거친 후, '강남삼직조(江南三織造)'로 보내져 정성껏 직조되었다. 고급 관료들이 사용하는 의포(衣袍)는 모두 육로를 통하여 북경으로 운반되었으며, 궁궐의 의복과 기타 일용품들은 대운하를 거쳐 도읍으로 운송되었다. 따라서 명대 중기에서 청대 중기까지의 역사적 시기는 중국 수공 채직(彩織) 제화공예와 자수공예 기술 발전의 절정기이다. 건륭 말기 청나라는 전성기에서 쇠락기로 접어드는 시기로, 건륭 이후의 고급 비단공예 기술과 예술적 풍격은 나날이 쇠퇴하였다. 만청(晩淸) 시기에 와서 청대 조정은 부패하고 제국주의 침략의 압박을 받게 되면서 개혁과 정치가들은 양무운동(洋務運動)을 전개할 것을 주장하였다. 이러한 요인으로 인하여 서구사회의 증기소사기(蒸氣繰絲機)와 전력제화기(電力提花機)도 중국에 유입되었다. 게다가 실용적인 기능의 복식을 중시하는 서구문화 역시 중국인들의 생활복장에 점차적으로 영향을 미치기 시작하였다. 이때, 비단의 생산 비중에 있어서는 일찍이 민영 비단업이 절대적인 우위를 차지하고 있었으며, 상품의 종류, 문양의 스타일, 공예 규정과 설계 영역에서도 모두 현저한 변화가 발생하였다. 1911년 신해혁명이 승리하여 중국 봉건왕조의 통치가 끝나자 중국 비단도 점점 시장으로 방향을 전환

하여 일반인들의 생활필수품을 제공하였다. 비단의 생산방식에서 설계에 이르기까지 모두 점점 현대 생산 규모로 발전되었다.

(1) 청대(淸代) 관청의 비단 생산

청대에는 명나라의 제도를 답습하여 북경(北京), 강녕(江寧), 소주(蘇州), 항주(杭州) 등지에 관청이 경영하는 직조국(織造局)을 설치하였다.

1) 경내직염국(京內織染局)

강희 초기(1662년)에 직조국을 설치하여, 장인들의 단사(緞紗) 직조를 감독하였다. 강희 3년(1664년)에는 총관내무부(總管內務府)에 넘겨 관리하였는데, 원래 직수장(織繡匠), 만화장(挽花匠), 도화장(挑花匠), 직장(織匠), 방차장(紡車匠), 낙사장(絡絲匠), 낙경장(絡經匠), 간수장(揀繡匠), 염장(染匠), 화장(畫匠), 대장(帶匠), 방노장(氆氌匠), 둔견장(屯絹匠) 등 825명이 있었으나 후에 정리하여 없앴다. 직기는 원래 32대로 규정했으나, 건륭 16년(1751년)에는 60대로 개정하였다. 강희 시기에는 매년 단(緞), 사(紗) 38필, 청둔견[靑屯絹, 즉 사견(絲絹)] 200필을 직조하여, 광운저사단고(廣運儲司緞庫)로 넘겼다. 옹정 연간에는 암화둔견(暗花屯絹), 영주(寧綢), 궁주(宮綢), 팔사포괘직성필료(八絲袍褂織成匹料)를 직조하였다. 건륭 연간에는 경내직염국에서 직조한 포괘(袍褂) 원단이 그다지 새롭지 않아 직조하는 것을 중지하였다. 그 후, 규정된 직조 임무를 완성하는 것 외에도 우수한 견사 원자재를 선정하여 별도로 정교한 문양의 비단을 직조하여 수시로 바치도록 명하였다.

2) 강녕국(江寧局)

순치 초기에 창립되었다. 건륭 시기 직조아서(織造衙署)를 설치하여 직조 감독 1명을 두었는데, 내무부랑중(內務府郎中)과 원외랑(員外郎)이 맡아 강녕에 직접 머물면서 신백(神帛), 고칙(誥敕), 채증(彩繒) 등을 직조하였다. 순치 연간에는 신백기(神帛機) 30대를 설치하여 매년 백(帛) 400단[端, 길이 단위, 지금의 필(匹)에 해당됨]을 직조하였다. 그 후, 다시 2천 필까지 증가되어 중국어와 만주어로 된 문자를 직조하였는데, 즉 청황색의 '교사제백(郊祀制帛)', '고사제백(告祀制帛)', 백색의 '봉선제백(奉先制帛)', 청색, 적색, 황색, 흑색, 백색의 '예신제백(禮神制帛)', 민무늬의 백색 '전친제백(展親制帛)', '극공제백(極功制帛)' 등이 있다. 강희 원년에는 관고기(官誥機) 35대를 증설하여, 오색과 삼색의 고명(誥命)을 직조하여 '봉천고명(奉天誥命)'이라고 하였다. 칙명(敕命)은 순백색의 능(綾)을 사용하여 '봉천칙명(奉天敕命)'이라 불렀다. 모두 승룡(升龍) 또는 강룡(降龍)을 직조하였으며, 중국어와 만주어를 함께 사용하였다. 채증의 길이는 1장(丈) 6척(尺), 너비는 1척 6치[寸]이며, 결채용(結彩用)으로 사용되었다. 가의(駕衣), 교위의(校尉衣)의 길이는 4자 1치, 너비는 1척 7치, 소매 너비는 8치이며, 색상에는 목홍(木紅), 관록(官綠) 등이 있다. 강희 시기 강녕직조국에는 직기 565대, 내상용단기(內上用緞機) 335대, 부기(部機) 230대가 있었으며, 건륭 시기에는 단기(緞機) 600대, 장인 1,777명이 있었다. 요방(搖紡), 염색공까지 모

두 포함하면 2,547명에 달했다.

3) 항주국(杭州局)

순치 4년(1647년) 공부(工部) 우시랑(右侍郎) 진유명(陳有明)에게 항주 직조를 관리할 것을 명하여 동부(東府)와 서부(西府)의 직조부를 개설하였으며, 식량관기(食糧官機) 300대와 민간 직기 160대를 보유하였다. 강희 연간에는 직기 770대가 있었는데, 어용(御用) 단기 385대, 부기 385대이다. 건륭 연간에는 현역기(現役機) 600대를 설치하고, 장인 1,800명, 요방, 염색공, 도화(挑花) 및 소관 고수(高手) 장인 530명을 보유하였다. 순치 연간에는 어용 예복(禮服)과 사계절 복식, 황자, 공주 등의 조복(朝服)은 모두 예부(禮部)에서 결정한 후, 강녕, 소주, 항주 등지의 3곳으로 인계되어 직조하였다[강남삼직조(江南三織造)라고도 칭함]. 강희 4년(1665년)에는 항주로 할당되어 방사릉(紡絲綾), 항주(杭紬) 등을 직조하였다.

4) 소주국(蘇州局)

순치 3년(1646년)에는 공부(工部) 우시랑(右侍郎) 진유민(陳有明)과 만주관원 상지(尚志) 등에게 소주와 항주의 직조를 관리하도록 명하고, 남국(南局)과 북국(北局)을 설치하였다. 남국은 총국(總局)이라 명명하고 공부 우시랑이 관리하였으며, 북국은 직염국(織染局)이라 칭하고 상지가 관리하였다. 강희 연간 소주국에서는 어용 단기 420대, 부기 380대를 보유하였다. 『소주직조국지(蘇州織造局志)』에 의하면, 북국에는 동저사당(東紵絲堂), 서저사당(西紵絲堂), 사당(紗堂), 횡라당(橫羅堂), 동후라당(東後羅堂), 서후라당(西後羅堂) 등의 6당, 19개 호(號), 화소기(花素機) 400대, 장인 1,170명을 보유하였다. 남국에는 소주당(蘇州堂), 송강당(松江堂), 상주당(常州堂) 등 3당, 23개 호, 화소기 400대, 장인 1,160명이 있었다. 이는 명대(明代) 소주직염국(蘇州織染局)이 보유한 6당, 직기 172대와 서로 비교해 보면 4배 이상 증가한 수치이다. 청대 소주국은 주로 용의(龍衣), 채포(彩布), 금단(錦緞), 사주(紗綢), 견포(絹布), 면갑(棉甲)으로 나누어 직조하였으며, 금사직융(金絲織絨) 종류는 구매하였다. 매년 내무부가 색상과 사용량을 결정하고, 황제에게 아뢰어 명을 받은 후 직조하였다. 한 해 동안 사용될 겸(縑), 백(帛), 사(紗), 곡(縠)은 직조관이 직접 견사를 구매하여 민간에게 맡겨 염색하여 직조한 후, 공부(工部)로 보내면 단고(緞庫)에 옮겨져 보관되었다. 어복(御服)으로 상납되는 비단은 바로 내무부로 발송되어 보관되었다.

(2) 청대(淸代) 민간 비단 생산

청대 초기 정부는 민간 비단업에 대해 제한정책을 실시하여, 기호(機戶)들이 소유한 직기는 100대를 초과할 수 없었다. 기호들에게 무거운 세금을 징수하였으며, '채직(采織), 채판(采辦)' 등의 명목으로 원가보다 낮은 가격에 직조하도록 하여 민간 사직업(비단업)의 발전을 가로막았다. 강희 연간에 남경(南京)의 기호들은 서로 단결하여 당시 직조 관리를 담당했던 조인(曹寅)에게 큰 뇌물을 바치고, 군주에게 아뢰어 이러한 규정을 모면할 수 있도록 부탁하였다. 그 후, 황제의 승인을 얻게 되어, 강남에서는 100대 이상을 소유한 수공업 장들이 연이어 출현하였으며, 수공업장에도 장방(賑房)을 설치하였다. 장방은 자체적으로 직기를 구매하고 장인을 고용하여 생산하였

을 뿐만 아니라 날실과 씨실을 지공에게 건네주고 자신의 거처에 다시 직조공을 고용하여 직조한 후, 비단을 필 단위로 계산하여 임금을 지불하기도 하였다. 이와 같이, 거처에서 직조공을 고용하는 사람들을 소기호(小機戶)라고 하며, 주로 장방에 의존하여 생계를 유지하는 동시에, 견사를 염색공장에 보내 염색한 후 직성단필(織成緞匹)을 가져와 비단상으로 보내 판매하였다. 장방, 기호, 염색 공장, 비단상의 4곳은 서로 밀접한 관계를 형성하였다. 당시 강녕(江寧)의 큰 장방 이편담(李扁擔), 이동양(李東陽), 초홍흥(焦洪興) 등은 모두 4~5백 대의 직기를 소유하고 있었다. 청대 중기 강녕, 소주, 항주, 진강(鎭江)에서는 직기 1천 대, 3~4천 명의 직조공을 보유한 큰 공장이 출현하기도 하였다. 소주에서는 직기 1만 대와 단방(踹坊) 400여 곳이 있었는데, 그 내부에는 표포(漂布), 염포(染布), 간포(看布), 행포(行布) 등으로 분업화되었으며, 장인도 2만 명에 달했다. 건륭, 가경 연간에 창립한 석항무(石恒茂), 영기(英記), 이계태(李啓泰) 등의 직조공장은 청나라 말기까지 계속 유지되었다. 강녕의 단기(緞機)는 3만 대로 계산되는데, 여기에 사(紗), 주(綢), 융(絨), 능(綾)은 포함되지 않았다. 도광(道光) 시기 항주의 기호는 만호에 달했으며, 절강의 호주(湖州), 임평(臨平), 성택(盛澤), 진택(震澤), 산서(山西)의 노안(潞安), 사천(四川)의 성도(成都), 광동(廣東)의 불산(佛山) 등지에서도 그 규모가 서로 다른 직조공장이 존재하였다. 상해(上海)의 염색업을 살펴보면, 남방(藍坊)에서는 천청(天青), 담청(淡青), 월백(月白)을 염색하고 홍방(紅坊)에서는 대홍(大紅), 노도홍(露桃紅)을 염색하였다. 그 외에도 표방(漂坊)에서는 황조(黃糙)를 표백하고 잡색방(雜色坊)에서는 황(黃), 녹(綠), 흑(黑), 자(紫), 고동(古銅), 수묵(水墨), 혈아(血牙), 타색(駝色), 하청(蝦青), 불면금(佛面金)을 염색하였다. 또한 괄인화(刮印花), 쇄인화(刷印花) 등으로 분업화되어 농촌의 방직과 부업은 전국 각지에 널리 분포되었다.

1840년 아편전쟁에서 중국이 패한 후, 이탈리아, 영국, 미국, 프랑스 등 국가들은 잇따라 상해 등지에 증기 견사 공장을 설립하였는데, 그중에는 외국 상인이 중국 관료, 지주, 대상인들과 합작하여 설립한 공장도 있었다. 즉, 1861년 영국이 상해에서 창립한 이화양행(怡和洋行) 소속의 직조국은 소사거(繅絲車) 100대를 보유하였다. 1877년 독일이 연대(煙臺)에 설립한 소사국(繅絲局)은 초기에 수동 직기를 사용하여 견사를 뽑다가, 1892년에는 증기소사기(蒸氣繅絲機)로 교체하였다. 같은 해 프랑스는 상해에 보창사창(寶昌絲廠)을 설립하여 소사거(繅絲車) 200대를 소유하였으나, 1891년에는 거의 1천 대로 증가하였다. 1878년 미국은 상해에 기창사창(旗昌絲廠)을 설립한 후, 소사거를 50대에서 400대로 증설하였다. 1882년 영국은 상해에서 이화사창(怡和絲廠)을 설립하였는데, 초기에 200대였던 소사거(繅絲車)를 500대로 늘리는 동시에, 다시 설립한 공평사창(公平絲廠)은 소사거 200대를 보유했다. 또 1891년 영국이 상해에 창립한 윤창사창(倫昌絲廠)은 소사거 188대를, 1892년 미국이 상해에 설립한 건창사창(乾昌絲廠)은 소사거 280대를 보유했다. 1893년 프랑스가 상해에 설립한 신창사창(信昌絲廠)은 소사거 530대를, 1894년 독일인이 상해에 창립한 서윤사창(瑞綸絲廠)은 소사거 480대를 소유하였다. 1871년 광동(廣東) 순덕

현(順德縣) 용산향(龍山鄉)에서도 처음으로 기기소사공장이 설립되었다. 1880년에 이르러서는 주강(珠江) 삼각주(三角洲)에 소재한 공장이 12곳이었으나, 1902년에는 68곳, 소사거 34,600대로 증가되었다.

중국민족자본가 황좌경(黃佐卿)은 1881년 상해에서 최초로 화영기기소사창(和永機器繅絲廠)을 창립한 후, 절강(浙江)의 소산(蕭山), 상우(上虞)의 조아진(曹娥鎭), 여항(餘杭)의 당서진(塘棲鎭), 호주(湖州), 복건(福建)의 복주(福州), 사천(四川)의 중경(重慶) 및 천진(天津)과 강소(江蘇) 등지에서도 민간자본으로 기기소사공장을 설립하였는데, 어려운 역사적 조건하에서도 생존하였다.[1]~[7]

2. 청대(淸代)의 주요 비단 종류

(1) 단류(緞類)

청대 단 직물은 명대(明代)의 기술을 기초로 하여 매우 커다란 발전을 이루었다. 단(緞)의 표면을 훨씬 밝으면서도 광택이 나며 부드럽고 매끄럽게 직조하기 위해서 명대의 오매단(五枚緞), 육매단(六枚緞)을 위주로 직조하던 조직 구조는 청나라 초기 팔매단(八枚緞), 칠매단(七枚緞)으로 발전되었다. 동시에 날실의 꼬임 횟수를 감소시켜 굵기는 얇게 변화시키면서 밀도를 높였으며, 날실은 가늘고 조밀하게, 씨실은 굵고 성글게 배치하는 방법을 채택하였다. 비단 표면을 윤이 나고 깨끗하게 유지하기 위해서, 직기 구조에서는 반면직법(反面織法)의 장치를 활용하여 직조할 때 단자(緞子) 앞면은 아래로 향하고 뒷면은 위로 향하게 하였다. 바탕조직은 기종(起綜)으로 들어 올리고, 무늬 부분은 화종(花綜)으로 들어 올린 후에 다시 복종(伏綜)으로 간사점(間絲點)을 아래로 누른다. 청대 민간 비단업과 비단 무역의 발전으로 인하여 단(緞) 직물은 명주시장의 중요한 상품이 되었다. 무늬와 색깔, 재질 등급, 용도, 생산지에 따라 단 직물에 관한 매우 많은 명칭들이 등장하였는데, 청대 절강 관서국(官書局)에서 인쇄한 『잠상췌편(蠶桑萃編)』에 따르면, 청대 단(緞)에는 "공단(貢緞), 나문단(羅紋緞), 대운단(大雲緞), 음양단(陰陽緞), 원앙단(鴛鴦緞), 섬단(閃緞), 금단(錦緞), 모본단(摹本緞), 완화단(浣花緞), 파단(巴緞), 금사단(金絲緞)" 등이 있다.[3] 금사단의 금은 이중으로, 겉과 안의 금으로 나누어지며, 화본(花本)은 5가지 색상으로 배합되어 어용(御用) 원단, 망군(蟒裙) 및 조복(朝服)의 가장자리에 많이 사용되었다. 대운단의 구름은 5가지 색상으로 나누어지며 각각의 구름 크기가 대략 1척(尺)인 것은 공물에 속하며, 민간에서 사용되는 경우는 적었다. 음양단은 양면이 모두 정면으로 직조되어 안과 겉이 동일하다. 원앙단의 한 면은 선추(線綃), 다른 한 면은 금단(錦緞)이며, 안과 겉의 2가지 색상으로 되어 있다. 공단은 제화, 즉 모본(摹本)이다. 예를 들면, 제화 무늬가 이색, 삼색으로 나누어지면, 섬단(閃緞), 금단(錦緞)이 된다. 파단(巴緞)은 소단[素緞, 작은 사각형 또는 호초안(胡椒眼) 무늬만 있음]과 화단[花緞, 단화(團花)가 큰 무늬로 포괘(袍褂)와 예복을 만들 수 있으며, 가격도 비교적 저렴함]으로 나누어지는데, 이러한 명칭들은 단지 대략적인 기록일 뿐이다. 금릉(金陵)에서 생산된 단(緞)에는 두호(頭號), 이호(二號), 삼호(三號), 팔사(八絲), 모두(冒頭), 화소(靴素) 등의 명칭들이 있는데, 그중 화소단(靴素緞)이 가장 상등품이다. 화소단에서도 검은색[玄色]이 상등품이며, 감색[天靑]이 그 다음이다. 지방의 유명한 상품들도 있는데, 즉 광동의 광단(廣緞)으로(그림 9-1~9-3), 재질은 조밀하면서도 고르고 색상은 화려하면서도 반들반들하다. 광단은 오사(吳絲)로 직조한 것으로『잠상췌편』에서는 언급되지 않았다. 어떤 지방의 생산품은 다소 좋지 않은 것도 있는데, 즉 곤명(昆明)의 전단(滇緞)은 두꺼우면서도 거칠어 강남의 상품과는 비교할 수가 없으며 문헌에서조차 언급되지 못했다.

청대 암화단(暗花緞)은 공단, 팽단(彭緞), 광단, 전단, 고단(庫緞), 두호단(頭號緞), 원앙단, 파단, 추단(縐緞), 모본단, 화루단(花纍緞) 등의 다양한 종류를 포함한다. 암화(暗花)와 양화(亮花)의 2종류로

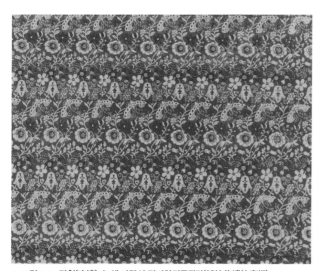

▲ 그림 9-1 만청(晚淸) 녹색 바탕의 절지화접문광단(折枝花蝶紋廣緞)
북경(北京) 고궁박물원 소장
크기 73×54cm

▲ 그림 9-2 청(淸) 소전지화훼문광단(小纏枝花卉紋廣緞)
북경(北京) 고궁박물원 소장. 전세품(傳世品)
너비 73cm

▲ 그림 9-3 청(淸) 투계문광단(鬪鷄紋廣緞)

북경(北京) 고궁박물원 소장. 전세품(傳世品)

너비 73cm 날실밀도 140올/cm 씨실밀도 22올/cm

단위화문크기: 가로 9.4cm, 세로 19.1cm

팔매단문(八枚緞紋) 바탕에 씨실로 무늬를 직조하였다. 앞면에 무늬용 채색 씨실은 바탕용 날실과 교직하지 않기 때문에 경부점(經浮點)이 없다. 뒷면에 가라앉는 채색 씨실은 바탕용 날실과 교직한다.

▲ 그림 9-4 청대(淸代) 말기 쌍록리어화훼문암화단(雙鹿鯉魚花卉紋暗花緞)

북경(北京) 고궁박물원 소장

너비 76cm

암화단(暗花緞) 기두(機頭)에는 "××豊款記本廠精工純經絲搶緞(××풍관기본창정공순경사창단)"이라고 직조되어 있다.

▶ 그림 9-5 청(淸)ㆍ도광(道光) 이칙단룡암화단여상복포(二則團龍暗花緞女常服袍)

북경(北京) 고궁박물원 소장. 전세품 (傳世品)

옷길이 135cm

청대(淸代)

▲ 그림 9-6 청(淸)·강희(康熙) 여의운문이색단
(如意雲紋二色緞)
북경(北京) 고궁박물원 소장. 전세품(傳世品)
길이 55cm 너비 25cm

나누어지는데, 그 무늬와 바탕조직은 동일하다. 왜냐하면 날실과 씨실의 굴절방향이 서로 상이하여 명암관계를 이루면서 무늬를 형성하기 때문이다. 경면단지(經面緞地), 위면단화(緯面緞花)는 암화이며(그림 9-4, 9-5), 경면단화(經面緞花), 위면단지(緯面緞地)는 양화이다. 그러나 추단에 사용된 날실과 씨실은 강연사(强撚絲)이며, 평문바탕에 양화를 직조한 것이다.

이색단[二色緞, 즉 화단(花緞)], 이색고단(二色庫緞), 파단(巴緞) 등은 모두 명대(明代) 오매이색단(五枚二色緞)으로부터 청대 팔매이색단(五枚二色緞)으로 발전된 직물이다(그림 9-6~9-9).

고금(庫金), 고은(庫銀)은 각각 연금사(撚金絲), 연은사로 무늬를 직조하였으며(그림 9-10~9-13), 직금단(織金緞)은 편금사(片金絲)로 무늬를 직조하였다(그림 9-14, 9-26). 촌망단(寸蟒緞)은 팔매단(八枚緞) 바탕에 채융알사(彩絨挖梭)를 사용하여 직경 3.3cm 크기의 단룡문(團龍紋)을 직조하였으며(그림 9-15~9-17), 단룡 주요 화문 외에도 다시 절지화(折枝花) 또는 타운문(朵雲紋)을 배치한 직물도 있으며, 일반적으로 옷감과 장식용 매트에 사용된다. 장채고단(妝彩庫緞)의 일부 화문은 알사를 사용하였는데, 예를 들면 알화단(挖花緞)과 같다(그림 9-18, 9-19). 대망단(大蟒緞)과 장화단(妝花緞)의 화문은 대부분 채융알사를 사용하여 직조한 것이다. 직금장화단(織金妝花緞)은 채융알사하여 화문을 직조하였으며, 편금사로 테두리를 장식하였다(그림 9-20~9-26).

직물 분석례1: 청원앙단(淸鴛鴦緞), 날실직경 0.15cm[이합연(二合撚)], 씨실직경 0.7cm[무연(無撚)], 2조로 나누어지며, 색상은 서로 상이하다. 정배쌍면조직(正背雙面組織)이며, 겉과 안의 화문 색상이 서로 상이하다. 앞면은 날실과 씨실로 평문(平紋) 바탕을 직조하였으며, 뒷면은 날실과 다른 1조의 씨실로 사문(斜紋)의 능격문(菱格紋)을 구성하였다. 이 직물의 외관은 횡조감(橫條感)이 있으며, 너비는 100cm이다. 기두(機頭)에는 '紅寧朱彭年本機純緯鴛鴦線緞(홍녕주팽년본기순위원앙선단)'이라는 문구가 직조되어 있다.

직물 분석례2: 이람색호초안문파단(二藍色胡椒眼紋巴緞)(그림 9-9)

(2) 주류(綢類)

청대(淸代) 『잠상췌편(蠶桑萃編)』에 열거한 주류 목록에는 영주(寧綢), 궁주(宮綢), 방주(紡綢), 천대주(川大綢), 노산주(魯山綢), 곡주(曲綢), 변주(汴綢), 이주(里綢), 요양주(饒陽綢), 준의부주(遵義府綢), 수주(水綢), 쌍사주(雙絲綢), 대소단사주(大小單絲綢), 신주(神綢), □주(腅綢) 등이 있다.[3] 항주(杭州)에는 선주(線綢)가 있으며, 강녕부(江寧府) 상강현(上江縣)에서는 강주(江綢)를 생산하였다. 호주(湖州)에서는 산사(散絲)로 직조한 주를 수주(水綢)라고 칭했으며, 방사(紡絲) 직물은 방주(紡綢)라고 불렸는데, 능호진(菱湖鎭)에서 생산된 직물이 가장

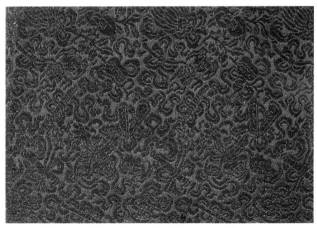

▲ 그림 9-7 청대(淸代) 말기 암팔선문이색단(暗八仙紋二色緞)
중국비단박물관 소장. 전세품(傳世品)
길이 34cm 너비 21cm

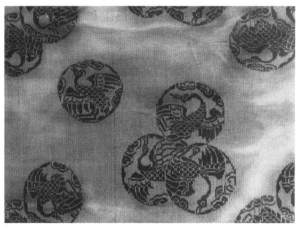

▲ 그림 9-8 청(淸) 단학피구화문이색단(團鶴皮球花紋二色緞)
북경(北京) 고궁박물원 소장
단위화문크기 27×27cm

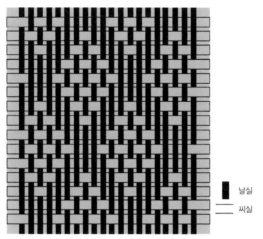

날실 ■

씨실 ─

▲ 그림 9-9 청(淸) 이람색호초안문파단(二藍色胡椒眼紋巴緞) 조직 구조도
북경(北京) 고궁박물원 소장품 분석제작
날실: 남색, 우약연(右弱撚), 밀도 36×2올/cm
씨실: 난람색(暖藍色), 단고우연(單股右撚), 합사, 밀도 30올/cm
바탕조직: 평문(平紋)
화문조직: 3/1 능형경사문(菱形經斜紋)
실물에는 황견지(黃絹紙)에 "局織二藍色巴緞一匹(국직이람색파단일필)"
이라고 묵서하였으며, 기두(機頭)에는 "直隷蠶桑總局監造(직례잠상총국
감조)"라는 적색 문구가 직조되어 있다.

▲ 그림 9-10 청(淸) 만지소화훼문고금(滿地小花卉紋庫金)
북경(北京) 고궁박물원 소장. 전세품(傳世品)
길이 12cm 너비 8cm
주로 궁정 복식의 테두리용 원단으로 사용된다.

▼ 그림 9-11 청(淸) 전지련문장금고단(纏枝蓮紋裝金庫緞)
개인 소장품. 전세품(傳世品)
길이 42cm 너비 34cm

▲ 그림 9-12 청대(淸代) 말기 만지타화문고금(滿地朵花紋庫金)
청화(淸華)대학 미술학원 소장. 전세품(傳世品)
길이 19cm 너비 12.5cm
주로 몽고, 몽장(蒙藏)과 북경(北京) 지역에 판매되었으며, 복식과 모자의 테두리
장식용으로 사용되었다.

▲ 그림 9-13 청(淸) 천지모란문염금직금단(穿枝牡丹紋捻金織金緞) 문양[고금(庫金)]
북경(北京) 고궁박물원 소장품의 모사본
원본크기 12.5×25cm

청대(淸代)

▲ 그림 9-14 청(淸) 기하전룡문편금직금단(幾何塡龍紋片金織金緞)
북경(北京) 고궁박물원 소장
단위화문크기 8×8cm

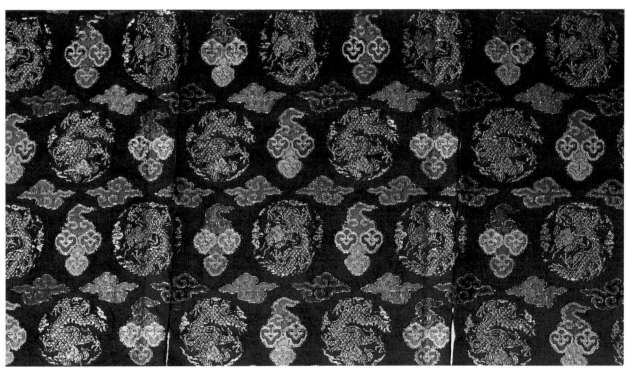

▲ 그림 9-15 청(淸)·옹정(雍正) 촌망문장화단(寸蟒紋妝花緞)
북경(北京) 고궁박물원 소장. 전세품(傳世品)
길이 54cm 너비 20cm

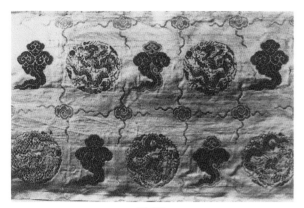

(1) 실물

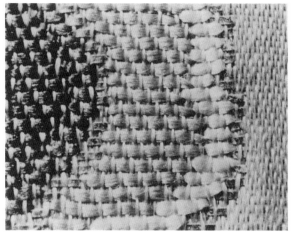

(2) 앞면 조직 확대도

(3) 뒷면 조직 확대도

▲ 그림 9–16 청(淸) 황색 바탕의 촌망단(寸蟒緞)
　단위화문크기 7×9cm

▲그림 9–17 청(淸) 촌망장화단(寸蟒妝花緞)
　청화(淸華)대학 미술학원 소장. 전세품(傳世品)
　길이 99cm 너비 51cm

청대(淸代)

▲ 그림 9-18 청(淸)·건륭(乾隆) 압단회공필화훼문알화단(鴨蛋灰工筆花卉紋挖花緞) 고원령우임친의(高圓領右衽襕衣)
북경(北京) 고궁박물원 소장. 전세품(傳世品)
옷길이 130cm

▲ 그림 9-19 청(淸)·건륭(乾隆) 절지화접문알화단(折枝花蝶紋挖花緞)
북경(北京) 고궁박물원 소장. 전세품(傳世品)
길이 50cm 너비 36cm

◀ 그림 9-20 청(淸) 등롱문장화단(燈籠紋妝花緞)
너비 74cm
"江南織造臣七十四(강남직조신칠십사)" 낙관이 직조되어 있다.

(부분 확대)

▶ 그림 9-21 청(淸) 호접모란문
(蝴蝶牡丹紋) 바탕의 국화팔단장
화단길복포(菊花八團妝花緞吉
服袍)
오스트리아국가박물관 소장. 전세
품(傳世品)
출처: 오스트리아 『Universum In
Seide』 p.24

▲ 그림 9-22 청(淸) · 건륭(乾隆) 진한 갈색 바탕의 오채운
복팔보금룡수산복해문장화단대금여괘(五彩雲蝠八寶金
龍壽山福海紋妝花緞對襟女褂)
후대 사람들의 개장(改裝)을 거쳐 현재는 대만(臺灣)에 소장되
어 있다.
출처: 대만 『직수포복선수(織繡袍服選粹)』

▲ 그림 9-23 청(淸) · 건륭(乾隆) 대홍오채운복팔보금룡수산복해문
장화단여괘(大紅五彩雲蝠八寶金龍壽山福海紋妝花緞女褂)
전세품(傳世品)
후대 사람들의 개장(改裝)을 거쳐 현재는 대만에 소장되어 있다.
출처: 대만 『직수포복선수(織繡袍服選粹)』

▶ 그림 9–24 청(淸)·건륭(乾隆) 상록색(湘綠色)
　바탕의 희상봉팔단장화단협길복포(喜相逢八團妝
　花緞夾吉服袍)
북경(北京) 고궁박물원 소장. 전세품(傳世品)
옷길이 138.5cm 양소매전체길이 188cm
앞섶트임길이 79.5cm 옷깃화변너비 11cm
단화(團花)크기: 가로길이 22cm, 세로길이 27.5cm
단화는 화접문(花蝶紋)이며 옷깃 화변은 석청색(石靑
色)이다. 그 위에 이훈(二暈)과 삼훈(三暈)법으로 양
귀비[罌粟], 목련꽃, 복숭아, 매화, 모란, 국화, 사계해
당(四季海棠), 해당화, 수선화, 수국(壽菊), 대나무 등
12종의 화훼를 수놓았다. 자수법으로는 정창(正戱),
반창(反戱), 투침(套針), 평침(平針), 정선(釘線)을 사
용하였으며, 안감은 월백색 오매암화릉(五枚暗花綾)
으로 대섶과 단춧고리도 있다. 황첨(黃籤)에는 "乾隆
三十三年十月十一日收, 福隆安呈覽(건륭 33년 10월
11일 거두어, 복륭안이 심의를 바랍니다)", 또 다른 황
첨에는 "覽綠織八團花卉棉袍一件(남녹직팔단화훼면
포일건)"이라고 각각 묵서되어 있다.
출처: 『중국미술전집(中國美術全集)·공예미술편(工
藝美術編)·인염직수(印染織繡)』하(下) 도판86

▶ 그림 9–26 청대(淸代) 중기 전
　지련문직금단(纏枝蓮紋織金緞)
북경(北京) 고궁박물원 소장
크기 20.3×20.3cm

◀ 그림 9–25 청(淸)·건륭(乾隆) 십이단
　룡장화단희의(十二團龍妝花緞戱衣)
오스트리아국가박물관 소장
옷길이 70cm 양소매전체길이 130cm
출처: 오스트리아 『Universum In Seide』
p.37

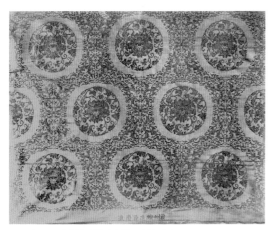

▲ 그림 9-27 청(淸) · 함풍(咸豐) 강주(江綢)
북경(北京) 고궁박물원 소장
너비 76cm
기두(機頭)에는 "杭州織造臣慶連(항주직조신경련)"이라는
문구가 직조되어 있다.

우수하다. 동향복원(桐鄕濮院)에서 생산된 화방주(花紡綢)의 종류는 매우 다양하며, 보편적으로 천하의 명칭으로 통용된다. 동향청진(桐鄕靑鎭)과 강서(江西) 안원(安遠)에서는 금주(綿綢)를 생산하였으며, 강서 신안(信安)에서는 견주(繭綢)를 생산하였다. 안휘(安徽) 합비(合肥)에서 생산된 만수주(萬壽綢)는 방직실이 만수사(萬壽寺)에 있어서 얻게 된 명칭이다. 운남(雲南) 관도(官渡)에서는 능주(綾綢)를 생산하였으며, 신강(新疆) 화전[和闐, 지금의 화전(和田)]에서 생산된 염경주(染經綢)는 통속적으로 화전주(和闐綢)라고 불린다. 귀주(貴州)에서 생산되는 준의주(遵義綢)는 외지 사람들이 이를 귀주주(貴州綢)라고 칭했다. 준의주 중 품질이 가장 뛰어난 직물은 부주(府綢)라고 칭하며, 그 다음의 것은 계피견주(雞皮繭綢)라고 부른다. 또 그 다음은 모주(毛綢)가 우수하며 수주(水綢)는 가장 좋지 않다. 쌍경단위(雙經單緯)인 것은 쌍사주(雙絲綢)라고 칭하며, 단경쌍위(單經雙緯)인 것은 대쌍사주(大雙絲綢)라고 칭한다. 단경단위(單經單緯)인 것은 대단사주(大單絲綢)라고 부른다. 준의주는 재질이 단단하고 두꺼우며 가격이 저렴하여, 중원 지역에서 오릉(吳綾), 촉금(蜀錦)과 가격적인 면에서는 경쟁력이 있었다. 광동(廣東) 향산현(香山縣)의 오석(烏石), 평람(平嵐)에서 생산되는 견주(繭綢)는 대접(大蝶)의 누에고치로 직조한 것으로, 추문(皺紋)은 주름이 있어서 오랜 시간 동안 착용해도 헤지지 않는다. 또한 황금사로 직조한 것도 있는데, 얇고 매끄러우면서도 견고하여 특히 귀하다. 다시 말하면, 1필에 누에고치 1만 개를 필요로 하며 공임도 매우 높아서, 부유층이 직접 직조하여 착용하였다.[6] 추주(皺綢)는 강연사로 직조한 것으로, 쌍추와 단추가 있으며 호주에서 생산된 직물이 가장 유명하다.

궁주(宮綢)는 청대 직성포괘(織成袍褂)의 옷감으로 많이 사용되었다. 각각의 옷감 길이는 5장(丈) 5치[尺]이며, 포 2장을 직조할 수 있다. 남경(南京)에서 생산되며 화문에는 이칙단룡(二則團龍), 관지화(串枝花), 산화(散花), '수(壽)'자 등이 있다. 색상은 대부분 석청(石靑), 원청(元靑), 장색(醬色), 회색(灰色), 타색(駝色), 황색(黃色), 월백(月白) 등이 사용되었다. 그림 9-29는 청대

◀ 그림 9-28 만청(晩淸) 설청색만수문영주(雪靑色萬壽紋寧綢)
북경(北京) 고궁박물원 소장
너비 76cm
기두(機頭)에는 "浙杭王正豊號內局本機寧綢線綢紗緞(절항왕정풍호내국본기녕주선추사단)"이라는 문구가 직조되어 있다.

광서(光緒) 연간 도홍오복봉수문궁주(桃紅五福捧壽紋宮綢)의 조직 구조도이다.

선주의 주요 생산지는 항주이며 일반적으로 복식 옷감으로 사용된다. 그림 9-30은 청대 동치(同治) 연간 도홍만복만수문선주(桃紅萬福萬壽紋線綢)의 조직 구조도이다.

염경주는 먼저 교힐법(絞纈法)으로 날실을 홀치기염색하여 화문을 형성한 후[또는 인화법(印花法)으로 날실을 날염함], 직기를 조작하여 염경(染經) 직물을 직조한다(그림 9-37~9-40). 원래 신강 화전에서 생산되었기 때문에 화전주(和闐綢)라고도 칭한다. 화전주는 유오이족(維吾爾族, 위구르족)의 전통적인 견직물의 하나로 '애덕루사(愛德纍斯)'라고 부른다. 화전주의 날실은 홀치기염색을 거쳐 정리하여 문양 부분을 직조하였으므로 날실이 교차되는 착위(錯位) 현상이 나타날 수밖에 없다. 따라서 직기에 올려 직조한 후, 화문 테두리에 나타나는 들쑥날쑥한 기리(肌理) 효과는 오히려 모호하면서도 쉽게 드러나지 않는 예술적 매력을 지니게 하여, 화전주만의 독특한 예술적 풍격을 형성하였다. 유오이족 여성들은 모두 화전주로 치마 만드는 것을 즐겼는데, 북경(北京) 고궁박물원에 소장된 청대 중기 화전주의 너비는 31.5~42cm 정도로 고르지 않다(그림 9-37은 화전주 조직 구조도). 그중에는 사경사위(絲經絲緯)나 사경면위(絲經棉緯)를 사용한 직물도 있으며, 평문(平紋) 직물 또는 사매이향사문(四枚異向斜紋) 직물도 있다. 화문은 대부분 간결하면서도 시원시원한 기하문(幾何紋)에 변체화문(變體花紋)을 더하여 선명한 지방적 색채를 지닌다. 색채는 단순하면서도 화려하며 화회(花回)는 보통 70~130cm 정도이다.

그림 9-31은 장화주(妝花綢), 9-32~9-35는 암화주(暗花綢), 9-36은 추주(皺綢)이다.

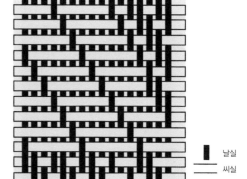

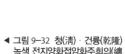

▲ 그림 9-29 만청(晩清) 도홍오복봉수문궁주(桃紅五福捧壽紋宮綢) 조직 구조도
날실: 무연(無撚), 직경 0.16mm, 밀도 56올/cm
씨실: 무연(無撚), 직경 0.3mm, 밀도 28올/cm
바탕조직: 2/1 좌향경사문(左向經斜紋)
화문조직: 1/5 우향위사문(右向緯斜紋)
화문의 테두리는 모호하면서도 횡향감(橫向感)이 느껴진다. 화문의 앞면은 볼록하게 튀어나왔으며, 뒷면은 오목하게 들어갔다.
기두(機頭)에는 "江南織造臣文煦(강남직조신문후)"라는 문구가 직조되어 있고, 황견지(黃絹紙)에 "管理江南織造兼龍江西新關稅務, 光緖二十年 月 日臣文煦謹(강남직조 겸 용강서신관세무 관리, 광서 20년 월 일 신하 문후)"라고 묵서되어 있다.

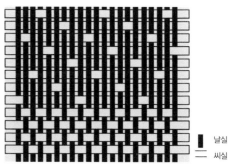

▲ 그림 9-30 만청(晩清) 도홍만복만수문선주(桃紅萬福萬壽紋線綢) 조직 구조도
날실: 좌약연(左弱撚), 직경 0.08mm, 밀도 56×2올/cm
씨실: 무연(無撚), 직경 0.2mm, 밀도 18올/cm
바탕조직: 평문(平紋)
화문조직 팔매오비경면단(八枚五飛經面緞), 외관상 횡조감을 준다.
기두(機頭)에는 "江南織造臣慶林(강남직조신경림)"이라는 문구가 직조되어 있고, 황견지에 "管理江南織造兼龍江西新關稅務臣慶林謹制線綢小卷桃紅一件, 同治拾壹年 月 日(강남직조와 용강서신관세무 관리 신하 경림이 선주소권도홍 1점 직조, 동치 11년 월 일)"이라고 묵서되어 있다.

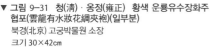

▼ 그림 9-31 청(淸)·옹정(雍正) 황색 운룡유수장화주 협포(雲龍有水妝花綢夾袍)(일부분)
북경(北京) 고궁박물원 소장
크기 30×42cm

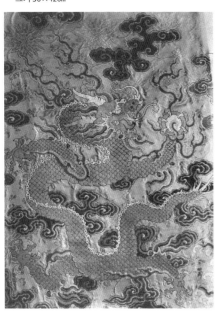

◀ 그림 9-32 청(淸)·건륭(乾隆) 녹색 전지양화접암화주희의(纏枝洋花蝶暗花綢戲衣)(안쪽 일부분)
북경(北京) 고궁박물원 소장
너비 54cm 날실밀도 40~42올/cm 씨실밀도 24올/cm
바탕조직: 평문(平紋)
화문조직: 우향사매경사문(右向四枚經斜紋)
겉과 안의 조직이 동일하며, 날실과 씨실은 모두 무연사(無撚絲)이다.

▶ 그림 9-33 청(淸) 암화주상복포
(暗花綢常服袍)
전세품(傳世品)

◀ 그림 9-34 청(淸)·광서(光緖) 설
청암화주(雪靑暗花綢) 바탕의 삼람
수접련화문난간군(三藍繡蝶戀花紋
欄杆裙)
청화(淸華)대학 미술학원 소장. 전세품
(傳世品)
치마길이 100cm 허리둘레 96cm 밑자
락너비 175cm
출처:『중국미술전집(中國美術全集)·
공예미술편(工藝美術編)·인염직수(印
染織繡)』히(下) 도판102

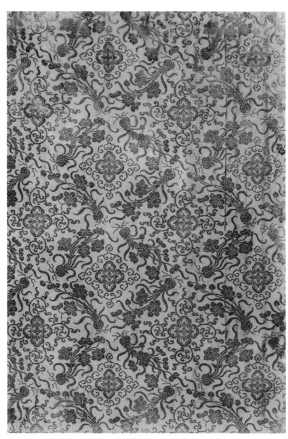

▲ 그림 9-35 청(淸) 시체수선문암화주(柿蒂水仙紋暗花綢)
　북경(北京) 고궁박물원 소장
　너비 76cm

▶ 그림 9-36 청(淸) 홍복제천문추주(洪福齊天紋縐綢)
　개인 소장품
　길이 26.5cm　너비 20.5cm
　바탕조직: 평문(平紋)
　화문조직: 위향사매우사문(緯向四枚右斜紋)
　날실은 약연사(弱撚絲), 씨실은 강연사(强撚絲)이다.

청대(淸代)

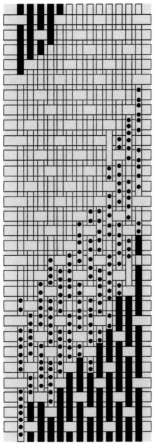

	날실1
	날실2
	날실3
	싸실

▲ 그림 9-37 청(淸) 사문염경주[斜紋染
經綢, 화전주(和闐綢)] 조직 구조도

▲ 그림 9-38 청(淸) 화전주(和闐綢, 염경주)
북경(北京) 고궁박물원 소장. 전세품(傳世品)
길이 524cm 너비 31.5cm
신강(新疆) 유오이족(維吾爾族)의 전통적인 염직품
(染織品)으로, 먼저 날실을 홀치기염색하여 직조하
기 때문에 염경주라고도 부른다. 유오이어로는 '애
덕루사(愛德羲斯)'이다.
출처:『중국미술전집(中國美術全集)·공예미술편
(工藝美術編)·인염직수(印染織繡)』하(下) 도판
150

▲ 그림 9-39 청(淸) 화전주(和闐綢,
염경주)
북경(北京) 고궁박물원 소장. 전세품(傳
世品)
길이 130cm 너비 33cm 날실직경 0.15mm
싸실직경 0.3~0.5mm 날실밀도 58올/cm
싸실밀도 22올/cm
날실은 견사, 싸실은 면사이며, 화문은 경
사매이향사문(經四枚異向斜紋)이다.
출처:『중국미술전집(中國美術全集)·
공예미술편(工藝美術編)·인염직수(印
染織繡)』하(下) 도판152

◀ 그림 9-40 청(淸)·건륭(乾隆) 화전주(和闐綢, 염경주)
북경(北京) 고궁박물원 소장. 전세품(傳世品)
너비 33cm
출처:『중국미술전집(中國美術全集)·공예미술편(工藝美術編)·인염직수(印染織繡)』하(下) 도판151

(3) 사라류(紗羅類)

청대(淸代) 궁궐에서 사용되던 고급 사라는 기본적으로 명(明)나라 강남(江南) 직조국의 생산품 종류를 고수하는 동시에 새로운 종류도 개발하였다. 민간에서 생산하는 직물은 여전히 절강(浙江)을 중심으로 원래의 경융(京絨), 소단(蘇緞), 항라(杭羅)가 있었다. 절강 동향(桐鄉)에서는 삼사라(三梭羅), 오사라(五梭羅), 화라(花羅), 소라(素羅) 등이 생산되었으며, 호주(湖州)에서 생산된 사(紗) 중에서 무늬가 없는 사는 직경사(直徑紗), 무늬가 있는 사는 규사(葵紗)와 협직사(夾織紗)라고 불렀다. 쌍림(雙林)에서는 포두사(包頭紗)를 직조하였는데, 무늬가 없고 가장 흰 직물을 은조사(銀條紗), 문양이 있는 직물을 연사(軟紗)라고 칭했으며, 그 외에 화추사(花縐紗)도 있다. 광주(廣州)에서는 광사(廣紗) 또는 월사(粵紗)를 생산하였으며, 오사(吳絲)를 사용하여 직조해야 매끌매끌하여 먼지가 묻지 않으며 퇴색되지도 않고 주름도 쉽게 펼 수 있다. 건륭(乾隆) 연간 불산(佛山)에서도 인판인화(印版印花)를 이용한 사를 생산하였다. 청대 『잠상췌편(蠶桑萃編)』에 따르면, 사에는 고사(庫紗), 관사(官紗), 실지사(實地紗), 지마사(芝麻紗), 양지사(亮地紗) 등이 있으며, 나(羅)에는 금은라(金銀羅), 숙라(熟羅), 생라(生羅), 춘라(春羅) 등이 있다.

1) 직경사(直徑紗)

북경(北京) 고궁박물원에 소장된 직경은 일교일(一絞一)의 사(紗) 바탕에 평문조직의 화문을 나타냈기 때문에 양지사(亮地紗)라고도 부른다. 날실은 우연사(右撚絲)이며 직경은 약 0.025~0.2mm 사이로 비교적 가늘고 성글다. 씨실은 다소 굵은 무연사이며 배열도 비교적 성글어 방공(方孔)이 남아 있다. 일반적으로 사로 수놓은 용포(龍袍)의 바탕에 사용되며 교사(絞紗) 조직의 날실과 씨실이 밀리지 않기 때문에 수놓은 화문도 규칙적이면서 가지런하다.

2) 실지사(實地紗)

바탕은 평문조직이며 화문은 이경교사(二經絞紗) 조직이다.

3) 춘사(春紗)

평문 바탕에 이경교사(二經絞紗) 조직으로 사공(紗孔) 라인을 직조한 후에 다시 화

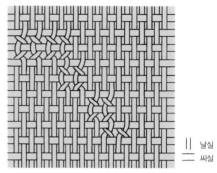

▲ 그림 9-41 청(淸) 대홍복수면장문춘사(大紅福壽綿長紋春紗) 조직 구조도
바탕용 날실: 진홍색, 직경 0.2~0.3mm, 밀도 36올/cm
무늬용 날실: 진홍색, 직경 0.15~0.2mm, 밀도 22올/cm
씨실: 직경 0.25mm, 밀도 22올/cm
바탕조직: 평문
화문조직: 일교일교사(一絞一絞紗) 조직
화문 테두리는 좌우로 각각 씨실 1올의 교사(絞紗) 조직으로 윤곽을 나타낸다.

(1) 바탕 부분 조직 확대도

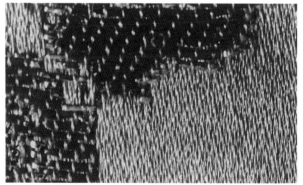

(2) 문양 부분 조직 확대도

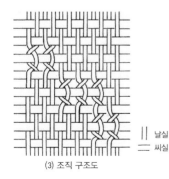

(3) 조직 구조도

◀ 그림 9-42 청(淸) 품녹사합여의류운문상운사(品綠四合如意流雲紋祥雲紗) 조직 분석
날실: 직경 0.1~0.2mm, 밀도 32~34올/cm
씨실: 직경 0.4~0.6mm, 밀도 20올/cm
바탕조직: 평문(平紋)
화문조직: 좌우로 각각 씨실 1올마다 교직한 교사(絞紗) 조직으로 운문(雲紋) 윤곽선을 나타냈다.

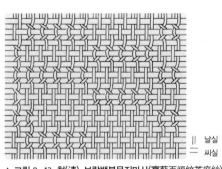

▲ 그림 9-43 청(淸) 보람백복문지마사(寶藍百福紋芝麻紗)
조직 구조도
북경(北京) 고궁박물원 소장품 분석제작
날실: 단고우연(單股右撚), 직경 0.12~0.15mm, 밀도 36올/cm
씨실: 무연(無撚), 직경 0.35~0.4mm, 밀도 20올/cm
바탕조직: 삼사이경교직(三梭二經絞織)
화문조직: 평문(平紋)

▲ 그림 9-44 청(淸)·옹정(雍正) 운룡장화사조포(雲龍妝
花紗朝袍)(일부분)
북경(北京) 고궁박물원 소장

문 형태의 라인을 그린다. 화문 형태의 안과 바탕 부분은 모두 평문이다(그림 9-41, 9-45). 화문은 희미하고 우아하면서도 완곡하게 표현되었다.

직물 분석례: 대홍복수면장문춘사(大紅福壽綿長紋春紗)(그림 9-41)

4) 상운사(祥雲紗)

평문 바탕에 이경교사(二經絞紗) 조직을 사용하여 운문(雲紋)의 윤곽선을 직조하였다. 조직은 춘사(春紗)와 동일하며 화문에 근거하여 명명한 직물이다.

직물 분석례: 품녹사합여의유운문상운사(品綠四合如意流雲紋祥雲紗)(그림 9-42)

5) 지마사(芝麻紗)

지마사는 5올을 각각의 3북(또는 5북)의 씨실이 1번 교직할 때마다의 날실 1조를, 5올을 3북 씨실이 서로 1번 교직할 때마다의 날실의 다른 1조와 서로 교차하여 지마사공(芝麻紗孔) 바탕조직을 직조하여 평문조직 화문이 남아 있는 이경교사(二經絞紗)이다. 바탕은 밝고 화문은 어두우며 바람이 잘 통하는 시원한 옷감이다. 여름철에는 주로 의포(衣袍)와 부챗살[隔扇心], 사장(紗帳), 유만(帷幔, 휘장) 등에 사용되었다.

직물 분석례: 보람백복문지마사(寶藍百福紋芝麻紗)(그림 9-43)

6) 장화사(妝花紗)

직금장화사는 모두 명나라의 전통적인 기술을 고수하였으며 궁궐 양식에 따라 옷감을 정하고 포복직성료(袍服織成料)를 직조하였다. 직물의 조직 구조도 역시 명나라와 동일하다(그림 9-44).

7) 춘라(春羅)

각각의 7북마다 평문이경(平紋二經)을 1번 교직하여 횡조라(橫條羅) 바탕에 3/1 사매좌향사문(四枚左向斜紋)을 직조한 이경교라(二經絞羅) 직물이다. 보통 춘추용 포괘(袍褂) 등에 사용된다.

직물 분석례: 규색빙매문춘라(葵色冰梅紋春羅)(그림 9-46)

8) 횡라(橫羅)

7북 평문이경교라(平紋二經絞羅)로 가로형 사공(紗孔)을 직조한 소라(素羅)이다.[8]

◀ 그림 9-45 청(淸) 빙봉옥매문춘사(冰封玉梅紋春紗)
개인 소장품
길이 29cm 너비 19cm

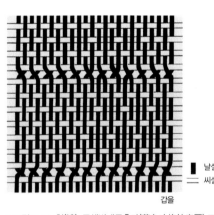

갑을

▲ 그림 9-46 청(淸) 규색빙매문춘라(葵色冰梅紋春羅) 조직 구조도
북경(北京) 고궁박물원 소장품 분석제작. 원본은 천주색(淺朱色)이다.
날실: 황색, 무연(無撚), 직경 0.2~0.27mm, 밀도 36올/cm
씨실: 황색, 무연, 직경 0.26~0.3mm, 밀도 28~36올/cm
바탕조직: 칠사평문이경교라(七梭平紋二經絞羅)
화문조직: 날실 을(乙)은 씨실과 교직하여 3/1 좌향사매경사문(左向四枚經斜紋)을 직조한다.
황견지(黃絹紙)에 "上用葵色冰梅春羅壹匹(상용규색빙매춘라일필)"과 "管理江南織造兼龍江西新關稅務臣慶林謹, 同治拾參年 月 日(강남직조와 용강서신관세무 관리 신하 경림, 동치 13년 월 일)"이라고 날인되어 있다.

(4) 금류(錦類)

1) 송식금(宋式錦)

송금이라고도 하며, 주요 생산지는 소주(蘇州)이다. 청대(淸代) 소주에서 생산된 직금(織錦)은 직조 기술이 정교하였으며, 예술적 풍격은 우아하면서도 매우 화려하였다. 또한 송대(宋代) 직금의 예술적 특징을 갖추었으며, 그러한 바탕 위에 발전되었기 때문에 원·명대(元·明代)의 화려하고, 화형이 크며, 웅장하고 아름다운 풍격을 지닌 장화단(妝花緞), 직금단(織金緞) 등과는 분명한 차이가 있다.

청대 초기 통치 계급은 아름다우면서도 우아한 장식 스타일을 숭상하였다. 강희(康熙) 연간에 어떤 사람이 강소(江蘇) 태흥(泰興)의 계씨(季氏)로부터 송대 표구「순화각첩(淳化閣帖)」10폭을 구매한 후, 그 위에 표구된 송금(宋錦) 22종을 뜯어내어 소주 방직실에 재판매하여 문양을 모방하였는데, 소주 당시의 직금공예를 활용하여 생산되었기에 '송금' 또는 '방송금(仿宋錦)'이라고 명명하였다. 송금이라는 명칭은 지금까지도 계속하여 사용하고 있다. 명·청대 송금의 직물조직은 바탕용 날실과 무늬용 날실(특수용 날실)을 분리한 쌍송경축(雙送經軸) 장치를 사용하였다. 바탕조직은 평문(平紋) 또는 경사문(經斜紋)으로 직조하였으며, 특수용 날실은 직물 표면에 수놓은 무늬용 씨실과 직조하지 않고 뒷면에 가라앉은 무늬용 씨실을 연결하는 데 사용하였다(흔히 보이는 것은 각각의 2, 3, 6올의 바탕용 씨실마다 특수용 날실 1올을 상감함). 기화 부분의 특수용 날실은 무늬용 씨실과 교직하여 평문(平紋) 또는 위사문(緯斜紋)을 직조하였다. 직조할 때, 장포사(長跑梭)를 분단환색(分段換色)한 단포사(短跑梭) 또는 특위사(特緯梭, 일정한 간격마다 채색 북을 추가함)와 배합하였다. 청대의 송금도 명대와 마찬가지로 중금(重錦), 세금(細錦), 갑금(匣錦)으로 나누어진다.

① 중금(重錦)

청대 송금 중 가장 귀한 것으로, 정련염색(精練染色)을 거친 잠사(蠶絲), 연금사(撚金絲), 연은사(撚銀絲), 편금사(片金絲)를 사용하여 삼매사문(三枚斜紋) 바탕에 특수용 날실과 무늬용 씨실을 교직하여 삼매위사문부화(三枚緯斜紋浮花)를 직조한 것이다. 주로 다양한 색상과 합사한 장포사를 사용하여 직조하였다. 단포사와 단계별로 색을 교체하지 않은 특포사(特跑梭)는 단지 화문의 주요 부분에만 장식하였다. 중금은 재질이 두껍고 무거우면서도 정교하며, 연금사, 편금사로 주요 화문과 화문의 윤곽선을 직조하여, 화문의 색상 층차가 풍부하다. 배색은 주로 퇴훈법(退暈法)을 사용하여, 옅은 색에서 짙은 색으로, 또는 짙은 색에서 옅은 색으로 변화시켰다. 도상(圖像)은 생동적이고 자연스러우며 대부분 궁궐에서 사용되는 큰 폭의 족자, 각종 이불과 장식용 재료 등을 직조하는 데 사용되었다. 청나라 중금의 조직 구조는 명나라 중금과 동일한데, 강희 연간의 번련문중금(蕃蓮紋重錦)을 예로 들 수 있다. 또 다른 예로 남색 바탕의 팔달훈문중금(八達暈紋重錦)(그림 9-47)이 있는데 그 조직은 번련문중금(蕃蓮紋重錦)과 동일하다.

직물 분석례: 번련문중금(그림 9-48)

② 세금(細錦)

청대 세금은 명대 세금과 마찬가지로 특수용 날실을 사용하였지만, 바탕용 날실과 특수용 날실의 비율은 명대에서 흔히 사용되는 3:1과 6:1의 비율 외에도 2:1의 배열법을 사용하였다. 세금의 조직 구조는 다음의 5가지로 나누어진다. ㉠ 바탕조직과 화문조직은 모두 평문이다(a형, 그림 9-49). ㉡ 바탕조직은 사문(斜紋)이며, 화문조직은 평문이다(b형). ㉢ 무늬와 바탕조직은 모두 사문이다(c형, 그림 9-50~9-52). ㉣ 바탕조직은 평문이며, 화문조직은 사문이다(d형, 그림 9-53). ㉤ 바탕조직은 불규칙적인 단문(緞紋)이며, 화문조직은 사문이다(e형, 그림 9-54). 세금은 단포사로 주요 화문을 직조하고, 장포사로 꽃가지, 뿌리, 잎사귀 및 화문 윤곽선을 직조하였다. 일반적으로 단포사가 장포사보다 많이 사용되었으며, 서로 다른 너비에 적당한 단계별 색상 교체방법을 사용하여, 금 겉면 색채의 횡조감(橫條感)을 제거하였다. 어떤 경우에는 씨실의 색상이 20여 종류 이상으로 교대로 순환하면서 북을 교체하였다. 따라서 색상은 많지만 세금의 두께는 늘어나지 않기 때문에 이러한

(1) 실물

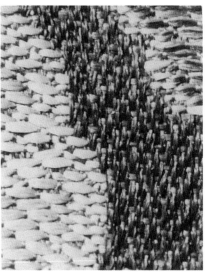

(2) 앞면 조직 확대도

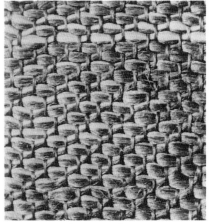

(3) 뒷면 조직 확대도

▲ 그림 9-47 청(淸) 남색 바탕의 팔달훈문중금(八達暈紋重錦)
북경(北京) 고궁박물원 소장
너비 72cm

◀ 그림 9-48 청(淸) · 강희(康熙) 번련문중금(蕃蓮紋重錦)(일부분)
북경(北京) 고궁박물원 소장. 전세품(傳世品)
길이 92cm 너비 80cm

(1) 실물

(1) 실물

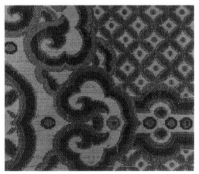

(2) 조직 확대도

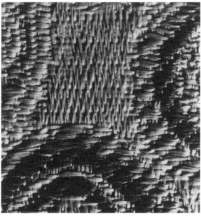

(2) 조직 확대도

▲ 그림 9-49 청(淸) · "강남직조신칠십사"관금군문a형세금(江南織造臣七十四款錦群紋a型細錦)(일부분)
　서장(西藏)자치구 포달랍궁(布達拉宮) 소장
　너비 72cm

▲ 그림 9-50 청(淸) · 강희(康熙) 편복기룡단화사합여의천화문c형세금(蝙蝠夔龍團花四合如意天華紋c型細錦)(일부분)
　북경(北京) 고궁박물원 소장
　너비 72cm

▲ 그림 9-51 청(淸) · 건륭(乾隆) 애록색(艾綠色) 바탕의 쌍사구로문c형세금(雙獅球路紋c型細錦)(일부분)
　북경(北京) 고궁박물원 소장.
　크기 36×72cm
　바탕용 날살: 애록색, 단고우연(單股右撚), 직경 0.1~0.15mm, 밀도 70올/cm
　특수용 날살: 월백색, 무연(無撚), 직경 0.05~0.07mm, 밀도 26올/cm(바탕용 날실 3올마다 특수용 날실 1올을 넣음)
　바탕용 씨실: 애록색, 무연, 직경 0.15mm, 밀도 28올/cm
　무늬용 씨실: 무연, 직경 0.2~0.3mm, 밀도 28올/cm
　　-보람색, 등황색, 백색은 장포사(長跑梭)이며, 애록색, 베이지색, 진홍색, 명황색, 석청색(石靑色), 월백색, 황록색은 단포사(短跑梭)이다.
　바탕조직: 바탕용 날실과 바탕용 씨실로 직조한 삼매경사문(三枚經斜紋)
　화문소직: 특수용 날실과 무늬용 씨실로 직조한 삼매위사문(三枚緯斜紋)

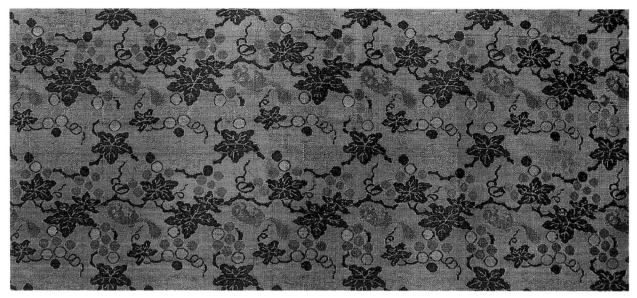

▲ 그림 9-52 청(淸) 포도송서문c형
세금(葡萄松鼠紋c型細錦)
북경(北京) 고궁박물원 소장. 전세품
(傳世品)
길이 11.5cm 너비 17.5cm

▶ 그림 9-53 청(淸) 은백색 바탕
의 구로기룡문d형세금(球路夔龍
紋d型細錦)
북경(北京) 고궁박물원 소장
너비 72cm

(1) 실물

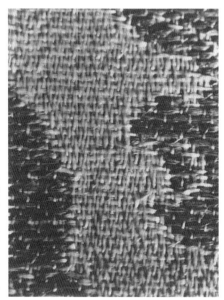

(2) 조직 확대도

(1) 실물

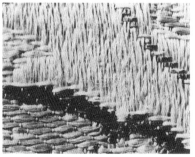

(2) 뒷면 조직 확대도

(3) 앞면 조직 확대도

▲ 그림 9-54 청대(淸代) 중기 만자불단두(卍字不斷頭) 바탕의 희상봉단화문e형세금(喜相逢團花紋e型細錦)
너비 74cm

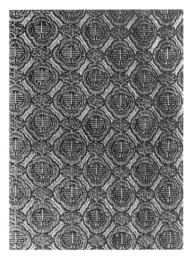

▲ 그림 9-55 청(淸)·강희(康熙) 사합단수자
문a형갑금(四合團壽字紋a型匣錦)
북경(北京) 고궁박물원 소장

종류의 배색방법을 '활색(活色)'이라고 했다. 세금에 사용되는 견사는 중금(重錦)보다 가늘며 밀도 역시 비교적 성글기 때문에 두께가 적당하여 활용성도 뛰어나다. 또한 청대에는 이색세금(二色細錦)이 있었는데, 단포사(短跑梭)를 사용하지 않으며, 바탕조직은 모두 사문(斜紋)이다.

직물 분석례: 애록색(艾綠色) 바탕의 쌍사구로문c형세금(雙獅球路紋c型細錦)(그림 9-51)

③ 갑금(匣錦)

소금(小錦)이라고도 하며, 갑금의 직조법에서 흔히 보이는 것은 2종류이다. 즉, ㉠ 특수용 날실을 사용하며 바탕과 무늬는 모두 사문이다(a형, 그림 9-55). ㉡ 특수용 날실을 사용하지 않으며, 바탕조직은 불규칙적인 육매경면단(六枚經面緞)이며 화문은 장위부화(長緯浮花)이다(b형, 그림 9-56). 갑금의 화문에는 대부분 소형기하전화문(小型幾何塡花紋) 또는 자연형(自然形)의 작은 꽃이 많으며 사용한 색상은 세금(細錦)보다 적어 소박하면서도 우아하다. 보통 한두 개의 장포사(長跑梭)로 잎사귀, 가지, 줄기 또는 기하지문(幾何地紋)을 직조하였으며 일정한 간격마다 특포사 1개를 넣어 주요 화문의 화두(花頭) 또는 작은 동물문을 직조하였다. 어떤 경우에는 바탕용 씨실을 사용하여 화문의 윤곽선을 직조하기도 하였다. 갑금의 재질은 얇고 부드러워 직조한 후에는 뒷면에 풀을 칠하여 빳빳하게 구김이 없도록 하였다. 장황(裝潢) 용도로 전용되었는데, 즉 서화와 낭갑(囊匣)의 표구용으로 쓰였다[9](그림 9-57~9-64).

2) 촉금(蜀錦)

다양한 색상의 전통적인 정련사[熟絲] 직물이며 역사적으로 그 명성이 대단하다. 명대에는 강남단(江南緞) 직물이 크게 유행하였기 때문에 촉금의 생산량이 대폭 감소하였다. 명대 왕사성(王士性)이 저술한 『광지역(廣志繹)』 권5 「서남제성(西南諸省)」에 따르면, "촉금 1겸의 가격은 50금이며, 두께가 두꺼워 장인들이 정성을 다해 직조하니 의복으로 사용할 수 없고 인욕(茵褥, 요나 방석)의 용도로만 쓴다. 궁궐에서만 쓸 수 있었으며 민간에서 쓰는 것은 적합하지 않았다. 따라서 그 제조법이 존재했더라도 촉부에서만 전해졌으며 민간에는 전수되지 않았다(蜀錦一縑五十金, 厚數分, 織作工致, 然不可衣服, 僅充茵褥之用. 只王宮可, 非民間所宜也. 故其製雖存, 止蜀府中, 而閭閻不傳)"라고 하였다. 청대 촉금은 주로 이불 겉감, 인욕류(茵褥類)로 생산되었으며 가장 유명한 것은 방방촉금(方方蜀錦)(그림 9-65, 9-66), 우사금(雨絲錦), 백자도촉금피면(百子圖蜀錦被面)(그림 9-67, 9-68), 촉금피면(蜀錦被面)(그림 9-69) 등이다. 방방금(方方錦, 촉금)은 사각형 격자에 문양을 채워 넣은 전통적인 제품이다. 우사금은 명대의 훈간금(暈間錦)이 변화하여 발전되어 온 것으로, 날실의 채색 끈은 굵은 것에서 가는 것으로, 가는 것에서 굵은 것으로 훈색(暈色) 효과를 사용하여 배열하는 동시에, 그 위에 문직하는 새로운 종류의 직물이다. 백자도촉금피면은 길이와 너비 규정에 따라 설계한 직성(織成) 직물이며, 대부분 적색 바탕에 양 끝에는 화훼(花卉) 테두리, 중간에는 백자희(百子戱) 문양을 직조하였다. 촉금의 직물조직도 이미 변화되어 단화(緞花)가 주를 이룬다.

3) 운금(雲錦)

운금은 남경(南京)에서 생산된다. 남경은 원대 동서직염국(東西織染局)과 명·청대 강녕직조부(江寧織造府)가 소재하던 곳으로 줄곧 아름답고 격조 높은 직금장화단(織金妝花緞) 등의 고급 견직물 생산이 주를 이루었다. 명대 말기의 시인 오매촌(吳梅村)은 「망강남(望江南)」 18수 중, "강남은 뛰어나서 베틀과 북으로 하늘의 재주를 빼앗았구나. 공작의 수를 놓은 아름다운 장화운금, 빙잠에서 뽑아낸 무초는 가볍고도 아름다워 새로운 형식의 소단룡(江南好, 機杼奪天工, 孔雀妝花雲錦爛, 冰蠶吐鳳霧綃空, 新樣小團龍)"이라고 하며, 공작우장화(孔雀羽妝花) 등 직물의 우수성을 칭송하였다. 청대 운금은 고단(庫緞), 직금(織金), 직금(織錦), 장화(妝花) 등의 4종류로 나누어진다.

① 고단(庫緞)

화단(花緞)이라고도 한다. 그 종류로는 첫째, 본색제화단(本色提花緞) 직물로 양화(亮花)와 암화(暗花)로 나누어지며 경사단조직(經絲緞組織)에 문양을 직조하였다. 위사단조직(緯絲緞組織)에 바탕 무늬를 직조한 것은 양화단(亮花緞)이며, 그 반대의 직물은 암화단(暗花緞)이다. 둘째, 문양과 색상이 서로 다른 이색고단(二色庫緞)은 위융(緯絨)으로 무늬를 직조한 단직물이다.

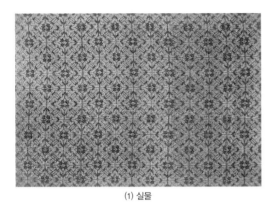

(1) 실물

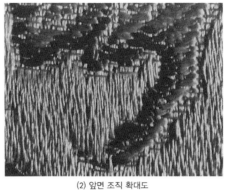

(2) 앞면 조직 확대도

(3) 뒷면 조직 확대도

▲ 그림 9-56 청대(淸代) 초기 목홍색 바탕의 점문b형갑금(簟紋b型匣錦)
북경(北京) 고궁박물원 소장

▶ 그림 9-57 청(淸) 기하문갑금(幾
何紋匣錦)(부분 확대)
개인 소장품. 전세품(傳世品)
길이 20cm 너비 10cm

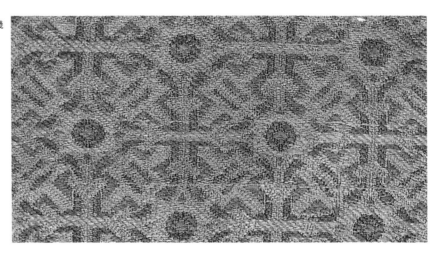

◀ 그림 9-58 청(淸) 점문갑금(簟紋匣錦)
청화(淸華)대학 미술학원 소장. 전세품(傳世品)
길이 33cm 너비 22cm

▼ 그림 9-60 청(淸) 규룡만수문갑금(葵龍卍
壽紋匣錦)(부분 확대)

▲ 그림 9-59 청대(淸代) 말기 규룡만수문갑금(葵龍卍壽紋匣錦)
북경(北京) 고궁박물원 소장. 전세품(傳世品)
길이 28cm 너비 20cm

▲ 그림 9-61 청대(淸代) 말기 능격사합여의문갑금(菱格四合如意紋匣錦)
청화(淸華)대학 미술학원 소장
길이 33cm 너비 23cm

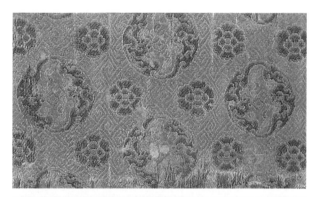

▲ 그림 9-62 청대(淸代) 말기 갑금(匣錦)(2점)
개인 소장품. 전세품(傳世品)
너비 각 16cm

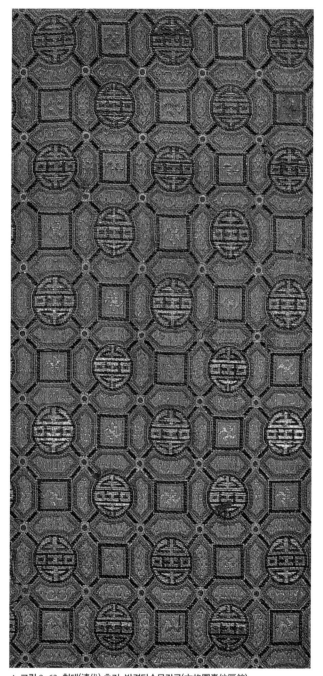

▲ 그림 9-63 청대(淸代) 초기 방격단수문갑금(方格團壽紋匣錦)
청화(淸華)대학 미술학원 소장. 전세품(傳世品)
길이 45cm 너비 20cm

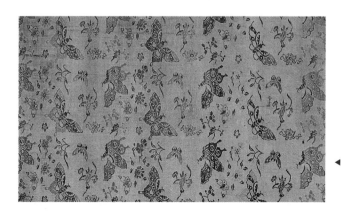

◀ 그림 9-64 청대(淸代) 초기 호접채화문갑금(蝴蝶采花紋匣錦)
북경(北京) 고궁박물원 소장. 전세품(傳世品)
길이 33cm 너비 23cm

▲ 그림 9-65 청(淸) 방방촉금(方方蜀錦)
북경(北京) 고궁박물원 소장

▲ 그림 9-66 청(淸)·광서(光緖) 절지삼다기하문방방금(折枝三多幾何紋方方錦)[촉금(蜀錦)]
청화(淸華)대학 미술학원 소장. 전세품(傳世品)
길이 30cm 너비 24cm

▲ 그림 9-67 청(淸) 적색 바탕의 백자도촉금피면(百子圖蜀錦被面)(일부분)
북경(北京) 고궁박물원 소장

▲ 그림 9-69 만청(晚淸) 절지화접문촉금피면(折枝花蝶紋蜀錦被面)(일부분)
북경(北京) 고궁박물원 소장

▲ 그림 9-68 청(淸) 백자도촉금피면(百子圖蜀錦被面)(일부분)
청화(淸華)대학 미술학원 소장. 전세품(傳世品)
길이 59cm 너비 40cm

청대(淸代)

셋째, 장금고단(妝金庫緞)이며 그 화문은 대부분 원래의 색상이지만 화문의 주요 부분은 금사 알사(挖梭)를 사용하여 직조하였다. 예를 들면, '오복봉수(五福捧壽)', '팔선경수(八仙慶壽)', '이룡봉수(二龍捧壽)' 등의 단화(團花) 문양에서 금사로 '수(壽)'자를 알직(挖織)하고 '보선연화(寶仙蓮花)' 문양은 금사로 연꽃의 '심(心)' 부분을 알직하였다. '금팔보전지모란(金八寶纏枝牡丹)' 문양은 금사로 전지모란(纏枝牡丹) 옆에 산점소팔보문(散點小八寶紋)을 알직하였다. 이러한 문양은 모두 큰 조각의 본색 양화(亮花) 또는 암화(暗花) 부분이 작은 금화(金花)를 부각시켜, 세련되고 고상하면서도 화려하다. 넷째, 금은점고단(金銀點庫緞)으로 본색 조합형 기하문(幾何紋)인 '천화금(天華錦)' 문양에 극히 적은 양의 금사와 은사로 동시에 알사(挖梭)하여 장식하였다. 장금고단과 금은점고단의 본색 무늬는 모두 장포사(長跑梭)로 직조하였으며, 소형 금화와 은화는 금사, 은사 알사를 사용하여 직조하여 '알화고단(挖花庫緞)'이라고도 불렀다. 다섯째, 장채고단(妝彩庫緞)으로 본색 암화단(暗花緞), 이색단(二色緞)과 소량의 채용을 알화기법과 혼합 사용하여 만든 종류이다. 본색 또는 바탕색과 다른 2번째 색상의 장사(長梭)로 주화(主花)를 직조한 후, 다시 채용으로 알사하여 소량의 채화(彩花)를 직조하였기 때문에 문양은 전체적으로 화려하며 활기가 있다. 즉, '봉천모란(鳳穿牡丹)' 문양은 채용으로 절지모란(折枝牡丹) 옆의 비봉(飛鳳) 등을 알직하였다. 고단은 주로 복식의 옷감으로 사용되었으며, 민간 작방에서는 '포료(袍料)'라고 통칭하였다. 문양 구도를 살펴보면, 복식 스타일에 따라 주요 화문을 가슴, 등, 양 어깨, 소매, 밑자락 등의 부분

에 배열하였다. 고단 원단은 길이 2장 1자, 너비 2자 2치 반이며 화문은 2, 4, 6, 8칙(則) 등으로 나누었다. 그중 4, 6칙이 대부분을 차지했으며 칙수(則數)는 바로 너비 내의 단위화문수를 가리킨다. 4칙은 바로 너비가 2자 2치 반의 범위에 4개의 단위화문을 배열하는 것이다. 청대 고단은 대부분 단화(團花)를 사용하였으나 신해혁명(辛亥革命) 이후에는 복장 스타일의 급격한 변화로 인하여 절지화(折枝花)와 산화(散花)가 유행되었다. 전통적인 단화직물은 몽고와 티베트 등지로 판매되어 의포(衣袍)로 사용되었다.

② 직금(織金)

고금(庫金, 모든 화문을 금사로 직조함) 또는 고은(庫銀, 모든 화문을 은사로 직조함)이라고도 한다. 직금의 문양은 바탕에 무늬가 가득하여 금(金)을 부각시키는 효과를 충분히 발휘해야 한다. 일반적으로 비교적 단위가 작은 문양은 만금(滿金) 바탕에 바탕조직으로 음문(陰紋) 문양의 윤곽선을 표시하였다. 이러한 종류의 윤곽선은 금사를 고르게 고정시킬 수 있으며 문양 화문의 형상도 표현할 수 있어서 그 설계가 매우 절묘하다. 직금은 주로 의복, 모자, 치마, 깔개의 가장자리를 감입하는 데에 사용되었다. 명나라 직금은 대부분 편금[片金, 또는 명금(明金), 누금(縷金), 편금(扁金)이라고 함]으로 직조하였으며, 청나라 직금은 대부분 연금사(撚金絲)로 직조하였다. 화문단위는 대부분 14칙이었으며 현재는 7칙을 주로 사용하며 화문단위도 비교적 크다(그림 9-70~9-73).

③ 직금(織錦)

운금(雲錦) 중에서 직금(織錦)과 장화(妝花)의 주요 차이점은 직

▲ 그림 9-70 만청(晚清) 사합여의운보상화고금(四合如意雲寶相花庫金)
남경운금(南京雲錦)연구소 소장
화회(花回)단위 7.5×12cm

▲ 그림 9-71 청(清) 암팔선문직금단(暗八仙紋織金緞)
개인 소장품. 전세품(傳世品)
길이 33cm 너비 21cm

▲ 그림 9-72 청대(清代) 중기 단룡팔보문직금단(團龍八寶紋織金緞)
청화(清華)대학 미술학원 소장. 전세품(傳世品)
길이 33cm 너비 22cm

◀ 그림 9-73 청(清) 번련문직금단(蕃蓮紋織金緞)
개인 소장품. 전세품(傳世品)
길이 34cm 너비 22cm

금의 무늬와 바탕이 모두 장포채위통사(長跑彩緯通梭)로 직조되었으며, 장화는 채용소위관사(彩絨小緯管梭)로 화문을 알직하고 장포지위통사(長跑地緯通梭)로 바탕무늬를 직조하였다는 점이다. 직금의 색상은 단계별 색상 교체방법으로, 매 1단마다 4~5가지 색상의 채색 씨실만 배합할 수 있었다. 채색 씨실 중에는 바탕용 씨실용 1조가 있으며, 특히 직물 뒷면의 직조하지 않은 채색 씨실을 눌러 '구배(扣背, 뒷면 조직)'를 형성한다. 따라서 두께는 얇고 균일하며 비교적 견고하다. 장화의 화문은 다양한 색상의 소관사(小管梭)를 사용하여 화문 부분에서 알직할 수 있으며, 색상의 변화는 비교적 자유롭다. 그러나 직물의 뒷면에는 채색 포용[抛絨, 회사천용(回梭穿絨)이라고도 함]이 있어 쉽게 마모될 뿐만 아니라 화문 부분의 채용은 비교적 두껍다. 반면에, 바탕무늬 부분에는 채용이 없기 때문에 바탕 부분이 비교적 얇으며, 두께도 균일하지 않다. 운금 중, 직금 종류에는 이색금고금(二色金庫錦), 장채고금(裝彩庫金), 말사직금(抹梭織錦), 말사금보지(抹梭金寶地), 부용장(芙蓉妝) 등이 있다.

- 이색금고금(二色金庫錦): 화문단위가 작은 직금이며, 화문은 모두 금은사로 직조하였다. 금사를 위주로 하여 부분적으로 은사로 장식하였다. 화문은 대부분 기하형(幾何形)과 작은 꽃송이가 많다. 일반적으로 복장, 모자, 깔개 등의 테두리를 감입하는 데에 사용된다. 화문단위에는 14, 21, 28칙 등의 종류가 있다.

- 장채고금[妝彩庫金, 채고금(彩庫錦)]: 금사와 채용통사(彩絨通梭)를 사용하여 직조한 소화문직금(小花紋織錦)이다. 채용사(彩絨梭)는 단지 문양의 극히 작은 부분만 장식하고 단계별로 색상을 교체하지만 때로는 채색사와 금사의 장포사 통사를 사용하여 직조하기도 한다. 금사와 채색사의 배합은 많은 색상을 사용하지 않고도 화려하면서 아름답다. 화문단위에는 14, 21, 28칙 등의 종류가 있으며 보통 낭대(囊袋), 금갑(錦匣), 침점(枕墊), 장정(裝幀)의 장식과 의복 가장자리 상감용으로 쓰인다(그림 9-74).

- 말사직금(抹梭織錦): 무늬가 큰 채금(彩錦)이며 금사를 사용한 것과 사용하지 않은 2가지 종류가 있다. 말사(抹梭)는 전체 무늬와 바탕을 모두 통사로 직조하며 알사를 사용하지 않는다. 채색 씨실은 앞면에 무늬를 나타내며 무늬를 직조하지 않는 경우에는 바탕용 씨실을 눌러 뒷면에 가라앉게 하여 구배(扣背) 조직을 형성한다. 채색 씨실의 단계별 색상 교체는 동일한 단에서 4~5가지의 색상만을 사용하여 직물의 뒷면에 채조(彩條) 효과를 나타낼 수 있다. 4~5가지 색상에서 1~2가지는 자주 교체하지 않는 장포위(長跑緯)가 있어, 도안의 주요 색상을 형성하도록 한다. 나머지 단계별로 색상 교체한 것은 단포위(短跑緯)라고 한다. 수공 목기(木機)를 사용하면 하루에 2자를 직조할 수 있다. 청대 말기 민간 작방에서는 금사를 사용하지 않는 말사장화대담(抹梭妝花臺毯), 고점(靠墊), 제포(提包), 금조(琴條, 길이와 너비는 피아노의 뚜껑과 상응하고 양 끝에는 술로 장식함) 등을 직조하였다(그림 9-75, 9-76).

- 말사금보지(抹梭金寶地): 직조법은 말사직금(抹梭織錦)과 동일하며, 상이한 부분이라고 하면, 말사장화는 단(緞) 바탕에 채색 화문을 수놓지만, 말사금보지는 온 바탕이 연금선[撚金線, 원금선(圓金線)]이며, 금 바탕에 채색 화문을 직조한다는 점이다. 다시 화문의 윤곽은 편금(片金)으로 꼬아주기 때문에(편금사로 윤곽선을 감입함), 말사직금보다 훨씬 산뜻하면서도 아름답다.

- 부용장(芙蓉妝): 배색이 비교적 간단한 큰 화문의 직금(織錦)이다. 화문은 몇 가지 종류의 색으로만 표현하며, 금사로 테두리를 상감하지 않는다. 화형(花形)은 바탕 부분의 윤곽을 비움으로써 나타내며, 예술가들은 이를 '주양봉(丟陽縫)'이라고 칭한다. 예를 들면, 꽃, 잎, 가지, 뿌리 등은 모두 1가지 또는 2가지 색의 녹색 장포사로 직조한다. 꽃은 단포사로 1단은 적색, 1단은 황색으로 단계별로 색상을 교체한다. 사용된 색상은 많지 않으며, 재질은 비교적 얇으면서도 가지런하다. 이러한 종류는 연꽃을 주

▲ 그림 9-74 만청(晚淸) 품람색(品藍色) 바탕의 절지모란반장빙문장채고금(折枝牡丹盤長冰紋妝彩庫金)
북경(北京) 고궁박물원 소장
화회(花回) 12×24cm
기두(機頭)에는 "張正泰本機頭號庫金(장정태본기두호고금)"이라는 문구가 직조되어 있다.

▲ 그림 9-75 청(淸)·옹정(雍正) 비홍색(妃紅色) 바탕의 타화만초문말사직금희의(朵花蔓草紋抹梭織錦戲衣)(일부분)
북경(北京) 고궁박물원 소장

▲ 그림 9-76 청(淸)·건륭(乾隆) 전지모란기룡문말사직금(纏枝牡丹夔龍紋抹梭織錦)
청화(淸華)대학 미술학원 소장. 전세품(傳世品)
길이 38cm 너비 25cm

▲ 그림 9-78 만청(晩淸) 절지모란국화문부용장(折枝牡丹菊花紋芙蓉妝)
청화(淸華)대학 미술학원 소장. 전세품(傳世品)
길이 36cm 너비 26cm

▲ 그림 9-77 청(淸) 호접부귀천지부용장(蝴蝶富貴穿枝芙蓉妝)
청화(淸華)대학 미술학원 소장. 전세품(傳世品)
길이 40cm 너비 30.5cm

▲ 그림 9-79 만청(晩淸) 천지부용문부용장(穿枝芙蓉紋芙蓉妝)
청화(淸華)대학 미술학원 소장. 전세품(傳世品)
길이 44cm 너비 30.4cm

▲ 그림 9-80 만청(晩淸) 전지국화모란문부용장(纏枝菊花牡丹紋芙蓉妝)
청화(淸華)대학 미술학원 소장. 전세품(傳世品)
길이 36cm 너비 26cm

▲ 그림 9-81 청(淸) 천지보상화문부용장(穿枝寶相花紋芙蓉妝)
청화(淸華)대학 미술학원 소장. 전세품(傳世品)
길이 40cm 너비 22cm

▲ 그림 9-82 청(淸) 전지국화문부용장(纏枝菊花紋芙蓉粧)
　청화(淸華)대학 미술학원 소장. 전세품(傳世品)
　길이 41cm 너비 26cm

▲ 그림 9-83 청(淸) 전지련모란과질문부용장(纏枝蓮牡丹瓜瓞紋芙蓉粧)
　개인 소장품. 전세품(傳世品)
　길이 30cm 너비 22cm

◀ 그림 9-84 청(淸) · 가경(嘉慶) 연전문(連錢紋) 바탕의 천지부용문부용장(穿枝芙蓉紋芙蓉粧)
　개인 소장품. 전세품(傳世品)
　길이 29cm 너비 20cm

청대(淸代)

▲ 그림 9-85 청(淸)·건륭(乾隆) 전지부귀복수문부용장(纏枝富貴福壽紋芙蓉妝)
북경(北京) 고궁박물원 소장. 전세품(傳世品)
길이 30cm 너비 20cm

▲ 그림 9-86 청대(淸代) 중기 천지모란국화란화문부용장(穿枝牡丹
菊花蘭花紋芙蓉妝)
개인 소장품. 전세품(傳世品)
화회(花回)단위 17×12cm

▶ 그림 9-87 만청(晩淸) 곡수문(曲水紋) 바탕의 천지
불수문부용장(穿枝佛手紋芙蓉妝)
청화(淸華)대학 미술학원 소장. 전세품(傳世品)
길이 36cm 너비 19cm

제로 삼아, 부용장이라고 불렀다. 일반적으로 불번(佛幡), 포점(鋪墊, 이불), 서화 표구 등에 사용된다(그림 9-77~9-87).

④ 장화(妝花)

명대 이래로 남경(南京)에서 가장 유명하면서도 특색 있는 견직물이다. 명대『천수빙산록(天水冰山錄)』에서 언급된 장화에는 장화단(妝花緞), 장화라(妝花羅), 장화사(妝花紗), 장화주(妝花紬), 장화견(妝花絹), 장화금(妝花錦), 장화사포(妝花絲布) 등이 있다. 이는 모두 장포사(長跑梭)로 바탕무늬를 직조하고 채융소관사(彩絨小管梭)를 사용하여 알화(挖花)하는 방법을 단(緞), 나(羅), 사(紗), 주(紬), 견(絹), 금(錦), 사(絲) 직물에 응용한 장화계열 상품들이다. 장화는 20~30가지 이상의 색상을 배합할 수 있어, 색상의 변화가 비교적 자유로운 편이다. 즉, 4칙 화문의 장화단을 직조하는 경우 직물 표면에 4개의 동일한 화문단위를 가로로 배치할 수 있다. 이 4개의 동일한 화문단위는 서로 다른 색깔을 직조할 수 있어, 전체적인 색상을 풍부하게 해준다. 소관사(小管梭) 단경회위(斷經回緯) 알사(挖梭)를 사용하여 통과시키지 않으면 직조할 수 없다. 청대 장화 종류에는 장화사, 장화주, 장화단 등이 있는데, 그중 장화단이 가장 많으며, 주로 직성포괘필료(織成袍褂匹料)로 사용되었다(그림 9-88~9-90). 바탕조직은 대부분이 팔매단(八枚緞)과 칠매단(七枚緞)이다.『청궁술문(淸宮述聞)』권2 머리말「설인헌수필(雪印軒隨筆)」에 따르면, "내궁의 대단은 모두 금릉에서 직조한 것으로 비치는 색깔이 선명하면서도 윤기가 흐른다(內府大緞皆金陵織造, 所貢色鮮潤)"고 하였다.[2] 현재 남경운금(南京雲錦)연구소에서는 역대의 거의 모든 장화 기술을 보유하고 있는데, 일찍이 명대 정릉(定陵)에서 출토된 만력(萬曆) 황제의 과견룡장화사직성포료(過肩龍妝花紗織成袍料)를 성공적으로 복제하였다(그림 8-168, 8-169). 이 용포의 화문은 대의금(大衣襟), 소의금(小衣襟), 대시체[大柿蔕, 환룡포(環龍袍)의 어깨와 깃 부분], 소시체(小柿蔕), 용란(龍襴, 겉자락 무릎 부분), 소매, 운문(雲紋) 등의 서로 다른 형식에 근거하여, 따로따로 10개의 화본을 골라 직조하였다. 여기에는 모두 29,450북의 무늬용 씨실이 있으며, 매 북마다 각자사(脚子絲) 1올을 넣어 합하면, 화본 길이는 50여 장(丈), 무게는 10kg에 달한다. 따라서 직조할 때 화본을 나누어 순서대로 직기에 걸어야 하며, 분단 순서는 만화(挽花) 장인과 직조공이 서로 보조를 맞추어 조작해야 한다. 이 직성포료의 너비는 2자 3치(76cm), 길이는 5장 3자 1치(17.7m)이며, 옷깃, 대소의금(大小衣襟), 좌우 소매, 왼쪽 몸판, 무릎 정면, 슬란(膝襴) 등 부분의 도안 구도에 따라 상단에는 행룡(行龍) 11마리, 계룡(界龍) 3마리, 승룡(昇龍) 2마리, 정면 좌룡(坐龍) 1마리가 있으며, 온 바탕에는 사합여의운문(四合如意雲紋)으로 가득하다. 직기공예는 복잡하여 화본 이외에도 바탕무늬 교사(絞紗)는 특별히 제작한 화문 잉아를 사용하여 조절해야 한다. 바탕무늬는 통사(通梭)를 사용하며, 화문은 바디(筘) 앞에 놓여 있는 50여 개의 채융소관사(彩絨小管梭)로 알직한다. 하루에 2치 정도밖에 직조할 수 없기 때문에 "금은 손가락(길이)을 넘지 못하며, 융은 1촌을 넘지 못하여(金不過指, 絨不過寸)", "1촌의 금을 장화로 바꾼다(寸金換妝花)"라는 말이 나돌 정도였다. 이 과견룡장화사직성포료는 연속으로 270여 일 동안 직조해야 비로소 완성할 수 있으며, 현재 북경(北京) 정릉(定陵)박물

▲ 그림 9-88 만청(晩淸) 희자잡보문장화단(喜字雜寶紋妝花緞)
개인 소장품
길이 20cm 너비 20cm

▲ 그림 9-89 청(淸) 연운단수문장화단(連雲團壽紋妝花緞)
청화(淸華)대학 미술학원 소장
길이 25cm 너비 22cm

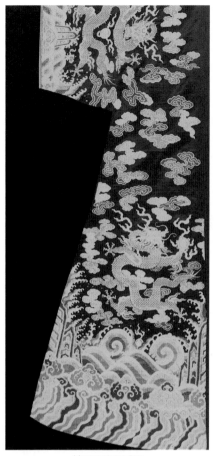

(1) 앞면 안자락 한쪽

(2) 앞면 겉자락 양쪽

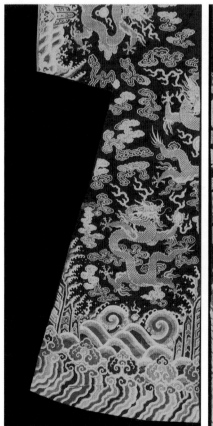

(3) 뒷면 양쪽

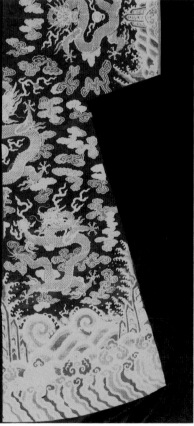

◀ 그림 9-90 청(淸)·옹정(雍正) 석청색 바탕의 오채운
룡장화단직성료(五彩雲龍妝花緞織成料)
북경(北京) 고궁박물원 소장
총길이 780cm
종수(綜袖)와 수단(袖端)은 별도로 덧댔다.

관에 소장되어 있다. 고궁박물원에 소장된 문물 중에는 청대 장화단룡포(妝花緞龍袍)가 가장 많다(그림 9-90).

⑤ 금보지(金寶地)

운금금보지(雲錦金寶地)는 바탕 전체에 금사를 사용한 것 외에도 화문의 직금장식, 장사(長梭)와 알사를 병용하였기 때문에 장화단과는 동일하지만 말사금보지(抹梭金寶地)와는 다르다. 운금금보지의 문양은 알사를 사용하여 색을 입히고, 편금(片金)으로 테두리를 둘렀다. 주요 화문은 퇴훈법(退暈法)으로 색상을 배합하였는데, 단색을 사용한 것도 있고, 편금, 은사로 장식한 것도 있으며, 금사와 은사를 병용한 것도 있다. 금화(金花)와 은화(銀花)는 채융(彩絨)을 사용하여 테두리를 장식했다. 연금사(撚金絲)로 바탕무늬를 전체적으로 직조하여, 광택이 나면서도 차분하며 은은하다. 반짝이는 편금 꼬임 테두리, 편금과 은사로 표현한 화문은 밝기의 변화를 형성하여, 오색 찬란한 채화 중 훨씬 더 돋보이면서도 아름답다. 금보지는 주로 궁궐 장식용 재료로 사용되었으며 몽고와 서장(西藏) 지역에서도 옷깃, 옷자락, 치맛자락, 티벳 모자 등의 상감용으로 쓰였다[10](그림 9-91, 9-92).

4) 직성중금(織成重錦) 도축(圖軸, 족자축)과 당카(唐卡)

청대 중금 도축은 역사상 최고의 절정기에 이른다. 예를 들면, 고궁박물원에 소장된 건륭(乾隆) 시기의 「서방극락세계(西方極樂世界)」 도축이 바로 국보급 문물이다(그림 9-93). 직금 당카의 수량은 상당히 많은데, 대부분 서장(西藏), 청해(靑海), 북경(北京) 등지의 라마사(喇嘛寺)에 소장되어 있으며 해외로 전해진 문물도 적지 않다.[11][12]

5) 태금(傣錦)

운남성(雲南省) 태족(傣族) 여성들의 전통적인 사마(絲麻) 직물이다. 날

▲ 그림 9-91 청대(淸代) 중기 천지화문금보지(穿枝花紋金寶地)
북경(北京) 고궁박물원 소장. 전세품(傳世品)
너비 55cm

◀ 그림 9-92 청(淸)·건륭(乾隆) 절지매괴화문금보지(折枝玫瑰花紋金寶地)
북경(北京) 고궁박물원 소장. 전세품(傳世品)
너비 55cm

◀▲ 그림 9-93 청(淸)·건륭(乾隆) 채직중금(彩織重錦)「서방극락세계(西方極樂世界)」도축(圖軸)
북경(北京) 고궁박물원 소장. 전세품(傳世品)
높이 448cm 너비 196.5cm

이 도축은 청대 궁궐 화가 정관붕(丁觀鵬)의 밑그림을 사용하여 소주(蘇州)의 직금(織錦) 고수가 제작한 것이다. 도축은 불교 경변(經變) 이야기에 근거하여 일불이보살(一佛二菩薩)을 중심으로 상하좌우에 다양한 표정의 보살(菩薩), 천왕(天王), 나한(羅漢), 기악(伎樂) 등 278명의 다양한 인물들을 대칭적으로 배치하였다. 선산누각(仙山樓閣)을 배경으로, 중간에는 크고 웅대한 궁궐 건축물, 산석수목(山石樹木), 떠다니는 꽃구름이 있다. 선대(仙臺) 하단에는 보배연못이 있으며, 물속에는 만개한 연꽃 9송이 있다. 생전에 행한 선악으로 인하여 인과응보를 치러 환생한 구품(九品) 인물이 무릎을 꿇고 있다.

직성금의 바탕조직은 삼매좌향경사문(三枚左向經斜紋)이며 화문조직은 삼매좌향위사문(三枚左向緯斜紋)이다. 바탕조직의 밀도는 날실 50올/cm이다. 바탕용 날실 직경은 0.1mm(2합사), 밀도는 72×2올/cm이며, 바탕용 씨실과 교직하여 삼매경향좌사문조직의 바탕을 이룬다. 특수용 날실의 직경은 0.1mm(단사)이며, 매 3올 합사의 바탕용 씨실마다 특수용 날실 1올을 추가하여 특수용 날실 밀도는 28올/cm이며, 전적으로 무늬용 씨실과 교직하여 위향삼매좌사문(緯向三枚左斜紋)의 화문을 이룬다. 씨실 직경은 0.2~0.25mm, 가장 굵은 것은 0.3mm, 밀도는 24올/cm이며, 직물 표면에 드러나 무늬를 나타낸다. 그 외에도 408올의 씨실은 직물의 뒷면에 감추어져 있는데, 특수용 날실과 교직하여 삼매경사문(三枚經斜紋)의 뒷면 조직을 이룬다. 전체 폭에는 19가지 다양한 색상의 장직위(長織緯), 안에는 무늬용 씨실이 있으며, 18북마다 바탕용 씨실 1북을 직조함)가 있다. 석청색(石靑色) 바탕에 대홍, 목홍, 분홍, 수분(水粉), 심람(深藍), 월백, 규황(葵黃), 아황(鵝黃), 귤황(橘黃), 묵록(墨綠), 천록(淺綠), 옥색, 흑색, 백색, 가자(茄紫), 설회(雪灰), 적원금(赤圓金), 황원금(黃圓金) 등 19가지 다양한 색상의 씨실 장직사(長織梭)로 직조하여 완성하였다. 표면은 훈색법(暈色法)을 활용하여 불상은 균일하게 채색하고 가는 실로 윤곽선을 그렸다. 대비되어 맞물리는 부분은 3층차 또는 4층차의 퇴훈법을 응용하여 색을 칠했다. 색상은 짙은 색에서 옅은 색으로 점점 변화되면서 조화롭고 통일되도록 하여 그림에는 심천(深淺)과 명암의 변화를 나타냈다. 특히, 일불이보살의 보개(寶盖)와 궁궐의 주요 부분에는 밝은 금사를 사용하여 돋보이게 하였으며, 화면에 웅장하고 화려한 예술적 효과를 더해 주었다. 좌우 테두리를 포함한 너비가 200cm에 가까운 거작으로 전체 폭에 북을 통과하여 직조하는 공정은 매우 복잡하다.

출처:『중국미술전집(中國美術全集)·공예미술편(工藝美術編)·인염직수(印染織繡)』하(下) 도판161

▲ 그림 9–94 청(淸) 기하단화문장금(幾何團花
紋壯錦)
북경(北京) 고궁박물원 소장. 전세품(傳世品)
화회(花回)단위: 가로 13.3cm, 세로 8.5cm
날실과 씨실이 비교적 굵은 사면교직물(絲棉交
織物)이며, 장식성이 뛰어나다.
출처: 『중국미술전집(中國美術全集)·공예미술
편(工藝美術編)·인염직수(印染織繡)』 하(下)
도판143

실과 바탕용 씨실은 모두 가는 마사(麻絲)이며, 무늬용 씨실은 염색된 융사(絨絲) 또는 저마산사(苧麻散絲)이다. 바탕용 씨실과 날실을 교직하여 평문을 이루고, 무늬용 씨실은 길게 들뜨게 하여 무늬를 나타냈다. 직조할 때, 1북 간격을 두고 통사 바탕용 씨실과 직조하였으며, 소관사(小管梭) 색실을 사용하여 무늬용 씨실과 직조하였다. 첫 번째 화문단위를 직조할 때, 십자수 목판을 사용하여 화문의 사구(梭口)를 고르게 하는 동시에, 염식제화(簾式提花) 종속(綜束)에 죽침 1개를 끼어 넣는다. 이 화문단위가 완성되면, 염식제화 종속의 화본도 역시 형성된다. 태족 직기의 염식제화 종속사는 직기 상단에 연결되어 있는데, 경면(經面)을 지나 하단의 가로막대에 묶여 있으며, 이 가로막대는 각답판(脚踏板)을 사용하여 올리고 내릴 수 있다(그림 4-28, 4-29). 염식제화 잉앗실[綜線]의 중간에는 날실이 통과될 수 있는 종안(綜眼)이 있으며, 그 총수량은 날실 수와 동일하다. 바탕무늬를 직조할 때, 염식제화 잉앗대[綜竿]의 각답판은 밟지 않고 평문(平紋) 잉아[綜片]로 평문의 개구를 내딛도록 한다. 화문을 직조할 때, 염식제화 잉앗대를 밟아 전체 화종(花綜)에 장력이 형성되도록 하고, 손으로 제화 죽침을 들어 분리된 제화 잉앗실을 사용하여 날실을 움직이게 한 후, 직화사구(織花梭口)를 형성하도록 한다. 편리함을 위하여, 태금은 상하좌우 대칭의 능격기하전화(菱格幾何塡花) 모양을 선택하였기 때문에 문양을 직조할 때, 도안 단위의 절반만 직조하여 그 수를 기록한 후 반복하여 수놓을 수 있다. 화문을 직조할 때, 화회(花回)의 절반 수량의 죽침을 사용하여 차례대로 바꾸면 완전한 화문을 수놓을 수 있다. 태금은 일반적으로 피면(被面), 배대(背袋) 등의 실용품에 사용되었으며, 청대에도 공납품으로 궁궐에 바쳤다.

6) 장금(壯錦)

상서남(湘西南), 광서(廣西) 등지의 장족(壯族) 부녀자들의 전통적인 사면(絲棉) 직물이다. 날실과 바탕용 씨실은 면사를 사용하였으며 무늬용 씨실은 융사를 사용하였다. 바탕조직은 평문으로 일사(一梭)는 바탕용 씨실, 일사는 무늬용 씨실이다. 무늬용 씨실의 직조법은 태금과 동일하지만, 직기는 죽롱제화기(竹籠提花機)이다(그림 4-27). 무늬용 씨실의 개구는 태금기(傣錦機)보다 조절하기가 비교적 어렵다. 장금은 흑백이색금(黑白二色錦)과 다색채금(多色彩錦)의 2종류로 나누어지는데, 흑백이색금은 장직통사(長織通梭)에 연결되어 직조된 것이며, 다색채금의 바탕용 씨실은 장직통사이며, 무늬용 씨실은 소관채위(小管彩緯)로 알직하였다. 도안은 기하 격자에 따라, 기하적인 꽃, 용봉, 회문(回紋), '卍(만)'자, 곡수문(曲水紋) 등으로 채워져 장식되었다. 북경(北京) 고궁박물원에는 청대 건륭 시기 장금 점담(墊毯, 담요)과 피면(被面) 등이 소장되어 있으며, 색상은 차분하면서도 아름답다(그림 9-94~9-96).

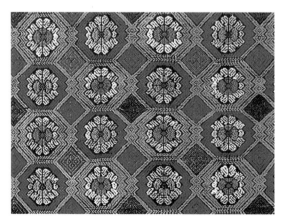

▲ 그림 9–95 청(淸) 기하전화문장금(幾何塡花紋壯錦)
북경(北京) 고궁박물원 소장. 전세품(傳世品)
화회(花回)단위: 가로 7.8cm, 세로 6cm 사면교직물(絲棉交織物)
출처: 『중국미술전집(中國美術全集)·공예미술편(工藝美術編)·인염직수(印
染織繡)』 하(下) 도판142

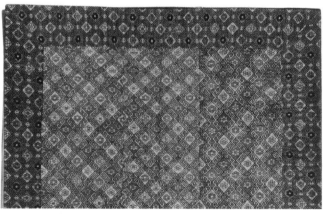

▲ 그림 9–96 청(淸)·건륭(乾隆) 기하문장금(幾何紋壯錦)
북경(北京) 고궁박물원 소장
너비 187cm

(5) 융류(絨類)

청대 융류는 남경(南京), 소주(蘇州), 항주(杭州), 장주(漳州), 천주(泉州), 성도(成都), 광주(廣州) 등지에서 생산되었다. 남경의 직융(織絨) 장인 대부분이 효릉위(孝陵衛)에 거주하여 위융(衛絨)이라고도 불렸다. 광주에서 생산된 전융(剪絨)은 직조하자마자 가위로 자른다. 성도(成都)의 융은 대부분 사천(四川)으로 이주한 섬서인(陝西人)들이 직조하였다.

1) 장융(漳絨)

융을 날실로 삼고 견사를 씨실로 삼아 직조한 민무늬 융직물이며, 『천공개물(天工開物)』에는 '왜단(倭緞)'이라고 칭하였다. 장융의 기융간(起絨竿)은 직조된 후에 다시 자르거나 또는 자르지 않고 불로 태운 후 뽑아낸다. 광주(廣州)에서는 직조한 후, 바로 자르는 것을 전융(剪絨)이라 하고, 남경(南京)에서는 천아융(天鵝絨, 우단)이라고 불렀다. 일부분을 잘라 융화(絨花)로 삼고, 일부분은 파일로 남겨 바탕으로 삼는 것이며, 지금은 조화융(雕花絨)이라고 하지만, 청대에는 장융(漳絨)이라고 불렀다. 장융 화문은 융 날것에 화문라인 바늘구멍을 압인한 유지인화판(油紙印花版)을 사용하여 백색 분말 화문을 먼저 찍어낸 후, 다시 칼로 화문의 파일을 잘라 화로에서 태운 다음 펜치로 기융간을 뽑아내어 융을 솔로 가지런하게 정리하여 완성시킨다. 대부분 의포(衣袍)와 포점(铺墊, 이불) 원단용으로 사용된다(그림 9-97, 9-98).

2) 장단(漳緞)

'장지물산(漳之物産)'이라는 명칭이 있기는 하지만, 청대의 주요 생산지는 남경, 소주, 항주 등지였으며, 천주에서도 생산되었다. 장단은 경면단(經面緞) 바탕에 간직법(竿織法)으로 융화를 직조하는 중후형(重厚型) 화루제화기(花樓提花機) 직물이다. 융화는 직조하면서 잘라버린다. 융경(絨經)은 제화기 뒷면의 융경 격자 위에 놓고, 직조할 때 한 사람은 화루에서 화문을 직조하고, 다른 한 사람은 분경구(分經口)에서 죽간으로 개구에 넣어 문직을 돕고, 또 다른 사람은 직기 앞에서 직조한다. 장단(漳緞)의 조직 융근(絨根)은 W형 고결법을 사용하여, 3위고결(三緯固結)로서 육매비정칙단문(六枚非正則緞紋)과 정합시킨다. 색상에는 무늬와 바탕이 동일하거나 2가지 색상으로 구성된 2종류가 있다. 일반적으로 겨울철 의복 옷감과 실내 침구용으로 쓰인다(그림 9-99~9-102).

3) 금지장단(金地漳緞)

연금사 씨실을 더한 장단을 가리키며, 일반적으로 담요, 만장(幔帳, 휘장) 등에 쓰인다. 연금사는 접결경(接結經)을 사용하여 고결(固結)하며, 직조법은 장단과 동일하다(그림 9-103, 9-104).

4) 금채융(金彩絨), 장화융(妝花絨)

금채융 융경(絨經)은 유채색이며, 연금사는 접결경을 사용하여 고결시켰다(그림 9-105). 명대 『천수빙산록(天水冰山錄)』에는 '장화융'이라는 명칭이 기록되어 있는데, 만약 '장화(裝花)'를 '妝花'로

▲ 그림 9-97 청(淸) 오채관지모란문장융(五彩串枝牡丹紋漳絨)
북경(北京) 고궁박물원 소장. 전세품(傳世品)
필(匹)길이 896cm 너비 74cm
오채장융(五彩漳絨)을 직조할 때, 바탕용 날실은 경축(經軸)에 장착하고 융경(絨經)은 직기 뒷면의 방대한 융경 받침대 위에 적재한다. 씨실은 바탕용 씨실 외에도 죽첨(竹籤)이나 금속 기융간(起絨竿)을 사용하여 융경이 파일을 직조할 수 있도록 한다. 각 단을 직조할 때마다 칼로 파일을 자르고 기융간을 뽑아낸다. 직기에서 내린 후, 솔로 융모를 가지런히 정리하여 완성한다. 융경이 무겁기 때문에 직조할 때 화루 위에서 무늬를 직조하는 사람 외에도 직기 옆에서 죽간으로 각각의 개구에 삽입하는 사람도 필요하며, 날실을 들어 올리고 개구를 정리해 주는 사람이 있어야 직조공이 비로소 북[梭]으로 씨실을 넣을 수 있다.
출처: 『중국미술전집(中國美術全集)』·공예미술편(工藝美術編)·인염직수(印染織繡)』하(下) 도판155

▲ 그림 9-98 청(淸) "강남직국내조"관백접문장융(江南織局內造款百蝶紋漳絨)
북경(北京) 고궁박물원 소장
너비 74cm

◀ 그림 9-99 청(淸)·광서(光緒) 절지화훼문장단의(折枝花卉紋漳緞衣) 원단
북경(北京) 고궁박물원 소장
너비 70cm

▲ 그림 9-100 만청(晚淸) 박고문장단만수(博古紋漳緞挽袖) 원단
청화(淸華)대학 미술학원 소장
너비 각 13cm

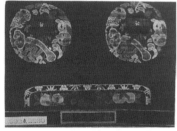

▲ 그림 9-101 청(淸) 복수천추문장단(福壽千秋紋漳緞)
북경(北京) 고궁박물원 소장
너비 74cm

이해했다면, 반드시 날실과 씨실이 동시에 무늬를 직조하여야 하며, 위화(緯花)는 알사채관(挖梭彩管)을 사용한 직물임에 틀림없다(그림 9-109).

5) 마십로포(瑪什魯布)

신강(新疆) 유오이족(維吾爾族, 위구르족)의 전통적인 생산품으로, 홀치기염색한 날실을 기용(起絨)한 견사, 면사의 교직물이다. 그 조직 구조는 내지의 장융(漳絨)과 동일하며 기용간(起絨竿)을 사용하여 파일을 형성한다. 날실은 먼저 홀치기염색하여 화문을 이루고, 씨실은 면사를 사용하는데, 일반적으로 말안장, 울타리 등에 쓰인다. 북경(北京) 고궁박물원에는 청대(淸代) 건륭(乾隆) 연간 신강(新疆)에서 공물로 바친 마십로포가 소장되어 있다(그림 9-110, 9-111).

6) 재융사담(栽絨絲毯)

우단(벨벳)을 사용하여 손으로 직조한 깔개이며 역사적으로는 당대(唐代)에 처음 출현하였다. 청대 신강(新疆) 화전(和闐) 지역에 거주하는 위구르족은 남녀노소를 불문하고 모두 담요를 직조할 수 있었다. 대부분 카시가르(Kashgar, 또는 카스가얼이라 칭함. 지금은 카스)에 운송하여 판매하였기 때문에 소륵(疏勒) 담요 또는 객십알이(喀什嘎爾) 담요라고 부른다. 견사와 모 2종류로 나누어지며 견사 담요는 1인치마다 120~160개의 매듭이 있다. 또한 금은사로 편직한 터프팅[栽絨] 실크 담요가 있는데, 주로 객십(喀什, 카스), 아극소(阿克蘇, 아커쑤), 엽이강(葉爾羌, 야르칸드) 등지에서 생산되었다. 연금사 또는 연은사 4올 또는 합연사 5올로 견사 재질의 날실 위에 변발모양으로 엮어 바탕무늬로 삼았다. 채색 우단을 사용하여 터프팅 무늬를 만들었기 때문에 대단히 화려하다. 이러한 종류의 금은사로 편직한 터프팅 실크 담요는 공물로 바쳐져 궁궐로 들어간 후, 펼칠 때는 먼저 궁궐의 동유(桐油) 벽돌 위에 종려승으로 엮은 종려승 담요를 깔은 후에 다시 종려승 담요 위에 터프팅 실크 담요를 펼쳐 놓는다(그림 9-112, 9-113).

▼ 그림 9-104 청(淸) 봉천모란사구문금(鳳穿牡丹獅球紋金) 바탕의 장단의피(漳緞椅帔)
청화(淸華)대학 미술학원 소장
너비 48cm

▼ 그림 9-102 청(淸)·도광(道光) 보상화쌍어문장단의점(寶相花雙魚紋漳緞椅墊)(의자방석)
청화(淸華)대학 미술학원 소장
너비 35cm

▼ 그림 9-103 만청(晚淸) 봉천모란문금(鳳穿牡丹紋金) 바탕의 장단탁위(漳緞桌圍)
청화(淸華)대학 미술학원 소장
너비 65cm

▲ 그림 9-105 청대(清代) 초기 홍복천지련문금채융(紅蝠穿枝蓮紋金彩絨)
북경(北京) 고궁박물원 소장
너비 70cm

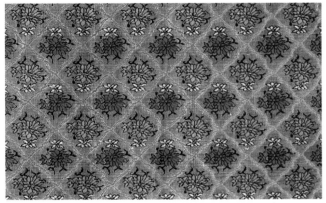

▲ 그림 9-106 청(淸)·건륭(乾隆) 능격국화문장화융(菱格菊花紋妝花絨)
북경(北京) 고궁박물원 소장. 전세품(傳世品)
화회(花回)단위: 가로 8.2cm 세로 8cm

▲ 그림 9-107 청(淸) 직금오채복련문장화융(織金五彩蝠蓮紋妝花絨)
남경(南京)박물관 소장. 전세품(傳世品)
길이 220cm 너비 66cm
출처: 『중국미술전집(中國美術全集)·공예미술편(工藝美術編)·인염직수(印染織繡)』하(下) 도판157

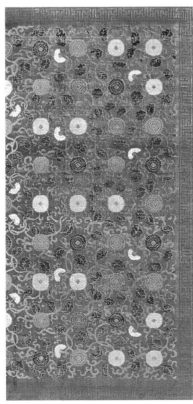

▶ 그림 9-108 청(淸) 전지국화
장화융점(纏枝菊花妝花絨垫)
원단
북경(北京) 고궁박물원 소장. 전
세품(傳世品)
길이 118cm 너비 58.5cm
출처: 『중국미술전집(中國美術
全集)·공예미술편(工藝美術
編)·인염직수(印染織繡)』하
(下) 도판156

▲ 그림 9-109 만청(晚淸) 인화사융(印花絲絨)
북경(北京) 고궁박물원 소장
너비 76cm

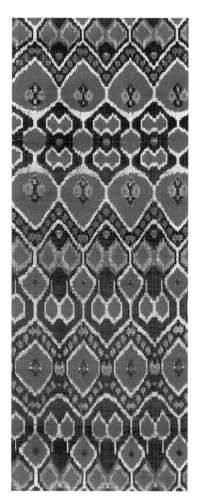

◀ 그림 9-110 청(淸)·건륭(乾隆) 마십로포(瑪什魯布)

북경(北京) 고궁박물원 소장. 전세품(傳世品)
너비 40.5㎝ 날실 견사(繭絲) 씨실 면사(棉絲)
바탕용 날실: 직경 0.1~0.15mm, 밀도 20올/cm
융(絨) 날실: 직경 0.15mm, 밀도 30올/cm
씨실: 정연(正撚), 직경 0.1~0.15mm
출처:『중국미술전집(中國美術全集)·공예미술편
(工藝美術編)·인염직수(印染織繡)』하(下) 도판
154

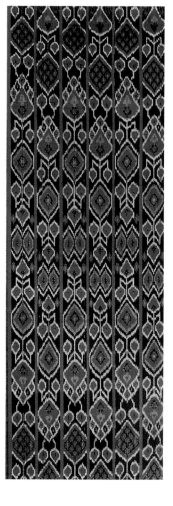

▶ 그림 9-111 청(淸)·건륭(乾隆) 마십로포(瑪什魯布)
북경(北京) 고궁박물원 소장. 전세품(傳世品)
너비 40cm 날실 견사(繭絲) 씨실 면사(棉絲)
바탕용 날실: 직경 0.15mm, 밀도 24올/cm
융(絨) 날실: 직경 0.3~0.4mm, 밀도 12올/cm
씨실: 정연(正撚), 직경 0.2~0.35mm, 밀도 30~32올/cm
융경(絨經)으로 무늬를 나타낸 것으로, 위구르족의 전통적
인 생산품이다.
출처:『중국미술전집(中國美術全集)·공예미술편(工藝美
術編)·인염직수(印染織繡)』하(下) 도판153

▼ 그림 9-112 청(淸) 금옥부귀문사직괘담(金玉富貴紋絲織挂毯, 벽걸이 융단)
북경(北京) 고궁박물원 소장. 전세품(傳世品)
높이 270cm 너비 645cm
이 괘담은 신강(新疆) 위구르족의 전통적인 수공편직방법을 사용하였다. 바탕에는 여러 올의 금사를 사용하여 가로 방향의 인자문(人字紋)을 편직하였으
며, 뒷면에는 벨벳사로 가로 방향의 인자문을 편직하였다. 앞면 화문 부분에는 벨벳사로 목련꽃, 해당, 모란, 영지, 대나무, 산석과 나비를 편직하였다. 융
단 주위는 은사 바탕의 재용매괴홍만자문(栽絨玫瑰紅卍字紋)으로 이방연속문양(二方連續紋樣)을 나타냈다. 융단의 배색은 풍부하며 문양 특징에 따라
25~26가지 색상의 다양한 융사를 사용하였다. 배색방법으로는 이훈색(二暈色), 삼훈색(三暈色)과 간훈색(間暈色)이 있다. 그 외에도 여러 부분에 합색
사와 흑사 윤곽법을 활용하였다.
출처:『중국미술전집(中國美術全集)·공예미술편(工藝美術編)·인염직수(印染織繡)』하(下) 도판210

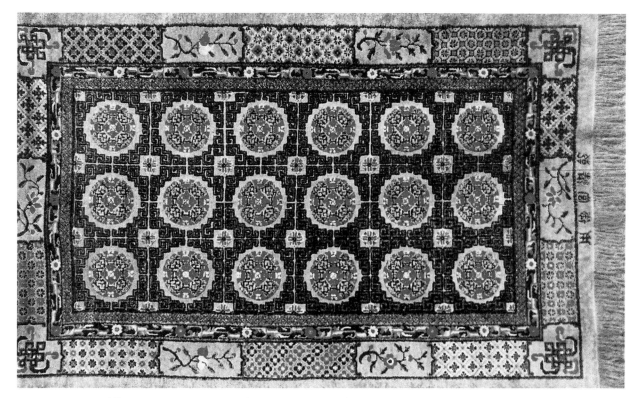

▲ 그림 9-113 청(淸) 금선 바탕의 기하단화문재융사담(幾何團花紋栽絨絲毯, 매트)
북경(北京) 고궁박물원 소장. 전세품(傳世品)
길이 258cm 너비 159cm
감숙성(甘肅省) 매트의 특징을 지니고 있으며 당시에는 궁궐 전용으로 직조되었다. 매트 상단에는 "乾淸宮御用(건청궁어용)"이라는 5글자가 직조되어 있으며, 중심 부분에는 단화도안으로 장식하였다. 세로 3줄, 가로 6줄로 모두 18단(團)이다. 단화와 단화 사이에는 타화회문(朶花回紋)으로 장식하였다. 매트 가장자리는 모두 네 부분으로 나누어지며, 겉에서 안으로의 첫 번째 부분은 황색 민무늬이며, 두 번째는 절지화과문(折枝花果紋), 세 번째는 소관지화화변(小串枝花花邊), 네 번째는 작고 오밀조밀한 꽃무늬 화변이며, 네 모퉁이는 반장수대문(盤長綬帶紋)으로 장식하였다. 편직방법은 채색 견사 매듭으로 융화를 직조하고, 백색 면사를 바탕용 날실과 씨실로 삼았다. 매 2줄의 면사 씨실마다 팔자(八字) 매듭으로 묶어 1cm당 세로 3.5~4개, 가로 8개 매듭을 형성하였다. 융 높이는 0.8cm이다. 대부분 5합연사의 원금사(圓金線)로 '인(人)'자 바탕무늬를 편직하였다. 화문 색상에는 홍, 금황, 황, 백, 천람(淺藍), 남(藍), 회(灰) 등이 있으며, 주로 이훈법(二暈法), 간훈법(間暈法)을 사용하였다.
출처: 『중국미술전집(中國美術全集)』 · 공예미술편(工藝美術編) · 인염직수(印染織繡)』 하(下) 도판211

(6) 격사(緙絲)

청대(淸代) 초기의 격사는 건륭(乾隆) 연간(1736~1795년) 어제(御製)의 시문과 서화, 범경불상(梵經佛像), 포괘(袍褂) 원단, 실내 장식품 등에 많이 사용되었다. 직조된 서화 내용은 비교적 복잡하여 인물, 산수, 화조 또는 성현의 충효 또는 희락의 정서를 표현하였다. 도석불상(道釋佛像)과 취법밀종범상(取法密宗梵像)을 모방하여 직조한 너비가 1장(丈) 이상 달하는 것도 있었다. 그 수량도 상당히 많았지만 서법(書法)보다는 못하였다. 청대 말기에 유행했던 '삼람격사(三藍緙絲)', '수묵격사(水墨緙絲)'의 배색은 청아하다. '삼람'은 심람(深藍), 품람(品藍), 월백 3종류의 색상을 사용하여 퇴훈법(退暈法)으로 배색한 것을 가리킨다. '수묵'은 흑, 심회(深灰), 천회(淺灰) 3가지 색상을 사용하여 퇴훈법으로 배색한 것을 말한다. 청대 중기에 유행했던 '삼색금격사(三色金緙絲)'는 짙은 바탕 또는 옅은 바탕에 적원금(赤圓金, 즉 연금사), 담원금(淡圓金), 은사를 사용하여 퇴훈법으로 배색하였으며 금, 은사 섬광(閃光)의 강도변화로 화문의 입체 효과를 표현하여 매우 화려하면서도 기품이 있다. 후에 삼람격사와 수묵격사에도 금사를 사용하여 테두리를 장식하였다.

청대 격사는 복식, 부채, 이중 병풍, 격선심(隔扇心) 등의 수요에 맞추어, 양면의 내마모성 또는 양면이 모두 보기 좋게 만들려는 실용적 목적에 도달하기 위하여, '쌍면투격(雙面透緙)' 기술을 개발하였다. 동시에, 격사 도안의 표현력을 강화하기 위하여 합색사(合色絲)의 활용을 확대하였다. 청대에는 서로 다른 2가지 색상이나 짙은 정도가 다른 견사를 꼬아 만든 합연사로 그림 속의 형상들을 직조하여, 명암의 변화에 따른 색채효과를 나타내도록 하였다. 또한 격사와 그림, 자수, 견사와 모사(毛絲)를 더하여 동시에 사용하는 등의 방법을 창조하여 그림의 층차를 표현하였다(그림 9-114~9-132).

1) 격사모(緙絲毛)

청대 중기 궁궐에 배치된 화조, 동물, 산수 액자와 탁상용 병풍은 보통 견사로 바탕무늬를 격직하고 모사로 화문을 직조하였는데 이러한 견직물을 '격사모'라고 칭했다(그림 9-134~9-136). 견사와 털실을 직조할 때 도안을 수평으로 날실 표면에 놓아 직조한 화문 역시 수평방향의 문양을 이루는데, 직기에서 내린 후에 세로로 보아야 비로소 수직방향의 화문으로 보인다. 화문은 자수한 화문과 마찬가지로 볼록하게 튀어나오는 효과가 있다. 북경(北京) 고궁박물원에는 청대 격사모「구안동거(九安同居)」가 액자가 소장되어 있으며(그림 9-134), 그 안에는 화훼, 오동나무, 태호석(太湖石), 영지와 메추라기 9마리로 장식하여 장수와 평안의 함의를 나타냈다.

2) 격사(緙絲)와 자수의 조합

북경 고궁박물원에는 청대 건륭 시기 격사와 자수를 결합한「구양소한(九陽消寒)」도축(圖軸)이 소장되어 있다(그림 9-133). 그림 속에는 양 9마리의 해음(諧音)을 사용하여 '구양(九陽)'으로 표현하였으며(즉, 음력 동지 다음날부터 81일로 1년 가운데 가장 추운 때이다. 9×9가 지나면 곧 따듯한 봄이 온다), 청송(靑松), 매화, 동백꽃, 월계화로 음(陰)이 사라지고 양(陽)이 생성한다는 것을 나타냈다. 또한 태자(太子, '太'자와 '泰'자는 동음) 3글자로 삼태(三泰)를 나타냈는데, 즉 봄이 시작되면 경사스럽다는 것을 표현하였다. 표수(裱首)에는 건륭제(乾隆帝)가 직접 쓴 칠언율시가 있다. 이 도축의 바탕색과 배경은 격직한 것으로, 주요 인물과 동물은 평격(平緙) 바탕에 5가지 색상의 융사를 사용하여 수놓았다. 또한 상운(祥雲), 청송, 매화, 산석, 연못 등의 배경은 자수와 격사를 결합하여 완성하였다. 따라서 도상(圖像)의 층차는 상당히 풍부하며, 색채는 매우 화려하여 국보급 문물로 지정되었다.

3) 격사(緙絲)와 그림의 결합

남송(南宋) 이래로, 명인의 회화를 모방한 격사 작품에서는 일부 도안의 미세한 부분은 붓으로 채색하여 색상을 채워 넣은 경우도 있었지만, 그림을 추가하는 상황은 극히 적었다. 청대 중기 이후 작은 북으로 화문 라인을 직조하고, 그 화문에는 모두 붓으로 채색하여 그리는 격사와 그림이 결합한 종류가 출현하였다(그림 9-123, 9-126, 9-127, 9-133, 9-137). 이는 회화 작품에 나타났을 뿐만 아니라 궁궐 장식품과 복식에서도 출현하였다. 처음에는 이러한 종류의 작품을 만들 때에는 비교적 정교하게 그렸으나, 청대 말기에 이르러서는 상품 경제의 쇠퇴로 인하여, 엉성하게 만든 수많은 하등품들이 시장에 가득하였다. 이는 중국의 격사 공예가 가장 저조한 역사적 단계에 처해 있음을 나타내 주는 결과이다.

4) 격금(緙金)

격금은 '금지격사(金地緙絲)'이며, 화문은 다양한 채색사로 직조하였으며, 바탕무늬는 보통 0.1mm 굵기의 연금사를 사용하여 직조하였다.[11]~[14]

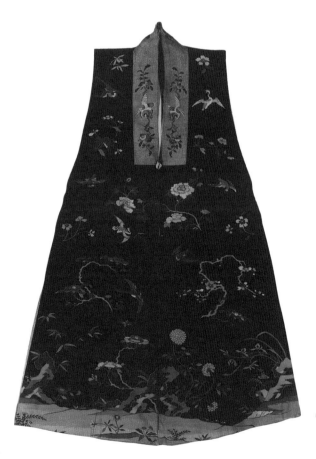

앞면

뒷면

▲ 그림 9-114 청(淸)ㆍ건륭(乾隆) 격사화조문반비(緙絲花鳥紋半臂)
북경(北京) 고궁박물원 소장
옷길이 115cm

▶ 그림 9-115 청(淸) 석청색 바탕의 격사팔
단유수해옥첨주등롱경면포(緙絲八團有水
海屋添籌燈籠景棉袍)
북경(北京) 고궁박물원 소장
옷길이 140cm
황첨(黃簽)에 "淸嘉慶十三年十二月十七日收
造辦處呈鑒(청가경십삼년십이월십칠일수조
판처정감)"이라고 묵서되어 있다.

(부분 확대)

▲ 그림 9-117 청(淸)·건륭(乾隆) 격사(緙絲) 관지화
백복좌욕(串枝花百蝠坐褥, 방석)
북경(北京) 고궁박물원 소장
크기 150×208cm

▶ 그림 9-116 청(淸)·건륭(乾隆) 송대(宋代) 이적(李迪)의 「작추
대포(雀雛待哺)」를 모사한 격사(緙絲) 도권(圖卷)(일부분)
요녕성(遼寧省)박물관 소장
높이 32.6cm

▶ 그림 9-118 청(淸) 격사(緙絲) 「요대백자축수(瑤臺百子祝壽)」 도
축(圖軸)
남경(南京)박물원 소장. 전세품(傳世品)
높이 176.5cm 너비 90.5cm
그림은 상하단의 두 부분으로 나누어진다. 상단에는 하늘 위에서 서왕
모(西王母)가 난새[鸞]를 타고 내려오고 있으며, 수성(壽星)이 학을 타
고 맞이하고 있다. 그 아래에 팔선(八仙)이 요대(瑤臺)에 모여 있다. 배
경은 진홍색이며, 피어오르는 흰 구름 사이에 청송(靑松)과 수석(壽石)
이 삽입되어 있다. 하단에는 요지(瑤池)의 물결이 인간세상, 정각수목
(亭閣樹木), 석교유수(石橋流水), 백자희사(百子戲耍) 사이로 넘어 왔는
데, 이 부분은 월백색을 바탕색으로 하여, 천상계와 선명한 대비를 이룬
다. 상하단의 비교적 큰 면적의 붉은색과 월백색 바탕에 삼람(三藍), 삼
록(三綠)을 배색하여 그림에 온통 번화한 정경이 드러나도록 하였다. 이
그림의 직조공예는 정교하고 섬세하여, 확실히 청나라 초기의 걸작이라
고 할 수 있다.
출처: 『중국미술전집(中國美術全集)』·공예미술편(工藝美術編)·인염
직수(印染織繡)』하(下) 도판179

▲ 그림 9-119 청(淸) 격사(緙絲) 「이백준야연도리원도(李白春夜宴桃李園圖)」
요녕성(遠寧省)박물관 소장. 전세품(傳世品)
높이 135.8cm 너비 70.8cm
원색반숙사(原色半熟絲) 바탕에 채색 씨실로 직조하였다. 이 격사의 제작은 상당히 정교하고 섬세하여, 격사 「구영수각명금도(仇英水閣鳴琴圖)」와 대체적으로 유사하다. 직조법으로는 평창(平戧)과 구격(鉤緙)을 사용하였으며 색상의 대부분은 선염(渲染)을 거친 후 붓으로 보강하였다.
이 격사는 당시 소주(蘇州)의 민간에서 제작한 것이었으나 후에 궁궐로 공납되었다.
청내부(淸內府) 옥쇄 9개가 날인되어 있는데, 이는 『석거보급중편(石渠寶笈重編)』의 기록에서 찾아볼 수 있다. 전하는 바에 의하면 1860년 영국과 프랑스 연합군이 북경으로 침입한 후, 이 격사는 청대 궁궐에서 흩어졌다고 한다. 1911년 관백형(關伯珩)이 소장하였다가, 후에 존소당(存素堂)이 소장하였다. 『존소당사수록(存素堂絲繡錄)』에 기록되어 있다.
출처: 『중국미술전집(中國美術全集)·공예미술편(工藝美術編)·인염직수(印染織繡)』하(下) 도판178

▶ 그림 9-120 청(淸) 격사(緙絲) 「주문왕발속(周文王發粟)」 도축(圖軸)
북경(北京) 고궁박물원 소장. 전세품(傳世品)
높이 117cm 너비 43.9cm
바탕용 날실: 직경 0.1mm, 밀도 30올/cm
씨실: 직경 0.15~0.25mm, 밀도 82올/cm
그림에는 주문왕(周文王)이 백성을 구휼하는 장면을 표현하고 있다. 주문왕은 나무 아래에 앉아 있으며, 옆에는 몇 명의 대신들이 곁에서 시중을 들고 있다. 우측에는 곳간이 있는데 곳간의 두 사람은 말로 쌀을 퍼서 사람들에게 나눠주고 있다. 포대를 등에 메고 기다리는 사람, 포대를 열어 양식을 담는 사람, 양식을 받아 만면에 웃는 얼굴로 아이를 데리고 돌아가는 사람 그리고 포대를 등에 메고 곳간 쪽으로 오는 사람들도 있다.
도축의 색상은 묵록(墨綠), 월백(月白), 애록(艾綠), 다색(茶色), 호색(湖色) 등을 사용하여 수수하면서도 우아하다. 직조법에는 관격(摜緙), 목소창(木梳戧), 장단창(長短戧), 봉미창(鳳尾戧), 평격(平緙), 탑대(搭梭), 자모경(子母經) 등이 있다.
출처: 『중국미술전집(中國美術全集)·공예미술편(工藝美術編)·인염직수(印染織繡)』하(下) 도판177

◀ 그림 9-122 청(淸) 격사(緙絲)「팔선계수
(八仙界壽)」도축(圖軸)
북경(北京) 고궁박물원 소장. 전세품(傳世品)
높이 171.5cm 너비 91.5cm 날실직경 0.1mm
씨실직경 0.86mm 날실밀도 22올/cm 씨실밀
도 11올/cm
팔선(八仙)이 서왕모(西王母)가 계획한 반도성
회(蟠桃盛會)에 참가하러 가는 모습을 표현하
였다. 그림에는 소나무, 복숭아나무, 산석, 영
지, 선학, 노루 등이 그려져 있다. 바탕색의 상
단 부분은 적색이며, 하단 부분은 백색으로 전
체 폭에 사용된 색상은 풍부하다. 직조법에는
자모경(子母經), 평격(平緙), 관격(摜緙), 격금
(緙金)이 있다. 이 직조작업은 간단하며 비교
적 굵은 실을 사용하였다. 그림의 화문은 대부
분 붓으로 착색하였다.
출처:『중국미술전집(中國美術全集)·공예미
술편(工藝美術編)·인염직수(印染織繡)』하
(下) 도판180

◀ 그림 9-121 청(淸) 격사(緙絲)「선주헌서(仙姝
獻瑞)」도축(圖軸)
대북(臺北) 고궁박물원 소장. 전세품(傳世品)

▶ 그림 9-123 청(淸) 격사(緙絲)「산수(山水)」도
축(圖軸)
대북(臺北) 고궁박물원 소장. 전세품(傳世品)
높이 108cm 너비 68.8cm
이 도축은 '공(工)'자형 구도를 사용하여 높고 험한 고
개, 짙은 연기, 시냇물, 다리, 숲, 가옥, 산석나무 등을 직
조하였다. 윤곽, 요철(凹凸) 음영과 원근 처리의 수목
은 모두 묵색 붓이나 색채 붓으로 그려 완성하였다. 전
체 폭의 평격(平緙)에 그림을 더하여 그림과 격사가 결
합한 것으로, 삼람삼록(三藍三綠)을 활용하였는데 이
는 청대 건륭(乾隆) 시기의 격사, 자수에서 흔히 사용되
는 방법이다. 이 도축은 당시 격사와 그림을 조합한 대
표적인 작품으로, 건륭, 가경(嘉慶), 선통(宣統) 등 여
러 감상용 옥새와 "石渠寶笈(석거보급)", "寶笈三編(보
급삼편)" 등 옥새 9개가 날인되어 있다. 『석거보급삼편
(石渠寶笈三編)』에 기록되어 있다.
출처:『중국미술전집(中國美術全集)·공예미술편(工
藝美術編)·인염직수(印染織繡)』하(下) 도판173

▲ 그림 9-124 청(淸) · 건륭(乾
隆) 격사(緙絲)「산수(山水)」
족자(2폭)
대북(臺北) 고궁박물원 소장. 전
세품(傳世品)
『존소당사수록(存素堂絲繡錄)』
에 기록되어 있다.

▲ 그림 9-125 청(淸) · 건륭(乾隆) 격사(緙絲)「화조(花鳥)」
궁궐 병축(屛軸)
대북(臺北) 고궁박물원 소장. 전세품(傳世品)
"乾隆御覽之寶(건륭어람지보)", "嘉慶御覽之寶(가경어람지
보)", "宣統御覽之寶(선통어람지보)", "乾隆鑑賞(건륭감상)",
"三希堂精鑑璽(삼희당정감새)", "宜子孫(의자손)", "石渠寶笈
(석거보급)", "寶笈重編(보급중편)", "養心殿鑑藏寶(양심전감
장보)", "石渠定鑑(석거정감)" 등의 옥새가 날인되어 있다.

▶ 그림 9-126 청(淸) 격사(緙絲)「추도수대(秋桃綬
帶)」도축(圖軸)
북경(北京) 고궁박물원 소장. 전세품(傳世品)
높이 198cm 너비 58.5cm
미황색 바탕에 오채색실로 복숭아나무를 직조하였다. 나
무 위에는 한 쌍의 삼광조(三光鳥)가 서식하고 있으며 하
단에는 태호석(太湖石), 모란, 국화, 베고니아 등이 있다.
전체 그림의 구도는 완벽하게 상하로 호응하고 있으며 부
귀와 장수를 상징한다.
색상에는 추향(秋香), 강(絳), 침향(沈香), 월백, 은회(銀灰),
금사 등의 20여 가지를 사용하였다. 직조법으로는 평격(平
緙), 자모경(子母經), 관격(摜緙), 장단청(長短戱), 탑사搭
梭) 등이 있다. 그중 일부의 색채는 붓으로 그린 것으로 전
체 작품의 색상은 수려하고 우아하며 화문은 생동적이다.
이 격직은 건륭(乾隆) 시기의 대표적인 작품이다.
출처:『중국미술전집(中國美術全集) · 공예미술편(工藝
美術編) · 인염직수(印染織繡)』하(下) 도판167

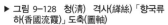

▶ 그림 9-128 청(淸) 격사(緙絲) 「향국류하(香國流霞)」 도축(圖軸)
대북(臺北) 고궁박물원 소장. 전세품(傳世品)
"乾隆御覽之寶(건륭어람지보)", "嘉慶御覽之寶(가경어람지보)", "宣統御覽之寶(선통어람지보)", "乾隆御覽(건륭어람)", "御書房鑑藏寶(어서방감장보)", "三希堂精鑑璽(삼희당정감새)", "宜子孫(의자손)", "石渠寶笈(석거보급)", "寶笈重編(보급중편)", "石渠定鑑(석거정감)" 등 옥새 10개가 날인되어 있다.

▲ 그림 9-127 청(淸) 격사(緙絲) 「연화(荷花)」 도축(圖軸)
대북(臺北) 고궁박물원 소장. 전세품(傳世品)
높이 91.5cm 너비 62.8cm
이 격사는 짙은 바다색 바탕으로 연한 색상의 연꽃을 부각시켜 주제가 돋보인다. 연꽃잎, 왼쪽 연잎, 연꽃가지, 수면 물결, 수초는 모두 붓으로 윤곽선을 그려 연한 색으로 염색하였다. 다른 갈대, 연잎 부분도 붓으로 색을 칠해 염색하였다. "嘉慶御覽之寶(가경어람지보)", "嘉慶鑑賞(가경감상)", "三希堂精鑑璽(삼희당정감새)", "宜子孫(의자손)", "宣統御覽之寶(선통어람지보)", "宣統鑑賞(선통감상)", "石渠寶笈(석거보급)", "寶笈三編(보급삼편)", "無逸齋精鑑璽(무일재정감새)" 등 옥새 9개가 날인되어 있다.
출처: 『중국미술전집(中國美術全集)·공예미술편(工藝美術編)·인염직수(印染織繡)』 하(下) 도판171

▼ 그림 9-130 청(淸) 격사(緙絲) 『화훼책(花卉冊)』
북경(北京) 고궁박물원 소장. 전세품(傳世品)
길이 34cm 너비 33.7cm
모두 12절이며 그중의 하나이다. 연꽃과 수초에 앉아 있는 잠자리 1마리를 직조하였다. 짙은 색상의 실로 윤곽을 그리고 그 안쪽에는 훈색법(暈色法)으로 표현하였다. 즉, 연꽃은 빨강, 분홍, 흰색을 사용하여 훈색법으로 표현하고, 연잎은 심록(深綠), 천록(淺綠), 수록(水綠)으로 표현하였다. 직조법으로는 평격(平緙), 장단창(長短戗), 자모경(子母經), 관격(摜緙)이 사용되었다. 배색은 우아하며 훈색이 자연스러워 화문이 사실적이다.
출처: 『중국미술전집(中國美術全集)·공예미술편(工藝美術編)·인염직수(印染織繡)』 하(下) 도판168

▶ 그림 9-129 청(淸) 격사(緙絲) 봉황보선화(鳳凰寶仙花) 원단(일부분)
북경(北京) 고궁박물원 소장. 전세품(傳世品)
높이 27cm 너비 38cm

▶ 그림 9-131 만청(晚淸) 격사(緙絲) 난화
백접문친의(蘭花百蝶紋襯衣)
오스트리아국가박물관 소장. 전세품(傳世品)
길이 144cm 양소매전체길이 142cm
출처: 오스트리아 『Universum In Seide』 p.18

▶ 그림 9-132 청(淸) 격사(緙絲) 「봉황모란(鳳凰牡
丹)」 액자
청화(淸華)대학 미술학원 소장. 전세품(傳世品)
높이 160cm 너비 165cm
이 액자의 그림 속에는 목련꽃이 만발하고 시냇물이 졸
졸 흐르며 봉황 한 쌍이 돌 위에 서서 주위를 둘러보고
있다. 모란, 해당, 수선, 난초와 영지 등이 그림 사이에
분산되어 자라고 있다. 봉황 주위에는 수중에 떠다니는
한 쌍의 원앙, 물가에 머무는 백두루미 한 쌍, 하늘에서
날아다니는 제비와 오색나비 등의 정경이 그려져 있다.
날실밀도는 18올/cm이다. 씨실은 구성의 필요에 따라,
서로 다른 굵기의 채색 실을 선택하였기 때문에 바탕조
직의 변화는 비교적 크다. 백두루미의 깃털 등과 같이
가장 성근 부분은 26올/cm에 지나지 않으며, 검은색 테
두리 등과 같이 가장 정교한 부분은 44올/cm에 달한다.
백두루미의 다리 부분은 2종류의 합연사이며 원앙의 깃
털무늬는 원금사로 직조하였다. 그 외에도 백두루미의
깃털 부분은 붓으로 조금 색칠한 두 곳이 있다.
출처: 『중국미술전집(中國美術全集)·공예미술편(工藝
美術編)·인염직수(印染織繡)』 하(下) 도판162

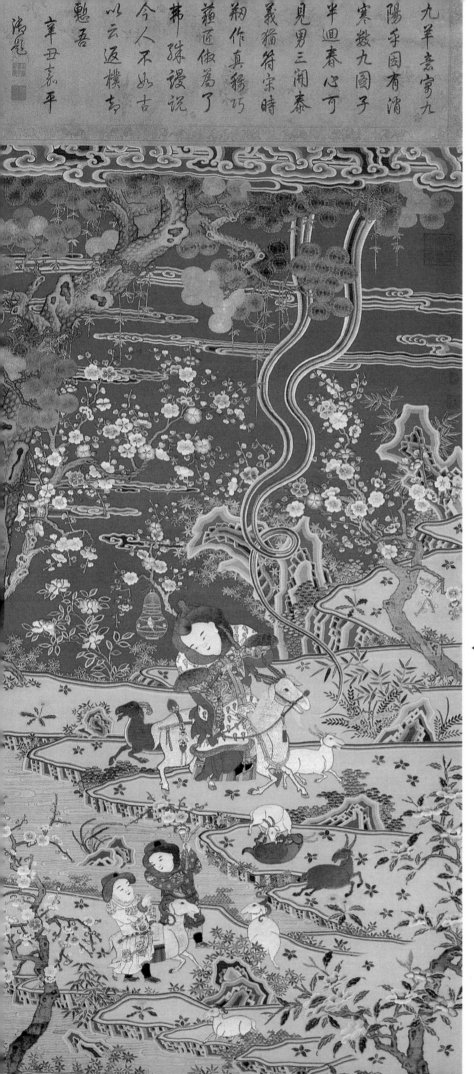

▶ 그림 9-133 청(淸)·건륭(乾隆) 격사가수(緙絲加繡)
「구양소한(九陽消寒)」도축(圖軸)
북경(北京) 고궁박물원 영수궁(寧壽宮) 소장. 전세품(傳世品)
높이 212cm 너비 112cm
이 작품은 전체적으로 격사, 자수 및 부분적으로 그림을 결합
시키는 등의 공예를 활용하였다. 하늘, 꽃구름, 돌, 연못과 일
부분의 화초는 평격(平緙), 구격(句緙), 결격(結緙) 등의 직조
법으로 격직하였으며 인물, 꽃봉오리, 소나무, 양 등은 투침(套
針), 창침(戧針), 시모침(施毛針), 제침(齊針), 정선(釘線), 정금
(釘金), 망수(網繡), 찰침(札針), 타자(打籽)와 송침(松針) 등의
다양한 자수법을 사용하였다. 나무줄기는 격직과 자수를 기초
로 하여 붓으로 채색하였다. 연못 위에는 건륭제가 직접 쓴 시
구, 즉 "9마리의 양은 아홉 개의 태양을 빗댄 것이니 그림 전체
에서 한기가 사라지는구나. 그대가 회춘하고픈 마음을 볼 수
있으니, 3명의 남자 아이 또한 만사형통의 길조로다. 송나라
때 작품은 진정 아름답다 할 수 있어 소주의 장인들도 모방하
기를 끊이지 않았네. 지금 사람들은 옛것만 못하다고 헐뜯지
만, 구름이 본래대로 흐르듯이 도리어 나를 깨우치네(九羊意
寓九陽乎. 因有消數九圖. 子半回春心可見. 男三開泰義猶
符. 宋時勤作眞稱巧. 蘇匠仿爲了弗殊. 曼說今人不如古. 以
雲返樸御漸吾)"라고 적혀 있다. "三希堂精鑑璽(삼희당정감
새)", "宜子孫(의자손)", "嘉慶御覽之寶(가경어람지보)", "嘉慶
鑑賞(가경감상)", "石渠寶笈三編(석거보급삼편)" 등의 옥새가
날인되어 있으며, 옥지관(玉池款)에는 "辛醜嘉平御題(신추가
평어제)"라는 문구가 있으며, "古希天子之寶(고희천자지보)",
"猶日孜孜(유일자자)"의 옥새가 찍혀 있다. 『석거보급삼편(石
渠寶笈三編)』에 기록되어 있다.
출처: 『중국미술전집(中國美術全集)·공예미술편(工藝美術
編)·인염직수(印染織繡)』하(下) 도판183

▲ 그림 9-134 청(淸) 격사모(緙絲毛)「구안동거(九安同居)」괘병(挂屏, 액자)

북경(北京) 고궁박물원 소장. 전세품(傳世品)

높이 72cm 너비 104.2cm 날실직경 0.1~0.15mm 씨실직경 0.3mm 날실밀도 18올/cm 씨실밀도 48올/cm

격모부(緙毛部) 씨실: 직경 0.4mm, 밀도 36올/cm

백색 바탕에 오동나무, 부용화, 홍료(紅蓼), 태호석, 영지와 메추라기 등을 직조하였다. 그림의 우측 상단에는 "메추라기 이름은 평안함에 비유할 만하고 오곡이 장차 익어가니 넓게 내려앉은 이슬이 상서롭도다. 대부분 농서지방의 작은 초오[楚烏, 까마귀 과의 새]로, 그림을 그려 대대로 아침마다 보는구나(鵪鶉名可喻平安, 嘉穀將登瑞露溥, 最是隴西熟小雅, 圖成合傳歲朝看)"라는 시구가 있는데 이는 길상, 장수, 평안을 상징한다. 그중 나뭇잎, 연꽃과 바탕은 격사(緙絲)이며 나머지는 모두 격모(緙毛)이다. 격모의 화문은 볼록하게 튀어나와 사실적인 효과를 나타낸다. 그림의 주체인 9마리 메추라기는 비상하거나 부르짖거나 물을 마시거나 휴식을 취하고 있다. 직조법으로는 목소창(木梳戧), 장단창(長短戧), 관격(摜緙), 탑사(搭梭), 평격(平緙), 포심창(包心戧) 등을 사용하였다. 직조할 때 자수면을 수평방향으로 한다. 색상은 묵록(墨綠), 호람(湖藍), 갈람(褐藍), 진홍(絳), 회색(灰) 등을 사용하였다.

출처: 『중국미술전집(中國美術全集)·공예미술편(工藝美術編)·인염직수(印染織繡)』하(下) 도판165

▲ 그림 9-135 청(淸) 격사모(緙絲毛)「삼양개태(三陽開泰)」괘병(挂屏)

북경(北京) 고궁박물원 소장. 전세품(傳世品)

높이 72cm 너비 104.5cm 날실직경 0.1~0.15mm 씨실직경 0.3mm 날실밀도 18올/cm 씨실밀도 48올/cm

그림 속에는 백색 바탕에 버드나무, 복숭아꽃, 국화, 수석(壽石), 영지, 월계와 양 등이 있다. 삼양개태(三陽開泰)는 동지 이후 겨울이 지나고 봄이 오면, 음(陰)이 사라지고 양(陽)이 생성된다는 것을 상징한다. 따라서 일반적으로 '삼양개태'를 칭송하는 의미의 말로 여긴다. 직조법은 비교적 간단하며 관격(摜緙), 평격(平緙), 탑사(搭梭), 장단창(長短戧) 등을 사용하였다. 복숭아꽃, 월계화, 국화와 수산(壽山), 석동(石洞)은 격사이며 나머지 부분은 격모(緙毛)이다.

그림 속에서 미세한 부분은 역시 붓으로 그렸으며 직조할 때, 그림을 수평으로 하여 격직하였다. 색상에는 주홍, 도홍(桃紅), 분홍, 백, 녹(綠), 흑록(墨綠), 남록(藍綠), 미색, 흑, 추향(秋香), 진홍, 하청(蝦靑), 갈색 등이 있다.

출처: 『중국미술전집(中國美術全集)·공예미술편(工藝美術編)·인염직수(印染織繡)』하(下) 도판172

◀ 그림 9-136 청(淸) 격사모(緙絲
毛) 석류문(石榴紋) 괘병(挂屏)
개인 소장품. 전세품(傳世品)
높이 110.5cm 너비 72cm(테두
리 연결)
그림 속에는 석류나무를 위주로
하여 치자, 접시꽃, 월계화, 백합,
산석 등을 추가하였다. 직조법은
모두 수평방향 직조법을 사용하
여 날실이 모두 수평방향을 향하
고 있는 것처럼 보인다. 경치는
모두 흐릿한 인상을 주는데 이는
건륭(乾隆) 시기의 특징에 속한다.
출처: 홍콩 『금수라의교천공(錦
繡羅衣巧天工)』 p.91, 그림11

(7) 청대(淸代) 궁정 자수와 지방의 명수(名繡)

1) 궁정 자수

청대 황족과 귀족들이 전용했던 각종 자수예술품과 생활용품을 가리킨다. 청 궁여의관(淸宮如意館)의 화공들이 설계하여 황제 또는 내무부 관원들의 심사를 거친 후, 북경(北京) 또는 외지로 보내져 자수하였다(그림 9-138~9-194).

궁정에서 착용했던 복식, 실내의 장식품들은 모두 상당히 사치스러우면서도 화려했다. 회화와 불상 제재의 자수품들은 자수가 정교할 뿐만 아니라 그 수량도 상당히 많았다. 북경 고궁박물원에 소장된 건륭(乾隆) 연간의 채수공작우집미주운룡문길복포(彩繡孔雀羽絹米珠雲龍紋吉服袍)(그림 9-139)는 남색 단(緞) 바탕에 공작우사로 가득 수를 놓았으며 다시 집미주(絹米珠), 가는 산호주(珊瑚珠), 용포주선(龍抱柱線), 가는 연금사(撚金絲), 연은사(撚銀絲) 등을 사용하여 9마리 용문을 위주로 하여 장식하였다. 그런 다음, 용문과 밑자락 부분에는 5색 융사(絨絲)로 다양한 길상문양을 수놓아 매우 사치스럽고 진귀하였다. 공작우사로 바탕을 덮는 자수법은 '포취수(鋪翠繡)'라고 칭한다. 집미주, 가는 산호주를 사용하여 주선정수화문(珠線釘繡花紋)을 수놓는 자수법은 '옥수(玉繡)' 또는 '천주수(穿珠繡)'라고 부른다. 이 길복포(吉服袍)는 청대 중기 궁정 예복의 일반적인 면모를 반영하기에 충분하다. 북경(北京) 고궁박물원에 소장된 십이장사수조복포(十二章紗繡朝服袍)(그림 9-140)는 건륭제(乾隆帝)가 대조(大朝)에 참석할 때에 착용했던 것이다. 일교일(一絞一)의 밝은 황색 직경사(直徑紗)를 바탕으로 하여 대홍, 분홍, 수분(水粉), 보람(寶藍), 천람(淺藍), 월백, 초록, 천록(淺綠), 호색(糊色), 설청(雪靑), 포회(葡灰), 연색(煙色), 향황(香黃), 명황(明黃), 백색 등의 채색 융사와 자색 원금사, 연한 원금사를 사용하여 착사수법(戳紗繡法), 즉 비단 바탕에 사공(紗孔)을 규칙적으로 뚫어 화문을 이루는 자수법으로 각종 자세의 금룡(金龍) 43마리, 십이장문양, 꽃구름, 금수자(金壽字), 파도문 등을 수놓았다. 청대 궁궐 옷차림에 관한 기록에 근거하면, 이와 같은 조포를 수놓으려면 장인들이 대략 918시간 정도 작업을 해야만 했다. 청대 중기 이후 궁궐에서 착용하는 생활용 복식으로는 '일조룡(一條龍)' 식의 큰 문양도안이 유행하였는데 화문은 복식 디자인의 전체 구조에 근거한 것이다.

자희태후(慈禧太后)가 입었던 창의(氅衣)(그림 9-165), 친의(襯衣), 배자 등에는 일반적으로 돈란화(墩蘭花), 정지대모란(整枝大牡丹), 정지대국화(整枝大菊花), 대관지포도(大串枝葡萄), 대관지등라화(大串枝藤蘿花), 정지죽자(整枝竹子) 등의 문양을 수놓았다(그림 9-138). 배색도 격사의 배색과 마찬가지로 삼람(三藍), 삼록(三綠), 수묵(水墨) 등 퇴훈법을 활용하였다.

▲ 그림 9-137 청(淸) 격사가화(緙絲加畵) 「마고헌수(麻姑獻壽)」 중당(中堂) 족자

청화(淸華)대학 미술학원 소장. 전세품(傳世品)
높이 142cm 너비 82cm
이 격사에서 몸체 윤곽선은 간단명료하며 그 구도는 치밀함에 중심을 두었다.
주요 인물인 노수성(老壽星)의 앞에는 꽃사슴 1마리가 있으며 뒤에는 온화하면서도 아름다운 마고(麻姑)가 서 있다. 노수성은 원형 '수(壽)'자와 복숭아 도안으로 장식한 상의를 입고 자홍색 금지문(錦地紋)의 군상(裙裳)을 착용하였으며 양손에는 각각 나무 지팡이와 선도(仙桃)를 들고 있다. 마고는 불수(佛手), 석류, 수도(壽桃)가 가득 담긴 자기 쟁반과 여의(如意)를 들고 있다. 그림은 민간의 세화의 처리 방법을 사용하였으며 대홍(大紅), 분홍, 녹색, 담록(淡綠), 창람(蒼藍), 천람(淺藍) 등의 색상을 퇴훈법(退暈法)으로 염색하여 밝고 경사스러운 색조를 표현하였다. 바탕색과 형상의 테두리는 격직하여 완성하였으며 테두리 안의 화문은 모두 여러 가지 빛깔로 그렸다.
출처:『중국미술전집(中國美術全集)·공예미술편(工藝美術編)·인염직수(印染織繡)』하(下) 도판184

(1)   (2)

◀ 그림 9-138 청(淸) 효흠황후[孝欽皇后, 자희(慈禧)] 감견(坎肩, 조끼) 견본의 정지죽자(整枝竹子) 자수 문양
북경(北京) 고궁박물원 소장

◀ 그림 9-139 청(淸)·건룡(乾隆) 채색 자수
공작우집미주운룡문길복포(孔雀羽緝米珠
雲龍紋吉服袍)
북경(北京) 고궁박물원 소장. 전세품(傳世品)
옷길이 143cm 양소매전체길이 216cm
가슴둘레 134cm 밑자락너비 124×2cm
옷자락트임길이 79.5cm

이 포는 남색 민무늬 단(素緞) 바탕에 공작우사,
집미주(緝米珠, 견사로 알갱이 같은 진주를 꿰
맨 것), 산호주, 용포주선(龍抱柱線, 흐트러진
실을 심선(芯線)으로 삼아 다시 강연사로 동일
한 간격으로 둘러 감아 묶으면 심사가 관주(串
珠)처럼 볼록하게 튀어 나옴], 연금사, 연은사
등의 진귀한 재료와 오색 융사를 사용하여 가
슴, 등과 어깨 부분에 각각 정룡(正龍) 1마리씩
을 수놓고 앞뒤 옷섶에는 행룡(行龍) 4마리, 안
자락에 행룡(行龍) 1마리 등 모두 용 9마리를
수놓았다. 또한 양쪽 소맷부리에는 각각 작은
정룡 1마리, 목둘레에는 작은 정룡 2마리와 작
은 행룡 4마리를 수놓았다. 큰 용 사이에는 꽃
구름, 박쥐, 팔길상(八吉祥), 암팔선(暗八仙), 팔
보[八寶, 즉 금정(金錠), 은정(銀錠), 진주(珍珠),
서각(犀角), 산호(珊瑚), 금전(金錢), 여의(如意),
방승(方勝)으로 명대(明代) 팔보(八寶)와는 약
간 다름], 삼다문[三多紋, 불수감(佛手柑)은 다
복을, 복숭아는 장수를, 석류는 자식이 많음을
상징함], 영지축수문(靈芝祝壽紋, 영지, 대나
무, 수선 등의 문양으로 장식하였다. 앞뒤 섶의
하단에는 평수수산복해문(平水壽山福海紋, 산
문과 물결문)을 수놓아 매우 호화스럽고 화려
하다. 자수법으로는 정선(釘線), 투침(套針), 타
자침(打籽針), 곤침(滾針) 등을 사용하였다.
출처: 『중국미술전집(中國美術全集)·공예미
술편(工藝美術編)·인염직수(印染織繡)』하
(下) 도판80

▶ 그림 9–140 청(淸) 건륭제(乾隆帝) 여름철 조복(朝服)
북경(北京) 고궁박물원 소장. 전세품(傳世品)
옷길이 143cm 양소매전체길이 192cm
조복은 명황색이며 원단(元旦), 동지(冬至), 만수성절(萬壽聖節),
태묘(太廟) 제사 등의 장소에서 입었다. 앞뒤 슬란(膝襴) 부분에
는 십이장(十二章)이 있는데, 건륭제부터 십이장을 활용하기 시
작하였다.

◀ 그림 9-141 청(淸) 건륭제(乾隆帝) 겨울철 조복(朝服)
북경(北京) 고궁박물원 소장. 전세품(傳世品)
옷길이 144cm 양소매전체길이 195cm

앞면

뒷면

▲ 그림 9-142 청(淸) 광서제(光緒帝)의 조복(朝服) 견본
북경(北京) 고궁박물원 소장
황첨(黃簽)에 '夏披肩式(하피견식)'이라고 되어 있다.

▲ 그림 9-143 청(淸) 건륭제(乾隆帝) 용포[龍袍, 길복(吉服)]
　　북경(北京) 고궁박물원 소장. 전세품(傳世品)
　　옷길이 146cm 양소매전체길이 194cm
　　우임(右衽), 좁은 소매, 옷자락 트임은 4폭으로 용문 9마리와 십이장(十二章)을 수놓았다. 하단에는 팔보(八寶), 바닷물,
　　강 언덕이 있다. 착용할 때에는 길복띠를 착용하고 곤복(袞服)을 걸쳤다.

▶ 그림 9-144 청(淸) 건륭제(乾隆帝) 홍강주(紅江綢) 바탕의 평금수 십이장용포(平金繡十二章龍袍) 북경(北京) 고궁박물원 소장. 전세품 (傳世品) 옷길이 143cm

▲ 그림 9-145 청(淸)·건륭(乾隆) 보람강주평금수길복포(寶藍江綢平金繡吉服袍)
　중국역사박물관 소장, 전세품(傳世品)
　옷길이 146cm　양소매전체길이 178cm
　용 눈알의 흰자위는 백색 나전(螺鈿)으로, 눈동자는 흑석(黑石)으로 장식하였다.
　출처:『중국미술전집(中國美術全集)·공예미술편(工藝美術編)·인염직수(印染織繡)』하(下) 도판82

◀ 그림 9-146 청(淸) 건륭제(乾隆帝) 십이장용포
[十二章龍袍, 길복(吉服)]
전세품(傳世品)
출처: 오스트리아 『Chinese Dress 1700s-1990s』 p.30,
Private Collection, Sydney

▲ 그림 9-147 만청(晩淸) 동길복포(冬吉服袍)
홍콩예술관 소장. 전세품(傳世品)
옷길이 130cm 양소매전체길이 216cm
출처: 홍콩 『금수라의교천공(錦繡羅衣巧天工)』 p.245, 그림76

▲ 그림 9-148 청(淸)·옹정(雍正) 개량 후의 길복포(吉服袍)
소매 테두리는 후에 덧댄 것이다(원본에는 소매이음과 말굽형 소매가 없음).
19세기 유럽의 한 여성이 이미 친의(襯衣) 디자인에 사용하였다.
출처: 『Orientations』 p.8

▲ 그림 9-149 청(淸)·강희(康熙) 길복포(吉服袍)
개인 소장품. 전세품(傳世品)
옷길이 138cm 양소매전체길이 206cm
길복포의 하단 앞자락에 수놓은 행룡(行龍) 2마리는 가슴 부분의 정룡(正龍)보다 작지만 명
대(明代)와 비교해 보면 비교적 큰 편이다. 청대 중기에 이르러서는 행룡과 정룡의 크기가
동일해졌다. 이 포의 목둘레는 비교적 작았지만 후에 와서는 길어졌다. 옷깃과 우임(右衽)
장식 및 구리 단추 장식은 간결하였지만 후에는 복잡하게 변화되었다.
출처: 홍콩 『금수라의교천공(錦繡羅衣巧天工)』 p.211, 그림59

▲ 그림 9-150 청(淸)·광서(光緒) 사조망문길복포(四爪蟒紋吉服袍)
전세품(傳世品)
출처: 대만(臺灣) 『직수포복선수(織繡袍服選粹)』

▲ 그림 9-151 청(淸)·광서(光緒) 구룡운학유수문길복포(九龍雲
鶴有水紋吉服袍)
전세품(傳世品)
출처: 대만(臺灣) 『직수포복선수(織繡袍服選粹)』

▶ 그림 9–152 만청(晩淸) 황제(皇帝)의 자수 십이장구룡유수문
(十二章九龍有水紋) 길복포(吉服袍) 원단(일부분)
오스트리아국가박물관 소장. 전세품(傳世品)
출처: 오스트리아『Universum In Seide』p.21

▼ 그림 9–153 만청(晩淸) 황제(皇帝)의 길복포(吉服袍) 원
단의 자수 십이장(十二章) 문양
오스트리아국가박물관 소장. 전세품(傳世品)
상단 배열 순서: 일문(日紋), 월문(月紋), 성진문(星辰紋), 산문
(山紋)
중간 배열 순서: 보문(黼紋), 불문(黻紋), 용문(龍紋), 화충문(華
蟲紋)
하단 배열 순서: 종이문(宗彝紋), 조문(藻紋), 화문(火紋), 분미
문(粉米紋)
출처: 오스트리아『Universum In Seide』p.20

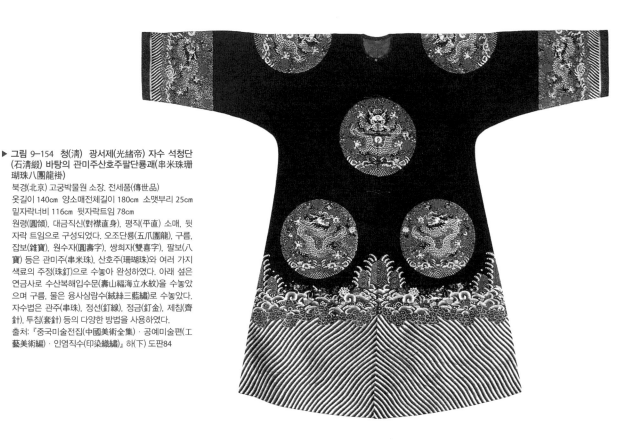

▶ 그림 9–154 청(淸) 광서제(光緒帝) 자수 석청단 (石淸緞) 바탕의 관미주산호주팔단룡괘(串米珠珊瑚珠八團龍掛)

북경(北京) 고궁박물원 소장. 전세품(傳世品)

옷길이 140cm 양소매전체길이 180cm 소맷부리 25cm

밑자락너비 116cm 뒷자락트임 78cm

원령(圓領), 대금직신(對襟直身), 평직(平直) 소매, 뒷자락 트임으로 구성되었다. 오조단룡(五爪團龍), 구름, 잡보(雜寶), 원수자(圓壽字), 쌍희자(雙喜字), 팔보(八寶) 등은 관미주(串米珠), 산호주(珊瑚珠)와 여러 가지 색료의 주정(珠釘)으로 수놓아 완성하였다. 아래 섶은 연금사로 수산복해입수문(壽山福海立水紋)을 수놓았으며 구름, 물은 융사삼람수(絨絲三藍繡)로 수놓았다. 자수법은 관주(串珠), 정선(釘線), 정금(釘金), 제침(齊針), 투침(套針) 등의 다양한 방법을 사용하였다.

출처:『중국미술전집(中國美術全集)·공예미술편(工藝美術編)·인염직수(印染織繡)』하(下) 도판84

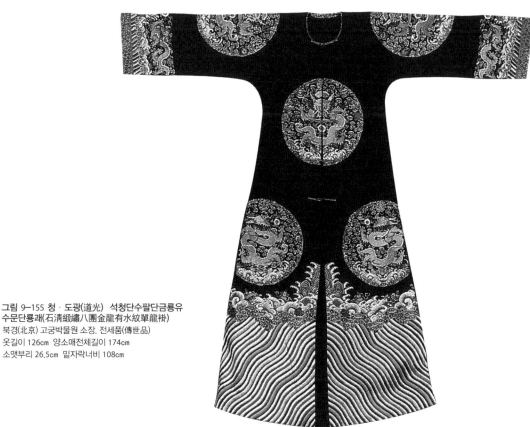

▶ 그림 9–155 청·도광(道光) 석청단수팔단금룡유수문단룡괘(石淸緞繡八團金龍有水紋單龍掛)

북경(北京) 고궁박물원 소장. 전세품(傳世品)

옷길이 126cm 양소매전체길이 174cm

소맷부리 26.5cm 밑자락너비 108cm

▶ 그림 9-157 청(淸) 자수 사단오조룡괘(四團五爪龍褂)
전세품(傳世品)
출처: 『중국역대복식(中國歷代服飾)』 p.276, 그림513

▶ 그림 9-158 청(淸)·건륭(乾隆) 평금수사단오
조룡괘(平金繡四團五爪龍褂)
전세품(傳世品)
출처: 오스트리아 『Chinese Dress 1700s-1990s』
p.31, Chris Hall Collection Trust Jobrenco Ltd
Trustee. Photo by Sue Stafford

▶ 그림 9-159 청(淸) 옹정황후
(雍正皇后) 조포(朝袍)
북경(北京) 고궁박물원 소장. 전
세품(傳世品)

◀ 그림 9-160 청(淸) 옹정황후(雍正皇后) 조포(朝袍)
북경(北京) 고궁박물원 소장. 전세품(傳世品)
옷길이 138.5cm 양소매전체길이 172cm 소맷부리 18cm
가슴둘레 109cm 밑자락너비 120.5cm 트임길이 75cm

(부분 확대)

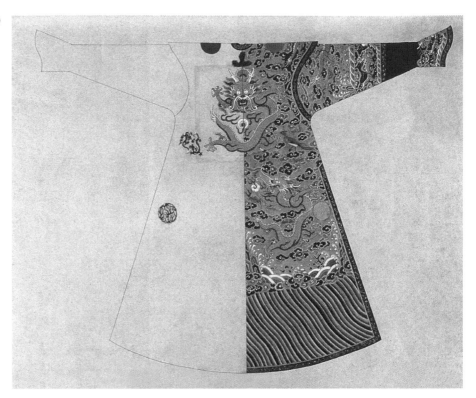

▶ 그림 9-161 청(淸) 광서황후(光緖皇后)
 조포(朝袍) 견본
 북경(北京) 고궁박물원 소장

▲ 그림 9-162 청(淸) 황후(皇后) 조괘(朝褂)
 북경(北京) 고궁박물원 소장. 전세품(傳世品)

▲ 그림 9-163 청(淸) 옹정황후(雍正皇后) 조괘(朝褂)
 북경(北京) 고궁박물원 소장. 전세품(傳世品)
 옷길이 128cm

▲ 그림 9-164 청(淸) 자수호접채화문괘란(刺繡蝴蝶采花紋掛襴)
오스트리아국가박물관 소장. 전세품(傳世品)
출처: 오스트리아『Universum In Seide』p.35

▲ 그림 9-165 청(淸)·광서(光緒) 자희태후(慈禧太后)의 단수옥란호접문서수창
의(緞繡玉蘭蝴蝶紋舒袖氅衣)
북경(北京) 고궁박물원 소장
안쪽에는 토시, 좌우 트임이 있으며 트임은 겨드랑이까지 이른다. 앞섶 테두리는 여의두
(如意頭)로 장식하였다.

▲ 그림 9-166 청(淸)·광서(光緒) 자수 봉희모란문친의(刺繡鳳戲牡丹紋襯衣)
전세품(傳世品)
출처: 오스트리아『Chinese Dress 1700s-1990s』p.38, Private Collection. Photo by
Penelope Clay

▲ 그림 9-167 만청(晩淸) 자수 운룡유수문여오(雲龍有水紋女襖)
오스트리아국가박물관 소장
옷길이 96cm 양소매전체길이 132cm
출처: 오스트리아『Universum In Seide』p.38

▲ 그림 9-168 만청(晚淸) 현청색(玄靑色) 바탕의 조수금망대금화훼보
하피(潮繡金蟒對襟花卉補霞帔)
청화(淸華)대학 미술학원 소장. 전세품(傳世品)
옷길이 110cm 어깨너비 45cm 밑자락너비 80cm
출처: 『중국미술전집(中國美術全集)・공예미술편(工藝美術編)・인염직수
(印染織繡)』하(下) 도판100

▲ 그림 9-169 청(淸) 격사(緙絲) 삼품공작보하피(三品孔雀
補霞帔)
전세품(傳世品)
출처: 『중국역대복식(中國歷代服飾)』p.284, 그림545

▲ 그림 9-170 청(淸)・도광(道光) 오품백한보
하피(五品白鷴補霞帔)
전세품(傳世品)
출처: 오스트리아 『Chinese Dress 1700s-1990s』
p.35, Powehouse Museum Collection. Photo by
Sue Stafford

▲ 그림 9-171 청(淸) 영헌공주(榮憲公主) 궁황단천주수팔단룡문여길복포(宮黃緞穿珠繡八團
龍紋女吉服袍)
1976년 내몽고(內蒙古) 영헌공주묘(榮憲公主墓)에서 출토. 내몽고자치구박물관 소장
옷길이 144cm
포의 가슴, 등, 양 어깨에는 정신오조좌룡(正身五爪坐龍)을 수놓았으며 중간에는 '수(壽)'자가 있다. 화
변(花邊)에도 역시 '수(壽)'자와 수도(壽桃)로 장식하였다. 밑자락에는 평수(平水)와 절벽을 궁황색(宮
黃色)으로 장식하였으며 모두 황제 직계 친족들이 생일잔치에 착용했다. 용의 비늘은 집미주(緝米珠)
로 장식하여 완성했다.
출처: 『중국미술전집(中國美術全集)・공예미술편(工藝美術編)・인염직수(印染織繡)』하(下) 도판87

청대(淸代)

▲ 그림 9-172 청(淸) 자수 도포(道袍)
전세품(傳世品)

(1) 앞면

▲▶ 그림 9-173 청(淸)·건륭(乾隆) 자수 신포(神袍)
개인 소장품
옷길이 130cm 양소매전체길이 262cm
청대 건륭 6년 2월 초이튿날 경일사(敬一社)가 묘우(廟宇)에 바친 신포이다. 문양으로는 2
마리 기린(麒麟)이 마주하고 있으며 그 위에는 정룡(正龍), 아래에는 수산복해문(壽山福海
紋)을 수놓았다. 포의 안감에는 제관(題款)이 있다.
출처: 홍콩 『금수라의교천공(錦繡羅衣巧天工)』 p.215, 그림61

▲ 그림 9-174 청(淸)·강희(康熙) 자수 절지화문희의여피(折枝花紋戲衣女帔)
북경(北京) 고궁박물원 소장. 전세품(傳世品)
옷길이 114cm 양소매전체길이 220cm

▲ 그림 9-175 청(淸)·건륭(乾隆) 자수 대열갑(大閱甲)
북경(北京) 고궁박물원 소장. 전세품(傳世品)

(2) 뒷면

▲ 그림 9-176 청(淸)·광서(光緒) 조복피견(朝服披肩) 견본
북경(北京) 고궁박물원 소장
황첨(黃簽)에 "海龍緣披肩式(해룡연피견식)"이라고 되어 있다.

▲ 그림 9-177 청(淸)·광서(光緒) 조복피견(朝服披肩) 견본
북경(北京) 고궁박물원 소장
황첨(黃簽)에 "上, 照此樣明黃緯絲三件, 直徑(紗)地納紗一件. 下, 夏朝袍後式(상, 이 모양의 명황색 격사 3점, 직경(사) 바탕의 납사 1점. 하, 여름용 조복 뒷면)"이라고 되어 있다.

2) 지방의 유명 자수

19세기 중엽 자수 상품이 활성화됨에 따라 독특한 지방적 특색을 지닌 자수품들이 대량으로 출현하였다. 예를 들면, 북경(北京)의 자수품 경수(京繡), 소주(蘇州)의 소수(蘇繡), 광주(廣州), 조주(潮州), 남해(南海), 번우(番禺), 순덕(順德)의 월수(粵繡), 성도(成都)의 촉수(蜀繡), 장사(長沙), 영향(寧鄉)의 상수(湘繡), 온주(溫州)의 구수(甌繡), 개봉(開封)의 변수(汴繡), 무한(武漢)의 한수(漢繡) 등과 같다. 그중에서 소(蘇), 월(粵), 촉(蜀), 상(湘) 4종의 자수 판로가 가장 광범위하여 '사대명수(四大名繡)'라고 불렸다.

① 경수(京繡)

경수는 북방 민간자수의 기초 위에서 궁궐 자수의 영향을 크게 받아 자신만의 독특한 풍격을 형성하였다. 화문은 사실적이며 대부분 공필화(工筆畫)의 정교하고 세밀한 화법을 그림본으로 삼았다. 제재로는 꽃과 과일, 정원의 풍경, 중국 전통극 인물 등이 있다. 다양한 색상의 꼬임이 없는 융사(絨絲, 즉 1올의 실을 여러 올의 가는 실로 분리)를 사용하여 전침(纏針), 포침(鋪針), 접침(接針) 등의 자수법을 활용하였다. 색 조각을 변화시키는 방법으로 물체의 음양을 표현하였으며 융 표면은 모두 얇아 바늘땀이 자연스럽다. 화문은 밝고 균일하며 배색은 화려하여 자기의 분채(粉彩), 법랑채(琺瑯彩)의 배색 스타일과 비슷하다. 경수에서 쇄선수(灑線繡), 만수(滿繡), 보화(補花), 평금(平金), 퇴릉(堆綾), 천주수(穿珠繡)는 오랫동안 높은 명성을 누렸다(그림 9-178~9-209).

▲ 그림 9-178 청(淸)·동치(同治) 등롱호접매화문자수단화(燈籠蝴蝶梅花紋刺繡團花)(옷감의 일부분)
북경(北京) 고궁박물원 소장. 전세품(傳世品)
직경 26mm

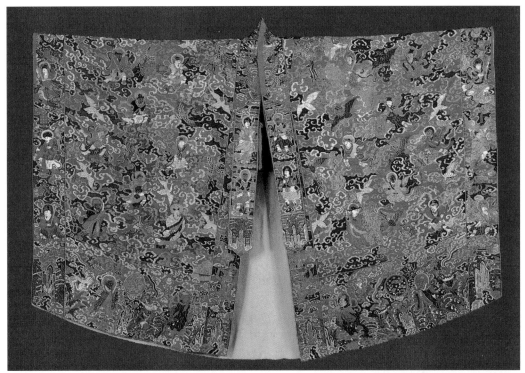

(1) 앞면

(2) 뒷면

▲ 그림 9-179 청대(淸代) 초기 도사무의(道士巫衣)
개인 소장품. 전세품(傳世品)
옷길이 130㎝ 너비 206㎝
도사무의 중앙에는 옥황상제, 제왕의 궁전, 수많은 신선들이 비대칭구조로 수놓아져 있으며 산석(山石)의 양쪽 테두리는 수직선으로 처리하였다. 이는 명대(明代) 만력(萬曆) 연간의 조형과 비슷하며 꽃구름은 사합여의형(四合如意形)으로, 직조하지 않고 자연스럽게 조합하였기 때문에 청대 초기 작품에 속한다.
출처: 홍콩『금수라의교천공(錦繡羅衣巧天工)』 p.183, 그림46

▲ 그림 9-180 만청(晚淸) 무이품사자문자수방보(武二
品獅子紋刺繡方補)
중국비단박물관 소장
크기 32×32cm

▲ 그림 9-181 청(淸) · 강희(康熙) 봉문자수단보(鳳紋刺繡團補)
개인 소장품. 전세품(傳世品)
직경 32cm
출처: 홍콩 『금수라의교천공(錦繡羅衣巧天工)』 p.297, 그림101

▲ 그림 9-182 청(淸) · 광서(光緒) 일품문관선학문자수
방보(一品文官仙鶴紋刺繡方補)
개인 소장품
크기 32×32cm

▲ 그림 9-183 청(淸) 사품문관운안문자수방보(四品
文官雲雁紋刺繡方補)
개인 소장품
크기 32×32cm

▲ 그림 9-184 청(淸) · 강희(康熙) 육품문관노사문자수방
보(六品文官鷺鷥紋刺繡方補)
개인 소장품. 전세품(傳世品)
크기 31×32.5cm
구름과 산은 공작우사(孔雀羽絲)로 수놓았으며 원금사로 윤곽
을 나타내어 그림 하단의 두께를 더하였다.
출처: 홍콩 『금수라의교천공(錦繡羅衣巧天工)』 p.295, 그림
100

▲ 그림 9-185 청(淸) 구품문관련작문평금자수방보(九品
文官練雀紋平金刺繡方補)
청화(淸華)대학 미술학원 소장. 전세품(傳世品)
크기 32×32cm

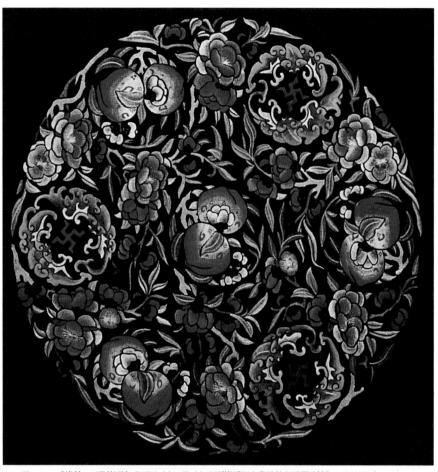

▲ 그림 9-186 청(淸)·건륭(乾隆) 호접만자수도문자수단화(蝴蝶卍字壽桃紋刺繡團花)(옷감의 일부분)
　　북경(北京) 고궁박물원 소장. 전세품(傳世品)
　　직경 26cm

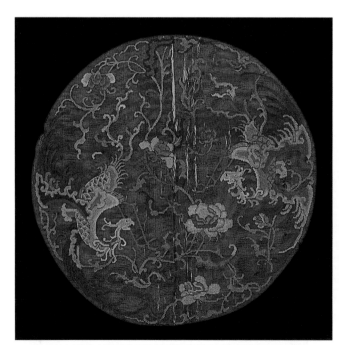

▲ 그림 9-187 청(淸) 봉황모란문자수단화(鳳凰牡丹紋刺繡團花)(옷감의 일부분)
　　청화(淸華)대학 미술학원 소장. 전세품(傳世品)
　　직경 26cm

▲ 그림 9-188 청(淸)·가경(嘉慶) 쌍비채접희상봉문자수단화(雙飛彩蝶喜相逢紋刺繡團花)(옷감의 일부분)
　　북경(北京) 고궁박물원 소장. 전세품(傳世品)
　　직경 26cm

▶ 그림 9-189 청(淸)·긴룽(乾隆) 기봉희상봉문자
수단화(夔鳳喜相逢紋刺繡團花)(옷감의 일부분)
북경(北京) 고궁박물원 소장. 전세품(傳世品)
직경 26cm
이 자수단화는 청대 궁궐의 길복(吉服) 옷감에서 나
온 것으로 8개 단화 가운데 하나이다. 자수의 문양은
대담한 장식 기법을 사용하여 한 쌍의 봉황을 원 안에
수놓았다. 화문은 조밀하지만 답답한 느낌은 없어 마
치 광활한 천지가 회전하고 있는 듯하다. 색상은 화려
하고 우아하면서도 기백이 넘쳐흐른다.
출처: 『중국미술전집(中國美術全集)·공예미술편(工
藝美術編)·인염직수(印染織繡)』하(下) 도판126

▶ 그림 9-190 청(淸)·건룽(乾隆) 쌍비채접희상
봉문자수단화(雙飛彩蝶喜相逢紋刺繡團花)(옷감
의 일부분)
북경(北京) 고궁박물원 소장. 전세품(傳世品)
직경 26cm
이 자수단화는 청대 궁궐의 길복(吉服) 옷감에서 나
온 것으로 8개 단화 가운데 하나이다. '희상봉(喜相
逢)' 도안은 쌍을 이룬 동물문을 회전시켜 마주보게
구성하여 부부애의 의미를 담고 있다. 또한 그림 속의
나비 한 쌍은 과장된 예술적 기법을 사용하였으며 나
비 날개에는 풍부한 기하문(幾何紋)과 대비되는 색상
으로 장식하였다.
출처: 『중국미술전집(中國美術全集)·공예미술편(工
藝美術編)·인염직수(印染織繡)』하(下) 도판125

◀ 그림 9–191 청(淸)·건륭(乾隆) 화훼기봉문잡납수(花卉夔鳳紋卡啦繡)
북경(北京) 고궁박물원 소장. 전세품(傳世品)

◀ 그림 9–192 청(淸)·가경(嘉慶) 팔길상문자수단화(八吉祥紋刺繡團花)(옷감의 일부분)
북경(北京) 고궁박물원 소장. 전세품(傳世品)
직경 27cm

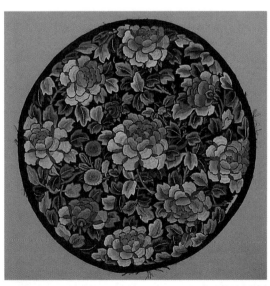

▲ 그림 9–193 청(淸)·가경(嘉慶) 모란문자수단화(牡丹紋刺繡團花)(옷감의 일부분)
북경(北京) 고궁박물원 소장. 전세품(傳世品)
직경 27cm

▲ 그림 9–194 청(淸)·가경(嘉慶) 구도팔길상문자수(九桃八吉祥紋刺繡)(옷감의 일부분)
북경(北京) 고궁박물원 소장. 전세품(傳世品)
길이 40cm 너비 26cm

▲ 그림 9-195 만청(晩淸) 희문인물문자수단화(戱文人物紋刺繡團花)
청화(淸華)대학 미술학원 소장. 전세품(傳世品)
직경 20cm

▲ 그림 9-196 만청(晩淸) 복수문자수단화(福壽紋刺繡團花)
청화(淸華)대학 미술학원 소장. 전세품(傳世品)
직경 30cm

▲ 그림 9-197 만청(晩淸) 경수피견(京繡披肩)
개인 소장품. 전세품(傳世品)
전체 너비 60cm

▲ 그림 9-198 청(淸)·광서(光緖) 평금수(平金繡)
바탕의 개광정원사녀문만수(開光庭院仕女紋挽
袖)
청화(淸華)대학 미술학원 소장. 전세품(傳世品)
길이 30cm 너비 13cm

청대(淸代)

▶ 그림 9-199 만청(晩淸) 자수『어초경독도(漁樵耕讀圖)』
청화(淸華)대학 미술학원 소장. 전세품(傳世品)
길이 45cm 너비 16cm

▶ 그림 9-200 만청(晩淸) 십이생소문자수만수(十二生肖紋刺繡挽袖)
소주(蘇州)자수예술연구소 소장. 전세품(傳世品)
길이 53cm 너비 12cm
이 자수는 12가지 스토리를 제재로 삼아 12가지 띠를 은유하여 풍부한 문화적 함의를 지니고 있는데 소군출새(昭君出塞, 말), 소무목양(蘇武牧羊, 양), 무송타호(武松打虎, 호랑이), 시천투계(時遷偸雞, 닭), 살구권부(殺狗勸夫, 개), 상목시(上牧豕, 돼지), 우랑직녀(牛郞織女, 소), 소무부서(蘇武賦鼠, 쥐), 나타료해(哪吒鬧海, 용), 대료천궁(大鬧天宮, 원숭이), 백토기(白兔記, 토끼), 백사전(白蛇傳, 뱀) 등과 같다.
출처: 『중국미술전집(中國美術全集)·공예미술편(工藝美術編)·인염직수(印染織繡)』하(下) 도판117

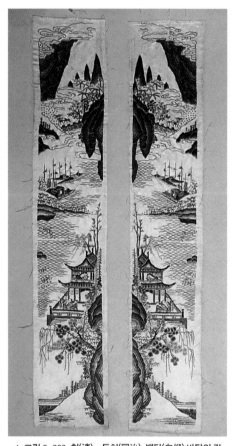

▲ 그림 9-201 청(淸)·광서(光緒) 정원소경인물문자수만수(庭院小景人物紋刺繡挽袖)
청화(淸華)대학 미술학원 소장. 전세품(傳世品)
길이 52cm 너비 11.5cm

▲ 그림 9-202 청(淸)·동치(同治) 삼람수(三藍繡) 바탕의 소경인물문자수만수(小景人物紋刺繡挽袖) 일대(一對)
청화(淸華)대학 미술학원 소장. 전세품(傳世品)
길이 53cm 너비 12cm

▲ 그림 9-203 청(淸)·동치(同治) 백단(白緞) 바탕의 강산정각문자수만수(江山亭閣紋刺繡挽袖) 일대(一對)
청화(淸華)대학 미술학원 소장. 전세품(傳世品)
길이 50cm 너비 10cm

▲ 그림 9-204 청(淸) 설청암화주(雪淸暗花綢) 바탕의 접련화문삼람수
란간군문(蝶戀花紋三藍繡欄杆裙門)(부분 확대)

▲ 그림 9-205 만청(晩淸) 만지교문자수군문(滿地嬌紋刺繡裙門)
청화(淸華)대학 미술학원 소장. 전세품(傳世品)
길이 56cm 너비 40cm

▲ 그림 9-206 청(淸)·동치(同治) 화접문삼람채수군문(花
蝶紋三藍彩繡裙門)
청화(淸華)대학 미술학원 소장. 전세품(傳世品)
길이 45cm 너비 30cm

▲ 그림 9-207 청(淸)·도광(道光) 인물소경문자수군문(人物小景紋刺繡裙門)
청화(淸華)대학 미술학원 소장. 전세품(傳世品)
길이 60cm 너비 40cm

▲ 그림 9-208 청(淸) 자수「건륭어제악수당(乾隆御制樂壽堂)」시의(詩意) 도축(圖軸)
대북(臺北) 고궁박물원 소장. 전세품(傳世品)

▶ 그림 9-209 청(淸) 자수「옥당부귀(玉堂富貴)」축수용(祝壽用) 병풍(12폭)
북경(北京) 고궁박물원 소장. 전세품(傳世品)
각 병풍의 크기: 가로 63cm, 세로 258cm
이 자수품은 모두 12폭으로 구성되어 있으며, 석청단(石靑緞) 바탕에 팔매삼비단문(八枚三飛緞紋)을 수놓았다. 화문에 따라 평침(平針), 투침(套針), 창침(戧針), 접침(接針), 타자(打籽), 정선(釘線), 찰침(扎針), 활모침(活毛針), 송침(松針), 곤침(滾針), 계모침(雞毛針), 망수(網繡), 집선수(緝線繡) 등 10여 종의 자수법을 활용하였다. 20여 종의 색실을 이훈(二暈), 삼훈(三暈) 등의 배색방법으로 목련꽃, 해당화, 모란, 동백꽃, 영지, 대나무, 원추리와 백두루미, 새 등을 수놓았다. 그림 속에는 꽃이 만발하고, 새는 하늘을 날며, 백두루미는 잠시 쉬고 있다. 각 폭의 화문은 독립적으로 폭을 이룰 수도 있고, 하나로 통일된 진체를 이루기도 한다. 큰 화문, 널찍한 그림, 화려한 배색, 정교한 자수, 복잡한 공정들은 자수 직공들의 지혜와 재능을 재현하였다.
출처:『중국미술전집(中國美術全集)』·공예미술편(工藝美術編)·인염직수(印染織繡)」하(下) 도판198

(1)   (2)   (3)

청대(淸代)

(4)   (5)   (6)

(7)   (8)   (9)

(10)   (11)   (12)

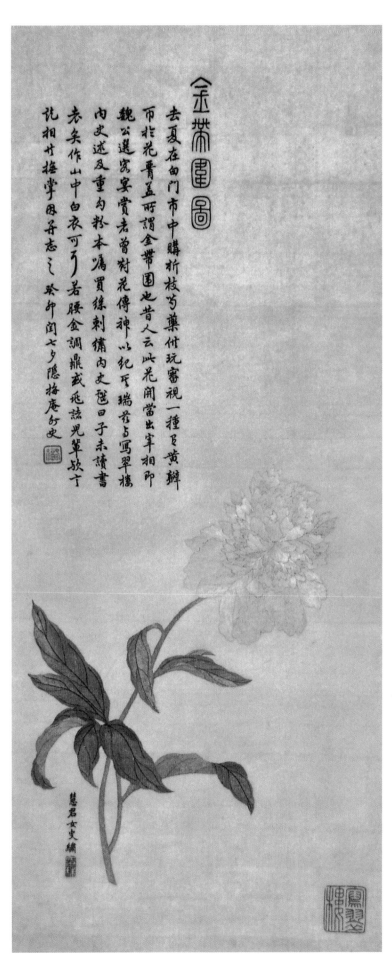

金帶圍圖

去夏在�?門市中購折枝芍藥付玩審視一種?黃辦
而非花膏盍矸謂金帶圍也昔人云此花開當出宰相即
魏公選宴賞者曾對花傳神以紀?瑞??寫翠樓
內史述及重勾搦本屬買絲刺繡內史邑日子未讀書
老矣作山中白衣可?若腰金調鼎或延訛兒輩欤宁
?相廿梅掌因予志之　癸卯閏七夕隱梅庵外史

慧君女史繡

◀ 그림 9–210 청(淸)·도광(道光) 조혜군(趙慧君)
자수「작약금대위도(芍藥金帶圍圖)」
상해(上海)박물관 소장. 전세품(傳世品)
높이 70.5cm 너비 28.8cm

작약꽃 한 떨기를 수놓았는데 품종은 '금대위(金帶圍)'
이다. 전하는 바에 의하면, 송대(宋代)에 한기(韓琦)가
광릉(廣陵)태수로 있을 당시, 군포(郡圃), 관아 정원에
금대위 네 떨기가 피었으므로 왕규(王珪), 왕안석(王安
石), 진승(陳昇)을 청하여 연회를 베풀고 꽃놀이하였다.
훗날 네 사람 모두 재상의 자리에 올랐으므로 따라서 금
대위는 상서로움을 뜻하게 되었다. 이 작품은 청 도광연
간 강소(江蘇) 곤산(昆山) 화가 고춘복(顧春福)의 처(妻)
조혜군이 수놓은 것이다. 흰 비단 위에 그윽하고 아름다
운 절지(折枝) 작약과 "혜군여사수(慧君女史繡)", "인주
(印珠)", "사취루(寫翠樓)" 등 붉은 도장을 수놓았다.
좌측 윗부분에는 검은 실로 고춘복의 제구(題句)를 수놓
았으며 낙관은 "은매암외사(隱梅庵外史)"이다. 고춘복
이 그림을 그리고 조혜군이 도광 23년에 수놓았다. 이
작품은 자수기법이 정교하여 청대 후기 자수 수작이다.
출처: 『중국미술전집(中國美術全集)·공예미술편(工藝
美術編)·인염직수(印染織繡)』하(下) 도판196

▶ 그림 9-211 청(淸) 고수(顧繡) 「계자천향(桂子天香)」 도축(圖軸)
대북(臺北) 고궁박물원 소장. 전세품(傳世品)
높이 67.3cm 너비 34.9cm 전세품(傳世品)
계수나무, 베고니아, 국화, 조개풀, 댓잎, 태호석(太湖石)으로 이루어진 가을 풍경을 수놓은 자수품이다. 계수나무 위에는 새 한 마리가 내려앉았고 꽃밭에서는 호랑나비가 춤추고 있다. 좌측 윗부분에는 "남색 도포 벗었지만 기쁨에 흥겨워, 신선 되어 자연의 조화에 빠졌다네. 상아의 깊은 마음 부러운 건 당연하지, 그윽한 향기 광한궁에서 풍겨오네. 계묘 신정에 우연히 지음. 석산 계황[藍袍脫却喜沖沖, 足下生雲入化工. 堪羨垣(姮娥眞有意, 天香贈自廣寒宮. 癸卯新正偶題, 錫山穚璜]"이라는 제사(題詞)가, 아랫부분에는 '계(穚)', '황(璜)' 두 글자가 수놓아져 있다. 계황(1711~1794년)은 강소(江蘇) 무석(無錫) 사람이다. 청 옹정(雍正) 연간 진사(進士)로, 관직은 문연각대학사(文淵閣大學士) 및 태보(太保)에 이르렀다. 제사에서 계묘는 건륭 47년(1782년)으로 추정된다. 이 자수품은 옅은 갈색 바탕에 세 가지 남색 계열을 위주로 하고 옅은 회록(灰綠), 월백(月白), 흰색 등을 더하여 고아한 색조를 이루었다. 또한 새의 복부에 산뜻한 주홍색으로 대비적인 포인트를 주어 전체 화면에 활발하고 화려한 분위기를 더하였다. 사용된 주요 침법(針法)은 투침(套針), 전침(纏針)이며 바늘땀은 가지런하다. 계수나무 꽃과 베고니아는 천주수(穿珠繡)로 수놓았다. '존소당장(存素堂藏)'이란 도장이 찍혀 있으며 『존소당사수록(存素堂絲繡錄)』에 수록되어 있다.
출처: 『중국미술전집(中國美術全集)·공예미술편(工藝美術編)·인염직수(印染織繡)』하(下) 도판191

▶ 그림 9-212 만청(晚淸) 자수 「선학수도(仙鶴壽桃)」도축(圖軸)
대북(臺北) 고궁박물원 소장. 전세품(傳世品)

청대(淸代)

▲ 그림 9-213 청(淸) 자수 「낭부왕단도(郞父旺丹圖)」
　　서장(西藏)자치구 포달랍궁(布達拉宮) 소장, 전세품(傳世品)
　　높이 69cm 너비 46cm
　　십상자재(十相自在)를 나타내는 산스크리트어와 광환(光環), 채색구름, 화훼로 구성된 상징적 의미를 지닌 자수품이다. 낭부왕단은 십상자재를 뜻한다.
　　「시윤경(時輪經)」에 따르면 십상자재에는 수명자재(壽命自在), 심자재(心自在), 자구자재(資具自在), 업자재(業自在), 해자재(解自在), 수생자재(受生自在), 원
　　자재(願自在), 신력자재(神力自在), 지자재(智自在), 법자재(法自在)가 있다. 처리기법에서 붉은색 광환은 십상자재를 나타내는데 이목을 끄는 초점이기도 하다.
　　자수법은 반창법(反戧法)을 위주로 하고 평금(平金), 권금(圈金) 등 침법을 더하여 주제문양을 두드러지게 하였다.
　　출처:『중국미술전집(中國美術全集)·공예미술편(工藝美術編)·인염직수(印染織繡)』하(下) 도판205

▲ 그림 9-214 청(淸) 자수「마고상(麻姑像)」도축(圖軸)
강소성(江蘇省) 남통시(南通市)박물관 소장. 전세품(傳世品)
높이 131cm 너비 70cm

마고(麻姑)는 중국의 전통적인 축수(祝壽) 제재이다. 심람색 주(綢) 바탕에 마고의 형상을 수놓았다. 마고는 큰 소매의 주홍색 적삼, 남회색 위상(圍裳), 백색 속치마를 입고 삼람(三藍) 띠를 착용했으며 허리 앞에는 옥패를 달고 어깨에는 호미와 꽃바구니를 멨다. 그 뒤에는 꽃사슴 1마리가 따라오고 있다. 수상(繡像)의 주제는 선명하여 강한 장식 효과를 나타낸다. 주요 자수법은 단면평수(單面平繡)이며 머리카락은 이합연사의 의선정선수(衣線釘線繡), 얼굴은 불규칙적인 평투침(平套針), 상의는 평투침(平套針), 띠는 창침(戧針), 위상(圍裳)은 압화(壓花), 속치마는 포침(鋪針)과 망수(網繡), 꽃바구니는 정선(釘線), 바구니 하단은 망수(網繡)를 사용하였다.

꽃사슴은 병색합화사(拼色合花絲)를 사용하여 수화침(擻和針)으로 몸체를 수놓고 시모침(施毛針)으로 머리 부분을 수놓았다. 눈은 6~10개 곤침(滾針), 귀는 전침(纏針), 사슴뿔은 수화침으로 수놓는 등 다양한 자수법을 사용하였다.

이 작품은 청대 도광(道光) 시기의 대표적인 작품이며 폭 테두리는 송대(宋代) 형식의 갑금(匣錦)과 수분색화릉(水粉色花綾)으로 표구되었다.

출처:『중국미술전집(中國美術全集)·공예미술편(工藝美術編)·인염직수(印染織繡)』하(下) 도판195

② 소수(蘇繡)

송대(宋代) 소주(蘇州)에는 일찍이 수많은 수방(繡坊)들이 집중되어 있는 '수선방(繡線坊)'이 있었으며 그 소재지는 지금의 수선항(修仙巷)이다. 청대(靑代)에는 소주를 '수시(繡市)'라고 칭했다. 소주의 감상용 자수공예는 상당히 뛰어나며 정교하면서도 아름답다. 실용 자수품들도 정교하고 아름답기로 유명하다. 소주의 자수법은 매우 풍부하며 투침(套針)이 주를 이루며 자수실 연결 부분에는 바늘땀이 나타나지 않는다. 보통 색채 농도가 다른 3~4가지의 색실로 자연스럽게 훈염(暈染)된 색채로 수놓았으며 화문 테두리에는 '수로(水路)'를 남겨두었다. 자수 부분은 경수보다 두껍고 정교하며 약간 볼록하게 튀어나와 있다. 바늘땀은 정연하고 문양은 장식성이 뛰어나다(그림 9-210~9-219).

③ 월수(粵繡)

월수는 아름답고 격조가 있으며 다양한 화문과 화려한 색상으로 줄곧 유명하였다. 명대(明代) 말기 굴대균(屈大均)은『광동신어(廣東新語)』에서 이르기를, "공작새의 깃털을 실 올로 뽑아 관복 보자(補子)와 운장(雲章) 소맷부리를 수놓았는데 색채가 매우 화려하다"라고 하였다. 대다수의 월수 직조공은 광주(廣州), 조주(潮州) 등지의 남성들이며 다른 지역의 직조공들이 모두 여성인 점과는 달랐다. 19세기 말 주계검(朱啓鈐)은『존소당사사수록(存素堂絲繡錄)』에서 이르기를, "명대 월수로는 박고도(博古圖) 8폭 병풍이 보존되어 있는데 정(鼎), 이(彝) 등과 같은 95가지 종류의 고대 기물문양을 수놓았다. 또한 사용된 바늘과 음사는 극히 가늘며 말총 전용(纏絨)을 사용하여 화문의 윤곽을 그렸다"라고 하였다. 북경(北京) 고궁박물원, 이화원(頤和園), 동릉(東陵)박물관 등에는 모두 청대의 월수로 만든 옷감, 액자, 병풍축 및 작은 부채 덮개, 전대(纏帶), 둥글부채 등이 소장되어 있다. 자수법 종류도 매우 풍부하여 바느질의 오르내림, 힘의 강약, 자수 라인의 배열 방향, 배열 밀도, 매듭 만곡 형태 등의 요소들을 모두 사용하여 도안의 표현력을 강화하였다. 월수에서 가장 중요한 자수법으로는 쇄삽침[灑揷針, 즉 수화침(撒和針)], 투침(套針), 시모침(施毛針) 등이 있다. 직금단(織金緞) 또는 정금수법(釘金繡法)에 사용되어 바탕을 돋보이게 한다. 청대 중기 이래로 월수는 융수(絨繡), 선수(線繡), 정금수(釘金繡), 금융수(金絨繡) 등 4가지 유형으로 나누어지며 그중에서도 특히 부점(浮墊)을 더한 정금수(釘金繡)가 가장 유명하다. 원래 정금수는 얇은 부점만 추가하였는데 후에 두꺼운 부점으로 바뀌어 화문이 부각되도록 하는 효과를 나타냈다. 대부분 무대 의상, 무대 장식품, 사원 전시품에 사용되었다. 금융수로는 조주가 가장 유명하며 융수는 광주가 가장 유명하다. 청대 광서(光緒) 26년(1900년) 광주 세관을 통해 수출되는 월수의 가격은 496,750냥에 달하였다. 월수의 문양에는 삼양개태(三陽開泰)(그림 9-220), 공작개병(孔雀開屛)(그림 9-221), 백조조봉(百鳥朝鳳)(그림 9-222), 행림춘연(杏林春燕), 송학원록(松鶴猿鹿), 공계모란(公雞牡丹), 금사은토(金獅銀兔), 용비봉무(龍飛鳳舞) 등의 민간에서 좋아하는 제재들이 있으며 그 구도는 조밀하며 색채는 농후하다. 1915년 파나마국제박람회에서 상을 받았다.

④ 촉수(蜀繡)

촉수는 화문에 집결되어 바탕 부분에는 빈 공간이 비교적 많다. 따라서 흰 바탕의 푸른 문양은 소박하면서도 고풍스러운 풍격을 지닌다. 청대 중기 이후, 촉수는 소수(蘇繡)와 고수(顧繡)의 장점을 흡수하여 중국의 주요 자수로 발전하였다. 자수법이 깔끔하며 고르면서도 밝아 화문 테두리의 바늘땀도 마치 칼로 자른 듯이 평평하고 정연하다. 감상용 자수품 외에도 의군(衣裙), 피면(被面, 이불 겉감), 베갯잇, 만장(幔帳, 휘장), 신발, 모자 등의 실용품에 주로 사용되었다.

⑤ 상수(湘繡)

장사(長沙)를 중심으로 현지의 부녀자들이 대부분 자수를 놓은 일에 종사하였다. 청나라 말기 태평군(太平軍) 봉기가 실패한 후, 진압에 공을 세운 일부 상군(湘軍) 군관들이 장사(長沙)에 정착하게 되었다. 이들은 돈과 권력을 지니고 있었기에 상인들은 군관들의 요구에 맞춰 자수장(刺繡莊)을 개설하였으며 당시에는 모두 '고수장(顧繡莊)'이라는 팻말을 걸었다. 그러나 자수 전문가인 호련선(胡蓮仙)은 장사에서 제자들을 가르쳤으며 두 아들 호한신(胡漢臣)과 호훈신(胡勳臣)이 장사 사문구(司門口)에서 '호채하수방(胡彩霞繡坊)'이라는 자수방을 열었다. 호련선의 여자친구인 위씨(魏氏)도 그를 도와 동향(東鄉)과 서향(西鄉)의 마을에 가서 자수공예를 전수하였다. 따라서 지방도 수많은 상수의 근거지로 발전되어 상수의 명성이 고수장을 능가했을 뿐만 아니라 국외에서도 크게 명성을 떨쳤다. 상수는 실을 매우 가늘게 분리한 후, 쥐엄나무 협과(莢果) 용액에 넣어 삶은 다음, 다시 휘감아서 문질러 처리하면 기모(起毛)를 방지할 수 있다. 따라서 광택과 굵기는 머리카락보다 우수하여 현지에서는 이를 '양모세수(羊毛細繡)'라고 불렀다. 상수의 자수법은 소수(蘇繡)의 투침(套針)을 흡수하여 발전시켰으며 바늘땀으로 음양의 농도를 조절하여 훈색(暈色)이 마치 그림과 같았다. 상수의 배색은 수묵색[水墨色, 즉 흑(黑), 백(白), 심회(深灰), 중회(中灰), 천회(淺灰)]을 위주로 하여 다양한 색깔과 배합하기 때문에 매우 소박하면서도 우아하여 채묵화(彩墨畫)처럼 보인다.[11][12][14]~[17]

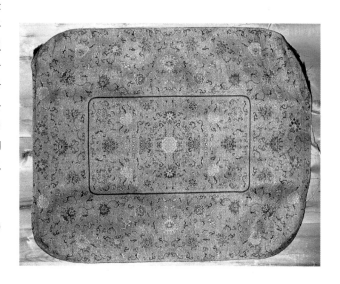

▶ 그림 9-215 청(淸) 보선화문소수(寶仙花紋蘇繡) 좌점(座墊, 방석)
북경(北京) 고궁박물원 소장. 전세품(傳世品)
길이 132cm 너비 110cm

▶ 그림 9-216 청(淸) 고수(顧繡)
『서호도책(西湖圖冊)-유랑문
앵(柳浪聞鶯)』
대북(臺北) 고궁박물원 소장. 전세
품(傳世品)
높이 24.1cm 너비 26.3cm
항주(杭州)의 서호십경(西湖十景)
중 하나인 '유랑문앵'의 아름다운
봄 경치를 표현하였다. 초점투시
(焦點透視)로 배경의 구도를 취하
였다. 색상은 초록색과 종록색(棕
綠色)을 위주로 하여 장밋빛으로
장식하여 대조를 이루고 있으며
고요함 가운데 움직임이 있다.
자수법은 수화침(擻和針)과 곤침
(滾針)을 중심으로 하여 먼저 색을
칠한 후 수를 놓거나 자수 후에 색
을 칠한 부분도 있다.
출처:『중국미술전집(中國美術全
集)·공예미술편(工藝美術編)·
인염직수(印染織繡)』하(下) 도판
192

▶ 그림 9-217 청(淸) 고수(顧繡)
『서호도책(西湖圖冊)-쌍봉삽
운(雙峰揷雲)』
대북(臺北) 고궁박물원 소장. 전세
품(傳世品)
높이 24.1cm 너비 26.3cm
항주(杭州)의 서호십경(西湖十景)
중 하나인 '쌍봉삽운(雙峰揷雲)'
의 경치를 표현하였다. 구도는 중
축선을 기준으로 정삼각형 형태로
배치하였으며 쌍봉은 우뚝 솟아
장엄하며 색채는 고아하다. "乾隆
鑑賞(건륭감상)", "嘉慶鑑賞(가경
감상)", "三希堂精鑑璽(삼희당정
감새)", "宜子孫(의자손)" 등이 새
겨진 옥새가 날인되어 있다.
자수법은 수화침(擻和針)과 곤침
(滾針)을 중심으로 하여 먼저 색을
칠한 후 수를 놓거나 자수 후에 색
을 칠한 부분도 있다.
출처:『중국미술전집(中國美術全
集)·공예미술편(工藝美術編)·
인염직수(印染織繡)』하(下) 도판
192

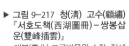

(1)   (2)

▲ 그림 9-218 청(淸) 자수『낭원장춘책(閬苑長春冊)』(2폭)
대북(臺北) 고궁박물원 소장. 전세품(傳世品)
높이 32.9cm 너비 29.8cm
본 책자는 12개(開), 34폭으로 12개월의 진귀한 꽃을 나누어 수놓았으며 대폭(對幅)에는 각각 칠언율시
한 편을 수놓았다.
(1)「하화취조도(荷花翠鳥圖)」는『낭원장춘책』 중의 한 폭이다. 남색 바탕에 수놓은 후 광물질 안료를 붓
으로 색칠하였다. 연꽃 뿌리 등에도 자수한 후 붓으로 색칠하였다.
(2)「수구청정도(繡球蜻蜓圖)」 역시 이 책 중의 한 폭이다. 남색 바탕에 자수한 후 광물질 안료에 아교를
더하여 다시 붓으로 색칠하였다. 화훼의 일부분도 역시 붓으로 색칠하였다.
두 작품의 도안은 모두 사실적이면서도 섬세하다. 훈색(暈色)은 광택이 나면서도 아름다우며 자수실은 극
히 가늘어서 청대 자수공예의 한 유파를 대표한다고 할 수 있다.
출처:『중국미술전집(中國美術全集)·공예미술편(工藝美術編)·인염직수(印染織繡)』하(下) 도판187

▼ 그림 9-219 청(淸) 소수(蘇繡) 금군문(錦群紋) 좌점(座墊)(일부분)
북경(北京) 고궁박물원 소장. 전세품(傳世品)
길이 170cm 너비 132cm

▶ 그림 9-220 청(淸) 월수(粤繡)『삼양개태(三
陽開泰)』괘병(挂屏, 액자)
북경(北京) 고궁박물원 소장. 전세품(傳世品)
길이 67cm 너비 52.5cm
전형적인 관상용 액자이다. 아백색단(牙白色緞)
바탕의 좌측 상단에는 태양과 유운(流雲), 우측
하단에는 산석, 대나무, 매화, 수목을 수놓았으
며 중간에는 양 3마리를 배치하였다. 양(羊)과 양
(陽), 태(太)와 태(泰)의 동음으로 삼양개태(三陽
開泰)라고 칭했으며 동지 후에 양기가 상승하고
만물이 다시 성장하여 태운(泰運, 큰 행운)도 역
시 시작될 것이라는 함의를 담고 있다. 양의 주위
에도 7마리 새와 나비, 금잔화, 태호석 등을 수놓
았다. 이 월수는 변자고침법전권(辮子股針法轉
圈) 자수로 구불구불한 양털을 표현하였다. 각린
(刻鱗), 찰침(扎針), 시침(施針)으로 작은 새의 깃
털, 날개, 부리, 발톱을 수놓았으며 타자수(打籽
繡)로 볼록하게 튀어나온 꽃술을 표현하였다. 큰
면적의 산석, 나무는 평투침(平套針)으로 수놓은
것 외에도 길이가 들쭉날쭉한 쇄삽침법(灑插針
法)으로 산석의 높고 낮음을 효과적으로 표현하
였다.
출처:『중국미술전집(中國美術全集)·공예미술편
(工藝美術編)·인염직수(印染織繡)』하(下) 도판
190

▲ 그림 9-221 만청(晚淸) 월수(粤繡) 「공작개병(孔雀開屏)」 경심(鏡心)
청화(淸華)대학 미술학원 소장. 전세품(傳世品)
길이 125cm 너비 70cm
바탕조직은 백색경면팔매진사연단(白色經面八枚眞絲軟緞)이며 각종 진사(眞絲) 색실로 융화(絨花)를 수놓았다. 도안 주체로는 소나무, 공작새이며, 또한 백두루미, 매, 마작, 메추라기와 24마리 가축 등도 있다. 각각 소나무 사이에서 날아다니고 꽃 아래에서 놀고 있어 온갖 새들이 다투어 지저귀는 생명력이 충만한 한 폭의 그림으로 구성되었다. 구도에서 성글고 정밀함이 운치가 있으며 신선하면서도 참신하다. 전통적인 몰골화조화(沒骨花鳥畫) 풍격을 지녔다.
전체적으로 10여 종의 서로 다른 자수법을 사용하였는데 새의 깃털은 대부분 각린침(刻鱗針), 새의 복부와 산석은 산투침(散套針) 또는 수화침(擻和針), 모란과 자동나무의 꽃봉오리에는 대부분 창침(戧針)으로 수놓았다. 자수는 정교하면서도 섬세하며 자수법은 치밀하며 테두리도 정연하다.
출처: 『중국미술전집(中國美術全集)·공예미술편(工藝美術編)·인염직수(印染織繡)』 해(下) 도판189

▲ 그림 9-222 청(淸) 월수(粤繡) 「백조조봉(百鳥朝鳳)」 경심(鏡心)
청화(淸華)대학 미술학원 소장. 전세품(傳世品)
길이 125cm 너비 70cm
이 작품은 월수 「공작개병」 경심과 한 쌍이며 바탕조직도 백색경면팔매진사연단이다. 그림 속에는 봉황 1마리가 중간에 있으며 앵무새, 변삼광조, 꾀꼬리, 금계(金鷄), 까치, 백로와 원앙 등의 16마리 진귀한 새들이 지저귀거나 날아다니거나 다양한 자태로 주위를 둘러보거나 멀리서 서로 호응하고 있다. 오동나무는 이미 열매를 맺었으며 버들잎도 새로이 피어나고 있다.
자수는 20종에 가까운 다양한 자수법으로 각종 형태를 정성껏 표현하였다. 즉, 새의 깃털은 대부분 각린침(刻鱗針), 새의 복부 깃털은 산투(散套)와 난침(亂針)을 교차하였으며 산석은 수화침(擻和針)으로 수놓았다.
출처: 『중국미술전집(中國美術全集)·공예미술편(工藝美術編)·인염직수(印染織繡)』 해(下) 도판188

3. 청대(淸代)의 비단 문양

청대의 비단 문양은 거의 전반적으로 명대(明代)의 전통을 계승하였다. 문양의 내용에서는 유학(儒學)사상을 중심으로 하는 길상(吉祥)도안이 전해져 내려왔다. 형식면에서 전체적으로 명나라보다 아름답다는 가운데 구도장법(構圖章法), 형상 디자인, 윤색방법 등 비단 문양의 기술적 경험을 수용하였다. 명대와 청대의 비단 문물을 분별하는 방법은 아래와 같다. 명대의 비단 직조는 비교적 굵고 호방하며 문양의 조형은 굵고 단단하며 색상은 농후히고 퇴훈법의 색채 지수 사이 간격이 넓어 남성의 건장미를 지닌다. 청대 비단공예는 정교하면서도 섬세하며 문양 조형은 비교적 부드럽고 상세하다. 또한 색채는 단아하며 퇴훈법의 색채 지수 사이 간격이 좁아 여성적인 온유함이 있다. 청대 비단은 문양 형식에 따라 20여 가지의 종류로 개괄할 수 있다.

① 팔달훈(八達暈), 대보조(大寶照) 등의 방원(方圓)을 조합하여 꽃 모양 및 작은 기하문으로 채워 넣은 조합형의 큰 기하전화문양(幾何塡花紋樣)(그림 9-223~9-225)

② 사각형과 능형 칸을 기초로 하여, 연전(連錢), 구로(球路), 시체(柿蒂), 육출(六出) 등의 격자로 변화시킨 후, 다시 격자와 서로 적합한 꽃 또는 변체기하문(變體幾何紋)을 더한 중간 크기의 기하전화문양(그림 9-53, 9-61, 9-66, 9-94~9-96, 9-226~9-246)

③ 작은 줄무늬 및 기화화문(幾何花紋)(그림 9-55, 9-247~9-253)

④ 파도형 곡선을 격자로 하는 대소천지화문(大小穿枝花紋)(그림 9-77, 9-79, 9-81, 9-84, 9-86, 9-87, 9-254~9-256)

⑤ 교절원(交切圓)을 격자로 하는 대소전지화문(大小纏枝花紋)(그림 9-76, 9-78, 9-80, 9-82, 9-83, 9-85)

⑥ 각종 크기의 절지화(折枝花)는 만지형(滿地型)과 청지형(淸地型)으로 나누어진다(그림 9-78)

⑦ 산점식(散點式) 청색 바탕의 작은 꽃

⑧ 각종 크기의 단화(團花)(그림 9-113, 9-154, 9-155, 9-158, 9-171, 9-186, 9-190)

⑨ 피구화(皮球花)(그림 9-8)

⑩ 절지화(折枝花), 천지화(穿枝花), 전지화(纏枝花)와 작은 기하지문(幾何地紋)과 결합한 금상첨화문(錦上添花紋)(그림 9-84, 9-257, 9-261)

⑪ 정지(整枝) '일조룡(一條龍)' 화문(그림 9-138, 9-262)

⑫ 팔보(八寶), 팔선(八仙), 팔길상(八吉祥), 칠진도(七珍圖), 칠음도(七音圖), 문방사보(文房四寶), 등롱경(燈籠景), 박고(博古) 등 기물문양(그림 9-7, 9-72, 9-88, 9-100, 9-115, 9-263)

⑬ 영희도(嬰戱圖), 정태사녀(亭臺仕女), 인물소경(人物小景) 문양(그림 9-68)

⑭ 연하원앙(蓮荷鴛鴦), 계로수조(鸂鶒水鳥), 유어수랑(遊魚水浪) 문양(그림 9-259)

⑮ 화조충접문(花鳥蟲蝶紋)(그림 9-64, 9-98)

⑯ 봉천화문(鳳穿花紋)(그림 9-103, 9-104, 9-129, 9-264, 9-265)

⑰ 운룡운봉문(雲龍雲鳳紋), 기룡기봉문(夔龍夔鳳紋)(그림 9-90, 9-266, 9-267)

⑱ 각종 운문(雲紋)(그림 9-89)

⑲ 낙화유수문(落花流水紋)(그림 9-268)

⑳ 빙봉옥매문(冰封玉梅紋)(그림 9-45, 그림9-46)

▲ 그림 9-223 청(淸)·광서(光緖) 살구색 바탕의 팔달훈금 (八達暈錦)
청화(淸華)대학 미술학원 소장. 전세품(傳世品)
길이 40cm 너비 20cm

▲ 그림 9-224 청(淸) 팔달훈금(八達暈錦)
개인 소장품. 전세품(傳世品)
길이 35cm 너비 30cm

▲ 그림 9-225 청(淸) 팔달훈금(八達暈錦)
북경(北京) 고궁박물원 소장. 전세품(傳世品)
길이 70cm 너비 49cm

◀ 그림 9-226 청(淸) 쌍거(雙距) 바탕의 사합만초
문금(四合蔓草紋錦)
청화(淸華)대학 미술학원 소장. 전세품(傳世品)
길이 44cm 너비 32cm

▲ 그림 9-227 청대(淸代) 초기 쌍룡반조문이색금(雙龍盤繰紋二色錦)
북경(北京) 고궁박물원 소장. 전세품(傳世品)
길이 32.5cm 너비 22cm

▲ 그림 9-228 청(淸) · 건륭(乾隆) 사합여의천화금(四合如意天華錦)
청화(淸華)대학 미술학원 소장. 전세품(傳世品)
길이 45cm 너비 33cm

▲ 그림 9-229 청(淸) 방기전화문금(方棋塡花紋錦)
북경(北京) 고궁박물원 소장. 전세품(傳世品)
길이 20cm 너비 25cm

▲ 그림 9-230 청(淸) · 건륭(乾隆) 사합여의부귀문금(四合如意富貴紋錦)
개인 소장품. 전세품(傳世品)
길이 40cm 너비 25cm

▲ 그림 9-231 청(淸)·건륭(乾隆) 천화금(天華錦)
청화(淸華)대학 미술학원 소장. 전세품(傳世品)
길이 48cm 너비 34cm

▲ 그림 9-233 청(淸)·건륭(乾隆) 사합천화금(四合天華錦)
북경(北京) 고궁박물원 소장. 전세품(傳世品)
길이 49cm 너비 19cm

▲ 그림 9-232 청(淸) 사합룡문금(四合龍紋錦)
청화(淸華)대학 미술학원 소장. 전세품(傳世品)
길이 40cm 너비 25cm

▶ 그림 9-234 청(淸)·건륭(乾隆) 사합여의
천화금(四合如意天華錦)
청화(淸華)대학 미술학원 소장. 전세품(傳世品)
길이 40cm 너비 25cm

▲ 그림 9-235 청(淸)·도광(道光) 모란화두천화금(牡丹花頭天華錦)
　청화(淸華)대학 미술학원 소장
　길이 64cm 너비 14cm

▲ 그림 9-236 청(淸) 단룡문천화금(團龍紋天華錦)
　개인 소장품. 전세품(傳世品)
　길이 44cm 너비 18cm

◀ 그림 9-237 청대(淸代) 말기 길경유
　여천화금(吉慶有余天華錦)
　개인 소장품. 전세품(傳世品)
　길이 44cm 너비 24cm

▶ 그림 9-238 청대(淸代) 말기
　여의천화금(如意天華錦)
　개인 소장품. 전세품(傳世品)
　길이 44cm 너비 28cm

(1) 실물

◀ 그림 9-239 청(淸)·옹정(雍正)
　사합여의만초문금(四合如意蔓
　草紋錦)
　청화(淸華)대학 미술학원 소장. 전
　세품(傳世品)
　길이 56cm 너비 40cm

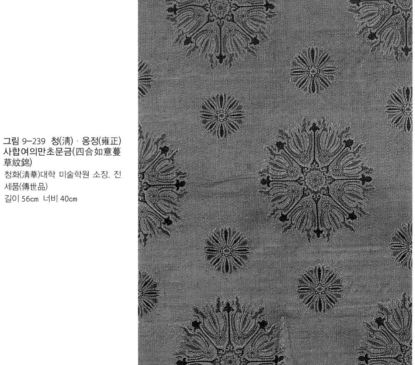

(2) 문양 확대도

▲ 그림 9-240 청대(淸代) 초기 서화금(瑞花錦)
　청화(淸華)대학 미술학원 소장. 전세품(傳世品)
　길이 45cm 너비 30.8cm

▲ 그림 9-241 청(淸)·옹정(雍正) 만초문금(蔓草紋錦)
개인 소장품. 전세품(傳世品)
길이 43cm 너비 32cm

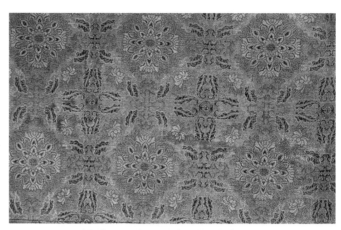

▲ 그림 9-243 청대(淸代) 초기 사합련화문금(四合蓮花紋錦)
북경(北京) 고궁박물원 소장. 전세품(傳世品)
길이 72cm 너비 40cm

▲ 그림 9-242 청(淸)·건륭(乾隆) 화훼문난간금(花卉紋欄杆錦)
청화(淸華)대학 미술학원 소장. 전세품(傳世品)
길이 38cm 너비 30cm

▲ 그림 9-244 청(淸)·강희(康熙) 곡수호접문금(曲水蝴
蝶紋錦)
청화(淸華)대학 미술학원 소장. 전세품(傳世品)
길이 52cm 너비 18cm

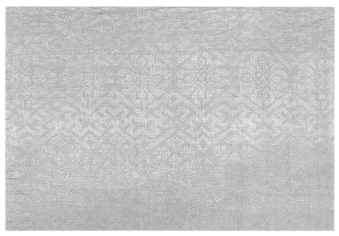

▲ 그림 9-247 청(淸)·강희(康熙) 만자타화문기(卍字朵花紋綺)
개인 소장품. 전세품(傳世品)
길이 26cm 너비 20cm
평문(平紋) 바탕의 사매사문(四枚斜紋) 문양

▲ 그림 9-245 청(淸)·옹정(雍正) 만초문가금세금(蔓草紋加金細錦)
개인 소장품. 전세품(傳世品)
길이 34cm 너비 23cm

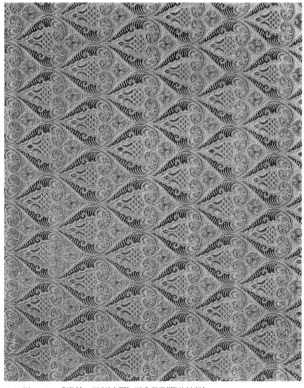

▲ 그림 9-246 청대(淸代) 초기 만초문금(蔓草紋錦)
청화(淸華)대학 미술학원 소장. 전세품(傳世品)
길이 28cm 너비 22cm

▲ 그림 9-248 청(淸)·강희(康熙) 만초문금(蔓草紋錦)
청화(淸華)대학 미술학원 소장. 전세품(傳世品)
길이 54cm 너비 40cm

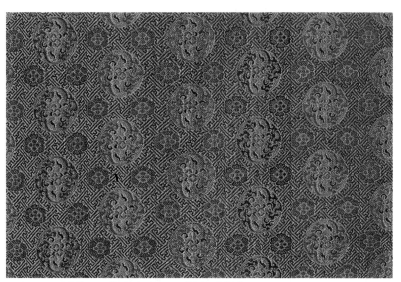

▲ 그림 9-250 청(淸)·건륭(乾隆) 복재안전문금(福在眼前紋錦)
북경(北京) 고궁박물원 소장. 전세품(傳世品)
길이 46cm 너비 40cm

▲ 그림 9-249 청대(淸代) 초기 사피문금(蛇皮紋錦)
청화(淸華)대학 미술학원 소장. 전세품(傳世品)
길이 51cm 너비 22.5cm

▲ 그림 9-251 청대(淸代) 말기 연운단수문금(連雲團壽紋錦)
청화(淸華)대학 미술학원 소장. 전세품(傳世品)
길이 30cm 너비 20cm

▼ 그림 9-252 청대(淸代) 중기 능격반리문금(菱格蟠螭紋錦)
청화(淸華)대학 미술학원 소장. 전세품(傳世品)
길이 33cm 너비 22cm

▼ 그림 9-253 청대(淸代) 초기 쇄자(鎖子) 바탕의 규문금(葵紋錦)
청화(淸華)대학 미술학원 소장. 전세품(傳世品)
길이 33cm 너비 23cm

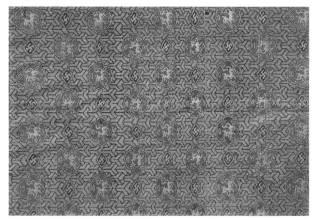

▶ 그림 9-254 청(淸)·건륭(乾隆) 전지화상가화문금(纏枝花上加花紋錦)
북경(北京) 고궁박물원 소장. 전세품(傳世品)
길이 57.6cm 너비 40cm

▲ 그림 9-255 청(淸)·건륭(乾隆) 전지대양화금(纏枝大洋花錦)
청화(淸華)대학 미술학원 소장. 전세품(傳世品)
길이 45cm 너비 39cm

▲ 그림 9-256 청(淸) 관지모란연화문금(串枝牡丹蓮花紋錦)
개인 소장품. 전세품(傳世品)
길이 25cm 너비 13cm

▲ 그림 9-257 청(淸)·광서(光緖) 곡수(曲水) 바탕의
전지삼다문금(纏枝三多紋錦)
청화(淸華)대학 미술학원 소장. 전세품(傳世品)
길이 32cm 너비 28.5cm

(1)

(2)

▲ 그림 9-258 청(清)·건륭(乾隆) 전지삼다기하문금(纏枝三多幾何紋錦)(2점)
　　 북경(北京) 고궁박물원 소장. 전세품(傳世品)
　　 길이 38cm 너비 31cm

▼ 그림 9-259 청대(淸代) 중기 어조문금(魚藻紋錦)
　　 북경(北京) 고궁박물원 소장. 전세품(傳世品)
　　 길이 22cm 너비 22cm

▲ 그림 9-260 청(清)·건륭(乾隆) 귀배(龜背) 바탕의 전지화문금
(纏枝花紋錦)
　　북경(北京) 고궁박물원 소장. 전세품(傳世品)
　　길이 45cm 너비 39cm

▲ 그림 9-261 청(清)·건륭(乾隆) 팔길상문말사직금(八吉祥紋抹梭織錦)
　　개인 소장품. 전세품(傳世品)
　　길이 40cm 너비 35cm

▲ 그림 9-262 만청(晚清) 정지화문장화단(整枝花紋妝花緞)
　　북경(北京) 고궁박물원 소장
　　크기 76×153cm
　　기두(機頭)에는 "××昌源內局本機(××창원내국본기)"라는 문
　　구가 직조되어 있다.

▲ 그림 9-263 청(清)·광서(光緖) 등롱문금(燈籠紋錦)
　　청화(清華)대학 미술학원 소장. 전세품(傳世品)
　　길이 50cm 너비 40cm

▶ 그림 9-265 청(淸)·도광(道光) 등롱단봉여의운잡보문장화단(燈籠團鳳如意雲雜寶紋妝花緞)

▲ 그림 9-264 청(淸) 봉천모란문금(鳳穿牡丹紋錦)
청화(淸華)대학 미술학원 소장. 전세품(傳世品)
길이 50cm 너비 25cm

▶ 그림 9-267 청(淸) 봉황기린
문금(鳳凰麒麟紋錦)
북경(北京) 고궁박물원 소장. 전
세품(傳世品)
길이 33cm 너비 13cm

▼ 그림 9-266 청(淸) 기룡기봉문금(夔龍夔鳳紋錦) 문양
북경(北京) 고궁박물원 소장품의 모사본
화문크기 12.5×12cm

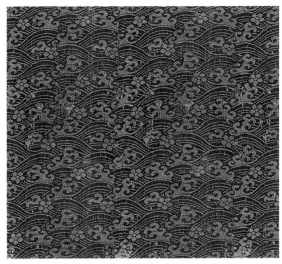

▲ 그림 9-268 청(淸)·건륭(乾隆) 낙화유수문쌍면금(落花流水紋雙面錦)
북경(北京) 고궁박물원 소장
길이 33cm 너비 23cm

(부분 확대)

4. 청대(淸代)의 비단 문양 디자인 기교

(1) 운금(雲錦) 직공의 구결(口訣)

① 직물의 수요, 즉 용도, 규격, 종류, 기술 조건 등에 근거하여 직물의 주제를 설계한 후, 주제에 따라 도안을 그리고 적당한 재질을 선택하여 전체적인 디자인 효과를 얻도록 한다(量題定格, 依材取勢). 적합한 도안 소재를 준비하고 구도는 간결해야 한다. 설계한 도안은 풍부한 운율감을 지니고 생동적이면서도 융통성이 있어야 하며 주제의 요구를 충족시켜야 한다(行枝趨葉, 生動得體). 주제와 상응되는 도안이 서로 호응관계를 이루고 발전단계가 선명하여 주제가 충분히 드러나도록 부각시켜야 한다(賓主呼應, 層次分明). 도안, 색채, 조직 설계의 전체적인 효과를 가리킨다. 무늬와 바탕은 간결하고 선명해야 하며 조직과 도안의 배합이 적당하여 견직물의 디자인이 아름답고 조화로운 경지에 도달하도록 해야 한다(花淸地白, 錦空均齊).

② 대상의 주요 부분을 중심으로 자질구레한 부분을 생략하여 형상이 훨씬 단순하면서도 정형화되도록 한다(寫實如生, 簡變得體).

③ 꽃이 크면 가지 한 개는 적합하지 않으며 열매가 크면 모두 쌍가지를 사용한다. 가지가 길 때는 잎으로 가리고 잎맥은 3~5줄을 넘지 않도록 한다(花大不宜獨梗, 果大皆用雙枝, 枝長用葉遮蓋, 葉筋不過三五)

④ 잎이 과일에서 나온 것은 크게 표현하지 않으며 과일에 반문이 있는 경우에는 전체에 나타나지 않도록 한다(葉從果中出, 不露大塊; 果中有斑紋, 不顯全身).

⑤ 전지련(纏枝蓮) 그리기: 만개한 연꽃을 명월로, 연꽃을 휘감고 있는 가지를 달빛으로 비유한다. 또한 연꽃 덩굴은 달과 구름 사이를 헤치고 나아가는 창룡으로 비유한다(梗細恰如明月量, 蓮藤形似老蒼龍). 연꽃 가지는 밧줄과 같이 가늘며, 연꽃송이는 구름덩이와 같이 굵다(蓮梗細如繩曲, 蓮頭粗如雲頭).

⑥ 매화 그리기: 매화는 줄기에서 가지를 치며 동일한 곳에서는 가지를 칠 수 없다. 꽃은 단순히 동일한 크기의 꽃을 동일한 가지에서 개화하도록 해서는 안 된다. 크기가 서로 다르고 정면이나 측면으로 표현해야 하며 꽃봉오리를 중첩하여 '품(品)'자형으로 조합해야 한다. 매화의 새로운 가지를 장식할 때는 제비가 나는 것과 같이 생동적이어야 한다(枝不得對發, 花不可並生, 疊花如品字, 發梢如燕飛).

⑦ 모란 그리기: 작은 모란 꽃잎의 뾰족한 끝은 3단의 자연스러운 호선 1장으로 형성하고 큰 꽃잎은 호선 4~5단으로 꽃잎 하나를 완성한다. 꽃잎의 빈 공간에는 반쪽의 잎 모양을 그려야 단조롭지 않으며 나머지 공간에는 파문(波紋)으로 회전한 줄기와 잎 조각이 가지를 휘감은 구도를 이룬다(小瓣尖端宜三缺, 大瓣尖端五六最. 老幹纏枝如波紋, 花頭空處托半葉).

⑧ 잎 그리기: 가지 하나에는 잎 3장과 가지 3개를 치는 부분적인 변화가 적당하다. 늙은 줄기의 무늬는 짙게 표현하고 가지가 많으면 가지 정리가 필요하며 뿌리는 표현하지 않는다(一枝三葉分三岔, 老幹折枝不露根).

⑨ 구름 그리기: 떠다니는 구름은 흐르는 물과 같이 끊임없이 흘러야 하며 떠 있는 구름은 여의 형상과 같이 평온해야 한다. 작은 운문은 생동적이고 민첩해야 하며 큰 운문은 일반적으로 용포 원단 단폭 디자인에 사용되며 전신을 관통하여 기세가 서로 연결되도록 한다(行雲綿延似流水, 臥雲平擺像如意. 大雲通身而連氣, 小雲輕巧而生靈).

⑩ 봉황 그리기: 안면은 금계와 같고 관은 여의와 같다. 머리는 운무와 같고 날개는 백두루미와 같다(首如錦雞, 冠似如意, 頭如騰雲, 翅如仙鶴).

⑪ 용 그리기: 용의 벌린 입, 수염, 머리카락, 이빨, 눈썹 등은 모두 활기차며 머리는 크고 목은 가늘며 몸집은 크고 꼬리는 자연스럽다.

신룡(神龍)의 머리는 보이지만 꼬리는 보이지 않으며 화염주(火焰珠)의 빛으로 용의 위엄을 부각시킨다. 발바닥은 호랑이 발바닥과 같고 발톱은 매와 같으며 일자로 뻗은 다리는 기운이 넘쳐 보인다.

⑫ 용봉(龍鳳) 그리기: 용은 삼정[三亭, 또는 작정(作停)], 즉 경정(脖亭), 요정(腰亭), 미정(尾亭)이 있으며 봉황도 삼장(三長)이 있는데, 즉 눈, 다리, 꼬리가 길다. 송대(宋代) 곽약허(郭若虛)의 『도화견문지(圖畵見聞志)』권1 「논화용체법(論畵龍體法)」에 따르면, "삼정구사(三停九似)는 대부분 사람들이 실제로 용을 보지 못하여, 옛날 장인들이 전수한 방법이다"라고 하였다. 구사는 뿔은 노루, 머리는 낙타, 눈은 귀신, 목은 뱀, 배는 백합(白蛤), 비늘은 물고기, 발톱은 매, 발바닥은 호랑이, 귀는 소의 형상을 가리킨다. 『사기 · 제왕세기(史記 · 帝王世紀)』에 따르면, 봉황은 "닭 머리, 제비 부리, 뱀의 목, 용의 몸체, 비늘로 이루어진 날개, 물고기 꼬리이고 형상은 두루미와 비슷하며 몸에는 5종류의 색상이 있다"라고 하였다. 용과 봉황은 모두 자연계의 동물이 아니라 사람들 상상 속에 있는 인문학적 형상의 동물이다.

⑬ 운금(雲錦)의 배색(配色) 구결(口訣)
• 이훈색(二暈色): 옥백과 남색, 규황(葵黃)과 녹색, 고동(古銅)과 자색, 우회(羽灰)와 남색, 심홍(深紅)과 천홍(淺紅)
• 삼훈색(三暈色): 수홍(水紅), 은홍(銀紅), 대홍 조합, 규황(葵黃), 광록(廣綠), 석청(石靑) 조합, 우하(藕荷), 청련(靑蓮), 장자(醬紫) 조합, 백옥, 고월(古月), 보람(寶藍) 조합, 추향(秋香), 고동(古銅), 비연(鼻煙) 조합, 은회(銀灰), 와회(瓦灰), 합회(鴿灰) 조합

상술한 구결은 1950년대 초 남경시(南京市)문화국 하연명(何燕明)이 운금 장인 장복영(張福永)에게서 받은 자료이다.

(2) 도결화본(挑結花本)의 통화(通畵) 규칙

청대(淸代)『잠상췌편(蠶桑萃編)』권10에서는 '도화통화이법(挑花通畵理法)'을 제기하였다. "꽃의 종류는 서로 다르며 목본(木本)과 초본(草本)이 있다. 도화 직조공은 직선을 기피하고 곡선을 중시했는데, 예를 들면 매화와 계화(桂花)는 목본이며 매화의 줄기는 곡선으로 말뚝 모양을 위주로 하여 꽃가지를 배치하였다. 계화 줄기는 직선이며 꽃만 배치하고 가지는 없다. 작약, 모란, 국화는 초본이며 모두 잎에서 개화하며 앞뒤로 함께 핀다. 뒤를 향하면 정감이 있으며 꽃잎은 보이지만 가지와 줄기가 보이지 않는 편이 좋다. 즉, 대나무와 난초의 가지와 잎은 모두 직선이며 꽃도 역시 직선이다. 대나무의 마디는 긴 것을 취하지 않고 가지와 잎은 가로 방향으로 향하여 감싸준다. 난초는 긴 것과 짧은 것이 엇갈려 있으며 꽃가지를 음양(陰陽)으로 삽입하여 곧은 것을 구부러지게 하여 사용하는 방법이 적당하다."[3]

(3) 자수의 통화(通畵) 규칙

청대 도광(道光) 연간(1821~1850년) 강소성(江蘇省) 화정(華亭) 사람 정패(丁佩)는 『수보(繡譜)』2권에서 바탕 선택, 문양 선택, 제재 선택, 색상 분별, 작업 순서, 품질 평가 등 6장으로 나누었다. '문양 선택'에서 문양의 구도를 서술하면서 이르기를, "도세는 모름지기 평온한 가운데 기복이 있어야 하며 호방한 가운데에도 주위를 살펴보는 자태를 취해야 한다. 화려하면서도 정교해야 하고 정돈되어 있으면서도 활기차야 한다. 반드시 1촌의 직물을 누일 때에도 천리를 바라보는 시각을 갖추어야 한 폭의 직물에 수많은 의미와 풍경을 담을 수 있다(度勢須於平妥中求抑揚之致, 於疏朗中求顧盼之姿, 於繁茂中求玲瓏, 於工整中求活動. 務使寸練具千里之觀, 尺幅有萬丈之勢)"라고 하였다. 제한된 화폭에 무한한 예술적 공간을 표현할 것을 요구하였는데 이는 형상의 귀납이 필요하다. 이 책에서 문양조형과 예술 문제에 관하여 이르기를, "경물이 연이어져 복잡한 것을 정리할 경우 아마도 깔끔하게 끊을 수 없음을 걱정할 것이다. 분명한 점은 반드시 깎고 또 깎아서 마치 판결을 내리듯 고쳐야 한다. 그러면 곧 가려지고 드러난 곳이 생기나 이 또한 정돈된 차이가 있는 것으로 겨우 난잡하지 않을 뿐이다(如或頭緒糾紛, 景物稠疊, 恐不能絶無淸素, 朗若列眉, 必須刪而又刪, 務使厘然若判, 即有互相掩映之處, 亦必層次井然, 方免蕪雜耳)"라고 하였다. 또한 이 책에서는 문양 조형과 예술 평가 등의 문제도 논술하였다. "심리: 실 한 올로 세밀하게 시작하면 꽃은 쟁반만 하고 사람은 1촌에 불과하고 말은 콩만 해진다. 심지어 풀이 지붕보다 높아지고 나무들이 비단처럼 부드러워지니 다만 고르게 배치하기를 바란 것인데 처음에만 모를 뿐 점점 추함이 늘어난다(審理: 一絲細本, 花且如盤, 盈寸之人, 馬才如豆, 甚或草高于屋, 樹軟如綿, 只求布置停勻, 初不知適增其醜也)"[이는 중국 전통회화의 산점투시법(散點透視法) 감상 관습에 따라 판단함], "초상화: 한 송이 꽃을 수놓는 것과 똑같다. 바람을 맞거나 이슬을 머금어 살아 있는 것처럼 싱싱하고 화려하다. 또는 해 뜨면 마르고 서리가 내리면 꺾이기도 하여 죽을 것처럼 파리해진다. 또는 크고 호방하나 주변을 둘러보는 자태를 갖추어야 한다. 또는 속박되어 부자유스러우면 움츠러들고 원망해야 한다. …… 어찌 신운을 모두 온전히 하는 것을 바라서 그 형상의 흡사함을 바라지 않겠는가(傳神: 同繡一花也, 或則迎風笑露, 鮮豔如生; 或則日烘霜摧, 憔悴欲絶; 或則雍容大雅, 顧盼生姿; 或則牽曲拘攣, 瑟縮可憎 …… 曷勿求其形狀之逼肖, 以冀神韻之兼全也者)", "꽃과 과일, 초목: 자수를 배울 때에는 반드시 손에서 시작하여 꽃과 풀로 나아간다. …… 쉬워 보이나 사실은 어려워서 그 어려움 때문에 기교가 보인다. 꽃의 방향과 엷고 짙음, 잎의 정반과 성기고 빽빽함에 대해서 몸과 마음으로 모두 다 익혀서 그 모양을 똑같이 한다. 또 자태를 지극히 곱게 하여 햇빛이 흐르는 것처럼 빛이 나게 한다. …… 나무를 수놓는 데 있어서는 줄기와 가지에서 기운을 얻으니 (줄기나 가지를) 부드럽거나 약하게 함을 조심해야 한다. 부스럼 자국을 피하며 너무 광택이 나서도 안 된다. 우뚝 솟아 수려하고 단단하며 울퉁불퉁해도 위엄이 있는 묘한 맛이 있어야 한다(花果草木: 學繡必從花卉入手 …… 似易實難, 因難見巧. 當于花之向背淺深, 葉之正反疏密, 悉心體認, 曲肖其形. 又必盡態極姸, 輝光流照. …… 繡樹在乎枝幹得勢, 戒軟弱, 忌臃腫, 不可太光, 必須夭矯秀勁, 凹凸有棱方妙)", "날짐승, 들짐승, 벌레, 물고기: 날짐승은 날고 울고 먹고 자는 때의 생동감 있는 느낌이 필요하나 부리와 발톱에는 순수한 맹금이 갖고 있는 야성에 대한 구분도 있어야 한다. 벌레로는 나비가 있으니 풀이나 꽃 속에 있으며 …… 나부(羅浮)의 종류들은 날개가 바퀴살 같고 오색을 모두 갖추

고 있으나 일정한 색이 없으니 일정한 모양 또한 없다. 다만 지극한 생동감만이 필요할 뿐이다(禽獸蟲魚: 禽則當于飛鳴食宿之際, 求其生動之情, 喙吻爪距之中, 辨其純鷙之性而己. 蟲類中有蝶, 如草中有芝 …… 羅浮 之種, 翅如車輪, 五色咸備, 旣無定色, 亦無定形, 但須得栩栩之致)", "산수와 인물 : 산수를 그리는 것은 옛 글 을 쓰듯이 하여 기세를 갖춰야 하고 (기운이) 서로 호응해야 하며 규칙에 얽매이지 않고 자연스럽게 드러 나야 한다. …… 수를 놓는 일에서는 …… 청색, 녹색, 붉은색, 묵색 등 알맞지 않은 것이 없으니, 작은 준법 (중국 회화 기법 중 하나)일 뿐이다. 울퉁불퉁한 곳은 붓으로 밑그림을 그린 후에 수를 놓을 곳을 나누는데, 아래는 갈라졌다가 가운데는 합쳐지고 위에서는 끊어졌다가 밑에서는 이어지기도 하니, 피마[중국화에 서 산석준법(山石皴法)의 일종]와 철선 같은 한 올의 선으로 된 희미한 흔적들로부터 수를 이루면 화가보다 도 원근을 분명하게 깨닫게 된다. …… 암석은 높고 가파른 것을 귀히 여기고, 다리는 완만한 곡선이 좋다. 집은 트여 있고 깔끔해야 하고, 나무들은 영롱한 빛이 나야 한다. 불분명한 것들은 기피하니 자연은 맑고 아름답다. ……(山水人物 : 作山水如作古文, 結構氣魄, 穿揷照應, 無法不備. …… 繡事 …… 靑綠赭墨無一不 宜, 特少皴(cūn)法耳, 當于凹凸處用筆畫定而分繡之, 或下分而中合, 或上斷而下連, 繡成自有一線微痕如披麻, 鐵線, 較畫家尤覺遠近分明. …… 石貴嶙峋, 橋宜宛轉, 屋須軒朗, 樹必玲瓏, 切忌模糊, 自然明秀. ……)", "인물 의 수염과 머리카락이 가장 어려운데 융사를 갈라서 극히 가는 실로 만들고 바늘 역시 가는 종류를 사용해 야 한다. 피부 또한 그러하다. 특히 깨끗하고 아름다워야 하니 바느질 자국을 보이지 않게 끊고 귓바퀴, 눈시울, 코끝, 입꼬리를 자리에 맞게 한 번의 선을 그어 작은 흔적을 남겨야 한다. 높낮이를 쉽게 알 수 있 어서 허리띠나 신발의 주름을 유추할 수 있어야 한다(人物惟須發最難, 當將絨線剖或極細之絲, 針亦另有一 種, 肌膚亦然, 尤須瑩淨融洽, 絶無針線之迹, 耳廓, 目眶, 鼻端, 口角, 均宜各留一線微痕, 便覺高低了了, 衣褶帶 履, 可以類推)". 정패는 『수보』에서 예술품 평가에 대해 논하기를, 경치는 반드시 "감정을 담아야 하고 흔 적 없이 이어져서 조금만 낮아지거나 허리띠나 신발의 주름을 유추할 수 있어야 한다. 비단 위에 고루누 각이 그려져 있어도 그 가득함이 보이지 않고 한 장이 채 되지 않는 곳에 소소한 꽃들과 작은 바위늘이 있 어도 그 널찍함을 깨달을 수 없어야 한다. (창작을 하는) 고통스런 계획에서도 홀로 움직이는 장인의 마음 을 '교'라고 한다. 한가로운 와중에도 뜻이 있어 …… 무거운 것을 들어도 가벼운 것처럼, (그림에) 새겨도 살아 있는 것처럼 하는 것을 묘기라고 한다. 하늘이 내려준 재질과 신기한 재주를 '묘'라고 한다(穿揷有 情, 接續無迹, 或于寸低了了, 衣褶帶履, 可以類推. 縑之中作疊閣層樓而不見其溢, 或于盈丈之間作疏花片石而 未覺其寬, 慘淡經營, 匠心獨運, 謂之'巧'. "閑中有味, 空際傳神 …… 擧重若輕, 化板爲活, 妙技也', 豐韻天成, 機 神流動, 謂之'妙')"라고 하였다.[18]

5. 자수법

(1) 자수법의 발전

자수는 아주 오래 전에 보편화된 전통적인 수공업 기예(技藝)이다. 『상서·익직(尙書·益稷)』에 따 르면, 우순(虞舜)이 오채희수(五彩稀繡)로 예복을 수놓았다고 한다. 자수의 개념에 관해서 『주례·고공 기(周禮·考工記)』에서 이르기를, "화궤에 5가지 색을 섞듯이 5가지 무늬를 구비한 것을 자수라고 한다 (畫繢之事雜五色, 五采(彩)備謂之繡)"라고 하여, 마치 여러 가지 무늬를 그린 것도 포함하는 듯하다. 이는 1972년 12월 섬서성(陝西省) 보계(寶鷄) 여가장(茹家莊) 주□백묘(周強伯墓)의 첩예(妾倪) 묘실에서 출토된 자수 잔흔이 보이는 실물과 함께 증명할 수 있다. 이 묘에서 출토된 자수 잔흔은 염색한 비단 위에 황색 견사를 사용하여 변자고쇄수법(辮子股鎖繡法)으로 화문 테두리를 자수한 후, 다시 붓으로 화문부 분을 색칠하여 완성하였다. 붓으로 채색하는 방법은 신석기시대의 채색 도자기에서 광범위하게 응용되 었다. 바늘에 실을 꿰어 자수하기 시작한 시기는 여전히 앞으로의 고고학적 증명이 필요하지만 중국에서 바늘을 사용한 역사는 이미 지금으로부터 약 4만 5천 년 전의 구석기시대 말기라고 증명되었다. 왜냐하 면 요녕성(遼寧省) 해성(海城) 소고산(小孤山) 유적지에서 상당히 정교한 골침이 발견되었기 때문이다 (그림 9-269). 이 외에도 요녕성 객라심좌익몽고족자치현(喀喇沁左翼蒙古族自治縣) 홍산문화(紅山文化, 약 BC 3500년) 유적지에서 인조 가죽 장식품 (잔편)이 발견되었다. 가죽을 대칭으로 접어 3등분하여 끈을 정연한 자수법으로 고정시킨 후, 다시 다른 실 한 올로 끈을 단단히 꿰맸다(그림 9-270). 이는 후대의 정 선수법(釘線繡法)과 유사하다. 청대 자수는 역대 중국의 전통적인 기교를 계승하였으며 주계검(朱啓鈐)

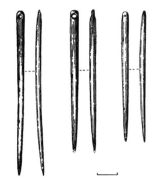

▲ 그림 9-269 골침(骨針)
요녕성(遼寧省) 해성(海城) 소고산(小孤 山) 신석기 유적지에서 출토
시기: 약 4만 5천 년 전

▲ 그림 9-270 홍산(紅山)문화 인조가 죽 장식품의 잔편
요녕성(遼寧省) 객좌(喀左) 홍산문화 유 적지에서 출토

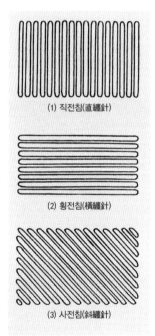

(1) 직전침(直纏針)

(2) 횡전침(橫纏針)

(3) 사전침(斜纏針)

▲ 그림 9-271 제침(齊針)

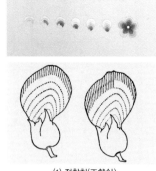

(1) 정창침(正戧針)

(2) 반창침(反戧針)

▲ 그림 9-272 창침(戧針)

▲ 그림 9-273 구선(扣線)

(1) 평투침(平套針)

(2) 집투침(集套針)

▲ 그림 9-274 투침(套針)

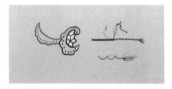

▲ 그림 9-275 찰침(札針)

의 『여홍전정략(女紅傳征略)』에 수록된 청대 자수 명가들은 60여 명에 달했다. 즉, 정패(丁佩), 화기(華琪), 침수(沈壽), 침립(沈立), 주심백(朱心柏) 등은 자수 기예의 진일보한 발전에 커다란 공헌을 하였다. 청대 말기 강소(江蘇) 오현(吳縣) 사람 침수(1874~1921년)는 일찍이 통경(通景) 병풍 「팔선상수도(八仙上壽圖)」 8폭과 「무량수불(無量壽佛)」 1폭을 수놓아 자희태후(慈禧太后) 고희연에 선물로 바쳐 격려받았으며, 일본으로 파견되어 미술학원의 교육 상황을 현지 조사하고 돌아와 '방진수(仿眞繡)' 방법을 창조하였다. 수놓아 만든 「이탈리아 제후초상(意大利 帝后肖像)」, 「예수상(耶穌像)」, 「미국 여우 베이크상(美國女伶倍克像)」 등 작품들은 세계 사람들의 인정을 받았다. 「이탈리아 제후상」은 국례(國禮)로 이탈리아에 보내져 도란세계만국박람회 중국공예미술관에 진열된 후, '세계 최대 영예의상'을 수상하였다. 그 후, 이탈리아 황제에게 증정되었고 이탈리아 황제는 답례로 청대 조정에 고급 '성모리보성(聖母利寶星)' 1점을 보내왔으며 친필로 감사의 뜻을 전했다. 동시에 북경 주재 공사 지오바니 스포르자(Giovanni Sforza)를 파견하여 침수에게 이탈리아 황실 휘호가 붙어 있는 다이아몬드 금시계를 하사하였다. 1915년 「예수상」은 미국의 샌프란시스코 '파나마 - 태평양국제박람회'에서 1등상을 수상하였다. 「미국 여우 베이크상」도 베이크 본인의 극찬을 받았다. 상술한 작품 외에도 「나한상(羅漢像)」 4폭을 자수하였는데, 그림 9-301이 그중 1폭이다. 침수는 중국 고대의 전통 자수법을 전면적으로 계승하였으며 빛과 그림자를 활용하여 사물을 표현하는 서구의 회화 원리를 응용하였다. 또한 '허침(虛針)'과 '육입침(肉入針)' 자수법의 기초 위에서 '산침(散針, 극히 가는 자수바늘로 드문드문 수놓아 구름과 연기가 흩어진 후의 미묘한 변화 등을 표현함)', '선침[旋針, 접침(接針) 또는 곤침(滾針) 방법으로 바늘땀을 회전시켜 배열하여, 용과 뱀의 완연한 자태와 선회하는 물결을 표현함]'을 창조하였다. 말년에는 강소 남통(南通)에서 여자사범학교 여공전습소를 창립하여 자수 기예를 전수하였다. 1920년 그녀는 투병 가운데에도 장건(張謇)의 도움을 받아 『설환수보(雪宦繡譜)』를 저술하였는데, 그 내용은 수비(繡備), 수인(繡引), 침법(針法), 수요(繡要), 수품(繡品), 수덕(繡德), 수절(繡節), 수통(繡通) 등 8장으로 나누어진다. 이 책은 자수 공구, 실 분리법, 각종 자수법의 조작과 응용, 자수실 배색, 명암 처리, 자수 종사자들의 사상과 품성, 예술적 수양, 창작 방법에 관하여 모두 체계적이면서도 치밀하게 서술하였다. 특히, 중국 당·송대(唐·宋代)의 화수(畫繡)에서 명대(明代) 고수(顧繡)와 침수(沈壽)의 예술 자수에 이르기까지 사용된 자수법을 18가지로 분석하였다. 구체적으로 제침(齊針), 정창침(正搶戧)針], 반창침[反搶戧針], 단투침(單套針), 쌍투침(雙套針), 찰침(紮針), 포침(鋪針), 각린침(刻鱗針), 육입침(肉入針), 찬침(屬針), 접침(接針), 요침(繞針), 자침(刺針), 필침(挑針), 시침(施針), 선침(旋針), 산정침(散整針), 타자침[打子(籽)針] 등이 있다.

선진(先秦)시대 중국 자수는 주로 복식, 금피(衾被), 만장(幔帳, 휘장), 낭대(囊袋) 등의 실용품에 사용되었으며, 자수법은 대부분 쇄수변자고수법(鎖繡辮子股繡法)으로 변화가 많지 않았다. 북위(北魏)시대에는 문양과 바탕에 수놓은 자수 공양인상(供養人像)이 출현하였으며, 자수법도 여전히 쇄수변자고수법이 중심을 이루었다. 당·송대에 와서는 회화성 제재의 화수(畫繡)가 점차적으로 많아지면서, 자수법도 쇄수변자고수법에서 평수(平繡)로 바뀌게 되면서 나날이 변화되었다. 이는 중국 자수 기예의 중대한 발전이라고 할 수 있다. 명나라 고수는 중국 고대 화수의 절정이며, 청나라 미술 자수는 전통적인 기예를 기초로 하여 서양화의 빛과 그림자 표현의 장점을 수용하여 수많은 새로운 자수법을 창조하여 전통 자수공예와 현대의 예술가들을 연계해 주었다. 이것도 중국 자수 기예의 또 하나의 획기적인 발전이라고 할 수 있다.

(2) 주요한 자수법
청대에 상용되던 주요 자수법을 간략하게 소개하면 다음과 같다.

1) 제침(齊針)
제침은 자수법의 기초로 구체적인 방법은 밑그림 라인에 따라 직선으로 화문을 수놓는 것이다. 바늘의 오르내림은 모두 문양의 테두리에서는 최대한 정연하면서도 배열이 균등해야 하고 중첩할 수 없으며 바탕을 드러내지 않는 것이 요점이다. 바늘땀의 방향에 따라 직선 배열, 가로 배열, 사선 배열의 3종류로 나눌 수 있는데(그림 9-271), 직선으로 배열한 것은 '직전(直纏)'이라고 칭하며 대부분 꽃을 수놓을 때 사용된다. 가로로 배열한 것은 '횡전(橫纏)'이라고 칭하며 대부분 잎을 수놓을 때 사용되는데 잎맥을 중심으로 양방향으로 갈라지는 '팔(八)'자형을 수놓는다. 사선으로 배열한 것을 '사전 (斜纏)'이라고 칭하며 대부분 가지를 표현하는데 뿌리로부터 맨 윗부분까지 수놓는다. 제침은 작은 꽃 외에도 큰 꽃 또는 나비 등에 사용되며 테두리를 수놓아 꽃잎의 연결 부분을 명확하고도 정연하게 할 수 있다.

2) 창침[戧針, 즉 창침(搶針)]

창침은 짧은 직침수법(直針繡法)이며 화문에 따라 층을 나누어 수놓는다. 각각의 한 층을 1피(皮) 라고 칭한다. 화문의 크기에 근거하면 각각의 1피 너비는 3~5mm이다. 각 피의 색채는 옅은 색에서 짙은 색으로 또는 짙은 색에서 옅은 색으로 점층적으로 변화시킬 수 있다. 창침은 정창(正戧)과 반창 (反戧)으로 나누어진다(그림 9-272).

① 정창: 화문의 바깥 부분에서부터 수놓는 자수법이다. 첫 번째 피는 제침과 마찬가지로 테두리 를 수놓는데, 이를 '기변(起邊)'이라고 칭한다. 두 번째 피는 반드시 첫 번째 피의 1/3 부분에서 연결 하여야 하며, 세 번째 피는 두 번째 피의 1/3 부분에서 연결해야 한다. 이러한 방식으로 유추해 보면, 각각의 피 간격은 반드시 균일하면서도 정연해진다.

② 반창: 안쪽에서 바깥부분으로 수놓는 자수법이다. 꽃잎의 최하단층은 첫 번째 피이며 제침으로 수놓는다. 두 번째 피에서부터 구선(扣線)을 시작해야 한다. 구선 방법은 앞 피의 양쪽 실 끝부분에서 가로로 한 번 수놓은 다음 1올의 실을 끌어당기는 것을 말한다(그림 9-273). 이 가로실을 '구선'이라 고 한다. 두 번째 피를 수놓을 때, 구선의 중심으로부터 바느질을 시작하여 구선을 아래로 잡아당겨 Y 형을 이룬다. 다시 연이어 양쪽 방향으로 자수하여 점점 구선을 잡아당겨 호형(弧形)을 이룬 다음 두 번째 자수실 아래를 덮어씌운다. 세 번째, 네 번째 피를 수놓을 때에도 이러한 방식이라고 유추해 보 면, 각각의 피는 모두 균일함과 정연함이 유지되어야 한다.

3) 투침(套針)

투침은 서로 다른 농도의 색실을 앞과 뒤의 피에 서로 교차시켜 연결하여 색채의 농도가 자연스럽 게 조화되도록 하는 방법이다. 이 자수법은 감상용 화수에서 매우 중요한 방법으로 투침에는 평투[平 套, 즉 단투침(單套針)], 산투[散套, 쌍투침(雙套針) 포함], 집투(集套)의 3종류가 있다(그림 9-274). 투 침 바늘땀은 가늘어서 일반적으로 4~5올의 융사로 분리하여 자수한다.

① 평투: 첫 번째 피는 제침으로 테두리를 수놓고, 두 번째 피를 수놓을 때부터는 투침을 사용한다. 수놓을 때는 반드시 첫 번째 피의 3/4 부분에서 시작하여 수놓아야 한다. 두 바늘 사이에는 공침(空 針)의 간격을 남겨두어야 하는데, 이는 세 번째 피의 자수실을 덮어씌우기 편리하도록 하기 위해서이 다. 세 번째 피는 반드시 두 번째 피의 3/4 부분에서 수놓아야 하는데, 두 바늘 사이에 공침의 간격을 남겨 놓는다. 그 다음을 유추해 보면, 마지막 부분까지 자수한 후 다시 제침으로 테두리를 수놓는다.

② 산투: 라인의 균일함, 들쭉날쭉한 배열, 층층이 겹친 피, 바늘의 상감 등이 주요 특징이다. 사용 한 실은 훨씬 가늘고(실 1올을 8~9올의 융으로 분리함), 융통성이 있는 라인 배열, 자유로운 바늘땀의 방향 전환, 조화로운 색상, 정교한 자수면으로 인하여, 화훼와 깃털의 자연스러운 자태를 생동적으로 표현할 수 있다. 산투침의 첫 번째 피 테두리는 정연하고 안쪽 길이는 들쭉날쭉하다. 오차 길이는 라 인 자체 길이의 2/10 정도로 바늘 배열은 조밀하다. 두 번째 피는 '겹침'인데, 라인의 길이는 들쭉날 쭉하여 매 간격은 한 땀 사이로 배열되며 라인은 출변[出邊, 소주(蘇州) 자수의 전문 용어, 제1피를 가리 킴]의 8/10 정도를 덮어 씌워야 한다. 세 번째 피의 라인은 두 번째 피와 동일하지만, 두 번째 피의 라 인 사이를 상감할 때는 첫 번째 피와 함께 눌러준다. 이와 같이 유추해 보면, 마지막 피의 테두리 자수 는 가지런하며, 배열도 정교해야 한다.

③ 집투: 원형을 수놓는 자수법으로 첫 번째 피의 테두리는 가지런하며 안쪽의 길이는 들쭉날쭉하 다. 다시 들쭉날쭉한 길이에 따라 피를 나눠 순서대로 수놓는다. 뒤쪽 피의 라인을 앞쪽 피 라인의 중 간에 끼워 넣어 앞쪽 피의 끝부분과 연결하면, 각각의 실은 모두 원심에 맞춰진다. 원심과 가까운 부 분은 장침(藏針)을 사용해야 하며 각각의 세 바늘땀마다 짧은 바늘땀 하나를 숨겨 원심에 가까울수 록 장침은 점점 많아지며 가장 맨 끝의 피에는 바늘땀 흔적들이 모두 원심에 집중된다.

4) 찰침(札針)

찰침은 늑침(勒針)이라고도 칭하며, 주로 새의 발을 수놓을 때 사용되는 자수법이다. 수놓을 때는

▲ 그림 9-276 포침(鋪針)

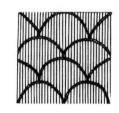
▲ 그림 9-277 각린침(刻鱗針)

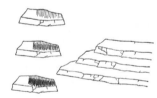
▲ 그림 9-278 수화침(撤和針)

▲ 그림 9-279 접침(接針)

▲ 그림 9-280 타자침(打籽針)

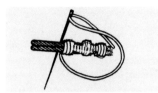

▲ 그림 9-281 용포주선(龍抱柱線)

▲ 그림 9-282 철경선(鐵梗線)

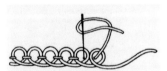

▲ 그림 9-283 납쇄자(拉鎖子)

▲ 그림 9-284 자침(刺針)

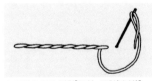

▲ 그림 9-285 필침[拯針, 곤침(滾針)]

▲ 그림 9-286 시침(施針)

▲ 그림 9-287 허실침[虛實針, 산정침(散整針)]

먼저 직평침(直平針)으로 기초를 다진 후, 다시 가로실로 이를 묶어준다(그림 9-275).

5) 포침(鋪針)

바탕에 화문을 평평하게 수놓을 때 전문적으로 사용되는 직침수법(直針繡法)이다. 포침 위에 다시 다른 자수법으로 화문을 볼록하게 수놓을 수 있다(그림 9-276).

6) 각린침(刻鱗針)

비늘을 수놓을 때 전문적으로 사용되는 자수법이다. 첫째, 길이가 서로 다른 곧은 바늘을 서로 겹쳐 겉은 길고 연하게, 안은 짧고 짙은 비늘을 수놓는다. 둘째, 제침을 사용하여 주(綢) 바탕에 직접 비늘을 수놓으며 비늘 사이에는 '수로(水路)'를 남겨둔다. 셋째, 포침 위에 집선(緝線)으로 비늘의 형상을 나타낸다(그림 9-227).

7) 수화침(擻和針)

수화침은 찬침(攢針), 육입침(肉入針), 장단침(長短針)이라고도 한다. 길이가 서로 다른 라인이 섞여 있기 때문에 섬침(摻針) 또는 참침(參針)이라고도 한다. 자수실의 길이는 색채로 변화시키기 때문에 색채를 훨씬 조화롭게 변화시킬 수 있다(그림 9-278).

8) 접침(接針)

접침은 짧은 바늘땀으로 앞뒤를 연결하여 연이어 수놓으며 뒤쪽 바늘땀은 앞쪽 바늘땀의 끝부분과 연결하여 끈 모양을 이룬다. 화문의 한쪽에서 한 땀을 수놓기 시작하면 그 길이는 3~5mm이며 그 후 길이가 동일한 라인으로 계속하여 수놓는다. 뒤쪽 바늘땀은 앞쪽 바늘땀 라인 끝부분의 중앙에 넣어 모든 바늘땀이 하나로 연결되도록 한다(그림 9-279).

9) 요침(繞針)

요침은 반요침(盤繞針)이며 타자(打籽), 납쇄자(拉鎖子) 등을 포함한다.

① 타자(打籽): 한대(漢代)와 당대(唐代) 이래로 오랫동안 사용되었던 자수법이다. 바늘로 전체 실을 끌어당겨 주(綢) 표면에 수놓은 후, 바늘을 주 표면에 가까이 하여 실을 한 바퀴 휘감는다. 바느질 시작 부분과 2올 간격 떨어진 부분에서 아래로 바늘을 꼽아 실 고리를 고정시키고 실을 잡아당겨 '씨앗'을 완성한다. 수놓을 때, 실을 뽑아 균일하게 만들어 주어야만 균형 잡힌 크기의 씨앗을 만들 수 있다. 타자는 온 바탕이 모두 타자인 것과 바탕에 노출된 타자로 나누어진다. 또한 실의 굵기에 따라 굵은 타자와 가는 타자로 나눌 수 있다. 굵은 타자의 형상은 알알이 모두 구슬과 같고 직물 위로 볼록하게 튀어나온다. 가는 타자는 실 고리 느낌을 준다. 훈색법을 사용하여 화문의 질감을 표현하며 백색 용포주사(龍抱柱絲) 또는 연금사(撚金絲)로 테두리를 나타낸다(그림 9-280~9-282).

② 납쇄자(拉鎖子): 2올의 실로 수놓아 완성한다. 첫 번째 실은 뒷면에서 주 표면으로 나오고 두 번째 실의 자수 바늘은 첫 번째 바늘땀 바로 옆에서 찔러 나온다. 첫 번째 실은 두 번째 바늘을 따라 반대 방향으로 한 바퀴 휘감고 두 번째 실을 뒤쪽으로 잡아당겨 고정시킨 다음, 휘감긴 실 고리를 고정시킨다. 두 번째 실을 다시 앞을 향하여 넣고 원래대로 첫 번째 실을 반대로 휘감아 다시 두 번째 실을 고정시킨다. 실 고리로 구성된 라인으로 연결되어 납쇄자(拉鎖子) 또는 납결자(拉結子)라고 칭한다. 주로 가장자리에 사용되며 한 가지로만 사용할 수 있다(그림 9-283).

10) 자침(刺針)

자침은 길고 가는 라인, 즉 머리카락, 수염 등에 사용되는 자수법이다. 회자(回刺)방법으로 한 땀 한 땀을 서로 연결시킨 후, 뒤쪽 바늘땀이 앞쪽 바늘땀의 시작점에 들어가지만 바늘땀을 숨길 수 없기 때문에 보조적인 자수법으로만 사용된다(그림 9-284).

11) 필침(拯針)

필침은 바로 곤침(滾針)이다. 2올을 팽팽하게 연결하여 줄무늬를 이루면, 라인을 자유롭게 바뀌게 하여 직선과 곡선으로 수놓을 수 있다. 자수법은 문양에 따라 앞에서 나오고 뒤로 들어가며 한 땀 한 땀이 서로 연결되어 실 길이는 일률적으로 3mm이며 방향 전환 부분은 다소 짧을 수 있다. 첫 번째 바늘땀을 수놓은 후, 두 번째 바늘은 반드시 앞쪽 바늘의 1/2인 부분에 넣어 바늘땀 흔적이 첫 번째 바늘 아래에 숨겨지도록 한다. 세 번째 바늘은 두 번째 바늘의 1/2인 부분에 넣어 첫 번째 라인의 끝부분에 바짝 붙인다. 이러한 방식으로 유추한다(그림 9-285).

12) 시침(施針)

시모침(施毛針)이라고도 한다. 희침(稀針)으로 층을 나눠 점차적으로 밀도를 더하면 색을 넣기에 편리하다. 바늘땀 전환이 자연스러워 날짐승, 동물, 인물상의 주요 자수법으로 쓰인다. 수놓을 때, 첫 번째 층은 먼저 희침으로 기초를 다지며 라인의 길이는 들쭉날쭉하고 라인 간격은 두 바늘땀이다. 즉, 색채가 복잡하여 여러 층으로 수놓아야 하는 것은 가늠하여 희침을 배열할 수 있으며 바늘 사이의 간격은 동일해야 한다. 그 뒤에도 각각의 층마다 희침으로 첫 번째 방법에 따라 층을 나누고 수놓은 후, 자수가 완성될 때까지 점차적으로 색을 더한다(그림 9-286).

▲ 그림 9-288 정선수(釘線繡)

13) 허실침(虛實針)

허실의 라인으로 구성되었으며 라인 길이는 들쭉날쭉하여 굵은 것에서 얇은 것으로, 성근 것에서 정교한 것으로 배열되었으며 바늘땀은 점차적으로 긴 것에서 짧은 것으로 물체의 입체감을 표현하는데, 산정침(散整針)이라고도 칭한다. 자수실은 정연한 것에서 흩어지며 형상의 농도 변화를 표현하는 자수법으로 주로 인물, 동물의 깃털을 수놓는 데 쓰인다(그림 9-287).

▲ 그림 9-289 집선수(緝線繡)

14) 선침(旋針)

가는 융사로 성글게 수놓은 것으로, 라인 길이가 들쭉날쭉하며 바늘땀이 회전하여 배열된다. 사물의 선회 동작을 표현하며 주로 구름, 화훼 등을 수놓을 때 쓰인다.

15) 정선수(釘線繡)

화문 밑그림을 따라 자수실을 회전시켜 배열하여 형체를 이루는 동시에 동일한 색상의 견사를 다른 하나의 바늘로 단단하게 고정시킨다. 바늘 간격은 3~5mm로, 상하 2줄로 배열된 고정실은 모두 고르게 엇갈리도록 해야 한다. 보통 퇴훈법으로 배색하며 백, 흑, 금색으로 테두리선을 고정시킨다(그림 9-288).

▲ 그림 9-290 평금수(平金繡)

16) 집선수(緝線繡)

청대 경수(京繡)의 일종이다. 자수법은 정선수와 기본적으로 동일하지만 반드시 특수한 자수실로 수놓아야 한다. 사용되는 실은 쌍고강연합사(雙股强撚絲絲)로, 말의 갈기 또는 가는 구리사, 다합사(多合絲)를 선심(線芯)으로 삼고 겉은 채색 융사로 단단하게 휘감은 철경선(鐵梗線)을 사용하여 포경선(包梗線) 또는 종선(鬃線)이라고도 칭한다(그림 9-282). 비교적 가는 견사를 심실로 삼고 겉은 비교적 굵은 쌍고강연합사가 휘감아 균일한 간격을 두고 심선(芯線)을 드러내 실 표면이 구슬의 알갱이와 같은 용포주선(龍抱柱線) 등을 나타낸다(그림 9-281). 이런 종류의 실을 밑그림의 화문에 따라 회전시켜 화문의 라인을 배열하는 동시에 동일한 색상의 견사로 이를 고정시킨다. 바늘 간격은 3~5mm이며 공심의 화문을 형성한다(그림 9-289).

▲ 그림 9-291 착사수[戳紗繡, 납금(納錦)]

17) 평금수(平金繡)

정금수(釘金繡)라고도 칭하며 오래된 자수법의 하나이다(그림 9-290). 산서성(山西省) 요부마묘(遼駙馬墓)에서 평금수가 사용된 자수품이 출토되었는데, 연금사(撚金絲)와 연은사(撚銀絲)를 사용하여 1올 또는 2올로 휘감아 화문을 이루었으며 채색 견사로 고정시켰다. 또한 연금사로만 화문 테두리를 고정시키고 중간 부분은 비워 두었는데, 이를 '권금수(圈金繡)' 또는 '반금수(盤金繡)'라고 칭한다. 청대 연금사에는 적원금(赤圓金), 자적원금(紫赤圓金), 천원금(淺圓金) 등의 3종류가 있으며, 연은사는 백원금(白圓金)이라고 칭한다. 이와 같이 서로 다른 채색 실의 금은사를 서로 다른 견사로 고정시켜 색채의 미묘한 변화를 표현할 수 있다. 평금수 하단에는 자수실 한 층을 깔아주고 다시 그 위에 평금자수법(平金刺繡法)으로 화문을 수놓아 부조감을 지니게 하는 자수법이며 축금수(蹙金繡)라고 칭한다.

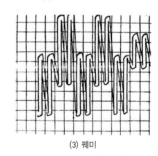

(1) 정-사관(正-絲串)

(2) 사-사관(斜-絲串)

(3) 꿰미

▲ 그림 9-292 착사수(戳紗繡)

18) 착사수(戳紗繡)

진·한(秦·漢) 이래의 오래된 자수법이다. 방공사(方孔紗) 또는 일교일(一絞一)의 직경사(直徑紗)를 바탕으로 삼고 다양한 채색 견사 또는 분산된 융사를 사공(紗孔)에 따라 규칙적으로 수놓아 화문을 이루었으며, '납금(納錦)'과 '납사(納紗)' 2가지 종류로 나누어진다. 일반적으로 바탕 전체에 기하문(幾何紋)를 이룬 것을 '납금'이라고 하며(그림 9-291), 사(紗) 바탕을 남겨 놓은 것을 '납사'라고 부른다. 착사수는 단관(短串)과 장관(長串)으로 나누어진다. 단관은 각각의 자수실은 단지 1개의 사공만 누를 수 있는데, '타점(打點)'이라고 한다. 자수실 방향이 날실과 평행으로 휘감긴 것은 '정일사관(正一絲串)'이라고 하며[그림 9-292(1)], 자수실이 사 바탕의 날실, 씨실과 45도로 휘감긴 것은 '사일사관(斜一絲串)'이라고 한다[그림 9-292(2)]. 장관은 화문과 색깔에 따라 규칙적으로 바늘땀 자수실을 잡아당겨 씨실과 평행을

▲ 그림 9-293 만청(晩淸) 기하문타점사수전대(幾何紋打點紗繡纏帶)

▲ 그림 9-294 만청(晚淸) 장관사수전대(長串紗繡纏帶)

이루게 하여 기하문의 '수로(水路)'를 나타낸다[그림 9-292(3)]. 자수품의 화문은 단(緞) 표면에 털을 펴놓은 듯한 효과를 나타내기 때문에 '포융수(鋪絨繡)'라고도 부른다(그림 9-291~9-294).

19) 망수(網繡)

2합사를 사용하여 주(綢) 바탕에 직선, 사선, 평행선을 따라 서로 교차하여 각종 기하격자 모양을 형성한다. 귀배형(龜背形), 삼각형(三角形), 능형(菱形), 방격형(方格形) 등을 형성한 후, 다시 완성된 기하형 문양 안쪽에 또 다른 기하형 모양을 수놓는다. 각종 기하형을 하나의 문양으로 모아 화문에는 모두 그물 모양의 공간이 남게 되어 가득 채워지지는 않지만, 소박하면서도 고아한 맛이 있다. 망수의 배색은 대비되는 색상을 사용하여 화문을 선명하게 표현하고 기하무늬도 정확하게 대칭되도록 한다(그림 9-295).

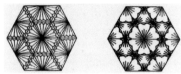

▲ 그림 9-295 망수(網繡)

20) 첩수(貼繡)

첩수는 평첩법(平貼法)과 첩첩법(疊貼法)으로 나누어진다. 첩첩법은 형체 구조에 따라 고저 층을 형성하는데, 면화를 화문 하단에 덧대어 높이를 나타내거나 또는 다른 자수법으로 장식하여 화문의 입체감이 도드라지도록 한다(그림 9-296). 주대(周代)에는 이미 "황후의 복식에 꿩을 오려 붙인다(刻繪爲雉翟)"는 기록이 있으며, 당대(唐代)에는 첩수 실물도 발견되었다. 퇴능수(堆綾繡)는 첩수의 일종으로 화문의 형상에 따라 염색한 능(綾)을 여러 층으로 나누어 쌓아 자른다. 그 후 먼저 그린 밑그림의 바탕 주(綢)에 붙이고 다시 접침(接針)으로 능(綾)을 고정시키면 바늘땀은 능의 뒷면에 숨겨진다. 퇴능수는 소형 호주머니, 향낭뿐만 아니라 대형 당카, 불상 등에 수놓을 수 있다.

21) 집주수(緝珠繡)

집주수는 옛날 주의(珠衣), 주렴(珠簾), 주이(珠履) 등의 공예 기초 위에서 발전된 자수법이다. 『명궁사(明宮史)』에 따르면, 만력(萬曆) 312년 궁궐에서 진주포(珍珠袍)를 잃어버려 억울하게 재판받은 사건이 발생하였다. 집주수는 백색 스팽글과 붉은색 산호주 등을 견사로 끼워 연결하여 직물 바탕에 고정시켜 화문을 이룬 후, 다시 용포주선(龍抱柱線)으로 화문의 윤곽을 나타낸다. 바탕용 주(綢)는 아융(鵝絨, 벨벳) 또는 단자(緞子)를 사용하고 진주빛을 내며 호화로우면서도 화려하다. 집주수는 대부분 경수(京繡)와 월수(粵繡)에서 많이 나타난다(그림 9-297).

▲ 그림 9-296 첩수(貼繡)

▲ 그림 9-297 집주수(緝珠繡)

▲ 그림 9-298 염수(簾繡) 백단(白緞) 바탕의 전대(纏帶)

▲ 그림 9-299 쇄수[鎖繡, 변자고(辮子股)]

(1) 편방패자 (扁方牌子) (2) 반장패자 (盤長牌子) (3) 산반패자 (算盤牌子)

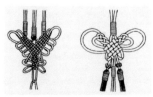

(4) 호접패자(蝴蝶牌子)

◀ 그림 9-300 패자(牌子)

22) 염수(簾繡)

염수는 차색수(借色繡)의 일종으로 경수 계통에 속하며 청대에 시작되었다. 자수법은 백색 또는 연한 색상의 능(綾), 단(緞) 위에 담묵(淡墨)으로 문양을 그린 다음, 문양의 각 부분에 다양한 채색 견사(2합연사의 채색 실)로 수놓는다. 각종 견사는 모두 수직방향으로 화문 위에 한 층의 커튼과 같이 균일하게 수놓아 화문이 몽롱한 안개처럼 부드럽고 온화하게 보이도록 하여 청아함이 은연중에 드러난다. 제재는 대부분 산수 소경 및 절지화훼(折枝花卉) 등이다(그림 9-298).

23) 쇄수(鎖繡)

쇄수는 자수실을 계속 덮어씌우기 때문에 고리들이 서로 채워져 실의 표면을 이룬다. 중국 서주(西周)시대로부터 북조(北朝)시대에 이르기까지 출토된 자수 문물은 기본적으로 쇄수를 사용하였다. 자물쇠와 같은 자수실을 양쪽으로 팽팽하게 잡아당기면, 변자고(辮子股) 형상으로 나타나기 때문에 국외의 수많은 연구자들은 이를 '변자고수(辮子股繡)'라고 불렀다. 이러한 자수법은 청나라에 이르러서 뒤로 밀려났다(그림 9-299).

24) 패자(牌子)

오늘날에는 중국 매듭이라고도 한다. 패자는 청대에 쓰였던 작은 패용 자수품의 장식용 술에 상용되었던 장식으로 보통 사조(絲縧)를 엮어 완성하였으며 그 종류가 매우 다양하다. 편방패자(扁方牌子), 반장패자(盤長牌子), 산반패자(算盤牌子), 호접패자(蝴蝶牌子) 등이 있으며 모두 아름답고 자연스럽다(그림 9-300).

자수법의 변화가 매우 다양하고 각지에서 각기 부르는 명칭도 동일하지는 않지만 본서에서 소개한 내용은 단지 청대에 상용되었던 주요 자수법이다.[15]~[22]

▲ 그림 9-301 만청(晚淸) 침수(沈壽)의 자수「나한상(羅漢像)」
남경(南京)박물관 소장
침수(1874~1921년)는 강소(江蘇) 오현(吳縣) 사람으로 청대 말기 가장 영향력 있었던 자수예술가이다.
「나한상」은 33세 이전의 작품으로 모두 4폭이며, 이는 그중의 1폭이다.

참고문헌

[1] (淸)趙爾撰. 淸史稿

[2] 章唐容. 淸宮述聞. 1937

[3] (淸)衛杰. 蚕桑萃編. 1892

[4] (淸)朱啓鈐. 絲繡筆記. 1873

[5] (淸)徐珂. 淸稗類鈔

[6] 朱新予. 浙江絲綢史. 杭州: 浙江人民出版社, 1985

[7] 朱新予主編. 中國絲綢史(通論). 北京: 紡織工業出版社, 1992

[8] 陳娟娟. 乾隆御用戳紗夏朝袍. 故宮博物院院刊, 1984(2)

[9] 陳娟娟. 明淸宋錦. 故宮博物院院刊, 1984(3)

[10] 徐仲杰. 南京雲錦史略. 南京: 江蘇科學技術出版社, 1985

[11] 故宮博物院. 故宮博物院藏寶錄. 上海: 上海文藝出版社, 1985. 12

[12] 朱家溍主編. 國寶. 香港商務印書館, 1984

[13] 遼寧省博物院. 宋元明淸緙絲. 北京: 人民美術出版社, 1992

[14] 陳娟娟. 淸代服飾藝術. 故宮博物院院刊, 1994(2, 3, 4期連載)

[15] 陳娟娟. 淸代刺繡小品. 故宮博物院院刊, 1993(3)

[16] 陳娟娟. 沈壽及其刺繡柳燕圖. 故宮博物院院刊, 1983(4)

[17] 臺北故宮博物院. 淸代服飾展覽圖錄. 1986

[18] (淸)丁佩. 繡譜. 見: 黃賓虹, 鄧實編美術叢書二集, 第七輯

[19] (淸)沈壽. 雪宧繡譜

[20] 蘇州刺繡研究所. 蘇州刺繡. 上海: 上海人民出版社, 1976

[21] 孫佩蘭. 蘇繡. 北京: 中國輕工業出版社, 1982

[22] 輕工業部工藝美術局. 中國刺繡工藝. 北京: 中國輕工業出版社, 1958

[23] 黃能馥主編. 中國美術全集·工藝美術編·印染織繡(下). 北京: 文物出版社, 1987

[24] 黃能馥, 陳娟娟. 中華服飾藝術源流. 北京: 高等教育出版社, 1992

[25] 黃能馥, 陳娟娟. 中國歷代服飾藝術. 北京: 中國旅游出版社, 1999

저자소개

황넝푸(黄能馥)

1927년생, 저장성 이우(浙江义乌) 출신으로 1955년 8월부터 중앙미술대학 및 칭화(清华)대 미술대학(원 중앙공예미술대학)에서 염직, 의상의 전공교육을 담당했던 지명도 높은 교수이다. 비단 문직(纹织) 디자인, 문직 공예 제작, 중국염직문양사, 기초 도안 등의 수업을 개설하여, 염직전공 석사연구생 및 러시아와 오스트리아 박사연구생에게 중국복식사 및 중국비단사 연구를 지도하고 제자들을 양성하였다. 1989년 11월 문화부의 요청으로 전국예술학과 제4회 석사학위 수여 권한 기관의 심사위원으로 초빙되었으며, 중앙공예미술대학 학술위원, 잡지 〈장식(裝飾)〉 편집위원 및 고문, 〈공예미술논총(工艺美术论丛)〉의 편집장을 겸임하였다. 1983년 국과과학기술위원회 및 과학기술관의 요청을 받아 캐나다 중국 고대전통 과학기술전람회 방직과학기술고문으로 초빙되었다. 1982년부터 중국유행색협회 학술고문, 전문가위원회 위원, 잡지 〈유행색(流行色)〉의 편집위원 및 고문을 역임하였다. 또한 중국서화통신(函授)대학 부학장, 베이징현대실용미술대학 명예원장 겸 부이사장, 쑤저우(苏州)비단박물관 고문, 중국비단박물관 기획처 총괄 고문, 중국복식예술박물관 기획처 총괄 고문 등을 지냈다. 전공 관련 주요 학술서로는 『중국날염사화(中国印染史话)』(중화서국출판사, 1960)가 있으며, 『비단사화(丝绸史话)』[천좐좐(陈娟娟) 공저, 중화서국출판사, 1963]는 1983년 『경제주제사화(经济专题史话)』에 수록 재출판되었으며 1984년 우수 애국주의 통속역사독서상을 수상하였다. 『중국미술전집 · 고예미술편 · 날염자수(印染织中国美术全集 · 工艺美术编 · 印染织绣)』는 상하권으로 나누어 각각 1985년, 1987년에 문물출판사에서 출판되었으며, 1991년 제1회 중국 우수미술도서 특별상금상 및 1993년 제1회 국가 도서상 최고영예상을 수상하였다. 논문 「계승의 목적은 발전에 있다(继承的目的在于发展)」는 1987년 전국 복식기초이론 심포지엄에서 2등을 수상하였으며, 『중국복식사(中国服装史)』(천좐좐과 공저)는 1995년 국가여행출판사에 출판하였으며 1997년 제2회 전국 복식출판물 전시평가회 최우수출판물상을 수상하였다. 『중화문화통지 · 복식지(中华文化通志 · 服饰志)』(천좐좐과 공저)는 1998년 상하이인민출판사에서 출판하였으며 1999년 제4회 전국 국가도서상 영예상을 수상하였다. 『중화복식예술원류(中华服饰艺术源流)』(천좐좐과 공저)는 1994년 고등교육출판사에서 출판하였다. 『중화역대복식예술(中华历代服饰艺术)』(천좐좐과 공저)은 1999년 10월 중국여행출판사에서 출판하였으며 2000년 11월 중국도서상을 수상하였다. 『중국역대장식문양대전(中国历代装饰纹样大典)』(천좐좐과 공편)은 1995년 중국여행사에서 출판하였으며 2001년 칭화대학우수교재 2등상을 수상하였다. 『중국비단예술(中国丝绸艺术)』(천좐좐 및 국제 유명 비단전문가와 공저)은 외문출판사와 미국 예일대학출판사에서 각각 중국어와 영문판으로 출판되었다.

천좐좐(陈娟娟)

1936년생, 베이징(北京) 출신으로 베이징고궁박물관 연구원, 중국국가문물평가위원회 위원, 중국고대비단문물복제센터 부주임으로 재직했다. 또한 중국비단박물관 기획처 고문, 쑤저우비단박물과 고문, 난징(南京)운금연구소 고대비단문물연구 복제학술 고문, 중국복식예술박물관 기획처 고문, 베이징시먼터우거우구(北京市门头沟区)정부 자수 고문 등을 역임하였다. 1956년 베이징고궁박물관으로 자리를 옮겨 선충원(沈从文) 선생을 스승으로 모시고 중국고대자수문물을 연구하여 지금까지 40여 년 동안 줄곧 고대자수문물의 연구, 분석, 감정 관련 업무에 종사하였으며 고궁박물관 및 자매박물관의 자수문물 수만 점을 직접 분석 · 감정하였다. 주요 저서로는 황넝푸 선생과 공동 집필한 책들이 있다. 또한 『국보(国宝)』(상문인서관 홍콩지점, 1983), 『고궁박물관소장 보물목록(故宫博物院藏宝录)』(상하이문예출판사 · 삼련서점 홍콩지점, 1985) 등을 공동 집필하였으며, 〈문물(文物)〉, 〈문물보(文物报)〉, 〈고궁박물관저널(故宫博物院院刊)〉, 〈자금성(紫禁城)〉 등의 학술저널에 논문 40여 편을 발표하였다.

옮긴이
이희영

중국 난징(南京)대학교에서 중문과 석사과정을 마치고 고려대학교에서 중국현대문학 박사과정을 수료하였다. 현재는 번역가, 기업체 중국어 강사로 활동하고 있으며 여성문학과 문화 관련 콘텐츠에 관심을 가지고 연구하고 있다. 주요 논문으로는 「簡析凌叔華筆下回憶的敍事」, 「馮沅君 소설의 섹슈얼리티 읽기」 등이 있다.